Ingo
Schulze

Neue Leben

Die Jugend Enrico Türmers in Briefen und Prosa
Herausgegeben, kommentiert und mit einem Vorwort
versehen von Ingo Schulze

BÜCHERGILDE GUTENBERG

Für Christa
Für Natalia
Für Clara
Für Franziska

VORWORT

Auf der Suche nach einem Romanstoff begann ich vor sieben Jahren Material über deutsche Geschäftsleute zu sammeln. Heinrich Türmer weckte mein Interesse, weil er in wenigen Jahren, gründend auf einer Zeitung, ein kleines Imperium geschaffen und eine ganze Region an der Grenze von Thüringen und Sachsen unter seinen Einfluss gebracht hatte. Das Ende von Türmers weitverzweigtem Unternehmen kam ebenso überraschend wie aufsehenerregend. Zum Jahreswechsel 1997/98 standen Gläubiger und Steuerfahnder vor offenen Türen und leeren Kassen. Türmer hatte sich der Strafverfolgung durch Flucht entzogen. Die Rechnung für seine Spekulationen zahlten andere, die Folgen sind bis heute in der Region spürbar.

Bei meinen Recherchen stieß ich auf viele merkwürdige und ungewöhnliche Vorgänge. Ein unspektakuläres Detail aber führte mich zu einer Entdeckung, die unerwarteter nicht hätte sein können.

Türmer hatte ursprünglich den Vornamen Enrico getragen und ihn erst in der zweiten Jahreshälfte 1990 zu Heinrich germanisiert. Ein in Dresden geborener und aufgewachsener Enrico Türmer jedoch war mir bekannt: als Bruder von Vera Türmer – einer Freundin, zu der nach ihrer Ausreise in den Westen der Kontakt verloren gegangen war – sowie als Schüler einer Parallelklasse. Mir fiel es schwer zu glauben, dass jener korpulente und elegant gekleidete Geschäftsführer auf den Zeitungsfotos derselbe Mensch sein sollte wie der unauffällige Enrico, mit dem ich einst Fußball gespielt und im Chor gesungen hatte.

Zu meiner weiteren Überraschung fand ich unter dem Stichwort Türmer einen aufwendig ausgestatteten Band Kurzprosa (Göttingen 1998). Ich vermute, dass die Publikation ohne das finanzielle Zutun des Autors nicht möglich gewesen wäre. Die wenigen Reaktionen waren ausnahmslos geringschätzig. Zu Recht. Wäre da nicht der bittere Beigeschmack seiner Flucht, ließe sich Türmers Versuch honorieren, den Alltag eines Unternehmers mit seinen Sorgen, Nöten und Freuden literaturfähig zu machen. Im Vorwort preist Türmer die Welt der Arbeit als »das gelobte Land zukünftiger Literatur«.

Meine Versuche, über den Verlag Kontakt mit Heinrich Türmer aufzunehmen, misslangen. Antwort erhielt ich dagegen von Vera Barakat-Türmer. Sie bestärkte mich sogar in meinem Wunsch, das Leben ihres Bruders als Vorlage für einen Roman zu verwenden. In selbstloser und großzügiger Weise stellte mir Vera Barakat-Türmer alle Aufzeichnungen ihres Bruders zur Verfügung, die er bereits 1990 in ihre Obhut gegeben hatte und die deshalb einer Beschlagnahme entgangen waren. Nun, so hoffte ich, würde ich den Fall Türmer zumindest bis in die Anfänge seines Unternehmertums nachvollziehen können.

Verteilt auf fünf voll gestopfte staubige Schuhkartons, fanden sich Tagebücher, Briefe, Notate und fragmentarische Prosaarbeiten neben Quittungen, Fahrscheinen, Einkaufszetteln und Ähnlichem. Das meiste, was Türmer – als Schüler in Dresden, Soldat in Oranienburg, Student in Jena und Theatermann in Altenburg – zwischen 1978 und 1990 zu Papier gebracht hatte, erwies sich aber für meine Zwecke als wertlos. Schwer erträglich war der pubertäre Tonfall. Türmer, so kam es mir vor, schielte selbst in seinen Briefen mit jedem Satz auf ein imaginäres Publikum. Bezeichnenderweise behielt er von seinen eigenen Briefen immer einen Durchschlag, die an ihn gerichteten dagegen bewahrte er nur äußerst selten auf.

Mein wachsender Widerwille gegen die Figur Türmer drohte das Vorhaben bereits zu gefährden, da wurde ich endlich fündig.

Vor mir lagen die Briefe an Nicoletta Hansen. Ihre Qualität ließ mich an Türmers Autorschaft zweifeln, doch vergeblich suchte ich in der Handschrift nach Indizien für meinen Verdacht.

Zwischen den Briefen an Nicoletta lagen in unregelmäßigen Abständen Schreiben an den Jugendfreund Johann Ziehlke aus derselben Zeit, dem ersten Halbjahr 1990. Auch hier schien Türmer, wie schon in den Briefen an Nicoletta, das geglückt zu sein, was er in seiner Prosa immer vergeblich versucht hat.

Auf meine Bitte hin gelang es Vera Barakat-Türmer, sowohl Nicoletta Hansen als auch Johann Ziehlke zu bewegen, mir sämtliche Briefe im Original zur Einsichtnahme zu überlassen. Zudem vertraute mir Vera Barakat-Türmer dreizehn an sie gerichtete Briefe ihres Bruders an.

Als ich die Briefe an alle drei Adressaten chronologisch geordnet (vom 6. Januar bis 11. Juli 1990) und komplettiert las, entfaltete sich vor mir das Panorama jener Zeit, in der das Leben Türmers auf der Kippe gestanden hatte, und nicht nur seins.

Ich las von einem Theatermann, der zu einem Zeitungsredakteur, von einem gescheiterten Schriftsteller, der zu einem glücklichen Unternehmer wird, ich las von einem Schuljungen, dessen Wunsch nach Ruhm sich als Fluch erweist, von einem Soldaten, der dem Einmarsch in Polen entgeht, nicht aber seinen Kameraden, von einem Studenten, der sich in eine Schauspielerin verliebt, von einem Zauderer, der zum Helden wider Willen wird, ich las von Demonstrationen und ersten Schritten in den Westen, ich las von einem Bruder, der nicht ohne seine Schwester leben kann, ich las von Krankheit und Teufelsbeschwörung – mit einem Wort, ich las einen Roman.

Und ich beschloss, mein eigenes Romanvorhaben zurückzustellen und mich mit ganzer Kraft der Herausgabe dieser Briefe zu widmen.

Um es vorwegzusagen: Die Suche nach einem Verlag wie auch die Gespräche mit den Betroffenen nahmen Jahre in Anspruch.

Nicht immer war es möglich, das Einverständnis von allen zu erreichen oder auf ihre Bedingungen einzugehen. Wie wenig ausgewogen, ja wie falsch und gehässig mitunter Türmers Beschreibungen sein konnten, haben fast alle erfahren müssen, auf die sein Blick fiel. Auch dem Verfasser dieser Zeilen blieb es nicht erspart, sich entstellt im Türmer'schen Zerrspiegel wiederzufinden.

Mein besonderer Dank gilt der Schauspielerin Michaela von Barrista-Fürst und ihrem Sohn Robert Fürst, mit denen Türmer damals zusammengelebt hat. Ohne ihr Verständnis und ohne ihre Großmut wäre das Vorhaben zum Scheitern verurteilt gewesen. Elisabeth Türmer zögerte lange mit ihrer Zusage, wirft doch die Veröffentlichung nicht gerade das günstigste Licht auf ihren Sohn. Dass sie schließlich einwilligte, verdient Anerkennung. Auch Johann Ziehlke, Freund aus Schultagen und studierter Theologe, musste für die Zustimmung über seinen Schatten springen. Denn als Vertrauter und leitender Angestellter Türmers bedeutete dessen Flucht nicht nur den Verrat an ihrer Freundschaft, sondern brachte ihn und seine Familie juristisch und finanziell in größte Schwierigkeiten. Die wenigen von ihm erbetenen Streichungen waren hinnehmbar und für den Gesamteindruck ohne Bedeutung.

Manchmal war ein Einverständnis nur durch die Zusage zu erlangen, auch eine gegenteilige Position zu Wort kommen zu lassen. Dass sich Marion und Jörg Schröder, die ehemaligen Zeitungskollegen, auf diesen Kompromiss eingelassen haben, freut mich sehr. Nicht zuletzt möchte ich Nicoletta Hansen danken, die ihr Verhältnis zu Türmer bereits 1995 wieder gelöst hatte. In einigen Fällen fehlt die Einwilligung, weil, wie zum Beispiel bei Dr. Clemens von Barrista, die Aufenthaltsorte nicht zu ermitteln waren.

Zu Anhang und Kommentar ist Folgendes zu bemerken:

Zwanzig der Briefe an Nicoletta Hansen wurden auf den Rückseiten alter Manuskripte geschrieben. Diese Manuskripte sind – und Türmer selbst hatte das als Erster erkannt – bestenfalls zweitrangig, dazu lückenhaft und unvollendet. Sie werden hier im Anhang abgedruckt, um das Verständnis dessen, was in den Briefen ausgespart bleibt oder nur angedeutet wird, gelegentlich zu verbessern.

Die Fußnoten sollen die Lektüre erleichtern. Was dem einen oder der anderen überflüssig erscheinen mag, werden gerade jüngere Leser dankbar zur Kenntnis nehmen. Ich habe mich eines Kommentars enthalten, wenn sich der Sachverhalt aus späteren Passagen erschließen lässt.

Dem aufmerksamen Leser wird nicht entgehen, dass der Briefschreiber Türmer ein und denselben Vorgang je nach Adressat in höchst unterschiedlichen Versionen schildert. Dies zu bewerten ist nicht Sache des Herausgebers.

Mein Erstaunen über Türmers geradezu manischen Bekenntnisfuror beantwortete Vera Barakat-Türmer mit der Bemerkung: »Ich habe mich bei Enrico immer gewundert, warum er so ein großes Bedürfnis hatte, sich jemandem anzuschließen und mitzuteilen. Es gab in jeder Phase seines Lebens einen Menschen, den er rückhaltlos bewunderte und dem er sich beinah hundisch ergeben zeigte.«

Ingo Schulze
Berlin, im Juli 2005

EDITORISCHE NOTIZ:

Die meisten Briefe wurden mit der Hand geschrieben, ein kleinerer Teil auf der Schreibmaschine, die letzten mit Computer.

Mit wenigen Ausnahmen behielt T. immer einen Durchschlag bzw. Computerausdruck. Sofern Original und Kopie vorlagen, wurden nur wesentliche Veränderungen vermerkt, wie beispielsweise Streichungen. Die von T. hervorgehobenen Wörter sind hier kursiv gesetzt.

Etwas unübersichtlicher verhält es sich mit dem kleinen Corpus von 13 Briefen an Vera Türmer. Von den Briefen nach Beirut haben sich lediglich drei erhalten, und zwar als Kopien. Die beiden Faxbriefe liegen nicht als empfangene Schreiben vor. Der letzte Brief wurde nicht mehr abgeschickt.

Fehler in Rechtschreibung und Grammatik wurden stillschweigend korrigiert, wobei auf die Eigenheiten Türmers sowie regionale Besonderheiten Rücksicht genommen wurde.

I. S.

[Sonnabend, 6. 1. 90]

[An Vera][1]

... so?« Statt wie sonst hinter uns herzutrotten und für jeden Schritt eine Belohnung zu fordern, sprang Robert wie ein junger Hund davon. Wir mußten durch eine Senke, der Schnee schimmerte bläulich und reichte uns bis zu den Waden. Plötzlich schrie Robert auf und rannte den gegenüberliegenden Hang hinauf. Der Modder unterm Schnee war nicht gefroren. Auch Michaela und ich rannten. Als wir stehenblieben, hatten wir nur das weiße Feld vor und den graurosa Himmel über uns. Wir stiegen höher, überquerten einen Feldweg und gingen direkt auf den Wald zu. Der Wind fegte den Schnee von der Wintersaat. Ich gab mir Mühe, nicht hinter den beiden zurückzubleiben. Sie kehrten aber nicht wie verabredet am Rand des Waldes um, sondern liefen hinein. Und so folgte auch ich dem Wegweiser »Zum Silbersee«.

Der Teich war zugefroren. Bevor ich etwas sagen konnte, schlitterte Robert bereits übers Eis und Michaela hinterher. Robert, der stolz ist, im Stimmbruch zu sein, krähte etwas, das ich nicht verstand. Michaela rief, ich sei ein Angsthase. Aber ich wollte nichts riskieren und blieb am Ufer. Der Schnee bedeckte den herumliegenden Müll, aus dem ein Spielzeugpferd ragte. Ich bückte mich schon, da hörte ich meinen Namen, wandte mich um – etwas traf mich ins Auge. Es brannte höllisch.

1 Zwei Seiten fehlen, oben steht als Seitenzahl eine »3«. Das Datum ließ sich rekonstruieren.

Ich sah nichts mehr. Michaela glaubte, ich spiele Theater. Es sei doch Schnee gewesen, rief sie, nur Schnee, ein Schneeball!

Ich brauchte ein paar Sekunden, um zu mir zu kommen. Als mich Robert an der Hand nahm, als er mich führte, war ich glücklich. Erst in diesem Moment schien ich zu begreifen, daß ich nicht mehr nur von diesem Deinem Brief träumte, sondern daß ich ihn tatsächlich erhalten hatte und in der Brusttasche trug. Ja es war, als hätte ich erst jetzt wieder angefangen zu atmen.

Michaela, die hinter uns herstiefelte, fand, ich solle mich nicht so haben. Sie meinte wohl, ich würde weinen. Sie hält mich für einen Hypochonder, für einen Simulanten gar, und fürchtete, ich suchte nur einen neuen Vorwand, um mich weiter krank schreiben zu lassen.

Mitten auf dem Feld geriet sie in Panik, weil vom Dorf her ein Köter auf uns zuraste. Er kläffte und machte wilde Sprünge, ließ sich aber schnell von mir beruhigen. Ich wurde ihn dann gar nicht mehr los. Das verwahrloste Tier begleitete uns bis zu der Straße, die den Hügel hinab zur Stadt führt. Robert winkte, und prompt hielt ein Wagen. Die Frau, die kerzengerade hinterm Lenkrad saß, nickte mir im Rückspiegel zu. Als schlüge mein Herz im Kopf, pochte der Schmerz im Auge. Aber dieser Schmerz, so kam es mir vor, war etwas Äußerliches, nichts, was mir wirklich etwas anhaben konnte, nichts, was mich beunruhigen mußte, ganz egal, was mit dem Auge werden würde, denn ich habe ja Dich!

Am Eingang der Poliklinik lief ich Dr. Weiß, meinem Krankschreibearzt, in die Arme. »So schnell verliert man kein Auge«, sagte er und faßte mich an der Schulter. Freitags würde ich hier um diese Zeit niemanden mehr finden, ich solle also stillhalten, Arzt sei Arzt. »Zeigen Sie her«, befahl er und drehte mich ins Licht. Die Leute schoben sich an uns vorbei hinein und hinaus, ich blinzelte in die Neonröhre. »Nur ein Äderchen«, murmelte er, »nur ein geplatztes Äderchen. Sonst ist da nichts!« Weiß ließ mich auf der Schwelle stehen, als bedauere er, sich überhaupt um mich gekümmert zu haben. Ich solle jetzt nicht zimperlich werden, rief er noch und verschaffte Michaela ihren Triumph. Mittlerweile tut es nicht mal mehr weh.

Der Schnee ist schon wieder getaut. Das Gras unter den Wäschestangen sieht aus wie Matsch mit Spinat. Ich muß Michaela zur Vorstellung fahren. Wie leicht alles wird, wenn ich an Dich denken kann.

In Liebe
Dein Heinrich[1]

Sonnabend, 13. 1. 90

Liebste Verotschka!
Ich war jeden Tag draußen, nie weniger als eine Stunde. Zudem bin ich fürs Einkaufen und Kochen zuständig und habe Roberts Schulspeisung den Rang abgelaufen, was kein Kunststück ist. Robert darf sich jeden Abend wünschen, was es mittags geben soll. Heute habe ich mich in Eierkuchen versucht. Und siehe da, Michaela hat sogar aufgegessen, was wir übrigließen. Ihre Kochbücher sind zur Zeit meine einzige Lektüre.

Diese Woche habe ich gleich zweimal an Mamus[2] schreiben müssen. Der zweite Brief war notwendig geworden, weil Mi-

1 Gegenüber seiner Schwester nannte sich Enrico schon immer Heinrich.
2 Zwischen den Geschwistern die Bezeichnung für ihre Mutter.

chaela sie angerufen[1] und gefragt hatte, ob sie denn schon von meiner Entscheidung[2] gehört habe.

Wir geben uns hier nicht mit Kleinigkeiten ab, es geht um den Verrat an der Kunst, Verrat an ihr, also an Michaela, an unseren Freunden, überhaupt am Leben, worauf ich ihr immer entgegenhalte, nicht ich sei desertiert, sondern die Kunst. Das akzeptiert sie natürlich nicht.[3]

Gestern nachmittag war ich nun zum ersten Mal in der »Redaktion«. Das Haus, das Georg, einem der beiden Zeitungsgründer gehört, liegt etwa dreihundert Meter hinter der Post in der Frauengasse. Man glaubt, am Ende der Welt zu sein. Hat man aber das Nadelöhr aus einstöckigen Ruinen und einer schiefen Mauer passiert, wird die Welt wieder freundlicher. Georgs Haus steht in einem Garten, ein Landhaus en miniature. Die Gartenpforte wird von einer maroden Holzkonstruktion, einem Rosengitter, überwölbt. Die Klingel erweckt Tote.

»Du kommst ja wirklich«, sagte er. Im Hausflur standen alle möglichen Gartengeräte und viele Fahrräder.

Links, der Treppe gegenüber, gelangt man durch einen fensterlosen Vorraum in eine kleine Stube mit breiten Dielen und Balkendecke, an die ich mit ausgestreckten Armen heranreiche. Tisch und Stühle nehmen fast den ganzen Raum ein. Es roch nach Möbelpolitur und Kaffee. Im Sitzen bin ich größer als Georg, dessen Oberkörper kurz und krumm auf seinen endlosen Beinen hockt. Solange er über die Pläne für die Zeitung sprach, sah

1 Ein Telefon gab es weder in der Wohnung von T. und Michaela noch bei seiner Mutter zu Hause in Dresden. Die Mutter konnte nur im Friedrichstädter Krankenhaus, wo sie als OP-Schwester arbeitete, angerufen werden.

2 T. hatte Anfang Januar am Theater gekündigt.

3 Diese kryptische Wendung wird in späteren Briefen noch ausführlicher wiederholt und variiert.

er auf seine gefalteten Hände. Machte er eine Pause, verschwand sein Mund inmitten des Bartes. Dann blickte er mich von unten her an, als wolle er die Wirkung seiner Worte prüfen. Ich war unsicher, wie ich ihn anreden sollte – wir hatten uns bei unserer ersten Begegnung gesiezt.

Auf den Fensterbrettern stehen Briefwaagen. Die Scheiben sind alt und geben einen verzerrten Blick auf den Garten frei. Es reicht, den Kopf ein wenig zu bewegen, und die Bäume schrumpfen zu Sträuchern oder wachsen in den Himmel.

Später stiegen wir hinterm Haus empor, der Garten erhebt sich in mehreren Terrassen. Als ich glaubte, wir müßten umkehren, teilte Georg das Dickicht und begann einen steilen Trampelpfad hinaufzulaufen. Ich hatte Mühe zu folgen. Dann eine traumhafte Aussicht: unter einem lila Himmel lag die Stadt zu unseren Füßen, rechts der Schloßberg, links Barbarossas Rote Spitzen![1] Alles wirkte wohltuend fremd, sogar das Theater sah ich wie zum ersten Mal.

Ich inhalierte den Modergeruch und die kalte Luft und war sehr froh, diesen Blick von nun an genießen zu können, wann immer ich will.

Jörg, mein zweiter Chef, war inzwischen eingetroffen und hatte Tee gekocht. Er ist genau um das Stück kleiner, um das mich Georg überragt. Jörg formuliert druckreif. Was mich betrifft, scheint er seine Zweifel zu haben. Er ließ mich nicht aus den Augen und lächelte leicht spöttisch bei allem, was ich sagte. Aber das kann mich nicht abschrecken.

Georg und Jörg wollen mir dasselbe zahlen wie sich selbst, das heißt, ich werde zweitausend netto verdienen, fast das Drei-

[1] Wahrzeichen von Altenburg. Von dem unter Kaiser Barbarossa gegründeten Kloster sind nur die beiden Ziegeltürme erhalten, die angeblich die roten Bartspitzen des Kaisers symbolisieren sollen.

fache meiner Gage als Dramaturg. Sie haben die Hoffnung aufgegeben, vom Neuen Forum Geld zu bekommen.[1] Hauptsache, ich muß nicht mehr ins Theater. Dort ginge ich vor die Hunde. Es gibt keinen langweiligeren Ort!

Kurz vor sechs lud uns Georg zum Abendbrot ein. Franka, seine Frau, und die drei Söhne hatten sich schon um den Tisch versammelt. Als wir uns setzten, wurde es plötzlich still, unwillkürlich erwartete ich ein Tischgebet. Doch das blieb aus.

Ich lese jetzt Zeitungen. Auf der ersten Seite vom ND[2] ein Photo von Havel.[3] Da hat er gerade noch rechtzeitig die Profession gewechselt. Dafür sieht Noriega jetzt aus, wie von der Kripo photographiert.[4] In Gleina verweigerten vor ein paar Tagen die Soldaten den Dienst.[5] Sie forderten ein neues Wehrgesetz. Sogar der Militärstaatsanwalt rückte an. Aber sie ließen sich nicht einschüchtern. Und nun, lese ich, gibt es tatsächlich schon ein neues Wehrgesetz!

Ich denke die ganze Zeit an Dich!

Dein Heinrich

1 Die ursprüngliche Idee war die einer Wochenzeitung des Neuen Forums, finanziert von der Bürgerbewegung.

2 »Neues Deutschland«.

3 Václav Havels erste Auslandsreise als Präsident führte ihn in die DDR, dann nach München.

4 US-Truppen hatten Panama am 24. 12. 1989 besetzt. Präsident Noriega, einst CIA-Agent, hatte sich in die Botschaft des Vatikans geflüchtet, die er am 3. 1. 1990 verließ. Ihm wurde wegen Drogenschmuggels der Prozess gemacht.

5 Gleina, südlich von Altenburg. Große Radaranlage der NVA.

[Sonntag, 14. 1. 90]

Verotschka!
Dein Brief liegt seit gestern hier, in der Küche, auf dem Kühlschrank. Michaela hatte die Post geholt, deshalb war der Kasten leer, als ich nachsah. Vorhin, nach dem Frühstück, erkannte ich plötzlich Deine Schrift auf einem Kuvert.

Jetzt, da der Termin feststeht und Dein Flug gebucht ist ... Seit ein paar Tagen fühle ich mich so stark wie schon lange nicht mehr. Selbst dem fuchsig lauernden Jörg war ich gewachsen. Bald jedoch, wenn Du so weit weg sein wirst ... Oje, ich klinge wie Mamus. Weiß sie überhaupt davon?

Ich habe keine Vorstellung von Beirut, aber ich verstehe nicht, warum Nicola[1] seine Mutter nicht lieber nach Berlin bringen will? Und was für Geschäfte wollen sie denn in dieser Trümmerwüste machen?

Ich habe Angst um Dich, auch ein egoistisches Gefühl. Ich werde Dir nicht helfen können. Zweitausend Mark sind auf meinem Konto. Brauchst Du das? Wieviel ist das? Dreihundert DM?

Zeit könnte ich Dir sehr viel mehr geben. Es ist wie verhext, um vier, spätestens um fünf bin ich wach. Dabei gehe ich selten vor zwölf ins Bett. Doch von Müdigkeit keine Spur, nicht mal nachmittags. Wenn mir das Sinnieren zu langweilig wird, blättere ich im Duden. Es ist merkwürdig, wie viele Verben und Adjektive man kennt, ohne sie je zu verwenden.

Mitte der Woche rief ich Johann an, um ihm zu sagen, daß ich am Theater gekündigt habe und bei einer neugegründeten Zei-

[1] Nicola Barakat, seit Januar 1989 der Mann von Vera Türmer, Libanese. Betrieb in Westberlin ein Geschäft für Stoffe, in dem V. T. zeitweise arbeitete. Ende 1989 besuchte er seine Mutter in Beirut. Er trug sich mit dem Gedanken, in Beirut wieder das elterliche Geschäft zu eröffnen. V. T. folgte ihm Ende Januar.

tung anheuere. Er war äußerst reserviert und kurz angebunden. Jetzt kam ein Brief, der klingt, als hätte Michaela ihn diktiert. Früher hätte ich doch nie Zeitung gelesen, warum ich mich vor den neuen künstlerischen Herausforderungen (er hat tatsächlich dieses Wort verwendet!) drücken wolle. So ging das über vier Seiten. Wie fremd er mir geworden ist!

Was Du über diesen Adligen schreibst, klingt ja ganz verheißungsvoll. Wenn er tatsächlich nach Altenburg kommen will, kannst Du ihm meine Adresse geben, in der Redaktion werden wir bald ein Telephon haben.

Verotschka, wenn ich Dich schon nicht sehen darf, dann schreib mir wenigstens, was Du machst, die letzten Handgriffe, irgendwas! Außer Dir habe ich niemanden, auf den ich zählen kann.

Dein Heinrich

Donnerstag, 18. 1. 90

Lieber Jo!
Ich habe Deine Briefe bekommen und gelesen, mir fehlt es aber an Lust und an Kraft, mit Dir zu streiten. Ich würde mich sowieso nur wiederholen. Warte noch ein paar Monate, dann werden wir gar nicht mehr darüber reden müssen.

Ich mache kleine Spaziergänge, lese Zeitungen und koche mittags für uns. Plötzlich habe ich so viel Zeit, daß ich gar nicht weiß, was ich damit machen soll.

Gestern war ich sogar bei einer Versammlung des Neuen Forums, nicht ganz freiwillig, wie ich gestehen muß. Rudolph Franck, der wegen seines grauen Zuckerwattebartes der »Prophet« genannt wird, hatte mich gebeten zu kommen. Seiner Initiative und Fürsprache verdanke ich die Arbeit bei der Zeitung. Was er sich von meiner Anwesenheit versprach, ist mir schleierhaft. Ich werde ihn wohl enttäuscht haben.

Jörg meinte, es gebe ein Gerücht, Gerücht sei schon zuviel, man wispere nur, daß, wenn jemand (so wie ich) im Herbst den Mund nicht voll genug gekriegt hat, dann aber von heut auf morgen abtaucht, die Sache nicht koscher sein könne. Ich fürchte, es ist Jörg selbst, der solches Zeug streut. Es würde zu ihm passen.

Ein paar hundert Leute waren im Saal. Ich wollte mich schon setzen, als ich hinter mir meinen Namen hörte. Ich kannte diesen Mann nicht, braunäugig, mittelgroß, dunkles schütteres Haar. Er sei so froh, mich hier wiederzusehen. Seine Frau versicherte mir, wieviel ihr Ralf von meiner Rede damals in der Kirche erzählt habe. Mit ihr und Ralf geriet ich an einen der vorderen Tische. Georg und Jörg saßen bereits im Präsidium. Und dann ging es los.

Anfangs wurde ständig abgestimmt, um alles mögliche zu bestätigen. Eine derartige Prozedur habe ich mein Lebtag nicht über mich ergehen lassen müssen. Ich fühlte mich meiner Freiheit beraubt, plötzlich war ich ein Gefangener.

Ralf hingegen schien freudig erregt. Er krempelte seinen Einkaufsbeutel wie einen Ärmel auf, zum Vorschein kamen eine Schreibunterlage und ein A4-Block. Seine Hoffnung, sein Stolz, ja seine ganze Überzeugung lagen in der Sorgfalt, mit der er das Blaupapier zwischen die Seiten legte und, den Kopf dicht über dem Blatt, zu schreiben begann. Nur wenn Jörgs Rede vom Beifall unterbrochen wurde, hielt er inne und klatschte, den Kuli in der Rechten, lautlos mit.

Georg saß den ganzen Abend fast reglos am Präsidiumstisch und starrte vor sich hin. Beim Abstimmen riß er allerdings regelmäßig als erster den Arm hoch. Jörg, der Versammlungsleiter, grüßte unentwegt Bekannte, die er im Saal entdeckte, und lächelte. Ganz links erkannte ich jenen Schreihals wieder, der die Demonstration am 4. November gerettet hatte. Seine Augen glänzten.

Vielleicht müssen solche Sitzungen ja sein. Mir aber wurde vor Langeweile richtig schlecht.[1]

Nach einer Stunde etwa erhob sich zwei Tische entfernt eine Frau. Wegen ihrer großen Brille und der perückenartigen Haarpracht war ihr Alter schwer zu schätzen. Was sie von sich gab, blieb unverständlich. Aufgefordert, lauter zu sprechen, rief sie: »Ich bin bereit, die Führung des Neuen Forums zu übernehmen.« Gebeten, ihren Namen zu nennen, schrie sie enthusiastisch: »Ich heiße«, brach jäh ab und wiederholte ihre Bereitschaft, die Führung zu übernehmen. Von Applaus und Gejohle ermuntert, erhob sie die linke Faust zum Gruß.

Aus Rücksicht auf Georg und Jörg, vor allem aber auf Ralf klatschte ich nicht mit. Schon mein Lächeln schien ihn zu kränken.

Nach ihr riß der Schreihals im Präsidium das Mikro an sich. Er betonte jedes zweite oder dritte Wort und federte dazu in den Knien. Er sprach lachend, als erbrächte jedes seiner Worte den praktischen Beweis, wie unleugbar recht er habe. Mit dem Bleistift zeigte er dann auf diejenigen, denen er das Wort erteilte. Man beschimpfte ihn als Suffkopp[2] und Stümper. »Für alles wird es eine Lösung geben«, schrie er, »wenn die grundlegenden Machtfragen beantwortet und demokratische Strukturen geschaffen sind!«

Schon verließen ganze Gruppen den Saal. Plötzlich sprach

[1] Der Gedanke, dass er selbst in absehbarer Zeit über solche Veranstaltungen würde berichten müssen, schien T. nicht zu kommen.

[2] Trinker, »Saufkopf«.

Ralf. Eine Hand am Gürtel, als müsse er die Hose am Rutschen hindern, hielt er mit der anderen Mikro und Manuskript. Ralf gestikulierte, war deshalb kaum zu verstehen und begriff nicht, was all die Mikro!-Mikro!-Rufe sollten. Punkt für Punkt trug er schließlich seine Forderungen vor, brachte sich selbst aus dem Rhythmus, weil er sich nach Zwischenrufern umdrehte, während seine Frau »Mach weiter!« zischte.

»Keine Übernahme der Westparteien, Partnerschaft mit den anderen demokratischen Kräften im Osten, Stopp dem Flächenabriß der Altstadt, Ermittlungen wegen verkaufter Ratsbibliothek, Bestrafung des Schalck-Golodkowski[1], freie Wahlen, Erhalt der Braunkohle, Erhalt der Wismut[2] für friedliche Zwecke, Entlassung von Scharfmachern aus dem Schuldienst, Austritt aus dem Warschauer Pakt, Zivildienst …«

»Mach weiter! Mach weiter!« flüsterte seine Frau.

Nach über drei Stunden wurde die Versammlung für beendet erklärt. Einige stimmten das Deutschlandlied an, es ging aber im Lärm unter. Die meisten Tagesordnungspunkte hatten entfallen müssen, so auch die Vorstellung unserer Zeitung.

Ralf schwieg. Ich versuchte zu lächeln. Seine Frau senkte den Blick, als schämte sie sich – für sich selbst, für mich, für Ralf, für die ganze Versammlung. Im Hinausgehen fragte mich Ralf nach meiner Meinung. »Aber ehrlich, Enrico, ganz ehrlich.«

An der Garderobe lief ich dem Propheten in die Arme. »Nein! Nein! Furchtbar!« rief er mir zu und trat schon im nächsten Moment mit seinem »Nein! Nein! Furchtbar!« einem anderen in den Weg. Ich hörte ihn, bis ich das Haus verlassen hatte.

1 Oberst der Staatssicherheit, seit 1966 Chef der »KoKo« (Kommerzielle Koordinierung), die mit verdeckten Geschäften die Zahlungssicherheit der DDR gewährleisten sollte.

2 Sowjetisch-deutsche Aktiengesellschaft, die an verschiedenen Orten Thüringens und Sachsens Uran abbaute.

Georg lud mich ein, sie in den »Wenzel«[1] zu begleiten, wir würden dort erwartet.

An der Rezeption lehnte ein Hüne, der, als er uns sah, die Arme ausbreitete. Sein graues Jackett hatte Schweißflecken unter den Achselhöhlen. Er drückte mich an seine Brust und raunte mir zur Begrüßung meinen Vornamen ins Ohr. Sogar bei uns zu Hause sei er bereits gewesen. Dann belehrte er uns, Jan Staan, den wir gleich kennenlernen sollten, mit seinem Namen anzureden, also nicht nur »Guten Abend« zu sagen, sondern »Guten Abend, Herr Staan« (ich hätte schwören können, daß er Staan sagte), und auch von Wendungen wie »Freut mich sehr, Sie kennenzulernen« oder »Sehr angenehm« Gebrauch zu machen. Eine Kellnerin schloß gerade das Restaurant ab, und da Wolfgang, wie der Hüne hieß, schwieg, hörten wir für ein paar Augenblicke nur ihre Schritte, das Gezirpe der Lampen und eine ferne Musik. Plötzlich Schreie, Lachen, Rufe, Lärm, ohrenbetäubend! Eine Frau stolperte gegen meine Schulter, blond, füllig, eine Warze am Kinn. Sie betupfte ihr nasses Dekolleté, die weiße Bluse klebte an Bauch und Brüsten, an den Augen zerlief die Schminke. Die Gesichter im Türrahmen verschwanden. Die Blondine bog die Schultern zurück und spreizte sich wie vor einem Spiegel.

Wolfgang, der Hüne, streifte sie auf dem Weg in die Bar, sie fuhr zurück, als hätte er ihr einen Stoß versetzt. Wir folgten ihm ins Dunkel. Ich hielt mich dicht hinter Jörg. »Wollt ihr Polonaise tanzen?« schrie eine Frau und drückte mir ihre heißen Hände auf den Rücken. Jemand tätschelte mich am Hintern. Wohin ich auch sah, ich erkannte bestenfalls helle Kleidungsstücke. Der Scheinwerfer über der Tanzfläche, in dessen Lichtkegel sich nackte Arme wanden, war die einzige Orientierung.

Je weiter wir vordrangen, um so leichter kamen wir voran,

1 Damals das einzige Hotel der Stadt.

um so heller wurde es. Wir steuerten auf eine Gruppe zu, deren äußerer Ring aus Männern bestand. Sie traten zurück und gaben den Blick frei auf eine Schar Frauen, die sich zu zweit oder zu dritt auf den wenigen Sesseln drängten.

Vor dem Mann in ihrer Mitte blieben wir stehen. Er schob sich ächzend nach vorn auf die Kante seines Sessels, erhob sich aber dann trotz seines mächtigen Bauches überraschend mühelos. Er fingerte an den Knöpfen seines Jacketts, während über seine Stirn Lichtpunkte von einer Diskokugel wanderten. Ich empfing als letzter seinen Handschlag und seine Visitenkarte: Jan Steen. Sein Blick glitt an mir herab, er lächelte und ließ sich wieder in den Sessel fallen.

»Jetzt werden Geschäfte gemacht«, rief einer der Männer im Kommandoton und klatschte in die Hände. Widerwillig erhob sich eine Frau nach der anderen, und wir setzten uns auf die noch warmen Sesselpolster.

Jörg und Georg hatten Steen in die Mitte genommen. Weil sie gegen den Lärm und die Musik anschreien mußten, sah es aus, als machten sie ihm Vorwürfe. Steen hingegen hatte offenbar schnell das Interesse an meinen Chefs verloren, sein Blick schweifte umher. Nur wenn er der Kellnerin, einer blondierten Bulgarin, die letztes Jahr, wäre es mit rechten Dingen zugegangen, den Miss-Altenburg-Wettbewerb hätte gewinnen müssen, sein Glas entgegenhielt, lächelte er und prostete den Frauen zu. Die taten, als würden sie ihn nicht sehen. Sie schmollten. Eine war derart beleidigt, daß sie abwinkte und uns ihren nackten fleischigen Rücken darbot.

Wolfgang und ich tranken jeden Weinbrand, den Steen orderte, um Jörgs Abstinenz und Georgs Zurückhaltung wettzumachen. Wolfgang stellte die leeren Gläser zwischen den Schuhen ab, wo auch der Aschenbecher stand, und knetete seine Hände. Er arbeitet für »Lufttechnische Anlagen«, die sich wie das Landestheater abkürzen, LTA. Ich erzählte ihm die Geschichte, wie man hier im »Wenzel« geglaubt hatte, in mir einen Betrüger gefaßt zu haben, weil die »Lufttechnischen Anlagen« sich weigerten, meine Rechnung zu bezahlen. Wolfgang lächelte vor sich hin. Mich hatten die wenigen Sätze heiser gemacht. Wir taten nichts anderes, als in alle Richtungen zu prosten und zu trinken. Bald schon durchflutete mich eine Welle des Wohlwollens.

Neben Wolfgang war eine gleichfalls sehr große Frau stehengeblieben. Ihrer Handtasche entnahm sie eine rahmenlose Brille. Ich wollte ihr meinen Platz anbieten, doch Wolfgang schlug mir auf den Schenkel und erhob sich. Jan Steen verabschiedete die Riesin mit einem Handkuß, ohne sie zuvor zum Bleiben aufgefordert zu haben. Jörg und Georg schlossen sich den beiden an. Und plötzlich war ich allein mit Jan Steen, der sich in einem unerforschlichen Rhythmus mit der Rechten aufs Knie schlug. Wenn ich ihm zuprostete, erwiderte er meinen Gruß mit großer Geste. Nach und nach kehrten die Frauen zurück und scharten sich wieder um ihn. Ich rief ihm zu, wie wunderbar es sei, betrunkene Leute tanzen zu sehen und selber zu trinken. Und dann lachte ich plötzlich, weil ich den Gedanken so komisch fand, daß er und ich nichts voneinander wollten, als beieinanderzusitzen und die Frauen zu beobachten, wie sie ihre Gläser leerten und auf die Tanzfläche staksten, wo sie sich immer wilder, immer schlangenhafter gebärdeten. Wenn es jetzt bloß nicht aufhört, dachte ich, wenn es nur weitergeht.

Jan Steens Doppelkinn führte unter dem schmalen Gesicht ein merkwürdiges Eigenleben. Je häufiger ich es betrachtete, um so klarer erkannte ich darin eine zweite, vollkommen selbständige Physiognomie. Ansonsten war Steens Körper aus einem Guß und wohl von jeher dazu bestimmt, sein Übergewicht zu tragen. Wir prosteten und lächelten uns weiter zu und genossen nebeneinander unser Dasein.

Als ich dann ihr Gesicht entdeckte, war ich sofort voller Begehren und Melancholie. Der Rücken ihres so langen wie dürren Tanzpartners schob sich immer wieder zwischen unsere Blicke. Unverwandt sah sie herüber. Offenbar war sie sich über die Rollenverteilung zwischen Steen und mir im unklaren. Ich wußte ja selbst nicht, was ich hier trieb. Sie war keine Schönheit, aber der Ernst ihres Gesichtes betörte mich.

In den musiklosen Sekunden bat ich sie um den nächsten Tanz. Ihr Begleiter schrie, ich solle mich zum Teufel scheren. Wir begannen zu tanzen. Er, nicht bereit, das Feld zu räumen, trat zwischen uns. Eine Drehung genügte, und er stand wieder abseits. Um ihm zuvorzukommen, nahm ich sie in die Arme, ich dachte nicht nach, ob ich richtig oder falsch handelte, aber als sie sich fügte, sich regelrecht zu mir flüchtete, war es pures Glück. Die Stimme des Dürren bebte vor Empörung, während er seine Geliebte anstarrte. Die Ärmel aufgekrempelt, die Hände halb erhoben, schien er gewillt, uns mit Gewalt voneinander zu trennen. Sie konnte nur an meinem Reflex, an der Bewegung meines Körpers gespürt haben, was geschah. Sie warf ihren Kopf zur Seite, und als würde sie ihm vor die Füße spucken, ergoß sich auf rumänisch, wie ich glaubte, eine Flut von Beschimpfungen.

So unterwürfig, wie er den Blick senkte, habe ich noch niemanden kapitulieren sehen. Sein Gestammel verstand ich nicht. Schließlich steuerte er auf einen Tisch am Rand der Tanzfläche zu, wo er, als er saß, förmlich zusammenbrach.

Sie küßte meinen Hals, und trunken spürte ich eine ungestüme Lust, in die ich nur hinabzutauchen brauchte, um meine Verlorenheit zu vergessen. Mir genügte es, diese Frau bei mir zu fühlen, und alles wurde einfach und klar.

Ich fragte, ob ich sie zu einem Glas einladen dürfe. Sie sah mich nahezu flehend an und schüttelte den Kopf. Etwas später aber nahm ich sie an der Hand und führte sie zu dem Tisch, an dem Steen und die Frauen uns schon erwarteten.

Kaum saßen wir, vor uns ein Tablett mit gefüllten Gläsern, trat ihr Freund heran und forderte sie sehr ernst zum Tanz auf. Ohne aufzusehen, schüttelte sie den Kopf. »Tanz mit mir«, wiederholte er. Es war ein Befehl, doch sein zitterndes Kinn verriet seine Angst.

»Sag etwas«, donnerte er plötzlich auf sie nieder, »sag, daß ich gehen soll! Sag irgendwas, und ihr seid mich los!«

»Ich bitte Sie«, sagte ich und stand auf, »gehen Sie.«

»Ein Wort aus diesem schönen Mund genügt«, preßte er hervor. »Diese da, nicht dieser Schwätzer, soll mir befehlen!« Er zeigte auf sie und entblößte dabei eine Tätowierung auf seinem Handgelenk, verwaschene Buchstaben, ein D und ein F.

Die Frauen begannen auf ihn einzureden. Die Männer im Hintergrund hatten sich mit mir erhoben. Ich war bereit, mich auf ihn zu stürzen, ich wollte diese Farce beenden.

Ich kann nicht sagen, ob es ein Schreckenslaut war oder eine hastige Bewegung, weshalb ich zu Steen sah. Er, der schon vorher kein Auge von meiner Schönen gewandt hatte, starrte sie nun an. Sein Lächeln war in den Mundwinkeln festgefroren. Eine Frau hinter ihm stieß einen Schrei aus. Entsetzt wich man vor meiner Schönen zurück. Mir offenbarte sie sich zuletzt. Hast Du je in einen Mund voller schwarzer Stummel geblickt? Sie lachte, wohl wissend, wie sehr sie damit ihre Häßlichkeit steigerte.

Der Dürre seufzte, machte kehrt und schlurfte davon. Bevor ich etwas sagen oder tun konnte, war sie aufgesprungen und ihm gefolgt. Es war leicht, ihren Weg zum Ausgang zu verfolgen, weil sich die Menge wie von selbst vor ihr teilte und hinter ihr nur zögerlich wieder schloß.

Soviel für heute!

Dein E.

Freitag, 19. 1. 90

Lieber Jo!
Das hier ist Manuskriptpapier, auf das alle Artikel übertragen werden müssen, dreißig Zeilen zu je sechzig Anschlägen. Ich übe schon mal.[1]

Heute morgen habe ich einen Brief an Dich eingeworfen, in dem ich Dir von meinen nächtlichen Abenteuern berichte. Heute mittag erwartete uns bereits die nächste Prüfung. Georg, Jörg und ich mußten uns nämlich die Gewerbegenehmigung im Handstreich erobern. Die Druckerei in Leipzig will endlich einen Stempel sehen. Ohne Registrierung kein Vertrag. Der Antrag liegt seit Mitte Dezember beim Rat des Kreises.

Das Vorzimmer war leer. Wir klopften beim Ratsmitglied für Handel und Gewerbe an und standen im nächsten Augenblick in seiner Höhle. Glaub mir: zum ersten Mal sah ich, wie Licht *versickert*. Jedwede Helligkeit verendete in einer Reuse aus Qualm, jahrzehntealtem Zigarrenqualm, der wie Vulkanasche auf den immergrünen Topfpflanzen lag. Die ungeputzten Fensterscheiben und die vergilbten Stores taten das ihre, doch der trübe Sickerstoff ging von dem Mann selbst aus! Es war ein Wunder, daß wir ihn, der sich da von seinem Schreibtisch erhob, überhaupt inmitten der Farb- und Schattenlosigkeit erkannten, *seiner* Farb- und Schattenlosigkeit. Außer den großen Zähnen, einem gelblichen, nachlässig gestutzten Bart und strähnigen Haaren fiel mir vor allem sein Lachen auf. Im Schein des Streichholzes, mit dem er seine Zigarre entzündete, flackerte sein Gesicht mal höhnisch, mal ängstlich.

Keinesfalls, sagte er und lachte, könne er uns die Genehmigung für eine Zeitung erteilen. Pause. Er setzte sich umständlich.

[1] Die Zeitung wurde im Bleisatz gedruckt.

Georg beugte sich zu ihm herab und sagte, er verzögere mutwillig das Erscheinen unserer Zeitung, ja er versuche sogar, es zu unterbinden, er überschreite seine Kompetenz, er sei ein Fall für die Kommission gegen Korruptions- und Amtsmißbrauch. Vulkanos lachte und bat Georg, diesen langen Namen zu wiederholen. Soviel er wisse, gebe es solch eine Kommission noch gar nicht. Es spiele keine Rolle, was er wisse oder denke, rief Georg, dessen Stirn vor Zorn dunkel wurde, er habe gar nichts mehr zu entscheiden, er solle nur den Stempel auf unseren Antrag drücken, für nichts anderes werde er bezahlt.

»Hohoho!« rief Vulkanos, entblößte seine Pferdezähne und stieß mit jedem »ho« mehr Rauch hervor. Georg verharrte vorgebeugt und sah ihn unverwandt von der Seite an, als gehörte er einer bisher unbekannten Spezies an.

»Hoho, hähä, Ihr Antrag, hohä, Ihr Antrag, ha, den gibt's doch gar nicht, der liegt, hoha, Ihr Antrag, ho, der liegt gar nicht vor, nicht bei mir jedenfalls, hohä, da sind Sie aber an den Falschen geraten, an den ganz Falschen, hoho, der da gar nichts tun kann, hoho.« Dann sog er mehrmals an seiner Zigarre und blies den Rauch wortlos aus. Ich sah uns bereits auf dem Weg in eine andere Abteilung.

»Das macht nichts!« rief Jörg, der bisher seltsam ruhig geblieben war, und nahm, als gäbe er damit ein vereinbartes Zeichen, die Baskenmütze vom Kopf. »Dann stellen wir eben jetzt und hier den Antrag mündlich, Sie händigen uns das Formular aus und drücken gleich Ihren Stempel drauf.« Das Lachen sprang die Tonleiter hinauf, als wollte sich das Ratsmitglied im eigenen Hohn verflüchtigen, und verklang in einem langen Seufzer.

Leider seien ihm die Antragsformulare ausgegangen, sagte er. Es gebe zu viele Leute, die jetzt etwas anmelden wollten, viel zu viele, »geht nicht gut, nein, nicht gut«. Hastig paffte Vulkanos

Wölkchen hervor, die ins Dämmerlicht seiner Höhle eingingen. »Da muß eine Regulierung her«, fügte er besorgt hinzu, sah von Georg zu Jörg, dann zu mir und wieder zu Jörg, »jawohl, eine Regulierung. Fragen Sie mal die Taxifahrer ...« Mit der freien Hand deutete er eine Geste an, als wollte er den Qualm vertreiben, dann legte er die Zigarre im Aschenbecher ab.

Weder Georg, der vor der Tür Posten bezogen hatte, noch ich rührten uns. Vulkanos hatte seinen Rücken bis an die Lehne geschoben, mit gespreizten Fingern umspannte er sein Bäuchlein, als hielte er ein Kissen davor.

»Ich bin doch gar nicht für Zeitungen zuständig«, sagte er matt. Das müsse sowieso über Leipzig entschieden werden.

»Na also!« rief Jörg. »Nur ein bißchen guten Willen.« Vulkanos brauche sich überhaupt nicht zu sorgen, Sorgen gehörten nicht zu seinen Aufgaben. Jörg machte eine Pause, trat einen Schritt zurück, faßte mich am Arm und präsentierte in mir einen Artisten, der das Maschineschreiben blind und mit zehn Fingern beherrsche: »Enrico Türmer!«

Ich setzte mich an die Maschine, spannte drei Bögen des Rates des Kreises ein und tippte Ort und Datum. Nicht nur das a und das o, alle Buchstaben waren bis zur Unkenntlichkeit verdreckt. Außerdem fehlte der linken Hochstelltaste der Kopf. Nur frisches Blaupapier gab es reichlich.

Nach einigen Zügen aus seiner Zigarre maulte Vulkanos bereits wieder, seine Mittagspause habe längst begonnen. Georg warf mir sein Taschenmesser zu, damit ich die Lettern notdürftig säubern konnte.

»Und?« fragte Vulkanos zehn Minuten später. Als begutachte er die Qualität eines Kunstdruckes, sah er auf das Blatt und legte es vor sich ab. »Und? Was soll ich jetzt damit?«

»Nummer, Stempel, Rechnung!« erwiderte Jörg.

»Wie Sie wollen, wie Sie wollen«, sagte er, »aber es wird Ihnen nichts nützen.« Jörg erbat Stempel und Unterschrift auch für die Durchschläge und ließ einen davon auf der Schreibunterlage zurück.

Grußlos verließen wir Vulkanos. Auf der Straße klopften wir uns gegenseitig die Vulkanasche von den Kleidern. Jörg fuhr gleich nach Leipzig.

Bei meinen Landtouren verteile ich Zettel mit roter Schrift. Die Ankündigung der Zeitung samt Abo-Formular sieht aus wie eine Tollwutwarnung.

Ich soll auch von Michaela grüßen.

Enrico

Freitag, 19. 1. 90

Verotschka!
Ich denke unaufhörlich an Dich und zähle die Tage, die Du noch in Berlin bist, als lebten wir zusammen und müßten uns bald trennen.

Die Telephonnummer der Zeitung ist 6999. Vielleicht kannst Du von Beirut aus anrufen? Vormittags bin ich fast immer allein, aber das wird sich bald ändern. Hat Dein Adliger wieder von sich hören lassen?

Manchmal fürchte ich mich vor mir, nein, nicht vor mir, vor dem Gang der Dinge! Alles geschieht so zwangsläufig und folgerichtig, und plötzlich erblicke ich mich mittendrin wie in einem Traum. Ich habe Angst, eines Morgens aufzuwachen und nicht zu wissen, was ich als nächstes, was ich überhaupt tun soll.

Gestern und heute habe ich an Johann geschrieben und ihm

ein paar Geschichten erzählt. Geschichten beeindrucken ihn immer. Er wird mich noch um meine Stellung beneiden.

Mamus will uns unbedingt eine Busreise nach Paris schenken. Ich hoffe, ihr das noch ausreden zu können. Sie behauptet, es sei wegen der Wette, ich hätte die Wette gewonnen und sie wolle ihr Wort halten.[1] Michaela und Robert sind begeistert. Wahrscheinlich wird uns Michaelas Spielplan davor bewahren, das hoffe ich zumindest.

Michaela wirft mir neuerdings Kälte vor. Meine Anwesenheit und meine Abwesenheit bringen sie gleichermaßen aus der Fassung. Ich versuche sogar, abrupte Bewegungen und Gesten in ihrer Gegenwart zu vermeiden, um sie nicht noch mehr zu reizen.

In den letzten Tagen hat sich zwischen uns ein morgendliches Ritual herausgebildet, das in der ersten Stunde trügerisch dem früheren Alltag gleicht. (Wir essen nur keine Eier mehr, das soll ungesund sein, sagt sie.) Wenn Michaela das Badezimmer verläßt, schenke ich den Kaffee ein, damit sie ihn dann gleich trinken kann. Jede Minute, die ruhig verstreicht, ist ein Geschenk. Auf dem Weg zum Auto sprechen wir meist über Robert und seine Schule, ein unerschöpfliches Thema. Solange wir reden, droht keine Gefahr.

Sobald wir losgefahren sind, verliert sich der ruhige Tonfall. Auf Höhe des Bahnhofs verstummen wir, das heißt, Michaela verfällt in Schweigen, und auch ich bringe kein Wort mehr über die Lippen. Wenn wir am Museum vorbeifahren, wird unser Schweigen eisig. Spätestens auf dem Parkplatz des Theaters erfolgt Michaelas Ausbruch. Am unheimlichsten ist die Vorhersehbarkeit, mit der sich das Ganze wiederholt, als würde Michaela

[1] T. hatte mit seiner Mutter gewettet, dass er noch vor seinem 30. Geburtstag Paris sehen würde – Auskunft von Elisabeth Türmer.

jeden Morgen zum ersten Mal klar, daß ich nicht mit ihr zusammen aussteigen werde, daß sie allein ins Theater muß, und sie scheint um so mehr davon überrascht, weil doch bis dahin alles so gewesen ist wie früher.

Ich stelle den Motor ab, damit sie sich nicht gedrängt fühlt, und lasse mich erneut darüber belehren, daß es auch im Westen Theater gebe, daß es immer Theater gegeben habe und geben werde und im Theater der Mensch und die Gesellschaft zu sich selbst kämen. Nachdem sie ihre Worte gegen die Frontscheibe geschleudert hat, versinkt sie in Schweigen. Dabei wirkt sie hochkonzentriert, wie vor einem Auftritt. Das schlimmste wäre, sie jetzt an die Uhrzeit zu erinnern. Ich sitze neben ihr, als wartete ich auf das Ende des Regens, und achte darauf, das Lenkrad nicht zu berühren und überhaupt jede Geste zu vermeiden, die mir als Ungeduld ausgelegt werden könnte.

Plötzlich stößt sie dann die Tür auf und rennt los, ohne Abschied, den Kopf hochgeworfen, die Handtasche vor der Brust, ihr Mantel flattert ihr nach.

Über das Lenkrad gebeugt, verfolge ich ihren Lauf, bereit zu winken, falls sie sich umdrehen sollte. Ist Michaela verschwunden, lasse ich den Motor an und sehe mich im Rückspiegel lächeln.

Drei Minuten später bin ich schon in der Redaktion, lege Kohlen nach, setze Wasser auf und warte mit dem Rücken am Ofen, bis der Kaffee fertig ist. Georg kommt bald darauf herunter, klopft ans Barometer, zieht die Standuhr auf und inspiziert die Thermometer vor dem Fenster und neben der Garderobe. Kapitän Nemo könnte nicht aufmerksamer über seine Apparaturen wachen.

Nachmittags fahre ich meist übers Land und besuche die Amtsstuben. Zuerst erschrecken sie, wenn sie Zeitung hören. Die Sekretärinnen begreifen in aller Regel schneller als ihre

Chefs, daß ihnen von mir keine Gefahr droht, und sind äußerst freundlich. Robert kommt manchmal mit. Während der Fahrt reden wir über alles mögliche. Er hat klare Vorstellungen von meinen Aufgaben. Die Zeitung deckt alles auf und sorgt überall für Gerechtigkeit. Die Stunden mit ihm genieße ich sehr.

Am Freitag, dem 16. Februar soll die erste Ausgabe erscheinen. Das klingt wie ein Märchen. Man denkt sich was aus, man macht es und lebt davon. Als kehrten wir zu einem vergessenen Brauch zurück, zu einer Lebensweise, wie sie eigentlich allen Menschen vertraut ist, nur uns nicht.

Am Dienstag werden wir für drei Tage nach Offenburg reisen, unabhängig von der offiziellen Altenburger Delegation. Ein Gönner[1] spendiert uns die Übernachtungen. Hoffentlich hält unser Jimmy[2] durch.

Verotschka, Liebste! Ich umarme Dich!

Dein Heinrich

Donnerstag, 25. 1. 90

Verotschka,
stell Dir vor, wir würden das Geld umtauschen! Vielleicht hundertvierzig-, hundertsechzigtausend? Ein Irrwitz! Aber das schönste waren trotzdem die Telephonzellen.[3] Ist es denn zuviel verlangt, Dich einmal am Tag hören zu dürfen?

1 Jan Steen.
2 Gemeint ist das Auto, ein Wartburg.
3 Dieser Brief setzte einige Informationen und Eindrücke von der Reise nach Offenburg voraus, die T. seiner Schwester offenbar schon von dort aus am Telefon mitgeteilt hatte.

Manchmal dachte ich, es gibt ihn noch, den Westen. Immer wieder diese Träumereien und alten Reflexe. Leute wie Gläsle – der Mann im Rathaus, der nicht verstand, warum die Altenburger haufenweise diese Skatspiele schicken[1] – müssen uns für Barbaren gehalten haben.

Georg, der mit Gläsle telephoniert hatte, war der Meinung, wir seien eingeladen, uns aus ihrem Fundus an Büroutensilien nach Herzenslust zu bedienen. Gläsle führte uns unweit des Rathauses auf einen Dachboden, der als Lager diente. Wir fielen sofort über die Herrlichkeiten her. Kaum aber hatten wir die Taschen voller Filzstifte, Tesafilm, Radiergummis und bunter Büroklammern, leerten wir sie wieder, um statt dessen Ablagefächer und durchsichtige Folien, Ordner und Prittstifte einzustecken. Sogar auf eine weiße Magnettafel erhoben wir Anspruch. Wir plünderten wie im Rausch. Ein paar Minuten später verstand ich mich selbst nicht mehr. Wie hatten wir das tun können, ohne ein einziges Mal nachzufragen!? Wir mußten wieder alles auspacken, es wurde gezählt und aufgelistet und gerechnet, mehr und mehr Sachen legten wir zurück. Gläsle war noch bleicher als wir. Gott sei Dank hatte Georg das Kuvert mit dem Geld parat. Das Ganze stellte sich als Gläsles Versuch heraus, uns etwas Gutes zu tun, indem er das Bürozeugs mit dem Rabatt der Stadtverwaltung an uns weitergab. Damit verstieß er gegen die Vorschriften. Er ermahnte uns, keinesfalls darüber zu reden. Gläsle zauberte dann doch noch, indem er die Abdeckung von einer riesigen elektrischen Schreibmaschine zog. Das sei das »grüne Ungeheuer«, sagte er, ob wir die nicht haben wollten,

[1] Das Skatspiel und die Spielkartenfabrik haben Altenburg bekannt gemacht. In jenen Wochen trafen im Offenburger Rathaus sehr viele Päckchen ein, die Skatspiele enthielten. Das Deckblatt war oft eine Aktfotografie. Die Absender baten in aller Regel um Kontakte zu Familien der Stadt.

einen Sack voll Farbbänder gebe es dazu. Die, ja, die könne er uns schenken! Gläsle war regelrecht erlöst und überlegte laut, was er uns außerdem mitgeben könnte, aber schon die Maschine war ein Problem. Schließlich kam sie zwischen Georg und Jörg auf den Rücksitz, breit und grün wie eine riesige Kröte.

Wir müssen erst zivilisiert werden. Wir haben nicht unbedingt aus Charakterschwäche versagt, sondern weil unser ganzes Sensorium nicht stimmt.

Mit zweihundert D-Mark in der Tasche wurden die Schaufenster erst so richtig interessant. Stehenbleiben oder Weitergehen bedeuteten nun nicht mehr dasselbe wie zuvor. Warum wir ausgerechnet in einem Topfladen landeten, kann ich Dir nicht erklären. Ich mußte nur einen der schweren Deckel anheben, um der Faszination zu erliegen. Ich hielt den Topfrand für magnetisch, denn dieser schien den Deckel anzuziehen und automatisch für den perfekten Sitz zu sorgen.

Wir deckelten uns gerade durch den Laden, als Wolfgang, der Hüne, eintrat. Er ging auf unser Spiel ein, die Verkäuferin versuchte die jeweiligen Vorteile aufzuzählen, indem sie von Eintöpfen, Suppen, Gemüseaufläufen, Spätzle, Braten und überhaupt von allen Gerichten schwärmte, die je in dieser Stadt auf den Herd gekommen waren.

Wir lauschten. Wolfgang klopfte mit den Fingerknöcheln gegen die Töpfe, als prüfte er eine Glocke auf die Reinheit ihres Klangs.

Irgendwann war klar, wir würden unser Geld in diesem Laden lassen. Wir hatten uns schon auf zwei Töpfe ohne Deckel geeinigt, als uns Wolfgang einen Fünfziger zusteckte. Jetzt reichte es für das Sonderangebot: drei Töpfe inklusive Deckel für 249 D-Mark. Die Verkäuferin – niemals würden wir unsere Wahl bereuen – begleitete uns zur Tür. Erst dort händigte sie Michaela die dritte Plastetüte aus.

Ich suchte nach dem Autoschlüssel, als Michaela von einer Frau begrüßt wurde, die ich erst auf den zweiten Blick und dann auch nur an ihrem Mantel erkannte. Die Zeitungszarin hatte eine ganz andere Frisur. Sie fragte, wie es uns gehe, worauf mir nichts Besseres einfiel, als eine der Einkaufstüten aufzuhalten. »So schöne Töpfe!« sagte sie mit einer Inbrunst, als wären wir Kinder, nahm den Topf heraus und drehte ihn hin und her. Ich fürchtete, ihre Ringe könnten das Metall zerkratzen.

»So ein schöner Topf!« rief sie laut, überreichte ihn mir und verschwand mit einem Ade, das man in dieser Gegend auf der ersten Silbe betont.

Ach, Verotschka! Als gäbe es nichts Wichtigeres zu schreiben! Wenn doch wenigstens Dein Herr von B. endlich bei uns erscheinen würde! Hat er auch einen richtigen Namen? Ich will zur Post fahren, damit der Brief heute noch wegkommt.

Ich sehne mich so nach Dir!

Dein Heinrich

Freitag, 26. 1. 90

Lieber Jo!

Jan Steen hat unser Schicksal entschieden! Es war gruselig wie im Märchen, doch am Ende bekam der dumme Iwanuschka[1] den Schatz!

Wäre uns klar gewesen, was für uns bei dieser Reise auf dem Spiel stand, hätten wir es wohl nicht ausgehalten, auf Michaela zu warten, die erst in der Nacht entschieden hatte mitzukommen

[1] Gestalt im russischen Märchen, der Jüngste und vermeintlich Dümmste löst die Aufgaben.

und deshalb noch morgens Tante Trockel als Aufsicht für Robert herausklingeln mußte.

Von siebeneinhalb Fahrtstunden blieben uns knapp sechs, nur eine mehr, als Jan Steen mit seinem Flitzer für dieselbe Strecke braucht. Michaela behauptete, Roberts Schulatlas auf den Knien, die Beifahrerposition und tat überhaupt so, als gebe es weder Jörg und Georg im Auto noch Jan Steens Wegbeschreibung. Trotzdem war ich froh, daß sie dabei war.

An der Grenze in Schleiz mußte ich den Kofferraum öffnen. Der Zöllner griff nach dem Schuhkarton mit den Flugblättern und den »klartext«-Ausgaben[1], Michaela hatte auf deren Mitnahme bestanden. Der Zöllner hielt die »Druckerzeugnisse« zwischen seinen Handschuhhänden und las oder tat wenigstens so, während Auto für Auto an uns vorbeirollte. Was das denn sei, fragte er. »Steht doch drauf«, sagte ich, »ein Aufruf zur Demo nach der Besetzung der Staatssicherheitsvilla.«

Als er sie zurücklegen wollte, hatte sich der Stapel verschoben und paßte nicht mehr in den Karton. Er stopfte die Blätter zurück, erteilte mir einen Wink, der alles hätte bedeuten können, und schlurfte in seinen Stiefeln davon, die matt in der Morgenröte glänzten. Ich fuhr sehr langsam über die Brücke, damit wir die Schneise im Wald sehen konnten.

Meine drei Beifahrer waren bald eingenickt, ich hingegen genoß alles, den rosaroten Wintermorgen, das seltsam flatternde Geräusch, das die Reifen auf der Fahrbahn machten, die weiten Kurven, das Tempo, die Musik, die Verkehrsnachrichten, die Lastzüge und dahinjagenden Autos, die Felder und Dörfer und Hügel. Sogar der Schnee erschien mir an diesem Morgen westlich!

Den einzigen Stopp machten wir hinter Nürnberg. Um Tank-

[1] Ein von Michaela Fürst herausgegebenes Informationsblatt des Neuen Forums Altenburg, das fünf Ausgaben erlebte und als Vorläufer des »Altenburger Wochenblatts« galt.

stelle und Raststätte herum tummelten sich unsere Landsleute, die mit ihren Stullenpaketen und Thermosflaschen bei heruntergekurbelten Scheiben picknickten. Allein an ihren eifrigen Kaubewegungen und ruhelosen Blicken hätte man sie erkennen können. Nachdem ich einen Parkplatz gefunden und den Kofferraum geöffnet hatte, meuterte Michaela. Wenn es schon ein Restaurant gebe, wolle sie keinesfalls wie ein Hund vor der Tür bleiben. Sie lud uns ein.

Während ich mit Georg und Jörg noch unschlüssig an den Glaskästen mit den ausgestellten Speisen entlangschlich, drängte sich auf Michaelas Tablett schon rote Grütze mit Vanillesauce an Apfelstrudel, Obstsalat an Brötchen. Für jeden von uns hatte sie Rühreier bestellt, nur um Kaffee oder Tee sollten wir uns selbst kümmern.

Selbst Jörg, der, wie ich erst am Tisch sah, seine Brote mitgebracht hatte, kapitulierte vor diesem Tischlein-deck-dich und schmierte sich Butter aufs D-Mark-Brötchen und häufelte darauf Rührei mit Schinken.

Georg holte noch einen Teller Weißwürste mit süßem Senf, Michaela entdeckte Gurkensalat, Gurkensalat im Winter!

Wir füllten einen Kanister in den Tank und fuhren auf der Überholspur den Berg hinab. Ich freute mich an den Namen, die auf den Schildern auftauchten: Heilbronn, Karlsruhe, Strasbourg, Freiburg, Basel, Mailand. Ich hätte mich nicht mal gewundert, wenn wir plötzlich unter Palmen dahingebraust wären.

Kurz vor zwölf fuhren wir in Offenburg ein, fanden den »Ratskeller« und standen pünktlich vor Steen, der mit Wolfgang, dem Hünen, beim Bier saß. Alles drehte sich um Michaela. Steen lud sie ein, mit ihm zu fahren, Georg und Jörg wurden nach hinten verfrachtet, und ich tuckerte mit Wolfgang hinterher.

Der hatte mich bei der Begrüßung stumm umarmt, jetzt redete er ohne Punkt und Komma: wie wichtig es gewesen sei, pünktlich zu erscheinen, mit Bravour hätten wir das gemacht, mit Bravour, Steen halte viel von uns, endlich habe er jemanden, auf den Verlaß sei, Leute, die etwas wollten, es anpackten und nicht darauf warteten, daß ihnen gebratene Tauben in den Mund flögen. Steen habe seine gesamte Werbung für die Leipziger Messe storniert, die Anzeigen bekämen nun wir, ob das nicht eine Bravourleistung sei, diesmal von ihm? Er klatschte mir auf den Schenkel. Es ging den Schwarzwald hinauf. Ein paar Serpentinen genügten, um Steen zu verlieren. Erst als wir wieder abwärts fuhren, fanden wir Anschluß. »Verlangt tausend Mark, tausend De-eM pro Seite«, sagte Wolfgang, ohne den Kopf zu drehen. »Tausend D-Mark pro Seite«, antwortete ich.

Auf dem Parkplatz der »Sonne« standen Georg und Jörg, jeder für sich, als würden sie lauschen. Es war die Luft! So fein und kalt war sie, daß das Atmen weh tat.

Michaela, die mehr lag als saß, ließ die dunkle Scheibe auf und ab surren und stieg erst aus, als ein Angestellter des Hotels nach unserem Gepäck fragte. Sie folgte ihm, während wir von Steen ins Restaurant dirigiert wurden. Steen führte mehrere Unterhaltungen gleichzeitig, er hielt uns in Atem. »Tausend D-Mark«, flüsterte ich Jörg zu.

Das Restaurant schien geschlossen, wir waren die einzigen Gäste. Steen steuerte einen Ecktisch an, schob sich auf die Bank und blieb unter dem ausgestopften Kopf eines Rehbocks sitzen. Ich ging auf die Toilette. Ich war mir nicht sicher, ob Jörg mich verstanden hatte, und ließ mir Zeit, doch weder Georg noch Jörg kamen nach.

Jörg sprach von der geplanten Auflage, dem Verbreitungsgebiet, der Anzahl der Seiten usw. »Und Eigentümer«, unterbrach ihn Steen, »sind Sie beide?«, und dabei nickte er Jörg und Georg zu. Er beabsichtige, bei uns »Anzeigen zu schalten«. Wieviel das denn so koste.

Georg und Jörg schwiegen. Immerhin wollte Georg dann wissen, um was für eine Reklame es sich handle. Steens Doppelkinn trat wieder in Aktion, doch er beruhigte sich schnell. »Lufttechnische Anlagen«, rief er, »was sonst? Eine Seite!« Georg begann einen Satz, noch einen, dann den nächsten und übernächsten, ohne auch nur einen zu beenden. »Zwölf Seiten am Anfang, brauchen jede Spalte, Werbung, die niemand versteht, zwölf Seiten nur, halbrheinisch, das ist nicht viel, wenn man, und Lufttechnische Anlagen, was denn anfangen damit, in Altenburg und Umgebung, eine ganze Seite, warum gleich eine ganze Seite?«

»Was soll das heißen?« rief Steen und sah zu Wolfgang.

»Das muß man bedenken ...«, sagte Jörg, verstummte jedoch mitten im Satz und sah in Richtung Steen, der hinter der Speisekarte – jeder hatte eine bekommen – verschwunden war. Wolfgang holte Luft ...

»Eine ganze Seite kostet eintausendzweihundert D-Mark«, rief ich, als hätte ich endlich den Preis ausgerechnet. Steens Kopf erschien wieder und sah von einem zum anderen. »Tausendzweihundert«, wiederholte ich und versuchte zu lächeln.

»Ahhch«, stöhnte Steen und warf sich gegen die Lehne. Er musterte mich, was ihm offenbar Vergnügen bereitete.

Jörg blinzelte mich an, als säße ich ein paar Tische entfernt. Georg starrte auf seine Hände. Wolfgang holte hörbar Luft. Und ich hielt bereits meinen Entschuldigungsmonolog.

Steen sagte etwas, das wie »neuja« oder »heuja« klang, stemmte sich auf die Tischkante und sagte wortwörtlich: »Ich geb euch erst mal *zwanzig*tausend, und dann sehen wir weiter, einverstanden?« Er erhob sich halb, streckte zuerst Georg die Hand hin, dann Jörg und zum Schluß mir. Seine Krawatte tauchte in ein leeres Weinglas und blieb, nachdem er sich gesetzt hatte, auf dem Tellerrand vor ihm liegen. »Wie wollt ihr's denn, cash oder

Scheck?« Die Kellnerin stellte vor jeden von uns ein halbvolles Sektglas.

»Na was?!« fragte Steen.

»Scheck nützt nichts«, sagte Jörg.

»Also cash!« entschied Steen, griff nach dem Glas, stutzte jedoch, weil niemand sich rührte.

»Bar«, rief Wolfgang und erhob seinerseits das Glas, »cash heißt bar!«

Stille. Jörg sagte, bar sei gut, sehr gut. Da wurde Steens Körper ein Stück angehoben, sein Mund platzte auf und ließ ein Lachen los, ein Lachen, das von den Wänden schallte und wie ich es mein Lebtag noch nicht gehört hatte. »Cash«, jaulte Steen, sobald er eines Wortes fähig war, katapultierte sich jedoch gleich wieder mit einer Lachsalve hinauf, japste, verschluckte sich, hustete, »baaar!«. Sein Doppelkinn schüttelte sich zornig. Inzwischen rüttelte das Lachen auch an Wolfgang.

Je länger der Anfall währte, desto taktloser erschien er mir. Wolfgang wurde leiser und kniff schließlich nur noch die Augen zusammen, als hätte er bereits alles Lachen aus sich herausgepreßt.

»Bar ist sehr gut!« rief Steen. Mit einem zusammengefalteten Taschentuch fuhr er sich über den Mund, erhob sich und ging Michaela entgegen. An seinem Arm geleitete er sie zum Tisch. Als Paar stachen die beiden von uns ab wie Opernbesucher in der Straßenbahn.

Zu spät bemerkten wir, daß Steen jedem nur zuprostete, während wir klanglos miteinander anstießen. Ich leerte mein Glas auf einen Zug. Die Lebensgeister kehrten allmählich wieder. Die Blumen auf dem Tisch waren entgegen dem ersten Eindruck echt.

Es gab Spätzle mit Hirsch in einer unglaublichen Sauce. Steen bestrich jede Gabelladung zusätzlich mit einer Art Konfitüre. Die Vorsuppe war aus Brokkoli (sie zeigten uns eine rohe Staude, so ähnlich wie Blumenkohl, aber dunkelgrün). Steen dozierte ununterbrochen übers Essen, als sei alles andere geklärt, und verschwand nach einer knappen Verabschiedung vor dem Nachtisch, einem dunklen italienischen Kuchen, weich und feucht und sahnig.[1]

Ich weiß nicht, wann ich Michaela das letzte Mal so ausgelassen und schön gesehen habe wie bei diesem Essen. Als wir vom Tisch aufstanden, fragte sie, worüber Herr Steen denn so gelacht habe, und Georg antwortete, das sei ihm auch nicht ganz klargeworden. Aber Herr Steen hege die Absicht, uns zwanzigtausend D-Mark in die Hand zu drücken. Für zwanzigtausend D-Mark, sagte Michaela, könne man diese Ungewißheit in Kauf nehmen.

Um fünf sollten wir in Offenburg sein. Wir hatten uns hingelegt und ein wenig verschlafen, doch als wir ankamen, stieg die Altenburger Delegation gerade erst aus dem Bus. Die Offenburger waren irritiert, keinen Anführer in dem erwartungsfrohen Haufen ausmachen zu können. Ihr braungebrannter Bürgermeister schüttelte alle Hände und stellte sich trotz seiner Größe immer wieder auf die Zehenspitzen, als fürchtete er, jemanden übersehen zu haben. Wie zuvor Steen bot er Michaela seinen Arm und führte sie ins Rathaus, wo er eine Art Führung mit uns veranstaltete. Er legte Wert darauf, daß Michaela jeden Raum vor ihm betrat.

Wir bewunderten die cremefarbenen Teppichböden, die Computer, die Schreibtische, die Tastentelephone und ließen uns in den Sessel des Bürgermeisters fallen. Zum Abschluß wurde mit Sekt angestoßen, das Knabberzeug war schnell weg.

Ein zierlicher Mann in einem gelben Pullover blieb wie zufällig neben mir stehen und fragte nach einer Weile, ob *ich* ihm viel-

[1] Tiramisu.

leicht etwas erklären könnte. Er bedankte sich im voraus und schilderte mir sein Problem: Täglich erhalte er aus Altenburg zehn bis zwanzig kleine Päckchen, in jedem befinde sich ein Skatspiel mit einer farbigen weiblichen Aktphotographie als Deckblatt. Die Leute wünschten sich Adressen in Offenburg. Er sah mich an. Was denn nun die Frage sei, wollte ich wissen. Mit einem Finger fuhr er sich in den Kragen seines Pullovers, betrachtete mich noch einen Moment, dankte mir und entfernte sich so unbemerkt, wie er erschienen war.

Für uns Zeitungsleute waren Empfänge bei den verschiedenen Parteien geplant, mit Ausnahme der FDP (die hat nur fünf Mitglieder, sitzt aber im Stadtparlament).

Michaela wollte zu den Grünen, Jörg war bereits an die SPD vergeben, und für Georg blieb nur die CDU.

Keiner von uns ahnte, welchen Fehler wir damit begingen.

Für die Grünen waren Michaela und ich jedenfalls eine Enttäuschung. Nachdem wir uns vorgestellt und um einen Aschenbecher gebeten hatten, begann die Vorstellungsrunde. Wer sprach, sah uns unentwegt an, weil alle anderen quatschten und kicherten. Michaela hatte anfangs die Namen und die verschiedenen Tätigkeiten mitgeschrieben, doch hörte sie damit auf, als man sie fragte, wofür sie das denn brauche. Ich fragte, was BI bedeute, weil ständig von BIs die Rede war (Bürgerinitiative), auch vom »Krötensammeln«. Die meisten sagten: »Ich bin in der BI Fluglärm und sammle Kröten.« Ich erkundigte mich bei meiner Nachbarin nach den Kröten. Sie verstand mich nicht. Plötzlich aber kreischte sie: »Wisset ihr, was der Enrigo glaubd, was Kröhdesammle isch?«

In dem kleinen Tumult, der folgte, übertönte eine sehr schöne Frau mit ihrem Singsang alle anderen: »Jetzscht hond sie sich verrade! Jetzscht hond sie sich verrade!«

Michaela hielt tapfer zu mir. Sie habe dieselbe Assoziation

gehabt. Kröten sei in der Tat ein gebräuchliches Synonym für Geld. Sie selbst benutze den Ausdruck oft.

Sie sammeln tatsächlich diese Tiere und schaffen sie über die Straßen. Sogar Tunnel werden für die Kröten gebaut.

Warum denn wieder niemand von der Umweltbibliothek oder der Menschenrechtsgruppe mitgekommen sei, stellte uns die schöne Frau zur Rede und resümierte, bevor wir antworten konnten: »Sin hald doch nur de alde Bonze.« Michaela berichtete von ihrem »klartext«, und ich spürte, wie gern sie wieder von Leipzig und alldem gesprochen hätte, wenn sie nur jemand danach gefragt hätte. »Wir gehören nicht zur offiziellen Delegation!« rief sie. »Wir gehören nicht dazu!« In der neuen Zeitung, sagte ich, wird die Umwelt eine wichtige Rolle spielen. Ich klang irgendwie schlapp, und außerdem gab es kaum noch Zuhörer. Zum Schluß saßen wir mit einem Ehepaar zusammen, das von seinen Besuchen in Weißwasser und Karl-Marx-Stadt erzählte, und tranken Mineralwasser. Wir hatten Hunger.

Auf der Rückfahrt verfuhr ich mich, erst gegen elf fanden wir die »Sonne«. Jörg kam uns entgegengestürzt.

»Alles futsch«, rief er, »alles futsch!«

Wolfgang thronte in Anzug und Krawatte im Foyer. Wie bei einem betrunkenen Bacchus hingen die Arme schlaff über den Armlehnen herab, sein Haarkranz stand aufrecht.

»Und wo wart ihr?« herrschte er uns an, in seine Arme kam Leben, sie paddelten durch die Lüfte, erreichten die Seitenlehnen, es sah aus, als wollte er sich erheben, seine Augen quollen hervor – dann sank er wieder zurück. Als er die Augen schloß, glaubte ich, er beginne gleich zu weinen.

»Sie haben uns nicht mal was zu essen angeboten!« rief Michaela. Jörg rieb sich unablässig Augen und Stirn. Georg lief auf seinen langen Beinen hin und her, den Oberkörper krumm wie ein Jockey.

Jan Steen habe den ganzen Abend in einem »Nobelrestaurant« im Schwarzwald auf uns gewartet. Wolfgang sei alle zwanzig Minuten zum Telephon gegangen. Um zehn habe Steen wütend die Serviette auf den Teller geworfen und sei nach Hause gefahren. Ob wir ihn je wieder zu Gesicht bekämen, stehe in den Sternen.

»Und woher sollten wir das wissen?« fragte Michaela. »Es hat niemand gewußt!« rief Jörg. »Niemand, niemand, niemand!« Statt zu antworten, orakelte Wolfgang etwas von einem dicken Fisch, der uns durch die Lappen gegangen sei, ein ganz dicker! Dieser Satz bereitete ihm eine grimmige Freude, ja er schien sich selbst damit zu trösten, denn etwas anderes bekamen wir von ihm in dieser Nacht nicht mehr zu hören.

Jörg und Georg saßen auf unseren Betten. Wir pellten die Eier auf das Deckchen unseres Nachttisches. Unser Luxus bestand darin, die Klappbrote, die wir am Abend zuvor geschmiert hatten, untereinander auszutauschen. Dazu gab es kalten Tee aus dem Deckel der Thermoskanne.

Nun waren wir wieder dieselben Leute, die heute früh in Altenburg einen Wartburg bestiegen hatten. Zwischen jenem längst vergangenen Morgen und unserem Abendbrot lag nur ein seltsamer Traum.

Michaela hörte plötzlich auf zu kauen. »Vielleicht ist das unser Frühstück!« sagte sie und legte die angebissene Schnitte zurück auf den Tisch. »Und wer bezahlt jetzt die Zimmer?« Wir besaßen zusammen knapp siebzig D-Mark. Georg beschwichtigte uns. Er aber hatte auch als einziger gegessen! Das Traurigste an der Sache sei, fand Michaela, daß Steen in einem *Nobel*restaurant auf uns gewartet hätte.

Morgens weckte uns tatsächlich ein Hahnenschrei.

Später ließen wir uns jeder einzeln versichern, das Frühstücksbuffet gehöre zur Übernachtung, und die sei bereits für zwei Nächte bezahlt. Wolfgang trafen wir weder im Speisesaal, noch fanden wir ihn in seinem Zimmer. Wir hockten sozusagen mit Entlassungsschein im Paradies. Michaela am Arm des Bürgermeisters zierte die Titelseite der örtlichen Zeitung.

Der zweite Tag verging sang- und klanglos mit Besichtigungen des Krankenhauses und der Tageszeitung, die hier das Monopol hat. Von Burda sahen wir nichts. Jörg wurde im Radio interviewt. Abends spendierte uns die Zeitungszarin ein Essen. Während des zweistündigen »Meinungsaustausches« stahlen wir uns abwechselnd davon und riefen in der »Sonne« an, jederzeit bereit aufzubrechen.

Die Zarin, die erste Millionärin, die ich mit Bewußtsein sah, hatte zu allem Überfluß auch noch graublaue Augen, schwarze Haare und eine Haut wie Milch. Während des Nachtischs unterbreitete sie das Angebot, uns Druckmaschinen, Computer und überhaupt all das hinzustellen, was wir für eine Zeitung brauchten.

»Sie wollen uns anstellen?« fragte Georg. Die Zarin vollführte mit ihren schlanken Händen eine Geste, die sagen sollte: Sie haben es erfaßt.

Jörg klärte sie auf, daß bereits in drei Wochen unsere erste Ausgabe herauskommen werde. Die Augen der Zarin wurden immer schmaler, und ihr Lächeln erschien mir verträumt.

»Wir gehören uns sozusagen selbst«, resümierte Georg im Tonfall einer Entschuldigung.

»Das ist schade«, sagte sie, »wirklich sehr schade.« Für einen Moment hatte ich das Gefühl, wir begingen einen Fehler.

Am nächsten Morgen polterte Wolfgang an unsere Tür. »Er sitzt unten und wartet. Er hat nicht viel Zeit!«

Steen war bester Laune. Seine Bemerkungen brachten Wolfgang unablässig zum Lachen. Ich hatte gerade begonnen, vom großen Mißverständnis zu reden, als Steen rief: »Schnäbelchen auf!« Er hielt mir eine Gabel unter die Nase, ich sollte kosten. Es war purer Speck, schmeckte aber! Steen orderte eine Portion für mich. Jörg und Georg sperrten ebenfalls die Schnäbelchen auf.

Michaela, in ihre alten Jeans gezwängt, trat als letzte ein. Steen war zuvorkommend und verfolgte jeden ihrer Schritte, doch seine alte Begeisterung war dahin. Trotzdem tat er so, als hätten wir uns zwei Tage lang miteinander amüsiert. Er schwärmte vom Schwarzwald, von Basel und Strasbourg, um uns aus heiterem Himmel aufzufordern, deutsche Autos zu kaufen. Für ihn kämen nur deutsche Autos in Frage. Er füge sich damit ein in den Kreislauf der Wirtschaft. Wer es selbst gut haben wolle, müsse etwas dafür tun, daß es auch anderen gutgehe. Ich gebe es schlecht wieder. Er sagte es besser. Viel wichtiger war sein Tonfall. Steen ist von sich überzeugt, überzeugt, ein redliches Verhältnis zur Welt zu haben, bereit, jederzeit Rechenschaft über sein Tun abzulegen.

Sein Abschied war wieder kurz. Er wünschte uns gute Fahrt, küßte Michaela auf beide Wangen und verschwand.

Wir sollten nicht solche Gesichter machen, zischelte Michaela. Wolfgang hatte sich die ganze Zeit über nicht gerührt und Steen nur mit einem Nicken verabschiedet. Auch danach hatte er es nicht eilig, rückte näher an den Tisch, ließ sein Feuerzeug ratschen und zündete sich eine Zigarette an. Geräuschvoll schlürfte er seinen Kaffee. Ich ahnte schon, daß er beauftragt war, uns etwas auszurichten. Niemand hatte gewagt, ihm die Schuld an dem verpatzten Abend zu geben. Immerhin verdankten wir seiner Vermittlung die Hotelzimmer. Wolfgang schob seinen Teller beiseite, wischte Krümel von der Tischdecke, zog ein paar Blätter hervor und legte sie vor sich hin. »Hier sind«, begann er ohne Einführung, »zweihundertzweiundsechzig Adressen, an die ihr die Zeitung verschicken sollt. Hier sind zweihundert D-Mark für Benzin und noch mal für jeden hundert als Spesen und hier … zwanzigtausend. Außerdem«, fuhr er monoton fort, »hat er noch das hier dagelassen.« Damit entleerte er einen Stoffbeutel, der denselben Aufdruck zeigte wie die Feuerzeuge, Kulis, Schreibblöcke und Bleistifte, die zwischen die Teller und Tassen hagelten. »Ihr müßt nur *hier* unterschreiben.« Er schob den Firlefanz zur Seite, legte ein Blatt vor mich hin und reichte mir seinen Kuli. Ich glaubte, es ginge um die hundert D-Mark und das Benzingeld. Deshalb unterschrieb ich und schob das Blatt weiter. Erst als Michaela zögerte, sah ich, daß ich den Empfang von zwanzigtausend D-Mark quittiert hatte. »Einer mehr kann nicht schaden«, sagte Jörg, unterschrieb selbst und gab das Blatt weiter an Georg. Im Gegenzug erhielten wir ein Blatt, auf dem sich aus lauter Schwüngen der Name Jan Steen bildete.

Doch damit nicht genug. Du weißt ja, der Teufel scheißt immer auf den größten Haufen. Das Offenburger Rathaus rief an, wir sollten, wenn es uns recht wäre, noch einmal vorbeikommen, man würde uns gern etwas zusammenstellen, Sachen fürs Büro – sie betonen Büro auf der ersten Silbe.

Wir hatten herrliche Sicht über die Rheinebene bis hin zu irgendwelchen weit entfernten Bergen in Frankreich. Um Offenburg herum sind die Hügel sanft, die meisten Kuppen kahl, die hohen Schwarzwaldgipfel entweder von hier nicht zu sehen oder von Wolken verhüllt.

Gläsle hatte vor dem Rathaus auf uns gewartet. Kurz darauf gingen uns die Augen über. Am Ende schleppten wir sogar eine elektrische Schreibmaschine davon, die wir das »grüne Ungeheuer« getauft haben.

Gläsle brachte Georg und Jörg zu einem Gebrauchtwagenhändler – wir wollen uns einen VW-Bus kaufen –, Michaela und ich bummelten durch die Stadt. Und weil wir plötzlich Geld in der Tasche hatten, kauften wir ein – Edelstahltöpfe, wie für eine Trophäensammlung.

Soviel für diesmal! Seid umarmt, Enrico

Montag, 29. 1. 90

Verotschka,
ich soll Dich von Mamus grüßen. Alle Deine Karten stehen auf dem Küchenbuffet. Sie grollt uns beiden ein bißchen, weil doch die eigenen Kinder nicht lügen sollen.[1] Ich habe ihr Deine Adresse aufgeschrieben. Sie fragte, wie lange Du bleibst und ob es nicht zu gefährlich ist und ob sich Nicolas Mutter wieder besser fühlt.

Am Wochenende soll es nach Paris gehen. Mamus fühlt sich wie die persönliche Abgesandte des Glücks. Sie hat ihr Konto geplündert, will es nicht zugeben, kokettiert jedoch damit.

Obwohl wir, ich hatte Robert mitgenommen, erst gestern in Dresden gewesen sind, geistern die Stunden irgendwie ortlos durch meine Erinnerung, als hätte ich nur davon geträumt. Mamus hatte Käsekuchen gebacken. Aber die Wohnung war kalt und so aufgeräumt, daß sie beinahe unbenutzt wirkte.

Erst in ihren vier Wänden merkt man, wie sehr sich Mamus verändert hat. Ich war froh über jede Geste, die ich kannte, wie sie den Herd anmacht und in die Knie geht, um die Flamme zu überprüfen, wie sie auf der Schwelle der Speisekammer stehenbleibt, als wäre es einfacher, sich zu strecken, als einen weiteren Schritt zu machen, ihr auf dem Absatz gedrehter Fuß, mit dem sie die Tür des Kühlschranks schließt, wie sie die Kaffeetasse zwischen beiden Händen hält, die Ellbogen auf dem Tisch. In einem Tonfall, als biete sie mir Kondensmilch an, fragte sie, ob wir auch die »Allianz für Deutschland«[2] wählen würden. Plötz-

[1] Elisabeth Türmer war bis Ende 1989 in dem Glauben gewesen, V. T. sei nach ihrer Ausreise im Sommer 1987 in Westberlin endlich Schauspielerin geworden.

[2] Wahlbündnis aus CDU, DSU und »Demokratischer Aufbruch«.

lich macht Mamus überall den Untertanengeist aus und entdeckt den »grenzenlosen Opportunismus« ihrer Kolleginnen. Ich fragte sie, warum sie dann nie an Ausreise gedacht habe. Ich hätte das doch nicht gewollt, erwiderte sie, ohne mich anzusehen.

Die Situation in der Klinik ist unverändert. Wenn sie Pech hat und gemeinsam mit ihren »Peinigerinnen« – und zu denen zählen wohl die meisten OP-Schwestern – zum Dienst eingeteilt ist, spricht sie manchmal den ganzen Tag nicht.

Für Robert ist Mamus zur zweiten Großmutter geworden, was ihr sichtlich guttut. Auch ich fühle mich jedesmal von neuem ausgezeichnet, wenn Robert mich begleitet. Allerdings fürchte ich immer, ihn zu langweilen. Dieses Mal hätte ich vielleicht ohne ihn fahren sollen, aber allein hätte es so etwas Bedeutungsvolles bekommen, als drängte ich auf eine Aussprache. Gelegenheit dazu hätte es sowieso kaum gegeben, denn ständig klingelte jemand an der Wohnungstür. Vielleicht ist ja Mamus' Wandlung eher die Regel. Allerorten scheint man sich gerade zu entpuppen. Wußtest Du, daß Herr Rothe seit jeher ein Fan von Franz Josef Strauß gewesen ist? Frau Schubert klärte mich über die Nachteile auf, die ich in der Schule gehabt hätte, und die beiden Graupner-Schwestern sprachen von Dänemark, wo eine Cousine von ihnen lebt, der sie jetzt endlich schreiben könnten. Als ich sie überrascht fragte, warum sie ihrer Cousine denn nicht schon früher geschrieben hätten, wies man mich mit »falsch, ganz falsch« zurecht, und dann deklamierte Tilda Graupner stolz den Satz: »Als Hauptbuchhalterin durfte ich keine Westkontakte haben!« Du bist der Star des Hauses. Du hättest mit Deiner Ausreise als erste die richtige Entscheidung getroffen! Und ein Schimmer Deiner Gloriole fällt auch auf Deinen Bruder. Die Schaffners verlassen angeblich nur im Dunkeln ihre Wohnung, jedenfalls ist sich die revolutionäre (oder reaktionäre?) Hausgemeinschaft einig, diese Stasispitzel nicht mehr zu grüßen.

Robert wollte wieder Photos sehen. Mir ist nie aufgefallen, daß die Alben nur bis zu Vaters Tod reichen.[1] Aus dem Schrank kommt noch derselbe Stopfpilzgeruch.

Plötzlich griff Mamus nach einem Photo, betrachtete es über die Brille hinweg – ein schönes junges Paar – und rief: »Was machen denn die hier!« Sie zerfetzte das Photo mehrmals wie einen Scheck, auf dem sie sich verschrieben hat. »Da warst du noch nicht mal geboren!« beschied mich Mamus. »Wildfremde Leute!« Die Schnipsel behielt sie in der Hand und gab weiter Erklärungen zu den Photos, die Robert ihr hinhielt. Zwei Photos von Dir habe ich heimlich eingesteckt. Manchmal fürchte ich, das Getrenntsein nicht länger zu ertragen. Wenn ich nur Deine Pläne erriete!

Zum Abendbrot waren wir bei Johann. Seine Episteln werden kürzer. Ich hatte hier noch ein Dutzend davon liegen und mußte sie notgedrungen vor der Fahrt lesen. Bei der Lektüre dachte ich, daß er vielleicht Material für einen Roman über eine Kirchengemeinde sammelt. Seit er Franziska die Sache mit mir gestanden hat[2], verhält er sich mir gegenüber ziemlich rüde, besonders in ihrer Gegenwart. Kaum daß er sich traute, mir die Hand zu reichen. Er müsse »noch schnell etwas beenden«, rief er und verschwand. Also warteten Robert und ich in der Küche, halfen Franziska beim Tischdecken und sahen aus dem Fenster auf die Stadt. Franziskas ganze Anmut ist in den letzten zwei Jahren verflogen. Sie spricht ganz offen über ihre Trinkerei und daß sie jetzt eigentlich damit aufhören müsse. Wenn man sie reden hört, könnte man meinen, sie habe einfach keine Zeit, eine

[1] Herrmann Türmer war bereits 1968 gestorben.

[2] Dass zwischen T. und Johann eine stark homoerotisch gefärbte Beziehung bestand, wird nur an wenigen Stellen und selten so deutlich wie hier ausgesprochen. Ohne dieses Wissen jedoch blieben einige Passagen unverständlich.

Entziehungskur zu machen. Johann hat mir mal vor ein paar Jahren anvertraut, daß er manchmal Streit provoziere, weil er diese Spannung brauche, um produktiv werden zu können. Daran muß ich jetzt denken, wenn ich Franziska so sehe.

Sie kennt meine Briefe, weil Johann sie ihr vorliest, als Beweis, daß zwischen ihm und mir »nichts mehr läuft.«

Gesine wird bald fünf. Auf den ersten Blick scheint sie von der ganzen Misere unberührt zu sein. Sie erkor Robert zu ihrem Ritter, führte ihn durch die Wohnung und spielte ihm auf dem Klavier vor. Für sie war die Tatsache neu, daß es auch Menschen gibt, die kein Instrument beherrschen.

Auf Johann warten nach Ende des Vikariats drei Gemeinden im Erzgebirge, nicht weit von Annaberg-Buchholz. Franziska und er sind schon dort gewesen, das Haus ist groß und hat einen riesigen Obstgarten. Vor einem Jahr, sagte Franziska, wäre es gar nicht so weit gekommen, da hätte sich Johann schon irgendeine Arbeit gesucht, bei der ihm genügend Zeit für sein Schreiben und die Band geblieben wäre. Franziska will um keinen Preis Dresden verlassen, jedenfalls nicht in Richtung Annaberg. Und dann kam der Hammer! Sie war überzeugt, ich wisse bereits, daß Johann bei den Kommunalwahlen kandidieren will! Vor drei Wochen hat er mir noch vorgeworfen, ich würde die Kunst verraten.

Als ich ihn später danach fragte, druckste er herum. Er habe es mir sagen und nicht schreiben wollen. Er habe sowieso keine Chance, er tue es aus Verantwortung, man habe ihn gedrängt, jetzt lasse sich vielleicht etwas bewegen. Er klang wie jemand, der gerade »Kandidat der Partei«[1] geworden war. Ich sagte, daß er kein schlechtes Gewissen haben oder sich rechtfertigen müsse und daß ich seine Entscheidung richtig fände.

[1] Kandidat der SED.

Ein bißchen zu beiläufig erwähnte er noch, ein Buch über die Dresdner Ereignisse im letzten Oktober herausgeben zu wollen.[1] Jo grollt seinem Schicksal, weil es ihm verwehrt geblieben ist, inhaftiert, verhört und geschlagen worden zu sein. Glaub mir nur, ich kenne ihn!

Von Jo kam keine Frage. Seine Zurückhaltung, um nicht zu sagen Kälte, lähmte mich. Ohne Franziska, die uns ständig etwas anbot, Tee nachschenkte und sich um Robert bemühte, wäre es wie ein Rauswurf gewesen.

Als ich von Dir erzählte, taute er langsam auf, um mich plötzlich mit einer Herzlichkeit anzulachen, die mich hilfloser machte als sein Schweigen. Er sprang auf und schenkte mir ein Buch, das er antiquarisch ein zweites Mal bekommen habe – die Erstausgabe von Eislers »Faustus«[2] –, sagte, daß wir uns unbedingt öfter treffen müßten, gerade jetzt. Am Ende blieben sowieso nur wenige Freunde übrig. Absurderweise bestand er darauf, uns Schnitten für die Fahrt zu schmieren, es könnte ja einen Stau geben. Robert und ich zeigten dann abwechselnd auf das, was wir wollten, und sahen beim Verfertigen unserer Klappstullen zu. Wie ein Maurer, der etwas verputzt, verteilte Jo die Butter bis an den äußersten Rand, strich auch danach noch mehrmals hin und her, wie um sicherzugehen, daß tatsächlich alles ausgeschmiert sei. Dann sah er auf, als wollte er sagen: Das mache ich nur für dich.

Sei umarmt von Deinem Heinrich

1 Zwischen dem 2. und dem 8. Oktober kam es zu einem massiven Polizeieinsatz in Dresden. Ausgangspunkt war die Auseinandersetzung um den Hauptbahnhof, durch den die Züge mit den Prager Botschaftsflüchtlingen gefahren waren. Hunderte hatten die Hoffnung, in einen der Züge zu gelangen. Siehe auch Brief vom 25. 5. 90.

2 Hanns Eisler, *Johann Faustus*, Berlin 1952.

PS: Ich sitze am »grünen Ungeheuer« und spüre Zugluft im Rükken. Ich denke, Jörg oder Georg ist hereingekommen. Ich drehe mich um – und muß niesen. »Gesundheit«, sagt eine Frauenstimme. Die Tür ist geschlossen. Zweimal niese ich noch, und jedesmal wünscht mir die Frauenstimme mit demselben Gleichmut »Gesundheit!« – »Wer sind Sie?« frage ich und trete näher. Sie kauert am Ofen und massiert sich die Zehen. Ein Lächeln huscht über ihr Gesicht und entspannt kurz ihre Züge. Dann zieht sie zischelnd die Luft durch den Mund ein und atmet hörbar durch die Nase wieder aus. An den Fersen haben ihre Strümpfe Löcher. »Schau weg«, sagt sie. »Ich dachte«, fährt sie fort und preßt für einen Moment die Lippen zusammen, »ich dachte, du hättest mich hereingebeten? Ich hatte geklopft.« Mit dem Rükken an den Ofenkacheln schiebt sie sich langsam hoch. Sie versucht, in ihre Schuhe zu fahren. »Au! Au!« jammert sie. »Es tut so weh!«

»Um Himmels willen!« rufe ich. Was ich für eine im Mundwinkel hängengebliebene Haarsträhne gehalten habe, erweist sich jetzt, da sie zur Decke sieht, als Narbe. Ich begreife, daß sie eine Adlige ist.

»Er wärmt nicht mehr«, sage ich entschuldigend und deute auf meinen Mantel neben der Tür. Ich ärgere mich, weil ich seit Tagen plane, ihn in die Reinigung zu bringen, um ihm seine alten Eigenschaften zurückzugeben. »Wollen Sie mich begleiten?« frage ich. »Wenn wir gleich loslaufen, schaffen wir es bis sechs in die Reinigung.«

»Wie soll ich das denn anstellen?!« ruft sie. Tränen ersticken ihre Stimme. Ob ich keine Augen im Kopf hätte, selbst einem Blinden müsse auffallen, wie wenig sie in der Lage sei, auch nur einen Schritt zu gehen!

»Darf ich Sie tragen?« frage ich, ohne die Erwartung in meiner Stimme unterdrücken zu können. Ihre Bluse hat sich unten geöffnet, und ich sehe von ihrem Bauch ein Dreieck, in dessen Mitte der Nabel ist, genau wie das Auge Gottes, denke ich. Ich freue mich über den Vergleich. Gerade aus Mißlichkeiten, sage ich, entstehen oft die schönsten Gelegenheiten. Da lacht sie auf. Unverhohlen wandern ihre Augen über mich. Offenbar reizt sie alles an mir zum Lachen, ich scheine es herauszufordern. Schließlich wird sie von einem Lachkrampf geschüttelt, dessen sie nicht mal Herr wird, als sie beide Hände vor den Mund hält. Sie ringt nach Luft, biegt sich vor Lachen, ihre an den Spitzen hellroten Haare fallen ihr übers Gesicht und verbergen es vollständig.

Ich saß schon auf der Bettkante und lauschte, so sicher war ich mir, das Lachen gehört zu haben. Es war vier! Mein Tag hatte begonnen.

Dienstag, 6. 2. 90

Verotschka,
ich verlasse die Redaktion nur ungern, weil ich fürchte, Deinen Anruf zu verpassen. Komme ich herein, muß ich mich beherrschen, nicht jedesmal nach Dir zu fragen. Ich werde ungehalten, wenn Jörg oder Georg zu lange telephoniert. Ich habe versucht, Dich von Paris aus zu erreichen, aber irgend etwas habe ich falsch gemacht und auch die Telephonansage nicht verstanden.

Ja, wir sind in Paris gewesen, zumindest behaupten wir das. Am Sonntag um neun waren wir schon wieder zurück. »Wir kommen aus Paris!« verkündete Robert einer Nachbarin im Treppenhaus. Statt zu staunen oder Fragen zu stellen, sah sie Michaela und mich tadelnd an, als duldeten wir Lügengeschichten. Was Michaela dann erzählte, die Prozedur mit den Ausweisen, machte ihr das Ganze erst recht suspekt. Die Wahrheit hilft einem gar nichts, wenn man jemanden überzeugen will!

Ich bin froh, daß es überstanden ist. Ich hatte mir schließlich eingeredet, wegen Robert mitzufahren, ein Familienausflug eben. Michaela meinte, wir könnten es uns auch ohne Geld schön machen. »Drei-Tage-Fahrt« hieß es offiziell. Der erste Tag war der Freitag. 17 Uhr sollten wir in Eisenach abfahren.

Hunderte von Leuten warteten auf einem matschigen Platz, umgeben von Abrißhäusern und ein paar trüben Lampen. Ohne die Taschen und Beutel hätte es wie der Beginn einer Demonstration ausgesehen. Mamus hatte seit zwei in Eisenach auf uns gewartet. Sie war völlig aufgelöst, weil wir erst gegen halb fünf ankamen. Die eintreffende Bus-Armada scheuchte uns von einem Ende des Platzes zum anderen vor sich her. Die Fahrer erschienen in den sich öffnenden Türen, riefen ihre Zielorte aus und setzten sich wieder ans Steuer.

Paris gab es zweimal. Nachdem wir schon gefürchtet hatten, nicht mehr mitgenommen zu werden, fanden wir dann in der dritten und vierten Reihe Plätze, von denen aus wir sogar durch die Frontscheibe sehen konnten. Neben uns wartete die Fuhre nach Amsterdam, links von uns die nach Venedig. Die Prozedur war überall gleich. Zuerst wurden bundesdeutsche Ausweise verteilt, in denen alles richtig war, bis auf Name und Wohnort. Selbst Größe und Augenfarbe stimmten. An der französischen Grenze, so die Anweisung, sollten wir die Ausweise hochhalten[1] und uns unauffällig verhalten, was immer sie damit meinten. Im Venedig-Bus übten sie das Hochhalten sogar. Als sie anfuhren, winkten sie.

Robert hatte mich zum Nachbarn erkoren, die Sitze waren sehr bequem und der Motor fast nicht zu hören. Kein lautes

[1] Eine damals gängige Praxis, wie der Herausgeber selbst erfahren hat.

Wort störte den sanften Flug über die dunkle Autobahn. Als würde ich es nicht anders kennen, verließ ich bei jedem Stopp mit den anderen den Bus, beteiligte mich am Wettlauf zur Toilette und stopfte mir bei jeder Rast ein hartgekochtes Ei aus Mamus' Picknickschachtel in den Mund.

Noch vor Mitternacht stiegen wir am Frankfurter Flughafen aus, der ersten Sehenswürdigkeit der Reise. Wir durchstreiften die hellen menschenleeren Hallen, lasen die Namen der Fluggesellschaften und grüßten die dunkelhäutigen Putzfrauen, die sich daraufhin abwandten.

Die Franzosen interessierten sich nicht für unseren Bus, und auch wir bemerkten Frankreich erst bei der nächsten Pinkelpause. Mamus schnarchte leise. Müde wurde ich erst, als es dämmerte. Ich sah das Dunkelgrau über den Pariser Vorstädten, und im nächsten Augenblick fuhren wir bereits durch die Stadt. Es nieselte, und der Himmel schien dunkler geworden. Ich brauchte bis zur Place de la Bastille, um zu wissen, wo wir waren. Von dort aus funktionierte mein Orientierungssinn ohne Fehl und Tadel. Ich brillierte vor Robert und Michaela und war dabei selbst überrascht, daß wir über den Boulevard Henri IV fuhren und rechts die Inseln auftauchten und tatsächlich Notre-Dame erschien.[1] Ich betete unser Sehnsuchtsmantra: Quai de la Tournette, Quai de Montebello, Quai St-Michel, Quai des Grands und sah auf die vertrauten Kästen der Bouquinisten.

Während ich gerade noch rechtzeitig den Louvre prophezeite, spürte ich Unbehagen. Ich brannte das Feuerwerk unseres jenseitigen Wissens ab, ohne dabei etwas zu empfinden. Vielleicht hast Du einfach gefehlt, oder ich ahnte, daß es eine Stunde später bereits so profan sein würde wie die Auskunft eines Taxi-

[1] Die Geschwister besaßen einen ungarischen Stadtplan von Paris, den sie auswendig zu lernen versucht hatten – Auskunft V. T.

fahrers. Ach, es war schon im selben Moment zum streberhaften Wissen eines Hausvaters verkommen, der den Urlaub gewissenhaft vorbereitet hat!

Wir fuhren über die Pont de la Concorde gen Norden, vorbei an der Madeleine und dem St-Lazare, die Rue de Amsterdam hinauf. Ich vermutete Sacré-Cœur als nächstes Ziel und hoffte, beim ersten Sonnenstrahl und einem Kaffee würde es halbwegs erträglich werden, als der Fahrer bekanntgab, wir befänden uns auf dem Weg zur berühmtesten »Mausefalle« der Welt. Wir bogen zweimal ab, sehr langsam nahmen wir die Kurven, unser Bus schwankte hin und her und wurde auf einmal vorn wie von einer Welle hochgehoben, bevor wir weiterrollten.

Dann sah ich die Frauen, die den Gehsteig säumten, Huren, morgens um acht. Das Gerede im Bus erstarb, der Fahrer schwadronierte über die Käuflichkeit der Liebe. Mitten in seinem Geplapper krachte es unter uns, als wären wir auf Grund gelaufen. Der Fahrer fluchte, und die Lautsprecher verstummten mit einem Knacks. Langsam fuhren wir weiter. Die Stille, in der wir zu den blanken Fenstern hinaussahen, hatte etwas Andächtiges. Diese Ungeheuerlichkeit, sich für ein paar Geldscheine Frauen aussuchen zu können! Robert wandte sich mit einem irren Grinsen nach mir um, zögerte, als wolle er etwas fragen, starrte aber gleich wieder hinaus, die Stirn an der Scheibe.

Plötzlich löste sich eine der Frauen von der Hauswand – ihre hautengen Hosen liefen ab den Waden in einem weiten Schlag aus – und trabte neben uns her. Ein buntes Tuch, in Piratenart um den Kopf geschlungen, verdeckte ihre Haare. Sie näherte sich unserem Fenster, kam dichter heran – sie war blutjung –, küßte ihre eigene Hand und drückte die Fingerkuppen vor Robert an die Scheibe. Selbst als sie rennen mußte, um auf gleicher Höhe zu bleiben, sah sie ernst herein, obwohl die Frauen hinter ihr loslachten, ja sich vor Lachen bogen und wir ihre Rufe und das Gejohle hören konnten, ein Spalier von Frauen, die uns auslachten. Dreimal klopfte sie noch gegen die Scheibe, dann war das alles verschwunden.

An Roberts Hals blühten rote Flecken. »Du hast ihr einfach gefallen«, versuchte Michaela ihn zu beruhigen.

Pariser Boden betraten wir am Fuße von Sacré-Cœur. Die Luft war milder, als ich erwartet hatte. Das Häusermeer strahlte eine Ruhe aus, die von den wenigen Wagen und Mopeds, die wie Fischlein durch die Straßen flimmerten, nicht gestört wurde. Wir stiegen die Stufen hinauf. »Wie oft waren wir nach getaner Arbeit hier heraufgekommen, fröstelnd, seit wir die Ankunft des Herbstes am Boulevard St-Germain gesehen hatten, den Regen über der Seine«, rezitierte ich.[1] Robert wollte wissen, was das große Dach auf der linken Seite sei, und stutzte, weil ich unsicher war, welcher Bahnhof es sein könnte oder ob es überhaupt ein Bahnhof war. Ich wunderte mich, wie wenig markante Punkte es gab, Madeleine und den Louvre, ganz rechts der Eiffelturm, alles andere verschwamm, und mir war es recht. Am liebsten hätte ich mich auf einer der Bänke ausgestreckt und geschlafen. Das weiße Gestein erinnerte mich an die Fischer-Bastei.[2] Die Tauben, die von der Kehrmaschine aufgescheucht wurden, stammten vom Neustädter Bahnhof.[3]

Plötzlich kniete ein Mann vor mir. Er war wie ein Stein vom Himmel gefallen, mitten auf den Weg. Er blickte zu Boden, als betete er, und bot uns einen Kranz verschwitzter Haarsträhnen dar. Das unförmige Ding in seinen Händen stellte sich als Mütze heraus, in der bereits eine Münze lag. Ich hatte keine Francs und traute mich nicht vorbei. Mamus sprang mir bei, stopfte einen

1 Ernest Hemingway, *Paris – ein Fest fürs Leben.*

2 Bauwerk vom Ende des 19. Jahrhunderts in Budapest, von dem aus sich ein Blick auf die Donau und über die ganze Pester Seite bietet.

3 Bahnhof in Dresden.

Schein in die Mütze und flüsterte in perfektem Deutsch: »Von der ganzen Familie.« Eine Frau, die, wie wir später erfuhren, Deutschlehrerin in Erfurt ist, sagte, es sei nicht hinnehmbar, daß sich ein Mensch vor anderen Menschen derart demütige. Während sie weiterredete und sich ein Halbkreis bildete, hob der arme Lazarus – er dachte wohl, man spreche mit ihm – langsam den Kopf. Als die Gruppe seiner zerschrammten Stirn und Nase gewahr wurde und in sterbensmüde Augen und einen zahnlosen, halb geöffneten Mund sah, verstummten die Reden. Wir traten geschlossen die Flucht an.

Danach verging die Zeit wie im Flug. Als gäbe es überall etwas Besonderes zu schnüffeln, wurden wir in der Nähe des Centre Pompidou herausgelassen, am Triumphbogen, am Concorde und am Invalidendom, obwohl wir mit Ausnahme des Centre vom Bus aus den besseren Blick gehabt hätten.

Als wir am Eiffelturm hielten, am anderen Ende des Feldes, machten wir uns en famille auf die Suche nach einer Toilette. Auf dem Rückweg sahen wir, wie sich innerhalb von Sekunden unsere Reisegruppe vor der mittleren Bustür zusammenzog, um sich gleich darauf ebenso schnell zu einer Reihe zu ordnen. Die Ersatzbusfahrerin schöpfte mit einer viel zu großen Kelle Suppe in weiße Plasteteller. Robert und ich stellten uns an. Da wir aber, endlich an der Reihe, weder Napf noch Löffel vorweisen konnten, wurden wir aufgefordert, uns zu gedulden, um von den hastigen Essern, wie sich die Fahrerin ausdrückte, eine leere Schüssel zu übernehmen, die wir dann abwaschen könnten.

Über dieser Prozedur war mir entgangen, daß nun, nach erfolgter »Stärkung«, der Turm »bestiegen« werden sollte. Die ersten hatten sich bereits davongemacht, als ich noch versuchte, Mamus und Michaela zu einem Spaziergang zu überreden. Mein einziger Erfolg war, daß Mamus mir ein paar Scheine zusteckte – und schon hatten wir uns getrennt.

Ich überlegte, ihnen nachzulaufen, machte sogar ein paar Schritte – plötzlich war ich kurz davor, in Tränen auszubrechen. Das Bewußtsein, für zwei Stunden frei zu sein, so frei, wie ich es noch nie in meinem Leben gewesen bin, beraubte mich meines Willens. Ich ging zurück zu dem Café, in dem wir auf der Toilette gewesen waren, um dort, vor allen Eventualitäten geschützt, zu warten. Der herbeieilende Garçon, der mich wohl wiedererkannt hatte, wollte mir den Eintritt verwehren; er machte sich nicht mal die Mühe, mit der ganzen Hand zu wedeln, nur seine Finger streckten sich ein paarmal angewidert. Ich deutete auf die freien Barhocker und ging weiter.

Ich betonte Kaffee auf der letzten Silbe und bestellte außerdem »mineralnaja woda«, als wäre es weniger peinlich, russisch als deutsch zu sprechen. Ich zeigte dann einfach auf eine der beiden Flaschen, die mir die Bardame vor die Nase hielt, und merkte zu spät, daß in der anderen das richtige Wasser, das mit Kohlensäure, gewesen wäre.

Wie gern hätte ich mich mit jemandem unterhalten. Ich beobachtete die Kellnerin, die an einer riesigen Kaffeemaschine hantierte, starrte auf den Verschluß ihres BHs, der durch die weiße Bluse schimmerte, und fühlte mich vollkommen überflüssig.

Ich bekam einen Kaffee mit geschäumter Milch, bediente mich aus einer großen Zuckerdose und beobachtete, wie der Zucker durch den Schaum sank und an den Rändern hängenblieb.

Ich hatte zwei oder drei Schluck getrunken, als mir plötzlich der Geruch von verbrannter Milch in die Nase stieg. Ich verrührte einen zweiten Löffel Zucker, trank in kleinen Schlucken weiter, doch sobald ich die Tasse absetzte, roch es wieder nach verbrannter Milch.

Die Kellnerin schälte unmittelbar vor mir eine Zitrone. Ich glaubte erst, eine Kollegin sei an ihre Stelle getreten, so erschreckend alt, ja schrumplig waren ihre Hände. Ich zeigte mein

Portemonnaie vor, erwartete die Rechnung im Stehen und büßte fast die Hälfte meiner Francs ein, weil ich mir schoflig vorkam, nur Münzen zurückzulassen.

Dabei hatte ich nicht mal ausgetrunken, zu stark war die Erinnerung an diese Plastetassen, diese grünen, roten oder braunen Plastetassen[1], randvoll mit heißer Milch, die Haut darauf, die, sooft ich sie abfischte und am Tellerrand oder der Hose abwischte, neu entstand, die an der Lippe hängenblieb und wegen der mir vor Ekel der Atem stockte. Ich trat hinaus.

Obwohl es stürmisch und kalt war, schien es plötzlich Frühling auf Erden geworden zu sein. Alles badete in einem anderen Licht. Ich lief los, als könnte ich Dich in Paris finden, als wäre es möglich, daß Du mir jeden Augenblick entgegenkommst. Ich wollte Dich bei mir haben und mit Dir auch alles, was wir kannten, was wir gesehen hatten, was uns gehörte, unsere Straßen, unsere Welt. Diese konzentrierte Zerstreuung, die alles würdigt, allem huldigt, brüderlich, schwesterlich und voller Begehren. Das weiße Dekolleté der Zigarettenverkäuferin im Dunkel ihres Standes. Ich mußte in die Knie gehen, um ihr Gesicht zu sehen. Eine Fünfundzwanzigjährige, die, in ihr Tuch gehüllt, gestern zweiundfünfzig geworden ist. Ich bitte, sie begrüßt mich, sie wiederholt meine Bitte, sie reicht mir das Päckchen, ich zahle, sie bedankt sich, ich bedanke mich, wir verabschieden uns voneinander.

Wie ein Glücksspieler bestimmte ich meinen Kurs an jeder Ampel neu. Ich wußte nicht, wo ich suchen sollte, ich war mir nur sicher, Dich zu finden. Die ersten Schritte in Freiheit, ging es mir durch den Kopf, die ersten Schritte in Freiheit. Ich wollte mein Alter vergessen, meinen Namen, meine Herkunft, ich woll-

[1] Plastetassen waren für T. das Symbol für die offizielle Welt, vom Kindergarten bis zur Armee – Hinweis von V. T.

te nur sehen und einen Fuß vor den anderen setzen und Dich bei mir haben.

Zwei Nordafrikaner fragten mich etwas, ihre Stimmen so kostbar wie schwere glänzende Stoffe, ich zuckte mit den Schultern und lief weiter. Paris, erwacht zu einer marktschreierischen Werbung, bot im Februarlicht bereits den Frühling feil. Ich berührte Obststiegen, Metallgeländer, Hauswände, Türklinken. Ich wußte Dich nah. Ich sah Dich nicht, das wäre zuviel gewesen, aber ich war mir gewiß, daß wir dieselbe Luft atmeten, ich konnte Dich hören.

Ich deutete auf ein Portal und sagte: »Das Tor für die Reiter, Madame«, und Du sagtest, indem Du auf die Tür daneben zeigtest: »Das Tor für die Fußgänger, Monsieur.«[1] Fortwährend hast Du etwas gesehen, was ich nicht sah, das ich immer nur erblickte, wenn Du mich darauf hinwiest: Das Schild DANGER DE MORT auf dem blauen Kasten, der mit durchsichtiger Folie eingehüllt ist, DANGER DE MORT. Ich habe Angst, Dich zu verlieren. Aber ich darf mir das nicht anmerken lassen. Ich muß mich entscheiden, ich muß in zwei Stunden in den Zug steigen, zurück, zurück hinter die Mauer, sie haben mich nur kurz rausgelassen, weil mein Buch hier erschienen ist, weil es in allen Auslagen liegt und wir von Schaufenster zu Schaufenster ziehen. Es ist noch zu früh, die Buchläden haben geschlossen.

An der Kreuzung setzen sich die Buchstaben auf den Vordächern zu »Dome« und »Rotonde« und »Toscana«[2] zusammen. Nein, sage ich, nein. Ich will nicht ohne Dich sein. Ich will Dresden mit Dir sehen, früh, wenn die Sonne noch nicht über die Dächer gestiegen ist und in der blaßrosa Luft der Morgenstern strahlt, den Nebel über der Elbe, die verschiedenen Rots,

1 Zitat aus André Bretons *Nadja*.

2 Dresdner Café.

mit denen die Zigarettenfilter beringt werden, bevor man sie an der Haltestelle über den Bordstein wirft, den hellen Damenhandschuh auf dem Trottoir, dem jeder ausweicht, den keiner aufhebt, auf den niemand tritt, den ich für eine Lilie halte, herausgefallen aus Deinem Strauß, DANGER DE MORT.

Plötzlich standen Mamus und Robert vor mir, Michaela ließ sich von einem älteren Herrn etwas erklären, sah auf und winkte mir zu. »Pünktlich auf die Minute«, lobte mich Mamus. Pünktlich auf die Minute war ich aus dem Jenseits zurück. Es nieselte.

Michaela gab mir ein Taschentuch, ich sollte mir mein verschwitztes Gesicht abwischen. Mamus nötigte mir ihren Schal auf. Der Wind hatte ihren Schirm ruiniert.

Wir folgten Robert, passierten die nächstgelegenen Cafés und verloren schnell die Orientierung. Ich fröstelte, und als an irgendeiner Ecke gerade in dem Moment, da wir vorübergingen, ein riesiges Omelett serviert wurde, wäre ich vor Hunger fast gestorben. Mamus hielt ihr Portemonnaie hoch und nickte. Natürlich waren wir dort gelandet, wo niemand landen will. Der Kellner legte eine knallrote abwaschbare Plasteunterlage vor jeden von uns, als wären wir Kinder. Michaela übernahm mit ihrem Schulfranzösisch die Bestellung und errötete nach dem abschließenden »Merci, Madame« des Kellners.

Der Kellner brachte eine Bierdose und schenkte mir ein, was wir andächtig verfolgten. Kaum hatten wir unser »Merci« geflüstert, als Michaela sagte, sie habe eigentlich nur Wasser bestellt. Ich trank den bitteren skandinavischen Import und hätte vor Müdigkeit am liebsten den Kopf auf den Tisch gelegt. Zur Toilette führte ein schmaler Gang, in dem ich mich an Fässern und Tüten vorbeizwängen mußte. Aus der Tiefe des Hauses kam mir jemand entgegen, der exakt dieselben Bewegungen vollführte wie ich. Kurz voreinander bogen wir gleichzeitig ab. Hier also haust mein Doppelgänger. Mein Bier war dann teurer als das Omelett. Wir schrieben ein paar Karten, eine auch an Dich.

Während der ganzen Zeit hörten wir von draußen Musik, eine Band, die ganz in der Nähe spielen mußte. Robert, der merkte, wie sehr seine Neugier Mamus freute, drängte zum Aufbruch. Dementsprechend enttäuscht war er, als wir nirgendwo eine Bühne sahen, nirgendwo ein Publikum, als gehörten die Beatles, Neil Young und Elton John zur Pariser Luft.

An der Ecke saß ein Japaner, umringt von einigen Geräten, auf den Schultern ein Gestänge, das die Mundharmonika festhielt, auf den Knien die Gitarre. Ich brauchte einen Moment, bis ich begriff, daß wir vor des Rätsels Lösung standen. Dieser Japaner war der echte, der wahre Orpheus von Paris. Wenn er bei »Heart of Gold« nicht gerade in die Mundharmonika blies, stand wegen der Kälte immer ein weißes Atemwölkchen vor seinem Mund, als sänge er sich tatsächlich die Seele aus dem Leib.

Eine Weile bestaunten wir ihn. Ich gab ihm meine restlichen Francs und empfand dabei eine große Befriedigung. Glück und Gleichgültigkeit ähnelten sich zum Verwechseln. Wir konnten bleiben oder abfahren, alles war gut.

Bei der abschließenden »Lichterfahrt«, die eigentlich schon zur Rückfahrt gehörte, schlief ich ein. Ich hatte das Gefühl, alle paar Minuten aufzuwachen, ohne daß mir der Traum entglitt. Einmal muß ich so schnell wie möglich zurück, plötzlich steht statt VKU nur noch KU[1] auf meinem Urlaubsschein. Ich kann die Uniform in der ganzen Wohnung nicht finden. Ich ärgere mich, weil ich gar keinen Urlaub gewollt hatte und nun ohne Uniform in einem Zug sitze, der immer lange hält, um seine Ankunfts- und Abfahrtszeiten einzuhalten. Von draußen blendet

1 Abkürzungen beim Militär. Verlängerter Kurzurlaub: 3 Tage; Kurzurlaub: 2 Tage.

die Sonne, nicht mal die Stationsschilder sind zu erkennen. Niemand wird mir am Kasernentor glauben, daß ich Soldat bin. Da fallen mir die kurzen Haare ein. Ich zupfe unentwegt an ihnen, um zu üben, wie ich sie vorzeigen werde.

Statt der Fahrkarte ziehe ich einen Geldschein hervor und halte ihn so, als betrachtete ich eine Taschenuhr. Es ist ein Zehn-Franc-Schein. Bleiben mir also noch zehn Minuten für den Rückweg. Ein Franc nach dem anderen vergeht, ohne mich zu ängstigen. Ich weiß, daß ich träume und daß ich nur noch ein bißchen warten muß, dann wache ich von selbst wieder in Paris auf. In Paris werde ich meine Uhr verkaufen, um mir den Aufenthalt leisten zu können. Ich greife in die Tasche. Statt einer Uhr ziehe ich immer wieder Zehn-Franc-Scheine hervor. Ich überlege, wie oft ich das noch machen muß, damit ich einen Tag bleiben kann, eine Woche, ein Jahr.

Während die Mitreisenden im Abteil sich mehr und mehr wie Schüler auf einem Ausflug benehmen und einander mit ihren westdeutschen Ausweisen, die sie wie Taschenspiegel in der Handfläche halten, blenden, bleibe ich ruhig, weil ich ja die Dinge besitze. Ich bin überzeugt, die Dinge mindestens ebenso schnell parat zu haben wie sie die Ausweise, denn meine Jo-Jo-Hand, mit der ich gerade die farbigsten Früchte wie Tennisbälle fange und zurückwerfe, gewinnt zunehmend an Geschicklichkeit. Nicht nur das. Ich benenne auch jede Frucht. Wie leicht mir das Französische fällt, ich lese es von einem Täfelchen ab, das zugleich mit jeder Frucht erscheint, ich muß nicht mal Vokabeln lernen! Erst als ich zweimal hintereinander dieselbe Frucht fange, die mattorange und fünfsilbig schimmert, fällt mir auf, daß sich meine Stimme mit jeder Frucht ändert und ich längst eine Melodie singe. Um die Aufmerksamkeit der Mitreisenden zu erregen, muß ich die Früchte in jongleurhafter Schnelligkeit aufeinanderfolgen lassen, andernfalls wird die Musik, die in meinem Handeln klingt, unbemerkt bleiben. Schon im nächsten Moment bereue ich mein neues Tempo. Es ist unmöglich, die mehrsilbigen Worte auch nur annähernd vollständig auszusprechen. Zweimal fliegt mir die Frucht Merci zu, doch jedesmal gelingt mir nur Merz zu sagen. Merz, krächze ich, Merz. Meine Stimme ist dahin. Egal wie farbenreich die Frucht schillert, jedesmal krächze ich Merz, Merz, nur Merz. Die Mitreisenden machen sich einen Spaß daraus, nach meinen Früchten zu haschen. Ich bin empört darüber. Mamus ermuntert die anderen sogar, weil sie glaubt, ganz in meinem Sinne zu handeln. Ich schreie Mamus an, aber bevor ich ihr Gesicht sehen kann, wird die Abteiltür aufgerissen. Im selben Moment treffen die Reflexe der Handspiegel auf dem Abzeichen an der Mütze des Grenzers zusammen. Er nickt und will schon die Tür wieder schließen, als sein Blick auf mich fällt. Ich hebe die Hand, aber ich hebe sie nur wie zum Gruß, weil ich selbst schon nicht mehr daran glaube, daß mir irgendeine Frucht zufliegt. Alle stöhnen auf. Meinetwegen werden wir auf das Abstellgleis gewinkt.

Dein Heinrich

Mittwoch, 7. 2. 90

Lieber Jo!
Irgendwann wird Dich ein Kärtchen erreichen, zum Beweis, daß wir in Paris gewesen sind.

Am Montag, einen Tag nach unserer Rückkehr, erfuhren wir zufällig, daß Tante Trockel gestorben ist, Roberts Kinderfrau. Vor drei Wochen, als wir in Offenburg waren, hat sie ihn noch bekocht und auf ihn aufgepaßt. Sie lebte schon nicht mehr, als wir ihr von Paris aus schrieben. Bei unserem letzten Besuch zu Beginn des Jahres war es besonders lustig zugegangen.[1]

Tante Trockel war Michaelas erste Freundin in Altenburg (und vielleicht auch die einzige). Michaela behauptet, Tante Trockel habe ein bißchen ausgesehen wie Virginia Woolf. Ich finde das nicht. Mir schien es immer, als hätten sich in ihrem Mund viel zu viele ihrer langen ungeordneten Zähne befunden. Tante Trockel vermied es, zu lächeln oder gar zu lachen, weil sich dann ihre Hauer bis hinauf zum Zahnfleisch entblößten. Lachte sie trotzdem einmal, hielt sie reflexhaft eine Hand vor den Mund, was geziert wirkte. Vor ihren Einladungen habe ich mich immer etwas gefürchtet, denn seit sie nicht mehr in ihrem Kurzwarenladen arbeitete, bekamen wir alles zu hören, was ihr in den letzten Wochen durch den Kopf gegangen war. Michaela bewies jedesmal eine Geduld, die mich oft fassungslos, ja wütend machte. Ging es um Tante Trockel, herrschte bei Michaela Ausnahmezustand. Denn ohne Tante Trockels Unterstützung hätte sie damals die Schauspielerei an den Nagel hängen können.

Was soll ich Dir von Paris erzählen? Es war zu spät. Mir erging es wie einem, der bei der tausendmal herbeigesehnten Ankunft erfahren muß, daß die, nach der er sich ein Leben lang verzehrt hat, bereits abgereist ist.

In den zwei Stunden, in denen sich die Familie auf dem Eiffelturm tummelte und ich machen konnte, was ich wollte, nahm der Mauer-Dämon von mir Besitz. Ich geriet in Panik, als müßte ich mich entscheiden, zu bleiben oder zu fahren, obwohl ich doch jeden Augenblick Herr meiner Sinne gewesen bin.

Warum sollten mich die Artikel quälen? Im Prinzip sind es Geschichten. Konkreter Einstieg, alltägliche Situation, Verschär-

1 Am Ende dieses Briefbandes wird man das als Leser vielleicht etwas anders sehen.

fung, dann alles hinein, was man an Fakten weiß, vielleicht ein paar ähnliche Fälle, schließlich die Schlußpirouette mit Überraschung, durch die man an den Anfang zurückkehrt, so zumindest die Vorstellung von Jörg, dem Diplom-Ingenieur. Er liest den ganzen Tag Zeitungen, um sein Repertoire an Wendungen und Tricks zu vergrößern. Jörg hat es auch geschafft, sich als Vertreter des Neuen Forums in die »Kommission gegen Korruption und Amtsmißbrauch« einzuschmuggeln. Dort bekommt er unsere zukünftigen Titelgeschichten frei Haus geliefert.

Morgens bin ich ab vier oder fünf wach. Daran gewöhne ich mich langsam. Ich höre Radio oder studiere den Duden. In der Redaktion bin ich ein braver Eleve, koche Kaffee, sortiere die spärliche Post, hüte das Telephon und den Ofen, lektoriere beim Abtippen und übe mich im Abfassen von Meldungen. Allenfalls verrät mich mein Kürzel. Die Kleinschreibung macht aus dem Alien ein klassisches »et«.[1]

Angst habe ich allein vor dem Unbekannten und Unbedachten – vor irgendeiner Fehlkalkulation oder Laune der Druckerei oder der Post. Ich lebe hier in einer Oase. Michaela redet sich das Theater schön, aber es ist ein Desaster. Meine Mutter schluckt Beruhigungspillen, bevor sie in die Klinik fährt. Und was Robert aus der Schule erzählt, ist auch nicht besonders lustig. Ich wundere mich, daß die Kinder nicht zynisch werden. Schon allein dafür muß man sie lieben.

Heute verbrachte ich den Nachmittag mit einem alten Bauern, der uns mehrmals versicherte, länger als sein halbes Leben auf eine Zeitung wie unsere gewartet zu haben. Meinen Einwand, es gebe sie ja noch gar nicht, überging er. Die ganze Revolution sei nichts wert ohne Leute wie uns, die was aus den Möglichkeiten

1 Aus E. T., dem Alien aus Spielbergs gleichnamigem Film, wird das lateinische »et« (und).

machten. Bei »Revolution« vernuschelt er die ersten Silben, die letzte jedoch gleicht einem Fanfarenstoß. »Was draus machen!« ist sein Schlachtruf.

Seine Memoiren hat er für die Familie, für seine drei Enkelinnen geschrieben, ohne Hoffnung auf Veröffentlichung. Als ich ihn bat, die Rubrik mit Garten- und Feldtips zu übernehmen, fragte er nur nach Umfang und Termin und erbot sich, seine Texte gleich auf Manuskriptpapier zu liefern, er besitze eine Schreibmaschine.

Fred, der den Vertrieb organisieren soll und immer so ernst dreinschaut wie ein von Cranach gemalter Kurfürst, nennt Larschen »Schneekoppe«, weil sich sein dichtes weißes Haar merkwürdig auftürmt.

Allmählich wächst die Familie. Ab März werden wir eine Sekretärin haben, Ilona, die jetzt nur stundenweise aushilft. Sie trägt eine viel zu große Brille für ihren kleinen Kopf und kokettiert damit, bereits Großmutter zu sein, »aber no ni vierzsch!«. Jörg und Georg sind für Ilona Männer mit einem Lebenswerk, der Zeitung nämlich, während Fred und ich, als geborene Wasserträger, froh sein dürfen mitzutun. Wird irgendein Name erwähnt, kann man sicher sein, daß Ilona die Leute kennt und auch eine Meinung von ihnen hat, in aller Regel eine schlechte. Kaum hat sie etwas Abfälliges bemerkt, schlägt sie eine Hand vor den Mund, sieht sich erschrocken um und flüstert: »Ei Godd, dahrfsch das überhaubd saahgn?«

Bei Marion, Jörgs Frau, ist die Rangfolge unbestimmt. Sie siezt mich als einzigen, spricht gern von dem Opfer, das ich brächte. Sie meint, ich hätte zugunsten der Allgemeinheit das Theater aufgegeben, also auf das Beste und Schönste verzichtet, wobei sie mich ganz verliebt anschaut. Man hat ihr als Bibliothekarin in irgendeiner Zweigstelle des Braunkohlekombinats bereits gekündigt. Sie könne ermessen, was es bedeute, wenn man der Kunst den Rücken zuwenden müsse. Dazu nickt Marion, die Augenbrauen immer etwas hochgezogen, als erwarte sie Zustimmung. Ilona findet, Marion sehe aus wie Mireille Mathieu. Mich erinnert sie eher an eine Schauspielerin aus einem Stummfilm, deren Photo ich in einem Reclam-Querformat gesehen habe.[1] Ab März wird Marion halbtags bei uns arbeiten. Georg verlieh ihr den Titel einer Redaktionssekretärin.

Robert, der Ferien hat, kommt gegen eins zu uns in die Redaktion. Zusammen gehen wir dann zum Galluswirt. Bei ihm besitzen wir neuerdings das Privileg einer Tischreservierung. Natürlich darf jeder beim Galluswirt eintreten, aber er wird keinen Platz finden. Wochentags steht uns um 13 Uhr ein Vierertisch zur Verfügung. Vorsuppe, Hauptgericht und Nachtisch kosten zwischen zwei fünfzig und vier Mark. Der damit verbundene Status jedoch ist kaum zu überschätzen. Der Galluswirt ist Anfang Sechzig, die glatten Wangen jedoch und die aufmerksam hin und her eilenden Augen geben seinem Gesicht etwas Jungenhaftes. Besonderes Vergnügen machen ihm Fragen wie: »Habt ihr schon protestiert?« Niemand von uns weiß, was er meint. »Ihr wollt eine Zeitung sein?« Wir geben uns zerknirscht. »Sie lassen jeden auf den Markt, der will, das geht doch nicht – oder?« Seine Conclusio besteht in aller Regel in der Behauptung, daß das neue Marktgeschehen die alteingesessenen Geschäfte kaputtmachen wird. »Die machen die eigenen Leute kaputt! Is doch so, oder?«

Mit den eigenen Leuten meint er insbesondere den erlauchten Kreis der Zwölf-Uhr-Tischler. Die Zwölf-Uhr-Tischler dürfen zwischen drei Gerichten wählen, wir müssen nehmen, was übrigbleibt. Die Zwölf-Uhr-Tischler sind die Senatoren des Al-

[1] Anna Seghers, *Der Prozeß der Jeanne d'Arc zu Rouen 1431*, Hörspiel, Leipzig 1975; T. meint offenbar die im Buch abgebildeten Aufnahmen aus dem Stummfilm *La passion de Jeanne d'Arc* von 1928 in der Regie von C. T. Dreyer.

tenburger Handels- und Handwerksadels. Dieses gute Dutzend knorziger alter Herren scheint sich für jeden Tisch eine Dame zur Vorsteherin erkoren zu haben, alles ältere Damen, die schon allein durch ihre aufrechte Sitzhaltung Adel verraten.

Für sie sind wir Parvenüs, die man im Auge behalten muß. Vorläufig wenden sie sich nur schriftlich an uns, wobei sie höchste Sparsamkeit beweisen. Der Galluswirt überreicht uns immer mal abgerissene Zeitungsränder oder halbierte Quittungen, auf denen oftmals nur Name und Adresse stehen, mitunter der Zusatz »Wissen Bescheid!«.

An Zettel-Tagen genießen wir besondere Fürsorge. Statt uns mit seinen Fragen zu traktieren, wischt er mehrmals über den blanken Tisch. Beim Servieren stupst einem sein Bauch gegen die Schulter. Während des Kassierens durchwühlt er das Kleingeld, hält nach dem zweiten »Stimmt so!« völlig perplex inne, macht die Augen noch runder und läßt seine Groschen zurück ins Portemonnaie fallen. Wenn wir schon aufstehen wollen, stützt er sich mit einer Hand auf den Tisch, senkt verschwörerisch den Kopf und legt das Zettelchen in unsere Mitte. »Hört mal«, sagt er, »das ist so ein Fall, berühmter Mann, Dippel, sagt euch nichts? Dippel! Staudenzucht, führender Betrieb! Was heute botanischer Garten ist, hat er gemacht, für den Dietrich, Nähmaschinen Dietrich, hat alles er gemacht, auch am Bahnhof, alles von Dippel, berühmter Mann eigentlich, alles weggenommen, nie Nazi gewesen, alles enteignet, ganz unrecht, aus dem eigenen Häuschen rausgesetzt, rausgeschmissen, mal besuchen, gibt was her, ganz bestimmt.« Wir versprechen, der Sache sofort nachzugehen, und bedanken uns für den Hinweis. Daraufhin schließen sich die Augen des Galluswirts, die Lippen bilden eine zufriedene Schnute. »Wußt es ja, is Verlaß auf euch«, wobei er jedem, auch Robert, seine große weiche Hand wie ein Geschenk anbietet.

Sei umarmt, Enrico

PS: Gestern früh trat ein lächelnder Mann im dunkelblauen Dederonkittel ein. Er wollte eine Anzeige aufgeben, bat um Stift und Papier, zeichnete einen rechteckigen Kasten und begann zu schreiben. Zwischendurch mußte er telefonieren, um sich nach dem Preis für Holzleitern zu erkundigen. Aus jedem seiner Worte, aus jeder Geste sprach Lust. Selbst die beiläufigste Bewegung – wie er mir den Zettel herüberschob und mit seinen dicken Fingern und kurzen schwarzrandigen Nägeln darauf klopfte – prägte sich mir ein.

Als ich ihm den Preis für die Anzeige nannte (bei uns kostet der Millimeter pro Spalte eins achtzig), pfiff er durch die Zähne, reckte sich seitlich und zog unter seinem Kittel ein Portemonnaie hervor, aus dem hundert Papiere auf den Tisch fielen. Er wolle das jetzt erledigt wissen, sagte er und blätterte viermal Karl Marx auf den Tisch.

Ich dankte ihm, doch er rührte sich nicht von der Stelle. Ich sagte, daß seine Anzeige in zwanzigtausend Exemplaren am 16. Februar erscheinen und die Zeitung 90 Pfennige kosten werde. Da er immer noch keine Anstalten machte zu gehen, zählte ich unsere Rubriken auf: Reportage, Lokalpolitik, Wirtschaft, Historie, Kunst und Sport, und kündigte Kreuzworträtsel, Horoskop und Karikaturen an. Er nickte beifällig. Leider habe er keine Zeit, er müsse los. Ich sagte, daß ich ihn nicht länger aufhalten wolle. »Aber jetzt«, sagte er, »brauche ich die Quittung.«

Eine Quittung. Davon wußte ich nichts. Ich begann zu suchen und bemühte mich um zielgerichtete Bewegungen. Ihm genüge auch ein stinknormales Papier, auf das ich einen »Stempel knallen« solle. Im selben Moment fand ich die Offenburger Wundertüte und darin tatsächlich einen Quittungsblock, unglaublich praktisch, gleich mit Blaupapier und einer Pappe als Schreibunterlage, so daß ich es vielleicht auch ohne Anleitung geschafft hätte, das Ding auszufüllen.

Ohne in seiner Freundlichkeit nachzulassen, bedauerte unser Kunde, Stempel müsse sein, sonst nütze ihm die ganze schöne Westquittung nichts. Er bat darum, sie ihm gestempelt zuzuschicken, er vertraue uns. Zum Abschied klopfte er auf den Tisch.

Montag, 12. 2. 90

Lieber Jo!
(Vielleicht geht es im Leben nur darum, für sich das passende Layout zu finden.) Ich habe nicht geahnt, was Layout wirklich bedeutet! Erst nachdem ich gesehen hatte, wie einfach es ist, die Artikel auszurechnen, um sie auf die Spiegel zu übertragen, glaubte ich wieder daran, daß wir es schaffen würden! Das Layout ist unsere Landkarte, es ist unsere Verfassung, unser Vaterunser. Das Layout (Jörg betont es auf der ersten, Georg auf der zweiten Silbe) hindert dich daran, ungerecht zu werden und den eigenen Vorlieben nachzugeben, nichts darf bevorzugt oder benachteiligt oder vergessen werden. Layout ist Zivilisation und Recht, ist Höflichkeit und Anstand, ein Zuchtmeister, der dir die Freiheit schenkt.

Die Arbeit war eine Orgie. Das Gebot, fertig werden zu müssen, war größer als jeder Wille, als jede Kraft und immunisierte gegen Erschöpfung. Wie ein Dämon ergriff es uns, ein Wesen mit drei Köpfen und sechs Händen. Eine OP-Mannschaft kennt vielleicht solch einen Rausch. Erst jetzt kann ich ermessen, welches Wunder eine Zeitung ohne weiße Stellen bedeutet.

Die Tage, die dem vorangingen, waren allerdings ein Alptraum, als würde unser Schiff bereits beim Stapellauf kentern.

Obwohl wir im Material ersoffen, blieben die Seiten leer. Am schlimmsten war Georg, der nichts gelten ließ, nicht mal seine eigenen Artikel. Die erste Ausgabe sollte etwas Besonderes werden.

Als auch Fred seine Meinung zum besten gab – der Leserzorn würde gerade ihn, den Vertriebsmann, zuerst treffen –, hat ihn Jörg vor die Tür gesetzt.

Am Sonntag morgen lag nur Jan Steens Seite in der Mappe. Die restlichen elf standen uns noch bevor. Franka, Georgs Frau, ging mit den Jungen in die Kirche, damit Georg im Wohnzimmer an seinem Tankstellenartikel feilen konnte, Jörg schrieb seinen Aufmacher wieder mal um, ich blätterte im Duden (ich weiß jetzt, wie »Mise en scène« geschrieben wird) und kümmerte mich um den Ofen. Fred war nach Offenburg gefahren, um den VW-Bus abzuholen. Am Abend zuvor hatte er im gegenüberliegenden Zimmer Linoleum verlegt. Das wird unser zweiter Arbeitsraum.

Gegen elf klingelte es. Drei Männer wollten zu Georg und Fred, sie seien verabredet, sie hätten sich auf dem Markt kennengelernt. Sie hängten ihre langen Mäntel nebeneinander an die Garderobe. Ihr kleiner Anführer krauste seine Nase und machte sich sofort an allem zu schaffen, alles mußte er berühren, alles in die Hand nehmen. Die Briefwaagen gerieten unter seinen Fingerkuppen in stürmische Bewegung. Er patschte an die Ofenkacheln und auf den Tisch, sein Daumennagel prüfte das Holz der Stuhllehnen, und seine Adjutanten wies er an, gegen die Balken der Decke zu klopfen. »Unglaublich«, lautete jedesmal sein Befund, »wirklich unglaublich.«

Seine Aufmachung, braune Kordhose, dunkelgrünes Jackett, gelber Westover[1], wirkte gediegen, im Gegensatz zu der seiner

1 Pullunder.

Lakaien, die die Farben Lila und Dunkelrot bevorzugten. Nachdem der kleine Anführer unsere Hände geschüttelt und Platz genommen hatte, konnte er nicht mehr an sich halten, er mußte uns seine Eindrücke über die »Hinterlassenschaft des Kommunismus« mitteilen.

Jörg hämmerte weiter auf dem »grünen Ungeheuer« und schnaufte wie Swjatoslaw Richter. Die bunten Burschen nutzten jede Atempause ihres Chefs, um eigene Beobachtungen kundzutun, nannten uns Enthusiasten und Leute, die endlich ihre Ärmel hochkrempelten.

Als ich den Anführer fragte, was *er* denn für einen Beruf ausübe, erhob er sich, um unter mehrmaligen Entschuldigungen seine Visitenkarten auf den Tisch zu schnippen, als spielte er seine Buben aus. Umgehend folgten zwei Asse. Ich hatte es mit einem »Chef vom Dienst« und zwei Redakteuren einer Gießener Zeitung zu tun.

Während sie redeten und redeten, holte ich unsere Spiegel[1] aus der Kammer und bedeckte damit die Tischplatte. Ich legte die Photos und Artikel auf meine Seiten, als schmückte ich einen Gabentisch. Zum Schluß nahm ich den Layout-Entwurf zur Hand und sah darauf mit der Gewißheit, am Ende meines Täuschungsmanövers angelangt zu sein.

Der Chef vom Dienst beugte sich vor, breitete die Arme aus und rief: »Bleisatz! Sie arbeiten mit Bleisatz?!« Einen Moment hielt ich die kleinen Haarbüschel auf seinen Fingern für Fliegen. »Ihr wißt doch schon gar nicht mehr, was das ist«, fuhr er seine Lakaien an, lächelte mir zu, streichelte die weißen Bögen, sein Kinn deutete auf den Layout-Entwurf. »So soll es aussehen?«

[1] Blätter, auf die eins zu eins das Layout gezeichnet wurde.

Ich nickte.

»Sehr gut, sehr gut«, sagte der Chef vom Dienst und begann, mir rätselhafte Fragen zu stellen, zum Beispiel, wieviel Punkt die Überschrift habe und die Unterüberschrift, doch glücklicherweise erteilte er sich die Antwort jedesmal selbst: also zweiundzwanzig, oder achtzehn, und zwölf die Unterüberschrift. Und die Schrift? Also acht. Wir spähten beide hinaus auf das weite weiße Meer, das unberührt vor uns lag. »Ich habe Sie gar nicht gefragt«, fuhr er plötzlich herum, »ob ich darf?«

»Natürlich«, sagte ich und schickte meinen Blick wieder zum Horizont. Jörg hämmerte ununterbrochen auf die Tasten.

Der Chef vom Dienst, der sich des Jacketts entledigt hatte, streckte gebieterisch seine Arme aus. Seine Burschen eilten herbei und nahmen ihm diensteifrig die Manschettenknöpfe ab. Gewissenhaft krempelte er die Ärmel hoch. Plötzlich schwebten seine Hände über den Spiegeln, schnellten wie Libellen übers Wasser, von hier nach da, verharrten eine Weile und zeichneten dann weiter ihr unsichtbares Muster.

Er verlangte Bleistift, Typomaß und Taschenrechner – »Ein Zettel tut's auch« –, trat kurz zurück und begann.

Es folgte eine Stunde, in der ich erstmals etwas erlernte, das vielleicht dazu taugt, mir mein Brot zu verdienen, ein Handwerk eben. Und zum ersten Mal seit der Schule löste ich wieder eine Gleichung mit einer Unbekannten.

Den Chef vom Dienst interessierte nicht, ob die Substantivierungen verschwunden und die Verben vermehrt worden waren oder ob sich der Satzbau variantenreich und zugleich übersichtlich gestaltete, der Chef vom Dienst fragte nach der Anzahl der Zeichen und Zeilen, welches Photo zu welchem Artikel gehöre, was ein Dreispalter, was ein Zweispalter werden solle. Jetzt waren seine Hände Mäuse, die übers Papier huschten.

Mein Gärtnermeister-Dippel-Artikel war zweimal sechs Zeilen zu lang. Ich strich und erschrak, wie leicht das ging. Der Chef vom Dienst stellte die nächste Kürzungsaufgabe.

Es strömte wieder Leben in mich ein. Die Seite war fertig. Der Chef vom Dienst plante schon die nächste, als Georg erschien und uns alle, auch die Gießener, zu Tisch bat. Die Adjutanten vergaßen darüber den Sinn der ausgestreckten Arme ihres Chefs. »Die Manschettenknöpfe!« zischte er, worauf beide in ihren Jackettaschen wühlten.

Erst glaubte ich, wir würden es bis acht Uhr abends schaffen. Wir mußten ja nur rechnen und kürzen. Es wurde zehn, es wurde zwölf, dann eins, dann drei. Gegen vier legten wir die Seiten in die Mappe. Am schönsten war das Aufräumen. Georg putzte den Ofen, Jörg die elektrische Schreibmaschine. Schließlich saßen wir neben der Transportmappe, als warteten wir darauf, daß unser Kind einschläft.

Übermorgen fahren wir zum Korrekturlesen.

Sei umarmt, E.

PS:

Ich soll Dich von Vera grüßen. Sie rief aus Beirut an. Ihre Schwiegermutter (mit dem schönen Namen Athena) ist krank und sträubt sich gegen eine Reise nach Berlin. Nicola spielt mit dem Gedanken, sein Geschäft in Berlin aufzugeben und das seines verstorbenen Vaters fortzuführen. Von dem Haus ist kein Stein auf dem anderen geblieben. Aber die wertvolleren Stoffe haben im Keller die Zerstörungen und Plünderungen unbeschadet überstanden. Mutter und Sohn begreifen das als ein Zeichen und Wunder. Welche Rolle Vera bei diesen Überlegungen zukommt, weiß offenbar niemand, zumindest weiß sie es nicht. Und da mein Schwesterchen bekanntlich schon kränkelt, wenn sie nicht das Gefühl hat, der Mittelpunkt der Welt zu sein, versuche ich ihr jede nur denkbare Liebeserklärung zu machen. Ob meine Briefe sie überhaupt erreichen, ist allerdings fraglich. Wenn Du es einmal versuchen willst: Madame Vera Barakat, Beirut – Starco area – Wadi aboujmil, the building next to Alliance College – 4th floor.

Dienstag, 13. 2. 90

Lieber Jo!
Hier habe ich in einer Woche so viele und seltsame Begegnungen wie früher nicht in einem Jahr. Vorgestern[1] saß ich über ein paar Zeilen zum Tierheim (ein Tierheim soll es erst werden, noch ist es ein wilder Zoo, eher die Hundeabteilung der VP[2]). Material hatte ich genug, auch die Überschrift, doch es ließ sich nicht schreiben. Entweder klang es rührselig oder unterkühlt. Ich brauchte tausendfünfhundert Anschläge, nicht mehr! Nach einer Stunde hatte ich noch keinen vernünftigen Satz zusammen. Es war wie verhext. Als ich nachlegen wollte, war keine Glut mehr im Ofen. Und ich bekam den Geruch von »nassem Hund« nicht aus der Nase. Ich wusch mir die Hände, schnüffelte am Papierkorb, sah hinter die Maschine, fluchte. Sobald ich die Finger auf die Tasten legte, war »nasser Hund« wieder da.

[1] Die Datierung dieses Briefes bereitet Probleme. Eine befriedigende Einordnung ist kaum möglich. T. irrt sich offensichtlich im Datum. »Vorgestern« war Sonntag, also jener Tag, an dem bis in die Nacht gearbeitet wurde. Ein früheres Datum kommt ebenso wenig in Frage. Doch auch für Mittwoch und Donnerstag ergeben sich Unstimmigkeiten. Am ehesten scheint als Schreibzeit der Donnerstagmorgen wahrscheinlich zu sein, obwohl es befremdet, keinen Hinweis auf den Erscheinungstag der ersten Ausgabe zu finden.

[2] Volkspolizei.

In der Nacht träumte ich ununterbrochen und fühlte mich morgens zerschlagen. Den Tag über hatte ich Termine in Meuselwitz und in Lucka, sammelte zwischendurch in den Dörfern Nachrichten ein und ließ mir von der Wintersdorfer Sekretärin einen Kamillentee kochen.

Zurück in der Redaktion, fand ich in meinem Fach Photos, darunter jene, die ich im Tierheim gemacht hatte. Im Ofen war noch Glut. Diesmal stopfte ich ihn voller Briketts, als plante ich eine Nachtschicht, und setzte mich an die Maschine.

Die Augen schmerzten. Von Zeit zu Zeit ging ein Schauer über meinen Rücken. Die Kälte weicht aus den Knochen, dachte ich; mir war wohl bei diesem Gedanken. Und dann – es klingt mysteriöser, als es in Wirklichkeit war – hatte ich das undeutliche Gefühl, jemand würde mir vorsichtig von hinten einen Hut aufsetzen.

Am Tisch saß ein Mann (wenn nicht abgeschlossen ist, hält sich sowieso niemand an Öffnungszeiten), einer, den ich irgendwoher kannte, mit dem sich etwas Erfreuliches verband, kein Heimatforscher.

»Lassen Sie sich bitte nicht stören«, sagte er sehr liebenswürdig und grüßte mit einer angedeuteten Verbeugung. »Ich warte ergebenst, es ist allein meine Schuld, daß wir uns verfehlt haben, bitte, fahren Sie fort.« So in etwa drückte er sich aus, als wäre es in Ordnung, wenn ich ihn ignorierte und weitertippte. In seinem ganzen Gestus entsprach er dem, was man sich unter einem alten Kavalier vorstellt – er ist höchstens vierzig –, Wortwahl und Aussprache erinnerten mich an die ungarischen Studenten in Jena, die ihr Deutsch bei Rilke und Hofmannsthal gelernt haben, sein rollendes »r« paßte gut dazu.

»Wir waren für zwölf verabredet«, versuchte er mir auf die Sprünge zu helfen, »ich hoffe, Ihnen sind aus meinem Fernbleiben keine Unannehmlichkeiten entstanden. Ich stehe zu Ihrer

Verfügung, wann immer es Ihnen konveniert.« Konveniert! Er verwendete ständig Worte, die er offenbar nur mit einer Verbeugung auszusprechen wagte. Gerade wollte ich sagen, daß ich mich an keine Verabredung erinnern könne, als aus seiner Richtung ein Laut kam, ein verhaltenes Jaulen – oder wie beschreibt man das Gähnen eines Hundes? Das also war's! Der Hund auf den Tierheimphotos! Und daneben er, deutlich genug, obwohl die Brille das Blitzlicht reflektiert. Seinen Namen hatte er mir buchstabiert, ich hatte aber vergessen, ihn nach Beruf und Wohnort zu fragen, und mich darüber geärgert. Das konnte ich nun nachholen.

Den Hund hatte ich als »leicht wölfisch« charakterisieren wollen, vor allem die Schnauze, die Statur nicht so kräftig wie bei einem Schäferhund, das Fell schwarz-grau. Auf einem Auge ist er blind. Sein Schicksal sollte die Rahmenhandlung bilden.

»Ihre gute Tat wird bekannt werden!« sagte ich und brachte ihm die Photos. Er sah sie durch, doch bevor ich wieder saß oder mir gar Zeit geblieben wäre, seinen Namen zu finden, lagen sie wieder vor mir, genau an der Tischkante. Am liebsten hätte ich ihn gebeten, sein Kunststück zu wiederholen, derart lässig hatte er den kleinen Stapel aus dem Handgelenk geworfen. Nichts Herablassendes sprach daraus, eher eine sympathische Distanz sich selbst gegenüber.

Er beugte sich seitlich zu dem Hund hinab, ein Singsang, beruhigend, ja einlullend – auf englisch!

»Ich hoffe, keine Indiskretionen befürchten zu müssen!« rief er, wie ich fand, mit englischem Akzent. »Von Literatur und Ewigkeit verstehe ich nichts!« fuhr er fort. »Meine Visionen sind anderer Art!« Ich hatte keine Ahnung, warum er das sagte, und dachte, mir sei etwas entgangen.

Er wolle damit lediglich ausdrücken, sprang er mir bei, daß es besser wäre, wenn die Leute, zum Gegenstand eines Artikels geworden, das Gedruckte nicht selbst lesen müßten. Gezwungenermaßen nehme er das eine oder andere, das man über ihn in der Öffentlichkeit verbreite, zur Kenntnis. Oft seien es die Journalisten selbst – wenige, die sich so bezeichneten, verdienten ihren stolzen Titel –, die ihn zum Lesen nötigten und sich dann wunderten ... – er winkte ab, hielt aber schon im nächsten Augenblick seine Visitenkarte zwischen den Fingern – »besser eine zuviel als keine« – und schob sie mir über den Tisch zu.

Clemens von Barrista – weiße Buchstaben auf schwarzem Grund. Sonst nichts. Ich erinnerte mich, den Namen schon einmal gehört zu haben.

Du bekommst natürlich keine Vorstellung von Barrista, wenn ich Dir die Beschreibung seiner Augen vorenthalte – gegen seine Brille ist Deine Fensterglas! Riesige Glupschaugen, als blickte er durch einen Spion. Ein dunkler Schnauzer verdeckt notdürftig seine Hasenscharte und läßt, wie auch sein schwarzes Haar, die aknevernarbte Haut noch blasser wirken. Offenbar hat er sich mit seiner Erscheinung ausgesöhnt, von Unsicherheit – keine Spur. Er rückte etwas ab vom Tisch. Über dem kleinen Kugelbauch spannte sich das weiße Hemd.

Je mehr ich mich in seinem Anblick verlor, um so weniger wußte ich, was ich tun sollte. Da erhob sich Clemens von Barrista, sagte etwas wie: »Da läßt sich nichts machen« und reichte mir zum Abschied die Hand. Wo war ich mit meinen Gedanken?!

»Setzen Sie sich doch«, sagte ich schnell. »Machen Sie es sich bequem.« Er dankte, sah sich in der Redaktion um und verfiel, nachdem er wieder Platz genommen hatte, in ein absonderliches Deutsch, das ich kaum oder gar nicht wiedergeben kann. Er mokierte sich über unsere harten Stühle, das heißt, er pries einen guten Sessel als das »Merkzeichen« von Vernunft, von tatendurstiger, von tatenhungriger Vernunft, und sang ein Loblied auf den Luxus, auf die Wiedergeburt des Menschen aus dem Geist des Luxus. Sein Rotwelsch gipfelte in der Sentenz: »Schön scheint schön zu sein, gut mag gut sein, doch besser ist besser!«

Ich fand seine Anspielungen taktlos, nahm das Kissen vom Drehstuhl und bot es ihm an. »Mit Luxus ist hier nicht viel«, sagte ich.

Das habe er beileibe nicht gemeint! Ein Zitat sei es gewesen, womit er mir ein Kompliment habe machen wollen, ein Zitat aus dem Schatzkästlein eines Verwandten, eines wahren Freundes der Tiere, ein Sprüchlein, das ihm ans Herz gewachsen sei.

»Was wünschen Sie? Womit kann ich dienen?« fragte ich und spürte, wie seine gestelzte Manier bereits auf mich abfärbte.

Clemens von Barrista blickte vom Meeresgrund herauf, verbeugte sich leicht und sagte ganz ohne Akzent: »Sie wollten sich bis heute entschieden haben!«

Nach einer Verbeugung, die seiner nachempfunden war, erwiderte ich, daß wir einander am Dienstag[1] zum ersten Mal begegnet seien, am Hundezwinger der VP nämlich, wo wir zu meinem Bedauern kaum miteinander gesprochen hätten und ohne Verabredung auseinandergegangen seien ...

»Ich habe mir gestern bei Ihnen mein linkes Knie ruiniert«, brauste er auf, »weil das Licht kaputt war und immer noch kaputt ist!« Mit jedem Wort zügelte er seine Ungehaltenheit besser. »Wir haben hier gesessen, und ich habe Vorschläge gemacht. Ihre Zeitung«, er nahm die Brille ab und massierte mit Daumen und Zeigefinger seine Augen, »ist mir doch empfohlen worden!« Ich beteuerte, davon nichts zu wissen.

»Dann sind Sie also gar nicht Herr Schröder?« Er glupschte wieder durch seine Gläser.

[1] Wahrscheinlich ist der Dienstag der Vorwoche gemeint.

Ich stellte mich vor, erwähnte erneut unser Treffen bei der VP und wollte hinaus, um das Flurlicht anzuschalten, als er mich mit einer nachdrücklichen Bewegung seines Oberkörpers stoppte.

»Es geht um den Besuch des Erbprinzen!«

Endlich fiel bei mir der Groschen! Natürlich wußte ich von einem Abgesandten des Erbprinzen! Barrista ist ein Bekannter, wenn nicht gar ein Verehrer von Vera! Nur hatte ich ihn mir ganz anders vorgestellt!

»Sie sind uns angekündigt worden, natürlich mit schönsten Erwartungen allerseits«, entschuldigte ich mich. Ich war aufgesprungen und spürte, als hätte diese Erkenntnis mich meiner Kräfte beraubt, wie schwer mir das Sprechen fiel. Sofort fürchtete ich, ich könnte etwas verderben, etwas sehr Wichtiges. Hatte sich nicht schon bei meinen »schönsten Erwartungen allerseits« ein Lächeln über seine Lippen geschlängelt? Es kann nicht nur an mir gelegen haben, wenn ich von seinem Sermon bloß einzelne Worte und Brocken aufschnappte, so als kämen sie abends um neun auf Mittelwelle. »... exzellenter Ruf! – Leistung, Einsatzbereitschaft, Wille – beträchtlich – kann mir vorstellen – neue Kraft, neue Kräfte – darauf gewartet – auferstanden aus – Vertrauen, Unbescholtenheit – solchen Zeiten – spekuliert – gratulieren, ja, gratulieren.«

Er drechselte Komplimente. Soviel hatte ich verstanden. Seine Diktion reizte zum Lachen. »Sind höchst willkommen. Ja, sind Sie«, brachte ich hervor und fürchtete schon, er könnte das als Parodie deuten. Wie ausgefallene Plomben bewegte ich die Worte im Mund, und nicht viel fehlte, und ich hätte mich wie ein Lakai verbeugt.

Barrista hatte sich warmgeredet, sprach, wenn ich mich recht erinnere, weiter akzentfrei und bewegte seine Hände wie unter einem Wasserhahn. Voller Entschiedenheit rief er: »Ich nicht!

Gehöre nicht zu denen, Reden ist Silber, Schweigen Gold! Alles Mumpitz, nein, nein, mein Lieber«, er lächelte, »Rücksichten nicht mal im Interesse der Betroffenen, weiß jedes Kind, wirklich, jedes Kind! Das Jammern, je früher, desto besser, abgewöhnen, weiß selber, hilft nichts, keine Erziehung, werden es merken, niemand mehr da, nirgendwo, kein Beichtvater, unbesetzte Stelle, zweiwertig, dreiwertig, eine enorme Veränderung, absolute Leere, hüben wie drüben, einzigartige Chance!«

Ich versuchte gar nicht mehr, seinen Gedankensprüngen zu folgen, sondern bereitete ein paar Sätze über mich vor. Barrista, auf den Stuhl gefläzt, nickte mir übertrieben zu, als ich mich anschickte zu reden, zog die Augenbrauen hoch und ermunterte mich, seinen schüchternen Schüler, der an kurzen Hauptsätzen Halt suchte, mit ständigen Ahs und Ohs. Das war alles schrecklich simpel, doch es half, sein Zuspruch beruhigte mich. Als ich verstummte, stutzte Barrista. Was erwartete er? Ich zuckte mit den Schultern.

»Nun wird er wohl nicht mehr kommen!« seufzte er und kramte in seiner Hosentasche. Bevor ich fragen konnte, wen er meinte, entschuldigte er sich. »Oh, pardon, pardon! Es ist spät geworden.« Eingehend betrachtete er eine Uhr ohne Armband. »Zehn vor zwölf«, sagte er und unterdrückte ein Gähnen.

»Zehn vor zwölf?«

»Ich dachte erst«, überging er meinen Ausruf, »Ihre Augen leuchteten vor Begeisterung. Aber, lieber Herr Türmer, Sie sollten sich schonen. Darf ich Sie mitnehmen, darf ich Sie nach Hause fahren?«

Ich zeigte zum Fenster. »Habe selbst –« war alles, was ich hervorbrachte. Ich meinte das Auto.

»Dann darf ich Sie vielleicht hinausgeleiten?« Einer Collegemappe, die mir bis dahin verborgen geblieben war, entnahm er zwei rote, bereits etwas abgebrannte Kerzen, hielt ihre Dochte zusammen und entzündete sie gleichzeitig mit einem Feuerzeug. In jeder Hand eine Kerze, die Collegemappe unter dem linken Arm, stand er da wie eine Weihnachtsfigur aus Seiffen, die Tiefseeaugen auf mich gerichtet. Du kennst meine Schwäche für zuvorkommende Leute, trotzdem mußte ich lächeln. Er wartete, bis ich meine Sachen zusammenhatte. Der Wolf bewegte die Vorderpfoten. Bevor ich das Licht ausschaltete, sah ich, wie Barrista Wachs über den Handrücken rann und vor der Schnauze des Wolfs auf die Dielen tropfte. Ich schob mich an den beiden vorbei, öffnete die Tür zum Vorraum, dann die zum Flur und tastete nach dem Schalter.

»Warum mißtrauen Sie mir?« fragte er. Seine Augen schwammen auf mich zu. Außer dem Klacken des Schalters tat sich nichts. »Kein Problem, kein Problem«, rief er und hob die Kerzen höher. Ich war beschämt und wütend, letzteres um so mehr, als ich schon Freds Ausreden hören konnte.

»Im Osten habe ich mir ganz fix angewöhnt, auf alles vorbereitet zu sein.« Wieder deutete er eine entschuldigende Verbeugung an, weil er mir nicht den Vortritt ließ. »Es ist eine Kunst, mit den Leuten umzugehen, wirklich eine Kunst.« Unbeirrt humpelte er vor mir her, die brennenden Kerzen hielt er, so weit es ging, vom Körper entfernt. »Auch das Arbeiten will gelernt sein, machen Sie da bloß keine Ausnahmen!« Er kam mir zuvor und öffnete mit dem Ellbogen die Haustür. Der Zugwind löschte die Kerzen. Clemens von Barrista jedoch schritt in dem trüben Laternenlicht weiter, als leuchtete noch immer er den Weg. Da begann die Glocke der Martin-Luther-Kirche zu schlagen. Im nächsten Augenblick wurden die Laternen abgeschaltet. Ein kurzes Flackern, und die Nacht hatte Barrista und seinen Wolf verschluckt. Eine Weile lauschte ich seinen Schritten und dem englischen Singsang, rief ihm zweimal »Auf Wiedersehen!« hinterher und erwartete, jeden Moment das Licht seines Autos zu sehen. Es blieb dunkel, und nach dem letzten Glockenschlag war es überall still.

Ich schlief wie ein Stein.

Enrico

PS: Als ich heute in die Redaktion kam, wußte Jörg bereits alles und fragte, wie ich denn Barrista fände. »Speziell«, sagte ich und wollte mich gleich verbessern. Ich mag dieses Wort nicht. Doch Jörg stimmte mir sofort zu. »Speziell« treffe es vielleicht am besten. »Wie auch immer«, sagte er, an Georg gewandt, »Barrista will uns! Uns und niemanden sonst!«

Jörg war gegen acht in den »Wenzel« gefahren, wo er Barrista tatsächlich beim Frühstück getroffen und mit ihm gemeinsam »ein Ei geköpft« habe, wie er sich ausdrückte. Barrista habe ihn nicht nur über die anderen Gäste aufgeklärt, sondern auch deren Gestik und Redeweise nachzuahmen gewußt. »Saukomisch!« hatte Jörg das gefunden.

Was Barrista vom Erbprinzen erzählt habe, lasse ihn, Jörg, bei aller gebotenen Vorsicht mit Interesse und Neugier der Visite des alten Herrn entgegensehen. Der einzige Vorbehalt auf seiten Barristas sei ein »vernünftiger Wahlausgang« gewesen.

Als Fred auftauchte, stellte ich ihn zur Rede. Er aber machte auf der Stelle kehrt, ließ die Türen hinter sich offen und – schaltete das Licht an. Der Flur erstrahlte in nie gekannter Pracht. Fred behauptete, er habe die Glühbirnen bereits gestern vormittag ausgewechselt, was alle außer mir bemerkt hätten …

In der Hoffnung, daß wenigstens Du mir glaubst!

Dein E.

Sonnabend, 17. 2. 90

Lieber Jo!

Jetzt habe ich wieder Deinen Namen getippt, doch jener Mensch, der den letzten Brief an Dich geschrieben hat, selbst derjenige, der vor zweieinhalb Tagen mit den Zeitungsbündeln auf den Markt gezogen ist, erscheint mir heute fremd und kindlich. Erwarte keine Epiphanien! Alles verlief höchst profan. Die Zeitung, die mich beim Korrekturlesen noch so fern und geheimnisvoll anmutete, blätterte ich nun durch, erleichtert allein darüber, daß es keine weißen Stellen gab. Es mußte schnell gehen. Die Fahrer standen sich seit Mittag die Beine in den Bauch. Die Freiwilligen aus der »klartext«-Zeit hatten die Kaufhallen unter sich aufgeteilt. Das Telephon klingelte unentwegt. Nicht mal den Sekt, auf dem Jörg bestanden hatte, habe ich ausgetrunken. Von Georg bekam Robert eine Schaffnertasche samt einem Vorrat an Groschen überreicht. Ich hängte mir eine alte Knautschlackledertasche um, den Schulterriemen quer über der Brust. Dann hasteten wir, jeder mit zwei Bündeln zu je 250 Exemplaren, durch den Nieselregen.

Auf dem Markt, nahe der Sporenstraße, setzten wir die Bündel ab und massierten die betäubten, von blauroten Striemen gezeichneten Finger. Fünf Verkaufsstände drängten sich aneinander, als ängstigten sie sich vor der Weite des Marktes. Uns am nächsten siedelte ein Obst- und Gemüsehändler. Das D-Mark-Schild über der paradiesischen Pracht war so groß wie überflüssig. Die Namen der exotischen Früchte, die er ausrief, hätten ebensogut orientalische Gewürze bezeichnen können. Das eigentlich Märchenhafte aber waren die Tomaten und Gurken, die Birnen und Weintrauben. Die wenigen über den Platz verstreuten Leute konnten kaum der Anlaß seines Rufens sein. Die

Geschultheit seiner Stimme trieb die Künstlichkeit der Szene auf die Spitze. Er hätte auch Arien schmettern können.

Ich versuchte, den Knoten an meinem Paket zu öffnen, ließ aber niemanden, der sich uns näherte, aus den Augen. Ich erwartete, jede und jeder würde stehenbleiben und fragen, ob wir die neue Zeitung, das »Altenburger Wochenblatt«, verkauften. Robert starrte auf meine Hände. Er war bereits so unsicher geworden, daß er gar nicht auf die Idee kam, mir sein Taschenmesser zu geben. Bereitwillig ließ er sich dann einen Packen über den Unterarm legen. Ich stellte mich neben ihn und entfaltete die Zeitung, den Titel auf Augenhöhe.

Nachdem die ersten an uns vorübergelaufen waren, ohne sich nach dem Blatt zu erkundigen, riet ich Robert, die Leute anzusprechen. Er müsse schon sagen, was er da hätte. Statt den Mund aufzumachen, spreizte er nun, sobald sich jemand näherte, wie ein ungeschickter Kellner seinen Zeitungsarm weiter ab. Michaela hatte es unverantwortlich gefunden, ihn »zur Kinderarbeit zu verführen«. Um ihn jetzt wegzuschicken, war es zu spät, er mußte einfach durchhalten.

Schließlich blieb mir nichts anderes übrig, als ihm zu zeigen, wie er es machen sollte. Ich ließ niemanden aus. Ich fixierte die Leute, lächelte und sprach sie an. Auch wer weiter entfernt vorüberging, entkam mir nicht. »Kennen Sie schon das neue ›Altenburger Wochenblatt‹?« rief ich. Niemand blieb stehen, niemand kaufte. Sie sahen mich nicht mal an. Erst am Vortag war ein großer Artikel über uns auf der Kreisseite der LVZ[1] erschienen. Selbst die fanden uns wichtig.

Ab und zu wurde ein Fischbrötchen gekauft. Ich weiß nicht, wie mir allein zumute gewesen wäre. Roberts Gegenwart quälte mich.

1 »Leipziger Volkszeitung«.

Plötzlich kam eine ältere Frau, ihren Einkaufsbeutel hin und her schlenkernd, auf uns zu und fragte, was wir denn da hätten.

»Na ja«, sagte sie und betrachtete die Titelseite. Ihr Mantel war falsch geknöpft und hing schief. »Dann geben Sie mal her.« Ihr Arm tauchte bis zum Ellbogen in den Einkaufsbeutel. Ich verlangte neunzig Pfennig und überreichte ihr eine Zeitung aus der Mitte des Stapels. Ihr Zeigefinger stocherte im Kleingeld, bis sie ein Markstück fand. Ich ließ einen Groschen in ihre ausgestreckte Hand fallen. Nachdem sie die Zeitung gefaltet und in ihrem Beutel verstaut hatte, sah sie mich an, als wollte sie sich vergewissern, mit wem sie es zu tun gehabt hatte, und ging nach einem lauten »Wiedersehen« weiter.

Es funktioniert, dachte ich. Schon dieser eine Erfolg machte mich süchtig. Ich brauchte mehr davon. Die Mark gab ich Robert.

Kurz darauf hatte ich erneut Glück. Ein schlanker Mann mit glatten schwarzen Haaren hielt mir ein Markstück entgegen, winkte ab, als ich den Groschen hochhielt, und lächelte derart herzlich, daß seine Augen wie bei einem Kater hinter schrägen Schlitzen verschwanden.

Danach verlor ich alle Bedenken, trat auf zwei Frauen zu und fragte, ob sie das »Altenburger Wochenblatt«, die neue Zeitung für das Altenburger Land, schon hätten. Ich hielt mich an die jüngere. Erst als ich unmittelbar vor ihr stand, bemerkte ich die unzähligen Fältchen in ihrem Gesicht, unter denen ihre mädchenhaften Züge verschwammen. Sie griff bereits nach dem Portemonnaie, als mich ihre ganz in Schwarz gekleidete Begleiterin anfuhr, was das denn sei. »Ist doch nicht wichtig!« unterbrach mich die Schwarze. »Ist nicht wichtig!« Mit dem Handrücken schlug sie gegen die Zeitung und rief: »Neunzig Pfennig? Neunzig Pfennig!«

»Neunzig Pfennig«, beharrte ich und hätte in diesem Moment nur die Mark vom Handteller der Sanften nehmen müssen.

»Ist doch nicht wichtig! Nicht wichtig!«

Die Hand schloß sich langsam, und ich starrte auf die kleine Faust, die zart, ja porzellanhaft wirkte.

Wut und Verzweiflung stiegen in mir auf. »›Altenburger Wochenblatt‹!« schrie ich den beiden Frauen nach. »›Altenburger Wochenblatt‹!« Man muß mich noch an der Martin-Luther-Kirche[1] gehört haben.

Ach, Jo! Du wirst nicht verstehen, wie ich mich wegen einer Lappalie so gebärden konnte. Doch auf einmal war alles wieder da, das letzte halbe Jahr, die Angst, die Verzweiflung, die Vorwürfe, der Horror des Theaters, der Horror meines Krankenzimmers, meine Mutter, Michaela, Vera, die ganze Bodenlosigkeit. Und neben mir Robert, der sich auf die Bündel, auf eintausend Zeitungen gesetzt hatte!

Ich verlor alle Scheu! Ich verstand erst gar nicht, woher der Rhythmus kam, in dem ich AL-TEN-BUR-GER-WO-CHEN-BLATT skandierte! Ich hämmerte, klopfte, schlug der Schwarzen jede Silbe meines Trochäus mit gleicher Kraft ins Kreuz, AL-TEN-BUR-GER-WO-CHEN-BLATT. Ich tat es für Robert, für mich, für Michaela, für Georg und Jörg, für Mutter, für Vera, für die Stadt, für das ganze Land. Nach jedem Vers atmete ich freier. Jemand hielt mir ein Zweimarkstück vor die Nase, er verlangte tatsächlich zwei Zeitungen und kein Wechselgeld. Und auch Robert wurde sein erstes Exemplar los. Zusammen verkauften wir kurz hintereinander fünf Zeitungen. Als würde ich nun nachholen, was ich im Herbst versäumt hatte, rief ich AL-TEN-BUR-GER-WO-CHEN-BLATT auf die Hammerschläge

[1] Die Martin-Luther-Kirche befindet sich auf der gegenüberliegenden Seite des Marktes, ca. 250 Meter entfernt.

von NEU-ES-FO-RUM-ZU-LAS-SEN! Das war jetzt meine Revolution!

Der Obsthändler fühlte sich offenbar herausgefordert und antwortete mit einem sirenenartigen Geheul.

Zehn Minuten später bezog ich mit zwei Bündeln auf Höhe des Rathauses Posten. Von dort aus erschienen mir die Marktstände wie die heimatliche Küste. Ich weiß nicht, woran es lag, war ich erschöpft, hatte ich mich erkältet, fehlte mir Robert, jedenfalls verloren meine Rufe an Kraft. Nach jedem Vers hielt ich inne, um zu sehen, was geschah.

Ich verlegte meinen Standort erneut, diesmal etwas höher, an die Ecke zum Weibermarkt. Dort gab es mehr Leute. Und ich sah Robert, wie er den Vorübergehenden die Zeitungen auf seinem Arm entgegenhielt. Ich war für dieses Trauerspiel verantwortlich. Es gehörte nicht viel dazu, sich vorzustellen, wie sein Stolz auf meinen Namen im Impressum, seine Begeisterung für die Landfahrten, seine Bewunderung für die Kunst, eine Zeitung zu machen, wie all das gerade in sich zusammenbrach. Immer hatte ich Angst gehabt, die ganze Sache könnte noch scheitern, an der Genehmigung, an der Druckerei, am Transport, an unserer Unfähigkeit. Nie aber hatte ich einen Gedanken an den Verkauf verschwendet! Wenn ich mich schon bei solchen Dingen irrte, mußte ich da nicht an allem zweifeln, an meinem ganzen Kalkül? Am liebsten hätte ich aller Welt erzählt, daß wir den Erbprinzen nach Altenburg bringen werden. Ja, plötzlich wünschte ich mir den wunderlichen Clemens von Barrista her. Aus irgendeinem Grund fand ich es trostreich, an ihn zu denken. Aber ich blieb stumm, und die Leute gingen vorüber, als wäre ich unsichtbar. Doch dann …

Ich hatte mich bereits so an die Obstsirene gewöhnt, daß ich zunächst gar nichts bemerkte. Etwas allerdings war anders. Sie rief das »Wochenblatt« aus! Was heißt ausrufen! »Woochnblaaaht, Woochnblaaaht, Aaaltnburger Woochnblaaaht!« – er betonte die erste Silbe, verschluckte die zweite, stieg mit dem »aaah« sirenenartig aus dem Abgrund hinauf, um sich dann mit weit aufgerissenem Mund auf das A von Altenburg zu stürzen. Unmißverständlich folgte darauf der Imperativ: »Kauft, Leute, kauft!« und das sogleich beflissen hinzugefügte »Nur neunzig Pfennig! Neunzig Pfennig für das Aaaltnburger Wooochnblaaaht ...« Der Schluß war zugleich der Anfang, ein A – O – A, das sich über dem Altenburger Markt in die Lüfte erhob.

Langsam begann sich die Stadt zu beleben, als wäre der Ruf des Obsthändlers bis nach Nord und Süd-Ost[1] gedrungen.

Eine Gruppe von Frauen umringte mich – sie alle kauften und wollten keinen Groschen zurück. Zur Unterstützung, wie sie sagten. Eine von ihnen hatte mich als den Herrn Türmer vom Theater identifiziert, der doch in der Kirche geredet hatte.

Meine Glückssträhne hielt an. In wenigen Minuten wurde ich etwa dreißig Exemplare los. Und so ging es weiter! Ich mußte nur die Zeitung hochhalten und nach dem »Wochnblaaaht« der Obstsirene den Begriff wiederholen, als erklärte ich den Umstehenden: Wochenblatt, er meint unser »Wochenblatt«. Und dann – zuerst glaubte ich, eine Frau zu hören – erkannte ich in dem »Wochnblaat, Wochnblaat!« Roberts Stimme.

Ich brauchte nichts mehr zu sagen, von nun an kauften die Leute von selbst.

Zum Schluß war es so dunkel, daß ich kaum noch die Gesichter unterschied. Das Wechselgeld konnte ich bereits blind herausgeben, die Scheine stopfte ich in die Hosentasche. Meine Füße waren eiskalt, die Zehen spürte ich gar nicht mehr. Die Knautschlackledertasche hing mir schwer am Hals. Und was glaubst Du, an wen ich mein letztes Exemplar verkaufte? Ja, an

1 Neubauviertel mit ca. fünfzehn- bzw. fünftausend Einwohnern.

Clemens von Barrista. Aber er und sein Wolf schienen mich in der Dunkelheit nicht wiederzuerkennen. Oder sollte ich mich geirrt haben?

Robert war noch beschäftigt. Nur an seinem Lächeln, das er nicht unterdrücken konnte, merkte ich, daß er mich gesehen hatte. Erwin, die Obstsirene, wollte nichts von Dank wissen. Er gab mir einen Zettel, eine Annonce. Die sollten wir jede Woche bringen – und überreichte mir einen D-Mark-Hunderter! Roberts restliche Zeitungen überließen wir ihm, die wollte er zu Hause in Fürth verteilen.

Mit leeren Händen traten wir den Heimweg an, die prallvollen Taschen schlugen uns bei jedem Schritt gegen die Hüfte. Tausend war Rekord, ein Zwanzigstel der Auflage. In vier Stunden hat Robert neunzig Mark verdient (20 Pfennig pro Exemplar), dazu das Trinkgeld.

Jo, mein Lieber! Es ist solch ein Glück, wenn man etwas Selbstgemachtes verkauft! Mein Lorbeerkranz ist das Eichenlaub auf jeder Münze!

Dein E.

PS: Euer Exemplar kommt mit Streifband. Die Photos sind leider sehr dunkel.

Dienstag, 20. 2. 90

Lieber Jo!
Wir haben gearbeitet wie die Teufel. Trotzdem war ich erst nach Mitternacht zu Hause.[1] Aber vier Stunden Schlaf reichen, und

[1] Hintergrund ist die Fertigstellung der zweiten Ausgabe.

allmählich, da ich mir mit den Briefen die Zeit vertreibe, lerne ich, diese langen Morgen zu lieben.[1]

Ich werde Dich nicht wieder mit Zeitungsdingen langweilen, muß jedoch etwas nachtragen, das ich nicht erwähnen würde, wäre es nicht der Anlaß unserer ersten Krise geworden.[2]

Habe ich Dir schon von dem »Propheten« erzählt? Er ist ein komischer Kauz. Das merkt jeder schnell. Der Prophet bewegt fortwährend seinen Mund, als hätte er etwas gekostet und würde nun verkünden, wonach es schmeckt. Sein Kinn hält er vorgestreckt, so daß der Bart, der dem Anschein nach die Konsistenz von Zuckerwatte hat, drohend vorsteht. Auf der Demonstration nach dem Mauerfall hatte er die Schaffung einer Räterepublik gefordert. Er ist immer für eine Überraschung gut.[3]

Der Prophet hatte frühzeitig unsere Premierenfeier[4] mit seiner Gegenwart beehrt, sich aber bald in eine Ecke verzogen. Ihm paßte, wie wir jetzt wissen, die Couleur der Gäste nicht. Jörgs und Georgs Einladungen waren, wie es sich für eine Zeitung gehört, an den Rat der Stadt und den Rat des Kreises gegangen, an alle Parteien (mit Ausnahme der Genossen), an die Museen und das Theater, an die Guelfen und Ghibellinen. Pünktlich jedoch waren nur die Alt-Offiziellen erschienen, während all jene,

1 Den Großteil der Briefe, besonders jene an N. H., schrieb T. morgens zwischen fünf und neun Uhr.

2 In den beiden ersten Absätzen dieses Briefes verstecken sich zwei gegensätzliche Intentionen. Einerseits bezeichnet T. das Schreiben als Zeitvertreib, andererseits suggeriert er durch die Wendung, dass er noch etwas nachtragen »muß«, er sei verpflichtet, von seiner Arbeit zu berichten. Diese Ambivalenz, so unterschiedlich verbrämt sie auch immer erscheint, ist stets präsent.

3 Einen Monat zuvor, am 18. Januar, hatte T. über Rudolph Franck, den »Propheten«, noch geschrieben: »Seiner Initiative und Fürsprache verdanke ich die Arbeit bei der Zeitung.«

4 Premierenfeier der Zeitung am 15. 2., dem ersten Verkaufstag.

die sich uns auf natürliche Weise zugehörig fühlten – wir empfingen in den Räumen des Neuen Forums –, auf sich warten ließen, weil sie unsere Zeitung verkauft und ausgeliefert hatten.

Selbst die »Bonzen«, wie der Prophet sie später nannte, zeigten sich irritiert. Entweder wollten sie nicht miteinander reden, sondern lieber mit den »neuen Kräften«, oder sie reagierten verängstigt. Als ich dem Bürgermeister vorschlug, demnächst ein Interview mit ihm zu führen, nahm er seine Brille ab, rieb sich lange die Augen und fragte: »Was wollen Sie denn noch von mir?« Bevor ich antworten konnte, rief er: »Wissen Sie, was ich tun werde? Nichts werde ich tun! Ich hab schon viel zuviel getan!« Leider waren auch Jörg und Georg nicht gerade in Bestform. Jörg hatte an der Hand des Bürgermeisters gezappelt und kaum die Zähne auseinanderbekommen, um sich für das monströse Alpenveilchen zu bedanken. Georg hatte ernst wie Don Quichotte auf seine Gratulanten herabgeblickt, verwundert, daß jene, gegen die er ins Feld ziehen wollte, sich nun lächelnd zu seinen Füßen wanden. Doch das nur am Rand.

Spätestens nachdem Dr. Schumacher, der Offenburger Oberbürgermeister, umgeben von seiner Corona, den Raum betreten hatte – mit Rosen für die Damen und einem Diktiergerät für uns –, räumten die Bonzen das Feld. Nachdem auch die Offenburger wieder verschwunden waren und allein die eigenen Leute, wie Michaela sie nennen würde, sich noch vergnügten, schlug der Prophet gegen sein Glas, reckte seinen Bart vor und fragte laut: »Was steht im ›Altenburger Wochenblatt‹?«

Seite für Seite gab er eine Inhaltsangabe. Die fiel etwas launig aus, dennoch lachte ich mit – in sicherer Erwartung einer Laudatio. Spätestens bei seiner Verdammung von Jan Steens Anzeige, die er eine Verhöhnung des Zeitungskäufers und Lesers nannte, dämmerte mir, was für eine Unverschämtheit diese Rede war. »Was wollten wir?« donnerte der Prophet, machte eine Pause, in der sein Mund einen neuen Geschmack zu bestimmen suchte, und fragte im Ton bittersten Vorwurfs: »Doch was wollt ihr?« Das war kein rhetorischer Kunstgriff mehr! Aber ein Eklat? Wegen dieses Verrückten?

Jeder von uns bekam sein Fett ab, sogar an meinem Gärtner-Dippel-Artikel mäkelte er herum. Alles, was er bei uns finde, könne er heutzutage auch in der LVZ lesen.

Und schließlich, in Anspielung auf unsere Premierenfeier: »Seid ihr wieder die Knechte der Obrigkeit, die Knechte jener Bonzen, die uns vierzig Jahre lang schikaniert haben?«

Natürlich hatte ich gehofft, daß einer unserer Gäste uns verteidigen würde. Sie lauschten dem Propheten etwas zu bereitwillig, während sie an unserem Wein und Sekt nippten. Nur Wolfgang, der Hüne, und seine Frau schüttelten tapfer den Kopf, aber laut zu protestieren wagten auch sie nicht.

Wahrscheinlich hielten sie Widerspruch für überflüssig und glaubten, durch eine Entgegnung würde man dieser Farce zuviel Bedeutung beimessen. »Was gedenkt ihr zu tun?« hatte der Prophet zum Schluß getönt und war, nach einem Blick in die Runde, schnurstracks zur offenen Tür hinausmarschiert.

Nun amüsierte man sich über ihn, äffte ihn nach und benahm sich ausgelassener als zuvor, ja es wurde sogar getanzt, nachdem Fred im angrenzenden Flur ein Klavier entdeckt und den Deckel »geknackt« hatte. Eben noch froh, daß Barrista der Auftritt dieses Verrückten erspart geblieben war, bedauerte ich jetzt, daß ihn unsere Einladung offenbar nicht mehr rechtzeitig erreicht hatte.

Am Freitag, als Georg bekannte, früher wäre es ihm nie eingefallen, mit den Bonzen Sekt zu trinken, begriff ich erst gar nicht, worauf er hinauswollte. Doch Marion stimmte in die Selbstgeißelung ein. Plötzlich war ihnen wieder kein Artikel gut genug. Es war völlig absurd. Sogar Jörg streute sich Asche aufs Haupt und konnte nicht mehr verstehen, warum sie die Alt-

Offiziellen eingeladen hatten. Als ich fragte, wem diese Einladungen denn geschadet hätten, war es erst einmal still. »Unserem Ansehen«, sagte Georg schließlich, und Marion fügte hinzu: »Unserer Würde!«

»Meiner nicht«, antwortete ich, worauf das große Schweigen ausbrach, das wir erst gestern wieder los wurden.

Sei umarmt, Enrico

PS: Am Sonntag sollen wir angeblich von einer protestantischen Kanzel herab als Götzendiener gescholten worden sein – wegen des Horoskops auf der vorletzten Seite!

Dienstag, 20. 2. 90

Liebe Frau Hansen!

Wenn Sie wüßten, welche Überwindung es mich gekostet hat, Frau *** nach Ihrer Adresse zu fragen! Wie ein Vierzehnjähriger habe ich mich gebrüstet, Sie hätten mir eine Führung durch Rom versprochen.[1]

Mir tut es leid, daß ich Ihnen so wenig helfen konnte und Sie obendrein unseretwegen die Museumsleute verpaßt haben. Als Wiedergutmachung lege ich das Reclambändchen[2] und noch ein

[1] Nicoletta Hansen hatte als Fotografin eine Journalistin begleitet, die an einer Reportage über die zahlreichen Zeitungsneugründungen vor allem in Sachsen und Thüringen arbeitete. Der Bericht erschien schließlich ohne eine Erwähnung des »Altenburger Wochenblattes«. T. hatte die Autorin um die Adresse von N. H. gebeten.

[2] Wahrscheinlich handelte es sich dabei um die zweisprachige Ausgabe von *Amor und Psyche* von Apuleius, Leipzig 1981, in der sich

paar Materialien zum Pavillon bei. Für Frau *** habe ich ein Dutzend Interviewpartner aufgelistet und bereits an sie geschickt. Ich finde ja, daß es letztlich keine Rolle spielt, mit wem sie spricht. Die beste Auswahl ist der Zufall.[1]

Wann wollen und können Sie wiederkommen? Dies zu wissen wäre in jeder Hinsicht schön.

Herzlichste Grüße, Ihr Enrico T.

Sonnabend, 24. 2. 90

Lieber Jo!
Gestern kam Barrista die lange Treppe des katholischen Pfarramtes heruntergesprungen, als wären wir verabredet. Der Mann, mit dem er vor der Tür gesprochen hatte, beobachtete uns, ohne sich von der Stelle zu rühren. Deshalb glaubte ich, Barrista werde wieder zu ihm zurückkehren. Er aber bat, sich mir anschließen zu dürfen, und saß auch schon auf dem Sozius, der Wolf hinter uns in der Mitte. Er habe einen Fund gemacht, »eine Madonna«, sagte Barrista, »eine Madonna, Herr Türmer, eine Madonna … Und niemand weiß, woher sie stammt.« Er war nicht wiederzuerkennen, so lebendig sprach er, ganz ohne Akzent und Gespreiztheit.

Ihm sei es gleichgültig, wohin ich fahre, keinesfalls solle ich Rücksichten nehmen, notfalls werde er warten und den Hund ausführen. Als ich vor Anton Larschens Gehöft hielt, unterbrach

farbige Reproduktionen der neun Fresken von Moritz von Schwind aus dem Musikpavillon in Rüdigsdorf bei Kohren-Sahlis finden.

1 Diese Zuarbeiten blieben offenbar folgenlos.

ich Barrista in seiner Madonna-Schwärmerei. Er überhörte meine Worte und folgte mir samt Wolf. Ich mußte deutlicher werden und ihn bitten, mich ein paar Minuten zu entschuldigen. Prompt blieb er mitten auf dem Hof stehen, murmelte irgendetwas und schien erst jetzt zu bemerken, wohin er geraten war. Ein paar Hühner nahmen Reißaus, und nebenan kläffte ein Hofhund. Anton Larschen erschien, noch bevor ich die Klingel an der Haustür gefunden hatte. Er faßte mich am Ellbogen und führte mich zu einer niedrigen Tür, kommandierte Barrista heran und beharrte darauf, uns als Gäste bewirten zu dürfen. »Zehn Minuten!« rief er und kletterte vor uns eine steile Stiege hinauf, die ich aus freien Stücken nicht betreten hätte. Auch Barrista zögerte. Der niedrige Raum war völlig überheizt, das Bett, der einzige Gegenstand von normaler Größe, erschien riesig. Anton Larschen beeilte sich, ein drittes Gedeck aufzulegen, schloß den obersten Knopf seiner Jacke und zupfte an beiden Hosenbeinen. Er trug keine Strümpfe, bei jedem Schritt zeigte sich eine nackte Ferse in den Filzpantoffeln. Die Spitze seines weißen Haarturms streifte die Deckenbalken. »Bitte!« rief er. Wir nahmen an dem Tischlein Platz, er verschwand wieder nach unten.

»Bonfortionös!« flüsterte Barrista und hielt die Tasse gegen das Licht. Ich weiß nicht mehr den Namen, doch offenbar besaß Larschen chinesisches Porzellan. Das Zimmer wirkte wie ein Museum, so perfekt war die Ordnung. Nur auf dem Radio herrschte Chaos: ein ramponiertes Messemännlein, ein Karlsbader Trinkbecher, ein Flaschenschiff, ein Stopfpilz, eine Strohpuppe, ein paar gerahmte Photos und anderes mehr standen oder lagen dort durcheinander. Der Wolf hatte sich vor einem dunkelblau bezogenen Sessel ausgestreckt und blinzelte in die Lichtbalken, die Fenster waren kaum größer als Dachluken. Ich wollte Barrista gerade etwas über Larschen sagen, als dieser mit der Teekanne in der Hand schon wieder die Stiege erklomm. Er reichte uns einen Teller mit Anisplätzchen und Ingwergebäck (Barrista wußte Bescheid!). Dies, wie auch der Tee und der Krokantzucker, stammten von Verwandten aus Bremen, erklärte Larschen.

Barrista bat um Vergebung für sein Eindringen, wurde aber von Larschen, für den er zu leise gesprochen hatte, mit dem Ausruf unterbrochen, wie sehr er sich freue, gleich zwei Gäste in seinem bescheidenen Haus begrüßen zu dürfen. Ja, geehrt fühle er sich, und begann eine Rede, die er offenbar vorbereitet hatte. Dabei hielt er eine Mappe im Arm und strich unentwegt darüber, als müßte er sie säubern und ihre Ecken glattbügeln. Mit geradezu beängstigender Offenheit schilderte er dann, was er den dramatischen Höhepunkt seines »kleinen Werkes« nannte, nämlich die gescheiterte Flucht in den Westen. Sie sollte ihm nicht nur eine Landwirtschaft nach eigener Vorstellung verschaffen. Mit ihr war auch die Erfüllung seiner Liebe zu einer verheirateten Frau verbunden. Denn diese Frau war nicht bereit gewesen, sich scheiden zu lassen, wohl aber mit ihm zu fliehen. Sie wurden verraten, verhaftet, verhört. Im Gerichtssaal erkannte er seine Liebste nicht wieder. Ihr Haar war schlohweiß geworden. Er kenne die Leute, die sie verraten hatten, ein Wissen, das ihm keine Stunde der verlorenen Jahre zurückgebe. Er empfinde dieses Wissen als zusätzliche Strafe. Mehrmals gebrauchte Larschen den Ausdruck »meine Wenigkeit« und fragte zum Schluß, ob ich denn bereit sei, einen Blick auf »seine Memoiren« zu werfen. Ich erinnerte ihn daran, daß ich ja deshalb gekommen sei. Barristas Wolf, der anfangs mehrmals wegen Larschens Redeweise – kaum ein Satz, den er nicht mit Nachdruck spricht – aufgeschreckt war, bewegte im Traum seine Pfoten.

Als wir die Stiege hinunterkletterten, schlug die Standuhr elf Mal. Seit unserer Ankunft waren genau zwanzig Minuten vergangen.

Barrista hatte für Larschen erneut zu leise gesprochen und war deshalb ohne Antwort auf seine Frage geblieben, ob er, Barrista, das Manuskript ebenfalls lesen dürfe. »Wenn es nur halb so gut ist wie seine Erzählung«, sagte er, »müssen Sie es drucken!« Er meinte sogar, wir sollten ein Buch daraus machen. Barrista dankte mir überschwenglich. Ich könne mir gar nicht vorstellen, wieviel ihm diese Begegnung bedeute. Und ob ich den Stopfpilz gesehen habe? Der habe ihn regelrecht gerührt. Er selbst habe auch immer Stopfzeug dabei, nicht weil er sich keine neuen Socken leisten könne, sondern weil ihn Stopfen beruhige, ihn an die Abende seiner Kindheit erinnere und ihm die besten Ideen beschere. Er schilderte mir ausgiebig seine vergebliche Suche nach einem Stopfpilz. Weder in Kaufhäusern, Kurzwarenläden, ja nicht mal im Trödelladen habe man ihm helfen können, bis sich eine Verkäuferin seiner erbarmt und ihm einen Stopfpilz von zu Hause mitgebracht habe.

Als ich Barrista in Altenburg absetzen wollte, fragte er, ob etwas dagegen spreche, daß er mich weiterhin begleite. Für ihn sei alles interessant, was ich zu tun habe, sagte er, ausnahmslos alles! Und so tauchte ich nun überall mit meiner kleinen Gesellschaft auf, im Rat der Gemeinde von Rositz, im Rathaus von Meuselwitz, ich stellte Barrista den Sekretärinnen vor und machte ihn in Wintersdorf sogar mit dem Bürgermeister bekannt. Der Wolf blieb im Auto, und ich genoß die Freiheit – durch Barrista dazu ermuntert –, den Zündschlüssel steckenzulassen. Er hat recht. Man bewegt sich tatsächlich anders.

Auf der Rückfahrt drängte mich Barrista, hinter Rositz rechts abzubiegen, er wollte mir eine Entdeckung zeigen.

Was ich zu sehen bekam, war trostlos: ein von Unkraut überwucherter Fußballplatz, daneben eine Baracke mit dem Schild »Schiedsrichterklause«, vor Fenster und Türen weiße Gitter, weit und breit keine Menschenseele. Barrista schritt in seinen altmodisch spitzen Stiefeln voran, und obwohl ihm sein linkes Knie weiterhin zu schaffen machte, übersprang er behend die wenigen Stufen der kleinen Veranda, öffnete die Gittertür und trat ein. Ich traute meinen Augen nicht. Das Innere war als Waldschenke hergerichtet, weder die Holztäfelung noch die zahlreichen Gäste paßten zu dem armseligen Äußeren. Barrista zog den Mantel aus, klopfte leutselig auf jeden Tisch, grüßte zum Tresen und schob sich auf die Eckbank des Stammtischs. Kaum daß ich saß, stand ein Bier vor mir. Am merkwürdigsten aber war, daß der Wirt, ein Kahlkopf, den Wolf »Astrid« rief. Und Astrid trottete, ohne nach links oder rechts zu schauen, durch die aufgehaltene Küchentür. Barrista rieb sich die Hände. »Ist es hier nicht wundervoll?«

Wir aßen Mutzbraten[1]. Der war so zart und gut gewürzt, daß ich mir am liebsten eine zweite Portion bestellt hätte.

Barrista war in seinem Element. Ich erzählte ihm, wie wir alle zusammen die Einnahmen der ersten Ausgabe gezählt und gerollt hatten und mit dem Ergebnis auch halbwegs zufrieden gewesen waren – bis Georg einfiel, daß die Scheine ja noch im Safe lagen. Von solchen Geschichten kann Barrista nicht genug bekommen.

Während der ganzen Zeit beobachtete ich den Wirt. Irgend etwas an ihm war eigenartig. Die Erkenntnis, daß seinen Lidern nur die Wimpern fehlten, beruhigte mich irgendwie.

Laß von Dir hören! E.

1 Altenburg-Schmöllner Spezialität: Schweinefleisch (Kamm oder Schulter) wird in Majoran eingelegt und über Birkenholz am Spieß gebraten.

Mittwoch, 28. 2. 90

Liebe Frau Hansen!
Hier eine kleine Szene zum Thema Kunst, die Sie vielleicht interessieren wird: Heute vormittag, ich telephonierte gerade, erschien ein Mann mit glänzenden Augen in der Redaktion, nahm seine Schiffermütze ab, rückte sich einen Stuhl zurecht und zog ein abgegriffenes Portemonnaie aus seiner Gesäßtasche. Ich witterte einen Annoncenkunden.

»Darf ich reden?« fragte der Mann, obwohl er sah, daß ich noch nicht aufgelegt hatte.

»Sagt Ihnen das was?« fragte er, streckte beide Arme senkrecht nach oben und zog den Kopf zwischen die Schultern. »Sagt Ihnen das nichts?« Er wiederholte die Geste. »Das sollten wir doch abschaffen – diese Proletkultmonumente!« Wir als »neues Organ« müßten das aufgreifen! »Kommunistenkunst fliegt auf den Schrott!« Er bot sich an, einen Leserbrief zu schreiben.

Sie hätten wahrscheinlich schneller begriffen, was er meinte, und ihn auch schneller vor die Tür gesetzt. Ihre Lieblingsfigur[1] neben dem Museum will er absägen. Er stopfte sich dann wieder sein Portemonnaie in die Gesäßtasche und schied mit dem Versprechen, nun endlich mal die »Bild«-Zeitung nach Altenburg zu holen.

Das goldene Zeitalter der Kunst läßt auf sich warten. Und was die Schubladen betrifft, von denen im Moment so viel die Rede ist: Die kann man vergessen. Wen interessiert das noch? Unsere Erfahrungen sind heute so brauchbar wie ein hundert Jahre altes Medizinstudium.

Das ganze Mißtrauen, mit dem solche wie wir[2] seit Jahr-

1 *Große Neeberger Figur* von Wieland Förster.

2 An dieser Stelle bezeichnet sich T. zum ersten Mal, wenn auch indirekt, als Künstler/Schriftsteller.

tausenden bedacht wurden, war doch ungleich gerechtfertigter als Bewunderung und Verehrung.[1] Nein, ich zähle nicht mehr dazu, Gott sei Dank habe ich das hinter mir. Leicht war es nicht. Man denkt, man hat eine Begabung, und dann versaut man sich damit das Leben.

Es ist ungewohnt, ohne Zukunft zu leben, jetzt, da alles nur noch eins zu eins zu haben ist, ohne Aussicht auf Erlösung. Aber diesen Zustand ziehe ich dem der Vergangenheit bei weitem vor. Heute erscheint mir die schönste Erinnerung nachgerade obszön.[2]

Ich würde Ihnen gern einmal von Johann erzählen, einem Freund von mir. Er ist zu klug, um nicht zu erkennen, daß kein Stein auf dem andern bleiben wird, aber zu selbstverliebt, um nicht trotzdem wie bisher weiterzumachen. Johann hat, nicht ganz freiwillig, Theologie in Naumburg studiert und müßte ab Sommer als Pfarrer aufs Dorf ins Erzgebirge. In Dresden jedoch ist er bekannt als Untergrunddichter und Musiker. Zudem hat er eine Frau, deren Familienname auch außerhalb vom Weißen Hirsch (dem Prominentenviertel hoch über der Stadt) und von Dresden etwas gilt. Jetzt versucht er sich in die Politik zu retten. Selbst wenn er gewählt werden sollte, wird er sehr schnell zu spüren bekommen, daß diese Ersatzdroge zu schwach ist.[3]

Ich weiß gar nicht, ob Sie das überhaupt interessiert. Ich wollte Ihnen einfach einen Gruß schicken, der, selbst wenn er sich nicht so lesen sollte, sehr herzlich gemeint ist!

Ihr Enrico T.

1 Merkwürdigerweise hat T. die ungeeignetste Stelle für seine Bekenntnisse gewählt, redet er doch jenem Banausen das Wort, den er ein paar Stunden zuvor aus der Redaktion gewiesen hat.

2 In dieser Passage klingt das Grundmotiv seiner Briefe an N. H. zum ersten Mal an.

3 Wendete man dieses Denkmuster auf T. selbst an, so läge der Schluss nahe, dass er selbst eine starke »Droge« gefunden hat.

Donnerstag, 1. 3. 90

Liebe Frau Hansen!
Wäre da nicht Ihre Handschrift, ich würde es nicht für möglich halten, daß dieser Brief von Ihnen stammt. Lassen Sie das nicht Ihr letztes Wort sein!

Nie werde ich vergessen, wie Sie die große Museumstreppe heruntergesprungen kamen und erst aufsahen, als ich grüßte. Und Ihre Verwirrung, weil Sie glaubten, wir kennten uns, und zögerten weiterzugehen. Sie gehörten nicht nach Altenburg, das sah jeder. Mehr als der Mut aber fehlte mir in diesem Moment eine Idee, was ich Sie fragen, wie ich Sie ansprechen sollte.

Während der Pressekonferenz im Museum nahm ich mir vor, Sie irgendwohin einzuladen, sollte mir das gütige Schicksal eine zweite Chance gewähren.

Daher erschien mir unser Wiedersehen als Fügung. Ich will mich nicht auf unglückliche Zufälle herausreden, doch Ihre Freundin/Kollegin saß genau in unserer Blicklinie. Und um ganz ehrlich zu sein: Ich bemerkte die Reaktion und hatte auch gar nichts dagegen, weil ich fürchtete, mich sonst zu schnell zu verraten. Das können Sie mir vorwerfen. Aber nur das!

Wie Sie am Fensterbrett lehnten, den Photoapparat in Ihren Händen – ich war glücklich, mit Ihnen in einem Raum zu sein, und bemühte mich, Sie nicht zu oft anzustarren, also zwang ich mich, nur selten in *Ihre* Richtung zu blicken. Aber meine Blicke waren nicht mißzuverstehen. [...]

Warum sind Sie mir in den Garten gefolgt? Wieso jetzt diese Vorwürfe? Wieso hat sich Frau *** nicht gleich bei Ihnen beschwert? Ich begreife das alles nicht![1]

[1] Trotz verschiedener Versuche, Genaueres über die Vorwürfe und ihren Hintergrund zu erfahren, bleibt diese Passage im Dunkeln.

Um ganz offen zu sein: Als Sie beide gegangen waren, sagte ich: Diese Frau ist gefährlich, und natürlich wußte jeder, an wen ich dabei dachte. Ich meinte das allgemein, unpersönlich – daran muß ich jetzt denken.

War das Interview nicht längst zu einem Verhör geworden? Ohne Ihren erlösenden Einwurf hätte es mit einer Verurteilung Georgs zum »Ewiggestrigen« geendet. Wir sind keine Kinder. Ich will gar nicht von dem fordernd unter die Nase geschobenen Mikrophon reden. Und ich nörgle auch nicht an dem scharfen Tonfall herum, in dem ihm eine schriftlich ausformulierte Frage nach der anderen vorgesetzt wurde. Wer kann schon, ohne daß Zeit zum Nachdenken bleibt, auf selbem Niveau antworten?

Was Georg »das eigentliche Leben« genannt hat, wurde bei ihr zu »existentiell«. Sie zitierte ihn mit »nebensächlich«, wo er den Mauerfall als »logische Konsequenz« bezeichnet hatte. Sie brachte ihn dazu, sich ständig zu rechtfertigen.

Ihr Ausruf: »Aber man muß doch das Mittelmeer sehen!« ist der schönste Satz, den ich je gehört habe. Er war eine Erlösung! Ja, ich will das Mittelmeer sehen!

Kein Wort von all dem, was Sie sagten, habe ich vergessen. Als Sie über das Glück sprachen, an einem Ort wie diesem leben zu dürfen, der solche Pracht beherberge, und daß jeder Weg nach Italien über Altenburg führen müsse – ja, ich weiß, Sie bezogen es auf das Museum … Für mich war es ein Gleichnis, ein Versprechen, und so nah neben Ihnen stehen zu dürfen schon eine Erfüllung.

Ich sehe diesen hellen blaßblauen Streifen am Horizont, in den die Kegel[1] von Ronneburg ragten, die Sie Pyramiden nannten, und diese schwere schwarzgraue Wolkendecke über uns, unter der bereits die Straßenbeleuchtung angegangen war, so daß

[1] Abraumhalden der »Wismut«.

wir über die Stadt sahen, als schauten wir aus einem Zimmer heraus. Und wie wir dann unser Gespräch unterbrachen, weil dieser Wolkenstreifen orangefarben aufleuchtete. [...] An mehr will ich Sie gar nicht erinnern.

Ihr Enrico Türmer

Montag, 5. 3. 90

Lieber Jo!

Wie findest Du die Zeitung? Letzten Donnerstag sind Robert und ich wieder tausend Exemplare losgeworden. Michaela aber ist verzweifelt. Sie hatte bei der Intendantin die Wiederaufnahme der »Julie«[1] durchgesetzt, nach fast anderthalb Jahren. Flieder[2] war nur einmal kurz da. Er hat einen Tumor im Kopf und wird diese Woche in Berlin operiert. Damit kommt er auch ohne Zutun der Sluminski[3] nicht als neuer Oberspielleiter in Frage. Die gestrige Aufführung, die zweite Premiere sozusagen, von der sich Michaela so viel versprochen hatte, war mit 32 verkauften Karten ein Desaster. Und das, obwohl wir die Wiederaufnahme dank Marion groß angekündigt hatten.

Als ich gegen elf hinüber zum Theater ging – ich hatte ja »Zeitung machen« müssen[4] –, war schon alles dunkel und kein einziges Auto mehr auf dem Parkplatz. Die Pförtnerin verwehrte mir mal wieder den Eintritt. Erstens gehörte ich nicht mehr da-

1 *Fräulein Julie* von August Strindberg, deutsch von Peter Weiss.
2 Franz Flieder, Regisseur.
3 Intendantin.
4 Die erste Vorstellung der Wiederaufnahme fand am Sonntag, d. 4. März statt.

zu, und zweitens gebe es keine Premierenfeier, weil es keine Premiere sei, und zum Feiern bestehe erst recht kein Grund! »Zweiunddreißig Zuschauer! Zweiunddreißig! Überlegen Sie mal!«

Als ich die Kantine betrat, rief Michaela gerade: »Oh, ich bin so müde! Ich kann nichts mehr tun! Ich kann nicht bereuen, nicht fliehen, nicht bleiben, nicht leben – nicht sterben! Helfen Sie mir! Befehlen Sie mir, und ich werde gehorchen wie ein Hund!«

Du siehst, ich kann es immer noch auswendig![1]

Zu viert saßen sie da: die Neue von der Requisite mit dem schönen Charlie von der Ankleide und am Erkertisch Michaela und Claudia, ihre Freundin und Kollegin. Claudia verkündete, bis zum Morgen durchzumachen. Ich fragte, wie sie das mit einer halben Flasche Wodka schaffen wollten.

»Weiter«, rief Michaela.

»Das war vorhin«, begann Claudia und klemmte sich die Kappe eines Filzstiftes zwischen Oberlippe und Nase. »Jetzt haben wir an was anderes zu denken!« Bei den letzten Worten warf sie sich über den Tisch und prustete los. Der schöne Charlie applaudierte und versuchte mitzulachen.

»Wenn du mich fragen würdest, wie es gewesen ist, nur mal angenommen, du würdest mich fragen«, erwiderte Michaela, »dann würde ich auf der Stelle antworten – na? Was würde ich sagen? –, würde ich sagen …«, und nach einem kurzen Auflachen: »Berauschend!« Mit großer Geste präsentierte sie mir die leere Kantine.

So ging es weiter. Du kannst es lächerlich nennen oder genial, was die beiden da aufführten, ich aber bekam es allmählich mit der Angst zu tun. Claudia habe ich im Verdacht, daß sie den

[1] Sämtliche Zitate sind wortgenau, was möglicherweise auf eine unterstützende Lektüre T.s während des Schreibens schließen lässt.

Fehlschlag genoß. Für sie war es damals eine Demütigung, nicht die Julie spielen zu dürfen.

»Sind Sie nicht mein Freund?« fragte Michaela und sah die von der Requisite an. Es entstand eine Pause, in der Michaela die Ärmste fixierte, bis diese errötete und piepste: »Ja, natürlich will ich Ihre Freundin sein.« Claudia konnte ihr Gekicher nicht unterdrücken.

»Fliehen? Ja – wir werden fliehen!« fuhr Michaela fort. »Aber ich bin so müde! Geben Sie mir ein Glas Wein!« Charlie erhob sich, um ihr den Rest Wein einzuschenken. Michaela schien irgendeiner Erkenntnis auf der Spur zu sein, als nehme sie etwas wahr, was ihr bisher entgangen war. Ihr Satz »Wo haben Sie gelernt, sich so auszudrücken?« ergriff sie wirklich. Nach einer Pause, in der sie sich kerzengerade aufsetzte, verkündete Michaela todtraurig: »Sie müssen viel im Theater gewesen sein.«

Niemand lachte. Es war gespenstisch.

»Ausgezeichnet! Sie hätten Schauspieler werden sollen.«

Die Stille war atemlos wie nach dem letzten Ton eines Requiems.

Michaela ließ sich widerspruchslos von mir hinausführen. Ich habe ihr geraten, sich krank schreiben zu lassen, aber sie will nicht, das sei nichts für sie.

Ich kann sie nicht trösten! Das Theater ist mir vollkommen fremd.

In der neuen Ausgabe haben wir ein Interview mit Rau[1]. Jörg durfte es machen, nicht die LVZ. Rau hielt auf dem Markt eine Rede, lobte die »privatere Art« des Lebens im Osten und hat nun Sorge, daß durch die »Sucht nach der D-Mark die alle so werden, wie wir schon sind«. Auch er scheint die Seele im Osten

[1] Damals Ministerpräsident von Nordrhein-Westfalen, SPD-Kanzlerkandidat im Jahr 1986, von 2000 bis 2004 Bundespräsident.

zu suchen. Soll er nur. Dann hat er einfach geplaudert, als Skatspieler sozusagen, und erklärt, wie man richtig wählt, und sechs Busse aus Nordrhein-Westfalen – sogar die alte Werbung ist noch drauf – dem Altenburger Kraftverkehr geschenkt. Michaela war sauer, weil ausgerechnet Karmeka, ein Zahnarzt, der sich im letzten Herbst schön still verhalten hat, jetzt als Vertreter des Runden Tisches die Schlüssel von Rau entgegennehmen durfte. Morgen kommt Otto von Habsburg auf Einladung der DSU. Die hat schon mal Flugblätter verteilt: »Hätten wir sie aufgehängt, wären wir nicht besser als sie, die mit Stasi und Schießbefehl regiert haben.«

Clemens von Barrista und sein Wolf sind überall und nirgends. Am Freitag stieg er aus einem breiten schwarzen Amischlitten und bat uns um Wasser für Astrid, den Wolf. Auf meine Frage, ob er einen Kaffee möchte, reagierte Barrista überschwenglich, als erfüllte sich sein heimlicher Wunsch. Zusammen verließen wir die Redaktion. Ich mußte nach Lucka. Ob er mich begleiten dürfe? »Ja«, sagte ich, »natürlich!« Daraufhin öffnete er die Tür des schwarzen Autos und warf mir den Schlüssel zu. Der Wolf sprang hinein. Ich lehnte ab. Mir war es sowieso ein Rätsel, wie er mit diesem Schlitten durch die Frauengasse gekommen war. Ich solle es einfach versuchen, es sei ein Kinderspiel, ich werde schon sehen!

Wie recht er hatte! Sanft schaukelten wir durch die Stadt und brausten dann los. Ich spürte den Atem des Wolfes an meinem rechten Ohr. Alle Angst war verflogen! Plötzlich wurde es hell und laut – Barrista hatte das Dach zurückgeklappt.

Zwanzig Minuten später fuhren wir beim Rat der Stadt Lucka vor. Den Zündschlüssel ließ ich stecken, der Wolf sprang nach vorn.

Bei meinem ersten Besuch im Januar, Robert war mitgekommen, hatten wir Frau Schorba, die Sekretärin des Bürgermeisters, weinend und zusammengesunken auf ihrem Stuhl gefunden. Ich hatte ihr schließlich ein Taschentuch angeboten. Bis heute weiß ich nicht, was vorgefallen war, doch als sie mir bei meinem nächsten Besuch das Taschentuch gewaschen und gebügelt überreichte, fragte sie, ob sie etwas für mich tun könne. Und nun sammelt Frau Schorba Anzeigen für das »Wochenblatt«.

Unser wöchentliches Ritual verfolgte Barrista von der Tür aus. Während ich die Meldungen aus dem »Wochenblatt«-Schnellhefter überfliege, wiegt sich Frau Schorba ausdrucksvoll wie eine Pianistin an ihrer Schreibmaschine. Nachdem ich ihrem Spiel eine Weile zugesehen habe, sage ich: »Frau Schorba, ich bewundere Sie!«

Dann sinken ihre Hände in den Schoß. Ich ignoriere ihr vielsagendes Schweigen, bedanke mich und rufe, schon im Gehen: »Bis nächste Woche!«

»Sie haben da etwas vergessen!« antwortet sie und lächelt maliziös. In einer Hand hält Frau Schorba die Annoncen, in der anderen das Kuvert mit dem Geld.

»Das ist ja Rekord!« rief ich diesmal laut. Von den sechs Anzeigen waren drei zweispaltig, eine sogar achtzig Millimeter hoch.

Plötzlich stand Barrista da, ergriff ihre Hand und sagte: »Jemand wie Sie muß einfach unter meinem Schutz stehen!« Ich war nicht weniger verblüfft als Frau Schorba. »Wann immer Sie mich brauchen«, versprach er und legte seine Visitenkarte neben die Schreibmaschine. Mit einer Verbeugung und einer eleganten Drehung verabschiedete er sich und war schon zur Tür hinaus.

»Er ist der Abgesandte des Erbprinzen«, flüsterte ich ihr zu und folgte ihm.

Zum »Lunch«, wie Barrista das Mittagessen nennt, fuhren wir wieder in die »Schiedsrichterklause«. Nachdem sich Barrista nach meinem Geburtsjahr erkundigt hatte, lud er uns – Jörg, Georg und mich – für Dienstag in den »Wenzel« ein. Ich werde Dir berichten!

Sei umarmt, Enrico

Mittwoch, 7. 3. 90

Lieber Jo!
Vera ruft immer mal aus Beirut an. Sie hockt dann in einer winzigen Kabine, die Verbindung ging beim letzten Mal über New York. Ich stehe, den Hörer ans Ohr gepreßt, mitten in der Redaktion, selten allein. Die Geschichten, die Vera zu hören bekommt, das Elend, das sie sieht, die Verkrüppelten, die zerschossenen Häuser und Palmen, die Straßensperren und zu Hause ihre starrsinnige Schwiegermutter und der zaudernde Nicola, diese ganze Trostlosigkeit – ich weiß nicht, was ich zu alldem sagen soll. Meine Briefe erreichen sie nicht, weil die Post nicht funktioniert. Dafür ist es kein Problem, französischen Käse, Cognac oder andere Delikatessen zu kaufen. Ich hoffe, Vera kehrt bald zurück.

Michaela ist nach Berlin gefahren, zu ihrer berühmten Freundin Thea. Sie will auch Flieder im Krankenhaus besuchen. Hier ist es seltsam ruhig. Sogar die Kriminalitätsrate sinkt von Woche zu Woche.

Streit gibt es in der Redaktion nur gelegentlich wegen der Anzeigen. Mit Georg ist in diesen Dingen nicht zu reden. Durch die Anzeigen nehmen wir ungefähr jenen Betrag ein, den wir durch den Rückgang des Verkaufs verlieren. Aber Georg zufolge verlieren wir Leser, gerade weil wir Anzeigen drucken. Er redete sich in Rage, wir hielten unsere Absprachen nicht ein und würfen mir nichts, dir nichts unser eigentliches Anliegen über Bord.

Doch nachdem jeder das Seine gesagt hatte, war der Streit auch schon überstanden. Da aber steckte Ilona ihr Köpfchen herein und gemahnte uns daran, daß der Herr von Barrista bereits mehrfach angerufen und sich nach unseren Geburtsjahren erkundigt habe.

Er habe diesen Kerl noch nie zu Gesicht bekommen, rief Georg, ständig dieser Barrista, überall Barrista, Barrista! Der könne sich sein Geburtsjahr sonstwohin stecken! Jörg beruhigte ihn schnell, indem er an die Möglichkeiten erinnerte, die uns der Besuch des Erbprinzen eröffnen werde. Außerdem lerne er Barrista ja am Abend kennen.

Punkt acht betraten wir den »Wenzel«. Im Restaurant war alles besetzt, eine Reservierung habe Herr von Barrista nicht gemacht, sonst jeden Abend, aber für heute, nein, leider nicht. Die Bar war geschlossen. Uns blieben die Sessel im Foyer.

Nach einer Viertelstunde einigten wir uns darauf, ihm noch zehn Minuten zu geben. Da öffnete sich der Fahrstuhl, und Barrista trat vor uns. Er seufzte, schüttelte den Kopf, die erhobenen Hände bedeuteten Bedauern und Vorwurf. Alles sei längst fertig! Und wir säßen hier herum!

Er hatte gehofft, verriet uns Barrista im Fahrstuhl, »daß wir IHN hier wohnen lassen könnten: Fürstensuite! Das klingt doch nach was! Doch ausgeschlossen. Hier kann ER nicht bleiben.« Mir hingegen erschien die Suite, zu der uns Barrista die Tür aufhielt, prächtig. Eine Armada dreiarmiger Leuchter färbte den Raum honiggold. Honiggold schimmerten die Möbel, honiggold glänzten die Gedecke, ja selbst die Luft schien von diesem Farbton getränkt. »Bienenwachs?« fragte Georg. »Ausgezeichnet!« rief Barrista. »Und wissen Sie, woher ich die Kerzen beziehe? Aus Italien, Kirchenbedarf!«

Die Musikanlage war grandios; wir standen inmitten eines Orchesters, das Händel spielte.

»So 'n Mist!« sagte die Kellnerin, die offenbar schon die ganze Zeit vergeblich vor dem Spiegel an ihrer Frisur genestelt hatte und jetzt den Kopf ein paarmal hin und her warf, damit ihr das Haar über die Schultern fiel. Sie gab uns reihum die Hand, ihr Lächeln schob die Wangen zu Hügelchen zusammen, hinter denen die Augen blinzelten. Ihre weiße Bluse saß locker, doch konnte sie nicht verhüllen, wie sehr ihr der Rockbund ins Fleisch schnitt. Ich kannte sie, ich wußte nur nicht mehr, woher.

Barrista mahnte uns, nicht länger herumzustehen, wir hätten viel vor. So schlichen wir dann wie beim Stuhlwalzer[1] um die altmodischen Sessel und versuchten die gekritzelten Namen auf den Tischkarten zu entziffern.

»Lassen Sie uns trinken, Champagner muß eisig genossen werden!« Nach einem kurzen Toast auf die gemeinsame Zukunft und das Gelingen unseres Vorhabens prostete er jedem zu. Als ich an die Reihe kam, sahen wir uns länger als gemeinhin üblich in die Augen, das heißt, ich sah in das, was groß und dunkel hinter seinen Brillengläsern schwamm.

Lieber! Wärst Du doch dabeigewesen! Allein der erste Schluck Champagner – wie lächerlich zu sagen: er perlte, er sprudelte. O nein, dieses Naß berührte Gaumen und Zunge kaum und verflüchtigte sich in noch Leichteres. Wie schade, dachte ich, vorbei – erst da spürte ich im Innersten die abgründige Kühle, ja, für Augenblicke war ich selbst nichts weiter als dieser eisige Genuß. Gestochen scharf, als betrachtete ich mich unterm Mikroskop, nahm ich wahr, wie dieses Elixier von Zelle zu Zelle diffundierte.

1 Auch »Reise nach Jerusalem« genannt.

Es war still wie bei einer Andacht. Jede emporgezogene Augenbraue, jedes kennerhafte Schmatzen, jedes Lob wäre läppisch, wäre ein Sakrileg gewesen. Auch Barrista ergab sich dem Mysterium und lauschte in sich hinein. Und ich verstand zum ersten Mal, warum man ein Glas zerschmettert. Verzeih dieses Pathos, doch bereits der zweite Schluck besaß ein Gran Gewöhnlichkeit.

Früher hätte ich mir gewünscht, den Genuß in allen Nuancen und Farben beschreiben zu können. Heute reicht es mir, ihn erfahren zu haben.

Die Kellnerin stellte eine silberne Schale zwischen uns, in deren Mitte ein glänzender Delphin aufsprang, um ihn herum ein Meer aus Eis, auf dem – wie ich glaubte – zwölf schwarze verschrumpelte Muscheln lagen, dazu Zitronenschnitze und Schälchen mit Sauce. Die Kellnerin streifte mit ihrer Hand meine Schulter, als wäre sie die Gastgeberin.

Der Baron hielt uns einen Vortrag, bei dem seine flache Hand den Zeigestock ersetzte. Anfangs wirkte die Ernsthaftigkeit, mit der er die verschiedenen Sorten Austern beim Namen nannte, ihre Herkunft und Eigenschaften beschrieb, irgendwie rührend, beinah lächerlich. Doch dieser Eindruck verflog schnell. Es gab verschiedene Sorten – pazifische Austern, atlantische Austern, antarktische Austern, Austern aus Nordfrankreich.

»Und jetzt machen Sie es so!« Barrista hantierte mit einem merkwürdigen Gäbelchen. »Lösen – Zitrone – Sauce, nicht zuviel – schlürfen!« Er schlürfte sie tatsächlich. Das Wasser drum herum soll angeblich noch Ozean sein.

Kaum hatte ich das glitschige Zeug im Mund, rief er. »Kauen! Sie müssen kauen, kauen, merken Sie's?« Es schmeckte seltsam, wie etwas, das eigentlich keine Speise ist, aber Geschmack besitzt, ein wenig wie Nüsse. Ich kümmerte mich nicht um die anderen (Jörg gestand später, seine am liebsten ausgespuckt zu haben) und griff mir eine zweite. Mit den Austern verhielt es sich genau umgekehrt wie mit dem Champagner. Die zweite genoß ich tatsächlich!

Barrista erhob wieder sein Glas. Der Weißwein klärte und vervielfachte den Geschmack. Ich schlürfte eine dritte.

»Er hat wohl Feuer gefangen?!« Barrista stieß mit mir an und teilte die restlichen Austern zwischen sich und mir auf.

Früh um sechs war er heute nach Westberlin gefahren und hatte »in ausgewiesenen Geschäften« eingekauft. Er beschenke damit vor allem sich selbst. Viel zu lange habe er pausiert und sei nun glücklich, in diesem Kreise wieder genießen zu dürfen. Wir sollten nicht denken, erstklassige Qualität sei einfach zu bekommen, da würden meistens die Wege lang. Verlaß sei nur auf die eigene Nase. Deshalb reise er mit nichts weiter als einem Köfferchen, den weitaus größten Teil des Gepäckraums füllten Kühlkisten und seine transportable Höllenmaschine. Die Kellnerin trat zur Seite und wies mit beiden Händen auf einen zweiflammigen Kocher.

»Weiter!« rief Barrista. »Gedünstete Jakobsmuscheln!« Jedem wurde eine serviert, angerichtet mit Kräutern und einer dunklen Sauce, ein chinesisches Gericht.

»Sie werden sich wundern«, kündigte Barrista den nächsten Gang an. Wir sollten keine Angst haben, das sei kein Dessert, sondern ein Nichts, wie er es am liebsten nenne, ein Nichts, das unseren Geschmacksnerven Erholung verschaffen werde, eine Art Pfefferminzeis – es hieß anders und war auch kein richtiges Eis. Dazu reichte er Zigaretten in einer Schachtel herum, die an unsere »Orient« erinnerten.

»Der Erbprinz«, begann der Baron, »läßt Sie herzlich grüßen. Sie sollten vielleicht wissen, daß der Erbprinz nur eine schmale Rente bezieht, die wiederum fast vollständig einbehalten wird, um die Kosten für seine Unterbringung zu begleichen. Sobald

Sie ihn kennengelernt haben, werden Sie ihn sich zum Freunde wünschen.«

Außerhalb seines Zimmers verfüge Seine Hoheit, wie die richtige Anrede laute, über keinen Besitz und stelle keinerlei Ansprüche, zu denen er, nebenbei bemerkt, auch gar nicht berechtigt sei. Doch sei es immer sein Traum gewesen, noch einmal an jenen Ort zurückkehren zu dürfen, von dem er vor mehr als siebzig Jahren habe scheiden müssen. Er, Barrista, sage das weniger, um eventuellen Argwohn zu zerstreuen, vielmehr fürchte er, an die Person des Erbprinzen könnten sich Erwartungen und Hoffnungen knüpfen, die er in gar keiner Weise zu erfüllen in der Lage sei, sosehr Seine Hoheit das selbst möchte. »Wir haben also«, resümierte Barrista, »nur Geld zu verlieren.« Bei diesem Satz schlug wieder sein englischer Akzent durch. »Sie haben natürlich nichts zu verlieren«, sagte er und hob sein Glas. »Fürs Geldverlieren bin ich zuständig. Ihr Part ist es, mir dabei zu helfen.«

Er machte eine Pause und lächelte über seine Sentenz. »Sie bekommen die Exklusivrechte. Das ist alles.«

»Und was bedeutet das?« fragte Georg, der plötzlich ganz ruhig und gelassen wirkte. Barrista, offenbar froh, daß einer von uns den Mund aufmachte, drehte sich etwas, um Georg besser sehen zu können, und erläuterte in seiner übertriebenen Art: Durch uns, das »Altenburger Wochenblatt«, würden Stadt und Land Altenburg überhaupt erst von dem Besuch erfahren, zu uns müßten die Politiker kommen, wenn sie etwas darüber wissen wollten, bei uns könnten sich die Leute über das Programm seines Besuches informieren und sogar an einem Schnellkurs in Sachen Benehmen bei Hofe teilnehmen, auch wenn der Erbprinz keinen gesteigerten Wert darauf lege. Doch zumindest bemühen sollten sich die Leute. In diesem Moment brachte die Kellnerin vier kugelrunde Salatköpfe, Eisbergsalat, wie Barrista erklärte.

Dazu gab es auf einer Platte in Scheiben geschnittene Ingwerente und zwei Schälchen mit einer speziellen chinesischen Sauce. Der Baron schälte ein Blatt vom grünen Eisberg, bestrich es dick mit der braunen Sauce – die sei sowieso das Allerbeste – und wickelte mit bloßen Fingern zwei Scheiben Ente in das Salatblatt.

»Wenn Sie wüßten, wie lange ich darauf gewartet habe! Es gibt nichts Besseres«, sagte er und biß ab. »Absolut nicht«, flüsterte er kauend. Sauce tropfte auf seine Serviette.

Es zähle zu den schönsten Überraschungen seiner Expedition, im Osten noch ordentliche Fleischwaren vorzufinden, unter denen der »Mutzbraten« – er sprach die erste Silbe fälschlicherweise kurz – eine Delikatesse ersten Ranges sei. Und wer weiß, was man daraus noch alles machen könne, denn was einem in den Gourmettempeln von Monaco bis Las Vegas angeboten werde, sei meist einfacher Bauernfraß, nur raffiniert veredelt. Daraufhin kostete er den ersten Schluck aus einer neuen Flasche Weißwein – sog ihn zischelnd durch die Zähne, spitzte die Lippen, ließ sie wie einen kleinen Rüssel hin und her wandern, abschließend ein kurzes Schmatzen. Wir stießen an auf die Hausmannskost.

Das Schweigen, in dem wir die Gläser abstellten, nutzte ich, um ihn endlich nach seinem Beruf zu fragen. Ich hatte ja keine Ahnung, was ich da tat. Sein ganzer Körper wich vor mir zurück. Es war kein Scherz, als er sagte: »Aber meine Steuererklärung möchten Sie nicht sehen!?« Ich versicherte, daß ich ihm weiß Gott nicht zu nahe treten wolle – »Lassen Sie Gott aus dem Spiel!« fuhr er mich in noch schärferem Ton an.

»Ist das üblich?« wandte er sich an Georg, dann an Jörg und schließlich wieder an mich. »Fragt man sich bei Ihnen die Berufe ab?«

Ratlos bejahte ich.

Er habe sich nie herausgenommen, derartiges zu fragen, es sei denn in Vorstellungsgesprächen. Natürlich interessiere ihn das, wir sollten ihn nicht falsch verstehen, brennend interessiere ihn, wie jemand sein Geld verdiene, denn der »Job« sei ja leider oft die einzige nicht lächerliche Seite eines Menschen. »Dann darf ich wohl später die Frage an Sie zurückgeben?«

Man könne ihn »schlicht und ergreifend« als Unternehmensberater bezeichnen, was die einfachste Umschreibung für sein Tun und Lassen sei. Doch »interpretiere« er diesen Beruf etwas anders als gemeinhin üblich. Er investiere hier und da schon mal selbst, da es in seinen Augen »Sinn mache«, durch den Zuschuß eigenen Kapitals den Klienten nicht nur das nötige Vertrauen in seine Vorschläge zu geben – etwas anderes als Vorschläge könne er ja nie unterbreiten. Für ihn sei es unmoralisch, unabhängig von Erfolg oder Mißerfolg zu kassieren, wie es mit Vorliebe die Banken oder seine speziellen Freunde, die Rechtsanwälte, täten. Über den eigenen Berufsstand äußere er sich lieber nicht, denn da werde zu oft der Bock zum Gärtner gemacht. Für einige Augenblicke verfiel er in ein Sinnen, murmelte etwas und entschuldigte sich für seine Absenz. Alle Berufsstände, fuhr er fort, auch und vor allem Ärzte, würde er gern diesem Erfolgsgesetz unterwerfen. Er könne nur sagen: Das eigene Interesse sei noch immer der beste Ratgeber, nicht nur für sich selbst, sondern auch für die Gemeinschaft, ja für die Menschheit. Davon sei er zutiefst überzeugt.

Auf einem goldschimmernden Tablett wurden uns Zahnstocher gereicht. Barrista bediente sich großzügig, lehnte sich zurück und brachte seinen Sessel in eine Kippelstellung. Wie in einem Schaukelstuhl vor- und zurückwippend, sprach er weiter.

Wenn er etwas in dieser Welt nicht verstehe, dann die bedauerliche Tatsache, daß es kaum Leute seines Schlages gebe. Warum ließen sich die Menschen fortwährend mit Ganoven ein – das sei die Frage, die er der Welt stelle. Darüber habe er vor Jahren ein kleines Büchlein[1] geschrieben und gehofft, einige Anhänger für seine Methode zu finden, ja ganz insgeheim – er stocherte hinter vorgehaltener Hand in seinem Mund – habe er sogar von einer *Berufung* geträumt, als Dozent an eine Hochschule. Wenn wir uns mal anschauten, für welch abenteuerliche Wirtschaftstheorien es Nobelpreise gebe! Nobelpreise für Theorien, deren Umsetzung ganze Länder in den Ruin geführt habe. Professor an einer Universität zu werden sei einer der wenigen Träume, die er noch nicht verwirklicht habe.

»Ach«, rief er, »ein Lehrstuhl für Poesie!«

Als habe er unsere Verblüffung nicht bemerkt, nahm er uns wie ein richtiger Professor in die Mangel.

»Was fällt Ihnen bei der Jahreszahl 1797 ein?« fragte er.

»Balladenjahr«, sagte ich.

»Hyperion«[2], sagte Georg.

»Sehr gut«, sagte der Baron, »aber wir sind hier nicht im Literaturunterricht.«

»Napoleon«, rief Jörg.

»Napoleon stimmt immer. Aber es geht um England, eine Leistung, für die die gesamte zivilisierte Welt dem Empire Dank schuldet. Am 24. Februar 1797 erging ein Gesetz, das die Bank of England ermächtigte, den Umtausch von Papiergeld in Münzen zu verweigern.«

Wir sahen ihn an.

»Und, meine Herren? Was geschah?«

»Eine Inflation?« fragte Jörg.

»Nein!« schrie Barrista. »Eben nicht! Die Kurse stiegen! Wie fragwürdig Napoleon ist, sieht man unter anderem daran, daß er

1 Clemens von Barrista, *Living money – Lebendes Geld*, Heidelberg 1987.

2 1797 entstanden die meisten Balladen von Goethe und Schiller; auch das Erscheinungsjahr von Hölderlins *Hyperion*.

glaubte, dies sei das Ende der britischen Stabilität. Napoleon, diese dumme Elster, häufte ja Edelmetall an, wo er nur konnte. Die französischen Assignaten aber hatten bereits im April 1797 nur noch einen Wert von 0,5 Prozent! Das müssen Sie sich einmal vorstellen! Dabei gab es ja all die Kirchengüter noch als Gegenwert! Was also folgt daraus?« Wir schwiegen.

»Wo etwas ist, wird nichts sein!« triumphierte er. »Und wo nichts ist, wird etwas sein! Wenn das keine Poesie ist, weiß ich auch nicht, was Poesie sein soll!« Seine Schlußkonfession, er beschäftige sich so gerne mit Geld, weil nichts poetischer sei als eine Hundert-Dollar-Note, erschien mir dann sogar plausibel.

Der Baron[1] kippte zurück an den Tisch und schüttelte den Kopf.

Er habe sich damit abgefunden, ein Prediger in der Wüste zu sein, und nehme die anderen Geschenke, die ihm das Schicksal anstelle des Ruhmes gewähre, dankbar an. »Es ist so einfach, gute Geschäfte zu machen! Heute jedoch«, seine Rechte beschrieb einen Halbkreis, als müsse er uns zur Ruhe mahnen, »heute haben wir anderes zu besprechen.«

Der Baron rief nach der Kellnerin. Die kniete neben Astrid, dem Wolf, und streichelte dessen Fell, das im Kontrast zu dem allgemeinen Honiggold geradezu räudig wirkte. Die Kellnerin eilte herbei und begann,[2] den Tisch abzuräumen. Der Baron hatte sich die Serviette aus dem Hemdkragen gerissen, war aufgestanden und sah sich suchend im Zimmer um. Ihm wurde ein Korb gereicht. Den Inhalt verhüllte ein weißes Tuch.

»Meine Herren«, sagte er. »Ich habe mir erlaubt, Ihnen ein kleines Präsent mitzubringen. Es ist nicht leicht gewesen« – als

[1] Bezeichnung für Barrista, die sich von der Marke des »breiten schwarzen Amischlittens«, einem »LeBaron«, herleitet.

[2] Gestrichen: »ohne sich zuvor die Hände gewaschen zu haben«.

meinte er das Gewicht des Korbes, hob er ihn kurz an –, »doch hoffe ich, daß meine Erkundigungen mich nicht in die Irre geführt haben.« Er trat ein Stück zurück – ich glaubte schon, im Korb habe sich etwas bewegt – und riß das Tuch weg. Es staubte. Zum Vorschein kamen dunkle Flaschen mit fleckigen, eingerissenen Etiketten.

Wir könnten sehen, dozierte der Baron, die authentischen Zeichen des Alters seien bewahrt worden. Mit seinem Geschenk verbinde er die bescheidene Bitte, von uns zu jeweils einem halben Glas eingeladen zu werden.

Ach, Jo! Seine Nase berührte fast das Etikett; wie ein Neugeborenes, das aus dem Bad gehoben, getrocknet und umhüllt wird, nahm er die erste Flasche aus dem Korb.

»Beginnen wir mit dem Jüngsten, mit Ihnen, Herr Türmer – ein 61er Château Ducru-Beaucaillon.«

Ich hatte mich erhoben, er bedeutete mir, sitzen zu bleiben, und tat so, als könnte er mich über den Brillenrand hinweg sehen. Nie habe er ohne Befangenheit, ja Bangigkeit eine alte Flasche geöffnet, offenbare sich doch dabei in einem einzigen Augenblick das Werk von Jahrzehnten. Der Baron kratzte mit seinen viel zu kurzen Fingernägeln – ich glaube, er knaupelt – am Lack, mit dem der Korken versiegelt war. Gegen das Wirken von Zeit und Chemie, schloß der Baron, sei selbst er machtlos.

Natürlich weiß jedes Kind, daß Wein zu Essig werden kann. Aber die Tragweite dieser Warnung begriff niemand von uns.

Der Baron ließ ein keckerndes Lachen hören. Beinah lautlos zog er den Korken aus meiner Flasche und beschnüffelte ihn eingehend. »Darf gratulieren!« sagte er und schenkte mir ein, nicht viel, kaum fingerbreit. Gleichzeitig griffen er und ich nach dem Glas, ich zuckte zurück. Der Baron bewegte es endlos in der Art, wie Jan Steen seinen Weinbrand geschwenkt hatte, und hielt es sich unter die Nase. »Wohl bekomm's«, sagte er und kredenzte es mir. Ich kam mir vor wie ein Scharlatan, als ich, mich zur Bedächtigkeit zwingend, den Kelch schwenkte, daran roch und ihn, nach dem Vorbild des Barons, an die Lippen führte. Ich spülte meine Mundhöhle ordentlich und schluckte, als sich die Schleimhäute irgendwie stumpf anzufühlen begannen. Das war's, dachte ich. Der Baron sah mich unverwandt an, niemand sprach.

Allmählich stieg etwas Erdiges in mir auf – fremd und angenehm, der Vorbote einer Erinnerung an ein anderes Dasein.

Langweile ich Dich? In Dir rufen diese Worte keine Erinnerung wach. Es ist schon sechs, heute bin ich dran mit Korrekturlesen in Leipzig! Ich kürze ein bißchen ab.

Was folgte, war bedrückend, obwohl wir uns das nicht eingestehen wollten.

Der Baron ließ Weißbrot herumgehen, bevor er Jörgs Flasche nahm und verkündete: »Jahrgang 53!« Ich war nicht ganz bei der Sache, als der Baron den 53er Beaujolais beschrieb. Als ich aufsah, kämpfte er, hochrot, mit dem Korken. Plötzlich erschlafften seine Wangen, die schon ein Lächeln erfaßt hatte. Er urteilte allein nach dem Geruch des Korkens. Wir konnten ihn nicht mal dazu bewegen, uns auf eigene Gefahr kosten zu lassen. Barrista, noch immer mit rotem Kopf, stellte sich taub. Ich war überrascht, wie schnell er die Fassung verlor.

Georg murmelte, bei solchen Dingen sei eigentlich immer er der Pechvogel, Jörg versuchte zu lachen. Er habe seinen Jahrgang nie gemocht, deshalb überrasche es ihn nicht weiter. Ich fürchte, Jörg hat es mehr getroffen, als er sich selbst eingestand. Und das lag, ohne ihm einen Vorwurf machen zu wollen, an Barrista. Vielleicht fühlte Barrista sich betrogen, so eine Flasche wird nicht billig sein.

Georg, unser 56er, kostete den ihm zugedachten Barolo. Es dauerte eine Weile, dann sagte er: »Vielen Dank. Das war großartig!«

Es folgte ein über alle Maßen edles »Chateaubriand«, und zum Nachtisch gab es eine Schokoladencreme und einen italienischen Schnaps[1].

Der Baron sprach ununterbrochen vom Erbprinzen, aber es gelang ihm nicht, seine Enttäuschung zu überspielen. Der Fehlschlag hatte die Atmosphäre verdorben.

Kurz vor zwölf verließen wir die honiggoldene Fürstensuite. Die Kellnerin begleitete uns mit dem Wolf, der ausgeführt werden mußte, nach unten. Auf der Straße fragte Jörg, was Barrista eigentlich von uns gewollt habe. Ich hingegen fragte mich mit Blick auf den vertrauten Bahnhof, wo wir eigentlich gewesen sind. Was sollte Barrista schon gewollt haben? Herausfinden, mit wem er es zu tun hat! Wenn sich nur jeder halb soviel Mühe dabei gäbe wie er!

Wir hatten uns schon getrennt, als mir einfiel, woher ich die Kellnerin kannte. Es war jene üppige Blondine, die uns im Januar aus der Bar entgegengestolpert war.

Dein E.

PS: Was ich Dir immer vergessen habe zu schreiben: Gesines musikalische Vorführung hat bei Robert so viel bewirkt, daß wir Tante Trockels Klavier nicht verkauft, sondern in sein Zimmer bugsiert haben. Robert nimmt tatsächlich Unterricht. Was die arme Tante Trockel nie geschafft hat, ist Gesine gelungen. Mal sehen, was daraus wird. Immerhin hat er schon ein paar Noten gelernt.

[1] Wahrscheinlich meint T. Grappa.

Donnerstag, 8. 3. 90

Liebe Nicoletta!
Seit Sie fort sind, habe ich nur an Sie gedacht. Ich mußte Sie mir nicht vorstellen. Sie waren da, und ich habe Ihnen zugehört. Allein der Schlaf unterbrach unser Zusammensein. Als ich erwachte, entschädigte mich eine ungeheure Freude für unsere Trennung: Es war kein Traum, Sie haben mich tatsächlich besucht. Ihre Gegenwart hat mich zur Besinnung gebracht. Lachen Sie nicht! So etwas schreibt sich nicht einfach dahin. Mit Ihnen bin ich glücklich gewesen! Mit Ihnen habe ich mich – ich finde keinen anderen Ausdruck dafür – in einem Zustand der Gnade befunden. Nicoletta, ich will Ihnen alles, alles sagen und alles auf einmal, und würde alle Worte dafür hergeben, wenn ich Sie sehen könnte.

Erinnern Sie sich, wie Sie – Sie hatten von Ihrem berühmten Onkel[1] erzählt, von den obskuren Umständen seines Todes, da sagten Sie, bei den wirklich wichtigen Sachen wisse man nie, was man eigentlich denken solle? Sie sagten es beiläufig und sprachen weiter. Ja, sagte ich, noch ganz bei diesem Satz, woraufhin Sie mich verwundert ansahen, und ich mich beherrschen mußte, Ihnen keinen Kuß zu geben.

Die Stunde, in der ich Sie noch in Altenburg wußte, ist so quälend gewesen. Sie hätten hier, in meinem Zimmer, warten sollen, selbst wenn wir nur geschwiegen hätten! *Das* wäre die richtige »Schonung« gewesen. Erst von dem Augenblick an, da ich glauben durfte, Sie hätten die Stadt verlassen, wurde ich ruhiger. Hoffentlich hatte der Zug keine Verspätung und Sie haben alle Anschlüsse erreicht.

[1] Darf aus persönlichkeitsrechtlichen Gründen nicht näher erläutert werden.

Ist es im Korrekturraum[1] nicht wie in der Schule gewesen? Sie, die NEUE, sahen unschlüssig in die Klasse, als wüßten Sie nicht, wohin Sie sich setzen sollten. Und dann entschieden Sie sich für mich, für meine Bank, und streckten mir die Hand entgegen, als hätten Sie gerade in einem Reiseführer gelesen, daß man das im Osten so macht. Und während die anderen in der Pause herumliefen, blieben wir wie die Musterschüler sitzen. Die zunehmende Dichte Ihrer kalligraphischen Korrekturzeichen registrierte ich mit sinkendem Mut. Die Gänsehaut, die Ihren Arm bis an die Schulter überzog, die Narbe über Ihrem linken Ellbogen, haben mich immer wieder abgelenkt. Mir entging keine Regung Ihrer rechten Hand. Sie fragten nach dem Duden und korrigierten so konzentriert, als wollten Sie mir Zeit geben, mich an Ihre Gegenwart zu gewöhnen.

Mir erscheint es plötzlich so absurd, Ihnen zu schreiben, statt mich auf den Weg zu machen. Die einzige Entschuldigung könnte in meinem Zustand liegen. Aber ich habe kaum noch Schmerzen.[2]

Ich küsse Ihre Hände

Ihr Enrico

Freitag, 9. 3. 90

Liebe Nicoletta!

Der erste Bus ist schon gefahren, bald werde ich Schritte über mir hören und all die Morgengeräusche. Mein Fenster steht einen

[1] Gemeint ist der Korrekturraum der LVZ-Druckerei in Leipzig, in dem das »Altenburger Wochenblatt« mittwochs Korrektur gelesen wurde.

[2] Vgl. die folgenden Briefe.

Spalt offen. Wie geht es Ihnen? Ich möchte mit Ihnen sprechen. Bei der Vorstellung, daß Sie dieses Blatt erst in ein paar Tagen erhalten werden, scheinen diese Zeilen ihren Sinn zu verlieren. So lange will ich nicht warten!

Die Kopfschmerzen sind erträglich geworden. Den Arzt in der Poliklinik überredete ich, mir die Halskrause abzunehmen. Die Hände an meinen Schläfen, sah er mich derart erwartungsvoll an, als könnte mein Kopf herunterfallen. Ich solle mir vorstellen, mein »Haupt« auf dem Hals zu balancieren, so ergebe sich die richtige Haltung ganz von selbst. Am spanischen Königshof hat man sich wohl nicht würdevoller bewegt als ich mich in meinen vier Wänden.

Ich verbot mir, in die Redaktion zu gehen. Die Erwartung, dort könnte ein Gruß von Ihnen auf mich warten, und sei es ein flüchtiger, ziehe ich der Enttäuschung, daß dem nicht so ist, entschieden vor.

Vielleicht liege ich allein deshalb im Bett, um ungestörter an Sie denken zu können. Wie viele Briefe habe ich Ihnen schon geschrieben, mit geschlossenen Augen, die Hände über dem Bauch gefaltet. Könnten wir unser Gespräch doch dort wiederaufnehmen, wo es unterbrochen worden ist!? Aus Wut und Enttäuschung über den verdorbenen Tag und Ihre verfrühte Abreise war ich nicht mehr in der Lage, das Glück zu sehen, daß Ihr Besuch bedeutet, überhaupt das Glück, daß wir am Leben sind.

Wie kamen Sie denn darauf, in dem Unfall einen Anschlag zu sehen? Das erste, was Sie riefen, war: »Ein Anschlag!«

Daraufhin bildete ich mir sofort ein, die beiden Männer in dem weißen Lada zu kennen. Ich gebe mir alle Mühe, das als Hirngespinst abzutun, aber auch als Hirngespinst gefällt es mir nicht. Jetzt, beim Schreiben, klingt es völlig absurd. Und doch erscheinen mir die beiden Gestalten immer deutlicher. Es ist wie im Märchen, wenn der Teufel gerade in jenem Augenblick seinen Tribut fordert, da man ihn bereits vergessen hat.[1]

Liebe Nicoletta, es ist Abend – und wieder kein Brief von Ihnen.[2] Ich weiß, ich sollte das nicht schreiben.

Den Tag habe ich in seltsamer Stimmung verbracht. Ich roch die merkwürdigsten Dinge, wähnte mich plötzlich in einem anderen Zimmer und brauchte, als würde ich erwachen, ein paar Sekunden, um wieder zu mir zu kommen. An solchen Tagen genügt eine Unachtsamkeit, und man stürzt ab und fällt und fällt. Ist es nur Einbildung, wenn man den Griff tatsächlich spürt, obwohl die Hand längst losgelassen hat? Soll ich sagen, die Vergangenheit greift nach mir, oder vielleicht besser: Ich bin nie jung gewesen? Glauben Sie, daß jemand wie ich dazu fähig ist, eine Waffe zu stehlen? Verzeihen Sie das Geraune. Das klingt alles so abgeschmackt. Ich habe einfach Angst, in jenen Zustand zurückzufallen, in dem ich mich Ende letzten Jahres befand. Ich war krank und lag genauso wie jetzt in meinem Zimmer. Und das ist, ich übertreibe nicht, die schlimmste Zeit meines Lebens gewesen.

Seit ein paar Wochen trage ich eine Frage mit mir herum. Anfangs nahm ich sie nicht ernst; sie war mir zu profan. Aber mittlerweile glaube ich an ihre Berechtigung. Sie lautet: Auf welche Art und Weise kam der Westen in meinen Kopf? Und was hat er da angerichtet?[3]

1 Die Frage, inwieweit sich dieses »Geraune« auf tatsächlich Erlebtes bezog, kann nur jeder Leser im Laufe der Lektüre selbst entscheiden. Ganz offensichtlich aber suchte T. hier nach einer Begründung für das Schreiben von Briefen. Die Motivation fiel schwach aus.

2 T. erwartete wahrscheinlich, N. H. hätte ihm noch vor ihrer Abreise aus Altenburg geschrieben. Der Unfall lag erst zwei Tage zurück.

3 T. benennt hier das zentrale Thema seiner Briefe an N. H.

Ich könnte natürlich auch fragen, wie der liebe Gott in meinen Kopf kam. Das liefe auf dasselbe hinaus, wäre allerdings weniger auf die Besonderheit meines Sündenfalles gerichtet.

Eine genaue Antwort vermag ich selbstredend nicht zu liefern. Ich kann nur versuchen, mich heranzutasten.

Eines der wenigen Rituale, die bei uns zu Hause gepflegt wurden, war das Wiederbeleben frühester Erinnerungen. Das Ziel war erreicht, wenn meine Mutter rief: »Unmöglich! Da warst du erst zwei!« oder: »Mit anderthalb – das ist ausgeschlossen!« Noch bei der fünften Wiederholung gelang ihr diese Fassungslosigkeit überzeugend. Meine Erinnerungen bestätigt zu finden befriedigte mich zutiefst. Schüttelte meine Mutter ungläubig den Kopf, fühlte ich mich als eine Art Wunderkind. (Vera, meine Schwester, versäumte nie, Berichtigungen anzubringen; gegen ihre vier Jahre Vorsprung war ich machtlos und mußte mir anhören, wie glücklich man ohne mich gewesen war.)

Hier eines meiner Bravourstücke: Ich erwache, im Zimmer ist es dunkel, im Vorraum Licht und Stimmen. Meine Mutter trägt mich hinaus, meine Großmutter sagt: mein Herzchen. Über einer Sessellehne liegen zwei Mäntel mit Pelzkragen und ein Hut – Fremde! Fremde sind in unserer Wohnung! Ich beginne zu weinen. Die Fremden haben sich versteckt. Man gibt mir ein Duplo, das wie eine halbgeschälte Banane aus dem Papier ragt. Meine Schwester hat ebenfalls ein Duplo. Ich verstehe ihre Ausgelassenheit nicht. Das Duplo soll mich mit den Fremden versöhnen, die hier einziehen wollen. Ich bekomme ein kleines rotes Auto geschenkt. Zwischen Vorderrad und Fahrertür ragt ein helles Stäbchen heraus. Damit wird gelenkt. Die Scheinwerfer sind Glassteinchen, »Brillanten«, sagt meine Mutter, »aus dem Westen.«

Aus den Koffern werden immer neue Geschenke zutage gefördert und meiner Mutter gezeigt. Mein Opa kitzelt mit einem elektrischen Rasierapparat meinen Handteller. Alles kommt aus dem goldenen Westen. Ich überblicke den größten Teil des Zimmers, die Fremden verstecken sich. Sie flüstern mit meinem Opa.

Wieder im Bett, frage ich, ob die Fremden lange bleiben werden. Dabei bin ich mir sicher, daß sie bei uns einziehen wollen. Ich glaube meiner Mutter nicht.

Ich bin ängstlich, ich bin beeindruckt, Spielzeug mit Brillanten, wo die herkommen, ist die Welt aus Gold. Das ist auch der Grund, weshalb wir nicht in den Westen dürfen. Natürlich wollen alle lieber im Westen leben. Ich darf mit diesem Auto nicht draußen spielen, überhaupt dürfen andere Kinder nicht von diesem Auto erfahren. Sie werden sonst neidisch, weil sie selbst kein rotes Auto haben. Das rote Auto ist unersetzbar, das kann man nicht einfach kaufen. Bei uns haben nur wenige Kinder Matchbox-Autos und Legosteine und Kababüchsen. Ich hatte auch Hemden aus dem Westen und Hosen, und später würde ich genauso hübsch aussehen wie der Junge auf der Kinderschokolade. Eigentlich war auch ich ein Westkind.

Hören Sie mir überhaupt noch zu? Oder halten Sie mich nun für völlig verrückt? Lassen Sie es mich zu Ende erzählen! Von Jahr zu Jahr begriff ich besser: Wir besaßen Dinge, die andere Familien nicht hatten und nicht haben konnten, auch wenn sie diese noch so sehr begehrten und viel mehr verdienten als meine Mutter und mehr Geld auf dem Konto hatten als mein Opa. Die Westsachen waren wie Mondgestein, entweder wurden sie einem geschenkt, oder sie blieben unerreichbar. Mit den Verwandten im Westen war es genauso wie mit dem lieben Gott und dem Herrn Jesus, die hatten einen auch lieb, obwohl man sie gar nicht kannte und nie zu Gesicht bekam. Und wer mich wegen des lieben Gottes auslachte, beneidete mich zumindest um mein rotes Auto.

Fünf Tage im Jahr waren besonders: Nikolaus, Ostern, Geburtstag, Weihnachten – Weihnachten war die Krönung, doch die Steigerung von Weihnachten war jener Tag, an dem die Großeltern von ihrem Besuch aus dem Westen zurückkehrten. Der Abend ihrer Ankunft auf dem Neustädter Bahnhof in Dresden war der eigentliche, der nicht zu übertreffende heilige Abend.

Jedes Jahr nahm meine Mutter an diesem Tag frei, und wir durften zum Mittagessen nach Hause kommen. Nach den Hausaufgaben halfen wir ihr, wobei wir das Gefühl hatten, durch gründliches Staubwischen und ausgiebiges Schuhputzen die Anzahl der Geschenke zu vermehren.

In unseren besten Sachen ging es dann, schon im Dunklen, zur Straßenbahn.

Das Großartige, um nicht zu sagen: das Ungeheuerliche, lag in unserer Erwähltheit. Was lebten die anderen für ein Leben, in dem es nie einen Tag, einen Abend wie diesen geben würde? Ich bedauerte meine Mitschüler. Sie taten mir leid wie die Afrikaner, die sonnabends weder »sport aktuell« noch Berichte über die Vierschanzentournee sehen konnten.

In der Straßenbahn, in der uns die vielen freien Sitzplätze übermütig werden ließen, sahen wir wohl etwas herablassend auf die anderen Fahrgäste. Wir waren unerkannte Königskinder, und ich war glücklich, niemand anders als ich zu sein.

Dann begann das Hin und Her, auf welchem Bahnsteig der Zug einfahren sollte. Bei jedem Lautsprecherrasseln lauschten wir angespannt, um im blechernen Lallen die Silben »Be-bra« auszumachen. Und was wäre das Warten ohne Verspätungen gewesen, was die Herbstluft ohne den Dampf der Lokomotiven.

Es gab keine Enttäuschungen, es konnte gar keine geben, denn jedes Geschenk aus dem Westen war an und für sich unschätzbar. Was die Großeltern erzählten, lag außerhalb unserer Vorstellungskraft, zum Beispiel Rolltreppen, Rolltreppen in einem Kaufhaus. Man betritt einen Teppich, hält sich am reichverzierten Geländer fest und wird lautlos nach oben getragen, man schwebt wie ein Engel die Himmelsleiter hinauf.

Im Westen wurden die Straßen unterirdisch beheizt, die Tankstellen schlossen nie, und weil die Leute im Westen gar nicht mehr wußten, was sie noch schöner machen sollten, hackten sie aus lauter Spaß die Straßen wieder auf, die sie gerade erst mit Asphalt überzogen hatten. Über jedem Geschäft, über jeder Tür blinkte Reklame, weshalb die Nächte taghell blieben und von einem Verkehr durchflutet waren wie bei uns nicht mal nach der Maidemonstration. Trotzdem bekam man im Westen in der Straßenbahn, im Bus oder Zug immer einen Sitzplatz. Im Westen duftete das Benzin wie Parfüm, und die Bahnhöfe glichen tropischen Gärten, in denen man den Reisenden wundervolle Früchte darbot. Im Westen trug man in der Schule lange Haare und Jeans und kaute Kaugummis, mit denen sich kopfgroße Blasen machen ließen. Außerdem lag der Weltmarkt im Westen. Ich wußte nicht, wo genau, auf jeden Fall aber im Westen. Öffnete man denn nicht bei dem O von Ost den Mund wie ein Tölpel? Und zischte dieses West nicht schon an sich dahin wie ein Lamborghini Miora auf Superfast-Reifen? Osten klang nach bewölktem Himmel und Omnibus und Baugrube. Westen nach Asphaltstraßen mit gläsernen Tankstellen, nach Terrassen mit Strohhalmgetränken und Musik über einem blauen See. Städte mit Namen wie Cottbus, Leipzig oder Eisenhüttenstadt konnten einfach nicht im Westen liegen. Wie anders klang dagegen Lahr, Karlsruhe, Freiburg oder Garching. Vera und ich – soviel wir uns sonst stritten – waren uns einig, wenn es um den Westen ging.

Nur eins noch (haben Sie Geduld mit mir): Pakete waren etwas, was grundsätzlich aus dem Westen kam. Der Inhalt wurde nicht gleich weggeräumt, sondern blieb zunächst auf dem Wohnzimmertisch liegen. Erst im neuen Jahr verschwanden Kaffee, Seife, Strumpfhosen in Schränken und Schubladen, doch nie verloren sie das Aroma ihrer Herkunft. Sie blieben gegen jede Vermischung resistent und bildeten eine eigene Kategorie von Dingen. Ihr Wert erschöpfte sich aber nicht in ihrem Gebrauch oder Verzehr. Nie wären wir auf die Idee gekommen, eine Kaba- oder Carobüchse wegzuschmeißen. Unser ganzer Keller stand voller solcher Büchsen und Dosen.

Oft stieg ich in den Keller wie Willi Schwabe in seine Rumpelkammer – sagt Ihnen Willi Schwabe etwas?[1] Und wie er hier eine Filmrolle findet und da einen Gegenstand, der ihn an einen Schauspieler erinnert, so kündeten die Kaba- oder Carodosen, in denen Nägel oder Schrauben aufbewahrt wurden, von glücklichen Feiertagen und dem Westen. Heute würde ich sagen: Sie mußten erst ihren Gebrauchswert verloren haben, um heilig zu werden.

Diese Funde bewiesen zudem, daß Tante Camilla und Onkel Peter schon immer an uns gedacht hatten, sie, die unsere geheimsten Wünsche kannten und wollten, daß es uns gutging.

Wenn ich betete, betete ich zum lieben Gott, der alles von mir wußte, immer an mich dachte und immer für mich dasein würde. Auch wenn er anders aussah als Tante Camilla und Onkel Peter, mußte er doch so sein wie Tante Camilla und Onkel Peter, nur noch etwas mehr wie Tante Camilla und Onkel Peter.

Roberts Wecker hat geklingelt.[2] Ich werde Frühstück machen, auf die Briefträgerin warten und nachmittags wieder zum Arzt gehen.

In Gedanken ganz bei Ihnen
Ihr Enrico T.

1 »Willi Schwabes Rumpelkammer« – DDR-Fernsehsendung. Am Anfang jeder Sendung stieg Willi Schwabe mit einer Laterne in der Hand zu einer Art Dachboden hinauf. Dabei wurde als Melodie »Tanz der Zuckerfee« aus Tschaikowskis *Der Nussknacker* gespielt.

2 Zu Beginn dieses zweiten Teils des Briefes war es noch Abend. Entweder hat T. zwischendurch geschlafen, oder er hat, was kaum anzunehmen ist, die ganze Nacht hindurch geschrieben.

PS: Von Tante Camilla habe ich zum ersten Mal gehört, ich sei ein Dichter, weil ich in meinem Dankesbrief geschildert hatte, wie es bei uns zu Weihnachten zugegangen war und wie wir es kaum hatten erwarten können, ihr Paket zu öffnen – was eine Lüge gewesen war. Denn Tante Camilla stopfte ausschließlich Süßigkeiten hinein (und Kaffee und blöderweise auch Kondensmilch, die bei uns nun wahrlich nicht rar war), hingegen konnte man im Paket von Onkel Peter Matchbox-Autos oder sogar Kassetten finden, weshalb seines das eigentliche Ereignis war. Tante Camilla schrieb zurück, mein Brief sei der schönste gewesen, den sie je bekommen habe, eine richtige kleine Geschichte, die sie schon oft vorgelesen habe.

Montag, 12. 3. 90

Ach, Verotschka, das war zwei Stunden zu früh![1] Jetzt bezahlst Du Deine Unzeitigkeit mit Angst! Aber diese Zeilen werden wohl genauso verlorengehen wie all die anderen. Es ist so absurd!

Wenn wenigstens Georg oder Jörg den Hörer abgenommen hätte! Aber Ilona! Ein Unfall! Die Schwester! Wie herrlich! Mir sagte sie, sie habe Dich beruhigt und über alles informiert. Und wie sie Dich beruhigt haben wird! Am Ende wirst Du es für ein gnädiges Schicksal halten, daß Dein Bruder nur im Rollstuhl sitzt statt im Hades.

[1] Bezieht sich auf einen Anruf, der offenbar nicht zur verabredeten Zeit erfolgte. Die Briefe T.s an V. T. sind in Beirut nie angekommen. Deshalb sind nur jene erhalten, die T. mit Durchschlagpapier geschrieben hat, sowie zwei Fax-Briefe.

Mir brummt der Schädel, eine Gehirnerschütterung, mehr aber auch nicht. Was hat sie Dir über Nicoletta erzählt? Sie ist mit einer Beule davongekommen.

Wir waren, von Leipzig kommend, über Borna in Richtung Frohburg gefahren. Wir wollten zum Schwind-Pavillon.[1] Schuld war eigentlich niemand. Ein Lada (ich glaube, er war weiß) überholte uns in einer Linkskurve, drängte sich wegen des Gegenverkehrs zwischen uns und das Auto vor uns, ich bremste – im selben Moment krachte die Frontscheibe, vor mir nur noch Eiskristalle[2]. Ich schlug mit der Hand dagegen, um wieder etwas sehen zu können, der Wagen schleuderte, und schon ging es holterdiepolter runter von der Straße – ich glaubte den zweiten Knall bereits zu hören, den Schlag zu spüren. Plötzlich Stille. Wir standen und starrten durch das große Loch in der Scheibe. Die Stille war märchenhaft.

Mir tat nichts weh, ich wäre am liebsten einfach sitzen geblieben. Wir hatten genau die Lücke zwischen den Bäumen erwischt, auf Nicolettas Seite betrug der Abstand höchstens einen halben Meter.

Das Blut bemerkte ich erst später. Nicoletta behandelte mich mit ihrem Taschentuch. Und mir, Du kennst mich ja, wurde übel. Ich kippte die Lehne zurück, schloß die Augen und überließ alles Weitere Nicoletta. Die Leute, die zu Hilfe kamen, waren mir lästig. Jemand breitete eine Decke über mich und versuchte unaufhörlich, sie auf beiden Seiten festzustecken. Ich stieß ihn weg, weil ich glaubte, mich übergeben zu müssen. In dieser Haltung studierte ich eine ganze Weile das Stückchen Erde neben dem Wagen.

1 Vgl. Fußnote 2 auf Seite 100.

2 Die »Eiskristalle« der zersprungenen Frontscheibe.

Als Polizei und Krankenwagen eintrafen, waren aus der Übelkeit schlimme Kopfschmerzen geworden.

Es dauerte alles eine Ewigkeit, die Fahrt nach Borna, das Röntgen, der Befund, die Halskrause, wieder Polizei, überall Herumsitzen, dann endlich per Taxi nach Altenburg. Taxen gibt es ja plötzlich wie Sand am Meer. Robert starrte entsetzt auf meinen Apollinaire-Turban und die Halskrause. Nicoletta ist mit demselben Taxi gleich weiter zum Bahnhof gefahren.

Sie wohnt in Bamberg. Jemand wie sie kann oder will nicht glauben, daß ich das Theater freiwillig verlassen habe. Sie hat viel für die Zeitung getan,[1] und da sie über De Chirico schreibt und Moritz von Schwind eines seiner Vorbilder gewesen sein soll, hatte ich ihr eine Besichtigung der Fresken in Rüdigsdorf vermittelt.

Über Barrista ein andermal. Dank seinen Stiefeln und Astrid, dem Wolf, gehört er schon zum Stadtbild. Er interessiert sich für alles und jeden und starrt den Frauen mit seinen Glupschaugen auf den Busen. Aber das »von« vor dem Namen, die Erbprinz-Mission und nicht zuletzt seine höfliche Aufmerksamkeit, zu der auch ein phänomenales Namensgedächtnis gehört, verfehlen nie ihre Wirkung. Gehört er in die Reihe Deiner unglücklichen Verehrer?

Ach, Verotschka, Liebste, wie lange noch dieses Warten?

Es küßt Dich

Dein Heinrich mit der Halskrause[2]

1 Darin muss man wohl eher einen Wunsch oder eine Hoffnung sehen. Es bleibt unklar, was T. damit meinte. Veröffentlichungen von N. H. über das »Altenburger Wochenblatt« sind nicht bekannt.

2 T. hatte bereits an N. H. geschrieben, dass ihm die Halskrause abgenommen worden sei.

Dienstag, 13. 3. 90

Liebe Nicoletta!
Es geht mir besser, viel besser; am Mittwoch will ich in die Redaktion, probeweise, für ein paar Stunden. Und Sie? Wie geht es Ihnen? Wenn ich einmal nicht an Sie denke, erschrecke ich, als hätte ich mein Portemonnaie verloren.

Eigenartigerweise sind Sie der einzige Mensch, dem gegenüber ich mich frei fühle, von meiner Vergangenheit zu sprechen und zu erklären, warum ich so geworden bin, wie ich bin.[1]

Ich muß noch etwas vorausschicken.

Mein Vater ist Schauspieler gewesen – nicht mal ein mittelmäßiger, sonst hätte er bessere Rollen gehabt –, engagiert bei den Landesbühnen Sachsen. Er hatte einen Herzfehler und wußte, daß er kaum die 40 erreichen würde. Vielleicht wurde er deshalb zum Tyrannen. Er war besessen von der Idee, daß Vera, meine Schwester, eine begnadete Begabung sei, eine Schauspielerin, wie es nur eine in jeder Generation gebe – Vera war zwölf, als er starb.

Manchmal fürchte ich, sie glaubt bis heute, daß ihr nur der Vater zu einer großen Karriere gefehlt hat. Noch mit sechzehn, siebzehn gab sie mir die Schuld an seinem Tod (er sollte mich vom Hort abholen, war wie immer zu spät und lief vor ein Auto). Zudem behauptete er hartnäckig, er habe allein wegen des endlos langen Weges ein Zimmer in Radebeul gemietet. Dort hatten die Landesbühnen Sachsen ihr Stammhaus.

[1] T. und N. H. kannten sich nur wenige Stunden, und diese waren voller Missverständnisse und Unfälle. Dass N. H. aus der Bundesrepublik stammt, muss viel zu ihrer Attraktivität für T. beigetragen haben. T. erzählte und rechtfertigte sich somit in Richtung Westen, eine für die damalige Zeit durchaus typische Haltung in Ostdeutschland.

In Wahrheit lebte er mit einer Chorsängerin in diesem Zimmer und schlief nur bei uns, wenn meine Mutter Nachtdienst hatte. Die Sängerin bewunderte ihn im selben Maße, wie ihn meine Mutter einst bewundert hatte. Ihr konnte er wieder erzählen, daß er hoffe, auf der Bühne zu sterben, und sie tröstete ihn über die Hartherzigkeit meiner Mutter hinweg, die irgendwann gesagt haben soll, bei seinen Rollen werde das sowieso niemand merken und er möge endlich damit aufhören.

Ohne Photos wüßte ich wahrscheinlich gar nicht, wie mein Vater aussah, mit seinem merkwürdigen Lächeln, das er ganz in den linken Mundwinkel zog, weil er glaubte, das sei mephistophelisch. Vera – es gibt ein Photo, auf dem man das sieht – war bei der Beerdigung wie eine Erwachsene gekleidet, ganz in Schwarz. Geweint hat sie nicht oder nur, wenn sie allein war, so wie sie auch nicht mit uns sprach, sondern alles ihrem Tagebuch anvertraute. Niemand weiß, warum Vera meine Mutter abgelehnt hat, schon lange vor dem Unglück und vor der Pubertät. Dabei wurde Vera, solange ich denken kann, bevorzugt, was ich als natürlich empfand, weil Vera den Eindruck erweckte, sie hätte ihre Eltern verloren und müßte deshalb bei uns wohnen, wohingegen ich ja meine Mutter hatte. Unsere Mutter arbeitete sich an der Prophezeiung ihres Mannes ab und tat alles, damit aus dem erfolgreichen Dresdner »Sprecherkind« Vera Türmer eine Bühnendiva, eine Dietrich werde.

Obwohl meine Mutter eine wirklich gute OP-Schwester war und ist und Gott sei Dank keine künstlerischen Ambitionen hegte, galten bei uns die sogenannten ordentlichen Berufe nichts. Auf unseren Spaziergängen in der Dresdner Heide war immer von Mozart die Rede, den sie in einem Armengrab verscharrt hatten, von Hölderlin, der verrückt geworden war, von Kleist, dem Selbstmörder, von Beethoven, den das Publikum ausgelacht hatte. War nicht jedes wahre Genie verspottet worden, hatten sie nicht alle furchtbar gelitten – ausgenommen Goethe –, und hatten sie nicht trotzdem etwas geschaffen, wofür ihnen die Menschheit heute unendlich dankbar ist? Aus Dunkelheit durch Kampf zum Licht!

Die Erfahrungen mit meinem Vater änderten daran nichts, im Gegenteil, meine Mutter schraubte ihre Vorstellung von Genie und Werk nur um so höher. Mit anderen Worten: Wären meine Eltern mit ihrem Leben halbwegs zufrieden gewesen, hätten sie uns, besonders aber meiner Schwester, einiges erspart.

Ich teile Ihnen das allein aus Gründen der Vollständigkeit mit, es erklärt alles und nichts.

Ich will Ihnen ja nicht mein Leben erzählen, sondern allein jener Spur folgen, jenem Pfad, auf dem ich so jämmerlich in die Irre gegangen bin und den zu beschreiben am Ende eine Art Geschichte ergeben könnte, eine böse Geschichte, jedoch als abschreckendes Beispiel vielleicht nicht ohne Nutzen.[1]

In den Sommerferien der siebenten Klasse, ich war ein Jahr später als mein Jahrgang eingeschult worden, also immerhin fast vierzehn, verbrachte ich gemeinsam mit meiner Mutter drei Wochen in einem Bungalow. Der stand mitten im Kiefernwald in der Nähe eines klaren Sees, in Waldau im Südosten Berlins.

Das kleine Anwesen gehörte einem kinderlosen Ehepaar aus Jüterbog, Freunden meines Vaters, die im Sommer nach Bulgarien oder Ungarn fuhren und uns eine nicht ganz uneigennützige Treue bewahrten. Meine Mutter, die für unseren Aufenthalt zahlte, war es auch, die die Dachrinne säuberte, Gardinen wusch, Teppiche klopfte, mit dem Leiterwagen zum Altstoff-

[1] Diese Formulierungen erinnern eher an einen Romananfang als an einen Brief. Für wen diese »böse Geschichte« gedacht ist, wem sie als »abschreckendes Beispiel« dienen soll, bleibt offen.

handel fuhr, die Propangasflasche nachfüllen ließ, die Grubenentleerung bestellte und selbst kleine Verbesserungen veranlaßte, wie die Installation eines Außenlichtes – sie wollte kein zweites Mal auf eine Kröte treten.

Da es im Bungalow keinen Fernseher gab, fürchtete ich die Langeweile bereits vor der Abfahrt. Langeweile bestimmte überhaupt mein Leben. Ich langweilte mich täglich, obwohl ich dreimal pro Woche zum Sportschießen fuhr (ich galt bei »Olympisch Schnellfeuer« als nicht unbegabt).

Es gibt ein Photo, auf dem ich in Waldau mit krummem Rücken, starrem Blick und kurzen Hosen am Tisch sitze und mich an den Waden streichle. Ich weiß noch genau, woran ich im Moment der Aufnahme dachte, nämlich an die neue Oberliga-Saison, sah Dynamo Dresden Spiel um Spiel gewinnen und mit einer makellosen Bilanz Meister und Pokalsieger werden.

Im Kindergarten hatte ich Lesen für eine Art Zauberei gehalten, die man ab einem bestimmten Alter ganz selbstverständlich beherrscht. Doch im selben Moment, da ich begriff, daß es sich beim Lesen um eine ebenso mühsame wie eintönige Buchstaben- und Silbenzusammenzieherei handelte, war es ein ödes Schulfach geworden.

Deshalb war die Frage meiner Mutter, welche Bücher sie für den Urlaub einpacken sollte, an Scheinheiligkeit kaum zu überbieten.

Mir zuliebe spielte sie Federball, Schach oder Schiffeversenken. Ich fuhr Rad und erledigte die Einkäufe im Dorfkonsum, wo es ab acht das »Sportecho« gab. Als Frühaufsteher verbrachte ich die erste Stunde des Tages, indem ich den »Stern«-Recorder unserer Vermieter auf den Gepäckträger des alten Herrenrades schnürte und im Wald zur Musik meiner Kassetten umherradelte.

Am dritten Tag unterschätzte ich bei einem dieser Frühausflüge eine Pfütze. Mein Vorderrad blieb darin stecken, als hätte eine eiserne Hand danach gegriffen – ich flog vom Sattel. Ein Schmerz, schlimmer als das schlimmste Seitenstechen, nahm mir den Atem, Sand brannte in meinen Augen. Fürchterlich aber war die Stille. Halb blind, mit gebrochenen Rippen, wie ich glaubte, heulend vor Wut und Schmerz, kroch ich zur Pfütze und zog den »Stern«-Recorder aus dem Modder. Einmal, zweimal, dreimal nahm ich die Kassette heraus, legte sie wieder ein, doch vergeblich. Nur das Radio funktionierte noch.

Während ich im Sand kniete und versuchte, mit den Fingern den Matsch aus den Ritzen der Holzverkleidung zu kratzen, lief auf Mittelwelle eine Morgenandacht. Wenn Gottes Wort wie Regen auf den Boden fällt, kann es sein, daß es nutzlos verrinnt. Um es aufzufangen, soll man Gräben ziehen. Der Pfarrer sprach die ganze Zeit vom Gräbenziehen, was nichts anderes hieß, als täglich das Neue Testament zu lesen, um auf Gottes Wort vorbereitet zu sein. Zudem gebe Gott jedem zu seiner Zeit ein Zeichen. Nach den letzten Worten des Pfarrers schaltete ich das Radio aus.

Ich wußte nicht, was ich tun sollte. An einer Ecke war die Holzverkleidung abgesplittert. Ein »Stern«-Recorder kostete mehr, als meine Mutter im Monat verdiente. Als ich aufsah, stand etwa zwanzig Meter entfernt ein Reh auf dem Weg. Es wandte mir den Kopf zu. Nachdem wir uns eine Weile angesehen hatten, stakste es weiter und verschwand in der Schonung.

Der Anblick eines Einhorns hätte mich nicht tiefer erschüttern können. Plötzlich betete ich. Ich dankte für das Zeichen, dafür, daß Gott mich in den Wald geführt und zu mir gesprochen hatte. Und zum ersten Mal war ich es selbst, der das Wort an Gottvater richtete, nicht irgendein Kind, das etwas vor dem Einschlafen aufsagte. Nein, jetzt betete *ich*. Ich bat um Hilfe, Hilfe in der Not, und schloß meine Mutter und den Radiopfarrer in meine Bitte um das ewige Leben mit ein. Ich versprach, ab heute meine Gräben zu ziehen, tiefe Gräben, in denen sich Gottes Wort sammeln sollte, aus denen ich schöpfen würde immerdar. Derart gestärkt und beruhigt, fand ich tatsächlich das abgesplitterte Holzstück und hoffte auf ein weiteres Wunder.

Ob ich unter die Räuber gefallen sei, fragte meine Mutter.

Ich durchstöberte das Bücherbord über dem Nachtspeicherofen. Herr, betete ich, gib mir Dein Neues Testament. In der Hand hielt ich dann ein dickes graues Buch ohne Schutzumschlag. Den roten Schriftzug entzifferte ich als Martin Eden. Jack London sagte mir etwas. Ich setzte mich in einen Liegestuhl und begann zu lesen, hätte aber wohl bald damit aufgehört, da weder von Wölfen noch Goldgräbern die Rede war, sondern von einem Schriftsteller. Allein daß mich dieses Buch ausgewählt hatte, konnte kein Zufall sein. Je weiter ich las, um so vertrauter erschien mir die Geschichte.

Als ich zum Mittagessen gerufen wurde, war es eins, ja schon nach eins, der ganze Vormittag war verflogen. Ich hatte mehr als drei Stunden gelesen! Da begriff ich: Ich mußte mich nicht mehr langweilen! Wer schon als Kind gelesen hat, versteht gar nicht die kopernikanische Dimension, die diese Einsicht für mich hatte!

Der Tag war noch nicht zu Ende, und was folgte, werden Sie erahnen. Schließlich las ich die Geschichte vom hungernden, aber hartnäckig weiterarbeitenden Schriftsteller, der es dennoch schaffen würde …

Als ich mich abends duschte, fragte ich mich nach der Bedeutung dieses Tausches: Ich hatte die Bibel gesucht und Martin Eden gefunden. Was wollte Gott mir sagen? Während das warme Wasser über mein Gesicht lief, traf mich die dritte Einsicht dieses Tages: Ich sollte Schriftsteller werden!

Reglos verharrte ich unter der Dusche. Ich sollte eine Geschichte über mein Erlebnis im Wald schreiben und wie wundersam es war, daß meine Kassette hatte schweigen müssen, das Radio aber unversehrt geblieben war und ich so Gottes Stimme hatte vernehmen dürfen. Ich würde schreiben, was andere sich nicht zu sagen wagten, zum Beispiel, daß der Westen besser ist als der Osten, daß wir nicht in den Westen fahren dürfen, obwohl wir das wollen. Wenn alle anderen auf Arbeit gingen, würde ich zu Hause bleiben und schreiben. Betrat ich eine Gaststätte, würden sich alle nach mir umdrehen. Denn alle kannten meine Rede, in der ich den Staat angeklagt hatte. »Wenigstens einer«, würden sie flüstern, »wenigstens einer, der den Mund aufmacht.« Ich und meine Familie aber hätten ein schweres Leben, denn der Regierung wäre ich ein Dorn im Auge.

Das kalte Wasser riß mich aus meiner Traumwelt. Meine Mutter nannte mich gedankenlos und egoistisch, weil ich ihr kein warmes Wasser übriggelassen hatte, obwohl sie es gewesen war, die den Ofen geheizt und das Holzstückchen wieder an den Recorder geklebt hatte.

Ihre Vorwürfe trafen mich doppelt. Ich mußte schweigen. Eines Tages jedoch würde ich darüber schreiben, und meine Mutter würde es lesen und schließlich verstehen, daß dies kein Egoismus gewesen war und auch keine Gedankenlosigkeit, sondern das genaue Gegenteil davon. Sie würde stolz auf mich sein, lachen und zugleich ein bißchen weinen müssen, weil sie von der Geburt des Schriftstellers nichts geahnt hatte, obwohl diese vor ihren Augen geschehen war.

Als ich am nächsten Morgen erwachte, lächelte ich, als ich das graue Buch neben dem Kopfkissen erblickte. Wie brüderlich fühlte ich für Martin Eden. Und dann lächelte ich darüber, daß ich gelächelt hatte.

Ich fuhr zum Bäcker und wartete, bis der Dorfkonsum öffnete. Mein erstes Schreibheft, eine A5-Kladde, versteckte ich im Schuppen.

Nach dem Frühstück verzog ich mich in den Liegestuhl. Doch zum Lesen war ich zu aufgeregt. Mich drängte es, das Erlebte festzuhalten, ich fürchtete, etwas zu vergessen. In einem unbeobachteten Augenblick brach ich auf, die Kladde unterm Hemd, den Kuli in der Satteltasche. Am Ort meiner Bekehrung würde ich meinen ersten Satz schreiben! Den ersten Satz eines großen Dichters. Denn weder damals noch später hegte ich irgendwelche Zweifel an meiner Begabung.

Als ich endlich ansetzte, versagte der Kuli. Deshalb beginnen meine Aufzeichnungen vor Datum und Uhrzeit mit wilden Kringeln. Punkt zehn schrieb ich schließlich: »Gelobt sei Jesus Christus!«

Was dann geschah, ließ sich nur mit dem Wirken des Heiligen Geistes erklären. Er führte meine Hand sieben Seiten lang, ohne daß ich auch nur einmal stockte, ohne daß ich auch nur ein Wort verbessern mußte. Die Formulierungen begeisterten mich selbst. Ich schenkte der Welt etwas, was sie in dieser Form noch nicht kannte. Selbst wenn ich nie wieder eine Zeile zu Papier bringen sollte, diese hier würden bestehenbleiben!

Bei meiner Rückkehr ereignete sich etwas Merkwürdiges, das mich, jetzt schon mit Wundern vertraut, ängstigte. Auf dem Blechdach unseres Häuschens lag Schnee! Ich stieg vom Rad. Was ich sah, sah ich: Schnee! Ein Schneefeld von der Größe unseres Blechdaches. Nirgendwo sonst war es weiß, selbst als ich schon die Hälfte des Grundstücks überquert hatte, waren Anschauung und Urteilskraft nicht zu vereinen. Plötzlich stand meine Mutter vor mir. »Träumst du?« rief sie. Mein Blick aber blieb auf das Blechdach gerichtet. »Schnee«, sagte ich. »Stimmt«, sagte sie. »Das leuchtet wie Schnee.«

Nun kamen glückliche Tage. Morgens zwischen sieben und acht saß ich bereits an einem kleinen Tisch in vollkommener Stille, beobachtete die Sonne, wie sie vorsichtig mit ihren Spinnenarmen durch die Kiefern tastete, sich aufs Moos legte, das meine Mutter mit der Harke von Nadeln und Zapfen befreit hatte, und es zum Leuchten brachte. Die Kladde lag unter dem aufgeschlagenen Martin Eden, und sowenig das Buch sie verdeckte, gab auch ich mir keine Mühe mehr, meine Berufung zu verbergen. Es war gar nicht möglich. Denn ich wechselte so häufig zwischen Buch und Kladde hin und her, daß Lesen und Schreiben zu ein und derselben Tätigkeit wurden, der einzigen, zu der ich Lust hatte und zu der ich geboren schien. Plötzlich fand ich in mir hundert Gedanken, wo früher kein einziger gewesen war.

Ich erinnere mich allerdings kaum noch an Martin Eden und an nichts mehr, was ich damals schrieb. Heute scheint es mir, als hätte ich das alles nur betrieben, damit sich zwischen den Seiten die Welt verfing, um mir nun, in der Erinnerung an diese Tage, mit all ihren Geräuschen, Gerüchen und Farben in den Schoß zu fallen. Würde ich mich sonst an die Igelit-Tischdecke[1] mit dem grünweißen Würfelmuster erinnern, die mir beim Schreiben an den nackten Knien klebte? Wie oft nahm ich mir vor, sie zu verschieben, was nur ein Handgriff gewesen wäre; ich habe es nie getan, als fürchtete ich, damit die Quelle meiner Inspiration zu verlieren.

Sah ich vom Liegestuhl aus durch die Kiefernkronen – die Sonnenbrille, die ich im Küchenbuffet gefunden hatte, färbte alles türkis –, glaubte ich vom Meeresgrund aus hinauf zum Wasserspiegel zu blicken. Glitt die Sonne hinter einen Stamm, dunkelte das Hellrot zu Purpur. Am schönsten war das Abendlicht, das beinah waagerecht über den See kam und die Stämme rostrot glühen ließ. Schließlich, wenn das Licht aus den Baumkronen verschwand, tauchte es die Bäuche der Wolken in ein Violett,

1 Abwaschbare Tischdecke.

von dem sich abzuwenden Frevel gewesen wäre. Morgens, wenn ich Brötchen holte, hingen zwischen den Gräsern Spinnennetze im gleichen Weißgrau wie der Morgenmond, zurückgebliebene Schemen, Nachtschatten.

Jedes Geräusch diente nur dazu, mich der Stille zu versichern (einer Stille, von der später, viel später noch zu reden sein wird).

Meine Mutter, glücklich, daß ihr Sohn endlich zu Verstand gekommen war, dankte es mir, indem sie mich umhegte und bewachte, während ich mit den 26 Zeichen spielte.

Zu den Mahlzeiten setzte ich mich als Schriftsteller, erschöpft von der Arbeit. Und auch davon wollte ich schreiben, wie es ist, wenn man nach der Arbeit ruht. Jeder Gedanke, jede Regung, jede Beobachtung war kostbar und vergänglich. Ich war wie ein Sammler, ein Entdecker, unterwegs, um all das Merk- und Denkwürdige aufzulesen, zu beschreiben und der Menschheit mitzuteilen. Wie hatte ich bisher nur gelebt? Wie hatte ich dieses Leben ertragen? Wie ertrug meine Mutter ihr Dasein?

In den letzten Tagen besuchte uns Vera. Sie stellte keine Fragen. Sie sah nur auf das Buch in meinen Händen und verkündete: »Oh, Enrico liest ein Buch mit dem interessanten Titel ›Vater Goriot‹« oder: »Ah, mein Bruder Enrico macht sich mit dem Werk des großen humanistischen Schriftstellers Charles Dickens vertraut!« Mehr hatte ich von ihr nicht zu befürchten. Zudem profitierte ich davon, daß derjenige, der las oder schlief, bei meiner Mutter als unantastbar galt, eine Regel, die mich bisher benachteiligt hatte.

Die Ankunft in Dresden erlebte ich, der fast die Hälfte der Kladde mit den Abenteuern seiner Seele gefüllt hatte, als Triumph. Vor drei Wochen war ich von hier als dummer Junge aufgebrochen, der nichts von sich und der Welt und seiner Bestimmung in ihr geahnt hatte. Als junger Schriftsteller, der bald sehr berühmt sein würde, kehrte ich zurück.

Sie, Nicoletta, werden das für Kinderei halten. Für mich aber war es der Beginn meines Irrweges. Ich werde ja wohl zu hören bekommen, was Sie davon halten.

In Gedanken ganz bei Ihnen, Ihr Enrico T.

Dienstag, 13. 3. 90

Lieber Jo!
Ich hatte einen Unfall, schuld war ein Wahnsinniger, der uns quasi von der Straße geschoben hat. Ich habe eine leichte Gehirnerschütterung, und ein paar Halsmuskeln sind gezerrt, aber das ist auch schon alles. Wir[1] hatten Glück, denn plötzlich standen wir – mit kaputter Frontscheibe – genau zwischen zwei Bäumen.

Ohne Auto fühle ich mich wie amputiert, dadurch gerät alles durcheinander, es bedrückt mich regelrecht. Früher genügte es mir oft schon, Jimmy[2] zu sehen, und gleich ging es mir besser. Wahrscheinlich wird seine Reparatur so teuer, daß sie nicht lohnt. Es ist das Auto von Michaelas verstorbenem Vater, der es gehegt und gepflegt hat, und für ihre Mutter das Andenken an eine bessere Zeit schlechthin. Außerdem wird sie nun merken, daß wir keine Kaskoversicherung abgeschlossen haben.

Ab morgen bin ich wieder in der Redaktion und werde versuchen, Euch anzurufen. Ich bin froh, wieder unter Leute zu kommen. Wenn ich hier herumliege, lebe ich nicht.

[1] T. erklärt nicht, wer sich hinter dem *wir* verbirgt.

[2] Es war durchaus üblich, Autos Namen zu geben. Eine Erklärung dafür ist, dass man »sein Auto« zehn Jahre oder länger fuhr bzw. fahren musste.

Besuch hatte ich genug. Der alte Larschen kam den ganzen Weg hierher gelaufen und hatte Äpfel in seinem Rucksack, eigene Ernte, die er uns, jeweils einzeln in raschelndes Papier verpackt, wie eine Kostbarkeit auf den Tisch legte. Der Apfel, belehrte er Michaela und mich, gehöre zu den Rosengewächsen, worauf Michaela sagte, so schöne Rosen habe sie lange nicht mehr geschenkt bekommen. Die beiden schlossen gleich Freundschaft. Sie darf sogar das Manuskript seiner Memoiren lesen. Wir luden ihn ein, mit uns Abendbrot zu essen. Als wir uns an den Tisch setzten, unterbrach Larschen seinen Exkurs über den Wacholderstrauch, legte das Kinn auf die Brust und betete lautlos. Robert erlebte das wohl zum ersten Mal. Wir sahen einander an, wagten aber nicht zu lächeln. Larschen hob den Kopf und sagte im selben Augenblick: »Der Wacholder kann bis zu fünfhundert Jahre alt werden, die Sommerlinde bis zu tausend.« Und auch wir bewegten uns wieder, als wäre der Film nur kurz angehalten worden. Als Larschen gegangen war, roch die Wohnung ein bißchen nach ihm. Die Äpfel aber dufteten.

Jörg glaubte, mich beruhigen zu müssen, weil wir nur noch siebzehntausend Exemplare oder weniger verkaufen. Die Wahlen werden uns helfen, und Jörg verfolgt ein paar Fälle aus seiner »Kommission gegen Korruption und Amtsmißbrauch«. Er ist dort der einzige Unbelastete und hat somit leichtes Spiel.

Heute stand Wolfgang, der Hüne, samt seiner ebenso hünenhaften Frau vor der Tür. Er wußte nichts von meinem Unfall, sie waren gekommen, um uns einzuladen. In Offenburg, bei unserem gemeinsamen Topfkauf, hatte er uns ein Essen versprochen. (Bisher haben wir uns nicht gewagt, die Töpfe zu benutzen.) Er arbeitet jetzt für Jan Steen, fährt einen eigenen Dienstwagen und verdient offensichtlich so viel D-Mark, daß es ihm peinlich ist, darüber zu sprechen. Jan Steen, sagte Wolfgang, lese jede Zeile unserer Zeitung. Den interessiere alles. Gefragt, wie sie ihm selbst gefalle, lachte er unsicher. Ein bißchen mehr Pfeffer täte der Zeitung sicher gut. Ich habe etwas ungehalten reagiert, schließlich gibt es ja nicht jede Woche einen Skandal wie den um die Ratsbibliothek[1] (und selbst da soll ja alles rechtens gewesen sein) oder irgendeinen Fall aus den Schulen[2]. Meine Frage nach seinem alten Betrieb empfand er wie eine Retourkutsche, obwohl ich das eher aus Verlegenheit angesprochen hatte. Aus den Andeutungen seiner Frau schloß ich, daß ihn diese Entscheidung quält. Aber auf Jan Steen läßt er[3]

»nichts kommen«, wollte ich schreiben. Es ist gleich zwölf. Barrista stand plötzlich vor der Tür. Er ist unglaublich. Sein Blumenstrauß war so groß, daß ich erst gar nicht erkennen konnte, wer da vor mir stand. Niemanden hatte ich weniger erwartet. Er wiederum schien überrascht, mich »so gut aufgelegt« zu finden.

Robert wurde mit derselben Verbeugung begrüßt wie ich. Er siezte ihn und sprach ihm seine »Anerkennung« aus, weil er wisse, was es bedeute, sich allein auf dem Markt zu behaupten, und nannte es ein großes Glück, in dieser Zeit so jung zu sein wie er, noch alles lernen, noch alles beginnen zu können. Mit dem kleinen Sermon hatte Barrista Roberts Flucht vereitelt. Ohne Aufforderung kümmerte sich Robert dann um Astrid, den Wolf, während ich den Tisch fürs Abendbrot mit Servietten bestückte, eine Flasche Cabernet dazustellte und dem Wurstteller eine Gabel beigab, was Robert als Zugeständnisse an den Gast akzep-

1 Etwa tausend sehr wertvolle Bücher der Altenburger Ratsbibliothek waren unter dem Vorwand der Restaurierung abtransportiert und durch Schalck-Golodkowskis KoKo in den Westen verkauft worden.

2 In Schulen kam es relativ häufig zur Absetzung und Entlassung von Direktoren.

3 Vermutlich unterbrochen, weil Barrista erschien.

tierte (Michaela hatte Vorstellung, immer wieder die Statistenrolle in »Rusalka«)[1].

Barrista bestrich sein Brot so gewissenhaft mit Butter, wie ich es sonst nur von Dir kenne, plazierte die Wurstscheiben mit derselben Akkuratesse und brachte so die Rundungen von Bierschinken und Brot beinah zur Deckung.

Als ich ihm Wein nachschenken wollte, wehrte er ab und sah mich durch sein Panzerglas an: Ob ich fähig und willens sei, ihn in einer halben Stunde zum Bahnhof zu fahren? Der Tatbestand sei folgender – und dann legte er mir lang und breit dar, warum es für ihn besser sei, mit dem Zug, das heißt im Schlafwagen, nach Stuttgart zu fahren (oder Frankfurt am Main?), um mir schließlich seinen LeBaron zur Aufbewahrung anzutragen. Natürlich solle ich damit fahren, das wäre ihm lieb, ja die Vorstellung eine Freude. Er wiederholte, wobei er beschwörend die Hand auf sein Herz legte, wie gern er mich in seinem Wagen wisse und mir nach meinem Unglück wenigstens auf diese Art und Weise behilflich sein möchte. Natürlich geschehe das, wie immer bei ihm, aus egoistischen Motiven. So einen Wagen könne er hier nicht über Tage hinweg ohne Aufsicht und auf demselben Flecke stehen lassen. »Bitte verstehen Sie mich nicht falsch, lieber Herr Türmer«, schlechte Erfahrungen habe er hier in diesen Dingen nicht gemacht, aber man müsse ja nichts provozieren. Wenn er mich absolut nicht überzeugen könne, so solle ich zumindest seine Maxime berücksichtigen, dem Staat nicht unnötig etwas zu schenken, denn Steuer und Versicherung seien ja bezahlt, der Wagen warte vollgetankt vor dem Haus.

Es blieb gerade genug Zeit, um ihm einen Kaffee zu kochen. Während Barrista sich kurz entschuldigte, schmierten wir Schnit-

[1] Michaela Fürst musste wegen eines Beinbruchs der Rusalka-Sängerin für einige Vorstellungen deren Double spielen.

ten, belegten sie dick mit der restlichen Wurst, und Robert kam auf die Idee, ihm den Kaffee in einer Thermoskanne mitzugeben. Der Baron war gerührt.

Zum Bahnhof fuhr bereits ich. Ich fürchtete, wir könnten als Gegenleistung zur Pflege des Wolfs verpflichtet werden, der neben Robert auf der Rückbank saß. Der Baron und Robert sprachen über Musik, über das, was Robert Musik nennt. Der Baron kannte die meisten Bands und wußte Klatschgeschichten von Milli Vanilli und wie sie alle heißen. Die Quelle dieses Wissens fand sich im Kofferraum: ein Stapel »Bravo«-Hefte, die er Robert vermachte. Er habe sie bereits gelesen, seine Pflichtlektüre, um sich ein Bild zu machen, was Jugendliche beschäftige. Bei der Gelegenheit erfuhren wir von seinen zwei Kindern, die er aber viel zu selten sehen dürfe. Zu mehr Fragen blieb keine Zeit. Auf sein Drängen hin probierte ich noch das Auf- und Zuklappen des Daches, da nun doch Frühling werden sollte, und erhielt die Papiere. Eine Büchse Hundefutter, als Napf ein großer Plasteaschenbecher mit Stuyvesant-Reklame und die Collegemappe waren sein ganzes Gepäck.

Er hob den Wolf in den Zug, verabschiedete sich knapp und zog die Tür hinter sich zu. Robert und ich folgten ihm auf dem Bahnsteig von Fenster zu Fenster, sahen zu, wie er sich setzte, die Mappe öffnete und einen Stapel Papiere herausnahm. Beim Lesen lehnte er den Kopf gegen die Scheibe, als schliefe er. Irgendwie glaubte ich in diesem Moment zu verstehen, warum er den Wolf immer bei sich hat.

Kennst Du die Serie mit David Hasselhoff und seinem sprechenden Auto?[1] Dieser LeBaron sieht so ähnlich aus. Man steuert ihn mehr im Liegen als im Sitzen. Solchermaßen die Leuten pas-

[1] K.I.T.T. heißt das sprechende Auto aus der Fernsehserie *Knight Rider*.

sierend, die aus dem Theater strömten, kam ich mir vor, wie ein leise durchs Wasser gleitendes Reptil. Nahezu erschrocken wandte man sich nach uns um.

Michaela stieg kommentarlos ein, so niedergeschlagen war sie. Sie verlor auch kein Wort wegen Robert, der eigentlich um acht im Bett sein muß. »Bloß weg hier«, sagte sie, was ich als Aufforderung zu einem kleinen Ausflug nahm.

Gleichwohl genoß sie die Fahrt und lächelte, als wir auf der langen Geraden hinter Rositz hundertsechzig fuhren. Zu Hause angekommen, glaubte ich, Michaela und Robert wären eingeschlafen, aber sie hatten nur keine Lust auszusteigen.

Im Wohnzimmer fielen wir über Barristas Konfektschachtel her: Schokoladenkugeln, die auf der Zunge zerschmelzen – Michaela nahm sich von jeder Sorte eine und legte sie, da sie auf Barristas Platz saß, auf seinen Teller, den sie für unbenutzt hielt. Ich schaffte drei, Robert zwei, Michaela aß sie wie Kirschen und zog mit dem Rest vor den Fernseher, wo sie noch sitzt und den Wahlorakeln lauscht.

Lieber Jo, mir fällt es schwer, etwas zu Deinen neuen Arbeiten zu sagen.[1] Ich bin zu weit weg davon. Erfundenes interessiert mich nicht mehr. Das ist natürlich kein Argument, schon gar kein Qualitätskriterium. Die neue Literatur, sollte es überhaupt so etwas geben, wird eine Literatur der Arbeit sein, des Geschäftemachens, des Geldes. Schau Dich um! Die im Westen tun nichts anderes als arbeiten. Uns ergeht es nicht anders.

Grüße Deine Frauen, sei umarmt, E.

1 Es haben sich keine Arbeiten von Johann Ziehlke unter T.s Papieren gefunden.

[Donnerstag, 15. 3. 90]

Nicoletta, was ist passiert?[1] Ich bin wie betäubt. Ich erfuhr es beiläufig von Jörg. Sonst weiß ich nichts! Was kümmert Sie Barrista? Wenn ich mir vorstelle, daß ich zur selben Zeit zu Hause lag und die Minuten bis zur Ihrer Abfahrt zählte – jetzt weiß ich, ich habe so etwas geahnt, irgend etwas Unheilvolles. Aber Barrista? Was hat der mit uns zu tun? Was uns betrifft, gibt es ihn nicht. Was werfen Sie ihm vor, was mir? Was hat er denn für eine Bedeutung? Ist er nicht jemand, der eher Mitleid verdient oder Nachsicht? Einer, der viel zu kompensieren hat? Doch das ist völlig egal! Warum lassen Sie mich für ihn büßen? Oder wie sonst ist Ihr Schweigen zu deuten? Sieht man B. zum ersten Mal, wirkt er befremdlich. Woher seine seltsamen Manieren und Ansichten stammen, weiß ich nicht. Sollten sie denn zu etwas anderem gut sein, als von seinem Äußeren abzulenken? Hier macht sich jeder über seine spitzen Stiefel mit den schiefen Absätzen lustig. Letztlich kann ich über B. nicht mehr sagen, als daß er sich mit dieser ungewöhnlichen Anfrage an die Zeitung gewandt hat. Seine Begründung dafür ist schmeichelhaft. Aus welchem Grund sollten wir nicht mit ihm zusammenarbeiten?

Woher kennen Sie ihn denn? Oder ist er Ihnen – ich wage es gar nicht zu schreiben – unhöflich oder sonstwie quer begegnet? Glauben Sie mir, auch nur ein Hinweis dieser Art – und er kann bleiben, wo der Pfeffer wächst!

B. ist abgereist, keiner weiß, wann er wiederkommt.

Schreiben Sie mir bitte ein paar Zeilen, ich bitte Sie!

Von ganzem Herzen

Ihr Enrico

[1] Mehr zu dem Streit zwischen N. H. und Barrista erfährt man aus den nachfolgenden Briefen an N. H.

Montag, 19. 3. 90

Liebe Nicoletta!
Bis zuletzt war ich mir sicher gewesen, Sie würden plötzlich in der Redaktion stehen, als gäbe es einen natürlichen Rhythmus, der Sie wieder nach Altenburg bringen müßte. Manchmal durchfährt mich die Angst, Sie könnten krank sein, irgend etwas, eine Folge des Unfalls. Haben Sie sich röntgen lassen?

Der Wunsch, Sie zu sehen, war so stark, daß ich an seine Beschwörungskraft glaubte. Auch deshalb fuhr ich früh in die Redaktion – und schien belohnt zu werden. Im Flur traf ich auf Georg, und er verhieß mir Besuch, ja, man erwarte mich! Er lächelte so, daß ich keinen Zweifel hegte.

Und ich – jetzt werfe ich es mir vor, als hätte ich Sie durch meine Dummheit vertrieben – spielte den Ahnungslosen, zuckte mit den Schultern, als könnte ich mir nicht vorstellen, wer das sei, und fragte Georg, was denn anliege, wobei ich hoffte, daß Sie meine Stimme hören würden. Natürlich hatte ich nichts dagegen, daß sich Georg wieder nach oben verzog. Ach, Nicoletta! Diese Augenblicke der Verheißung!

Drei Gießener Zeitungsleute schlürften Kaffee und freuten sich über ihren neuen Spielkameraden. Einen von ihnen erkannte ich, an seinem lilafarbenen Jackett.

Ich redete mechanisch mit ihnen. Meine Gedanken hasteten hin und her, doch irgendwann beruhigte mich die Einsicht, daß mir noch etliche Stunden blieben, ja der Tag gerade erst begonnen hatte, also alles vor mir lag, viele Stunden mit vielen Minuten, und in jeder konnten Sie hier eintreten. Unerwartet schnell regte sich wieder das vertraute Glück, das diese Erwartung für mich bedeutet! Die verfrühte Wärme und das Frühlingslicht konnten nichts anderes sein als Ihre Vorboten.

Die Gießener hatten die Öffnung der Wahllokale beobachtet

und sich in die Redaktion verzogen wie in eine Kneipe. Sie glaubten mir nicht, daß ich erst vor einer Stunde aufgestanden war und nicht seit den frühen Morgenstunden recherchiert hatte. Erst als ich sie bat, einen Stimmungsbericht für uns abzuzweigen, verlor sich ihr Argwohn. Ich legte meine Spiegel aus und begann. Ich wollte mir Ihre Ankunft, Nicoletta, verdienen und früh fertig sein!

Je häufiger die Tür aufging, um so größer schien mir die Wahrscheinlichkeit Ihres Erscheinens.

Die Gießener, die einzeln ausschwärmten, blieben nie lange weg. Ihre Lieblingsgeschichte war, daß Hans Schönemann, der ehemalige »Kreissekretär für Ideologie und Propaganda«, für die DSU kandidiere. Obwohl ich ihnen gleich gesagt hatte, daß hinter demselben Namen zwei verschiedene Personen stünden, erzählte der Igelkopf die Geschichte immer wieder und überließ es mir, ihn zu korrigieren. Dazu lächelte er dann, als wollte er sagen: Sind Sie sich da sicher?

Gegen zwei stopfte ich Kuchen in mich hinein und fürchtete, Sie könnten mich mit vollem Mund überraschen. Ich erwartete Sie dann für fünf, allerspätestens halb sechs, jedenfalls noch vor dem Ende der Wahl. Davon war ich so fest überzeugt, als hätten Sie sich gerade telephonisch angekündigt.

Gegen vier hatte ich alles geschafft und wäre noch früher fertig gewesen, hätte ich nicht mitunter Gastgeber gespielt und das Einrechnen des letzten Artikels hinausgezögert. Ich wünschte mir, Sie würden mich bei der Arbeit finden.

Franka hatte im Garten auf halber Höhe ein paar Klappstühle aufgestellt, von denen die weiße Farbe abblätterte und am Hosenboden hängenblieb. Wir hatten die Zeitung in Sicherheit gebracht und den Tisch zusammengeschoben. Selbst während der ersten Auslieferung waren nicht so viele Leute in unserer Stube gewesen. Manche von ihnen hatte ich im Oktober oder November das letzte Mal gesehen. Georg rechnete uns vor, daß alle, die nach 1912 geboren sind, nie an echten Wahlen teilgenommen hatten.

Als die Uhr wieder schlug, traf mich der sechste Schlag unerwartet. Ich dachte, ich hätte falsch gezählt, doch auch das Kofferradio meldete 18 Uhr. Eingepfercht, wie ich war, schien es mir, als hielten auch die anderen die Luft an, vollkommene Stille. Bis Jörg auflachte. Die anderen fielen ein. Plötzlich schrie jeder irgendwas, man lästerte und höhnte über die Leute, die die Prognosen gemacht hatten.[1] Ich kämpfte mich hinaus und stieg im Garten den Hang hinauf.

Eine Stunde später waren nur noch die Gießener da und ein paar Austräger. Sie saßen um den Tisch, auf dem das Radio stand, und schwiegen. Es gab immer einen, der den Kopf schüttelte. Die Gießener fällten das härteste Urteil, sprachen von Verrat, Verrat an den Ideen des Herbstes, und verzichteten nun sogar auf die Geschichte um Hans Schönemann.

Sie waren die einzigen, die ordentlich zugriffen, als Franka einen Teller mit Broten hereinstellte. Georg hatte sich irgendwohin verkrochen, Jörg starrte zwischen seinen Ellbogen auf den Tisch, scheuchte Georgs Jungen wieder hinaus und schaltete schließlich das Radio aus. Im selben Moment klingelte das Telephon. Vielleicht hat auch das Telephon zuerst geklingelt. Jörg, der am nächsten saß, griff endlich nach dem Hörer. Er sagte »hallo«, wiederholte es lauter und brüllte schließlich, daß man nichts verstehen könne. Der Lilafarbene stieß mich an. »Der

[1] Das Bündnis 90 (Neues Forum, Demokratie jetzt, Initiative für Frieden und Menschenrechte) erhielt nur 2,9 Prozent der Stimmen. Damit war die Bürgerbewegung endgültig ins Abseits geraten. Die »Allianz für Deutschland« aus CDU, DSU und Demokratischem Aufbruch erhielt 48 %, davon für die CDU 40,6 %; SPD 21,8 %; PDS 16,3 %. Die Wahlbeteiligung lag bei 93 Prozent.

Hörer«, flüsterte er. Ich begriff nicht. »Na, der Hörer«, zischte er. Jörg schrie in die Ohrmuschel, er hielt den Hörer verkehrt herum. Ich machte ihm Zeichen, was ihn noch ungehaltener werden ließ. Ich entwand ihm den Hörer, aber da war schon niemand mehr dran.

Ich verabschiedete mich, Jörg holte mich an der Haustür ein. Ich sollte den Kommentar für die erste Seite schreiben, rechts, der Kasten, tausend Anschläge, das hat sonst immer er gemacht. Zu Hause überließ ich mich der Vorstellung, Sie würden jetzt im Fernsehen dieselben Bilder sehen.

Meine tausend Zeichen fielen mir leichter als erwartet. Georg wird sie wohl akzeptieren, bei Jörg bin ich mir nicht sicher. Viel Zeit zum Ändern bleibt nicht. Nach all den Hoffnungen, die ich auf diesen Tag verwendet habe, erscheint mir mein Fatalismus beinahe heroisch.

In Gedanken bei Ihnen

Ihr Enrico

Dienstag, 20. 3. 90

Lieber Jo!

Ich hoffe, Ihr habt den Sonntag besser verkraftet als Michaela (was ich von den Wahlen halte, wird auf der ersten Seite stehen). Jenes »Zweikommaneun« kannst Du von Michaela in allen Tonlagen und Schattierungen hören, heute höhnisch, gestern eher verzweifelt, tonlos, dramatisch. Neben ihr kam ich mir vor wie ein Stein. Seit ihr »klartext« zu Grabe getragen wurde, ist Michaela nicht mehr beim Neuen Forum gewesen. Sie blieb auch gegenüber allen Angeboten für die Wahl standhaft, obwohl ihr die Offerten schmeichelten. Michaela Fürst in die Volkskammer!

Als hätte sie alles kommen sehen, hat sie sich am Freitag die Haare kurz schneiden lassen. Nicht mal Robert wußte davon. Die Idee sei ihr beim Friseur gekommen. Nun trägt sie so traurig wie unnahbar ihren Nofretete-Kopf. Wenn ich sonntags gegen halb neun aufbreche, vergißt sie nie, mich zu fragen, ob ich mir mein neues Leben so vorgestellt habe. Hoffentlich sieht sie niemals die Menschenschlange am Bahnhof, die auf die »Bild«-Zeitung wartet.

Am Sonntag erschien Michaela in einem Kleid, das sie von Thea bekommen hat, eher etwas für die Oper. Die Austräger und Forumsleute, die sich bei uns drängten, empfingen sie, als hielte endlich die rechtmäßige Herrscherin Einzug.

Nach der ersten Prognose bewahrte sie Haltung. Solange es Leute gab, die um sie herum verzweifelten oder wie Marion in Tränen ausbrachen, konnte Michaela sogar trösten. Sie wiederholte mehrmals, daß noch nicht aller Tage Abend sei. Die einen schimpften auf Bohley und Konsorten, weil die immer nur ihr Berliner Ding gemacht hätten, die anderen verdammten die Westgrünen, weil die weder Ahnung noch Geld hätten. Marion sagte dann, wir seien einfach nicht hart genug gegen die Bonzen gewesen. Wir hätten uns durch falsch verstandene Fairneß selbst um alles gebracht, warum hätten wir denn nicht alle Stasilisten veröffentlicht und die alten Parteien verboten? Wozu hätten wir denn Lenin in der Schule gelesen?

Nach einer halben Stunde hatte sich die Empörung erschöpft. Mit jedem, der sich davonstahl, verlor Michaela an Kraft. Man verabschiedete sich nicht mal mehr voneinander. Die einfachsten Sachen mißlangen: Kippen ließen sich nicht ausdrücken, zwei Gläser wurden kurz nacheinander umgestoßen, man rempelte sich an oder trat einander auf die Füße. Michaela gestand mir heute, für Minuten habe sie nicht mal mehr gewußt, daß Marion

Marion heiße. Die Gießener, die hemmungslos mitschrieben, reagierten schließlich beleidigt auf das Wahlergebnis und sprachen von dem häßlichen Gesicht des Ostens.

Zu Hause war Michaela nicht vom Fernseher wegzubekommen. In eine Decke gehüllt, wandte sie nicht mal den Kopf, wenn sie mit uns sprach. Bei jeder winzigen Veränderung rief sie uns herbei und zeigte mit ausgestrecktem Arm auf den Bildschirm.

Michaela hatte Robert Fondue versprochen, alles war vorbereitet, die Platten im Kühlschrank, die Brühe im Topf. Aber selbst als alles auf dem Tisch stand und wir schon die Spieße in den Topf steckten, blieb sie zusammengekauert vor dem Fernseher hocken. Robert war den Tränen nah. Zweimal bat ich sie, sie möge kommen, sie wisse doch nun, wie es ausgegangen sei.

Was *ich* denn eigentlich zu diesem Desaster zu sagen hätte? Ich tue so, als ginge mich das alles nichts an, als hätte unsere Provinzpostille nicht auch ihren Anteil an der Katastrophe. Ich sagte, daß es wenige Dinge gebe, die mich von einem Fondue abhalten könnten. Du weißt, wie ich das meinte. Michaela versteinerte.

Nichts, nichts habe noch einen Sinn, wenn die Leute so krank und debil wählten. Sie könne hier nicht mehr atmen, könne kaum noch jemandem ins Gesicht sehen, und ich sei genauso bescheuert wie alle anderen.

Wie von der Bühne herab fragte sie mich plötzlich: Wer bist du, wer bist du eigentlich? Ich mußte lachen, nicht über ihre Frage, sondern über das, was mir sofort durch den Kopf schoß: Ein Suchender, sagte ich. Und was suchte ich? Das richtige Leben, sagte ich und war selbst überrascht von der Ruhe und Selbstverständlichkeit, mit der mir das über die Lippen kam. Wundersamerweise setzte sie sich dann doch zu uns an den Tisch.

Ach, Jo, was soll ich denn machen? Ich würde ihr so gern helfen. Aber sie will die Wahrheit einfach nicht hören, jedenfalls nicht von mir.

Als ich heute vom Mittagessen kam – der Galluswirt hatte »geflaggt«, das heißt, er hatte zur Feier des Wahlsieges weiße gestärkte Tischdecken aufgelegt –, saß Piatkowski, der hiesige stellvertretende CDU-Vorsitzende, am Tisch und lutschte Drops, um seine Fahne zu mildern. Und mit wem unterhielt er sich? Mit Barrista!

Als Piatkowski mich sah, schlug er eine dunkelrote Urkundenmappe auf und reichte mir ein A4-Blatt, auf dem sich der CDU-Kreisverband Altenburg »tief bewegt« bei den Wählerinnen und Wählern bedankte. Ich sagte, daß wir nichts mehr annehmen könnten, nichts mehr für diese Woche.

»Oder Sie zahlen Expreßzuschlag«, sagte der Baron. So habe er es neulich gemacht. Für das Doppelte bekomme er sicher noch eine halbe Seite. Piatkowskis feuchte Lippen begannen zu beben. Was denn für hundertfünfzig Mark möglich sei. Knapp vierzig hoch und eine Spalte breit. Piatkowski zog, während er nachsann, die schwarz-rot-goldene Kordel seiner Mappe straff, willigte schließlich ein, verzichtete mit einem Seufzer auf sein neues CDU-Symbol (das »ex oriente pax« gilt offenbar nicht mehr) und wählte einen dicken Rahmen wie für Traueranzeigen. Der Text wird nur mit der Lupe zu lesen sein. Ich quittierte, das Geld bar erhalten zu haben.

Als Piatkowski draußen war, fragte ich den Baron, ob er wisse, mit wem er eben gesprochen habe. Piatkowski hat im Oktober, am Tag nach der ersten Demonstration in Altenburg, an dem Michaela und ein paar andere vom SED-Kreissekretär ins Rathaus geladen worden waren, auf der anderen Seite des Tisches neben dem SED-Chef gesessen und unverhohlen gedroht, daß all jene, die den Dialog blockierten, nicht mit Milde rechnen dürften – wofür er sogar vom Kreissekretär gerügt worden war. Der hatte sich nämlich »tief bewegt« von der Demonstration gezeigt.

Der Baron zuckte mit den Schultern. Worüber ich mich denn aufrege? Etwa über den armen Schlucker, der da gerade zur Tür hinausgehuscht sei? Piatkowski, sagte ich, sei der letzte, der Mitleid verdiene. Ich solle doch einmal überlegen, was ich da sage. Dieser Mensch werde die Kommunalwahlen nicht mehr in seinem Parteiamt erleben, das wisse dieser Piatsoundso selbst am besten. Seine Arbeit werde er aus demselben Grund verlieren. Ob ich wisse, warum Piatsoundso in die CDU gegangen sei? Um die Drogerie seiner Eltern zu retten, weil man ihm gesagt hatte, entweder SED oder der Laden. Und da habe er Zuflucht zur CDU genommen, um das Geschäft wenigstens so lange über Wasser zu halten, wie sein Vater am Leben war.[1] Dann habe man ihm den Posten in der Verwaltung angeboten, in der Kämmerei, wie der Baron die Abteilung Finanzen nennt. Piatkowski hatte ihm offensichtlich völlig den Kopf verdreht. Mit einem Schnipp könnten wir den doch erledigen, sagte der Baron, wir müßten nur anrufen und mit einem Artikel drohen, das reiche schon, wir brauchten nicht mal Platz für ihn zu verschwenden. Und ob ich nicht gerade den Beweis erhalten habe, wie schwer es ihm gemacht werde, ein paar Zeilen an die Öffentlichkeit zu bringen, während ich schreiben könne, was und soviel ich wolle. Er sehe es ungern, so der Baron, wenn ich meine Zeit mit Leuten wie Piatsoundso vergeude, davon abgesehen, daß es nicht gerade ritterlich sei, auf einen Besiegten einzuschlagen.

»Gerade jetzt, wo es darauf ankommt«, sagte er, »müssen Sie

[1] Für Selbstständige wie Piatkowski hätte sich an Stelle der CDU eher die LDPD (Liberaldemokratische Partei Deutschlands) als »Zuflucht« angeboten.

wissen, was Sie tun!« Er sagte das eindringlich und so leise, daß selbst Ilona, die bis eben noch in der Küche zu hören gewesen war, es nicht verstanden hätte. Dann kam Felix, Georgs ältester Sohn, herein, er hatte den Wolf ausgeführt, und der Baron fragte mich, ob ich ihn auf einem Spaziergang durch die Stadt begleiten wolle. Er sei bisher immer nur von Termin zu Termin gehetzt, jetzt möchte er sich einfach mal treiben lassen. Ich mußte es ihm abschlagen, den Wagen aber können wir noch eine Weile behalten.

Dein E.

Mittwoch, 21. 3. 90

Liebe Nicoletta!
Verheißungsvoller als der Bamberger Poststempel sind die beiden Ausrufezeichen am Rand und die Anstriche, in denen ich Ihre Handschrift zu erkennen glaube.[1]

Barrista ist bereits wieder im Land. Er hat den Streit mit Ihnen zugegeben. Natürlich verneinte er zunächst meine Frage und lehnte es ab, von »Streit« zu sprechen, gestand dann aber ein, er habe nicht eingesehen, warum er weniger Recht haben solle, sich in der Redaktion aufzuhalten, als Sie. Wenn er nicht mehr erwünscht sei, möge ich ihn das wissen lassen. Schließlich beichtete er, etwas »trotzig« reagiert zu haben, versicherte zweimal, Ihnen nichts vorzuwerfen, und sprach überschwenglich von Ihren Arbeiten für den »Stern«, von denen ich leider keine

[1] Nicoletta hatte Zeitungsberichte über C. von Barrista an T. geschickt und einzelne Passagen markiert.

Ahnung hatte. Sollte eine Aussöhnung nötig sein, wolle er den ersten Schritt gehen.

Vielleicht dächten Sie, so Barrista weiter, heute über einiges anders. Ich fragte nach. Im Westen, dozierte er, seien wesentlich mehr Leute über den Ausgang der Wahl enttäuscht als hier. Ihn, Barrista, interessiere nicht diese oder jene Politik, sondern die Demokratie. Der Staat stehe seinen Bürgern sowieso mehr im Weg, als ihnen ihr Fortkommen zu erleichtern.

Mit den Artikeln konfrontiert, hob er die Arme und ließ sie erschöpft wieder sinken. Genau das habe er gemeint, als er sagte, über einiges in Ruhe sprechen zu wollen. Barrista hatte den Wunsch geäußert, zukünftig mehr miteinander zu reden, um möglichst viele Ideen auf den Tisch zu bekommen, was aber wohl doch etwas anderes ist. [...]

Seiner Collegemappe entnahm er einen Hefter, der viel zu klein für die hervorquellenden Papiere war. Obenauf lag ein schwer leserliches Anschreiben – ich entzifferte kaum meinen Namen –, in dem er mir anheimstellte, wer von diesem Dossier Kenntnis erhalten solle. Das meiste sind Kopien aus Zeitungen und die Dokumente der Verteidigung sowie das Urteil. [...]

Während ich blätterte – Ihr Material ist vollständig enthalten –, redete er auf mich ein. Man komme ja nicht herein und sage: Hello, Jungs, vor zwei Jahren hat mal der Staatsanwalt bei mir geklingelt.

Ich werde selbst noch sehen, sobald ich geschäftliche Verantwortung zu übernehmen hätte, daß man immer mit einem Bein im Gefängnis stehe, weil man Entscheidungen zu fällen habe, die durch unvorhersehbare Entwicklungen, durch fremdes Verschulden oder einfach durch Pech in eine falsche Richtung gelenkt werden könnten. Wie oft habe er die Verantwortung für etwas übernehmen müssen, das gegen seinen Ratschlag, gegen seine Stimme, gegen seinen ausdrücklichen Wunsch geschehen sei.

Er bot mir an, auf jede Frage Rede und Antwort zu stehen, obwohl er keinen Grund sehe, sich vor uns rechtfertigen zu müssen.

Er legte mir ans Herz, das Urteil des Prozesses höher zu bewerten als die Anschuldigungen. Er gelte nicht als vorbestraft.

Sein Gerede hat mich erst recht argwöhnisch gemacht. Doch das ist nur eine Ahnung, ein Gefühl. Helfen Sie mir, ihm die richtigen Fragen zu stellen?

Hier nun die Fortsetzung meines Versuches, obwohl ich nicht weiß, ob Sie ein weiteres Kapitel überhaupt hören[1] wollen.

Ich grüße Sie herzlichst, Ihr Enrico

Während der Schulwochen war der hochgestimmte und freudige Ton der Ferientage zu einer mitunter bigotten Selbstanklage verkommen. Denn täglich versagte ich in dem Bemühen, Gottes Gebote zu halten. Tagebuch führen hieß ja, Rechenschaft abzulegen. Die Nachwelt sollte erfahren, was ihr berühmter Dichter als junger Mensch gefühlt, gedacht und getan und welch hohe Maßstäbe er dabei an sich gelegt hatte.

Das, was ich Ihnen nun schildern will, steht nicht im Tagebuch. Ich werde mich möglichst kurz fassen.

Nach dem Arkadiensommer erschien mir meine Klasse, wir waren jetzt in der achten, als kindischer Haufen. Niemand, mit dem ich über meine ungeheuerlichen Erfahrungen hätte reden können, nichts, was mich an den Erkundungen der anderen in Diskotheken, Garagen und Kellern gereizt hätte. Das muß Hendrik gespürt, das muß ihn ermutigt haben.

Hendrik, der aufgrund eines Sprachfehlers und erschreckender Magerkeit seit der ersten Klasse das bevorzugte Objekt von Quälereien gewesen war und den ich immer mal wieder ohne

[1] Natürlich wäre an dieser Stelle *lesen* statt *hören* richtig.

viel Anteilnahme verteidigt hatte, stolzierte wie ein Rabe um mich herum, winkelte mal den rechten, mal den linken Arm derart spitz an, als kratzte er sich in der Achselhöhle, hielt sein Vogelköpfchen schief und sprang dann mit einer Art Hopser näher, um mir eine Frage zu stellen. Mal wollte er wissen, ob ich am Wochenende einen Ausflug unternommen hätte, mal, ob wir einen Plattenspieler besäßen und ähnliches mehr. Ich gab ihm jedesmal Auskunft, woraufhin er maliziös lächelte und sich wortlos davonstahl, offenbar in dem Gefühl, sich gut unterhalten zu haben.

Es muß schon im November gewesen sein, in den Pausen gingen wir nicht mehr auf den Hof, als er mir etwas über Wesen von höherer Intelligenz zuflüsterte. Das war deshalb überraschend, weil seine Mutter bei der Polizei arbeitete und sein Vater, ein strenger und sparsamer Mann, in der Schule Hausmeister war.

Von nun an raunte mir Hendrik Tag für Tag einen neuen endgültigen Beweis für unsere Abstammung von Außerirdischen zu und teilte mir seine Theorie über die Energieform mit, die er als den Antriebsstoff der außerirdischen Raumschiffe vermutete. Dabei wand er seine Arme und Hände umeinander, als versuchte er, sich selbst zu fesseln. Kurz vor Weihnachten fragte mich Hendrik, ob ich nun an seine Theorie glaubte. Zum ersten Mal klang er ungehalten. »Nein«, sagte ich. »Ich glaube an Jesus Christus.«

Dieser Satz, erstmalig von mir ausgesprochen, erschütterte mich selbst. Als hätte eine Stimme aus den Wolken während eines Fahnenappells verkündet: »Enrico, du bist mein lieber Sohn, an dem ich Freude habe!« Ich brauchte das ganze Wochenende, um diese Szene im Tagebuch festzuhalten.

Am Vormittag des 24. Dezember stand Hendrik vor unserer Tür und trat, ohne eine Aufforderung abzuwarten, mit seinen Rabenschritten ein. Er müsse mich dringend sprechen. Als hätte ihn tatsächlich seine Mutter angezogen, wie immer behauptet wurde, war zwischen Mütze und Schal kaum etwas von seinem Gesicht zu sehen. Er bewundere meine Glaubensstärke, möchte gern auf dieselbe Art glauben können wie ich und bitte mich um Hilfe. Das verkündete er im Flur. Die Flachzange in meiner Hand schien ihn nicht weiter zu irritieren. Meine Mutter – wir waren gerade dabei, die Sehnen aus den Putenschenkeln zu ziehen – bat Hendrik abzulegen und gab mich frei.

Ich könne da nicht viel tun, das müsse er schon selber machen, sagte ich, bot ihm aber an, gemeinsam die Bibel zu lesen, irgendwas aus dem Neuen Testament, und zu beten. Mit der Gehorsamkeit eines Kranken schlug er die Bibel auf – sein Blick fiel auf jene Stelle, da Jesus die Kinder zu sich kommen läßt. Ob ich das für ein Wunder halte, fragte er. Alles sei Fingerzeig Gottes, antwortete ich. Wir lasen das Kapitel, dann betete erst ich halblaut, dann er. Plötzlich öffnete ich die Augen, wie um mich zu vergewissern, ob wir tatsächlich taten, was wir taten. Mein Blick fiel auf die halbhohen Arbeitsschuhe, die Hendrik, da er unglücklicherweise die Schuhgröße seines Vaters erreicht hatte, neuerdings trug. Wie Gewichte hingen sie an ihm und machten seinen ohnehin schon gravitätischen Gang vollends zur Zirkusnummer. Obwohl er selbst darüber seufzte und zu lächeln versuchte, war seither keine Sportstunde vergangen, in der die alten Schuhe nicht durch die Umkleidekabine gebolzt worden wären.

Ich hatte es meinem Einfluß zugeschrieben, daß nach der letzten Sportstunde vor den Ferien seine Unglücksschuhe an ihrem Platz blieben. Als Hendrik hineinfahren wollte, sich dazu hinsetzte und einen Schuh hochhob, ergoß sich ein Schwall Wasser über seine bestrumpften Füße – und auch ich stand in einer Pfütze, was für zusätzlichen Jubel sorgte. Und nun hatten sich diese Schuhe bei uns eingeschlichen, sie waren bis in mein Zimmer vorgedrungen, die Absätze scheuerten an meiner Liege.

»Amen«, sagte Hendrik. Seine Hände blieben über der aufgeschlagenen Bibel gefaltet. Er beäugte mich mit schiefgelegtem Kopf, als sei nun ich an der Reihe. »Amen«, sagte ich und sah schon wieder auf seine Schuhe.

Da ich nicht weiterwußte und ihn schlecht bitten konnte, sein Gebet zu wiederholen, schlug ich einen Spaziergang vor. Sofort willigte er ein. Vorher mußte ich mit der Zange zurück in die Küche. Haben Sie je Pute gebraten? Meine Aufgabe bestand darin, die von meiner Mutter freigelegten Sehnen mit der Zange zu fassen und herauszuziehen, während meine Mutter das kopflose Vieh festhielt. Das Fleisch an den Schenkeln rutschte hoch und bildete lächerliche Pumphosen. Jeder Schenkel besitzt mehrere dieser Sehnen, und obwohl ich meine Mutter, begleitet von ihrem Aufschrei, fast über den Tisch zog, gelang es uns nie, der Pute alle Sehnen zu entreißen. Hendrik stand dabei, schon wieder verpackt wie ein Räuchermännchen, lächelte ins Leere und verabschiedete sich von meiner Mutter mit tiefem Diener.

Auf dem Spaziergang gab Hendrik keinen Augenblick Ruhe. Er begehrte zu wissen, wie oft ich bete, was ich mir dabei vorstelle, was ich tue, wenn ich spürte, daß ich jemanden nicht nur nicht lieben, sondern nicht leiden könne, und ob der Wunsch nach ewigem Leben egoistisch sei oder nicht. Hendrik erging sich in Auslegungen und Vorschlägen, bei denen er nicht wie bisher von »den Christen« sprach, sondern statt dessen ein *wir* gebrauchte, das ich anfangs als *ihr* mißverstanden hatte, bis es keinen Zweifel mehr geben konnte, daß *wir* jetzt keine Angst mehr vor dem Tod haben müßten und *wir* uns grundsätzlich anders als andere zu verhalten hätten. Seine Bekehrung war offensichtlich, doch weil ich ganz und gar davon überzeugt sein wollte, die Frage direkt zu stellen allerdings als unangemessen empfand, dehnte ich unseren Spaziergang immer weiter aus. Erst auf dem Rückweg, wir gingen am Gemeindehaus vorüber, erhielt ich Gewißheit. Im Erdgeschoß klebte ein Plakat im Fenster: »Gottes Wort lebt. Durch Dich!« Es bezog sich auf eine Spendenaktion, mir aber schien, Jesus selbst habe das für mich geschrieben. Ich lächelte etwas verlegen und sah zu Boden, weil ich einen Ausbruch des Staunens, sogar der Bewunderung bei Hendrik erwartete. War es denn kein Wunder, jetzt und hier dieser Spruch?! Doch Hendrik übersah das Plakat oder bezog es nicht auf uns, was aber nichts an meiner Gewißheit änderte, eine Seele gerettet zu haben und ein wahrer Menschenfischer geworden zu sein. Ich verabschiedete mich von Hendrik. Mit seinem Besuch habe er mir das schönste Weihnachtsgeschenk gemacht. Wir gaben einander die Hand – seine Mutter hatte ihn zu diesem übertrieben festen Händedruck erzogen. Ich wollte mich schon abwenden, als sich Hendriks Oberkörper vorbeugte. Ich hielt es für einen Diener, bis seine Stirn meine Schulter berührte. Das war genau der Augenblick, in dem all meine Euphorie verflog. Ich begriff, Hendrik von nun an am Hals zu haben.

Ich schildere Ihnen das nicht um seiner selbst willen, da gäbe es anderes zu erzählen, sondern weil dieses Erlebnis zum Stoff meiner ersten Erzählung werden sollte.

Die breite Feder des Füllers, der sich wunderbarerweise zwischen den Süßigkeiten in Tante Camillas Paket gefunden hatte, verlieh meiner Handschrift etwas Regelmäßigkeit, das Schreiben, ich meine die Bewegung der Hand, der Anblick der Schwünge befriedigte mich in ungekannter Weise.

Der neue Füller beschleunigte meine Gedanken, nach drei Seiten war ich bereits bei unserem gemeinsamen Gebet angelangt. Und plötzlich – eben war ich mir noch sicher gewesen, der Schwung meines Schreibens würde mich unbemerkt über diese Klippe hinwegtragen – lähmte mich die Erinnerung an meine Abschweifung, an diese Sünde, da ich, statt um Hendriks Bekehrung zu beten, an seine Schuhe und die Hänseleien gedacht hatte. Wenn ich es nicht einmal vermochte, einem um sein Heil ringenden Menschen beizustehen … Ich schraubte den Füller zu. Dabei hielt ich die Kappe in der Linken, drehte den Füller dreimal und legte ihn, mein Werkzeug, parallel zur oberen Kante meines Tagebuchs ab. Es war, als hätte ich seit Jahren jeden Arbeitstag mit dieser Geste beendet.

Plötzlich verstand ich: Sosehr ich als Person, als Gottes Geschöpf versagt hatte, so sehr eignete ich mich zur literarischen Gestalt. Und das war die eigentliche Erkenntnis: Nicht Tagebuch sollte ich schreiben, sondern ein Werk, eines, das wie kein anderes Gottes Wirken verherrlichen sollte.

Ich schlich mich ins Wohnzimmer, in dem der Duft des Westkaffees und der Fa-Seife mit den einheimischen Gerüchen rang, und entnahm einer Schublade den Briefpapierblock meiner Mutter. Ich schlug ihn auf, legte das Linienpapier zurecht, nahm den Füller, steckte die Kappe hinten auf und schrieb, ohne zu zögern, oben in die Mitte: Geburt, darunter: eine Erzählung von – neue Zeile: Enrico Türmer. Und ging befriedigt, als hätte ich mein Opus soeben vollendet, ins Bett.

In der Morgendämmerung saß ich, einen Pullover über dem Schlafanzug, wieder am Schreibtisch. Ich sehnte mich danach, in ausgreifenden Ober- und Unterschwüngen, die wie von selbst lange Sätze formten, mein Versagen zu schildern. Doch da es sich um eine Erzählung handelte, mußte erst einmal das Terrain und die dazugehörigen Personen beschrieben werden, so daß nach meinem ersten Satz, der »Es klingelte« lautete, die Handlung für längere Zeit abbrach.

Die Vorstellung, mein Werk an den beiden Weihnachtsfeiertagen, dann zumindest noch im selben Jahr, schließlich bis zum Ende der Weihnachtsferien zum Abschluß zu bringen, erwies sich als trügerisch.

Ich empfand durchaus das Zwiespältige der Situation, Hendrik vormittags zu begegnen und nachmittags über ihn zu schreiben. Wie erwartet, hatte er alle Hemmungen verloren und steuerte mich ohne Umwege an. Morgens saß er sogar auf meinem Stuhl, was soviel hieß wie: Ich habe auf dich gewartet. Es war kaum möglich, ohne ihn an meiner Seite mit jemand anderem zu reden. Stolperte er über ein Bein, fand er seine Schuhe nicht, oder sah er an der Tafel Zeichnungen – Ferkeleien, wie die Lehrer sagten – mit seinem Namen, straffte er nur seine Haltung und lächelte mit schiefgelegtem Kopf, was heißen sollte: Ich halte euch auch noch die andere Wange hin. Wenigstens hatte ich ihn überreden können, den obersten Knopf seines Hemdes zu öffnen. Ich ertrug auch Hendriks Geschwätz über positive und negative Energien im Weltraum, denn von wem, wenn nicht von Hendrik, konnte ich erfahren, wie es sich anfühlte, wenn der Heilige Geist von einem Besitz ergriff, je detaillierter, um so besser.

In den Winterferien, Hendrik und ich waren auf dem Weg in die »Junge Gemeinde«, unterbrach ich ihn mitten in seiner Theorie der Weltentstehung. Hendrik verstand nicht, was ich meinte. Ich wurde ungehalten. Mußte ich denn ausdrücklich fragen, ob er eine Stimme gehört und was diese gesagt hatte?

Der christliche Glaube, so Hendrik endlich, bringe Ordnung ins Leben. Und außerdem – dabei erschien sein »Die-andere-Wange-hinhalten-Lächeln« – könne es keinesfalls verkehrt sein zu glauben. Wenn es nicht stimmte, so Hendrik, würde man das sowieso nicht mehr merken.

Ich prallte zurück! Ich wollte diese Fratze ohrfeigen, ihn einen gottverdammten Betrüger nennen, ihn allen Qualen überantworten, deren die Hölle einer Schulklasse fähig ist! »Der Teufel ist ein Logiker« – das fand ich später irgendwo bei Heine.

»Hendrik hat mir den Füller aus der Hand geschlagen«, blieb über Monate hinweg die letzte Eintragung in meinem Tagebuch.

Diesem Leiden gab ich mich noch im August in Waldau hin, wo ich nichts anderes tat, als jene acht Bücher mit grau marmorierten Einbänden zu lesen, auf deren Rücken, Gold auf Blau, das Mantra Herrmann Hesse gedruckt war, ebenfalls ein Geschenk von Tante Camilla, das mich ohne Vorankündigung erreicht hatte. Zwischen den Seiten verbarg sich ein Duft, der besser und feiner war als jener des Intershops. Dieser Duft gehörte zu den Lesestunden, er war mein Weihrauch, der sich nur langsam mit der Waldluft und dem Geruch des Waldauer Häuschens mischte. Doch das bemerkte ich erst zu Hause.

Ganz der Ihre, Enrico

Mittwoch, 21. 3. 90

Lieber Jo!

Gestern habe ich den Stadtspaziergang mit dem Baron nachgeholt, das Wetter war danach. An den Roten Spitzen vorbei gingen wir zum Großen Teich und dort ein Stück entlang der Hutfabrik. Ich empfahl ihm einen Spaziergang mit Georg, der könnte ihm alles über Barbarossa und den Prinzenraub erzählen, über Melanchthon, Bach, Lindenau, Pierer, Brockhaus, Nietzsches Vater und anderes mehr. Der Inselzoo war geschlossen. Ich wollte einen Abstecher zu Altenbourgs[1] Haus machen, aber da ihm der Name nichts sagte, gingen wir zurück zum Kino und dann die Teichstraße hinauf, diese Ruinenstraße, in der kaum

[1] Gerhard Ströch, geb. 1926 in Rödichen-Schnepfenthal, lebte in Altenburg und nannte sich seit 1956 Altenbourg; starb am 29. 12. 1989 bei einem Autounfall in der Nähe von Meißen.

noch ein Haus bewohnt ist. Wir kamen nur langsam voran, weil Barrista ständig photographierte. Seine Schritte und Gesten waren behutsam wie die eines Archäologen oder Höhlenforschers. Viele Höfe konnten wir gar nicht mehr betreten, das Mauerwerk sank in sich zusammen, bildete organische Formen, bauchige Mauern, durchhängende Fensterreihen. Die jungen Birken auf den Dächern wirkten wie Federschmuck am Hut. Ich erzählte ihm, was alle erzählen: Selbst nach dem Krieg habe man es kaum schaffen können, in jeder Kneipe der Teichstraße ein Bier zu trinken, über zwanzig sollen es gewesen sein, jetzt gibt es noch eine.

Hin und wieder legte Barrista die Hand auf den Putz und strich darüber. Es war seine Anteilnahme, die mich beschämte und mir die Augen öffnete. Auf diesem Spaziergang habe ich die ganze Roheit begriffen, die Roheit in mir und in uns, die Roheit, die es bedeutet, so eine Stadt verkommen zu lassen, ohne darüber verrückt zu werden. Ihren Verfall habe ich immer als natürlich, als den Gang der Dinge angesehen.

Mir fiel das Froschexperiment ein, das der Baron bei jeder Gelegenheit erwähnt (wenn man die Temperatur des Wassers pro Stunde um ein Grad erhöht, behauptet er, wird der Frosch gekocht, obwohl er herausspringen könnte, wenn er wollte). Und vielleicht haben all jene, die einfach aus diesem Land herausgesprungen sind, richtig gehandelt. Das dachte ich, während ich zusah, wie der Baron die verblichenen Beschriftungen und Schilder über den zugemauerten oder hinter blinden Scheiben dämmernden Läden photographierte.

(Georg sitzt hinter mir am Tisch. Während ich Dir schrieb, hörte ich ihn stöhnen und seufzen. Ob ich ihm sagen könne, was er auf die Frage, warum wir die Zeitung gegründet hätten, antworten solle? Ich wiederholte ihm seine damaligen Worte, Öffentlichkeit schaffen, Demokratisierung begleiten, die Leute sollen ein Forum haben, die Bonzen ... Das wisse er ja alles, unterbrach mich Georg, aber ob man das heute noch schreiben könne? – Wegen seiner Skrupel bekommt er keinen Artikel fertig, dafür mäkelt er an unseren ständig herum.)

Als ich mit Barrista endlich den Nikolaikirchhof erreichte, fragte er einen Mann undefinierbaren Alters, der seitlich an der Turmtür lehnte, ob wir uns sehr verspätet hätten. Der schüttelte den breiten Kopf, grinste, als kenne er mich, legte zum Gruß zwei Finger an seine Sportmütze (»Basecap« würde Robert verbessern) und zog an einem Bindfaden erst einen großen Schlüssel, dann einen Sicherheitsschlüssel und schließlich einen stattlichen Holzklotz hervor. Ich staunte, daß all das in seine Hosentasche gepaßt hatte. Abermals salutierte er und schlenderte pfeifend wie ein Straßenjunge davon. Er war jener Mann, mit dem Barrista auf der Treppe vor der katholischen Kirche gesprochen hatte, bevor wir unsere kleine Ausfahrt zu Larschen gemacht hatten.

Als der Baron den Sicherheitsschlüssel drehte, hallte das Geräusch des Schlosses im Turminneren wider.

»Nomen est omen« – ich würde wohl keine Probleme mit dem Aufstieg haben, sagte er und ließ mich vorangehen. Er folgte nach. Ich versuchte, etwas Abstand zwischen uns zu bringen. Doch er blieb mir dicht auf den Fersen, obwohl er weiterplauderte, der Turm sei wegen defekter Stufen geschlossen, ich solle mich vorsehen. In Proharsky habe er einen Mann gefunden, der ihm kleine Wünsche ohne viel Aufhebens erfülle. Proharsky sei eigentlich Kosak, das Kind von sogenannten Kollaborateuren, die auf abenteuerliche Weise hier unerkannt gelandet seien. Er sei Proharsky behilflich, für dessen Mutter eine spezielle Rente zu beantragen, die ihr längst zustehe.

»Wissen Sie«, sagte er, als ich die letzte Stufe nahm und mein Blick auf die Dächer fiel, »ich habe mich in diese Stadt verliebt.

Ich habe es während meiner Abwesenheit deutlicher gespürt als zuvor. All das Gelaber und Gerede bei uns da drüben, ich hatte förmlich Sehnsucht, wieder hierherzukommen.«

Der Baron hatte sogar einen Schlüssel für die Türmerstube, die verwahrlost war und übel roch.

Verliebt hat sich der Baron aus einem seltsamen Grund: weil die Stadt so gut wie chancenlos sei und, wenn überhaupt, nur durch ein Wunder zu retten. Er lachte und massierte sein linkes Knie. Schon der Name, »Alten«, und dann noch »Burg«. Alt klinge nicht gerade einladend, eine Stadt mit diesem Präfix habe es a priori schwer. Und Burg – er lachte lauter –, mit Burg assoziiere man ja das Schlimmste, Kälte, Enge, Verlies. Er müsse nur Alten-Burg sagen, und schon würden die ausländischen Partner die Hände heben und an einen aufgegebenen Kolonialposten Karls des Großen denken. Da habe er noch nicht mal die weitab und hinter sieben Hügeln gelegene Autobahn erwähnt. Ein Blick auf die Karte der Zugstrecken verrate ihm, daß hier bald nur noch Bummelzüge verkehren würden. Außerdem könne ich fragen, wen ich wolle, die hiesigen Monsterbetriebe seien bereits jetzt am Ende, und die D-Mark, wann immer sie komme, werde sie vollends zur Strecke bringen. Mit DM-Löhnen ließen sich keine Staubsauger mehr zu Dumpingpreisen verkaufen, und was Industrienähmaschinen angehe, da sei der Zug längst abgefahren. Und NVA-Fahrzeuge, generalüberholte LKWs, etwa für die Bundeswehr?

Dann traten wir hinaus auf den Umgang. Ich brauchte lange, bis ich Georgs Garten und unseren Ausguck fand, dafür entdeckte ich gleich am nördlichen Horizont das Völkerschlachtdenkmal.

Die Braunkohle, fuhr der Baron fort, das wisse ich besser als er, habe, wenn seine Informationen stimmten, einen Wasseranteil, der eine Verarbeitung zu Löschsand rentabler mache. Die

Dreckschleuder[1] von Rositz werde spätestens der Umweltschutz schließen, sobald die Krebsrate bekannt wird. Und was das Uran betreffe, wir sahen gen Westen in Richtung der Pyramiden, darüber lasse sich nur spekulieren.

»Was also bleibt? Altenburger Likör? Altenburger Senf und Essig? Ein paar Skatkarten? Die Brauerei vielleicht?« Und plötzlich, sich zu mir umwendend: »Das frage ich Sie!«

Woher ich das denn wissen solle, antwortete ich. Er ließ nicht locker. Ich müsse mir doch Gedanken darüber gemacht haben, schließlich hänge eins am anderen, und wenn die Leute kein Geld in die Hand bekämen, nütze das schönste Angebot nichts. Von jemandem, der eine Zeitung gründe, also kein unbeträchtliches Risiko eingehe, dürfe man doch eine gewisse Prognose erwarten.

»Damit hat die Zeitung nichts zu tun«, erwiderte ich. Ich meinte aber, solche Überlegungen hätten bei der Gründung keine Rolle gespielt. Barrista machte mir angst. Ich dachte an die Prophezeiung meines Großvaters. Ich würde noch erfahren, wie hart es sei, sich sein täglich Brot zu verdienen.

Reden Sie weiter, hätte ich am liebsten gesagt, wie einer, der hören möchte, wie der Erzähler entgegen aller Wahrscheinlichkeit den Gefahren entkommen ist.

»Es bleibt tatsächlich nicht viel«, sagte Barrista schließlich, »außer diesen Türmen, Häusern, Kirchen und den Museen. Das Theater, bei allem Respekt« – er verneigte sich –, »werden Sie wohl nicht in Betracht ziehen, zwei Jahre, drei vielleicht, dann ist es aus mit der Herrlichkeit.« Und nach einer Pause: »Die Sicht ist wunderbar, nicht wahr?« Danach versank er in Schweigen und spazierte herum. Wir sahen im Süden das Vogtland und den Kamm des Erzgebirges, und im Westen vermutete ich hinter dem Schloßberg die sanften Hügel von Geithain und Rochlitz.

[1] Teerverarbeitungswerk Rositz.

»Aber es muß doch weitergehen«, rief ich. Er drehte sich um, und nachdem er mich eine Weile aus seinen Tiefseeaugen bestaunt hatte, zog er die rechte Braue in Stummfilmmanier hoch. »Na, sagen Sie's ...!« rief er.

»Wieso ich?« entfuhr es mir.

»Und wieso ich?« echote er und lachte. Ja, er lachte mich aus. Man müsse sich halt Gedanken machen. Ein guter Feldherr, der nur halb so viele Soldaten wie sein Gegner habe, müsse sich eben was einfallen lassen – oder sein Heil in der Flucht suchen. Ich hätte doch in Jena studiert und sicher nicht vergessen, wie es dort zugegangen sei Anno Domini 1806.[1] Von allein komme kein Weltgeist in die Stadt geritten.

Mich durchfuhr ein Schauer, als habe mir jemand Eis in den Hemdkragen gesteckt. Der Baron hatte den Jackettkragen hochgeschlagen. »Wenn das der Erbprinz sehen könnte«, sagte er. »Für diese Aussicht, was gäbe er da wohl nicht alles.«

Der Baron lachte und begann gleich darauf, sich wie besessen die Hände zu reiben. »Wir müssen hier etwas finden, eine Silberader, Edelsteine, irgend etwas liegt immer vergraben. Wir müssen es nur finden!« Er lachte übermütig und präsentierte mir seine roten Handflächen, als wäre daraus gerade etwas aufgeflogen. »Schlagen Sie ein«, sagte er, und ich drückte ihm die Hand, ohne zu wissen, welchen Pakt ich da einging. Und weil er so bedeutungsvoll dreinblickte und seine Hand warm war, ergriff auch meine Linke seine Hand, woraufhin er, sichtlich bewegt, seine freie Hand obenauf legte.

Unten empfing uns Proharsky. Schweigend nahm er den Schlüssel in Empfang und ging davon.

1 Bei der Schlacht von Jena und Auerstedt 1806 besiegten die napoleonischen Truppen die Heere Preußens und Sachsens. Die Franzosen waren in Jena in der Überzahl, in Auerstedt hingegen – worauf Barrista offenbar anspielte – etwa nur halb so stark wie der Gegner.

Wir liefen quer durch die Stadt in Richtung Redaktion. Allmählich verstand ich, was er gemeint, das heißt, welchen Entschluß er gefaßt hatte: Von der Nansenstraße kommend, den Markt in ganzer Länge vor uns, prophezeite er fröhlich, daß ich in nächster Zeit sehen werde, wie alles, was er anfaßte, zu Gold würde. Er selbst habe aufgehört, sich darüber zu wundern. Als erstes brauche er jetzt ein Büro, ein geräumiges Büro mit Telephon und allem, was dazugehöre. Er wäre mir dankbar, wenn ich ihm in den nächsten Tagen bei der Auswahl helfen könnte.

Jetzt lachte ich. Stellte er sich doof, oder hatte er wirklich keine Ahnung? Heute, da jeder händeringend um ein paar Quadratmeter trockenen Gewerberaums bettelt, will er Auswahl?!

Er werde jetzt im »Wochenblatt« die Eröffnung seines Immobilienbüros bekanntgeben. »Wegen Bauarbeiten in der nächsten Woche nur schriftlich zu erreichen.« Bis die Anzeige erscheine, habe er sicher die Gewerbegenehmigung. Ich solle ihm einen Namen vorschlagen. »LeBaron«, sagte ich, ohne zu überlegen. Nicht schlecht, befand er und fragte, ob Fürst der Nachname meiner Lebensgefährtin sei, er habe das an unserem Türschild gelesen. Ich nickte. »Na also!« rief er und schien vor Freude seine Beine nach vorn zu werfen. Das sei doch was, besser im Plural, also Fürst & Fürst, was wohl wenig Probleme bereite, wie er meinte, da es diesen Namen in Altenburg sicher nur einmal gebe. Er werde, wenn ich das erlaube, meine Lebensgefährtin um Zustimmung bitten, ein Handel, der sich für Michaela, er sagte tatsächlich Michaela, in klingender Münze auszahlen werde.

Am liebsten hätte ich ihn gleich zu Roberts Geburtstag eingeladen, schon wegen des Wolfs, der nachmittags von Georgs Kindern ausgeführt wird. Aber es hat schon genug Streit gegeben, weil morgen die Großmütter anrücken, Robert aber nicht davon abzubringen ist, auf dem Markt Zeitungen zu verkaufen. Michaelas Mutter hat darauf bestanden, wenigstens das Lenkrad von Jimmy zu behalten. Das werde ich ihr also morgen überreichen, sozusagen die Urne des seligen Gefährts. Den LeBaron darf ich vorerst behalten.

Barrista solltest Du einmal kennenlernen, und sei es nur, um seinen Wein zu probieren und Dir einen literarischen Helden der Gegenwart anzusehen.

Sei umarmt, E.

PS: Georg brütet immer noch, atmet aber ruhig und regelmäßig.

Sonnabend, 24. 3. 90

Liebe Nicoletta!
Es gibt Stunden, in denen ich Ihr Schweigen als Aufforderung deute, an meinen Gefühlen nicht irre zu werden und Ihnen zu vertrauen. Wieder und wieder suche ich unsere gemeinsamen Stunden nach Hinweisen ab, was ich falsch gemacht haben könnte. Wüßte ich wenigstens das! Besteht die Aufgabe darin, meine Verfehlung herauszufinden? Oder hat man Sie nach Hongkong geschickt? Sollte denn Barrista wirklich der Grund sein für Ihr Schweigen?! Ein Wort von Ihnen, die Entscheidung fiele mir leicht. Oder ist schon die Suche nach Gründen eine Anmaßung?

Wäre es nicht so absurd, würde ich Sie fragen, ob Sie meine Briefe lesen. Zurückgekommen ist noch keiner! Das macht mir Mut fortzufahren.

Mein zweiter Arkadiensommer gipfelte in unserem jährlichen Budapestbesuch. Statt uns wie sonst die Nacht im Zug um die

Ohren zu schlagen, flogen wir, das Nonplusultra an Luxus. Die Abwesenheit von Vera, die in einem Ferienlager an der Ostsee arbeitete, tat ein übriges.

Unsere Wirtin, Frau Nádori[1], die wir wie immer mit Bettwäsche bezahlten[2], bat uns zur Begrüßung in die Küche, kochte Kaffee und zog sich eine »Duett« aus Mutters Schachtel. Sie inhalierte tief und blies mir den Rauch ins Gesicht. (Sie war eine Freundin der Mutter von Tibor Déry gewesen und hatte Dérys Frau in der schweren Zeit nach 56 unterstützt. Der Name sagte mir damals nichts.)

Wie immer am ersten Tag gingen wir hinauf zur Burg. Diesmal jedoch war ich kein Kind mehr – ich trug Stift und Notizblock bei mir.[3]

Und dann erblickte ich ihn, den Turm! Er beherrschte die Straße wie eine dieser alles sehenden, alles vermögenden Konstruktionen bei Jules Verne. Von diesem Turm aus konnte uns ein rätselhafter Blitz treffen oder eine lebenswichtige Nachricht. Kämen wir ihm zu nah, würde er verschwinden.

Wie sehr verfehlte doch Frau Nádoris Etikett »Devisenhotel« das Wunder dieses Goldglasturmes. Was wir anstarrten, gehörte nicht mehr zu dieser Welt, stand aber auf ihrem Boden. Ein Ufo, das unerhörterweise im Diesseits gelandet und zugleich zum krönenden Schlußstein unserer Welt geworden war.

Nie werde ich das Lächeln meiner Mutter vergessen, mit dem sie das »Hilton« betrat, ihren Wink, der mich folgen ließ. Un-

1 Nach Auskunft von V. T. war es Frau Nádori, von der die Geschwister die Bezeichnung Mamus für Mutter/Mama gehört und übernommen hatten.

2 Dieser Handel war üblich, weil DDR-Bürger nur sehr begrenzt Mark in Forint umtauschen durften.

3 Da die Familie sonst immer in den Frühjahrsferien fuhr, lag der letzte Budapestbesuch noch vor T.s »Erweckung«.

behelligt von Polizei und Staatssicherheit gelangten wir hinein – und zwar so, wie wir waren.

Sie müssen wissen, daß ich bis dahin noch nie ein Hotel, auch kein viertklassiges, von innen gesehen hatte. In Straßenschuhen liefen wir über Teppiche – niemand störte sich daran. Ich hörte westliches Deutsch und Englisch und eine weitere Sprache, wahrscheinlich Italienisch. Dazu kam unergründbares Licht, weder hell noch dunkel, und Ruhe, obwohl die Leute hier lauter sprachen als auf der Straße. Vor allem ältere Ehepaare fläzten sich in Ledersessel, wie ich es nie zuvor in der Öffentlichkeit gesehen hatte. Einige hatten sogar Hocker herangezogen und legten die ausgestreckten Beine darauf. Niemand forderte die Westler auf, die Schuhe auszuziehen. Wie groß aber war mein Erstaunen, als ich einen der Uniformierten Koffer und Taschen auf ein vergoldetes Wägelchen hieven und zum Fahrstuhl schieben sah. Gehörten sie nicht zur Polizei? Waren sie etwa Diener, in Wirklichkeit existierende Diener, die den Westlern ihre Koffer trugen? Der Eingang in die Unterwelt hätte mich nicht in größeres Staunen versetzen können als dieses Schlupfloch ins Jenseits.

Meine Mutter, die sich wohl von der Realität dieser Spezies überzeugen wollte, fragte einen mageren, hoch aufgeschossenen Uniformierten, wo man hier Kaffee trinken könne. Mit der flachen Hand wies der viel zu kurz Geschorene – waren es vielleicht Soldaten? – nach links, umrundete uns mit schnellen Schritten und wiederholte seine Geste. Meine Mutter dankte laut und auf deutsch. Gerade Deutsch, hatte sie uns eingeschärft, solle man im Ausland nicht zu laut sprechen.

Diese hohen, ungemütlichen Hocker kannte ich aus einer Dresdner Milchbar. Ich war ebenso enttäuscht wie erleichtert, etwas zu sehen, wofür es Vergleiche gab.

Meine Mutter schloß ihre Handtasche und schob sie auf die Theke. In ihrer Rechten knisterte die »Duett«-Packung, zwischen Zeigefinger und Mittelfinger der Linken steckte die Zigarette, Ringfinger und kleiner Finger hielten einen braunen D-Mark-Schein an den Handballen gedrückt.

Damit die Streichholzschachtel uns nicht verriet, bat sie die Bardame um Feuer. Diesmal hatte meine Mutter zu leise gesprochen. Ich mußte ihr helfen, ich mußte sie beschützen. Mehrmals prüfte ich die Frage, bevor ich sie laut zu stellen wagte. »Do you have matches, please?« wiederholte ich und errötete. Ich zweifelte weniger an der Richtigkeit der Frage als daran, daß sie außerhalb der Schule verstanden würde.

Die Streichholzschachtel glänzte nicht nur weiß, sie war auch mit einer goldenen Schnörkelschrift verziert und lag auf einer weißen Porzellanuntertasse. Und dann der Schock: »You are welcome, Sir.« In Gegenwart meiner Mutter nannte mich die Bardame Sir! Diese Phrase ging mir augenblicklich in Fleisch und Blut über, mit ihr wußte ich später im Englischunterricht zu verblüffen.

Ich entnahm der Schachtel ein Streichholz, ließ es auflodern und führte es vorsichtig – ich tat es zum ersten Mal – in die Nähe der Zigarette.

Meine Mutter war gealtert. Der Kummer der letzten Jahre, meine Inhaftierung und schließlich die Ausbürgerung hatten sich in ihre Züge gegraben. Daran änderte auch die Freude über meinen weltweiten Erfolg nichts. Ihr war der einzige Sohn genommen worden. Wie lange hatten wir uns nicht gesehen? Nach fünf Jahren war mir endlich von den Ungarn die Einreise genehmigt worden. Bis zuletzt hatten wir geglaubt, daß einer von uns an der Grenze zurückgeschickt werden würde, so wie wir schon oft im letzten Augenblick abgewiesen worden waren. Dann aber hatte sich das Unvorstellbare ereignet, und Mutter und Sohn konnten einander in die Arme schließen. War es nicht verständlich, daß die Worte, wenn überhaupt, nur langsam kamen, daß wir still nebeneinander die Gegenwart des anderen genossen?

Ich weiß nicht, woran meine Mutter dachte, während wir auf Kaffee und Orangensaft warteten. Sonst war mir ihre gelegentliche Raucherei immer peinlich gewesen, weil sie lieber die Augen zusammenkniff und hustete, als von ihrer Nachahmung abzulassen, für die ich das Vorbild nicht kannte. Hierher aber paßte sie gut.

Von meiner neuen Rolle war ich derart gebannt, daß ich die Westler verachtete, alles Kinder, egal ob jung oder alt. Diese Ahnungslosen! Was wußten sie schon von den Härten der geteilten Welt, sie, die nach allem grapschen konnten, in ihrer und erst recht in unserer Welt.

Durch die Fensterfront hinter der Theke erblickte ich die Säulen, Bögen und Mauerreste einstigen Glanzes. Über ihnen erhob sich jetzt der Turm. Hier oben lag einem die Stadt zu Füßen wie ein Geschenk, hier war der Ort meines Triumphes. Selbst die Westler verstummten, wenn sie mich erkannten.

Während ich träumte, hatte meine Mutter ein Obsttörtchen geordert. Nein, das war für sie! Sie sollte das Obsttörtchen genießen, ich konnte das täglich haben. Aber natürlich mußte ihr, die ich im teuersten Zimmer einquartiert hatte, alles übermäßig neu und unfaßbar vorkommen. Sie durfte die ganze Herrlichkeit nicht zu sehr an sich heranlassen, wollte sie weiterhin einen Fuß vor den anderen setzen. Also aß ich das Törtchen.

Um zu demonstrieren, wie heimisch ich mich fühlte, ging ich auf die Toilette und setzte mich auf die blanke Klobrille, was ich sonst ausschließlich zu Hause tat. Nie wieder habe ich – oh, Nicoletta, bitte verzeihen Sie mir diese Intimitäten –, nie wieder habe ich so glücklich gekackt. In jenem Moment beschloß ich, Ungarisch zu lernen.

Ich wusch mir ausgiebig die Hände mit warmem Wasser und

flüssiger Seife, betrachtete mich in dem riesigen Spiegel – und gefiel mir.

Meine Mutter erwartete mich. Sie faßte meine Hände und roch daran. »Wie die duften«, flüsterte sie. Mit diesen Worten traten wir hinaus auf die Straße.

Mindestens *zwei* Rollen standen für mich in den nächsten Tagen zur Auswahl. Ich pendelte hin und her zwischen der des ausgebürgerten Schriftstellers und jener des beobachtenden frühreifen Dichters. Sie unterschieden sich nur um einige Jahre.

Am darauffolgenden Tag pilgerten wir durch die Váci utca. Hatte ich mich bei unseren früheren Besuchen nach Devotionalien wie T-Shirts mit Aufdrucken, Formel-1-Bildern oder Schallplatten umgesehen, so zog es mich diesmal vor die Buchauslagen. Die Umschläge gaben wie zum Spott die Namen der Schriftsteller preis – Böll, Salinger, Camus –, doch alles Weitere verbarg sich hinter einer unaussprechlichen Buchstabenballung.

Als ich jetzt wieder vor einem Buchladen stehenblieb, merkte ich zunächst gar nicht, daß ich las und verstand. Im Geschäft bezweifelte ich tatsächlich das, was ich sah. Selbst als der Verkäufer, vor der zahlreichen Kundschaft geschützt durch die Ladentheke, das Buch aus dem Regal nahm und mir überreichte, begriff ich nur langsam. Es war auf deutsch, es war in Frankfurt am Main gedruckt, es trug das Siegel der drei Strichfischlein, und selbst beim wiederholten Lesen änderten sich weder Titel noch Vor- und Nachname des Autors. Ich hielt, obwohl das unmöglich war, Sigmund Freuds »Traumdeutung« fest in meinen Händen.

Endlos dehnten sich die Augenblicke, bis sich Gelegenheit fand, nach dem Preis zu fragen. Allmählich sickerte die Gewißheit in mich ein, daß ich dieses Buch nie wieder würde hergeben müssen.

Wenn ich gerade dieses Werk von Freud begehrte, sagte meine Mutter, wollte sie es gern kaufen. Mehr aus Pflichtschuldigkeit denn aus Neugier ließ ich mir einen Freud nach dem anderen geben. Der Verkäufer, der offensichtlich jedes Buch zurück ins Regal zu stellen hatte, bevor er ein neues herausrücken durfte, kapitulierte nach einem Blick über den Brillenrand und türmte die gesammelten Werke vor mir auf. Die Situation war hoffnungslos. Selbst wenn wir die Bar im »Hilton« gemieden hätten und sofort abgereist wären, unser Geld hätte auch dann nicht für alle Bände gereicht. Können Sie mich verstehen? Da eröffnet sich durch ein Wunder die Möglichkeit, etwas zu kaufen, was man nicht kaufen kann, und dann reicht das Geld nicht.

Ich entschied mich tatsächlich für die »Traumdeutung«, weil es das dickste Buch war und kaum teurer als die anderen. Ich überwachte seinen Weg zur Kasse und das Verpacken, zerriß aber, kaum auf der Straße, das ziegelförmige Paket, um die »Traumdeutung« als meinen unwiderruflichen Besitz zu begrüßen.

Mir war es egal, wohin meine Mutter ging. Alles, was ich wollte, war lesen.

Ich begann die Lektüre auf einer Bank am Donauufer. Ich las und las und liebte Mutter dafür, daß sie nichts weiter tat, als zu rauchen und sich zu sonnen. »Freu dich nicht zu früh«, mahnte sie abends. »Wir haben es noch nicht über der Grenze.« Niemals, unter keinen Umständen dürfe ich sagen, daß der Freud mir gehöre, denn das könne mich schlimmstenfalls die Schule, das Abitur, das Studium, also meine ganze Existenz kosten.

Sooft mir später Frau Nádori eine Woche Quartier gewährte, durchstöberte ich in den ersten beiden Tagen die Antiquariate und stattete dem Geschäft in der Váci utca einen Besuch ab. Es war quälend, maßzuhalten. Jedes Buch kürzte meine Tagesration. Ich mußte überlegen, welche und wie viele Lebensmittel ich mir leisten konnte – ein fremdes, bestürzendes Gefühl, das mir wie Hungern erschien. Doch alle ungekauft in der Buchhandlung zurückgelassenen Bücher schmerzten mich. War ich denn überhaupt berechtigt, irgend etwas zu schreiben, solange ich nicht alles von Freud, nein, überhaupt alles gelesen hätte?

Auf dem Rückflug erleuchtete das Abendrot den Himmel. Es war noch hell genug, um kurz vor der Landung unser Haus zu erspähen. Darin, daß ich es von so weit oben hatte ausfindig machen können, sah ich eine Auszeichnung des Ortes, zu dem wir zurückkehrten. Und für einen Augenblick dachte ich: So sieht Gott auf uns herab.

Genug für jetzt. Ich muß los. Und wieder mit der Erwartung, heute einen Brief zu erhalten.

Ihr Enrico

Mittwoch, 28. 3. 90

Lieber Jo!
Jetzt auch noch Böhme! Das wird ja immer absurder. De facto hat also die Staatssicherheit die Oppositionsgruppen gegründet.[1] Hier ist der CDU-Kandidat zurückgetreten, als es hieß, die Volkskammerabgeordneten würden überprüft.[2]

Die letzte Zeitung hat sich besser verkauft. Auf meinen

[1] Vor Ibrahim Böhme, dem Vorsitzenden der Ost-SPD, war bereits der Rechtsanwalt Wolfgang Schnur, Mitbegründer des später in der CDU aufgehenden »Demokratischen Aufbruchs«, als Spitzel der Staatssicherheit namhaft gemacht worden.

[2] T. insinuiert hier vielleicht leichtfertig einen Verdacht.

Wahlkommentar gab es ein paar Reaktionen.[1] In einem Leserbrief heißt es, das DDR-Volk habe sich vor der ganzen Welt blamiert. Am Schluß wünscht man uns höhnisch, in der von uns doch so bewunderten Marktwirtschaft nicht allzu schnell pleite zu gehen. Auch der Prophet erschien wieder. Plötzlich stand er in der Redaktion, sah von einem zum anderen, ohne unseren Gruß zu erwidern, reckte triumphierend sein Kinn vor, so daß sein Zuckerwattebart in den Raum ragte, und zerriß mit erhobenen Händen ein Papier, unser Abo-Formular, wie sich herausstellte. Die Schnipsel warf er in die Luft. »Das war's«, sagte er und verließ uns schnellen Schrittes. Die Szene wirkt um so grotesker, da Fred uns versichert hat, der Name des Propheten tauche in den Abonnentenlisten gar nicht auf.

Wir haben jetzt vier Seiten mehr. Da ist es schon ein Erfolg, wenn wir bis ein Uhr morgens fertig werden.

Heute vormittag sah der Baron bei uns herein, um von seinen neuesten Entdeckungen zu berichten. Astrid, der Wolf, trottet immer gleich zum Wassernapf.

Wieder war von der Madonna die Rede. Angeblich weiß niemand, wie sie ins Pfarramt gekommen ist. Er hat schon einen Sachverständigen aus Hildesheim eingeladen, der Aufklärung schaffen soll. »Wollen wir sie den Schwarzen ausspannen?« fragte Barrista. Aus seiner Collegemappe zog er einen Bildband[2], ein-

[1] Heute ist die Provokation, die T.s Wahlkommentar im März 1990 dargestellt haben soll, nicht mehr nachvollziehbar. T. schloss seine wenig originelle Betrachtung mit der Behauptung: »Wichtiger als das Wahlergebnis ist sicherlich die Möglichkeit der Wahl überhaupt.«

[2] Bei diesem »Bildband« handelt es sich um: Robert Oertel, *Frühe italienische Malerei in Altenburg*, Berlin 1961. »Die zwei Jahrhunderte, deren Ablauf wir in der Altenburger Sammlung überblicken, waren entscheidend nicht nur für das Schicksal der italienischen Kunst, sondern für das des europäischen Geistes überhaupt.« S. 50.

geschlagen in den gleichen abwaschbaren Schutzumschlag wie Roberts Schulatlas. Er las uns daraus vor. Sinngemäß heißt es dort, daß Altenburg mit den sienesischen und florentinischen Tafelbildern eine Sammlung besitze, in der man die Geburt der nachantiken abendländischen Kunst nachvollziehen könne. Ob ich seine Pläne erriete.

»Stellen Sie sich vor, der Erbprinz kommt, und die Madonna zieht im Triumph ins Museum!«

Ehrlich gesagt, verstehe ich nicht, warum das so wichtig sein soll.

Beim Sprechen beäugte Barrista die Schüssel voller Pfannkuchen, die Ilona genau auf der Mitte des Tisches plaziert hatte. Ich bat ihn zuzugreifen. Das tat er, und nicht zu knapp, und vergaß darüber die Madonna. Seine Lippen spitzten sich, er leckte am Zucker und riß den Mund weit auf. Mit jedem neuen Pfannkuchen, den Barrista verschlang, wurden Ilonas Augen größer. Sie kaute noch am ersten. Nachdem Barrista die Schüssel geleert hatte, seufzte er, streichelte gedankenverloren seinen Kugelbauch, rutschte auf dem Stuhl etwas tiefer und schleckte Finger für Finger seiner Rechten ab. Die herabhängende Linke überließ er dem Wolf zur Säuberung. Ilona kaute und kaute.

In unsere Idylle platzte ein älterer Herr. Er fragte nach Georg, er sei verabredet und pünktlich. Georg und Jörg waren zum Korrekturlesen in Leipzig. Ich hoffte, diese Auskunft würde genügen. »Nei-ei-ein«, meckerte er los, diesmal bestehe er darauf, mit einem Verantwortlichen zu sprechen, auch wenn hier wohl nur Leute Gehör fänden, die mit so einem schwarzen Ding da vorfahren könnten. Er meinte den LeBaron. Aber schon das Gähnen des Wolfes und der Anblick von Astrids blindem Auge reichten, ihn zu verunsichern.

»Pohlmann, Meuselwitz, Thüringen«, stellte der Herr sich vor, begrüßte erst mich, dann den Baron mit Handschlag, worauf Ilona, immer noch kauend, aufsprang und in die Küche lief.

Pohlmann war kein Heimatforscher, jedenfalls keiner mit den üblichen Kaiserphotos, wie ich befürchtet hatte. Als wir im Nebenraum allein waren, wirkte er ruhiger und freundlicher.

»Wissen Sie«, sagte er und nannte meinen Namen, »auf diesen Augenblick habe ich vierzig Jahre gewartet.« Obenauf lag ein vergrößertes Paßphoto. »Siegfried Flack«, sagte er, »am 27. März 1950 verhaftet, mein Deutschlehrer in der neunten Klasse.« Pohlmann nannte Namen von Lehrern und Schülern, die meisten von der Karl-Marx-Oberschule, die Flugblätter verteilt und ein großes F (für Freiheit) an Hauswände gemalt hatten, was sie alle das Leben gekostet hat, bis auf wenige, denen die Flucht in den Westen gelang. Einer der Köpfe der Gruppe, ein Pfarrerssohn, hatte mehrmals Flugblätter aus Westberlin eingeschmuggelt. Irgendwann haben sie ihn gegriffen. Seine Eltern erfuhren vom Roten Kreuz erst 1959, daß er bereits 1951 in Moskau in der Lubjanka »verstorben« war. Pohlmann sprach betont ruhig, und manchmal klangen seine Sätze wie auswendig gelernt. Als er mir den Hefter übergab, stand er auf: »Wir müssen das Schweigen brechen! Die Wahrheit muß endlich ans Licht!« Ich dachte, er verabschiede sich damit, und dankte ihm. Pohlmann jedoch setzte sich wieder und sah mich an. Ich blätterte in seinem Hefter. Jedesmal schreckte ich zurück, wenn seine Hand zwischen die Seiten fuhr. Wieder und wieder mußte ich zurückschlagen und eine neue Erklärung über mich ergehen lassen, obwohl die letzte längst nicht beendet war. Und dabei vernahm ich aus der Redaktionsstube den Singsang des Barons.

Was mir Pohlmann da anvertraute, waren Briefe und Gesprächsnotizen, minutiös datiert und mit Anmerkungen versehen. Ich hatte gefragt, was er damit vorhabe, und er hatte gerade »Publizieren!« gerufen, da platzte Ilona herein. Kreidebleich verharrte sie auf der Schwelle und starrte mich an, als wäre ich ein Gespenst. »Also hier bist du«, sagte sie matt und zog sich wieder zurück.

Schon häufig hat mich Ilona vor lästigen Gästen gerettet. Aber diesmal mußte wirklich etwas passiert sein. Auch Pohlmann war von ihrem Anblick verstört.

Ich bat ihn zu warten und ging hinüber in die Redaktionsstube. Der Baron lehnte am Tisch und wedelte mit einem Fächer aus Hundert-D-Mark-Scheinen. »Was Sie wissen müssen, steht hier«, sagte er und legte das Geld, als spielte er einen Grand ouvert, auf den Tisch. Der Wolf schüttelte sich, das Halsband klapperte. »Die haben keine Quittung verlangt«, sagte der Baron, zog mit dem Finger das rechte Unterlid herab und war verschwunden.

Es waren zwölf, zwölf D-Mark-Hunderter! Ich las nur »NEUERÖFFNUNG«, links und rechts davon hatte jemand ziemlich gekonnt zwei Hände mit ausgestreckten Zeigefingern gezeichnet.

Um Aufschluß über das Geschehen zu erhalten, betrat ich den kleinen Küchenverschlag. Ilona zuckte zusammen. Ich berührte ihre Schulter, sie sank auf den Schemel nieder.

Ich hockte mich neben sie. Der Ilonaduft, ein Gemisch aus Parfüm und Schweiß, der sich sonst erst mittags in der Redaktion breitmacht, stach mir in die Nase.

»Ich schäme mich so«, flüsterte sie. »Ich schäme mich so!« Erst als ich ihre kalten Hände zwischen meine nahm und die Fragerei seinließ, begann Ilona zu reden, allerdings so wirr, daß ich sie immer wieder unterbrechen mußte.

Sie habe geglaubt, allein in der Redaktion zu sein, abgesehen von Pohlmann und mir natürlich. Sie habe das Geschirr abgeräumt, die leere Pfannkuchenschüssel wieder gefüllt und sich an den Abwasch gemacht. Als es klopfte, habe sie öffnen wollen, doch zu ihrer Überraschung meine Stimme gehört – jedenfalls habe sie das geglaubt. Ich habe ihr leid getan, weil mal wieder ich es gewesen sei, der die Leute in Empfang habe nehmen müssen.

Dann aber, sie beteuerte, nie zu lauschen, habe sie ihre helle Freude daran gehabt, wie ich mit den beiden Westlern umgesprungen sei. Diese hätten sich schließlich als Geschäftsleute zu erkennen gegeben, die hier »ganz groß« in Sachen Video einsteigen wollten.

Sie habe sogar vor sich hin lachen müssen, weil es mir so gut gelungen sei, die hiesige Gier auf Videos zu beschreiben, auf besondere Videos eben, ich wisse ja, was darunter zu verstehen sei.

Meine Behauptung, für nächste Woche könne keine Werbung mehr angenommen werden, schon jetzt seien wir überbucht, ja, überbucht hätte ich gesagt, und seien zu unserem größten Bedauern – unter den derzeitigen Umständen – auch nicht in der Lage, von heute auf morgen die Seitenzahl zu erhöhen, diese Behauptung habe sie gewundert.

Der eine habe immer nur gefragt, wieviel es koste, was sie, Ilona, sofort kapiert habe, aber ich hätte mich dumm gestellt. Schließlich habe sie sich hinüber in die Redaktionsstube getraut. Zunächst habe sie nur Rücken gesehen, zwei anthrazitfarbene, sich über den Tisch beugende Mantelrücken. Und dann, ja dann den Herrn von Barrista auf dem Drehstuhl, die klebrigen Hände über dem Bauch gefaltet. Barrista hätte mit meiner Stimme gesprochen, ja, er hätte sie angegrinst und einfach weitergeredet, das könne sie beschwören, ja, mit meiner Stimme!

Ich ließ ihr Zeit, sich auszuweinen, und versuchte sie danach möglichst schnell auf den Boden der Tatsachen zurückzuführen.

Ich fragte Ilona, was daran denn so schlimm sei. Sie habe einfach die Stimmen aus dem linken Zimmer mit denen im rechten verwechselt, beide Räume lägen ja gleich weit entfernt von der

Küche, eine akustische Täuschung eben. Warum sollte mich denn der Baron imitieren?

Ilona aber schüttelte den Kopf. Was das denn bedeuten solle, fragte ich. Wieder schüttelte sie den Kopf; zu allem, was ich sagte, schüttelte sie immer nur den Kopf.

Plötzlich stand Pohlmann in der Tür. Er bot mir an, den Hefter für ein paar Tage hierzulassen. Ich dankte ihm.

»Das Geld«, sagte Ilona plötzlich. »Wo ist das Geld?« Es lag noch als Fächer auf dem Tisch. Statt sich zu beruhigen, zeigte Ilona auf die Schüssel und flüsterte: »Er hat sie alle allein gegessen!«

Ich schickte Ilona zum Bäcker. Die frische Luft tat ihr gut. Sie hat auch dichtgehalten, weil ich Georg gegenüber schlecht sagen konnte, Barrista habe die Anzeige für uns angenommen. Wir bekamen uns auch so gehörig in die Haare, weil in der folgenden Ausgabe wieder Steens Seite kommen muß. Georg behauptet, wir schaufelten uns des kurzzeitigen finanziellen Erfolges wegen selbst das Grab. Ich hatte völlig falsch argumentiert und behauptet, der Artikel, der uns eine Auflagensteigerung im Werte von tausendzweihundert D-Mark[1] bringe, müsse erst noch geschrieben werden. Jörg griff erst ein, als ich anbot, Geld und Anzeige zurückzubringen. Denn eigentlich geht mich das alles gar nichts an.

Sei umarmt,

Dein E.

[1] Eintausendzweihundert DM entsprachen zu jener Zeit ca. drei- bis viertausend Ostmark. Um diesen Betrag durch den Verkauf von Zeitungen zu erzielen, hätten dementsprechend mindestens vier-, wahrscheinlich aber fünftausend Zeitungen mehr verkauft werden müssen.

Freitag, 30. 3. 90

Liebe Nicoletta!
Ich weiß nicht, ob ich das, was ich jetzt erleben darf, eine Entschädigung nennen soll für all das, was mir bisher entgangen ist. Glauben Sie mir, ich liebe das Aufwachen, und ich liebe das Einschlafen, das Putzen der Zähne befriedigt mich ebensosehr wie das Einkaufen oder staubzusaugen. Ich liebe es, den Preis für eine halbseitige Anzeige mit zwanzig Prozent Rabatt aufgrund wöchentlicher Schaltung und fünfzig Prozent Aufschlag für die letzte Seite auszurechnen. Egal was ich tue, mich durchströmt eine stille Leidenschaftlichkeit, eine Befriedigung, die sich nur schwer mitteilen läßt. Es ist nicht die Selbstverlorenheit eines spielenden Kindes, wenn es auch davon am ehesten etwas hat. Als würde ich jene Gegenstände in die Hand nehmen können, die ich bisher nur gesehen habe, als erführe ich erst in diesen Tagen, daß die Welt ein Raum ist und ich selbst ein Körper. Als wäre ich endlich befugt, am Leben teilzunehmen. Jede Erinnerung, gerade weil sie mir so elend aufstößt, läßt mich ermessen, wie wunderbar die Gegenwart ist.

Ich wünschte, Ihnen meinen Sündenfall so beschreiben zu können, wie ich ihn erinnerte, bevor ich meine Novelle begann. Denn jetzt gibt es kaum eine Erinnerung mehr, der ich – zumindest was jene Oktobertage betrifft – vertrauen könnte. Zu oft habe ich mit diesen Bildern herumgespielt.

Denken Sie an die Wanderkarte vor einem Ausflugslokal, auf der mit rotem Punkt Ihr Standort markiert ist, bis ihn die unzähligen Fingerkuppen, die Tag für Tag darauf tippen, auslöschen. Mit den Jahren frißt sich der weiße Fleck in die Umgebung, verschwinden Sehenswürdigkeiten und Aussichtspunkte, ein Dorf, eine Stadt, alles nur eine Frage des Maßstabs.

Natürlich ist das keine spezielle Verfehlung meinerseits, sondern die übliche Praxis der Schreiber. Kein Erlebnis, das nicht verbogen, an dem nicht herumgeschnitten, das nicht amputiert und mit funktionstüchtigeren Prothesen versehen worden wäre. Es ist wirklich simpel, aber bis man draufkommt, sind die wichtigsten Erinnerungen verpfuscht. An Exempeln besteht ja kein Mangel.

So hatte ich immer die Vorstellung, jener Herbst, der dem zweiten Arkadiensommer folgte, sei eingebettet gewesen in die Klänge von Schütz-Motetten. Die geistlichen Gesänge schienen selbst die Fenster des Schulgemäuers geöffnet zu haben, sie füllten am späten Sonnabendnachmittag die Kreuzkirche[1] und erklangen täglich von einer Schallplatte. Sie begleiteten und umhüllten mich wie eine trostvolle Weissagung.

Als ich zehn Jahre später an meiner Novelle schrieb (ich nannte es immer Novelle, obwohl dieser unproportionierte Torso mehrere hundert Seiten umfaßte)[2], mußte ich mir nur »Die sieben Worte Jesu am Kreuz« auflegen, um wie ein Pawlowscher Hund zu reagieren. Augenblicklich erstanden jene September- und Oktobertage wieder: die Kastanien vor dem Schulgebäude, die verrosteten Fahrradständer, der Wind, der mal wild wie an der See die nassen, gelb schillernden Blätter vom Asphalt klaubte, mal noch warm die mit italienischen Villen bestandenen Berghänge von Loschwitz herab über die Elbe kam, als wäre in ihm der letzte Sommertag geborgen. Aus diesen Stimmen traten mir die Figuren entgegen, ich sah das müde Straßenbahnlicht und die windschiefen Wolken vor dem blaurosa Nachmittagshimmel, doch es klirrte darin auch der Schlüsselbund des Herrn Myslewski, unseres Klassenlehrers, wenn er uns zu »persön-

[1] Gemeint sind die Dresdner Kreuzchorvespern.

[2] Diese Aussage ist irreführend. Denn eine Manuskriptseite T.s enthielt kaum die Hälfte der Anschläge einer Standardseite.

lichen Gesprächen«, wie er seine Verhöre nannte, in den Keller führte.

Nachdem ich die Novelle aufgegeben hatte und die »Sieben Worte Jesu« mich nur noch ans Schreiben statt an jenen Herbst erinnerten, fand ich auf der Rückseite der Plattenhülle die Widmung: Für Enrico, Weihnachten 79 von Vera. Ich hatte diese Motetten also erst zwei Jahre später erhalten. Und eine andere Schütz-Platte besitze ich bis heute nicht.

Wenn ich Ihnen jetzt davon schreibe, muß ich meine Erinnerung unter den opulenten Bildern der Novelle hervorziehen wie ein Sanitäter die Verunglückten unterm Wrack, ohne zu wissen, ob sie noch leben.

Die Kreuzschule[1], dieses dunkle Gemäuer, war mein Maulbronn[2]. Versponnen in die Budapester Träume und die Freiheit meiner Ferienlektüre, konnte ich darin gar nichts anderes sehen als eine Romankulisse. Zugleich war ich gewillt, die Inschrift über dem Haupteingang, »Gott zur Ehre, den Stiftern zum Gedächtnis, der Jugend zu Nutzen und Frommen«[3], unter der ich vier Jahre lang ein- und ausgehen würde, ernst zu nehmen. Sie fügte sich am Tag nach der Rückkehr aus Budapest, da ich den kürzesten Schulweg erkundete, in meine Hermann-Hesse-Welt ein. Auch der Schillerplatz mit dem Café »Toscana«, die Elbe mit ihren Fähren und Wiesen, das »Blaue Wunder«, das Elbehotel, die Gründerzeitvillen und -paläste von Blasewitz – all das belebte meine Traumwelt. Elbaufwärts zeichneten sich die Plateaufelsen der Sächsischen Schweiz ab, hinter der – ein paar Tageswande-

1 Erweiterte Oberschule (neunte bis zwölfte Klasse), an der auch die Knaben/jungen Männer des Kreuzchores (Kruzianer) lernten.

2 Hintergrund von Erzählungen und Romanen Hermann Hesses, der 1892, bereits nach sieben Monaten, aus Maulbronn geflohen war.

3 Unrichtig zitiert: Gott zur Ehre, den Stiftern zum Gedenken, der Jugend zu *Nutz* und Frommen.

rungen entfernt – Prag lag. Hier konnte überall so gut wie in Montagnola[1] ein Pilger in Sachen Gut und Schön Station machen. Lesen Sie noch einmal »Narziß und Goldmund« oder »Unterm Rad«, und Sie werden wissen, was ich sah.

Das Drama der folgenden Wochen war jedoch nicht Myslewski, der uns Jungen einzeln in den Keller bestellte, sich mit jedem von uns in einer Kammer voller Oszillographen einschloß und das Verhör mit der Frage begann, warum mir der Frieden auf der Welt nicht wichtig sei. Das Drama war auch nicht, daß ich auf einmal statt Einsen und Zweien nur Dreien und Vieren erhielt, im Diktat eine Fünf. Vielleicht wäre ich sogar mit dem Verlust meiner freien Zeit zurechtgekommen, hätte es nicht IHN gegeben. ER stürzte mich in eine Verzweiflung, wie ich sie bis dahin nicht gekannt hatte und erst im vergangenen Herbst wieder erfahren sollte.

Geronimo[2] war ein Kruzianer im Stimmbruch und mein Banknachbar. Er trug als einziger kein Blauhemd und war mit seinen 14 Jahren Wehrdienstverweigerer, obwohl seine Brillengläser aus dem Boden von Limonadenflaschen gemacht schienen. Alles, was ich mir in meinen kühnsten Sommerträumen ausgemalt hatte, vollzog er mit beiläufiger Geste, so wie er die Hausaufgaben beim Spaziergang erledigte, während ich bis in den Abend über den Schulbüchern brütete. Er spielte jene Rolle, die ich mir für später hatte reservieren wollen. Und er spielte großartig. Er war nicht nur der Klassenbeste, der ausschließlich druckreife Sätze in einer leicht altertümlichen Diktion von sich

1 Wohnort von Hermann Hesse im Tessin/Schweiz, von 1919 bis zu seinem Tod 1962.

2 Spitzname für Johann Ziehlke. Die Bedeutung ist nicht ganz klar. Offenbar gebraucht im Sinne von »der letzte Aufrechte«. Der historische Geronimo (1829–1909), Häuptling der Chiricahua-Apachen, kapitulierte erst 1886, also sehr spät.

gab, die bei jedem anderen zum Lachen gereizt hätten, er wurde von Schülern und Lehrern gleichermaßen geliebt. Wer Geronimo nicht liebte, brachte ihm zumindest Achtung entgegen, und das auf eine Art und Weise, wie ich es nie zuvor einem Gleichaltrigen gegenüber erlebt hatte. Mit Geronimo führte nicht Myslewski »persönliche Gespräche«, sondern der Direktor.

Geronimo war mein Alptraum. Dabei hätte ich ihm dankbar sein müssen. Mir widersprach er nicht im Deutschunterricht, mich hatte er noch nie im Russischen oder Englischen mit Vokabeln zugeschüttet, die ich gar nicht kennen konnte, mir schob er die Hausaufgaben zu, die mir unlösbar erschienen waren. In der Musikstunde hatte er sich allerdings die Ohren zugehalten, während mein Vorsingen unter dem Gelächter der Klasse verendet war. Nur im Sportunterricht versagte er vollkommen.

Geronimo hatte mich zu seinem Kompagnon erkoren, besser gesagt, zu seinem Gefolgsmann. Wöchentlich verlangte er von mir einen neuen Hesseband. Im Gegenzug erhielt ich schiefgelesene und in Zeitungspapier eingeschlagene Wälzer von Werfel. Ich rührte sie nicht an, schon weil mich ihre fleckigen, vergilbten Seiten ekelten. Er dagegen mäkelte an Hesse herum, führte ihn aber oft im Mund. Niemand ahnte, daß auch ich diese Bücher kannte, geschweige denn, daß er sie von mir hatte. Das hätte ich als Preis für seine sonstigen Schonungen akzeptiert, doch es verging keine Woche, in der er mich nicht fragte: Warum machst du das denn? Was? fragte ich jedesmal, errötete und begann zu schwitzen. Er beäugte mich durch seine Tiefseebrille und verzog schmerzlich die Mundwinkel. Das hieß: Wenn du ein Christ bist, warum verweigerst du nicht auch den Dienst an der Waffe, warum bejahst du die Frage, daß das Sein das Bewußtsein bedingt, warum betest du nicht vor dem Essen, warum wird deine Stimme hoch und dünn, wenn dich Myslewski anspricht, warum verschwendest du so viel Zeit auf diesen Schulkrempel.

Geronimo mußte keine Fragen mehr stellen. Ich hatte sie alle parat.

Jeder Tag begann in Erwartung seines peinlichen Exerzitiums. Jeden Heimweg trat ich entweder erleichtert an, weil ich ihm für diesmal entgangen war – oder ich litt Höllenqualen. Denn jedesmal blieb ich die Antwort schuldig und hoffte, die Schulklingel beende unsere seltsame Zwiesprache. Zum Schluß bekam ich oft ein Bibelzitat zu hören wie: »Fürchtet euch nicht, denn ich bin bei euch alle Tage bis an der Welt Ende.« Einmal sagte er: »Ich könnte mir vorstellen, daß du einen ganz guten Katecheten abgeben würdest.« Ich durfte froh sein, daß Geronimo, der Theologie studieren wollte, mich überhaupt zu etwas nützlich fand.

Sowenig ich in der Lage war, Geronimo zu antworten, so unmöglich war es mir geworden, Tagebuch zu führen oder zu beten – abgesehen von einigen inbrünstigen Vaterunsern. Was hätte ich schreiben sollen, worum bitten? Ich wußte doch, was richtig war, was falsch. Es gab die Lüge, und es gab die Wahrheit – Verräter oder Gottesmann. Ich mußte meine Selbstanklage nicht noch schriftlich führen. Ich wußte so gut wie jeder andere, daß es kein einziges Argument gab, das zu äußern nicht das Eingeständnis meiner Schuld gewesen wäre. Feigheit, Duckmäusertum, Zweifel, Schwäche – warum verhielt ich mich nicht wie Geronimo? Warum lebte ich wie alle anderen?

Dieser Zwiespalt verschärfte sich noch einmal Ende Oktober, in der Woche nach den Herbstferien, in denen mich eine Grippe vor schlimmeren Qualen bewahrt hatte.

Am Montag beorderte mich Myslewski zu einem weiteren Kellergespräch. Ich fühlte mich ausgezeichnet, so überraschend und als einziger zum zweiten Mal vorgeladen zu werden. Geronimo ließ alle wissen, daß er vor der Schule auf mich warten würde – um mir zu helfen, um mir beizustehen.

Myslewski war auf meine Weigerung, Offizier der Nationalen Volksarmee zu werden oder zumindest als Unteroffizier drei Jahre lang die Heimat mit der Waffe in der Hand gegen alle Feinde zu verteidigen, scheinbar unvorbereitet. Die Entrüstung, mit der er seit meinem ersten Nein kämpfte, ließ ihn stottern. Plötzlich schob er mir ein Buch zu, in dem ich alle notwendigen Informationen finden würde, um am Freitag in der Physikstunde einen zehnminütigen Vortrag über den Aggressor Bundeswehr zu halten. Er lächelte und tätschelte mich zweimal so väterlich am Oberarm, daß mich das Bedürfnis überfiel, ihm zu danken, ihn zu erfreuen, ihm zu sagen, daß ich es mir noch einmal mit den drei Jahren NVA überlegen würde. Ja, ich wäre nicht ungern in seiner Nähe geblieben. Die Schule verließ ich über den Nebenausgang und lief in einem weiten Bogen zur Haltestelle.

Ich ekelte mich vor mir selbst, denn ich mußte mir eingestehen, daß ich Myslweski am liebsten umarmt und zum Freund gewonnen hätte und vor Geronimo davongelaufen war. Und obwohl kaum eine größere Erniedrigung denkbar war, stand die eigentliche Demütigung erst noch bevor. Die Scheußlichkeit des gerade Erlebten und die Scheußlichkeit des Kommenden waren so überwältigend, daß ich schließlich Lust an meiner Misere empfand, eine Lust, die sich, als ich rannte, um die Straßenbahn zu erreichen, pubertär entlud. Ich schwöre Ihnen, daß es einer Willensleistung bedurfte, auf den Beinen zu bleiben und nicht wimmernd vor Wonne und Scham über meine feuchte Unterhose auf die Knie zu sinken.

Meine Novelle kreist allein um die Tage zwischen dem zweiten Gespräch im Keller und den Minuten des Vortrags. Die Situation hatte alles, was man für diese Gattung braucht, von der Exposition über ein bißchen Suspense bis hin zur überraschenden Wendung am Schluß.

Obwohl ich meine damaligen Gefühle längst literarisch aufgezehrt habe, bewahre ich noch immer eine Ahnung von jenen Stunden, in denen ich zwischen den Extremen hin- und hertaumelte wie zwischen zwei Wänden, aber an keiner Halt fand. Sollte ich selbst im Angesicht der Klasse, im Angesicht von Geronimo, die Argumente gegen ihn und gegen mich liefern?

Ich erspare Ihnen die weiteren Seelenqualen eines Schülers der neunten Klasse. Was mich heute daran rührt, ist die Angst und Ratlosigkeit meiner Mutter. Sie war es schließlich, die den Vortrag schrieb und es über sich brachte, mir zu verbieten, etwas von Wehrdienstverweigerung zu sagen. Dazu würde später noch Zeit sein. Das blieb natürlich ohne Einfluß auf mich. Im Gegenteil. Es hätte keines Geronimos bedurft, um mich an die Worte Jesu zu gemahnen, daß man Vater und Mutter verlassen müsse, um IHM zu folgen.

In der Novelle habe ich mich bei der Darstellung des Finales grob an den Stationen des Kreuzweges orientiert. Tatsächlich war ich am Ende meiner Kräfte, als zehn Minuten vor dem Schlußklingeln mein Name aufgerufen wurde. Ich erhob mich, schob den Stuhl zurück und trat aus der Bank, ohne zu wissen, was ich tun würde.

Mir zitterten die Knie, ein Phänomen, das ich erstaunt und interessiert registrierte. Mein Oberkörper blieb verschont, die Hände waren ruhig und feucht wie immer. Aus einer Art Taktgefühl gegenüber meinem Körper ging ich hinter den Lehrertisch, wo ich auf der Stelle kehrtmachte wie ein Soldat. Hier konnten meine Knie zittern, wie sie wollten. Ich hob die beiden A4-Blätter höher und war bereit, mit dem Ablesen zu beginnen. Alles Weitere würde sich finden.

Wort für Wort hielt ich mich an die mütterliche Vorgabe – meine Zunge mühte sich –, hervor aber quollen Laute, Laute jenseits des Menschlichen, ein Geleiere, das offenbar zum Lachen reizte. Stimmt es wirklich, daß alle lachten – ausgenommen ein paar Angsthasen –, Geronimo und Myslewski mich jedoch finster fixierten? Oder zitiere ich mich wieder selbst?

Ein zweiter Versuch scheiterte ebenso. Ich würgte an jeder Silbe, meine Zunge vollbrachte Kunststücke, die Stimmbänder indes blieben unbeherrschbar.

Der Stuhl am Lehrertisch war zurückgeschoben. Ich ließ mich darauf fallen, das aufgeschlagene Klassenbuch schob ich weg. Sitzend gelangen die ersten Worte, langsam bildete sich der erste Satz. Danach erstickte Myslewskis Wortschwall alles.

Die Klasse schwieg. Diese Erstarrung kannte ich gut.

Im nächsten Augenblick sah ich mich an den Lehrertisch gelehnt, auf eine Faust gestützt, den Daumen der anderen in die Gürtelschlaufe gehakt, den Vortrag zwischen Zeige- und Mittelfinger. Alles an diesem Jungen drückte Wohlgefühl aus, einen lethargischen Genuß, wie man ihn im Halbschlaf beim Anziehen oder Strecken der Beine verspürt.

Aber war der Junge dort am Lehrertisch überhaupt ich? Schwebte *ich* nicht über allem, für niemanden mehr erreichbar, doch alles im Blick, wie ich es nie zuvor im Blick gehabt hatte? Ich schaute herab, ich schaute auf das Geschehen unter mir, ein Diorama aus dem Schulleben, nichts Ungewöhnliches. Jener Enrico Türmer interessierte mich genausoviel oder genausowenig wie die anderen Schüler. Enrico Türmer unterschied sich nur darin von ihnen, daß ich ihm Anweisungen geben konnte. Ich sagte: Lächle, und er lächelte. Ich sagte: Wehr dich nicht, bleib stehen und bitte darum, den Kurzvortrag halten zu dürfen – und er bat darum, den Kurzvortrag halten zu dürfen. Ich sagte: Überhöre die Aufforderung, dich zu setzen, und er überhörte die Aufforderung, sich zu setzen. Ich schwieg. Ich wollte sehen, was er ohne mich tun würde. Enrico Türmer schwieg ebenfalls. Ein paar Atemzüge später wiederholte er: »Ich würde jetzt gern meinen Kurzvortrag halten, ich habe mir viel Arbeit damit gemacht.«

Nachdem er auch die zweite Aufforderung, sich zu setzen, ignoriert hatte, wußte ich genug. Noch ein kurzes atemloses Zögern – dann willigte ich ein, und Enrico Türmer kehrte auf seinen Platz zurück.

Er hörte das Räuspern Geronimos, die auf dem Bodenbelag quietschenden Schuhe Myslewskis. Er sah sich um – niemand erwiderte seinen Blick. Mit dem Stundenklingeln erhob sich Enrico Türmer wie alle anderen von seinem Platz und verfolgte lächelnd den Abgang Myslewskis. Ihm schien, Geronimo, der als zweiter aus der Tür huschte, folgte jenem nach wie ein Gehilfe, als wollte er das Klassenbuch ins Lehrerzimmer tragen.

Sie müssen mir glauben, daß ich vollkommen glücklich gewesen bin in diesen Minuten. Der Umschwung war grandios. Ahnen Sie überhaupt, was passiert war? Können Sie sich vorstellen, was ich plötzlich begriffen, was ich schlagartig erfahren hatte?

Ich war unangreifbar, ich war zum Schriftsteller geworden!

Dabei erschien mir diese Erkenntnis nicht als Offenbarung, eher als etwas, was ich immer schon gewußt hatte, was mir nur in letzter Zeit aus verschiedenen Gründen entfallen war.

»Ich könnte mir vorstellen«, äffte ich auf dem Heimweg Geronimo nach, »daß du einen wirklich guten Katecheten abgeben würdest.« Klänge es nicht zu pathetisch, müßte ich sagen: Ich lachte höllisch. Ein Vierzehnjähriger[1] kann das besser, als man gemeinhin wahrhaben möchte.

Muß ich noch sagen, daß ich erst Tage später überhaupt bemerkte, Gott verloren zu haben, daß er ausgelöscht worden war, ohne daß ich davon Notiz genommen hatte? Kein einziges Vaterunser ist mir seither über die Lippen gekommen.

[1] Türmer, geb. am 29. 11. 1961, war in jenem Herbst (1977) bereits 15 Jahre alt.

Ich schwebte jetzt dort, von wo aus Gott auf die Menschen geschaut hatte. Nun war ich es, der auf sie herabblickte, auf mich so gut wie auf Geronimo oder Myslewski, und beobachtete, was sie da trieben. Ich wußte, daß es wenig Bedeutung hatte, ob sie mutig oder feige waren, stark oder schwach, ehrlich oder verlogen. Wichtig waren sie allein deshalb, weil ich sie beobachtete.

Geronimo konnte tun und lassen, was er wollte. Es würde untergehen im allgemeinen Gewusel. Ich würde bestimmen, welches Bild von ihm bliebe. Ja, es würde sich überhaupt niemand für Geronimo interessieren, wenn ich nicht heute, morgen oder dereinst über ihn schriebe.[1] Ich verfügte über den Schlüssel zu Dantes Hölle.

Mein gescheiterter Vortrag hatte kein Nachspiel. Ich sprach mit niemandem darüber. Meine Mutter speiste ich mit der Erklärung ab, das Stundenklingeln habe mich unterbrochen.

Ich hatte allen Grund, mein Erlebnis verborgen zu halten. Eine Zeitlang vertuschte ich es sogar vor mir selbst und versuchte, meiner Angstlosigkeit eine andere Herkunft zu geben. Daß meine Novelle eine andere überraschende Wendung nahm, versteht sich von selbst.

Damals ahnte ich nicht, welchen Preis ich noch für meine Angstlosigkeit zahlen sollte.

Meine Sprache, meine Stimme veränderten sich innerhalb weniger Tage. Ich redete lächelnd. Alles, was ich sagte, bekam eine Zweideutigkeit, die mich in der Klasse isolierte. Was meinte ich ernst? Was war Spiel? Zum ersten Mal führte ich ein Außenseiterdasein. Die anderen interessierten mich nicht mehr. Der

[1] Als Herausgeber ließe sich mir der Vorwurf machen, nolens volens zum Vollstrecker von T.s Anmaßung zu werden. Einer solchen Auffassung trete ich entschieden entgegen und verweise darauf, dass es sich hier um eine kritische Abrechnung mit T.s Leben handelt, die anderen als abschreckendes Beispiel dienen soll.

Umgang mit Menschen, jedenfalls mit Gleichaltrigen, war Zeitverschwendung. Konnte sich denn die Intensität eines Gesprächs je mit der einer Lektüre messen? Ich brauchte meine wenigen freien Stunden zum Lesen und zum Schreiben. Sie waren zu kostbar, um sie in Gesellschaft zu verplempern[1].

Geronimo mied mich, ohne mich zu attackieren. Er bete für mich, flüsterte er mir einmal zu, als er mich dabei überraschte, wie ich seine scharf abgesetzten Kieferknochen und seinen nervösen Mund beobachtete.

Ich gönnte mir neben dem Triumph, sowohl ihm als auch Myslewski entronnen zu sein, eine kleine Rache.

Sobald es im Sportunterricht zu irgendeinem Spiel kam – meistens Fußball oder Volleyball – und Geronimo und ich in eine Mannschaft gewählt wurden, er regelmäßig als letzter, ließ ich keine Gelegenheit aus, Geronimo anzuspielen, um ihn, wie es der Sportlehrer forderte, einzubeziehen.

Geronimo fürchtete nichts so sehr wie einen Ball. Sein Körper duckte sich instinktiv. Er mußte seinen Fluchttrieb unterdrücken – und wenn er sich dann, wie er es immer tat, dem Feind stellte, war es zu spät. Ich hatte schnell Erfolg. Bald galt es als Sensation, wenn die Mannschaft gewann, zu der Geronimo gehörte. Hohn, Spott und Wut entluden sich nur auf ihn. Das Altruistische meiner Zuspiele stand offenbar nie in Frage.[2]

Am Tag der Zeugnisausgabe, am Ende der zehnten Klasse, wurden fünf Mitschüler »verabschiedet«. Vier, die wegen ungenügender Leistungen gehen mußten – ich hatte mich ins Mittelfeld gerettet –, und Geronimo, der an seiner Wehrdienstverweigerung festhielt. Vor unserem letzten gemeinsamen Schultag

1 Gestrichen: vergeuden.

2 Da ich selbst diese Sportstunden miterlebt habe, kann ich versichern, dass T.s Schilderungen nicht zutreffend sind.

kehrten die alten Beklemmungen zurück. Ich ahnte, daß jetzt eine Abrechnung fällig war, daß Geronimo durch eine spektakuläre Tat, die er seit Monaten geplant hatte, endgültig in unsere Gedächtnisse eindringen wollte. Aber das fürchtete ich nicht. Ich war unsicher, weil ich mich so sicher fühlte, weil ich mir keine Attacke vorstellen konnte, die mich wirklich hätte treffen können. Meine Angstlosigkeit machte mir plötzlich angst.

Die Erinnerung an diesen Tag ist in grelles Julilicht getaucht. Die langen, nie ganz sauberen Finger Geronimos zitterten über der Tischplatte.

»Auch von Ihnen muß ich mich heute verabschieden«, sagte Myslewski und baute sich vor unserer Bank auf. Nachdem sich Geronimo ganz aufgerichtet hatte und Myslewski um einen Kopf überragte, durchfuhr ihn eine Art Schüttelfrost. Myslewski verkündete mit dem Blick auf das Zeugnis die Durchschnittsnote: eins Komma null ohne die Drei im Sport. Irgendwie bekam Myslewski Geronimos Hand zu fassen und hielt sie eine Weile fest.

Geronimo beugte sich im Hinsetzen nach vorn, als müsse er brechen, und begann zu heulen. Er heulte, als hätte er sein Leben lang alle Tränen aufgespart und versuchte sie nun in dreißig Minuten loszuwerden. Unter diesem Heulen, mal schluchzte er auf, mal wimmerte er, bekamen wir unsere Zeugnisse ausgehändigt.

Ich legte meine Hand auf seine Schulter, auf seinen Kopf. Einmal strich ich ihm übers Haar, das fettig war. Geronimo sah bis zum Klingeln nicht mehr auf.

Danach verließ ich das Klassenzimmer, um mir die Hände zu waschen.

Als ich zurückkehrte, war Geronimo von unseren Mitschülern umringt. Sie umstanden ihn so dicht, daß ich ihn nicht mal mehr sehen konnte. Deshalb trennten wir uns ohne Abschied.

Plötzlich schauderte ich bei dem Gedanken, diese Szene jetzt oder dereinst in Literatur zu verwandeln und aus meiner schmierigen Hand eine Metapher zu machen. Weil mir das bis heute nicht gelungen ist, erinnere ich mich an diesen Tag noch sehr genau.[1]

Sonnabend, 31. 3. 90

Lieber Jo!
In den letzten Tagen haben sich die Ereignisse überschlagen, und ich gäbe einiges darum zu wissen, wie es um uns bestellt sein wird, wenn Du diese Zeilen liest.

Am Freitag saßen wir zusammen, Georg, Jörg, Marion und ich. Es war zu entscheiden, ob wir den Artikel unserer Umweltbibliothek bringen. Es geht nicht um Altenburg, sondern um Neustadt an der Orla, wo man Mitte der Siebziger in den schönsten Thüringer Wald eine Mastanlage für zweihunderttausend Schweine gebaut hat. Die Kinder in der Umgebung bekamen Erstickungsanfälle, im Brunnenwasser waren Grenzwerte um das Zehnfache überschritten, die Dörfer erhielten ihr Wasser nur noch aus Tankwagen und dergleichen mehr. Jetzt will sich unser Anzeigenkunde Pipping-Fenster dort einkaufen. Der springende Punkt ist, daß sie die Betriebsleitung der Schweinemast übernehmen wollen. Die aber gehörte zu Schalck-Golodkowski. Achtzig Prozent der Schweine waren für den Export bestimmt. Eine Um-

1 Im Original wie im Durchschlag endet der »Brief« ohne Grußformel und Namenszug. T. hatte offenbar N. H. über seiner Erzählung ganz vergessen.

weltschützerin hat deshalb einen offenen Brief an Herrn Pipping geschrieben, weshalb einige der darin erwähnten Genossen nun gegen sie klagen. Du wirst es ja lesen.

Georg, der sonst immer alles akribisch protokolliert, saß da mit Wurzelfalten zwischen den Augenbrauen, die Ellbogen aufgestützt, Mund und Nase hinter den Händen in Deckung, und beobachtete Jörg, der den Artikel vorlas. Wenn wir den Artikel bringen, werden wir den Altenburger Ableger von Pipping-Fenster als Kunden verlieren – verlieren bedeutet bei zweispaltig/sechzig und wöchentlicher Schaltung (Jahresvertrag), 50 Prozent Aufschlag letzte Seite immerhin 10 870 Mark, mehr als die Hälfte davon in D-Mark. Und dabei können wir weder die Stichhaltigkeit des Artikels prüfen noch die juristischen Folgen einer Veröffentlichung abschätzen. Wir gehen jemanden frontal an, allein im Vertrauen auf die Umweltleute. Andererseits gibt es niemanden, dem wir mehr Glauben schenken als Anna, der Jeanne d'Arc des letzten Herbstes. Die anderen Zeitungen wiegeln ab. Das Für und Wider hielt sich die Waage. Irgendwann aber ließ sich Georgs Schweigen nicht länger ignorieren.

»Ich will euch vorschlagen«, sagte Georg lächelnd und zog dabei die Schultern hoch, »die Zeitung zu beenden.« Seine Stirn furchte und glättete sich im schnellen Wechsel, während er weitersprach. Bis zu den Kommunalwahlen[1] sollten wir durchhalten, danach sei unsere Aufgabe erfüllt.

Von einem Augenblick auf den anderen ertrug ich sein Lächeln nicht mehr. Ich verachtete ihn. Da gab es nichts mehr abzuwägen. Er wollte uns brotlos machen und aus dieser Stube vertreiben, in die er uns ja überhaupt erst mit seinen Versprechungen geholt hatte! Ich verachtete ihn wegen seines Hochmuts, ein Hochmut, der im Hader mit der Welt liegt, weil sie ist,

[1] Am 5. Mai 1990, also knapp fünf Wochen später.

wie sie ist, der irgendwelchen Ideen, dem Eigentlichen, dem Philosophischen nachjagt, anstatt im Alltag zu bestehen. Alle seine Eigenheiten, die ich teils bewundert, teils nur geachtet hatte – seine bedachtsame Genauigkeit, seine Aufrichtigkeit, seine Zweifel und sein selbstquälerisches Unvermögen, ein paar normale Sätze zu verfassen –, all das erschien mir auf einmal kindisch und verachtenswert, weil er vor sich selbst kapitulierte, weil er nicht mehr bereit war, mit sich selbst zu kämpfen, weil er, um es mit einem Wort zu sagen, verantwortungslos handelte.

»Und was sollen *wir* machen?« fragte Jörg so ruhig und freundlich wie ein Radiomoderator.

Georg, ich weiß nicht, was er erwartet hatte, schien es zu quälen, mehr sagen zu müssen, als er offenbar vorbereitet hatte.

»Wir haben versagt«, wiederholte er, »wir haben unseren Auftrag nicht ernst genug genommen.«

Jörg wollte wissen, welchen Auftrag er meine. Das sei doch wohl jedem von uns klar, fuhr Georg auf und sah mich zum ersten Mal an.

Ich bat ihn, auf Jörgs Frage zu antworten, schließlich hätten wir alle die Brücken hinter uns verbrannt[1].

»Die Welt steht uns offen!« sagte Georg. »Vergeßt das nicht!«

Jörg hatte sich zurückgelehnt und drückte immer wieder einen Finger auf die Spitze seines Bleistifts, als spielte er Mikado. Marion sprach im Sinne Georgs, ja, sie gab ihm in allem recht, zog daraus allerdings den Schluß, es von nun an anders und besser zu machen.

Danach schwiegen wir wieder.

Als von draußen Schritte zu vernehmen waren, verharrten Jörg und Georg weiter reglos. Ich hörte ein resignierendes Lachen

[1] T. mischte etwas unglücklich zwei Redewendungen: »unsere Schiffe verbrennen« und »die Brücken hinter uns abbrechen«.

von Ilona, die Order hatte, uns abzuschirmen. Dann trat der Baron ein, unsere letzte Ausgabe in der Hand. Ob wir schon lange auf ihn gewartet hätten. Er entschuldigte sich und legte ab. Ilona brachte frisches Wasser für den Wolf.

Georg versteinerte regelrecht. Jörg bat Barrista, uns allein zu lassen, die Zukunft der Zeitung stehe auf dem Spiel. Dann war nur noch das Schlabbern des Wolfs zu hören, und selbst das, als hätte die Stille das Tier irritiert, setzte schließlich aus.

Höchst bedauerlich, begann Barrista. Das hätte man ihm eher mitteilen sollen. Auf dem Plan zur Vorbereitung des Besuches Seiner Hoheit, der uns ja in dreifacher Ausfertigung vorläge, sei für heute die erste Besprechung angesetzt. Er habe die Grußbotschaft dabei und den handschriftlichen Brief des Erbprinzen an uns. Höchst bedauerlich, unter diesen Umständen bleibe ihm wohl nichts anderes übrig, als sich in Geduld zu üben, höchst bedauerlich auch deshalb, weil die Anzahl der Zuschriften auf seine Anzeige seine Erwartungen bei weitem übertroffen habe, was nichts anderes bedeute, als daß unser Blättchen tatsächlich gelesen werde und für Geschäftsleute ungemein interessant sei.

Ilona stand mit blutleerem Gesicht am Ofen. »Das könnt ihr doch nicht machen, heij?« Flehentlich wanderte ihr Blick von einem zum anderen. »Ich hab nicht mal einen Arbeitsvertrag …« Sie schluchzte auf.

Man möge ihn umgehend von unserer Entscheidung unterrichten, fuhr der Baron ungerührt fort, denn der Besuch des Erbprinzen dürfe keinesfalls gefährdet werden. Er führte Ilona hinaus, der Wolf trabte ihnen nach, die Tür blieb angelehnt, so daß man Barristas Tröstungsversuche hörte, die wie der englische Singsang am Abend unserer ersten Begegnung klangen.

»Wir machen weiter«, sagte Jörg an Marion gewandt. Und dann zu mir: »Stimmt's, Enrico, wir machen weiter? Auf jeden Fall machen wir weiter!«

Dann wandte sich Jörg an Georg und fragte ihn fürsorglich wie einen Kranken, wie lange er uns noch das Recht einräume, in seinem Haus zu bleiben, ob Georg einverstanden sei, uns bis Anfang oder Mitte Mai Zuflucht zu gewähren, vorausgesetzt, wir fänden nicht eher etwas, ob Georg – Jörg nannte ihn häufiger als nötig beim Namen – die Miete auf dem bisherigen Niveau belassen könne und ob Georg einen Vorschlag habe, wie wir mit den Telephonkosten verfahren sollten. Georg ließ eine Reihe von »selbstverständlich, selbstverständlich« vernehmen. Jörg schlug vor, Georg bis einschließlich Juli zu bezahlen, also ein Gehalt in D-Mark, ob ihm das reiche für die Übergangszeit.

Selbstverständlich, das sei sehr großzügig, sagte Georg, das müsse aber nicht sein. Ich denke schon, sagte Jörg. Ob wir bis Monatsende auf ihn zählen könnten. Selbstverständlichselbstverständlich! Er, Jörg, schlage vor, den Artikel über die Schweinemast zu veröffentlichen.

Ich fand es dann zuviel des Guten, als Georg und Jörg einander über den Tisch hinweg die Hände reichten und Georg auch Marion und mir die Hand hinhielt. Mit glänzenden Augen ging er ab. Im nächsten Augenblick stand Ilona vor uns. Hinter ihr erschien Fred.

»Setzt euch«, sagte Jörg. In diesen zwei Worten, in diesem simplen »Setzt euch« lagen Leichtigkeit und Autorität, die Jörg als geborenen Chef auswiesen. Endlich konnte er reden, wie er wollte.

Ein paar Sätze später sprang Ilona vom Stuhl auf und klatschte in die Hände. Fred konnte das Lächeln nicht länger unterdrücken. Man mußte ihnen nicht viel erklären. Das Desaster war kein Desaster. Nur hatte niemand gewagt, so zu denken.

Drei Artikel, rief Ilona und hielt drei Finger hoch, drei Artikelchen habe Georg in all den Wochen zustande gebracht, drei Stück! Fred brummte, er kenne genügend Geschäftsleute, von denen wir Werbung bekommen könnten, wenn wir nur wollten.

Plötzlich stand der Baron wieder auf der Schwelle. Wie man sich denn entschieden habe? Vom ersten Satz an fixierte er ausschließlich mich, als sei ausgerechnet ich für all das verantwortlich. Er hoffe doch sehr, daß ihm in Zukunft solche Kindereien erspart blieben. Er sei es gewohnt, sich auf seine Geschäftspartner zu verlassen. Es nütze ja nichts, einen Plan zu beschließen, an den sich dann keiner halte. Als Jörg etwas einwenden wollte, sah er ihn nicht mal an. Erst als ich sagte, von nun an sei weder eine Irritation dieser Art noch irgendeine Verzögerung mehr zu befürchten, gab er sich zufrieden.

Genau das habe er erwartet zu hören. Der Baron versprach seinerseits, mich nicht zu enttäuschen, und entnahm seiner Collegemappe vier Päckchen, die er mit den Worten verteilte, wir hätten ja alle Kinder, die sich über einen verfrühten Osterhasen freuen würden.[1] Den allgemeinen Dank überging er und fuhr geradezu ungehalten fort, wie fern es ihm liege, uns weiter vom Arbeiten abzuhalten, er bitte jedoch darum, den Raum ohne Schulden verlassen zu dürfen. Als kleine Unterstützung der Zeitung – und in der Hoffnung auf eine wirkungsvolle Plazierung – wolle er in D-Mark bezahlen, das sei uns hoffentlich recht.

Kaum hatte er diesen Satz beendet, klingelte das Telephon, das bisher wundersamerweise geschwiegen hatte. Auch aus dem Hausflur kamen Stimmen. Im Handumdrehen waren wir alle beschäftigt, und als ich mich nach dem Baron umsah, war er verschwunden. Vor mir lag der genaue Betrag.[2]

Als ich nachmittags von meiner Landtour zurückkehrte, saß

[1] Einiges an dieser Darstellung erweckt Misstrauen: Wie konnten z. B. vier Päckchen aus einer Collegemappe befördert werden?

[2] Offenbar zahlte Barrista eins zu eins.

Marion an der Maschine. »Da kommen Sie ja!« rief sie freudig. In Zukunft möchte sie anstelle von Georg Artikel schreiben und mich dadurch entlasten.

Darauf beging ich den Fehler, ihr das Du anzubieten. Ihre Züge erstarrten, ihr Blick irrte umher. »Warum nicht«, sagte sie schließlich und reichte mir die Hand. »Marion.«

»Enrico«, sagte ich und verstummte. Gott sei Dank klingelte das Telephon. »Unser besonderer Freund«, flüsterte sie und hielt mir den Hörer hin.

So aufgelöst hatte ich den Baron noch nie erlebt. Man habe ihm das Zimmer im »Wenzel« gestrichen, er wolle sich nicht erneut aufregen, sondern mich schlicht fragen, ob ich vielleicht wisse, wo er eine Nacht bleiben könne, danach habe er etwas, nur eine Nacht! Ich lud ihn ein, bei uns zu schlafen.

Als der Baron gegen halb zehn klingelte, war die Vorfreude schon verflogen. Robert und ich waren kurz vor sieben in die Kaufhalle eingefallen. Robert freute sich auf den Baron und den Wolf, dachte beim Einkaufen an die Gurken, die Barrista beim letzten Mal so gemundet hatten, und an Hundekuchen. Als wäre Weihnachten, machten wir Kartoffelsalat. Michaela hatte Vorstellung, die »Schöne Helena« von Hacks, das Stück war bereits abgesetzt, da es sich aber im Ensemble großer Beliebtheit erfreut – jeder Idiot darf mitspielen –, leiern sie es noch ein paarmal durch.

Um neun hatten wir dann angefangen zu essen, so daß die hartgekochten und mit Kringeln aus Anchovispaste verzierten Eier schon fehlten, auch Wurstteller und Kartoffelsalat zeigten deutliche Lücken, nur die beiden kleinen Sonnen aus Apfelscheiben, die Robert auf Untertassen hergerichtet hatte, strahlten unversehrt, wenn auch angedunkelt.

Wäre es nach Robert gegangen, hätte ich ununterbrochen von Georg und »dem Herrn von Barrista« erzählen müssen.

Als endlich der Blumenstrauß und hinter ihm Barrista erschienen – Blumenstrauß ist kaum die richtige Bezeichnung für diesen Urwaldbusch –, belebten sich alle Erwartungen auf einen Schlag. Unsere Vasen waren zu klein, die ganze Wohnung wurde zur Puppenstube.

Der Baron spannte Robert nicht lange auf die Folter und überreichte ihm die neue »Bravo« und – Robert jubelte – eine Baseballmütze, deren zwei ineinander verschränkte Buchstaben ich zunächst für Knöchelchen hielt.[1]

Als Robert nach dem Wolf fragte, unterzog er ihn einer kleinen Mutprobe, indem er ihm den Autoschlüssel hinhielt. Er könne Astrid gern befreien.

»Wenn Sie Geld brauchen«, sagte der Baron, sobald wir allein waren, »dann haben Sie keine Skrupel, mich zu fragen. Ich kann Ihnen nur raten, kaufen Sie gleich!«

Ahnst Du, was er meinte? Bis dahin hatte ich mir nicht einmal selbst eingestanden, was er offen aussprach. Ja, ich hoffte, gleichberechtigt neben Jörg an Georgs Stelle treten zu dürfen. Ich fragte, wieviel ich denn zu zahlen hätte. Die Summe sei nicht das Problem, da sei fast jede gerechtfertigt, sagte er. Ich müsse herausfinden, ob Georg überhaupt bereit sei, seinen Anteil herauszurücken.[2] Sollte Georg zwanzigtausend oder mehr verlangen, zwanzigtausend D-Mark wohlgemerkt, rate er mir, eine Bedenkzeit zu erbitten, das dämpfe die Spekulationslust. Die Schröders, also Jörg und Marion, hätten diese Summe ja ebenfalls nicht parat. Zwanzigtausend D-Mark aber stünden jederzeit für mich bereit, zurückzahlen könnte ich ihm das ganz sicher schon im Herbst, die Zinsen sollten der Inflationsrate entspre-

1 T. meinte ein Baseballcap der New York Yankees, deren Logo aus einem N und einem Y besteht.

2 Jörg und Georg besaßen jeweils eine Hälfte der Gesellschaft bürgerlichen Rechts.

chen. »Tun Sie es, und wenn es für Ihren Jungen ist!« schloß er, als wir Robert an der Tür hörten. Astrid trabte herein.

Barrista ist kein Typ, dem man um den Hals fällt. Aber bei ihm scheinen meine Wünsche und Sehnsüchte in besseren Händen zu sein als bei mir. Als würde er mich fortwährend aus einer Art Betäubung rütteln und fragen: Warum sitzen Sie denn am Kindertisch? Kommen Sie doch herüber, zu mir, zu den Erwachsenen!

Der Baron bedankte sich bei Robert, wobei er ihn siezte und den gedeckten Tisch überschwenglich lobte. Ich sagte, daß er zu Robert bestimmt noch du sagen dürfe. Wenn das stimme, wandte sich der Baron an ihn, nehme er das gerne an, müsse jedoch darauf bestehen, von ihm dann Clemens genannt zu werden, und natürlich auch du. Wennschon – dennschon. Sonst lasse er sich nicht darauf ein.

Ich flüsterte ihm bei nächster Gelegenheit zu, weder Georg noch Jörg hätten von Geld gesprochen, doch er lächelte und zischelte, daß man darüber auch nicht rede.[1] Dann legte er wie schon bei seinem ersten Besuch einen gesegneten Appetit an den Tag, nickte mit vollem Mund, als ich anbot, die restlichen Würstchen warm zu machen, und fachsimpelte mit Robert über Musik. Aus seiner Collegemappe beförderte er ein paar CDs und lächelte, weil Robert im Gegensatz zu mir wußte, wie man sie in die Hand nehmen muß, um sie problemlos zu öffnen.[2]

In Gegenwart des Barons erschien mir Robert ungeheuer reif. Außerdem beherzigte Robert all das, was Michaela ihm immer predigte, ja er saß so aufrecht da, daß es fast lächerlich wirkte.

Robert wollte wissen, wo der Baron wohne – »Mal hier, mal da« war die Antwort. Seit der Scheidung seien seine Utensilien

[1] Es ist unverständlich, warum sie vor Robert so geheimnisvoll tun.
[2] CDs waren zu jener Zeit im Osten kaum verbreitet.

bei seiner Mutter untergestellt, und er lebe in möblierten Zimmern überall in der Republik. Mit Republik meinte er die Bundesrepublik. Sein Sohn sei vierzehn[1], zudem heiße er auch Robert und sehe unserem Robert sogar ähnlich. Er zog aus seiner Mappe ein Kuvert mit Photos. Er hatte recht.

Roberts Fragen wurden immer detaillierter, wo er Weihnachten verbringe, wohin er in Urlaub fahre, was seine Hobbys seien? Und jedesmal antwortete der Baron mit Engelsgeduld und sehr freimütig.

Er erklärte uns wieder, außer sich selbst niemanden zu kennen, der den Beruf des Unternehmensberaters so interpretiere wie er, nämlich im Zweifelsfalle Anteile zu übernehmen, zu investieren, weil er keine Probleme damit habe, das Risiko für seine Entscheidungen mitzutragen – vorausgesetzt, man befolge seine Vorgaben. »Eigentlich«, sagte der Baron, ohne den Blick von Robert zu wenden, »geht es um Vertrauen. Und da viel zu viele heute nicht einmal mehr dem Wort eines Ehrenmannes vertrauen, muß ich ihnen halt etwas von ihrem schönen Gewinn nehmen.« Er kaute hastig eine Gurke und fuhr fort. »Bis jetzt haben es alle bereut, die mich mit Anteilen bezahlt haben. Das hätten sie alles billiger haben können, viel billiger.«

Und nach einer weiteren Gurke faßte er zusammen: »Ich mache aus Ideen Geld, um Geld für meine Ideen zu haben.«

Was das bedeute, aus Ideen Geld zu machen, und ob er ihm denn eine Idee verraten könne.

»Und wer sagt mir«, entgegnete der Baron, »daß du sie dann nicht nimmst und einen Haufen Geld verdienst und ich guck in die Röhre?«

»Weil ich es dir verspreche«, sagte Robert, als wäre er gewohnt, solche Unterhaltungen zu führen.

[1] Im Brief vom 15. 3. 1990 war von zwei Kindern Barristas die Rede.

»Ich lese das Wochenblatt sehr genau«, begann Barrista. In der letzten Ausgabe habe er gleich zwei Artikel gefunden, die ihn sofort auf Ideen gebracht hätten. Ob Robert sich vorstellen könne, welche das gewesen seien, er habe doch selbst die Zeitungen verkauft. Robert sah mich an, ich zuckte mit den Schultern. Der Baron meinte die Kommission, die bis Juni die neuen Straßennamen vergeben soll. »Na? Macht es Klick?«

Robert errötete.

»Was macht ein Geschäftsmann als erstes, wenn er nach Altenburg kommt?«

»Er geht ins Hotel«, sagte ich.

»Falsch! Ganz falsch! Woher weiß er denn, wo sich das Hotel befindet?«

»Er hält an und bittet um Auskunft.«

Der Baron bedeckte mit einer Hand die Augen. »Und wenn es ein Uhr nachts ist?« fragte er. »Ein Geschäftsmann«, rief Barrista triumphierend, »fährt zur nächsten Tankstelle und kauft sich – einen Stadtplan!«

Wir überboten uns darin, den Baron zu belehren, daß bei uns die Tankstellen nachts geschlossen seien. Mit einer einzigen Geste brachte er uns zum Schweigen. »Ich schwöre euch«, sagte er, und es klang tatsächlich wie ein Schwur, »daß es in einem Jahr hier nachts um eins an den Tankstellen Stadtpläne gibt! Unsere Stadtpläne!«

Der Baron zog einen Zettel hervor und begann zu kritzeln. »Bevor wir den Druckauftrag erteilen, sollten wir Kosten und Gewinn bereits in der Tasche haben.« Robert blickte ihn wie hypnotisiert an. Das Ganze wird über Werbung finanziert, die den eigentlichen Stadtplan einrahmt.

Nach Abzug aller Kosten bleibe ein Gewinn von ca. dreitausend Mark übrig. Wir nickten anerkennend. Dazu kommt aber noch der gesamte Verkaufserlös. Und wer in Altenburg würde keinen Stadtplan mit den neuen Straßennamen wollen? Und warum nur Altenburg? Warum nicht Meuselwitz, Schmölln, Lucka, Gößnitz? Und wer sagt, daß es in Altenburg nur einen Plan geben muß? Plötzlich wurden aus den dreitausend dreißigtausend, sechzigtausend. »Sagen wir«, schloß der Baron, »wir reden von einem Reinerlös, der vierzigtausend bis achtzigtausend betragen wird, vierzig- bis achtzigtausend D-Mark! Nur ein bißchen Organisation. Das Geld, meine Herren, liegt auf der Straße. Und dir schenke ich diese Idee!« Damit überreichte er Robert Bleistift und Zettel und lehnte sich zurück.

Die Vorführung war beendet. Wir wußten nicht, was wir tun sollten, klatschen, danke sagen, Fragen stellen?

Dabei stand uns der eigentliche Urknall noch bevor. In Stimmung gebracht, glaubte ich mit einer eigenen Idee brillieren zu müssen und schlug vor, die Leute, die wegen der Anzeigen für den Stadtplan Läden und Betriebe aufsuchten, sollten auch nach Werbung für die Zeitung fragen. Robert nickte.

Im halboffenen Mund des Barons sah ich den Brei aus Kartoffeln und Würstchen.

»Wie?« fragte er und kaute hastig. »Sie haben keine Akquisiteure?« Ich schüttelte den Kopf.

»Keine Außendienstmitarbeiter, Klinkenputzer, oder wie immer Sie die nennen?«

»Nein!« beteuerte ich.

»Sie –« begann er und beeilte sich, den Bissen herunterzuschlucken, »Sie sitzen da in Ihrer Redaktion und warten, bis die Leute zu Ihnen kommen?«

Ich bejahte.

»Und Frau Schorba?«

»Eine Ausnahme«, sagte ich.

Der Baron brach in ein fürchterliches Gelächter aus und verschluckte sich dabei.

Ich kann Dir nicht den ganzen Abend schildern. Er endete merkwürdig. Denn plötzlich fiel Barrista ein, daß er sein Zimmer doch habe behalten können. Sein Aufbruch erfolgte abrupt.

Wir begleiteten ihn zum Wagen, einem roten Saratoga. Beim Abschied setzte er eine Mütze auf, die genauso aussah wie jene, die er Robert geschenkt hatte. Als er abfuhr, bog ein Taxi in unsere Straße ein, dem Michaela entstieg.

Zuerst erschrak sie, dann schimpfte sie, Robert gehöre längst ins Bett. Sie befühlte seine Stirn – er hatte tatsächlich erhöhte Temperatur. Den Dschungelstrauß verpflanzten wir in unseren größten Steinguttopf. Er steht nun auf dem Fußboden mitten im Wohnzimmer und duftet betörend.

Ich dachte an Stadtpläne und Akquisiteure, schlief unruhig und erwachte zerschlagen, als hätte mich die Nacht noch einmal so viel Kraft gekostet wie der gestrige Tag. Allein der Gedanke an Robert munterte mich auf.

Ich würde Georg herzlich begrüßen und ihn einfach bitten, mir seinen Anteil zu verkaufen. Zehntausend D-Mark wollte ich ihm fürs erste anbieten.

Michaela hatte Kopfschmerzen und blieb im Bett. Ich versprach ihr, möglichst bald wieder zurückzusein.

Als ich die Redaktion betrat, verlor ich alle Hoffnung: Georg, Jörg und Marion hockten einträchtig beieinander und tranken Tee. Es klingt lachhaft, aber ich kam zu spät. Ich hatte mein Glück vielleicht um eine halbe Stunde verpaßt.

Ihre Freundlichkeit, ja Herzlichkeit war grausam. Ich bekam eine Tasse und ein großes Stück von Marions Kuchen. Daß sie ausgerechnet heute Geburtstag hatte, schien mein Schicksal zu besiegeln.

Dann aber kam alles ganz anders.

Einer von Georgs Jungen heulte plötzlich im Garten laut auf, und Georg ging hinaus, um nach ihm zu sehen.

Jörg sagte über den Tisch hinweg, daß alles geklärt sei, ich brauche mir keine Gedanken zu machen. Georg wolle einen Schlußstrich, nichts weiter. Nun sei es an mir zu sagen, ob ich bereit sei, Georgs Anteil zu übernehmen und ab jetzt mit ihm, Jörg, gemeinsam den Kopf hinzuhalten und für alles geradezustehen. Marion wolle er nicht damit belasten, die Zeitung solle nicht ihr Familienbetrieb werden. Ich müsse das nicht sofort entscheiden, aber ihm fiele ein Stein vom Herzen, könnte ich mich zu einem Ja durchringen.

Schluck für Schluck trank ich meinen Tee und wartete, bis ich glaubte, ihm wieder mit fester Stimme antworten zu können.

Gleich ist es zwei, und ich bin hoffentlich müde genug, um endlich Schlaf zu finden.

Dein E.

Mittwoch, 4. 4. 90

Liebe Nicoletta!
Ich weiß ja nicht einmal, ob meine Briefe Sie überhaupt erreichen, geschweige denn, ob Sie sie lesen. Solange aber keiner zurückkommt oder Sie mich nicht ausdrücklich bitten, Sie mit meiner Geschichte zu verschonen, will ich fortfahren.

Von Geronimo hörte ich lange nichts. Er war mit Beginn der elften Klasse nach Naumburg gewechselt, ans kirchliche Proseminar, dessen dreijährige Ausbildung offiziell nicht anerkannt wurde, so daß er de facto ohne Abitur blieb. Hin und wieder ließ er mich in Briefen grüßen, die er mit einigen Mädchen aus unserer Klasse wechselte.

Wundersamerweise war ich zu Beginn der elften Klasse in den

Schulchor aufgenommen worden und nahm bereits im November, versteckt im ersten Baß, an einer Aufführung des »Deutschen Requiems« von Johannes Brahms teil. Unseren Musiklehrer wie auch die Proben mit ihm zu beschreiben ist hier nicht der Ort, obwohl die Stunden als Sänger – wenn auch als äußerst mittelmäßiger[1] – die einzigen sind, an die ich mich ohne Scham erinnere.

Im Chor sah ich auch zum ersten Mal Franziska, von deren Existenz als Schülerin der neunten Klasse jeder wußte, sie, die Tochter von ***[2], den nicht nur in Dresden jeder kannte, der alles konnte und alles durfte.

Franziska sang Sopran, trug Jeans und enganliegende Pullover und hatte glattes schwarzes Haar. Nicht weniger aufsehenerregend als sie selbst war der Aufkleber ihrer Umhängetasche: »Make love, not war!« Im Chor setzte ich mich immer auf einen Stuhl am Gang, so daß ich dem Sopran schräg vor uns möglichst nahe kam. Es brauchte Monate, bis Franziska meinen Gruß erwiderte. Als sie mich aus heiterem Himmel fragte, ob ich nicht mit ihrer Klasse in die Tanzstunde gehen wollte, sie seien zu viele Mädchen, sah ich mich bereits am Ziel meiner Träume. Aus der Tanzstunde wurde jedoch nichts, und meine wiederholten Einladungen lehnte sie ab. Trotzdem lebte ich in der Gewißheit, Franziska eines Tages für mich zu gewinnen.

Ich versuchte mich in Gedichten und hatte mäßigen Erfolg bei Wettbewerben, die »Junge Dichter gesucht« hießen und Teil der »FDJ-Poetenbewegung« waren, ein Begriff, der mir damals weit weniger komisch vorkam als heute. Wir sollten freundlich schreiben, war eine der Maximen, an die ich mich erinnere, vor-

1 T. hatte keine schlechte Stimme, konnte jedoch nie selbstständig eine Melodie halten. An ihm scheiterte jeder Kanon. Er brauchte immer jemanden, der ihm ins Ohr sang.

2 Darf aus persönlichkeitsrechtlichen Gründen nicht erscheinen.

getragen von einem tatsächlich freundlichen, ja geradezu heiteren älteren Herrn, dem angeblich ein vollkommenes Gedicht über einen bulgarischen Esel gelungen sein sollte, das ich aber nie zu lesen bekam.

Ich zählte nicht zu den großen Begabungen oder gar zu den Frühvollendeten (solche Bezeichnungen waren selten, doch nicht unüblich), besaß aber genügend Selbstbewußtsein, um felsenfest daran zu glauben, daß meine Zeit kommen würde.

Vera führte ein Boheme-Leben, wie es Mutter und Großvater nannten. Sie trug für die »Volkssolidarität« Mittagessen aus, wofür sie monatlich zweihundert Mark plus eine tägliche Mahlzeit und Versicherung erhielt; damit konnte man durchkommen. Da Vera wie ein Schlot rauchte und ständig Geld brauchte, stand sie in der Kunsthochschule Modell. Daraus wurde schnell eine Art Karriere.

Von Ende der Siebziger bis Mitte der Achtziger gibt es eine Vielzahl von Gemälden und Blättern Dresdner Künstler, auf denen eine Frau mit breitem katzenhaften Kopf und rotblonden Haaren zu sehen ist, oft nackt und verloren, doch auch als Faschingskönigin. Vera ist keine Schönheit, aber sie hat kein DDR-Gesicht. Ich kann Ihnen nicht erklären, was ein DDR-Gesicht ist, doch man erkennt es.[1] Vera verfügte bald über genug Beziehungen und Geld, um sich elegant zu kleiden. Mitunter hielt man sie sogar für Westbesuch.

Sie bewohnte in der Dresdner Neustadt eine Dachwohnung im Hinterhaus, zu dem kein Vorderhaus existierte. Da nur die Wohnungstür eine Klingel hatte und um acht alle Tore und Türen verschlossen wurden, mußte man sich abends oder nachts irgendwie bemerkbar machen. Veras Nachbarn revanchierten

1 T. war sich allem Anschein nach der Problematik einer Nationen- bzw. Staatsphysiognomie nicht bewusst.

sich, indem sie bei ihr morgens unter irgendeinem Vorwand klingelten und gegen die Tür hämmerten. Oder sie klauten ihr Wäsche von der Leine. Oft haben wir uns im Dunkeln unterhalten, weil einer ihrer Verehrer auf der Straße krakeelte und, nachdem er sich Mut angetrunken hatte, versuchte, über den Zaun zu klettern.

Von einem langen Flur, in dem eine kleine Anrichte die Küche ersetzte, gingen zwei winzige Zimmer ab.

Im hinteren trug mir Vera ihr Repertoire für die Aufnahmeprüfung an der Schauspielschule vor. Die Seeräuberjenny war immer dabei. Ich liebte ihre Auftritte in dem engen Raum, fürchtete aber jenen Augenblick, in dem sie verstummte; sollte ich in Tränen ausbrechen oder applaudieren?

Natürlich fällt es mir schwer, von Vera zu erzählen, ohne das, was später geschah, bereits vorgezeichnet zu sehen. So selten wir uns trafen, wenn sie »jemanden hatte«, so unzertrennlich waren wir in den Tagen und Wochen dazwischen. Sie führte mich ein in das, was man Szene nannte. Ich war doppelt gern gesehen: einmal als Bruder, den man hofierte, um ihr zu gefallen, zum anderen als leibhaftiges Zeichen dafür, daß Vera wieder frei und zu haben war.

Ich wußte nie, wann Vera mich zu sich bitten, wann sie mich wegschicken würde. Ich brach oft mit ihr, holte aber trotzdem weiter die Töpfe ab, in denen meine Mutter ihr hin und wieder Essen brachte.

Tauchte Vera dann wieder auf, sie wartete meist vor der Schule, machte sie mir Vorwürfe, warum ich mich nicht mehr bei ihr sehen ließ.

Vera lebte ein Leben, wie ich es auch bald führen wollte, eine ununterbrochene Folge von Ausstellungen, Lesungen, Feiern, Aufführungen und nächtlichen Wanderungen. Meine Kleidung würde ebenfalls nach Atelier riechen, ich würde schreiben, was ich wollte, um eines Tages, wenn ich den DDR-Mächtigen zu gefährlich geworden wäre, in den Westen abgeschoben zu werden, in den Westen, wo meine Bücher bereits erschienen waren und wo ich zusammen mit Franziska das Leben genießen, lieben, schreiben und reisen würde.

Die Schulzeit galt es zu überstehen. Ich überlegte, was zu sagen sich lohnen würde, um Reibung und damit Stoff zu gewinnen. Ein beschreibungswürdiges Erlebnis mußte her! Sollte ich vielleicht »Schwerter zu Pflugscharen« an die Tafel malen?

Im Januar 80 löste ein mit roter Farbe an die Mauer neben dem Haupteingang gepinseltes »Karl und Rosa leben« Panik aus. Ich sah nur noch den grauen Stoff, mit dem die Aufschrift verhängt worden war, als stünde die Enthüllung einer Gedenktafel bevor. Alle gerieten ins Visier, gerade auch jene, die als überzeugt galten. (Verstehen Sie, was ich mit »überzeugt« meine? Also unsere »Roten«, die von der DDR Überzeugten.)

Was mich abhielt, die Tat auf mich zu nehmen, war allein die Furcht, der wahre Urheber könnte sich zu erkennen geben. Doch wurde nie eine Täterin oder ein Täter ruchbar. Zumindest hörte ich nichts davon. Die Schrift wurde umgehend entfernt, ihre Spuren allerdings avancierten zu einer Art Menetekel. Die einen wähnten den Spruch links oben, andere glaubten, die vier Worte über die ganze Mauer verteilt und statt eines Ausrufezeichens Hammer und Sichel erkennen zu können. Allein die Mauer zu betrachten galt schon als Akt des Widerstands. Immer wieder versammelten sich Grüppchen wie zufällig davor. Gesehen habe ich nie etwas.

Ich erwähne diese Mauerepisode, weil die Erinnerung an sie Jahre später zur Keimzelle für einen Roman werden sollte.

In der Hoffnung zu provozieren heftete ich ein Gedicht an die Wandzeitung – einem »Frühvollendeten« war das in seiner Schule zum Verhängnis geworden. Myslewski riß mein Blatt samt Reißzwecken herunter und stellte mich vor der Klasse zur Rede. Er war in die Falle getappt. Gerade dieses Gedicht sollte in einer Schüler-Anthologie veröffentlicht werden.[1] Ob ich das, worum es mir ging, nicht auch einfacher hätte sagen können, fragte er und ließ unter allgemeinem Gelächter das eingerissene Blatt vor mir auf die Bank segeln.

Die bei uns erschienenen Ehrenburg-Memoiren boten Gelegenheit, nach den Stalinschen Lagern zu fragen. Die Lager, bekam ich zu hören, seien Auswüchse der längst überwundenen Phase des Personenkultes gewesen und bereits 1956 von der KPdSU verurteilt worden.

Vergeblich suchte ich nach etwas, was zu tun oder zu lassen wirklich lohnend sein würde.

Meine Hoffnung war die Armee!

Seit der Musterung, seit ich das erste Mal von Uniformierten befragt worden war, wußte ich, wo ich finden würde, was ich mir wünschte.

Im Wehrkreiskommando fiel mir sofort etwas ein, dort kamen die Ideen von allein. Kein anderer Ort besaß so viel Poesie, so viel Unausweichlichkeit. Ich glaube, ich verglich den Wimpel des Armeesportklubs mit meiner Unterhose, denn so wie die Wimpel die Leere der Wand verdecken sollten, dabei aber deren Kahlheit erst recht zur Geltung brachten, wirkte die Unterhose an meinem Körper – oder so ähnlich. Eine ganze Reihe solcher Vergleiche notierte ich noch an Ort und Stelle. Uniformen machten Leiden plausibel. Das war keine pubertäre Empfindlichkeit mehr, kein risikoloses Aussteigertum à la Neustadt oder Loschwitz[2], das war Kalter Krieg, das war Welttheater!

1 Das ist offenkundig nie geschehen.
2 Neustadt und Loschwitz, Stadtteile von Dresden, in denen vergleichsweise viele Künstler wohnten.

Der Höhepunkt der Musterung war ein Gespräch. »Einige hochgestellte Persönlichkeiten«, sagte der Offizier hinter dem Schreibtisch, »haben Pläne mit Ihnen. Große Pläne!« Im Interesse meiner weiteren Entwicklung lege er mir eine dreijährige Dienstzeit nahe …

In meiner Hochstimmung sah er nur Arroganz und drohte, nachdem ich nein gesagt hatte, recht unbeholfen, mir Abitur und Studium zu verwehren. Anschaulicher gelangen ihm die düsteren Schilderungen des Alltags jener Soldaten, die die Arbeiter- und Bauernmacht enttäuscht hatten. Befriedigt registrierte ich die in seinen Mundwinkeln dicker werdende Spucke, den schnellen Lidschlag, die rotblaue Färbung seiner Gesichtshaut, die an den Nasenflügeln am intensivsten war, und verfolgte den Kuli in seiner Rechten, mit dem er das Morsealphabet auf der Tischplatte exerzierte. Um die literarische Abrundung meiner Vorstellung bemüht, sah ich mich in Unterhosen strammstehen, zitternd in der eisigen Zugluft, jedoch unbeugsam.

Glauben Sie mir: Seit der ersten Musterung freute ich mich auf die Armee.

Erwähnenswert ist vielleicht noch ein Intermezzo gegen Ende der elften Klasse, etwa vier Monate nach der Karl-und-Rosa-Episode, als mitten im Unterricht und ohne Vorwarnung die Türklinke krachte und die stellvertretende Direktorin meinen Nach- und Vornamen rief. Ich stand auf, sie winkte mich heran. Ich wußte sofort: Hier ging es nicht um einen Unfall meiner Mutter oder eine andere private Katastrophe.

Ich folgte ihr. Hinter den Türen brummelte der Unterricht. Treppauf, vorbei am Wandbild mit der elften Feuerbachthese von Marx, der zufolge die Philosophen die Welt nur verschieden interpretiert hätten, es aber darauf ankomme, sie zu verändern. Ich vertiefte mich in das Spiel der Wadenmuskeln unserer stellvertretenden Direktorin. Im Vorzimmer des Direktors tauschte ich mit der Sekretärin einen stummen Gruß. Später beschrieb ich den Geruch als eine Mischung aus Zigaretten, Bohnerwachs, Kaffee und Sperrholz, doch wahrscheinlich nahm ich das gar nicht wahr. Ich versuchte, meiner Aufregung Herr zu werden, indem ich die Sandalen der Sekretärin fixierte.

Geronimo hatte es nur mit dem Direktor zu tun gehabt. Auf mich warteten zusätzlich zwei Männer. Sie saßen nebeneinander an einem Tisch, der mit der Stirnseite an den Schreibtisch des Direktors stieß. Sie ließen sich Zeit mit dem Ausdrücken ihrer Zigaretten. Als sie aufblickten, grüßte ich auch sie.

Ihr Aussehen enttäuschte mich nicht. Zumindest der Ältere mit seinen Triefaugen und den schwarzen zurückgekämmten Haaren entsprach meiner Vorstellung. Der andere wirkte freundlich, Typ Sportkumpel. Der Direktor saß wie ein Schiedsrichter da, die Handflächen aneinandergelegt. Er schien erschöpft und ratlos. Triefauge begann im Tonfall einer Zurechtweisung, sie seien in einer sehr ernsten Angelegenheit hier. Ich hoffte schon, sie würden mich stehen lassen wie einen Häftling, als sich der rechte Zeigefinger Triefauges kurz streckte, was soviel hieß wie: Setz dich!

In Gedanken ging ich meine Gedichte durch. Welches hatte sie hellhörig gemacht, welches hielten sie für das gefährlichste? Die Mappe, auf der die Hände des Sportkumpels ruhten, war stattlich. Wie waren sie da herangekommen? »Ja, Sie sprechen mit dem Autor, doch dieses Gedicht habe ich bereits verworfen«, wollte ich sagen, und es mit Mängeln an Reim und Rhythmus begründen. Kurz zuvor war mir Majakowskis »Ein Tropfen Teer« in die Hände gefallen, ein Insel-Bändchen, in dem er die Verfertigung seiner Gedichte beschreibt – eine empfehlenswerte Lektüre. Der Selbstmörder Majakowski schreibt ein Gedicht gegen Jessenins Selbstmord. Ja, ich plante, unseren Tschekisten Majakowski um die Ohren zu hauen.

Es klingelte zur Pause und wieder zum Unterricht, und ich verstand nicht, worauf ihre Fragen nach meiner Familie, insbesondere nach unserer Westverwandtschaft, hinausliefen. Ja, wir beabsichtigten, nach Budapest zu fliegen. Wenn sie plauschen wollten, bitte, ich hatte Zeit. Sie ersparten mir Chemie und Russisch. Sportkumpel und ich lächelten um die Wette. Er orderte bei der nächsten Tasse Kaffee ein Glas Selterswasser für mich, bot mir eine Zigarette an – um gleich darauf so zu tun, als falle ihm erst jetzt ein, daß ich ja ein Schüler sei.

Jeden Moment erwartete ich die schroffe Wendung, ich war neugierig, wie sie die Kurve zu den Gedichten kriegen würden. Mein erstes Bezirkspoetenseminar hatte mit der Frage begonnen, wer unter den Anwesenden die Meinung vertrete, Literatur müsse Opposition sein?

Damals war alles so schnell gegangen.[1] Jetzt bot sich endlich Gelegenheit, den Fehler zu korrigieren. Wahre Literatur ist per se Opposition!

Mit dem Klingeln zur letzten Stunde fragte mich Sportkumpel, warum meine Mutter plane, gemeinsam mit mir, mit dem hier anwesenden Enrico Türmer, die Deutsche Demokratische Republik auf illegalem Wege zu verlassen? »Wir wollen nur wissen, warum. Beweise dafür haben wir mehr als genug.«

Wut und Scham würgten mich, ich kämpfte mit den Tränen. Sie hielten das für einen Volltreffer! Triefauge und Kumpel schossen tak tak tak tak ihre Fragen ab. Ich bekam Sätze zu hören, die ich in der Pause gesagt hatte, abfällige Äußerungen über den antifaschistischen Schutzwall, Vera wurde zitiert und als staats-

[1] T. verpasste unentwegt Möglichkeiten zu handeln. Gerade wenn man unterstellt, dass er in diesen Briefen eine selbstkritische Abrechnung vornimmt, verwundert es, dass er sein eigenes Zaudern nie beurteilt.

feindliches Element bezeichnet, Geronimo widerfuhr die Ehre, mehrmals erwähnt zu werden. Immer wieder Geronimo! Es war wie ein Fluch. Auch deshalb brauchte ich länger, als mir lieb war, bis ich wieder über eine feste Stimme verfügte. Ich glaube nicht, daß ich tatsächlich aufstand, doch kann ich mir meine Sätze nie anders als im Stehen gesprochen in Erinnerung rufen. Wir redeten gleichzeitig: Noch nie hätte ich auch nur im Traum daran gedacht, dieses Land zu verlassen. Nichts wäre schlimmer für mich, als von hier wegzugehen. Hier hätte ich meinen Platz, meine Wurzeln, meine Familie, meine Schule, mein Zuhause. Was sollte ich denn im Westen?

Ich plapperte wie aufgezogen, irgendwann waren sie verstummt. »Ich«, sagte ich, »will Schriftsteller werden, und gerade als Schriftsteller bin ich darauf angewiesen, dort wirken zu können, wo ich mich auskenne, wo die Menschen leben, die meine Erfahrungen teilen. Jemand wie ich verläßt nicht freiwillig ein Land, in dem Literatur das Wichtigste ist!« Verstanden sie meine Drohung überhaupt? »Was soll ich denn im Westen?« wiederholte ich in dem Bewußtsein, daß mir dieser Satz überzeugend gelungen war – es fehlten nur ein oder zwei Wörtchen zur Wahrheit: Was soll ich denn *jetzt* im Westen? hätte es heißen müssen, oder *jetzt schon*. Doch je mehr ich redete, um so deutlicher spürte ich, daß mir zwar nicht die Empörung, aber die Argumente langsam ausgingen.

Ich verteidigte Vera, eine Ausnahmebegabung, die an ihrer Entwicklung und Entfaltung gehindert werde, Vera, die nur offen ihre Meinung sage, worüber sie froh sein sollten.

Ich fügte einiges zur gesellschaftlichen Rolle der Literatur hinzu, bevor ich fragte, was sie denn zu dieser Unterstellung der Republikflucht berechtige. Und dann hörte ich mich, wie ich ihre Verdächtigung unverschämt nannte, unverschämt, ja, unverschämt! Eine Steigerung war nicht möglich. Sie müssen wissen, daß keine Rüge bei unseren Volkserziehern beliebter war als: »Ich *schäme* mich für dich! Ich *schäme* mich für euch!«[1]

»Wir stellen hier die Fragen«, unterbrach mich Sportkumpel und lächelte wieder. Ich glaubte, sein Lächeln rühre daher, daß er eine Redensart zitierte, ein Scherz unter Eingeweihten.

Triefauge wollte wissen, warum meine Mutter behauptet habe, bei unserer Reise nach Budapest handle es sich um eine Auszeichnungsreise meiner Mutter, und ob sie vielleicht, ohne mein Wissen, Republikflucht plane? Die beiden registrierten mein Zögern, bevor ich antwortete. Dann schwiegen wir alle, bis der Sportkumpel dem Direktor zunickte.

Auf der Toilette wusch ich mir das Gesicht – meine Augen waren tränengerötet – und verließ die Schule in Richtung Café »Toscana«.

Zum »Toscana« muß vorerst genügen, daß ich nicht nur alle Caféhausszenen, von denen ich las, in jene Oase am Blauen Wunder verlegte (so könnte ich Ihnen heute noch jenen Tisch zeigen, an dem der Zögling Törleß gesessen hat), ich bevölkerte das Café auch mit berühmten Kollegen. Manchmal riefen sie meinen Namen und winkten mich heran. Manchmal tuschelten sie, weil sie nicht sicher waren, ob die wundervollen Verse, die von Hand zu Hand gingen, tatsächlich aus der Feder jenes Jünglings stammten, der dort einsam und bleich vor seinem Absinth saß. Manchmal blieb ich allein. Die Serviererinnen hielten mich wohl für einen Kruzianer, zu deren größten Vergnügungen es zählte, nach Vormittagsproben dort zu frühstücken. Selten mußte ich auf einen Platz warten.

An jenem Tag wurde ich von meinen berühmten Kollegen geradezu stürmisch begrüßt. Sie beglückwünschten mich zu der

[1] Was das eine mit dem anderen zu tun haben soll, bleibt T.s Geheimnis.

mutigen Rede, die ich gerade gehalten hatte. Der Empfang wie auch das Würzfleisch taten gut. Ich bestellte umgehend eine zweite Portion.

Allmählich gewann ich der Szene im Direktionszimmer einiges ab. Immerhin hatte ich mein erstes Verhör hinter mir. Das war so bedeutsam wie ein hundertseitiges Manuskript. Außerdem wußten diese Typen jetzt, daß hier ein Schriftsteller heranwuchs. Auf alle Nachfragen müßte ich ab jetzt nur »Stasi« flüstern und schweigen. Das Raunen, das bald die gesamte Schule erfassen, Franziskas Bewunderung entfachen und schließlich bis zu Geronimo dringen würde, genoß ich zusammen mit dem zweiten Würzfleisch.

Vera, es war die Zeit, in der sie mit Nadja lebte, umsorgte mich wie einen Schwerverletzten und begleitete mich abends nach Hause.

Meine Mutter hatte nicht nur ein dreistündiges Verhör hinter sich, sie war auch von zwei Herren in unsere Wohnung eskortiert worden. Die beiden hatten darauf bestanden, das von der Schule genehmigte Gesuch mit der Bitte um meine Freistellung zu sehen. Darin stand nichts von Auszeichnungsreise. Trotzdem waren wir irritiert, hatte meine Mutter doch, um Neid zu vermeiden, diese Formulierung erwogen. Wurden wir abgehört? Steckten Wanzen unter der Tapete? Die Lösung war banal. Der einzige Offiziersanwärter unserer Klasse hatte unlängst bei uns übernachtet, weil unsere Wohnung nicht weit vom Flughafen entfernt lag. Wir beide vertraten unsere Klasse in einem Jubelkomitee, das sich für die Ankunft eines ausländischen Bonzen bereithalten sollte (der aber nie gelandet war). Offenbar hatte die Wachsamkeit meines Mitschülers den Fehlalarm ausgelöst.

Am nächsten Tag hoffte ich bei jedem Klingklong, das den Ansagen des Flughafenlautsprechers vorausging, unsere Namen zu hören. Doch ich hoffte vergeblich.

Erst viel später erkannte ich in dem Irrtum der Staatssicherheit den eigentlichen Reiz dieser unfreiwilligen Begegnung. Damals schämte ich mich fast dafür, wegen unbegründeter Verdächtigungen verhört worden zu sein, weshalb ich diesen Vorfall literarisch auch nie verwertet habe.

Ich grüße Sie herzlichst

Ihr Enrico

PS: Georg hört auf. Ich übernehme seinen Part. Kein böses Wort ist gefallen, Erleichterung auf allen Seiten. Wir suchen eine neue Bleibe.

Donnerstag, 5.4.90

Lieber Jo!

Gestern präsentierte mich Jörg als Kompagnon, er sprach ernst und mit ungewohnt langen Pausen, was seine druckreifen Sätze noch mehr zur Geltung brachte. Obwohl eigentlich alles, was er sagte, bekannt war, wagte niemand, dieses Ritual zu stören, und sei es nur durch ein gelangweiltes Gesicht. Marion saß aufrecht und nickte mir zu, als wollte sie sagen: Courage, Enrico, Courage! Ilona drückte ihre knochigen Knie aneinander und strich unentwegt über den Saum ihres karierten Minirocks. Sie und Fred sind offenbar besonders empfänglich für Ansprachen dieser Art und wetteiferten um den würdevolleren Gesichtsausdruck. Kurt, Freds Gehilfe und Ausfahrer und als Mitglied eines Photozirkels unser Filmentwickler und gelegentlicher Photograph, saß reglos mit verschränkten Armen da. Von ihm habe ich noch nie einen vollständigen Satz gehört. Wenn wir uns sehen, hebt er die Hand zum Gruß und beantwortet jede Frage mit »gut« oder »könnte besser gehen«. Vor Kurt ist alle Arbeit gleich. Würdest Du ihn bitten, die Fenster zu putzen, er besorgte sich auf der Stelle Eimer, Wischtuch und Zeitungen und würde erst aufhören, wenn alle Fenster glänzten. Die »Wismut« hat ihn ausgemustert und dem Krankenhaus als Nachtportier überlassen. Ich weiß nicht, wann er eigentlich schläft.

Außerdem hatten wir Pringel, einen unserer Freien, hinzugebeten. Ich habe ihn in Leipzig kennengelernt, er hat die Betriebszeitung der »Lufttechnischen Anlagen« gemacht, ein perfekter Korrekturleser. Weil er mollig und untersetzt ist, kann er die Beine nie längere Zeit übereinandergeschlagen halten, was ihm aber wichtig zu sein scheint; also wechselt er ständig, weshalb von ihm eine merkwürdige Unruhe ausgeht. Pringels Bart wuchert mit jedem Tag wilder, die Einhegung seines Kindergesichts.

Jörg sprach viel von Verantwortung und dem Risiko, das wir beide uns nun teilen würden. Er verpflichtete alle zu Diskretion, was Inhalte und Zahlen betreffe, insbesondere jetzt, da wir nächste Woche mit der Ankündigung des Erbprinzenbesuches aufmachen werden.

Jörg wird uns nach außen vertreten, ich werde mich um die Interna kümmern, das Redaktionelle entscheiden wir gemeinsam.

Dann war es an mir, ein paar Worte zu sagen. Kaum war ich fertig, fragte Fred, was sich denn ändern werde? Er war gereizt, weil Jörg ihn im Gegensatz zu Ilona nicht bei den Redaktionssitzungen dabeihaben will.

Obwohl ich niemandem eine Antwort schuldig blieb, war ich froh, als die Versammlung vorbei war.

Der Baron hat Jörg, Marion und uns für nächste Woche in den »Wenzel« eingeladen. Er bat mich inständig, diesmal meine Frau nicht wieder zu verstecken.

In seinem neuen Wagen – den alten darf ich behalten, bis ich mir einen eigenen kaufen kann[1] – unterhielten wir uns noch eine Weile. Er müsse zugeben, die Spielregeln im Osten nicht zu kennen, aber je länger er über die Tatsache nachdenke, daß mir die Hälfte der Firma regelrecht aufgeschwatzt worden sei, desto weniger könne er umhin, einen Haken zu suchen, der, gerade weil er so dicht vor unserer Nase hänge, von uns übersehen würde. Ich erzählte, was ich wußte, daß Jörg und Georg ihre jeweils zehntausend Mark nicht gebraucht und bereits an ihre Mütter zurückgegeben hätten. Die zwanzigtausend D-Mark von Steen waren für den Baron neu. Je mehr ich erzählte, desto unglaubwürdiger kam ihm alles vor.

Es sei, wie es sei, sagte er schließlich, jedenfalls könne ich von nun an nicht mehr ruhig schlafen. Er wolle sich später keine Vorwürfe machen müssen, deshalb weise er mich im Augenblick größten Glücks darauf hin, daß bei einer Gesellschaft bürgerlichen Rechts die Eigentümer nicht geschützt seien. »Sie haften mit dem letzten Hemd Ihrer Frau, mit der letzten Hose Ihres Sohnes!« Er beteuerte, daß er nichts unterstellen wolle, aber ich sollte mit so mancher Tücke der neuen Welt rechnen. Zuweilen reiche ein Dachziegel oder eine Bananenschale aus, um eine Firma zu erledigen. Sein Lösungswort laute: GmbH! Er malte die Buchstaben an die beschlagene Frontscheibe und dozierte weiter. Dann kramte er im Handschuhfach und überreichte mir als Abschiedsgeschenk einen dtv-Band. Die Gebrauchsspuren markieren das GmbH-Gesetz.

Sei umarmt

Dein Enrico

[1] Eine etwas zu beiläufige Erwähnung eines doch recht ungewöhnlichen Angebotes.

Sonntag, 8. 4. 90

Liebe Nicoletta!
Als ich vorhin erwachte, verspürte ich eine seltsame Freude. Es war Vorfreude, und wissen Sie, worauf? Auf jetzt, auf diesen Augenblick, da ich Ihnen schreiben kann. Das ist, als setzten Sie sich zu mir. Und was ich Ihnen erzähle, erhält durch Sie eine ganz eigene Färbung. Ich teile meine Erinnerung mit Ihnen, nur mit Ihnen. Wem sonst sollte ich davon berichten.[1] Und jedesmal bin ich kurz davor, Ihnen richtige Liebesbriefe zu schreiben. Es bedarf meiner ganzen Willensanstrengung, es nicht zu tun! Sie sind in mein Leben getreten, doch noch bevor ich überhaupt die Arme nach Ihnen ausstrecken konnte, wurden Sie mir schon wieder genommen. Ohne Sie fühle ich mich unvollständig, wie amputiert[2]. Und ich habe Angst, daß Sie bei einem Wiedersehen alles vergessen haben werden [...] und mich nicht einmal mehr erkennen. Damit ich kein Fremder für Sie werde, fahre ich fort.

Im Oktober 80, ich war in der zwölften Klasse, erhielt ich ein Telegramm. Geronimo fragte, ob er am Sonnabend bei uns übernachten dürfe, und nannte seine Ankunftszeit. Nicht, daß ich einen Besuch Geronimos erwartet hätte; aber überrascht war ich nicht.

Geronimo war noch gewachsen, er war jetzt eindeutig größer als ich, die Haare reichten ihm über die Schulter und glänzten so fettig, daß meine Mutter erstaunt fragte, ob es regne.

Er vertilgte zum Kaffeetrinken unseren Wochenendvorrat an

1 Angesichts T.s immenser Briefproduktion mag diese Äußerung verwundern. Doch sowohl Johann als auch V. T. waren zu sehr Teil seiner Erinnerung, weshalb sie als Adressaten für die Schilderung des »Irrweges« offenbar nicht in Frage kamen. Vgl. Fußnote S. 140.

2 »Amputiert« fühlte sich T. bereits, als er gegenüber Johann Ziehlke den Verlust des Autos beschreibt. Vgl. Brief vom 13. 3. 1990.

Brötchen und kratzte das Honigglas aus. Meine Mutter überspielte ihren Fauxpas, indem sie ihm pausenlos Fragen stellte. »Johann«, begann sie jedesmal, als riefe sie ihn auf.

Nachdem er sich satt gegessen hatte, zogen wir uns in mein Zimmer zurück, das er mit keiner Silbe kommentierte, ja dessen Bücher- und Bilderpracht (letzteres Leihgaben Veras) er nicht einmal wahrzunehmen schien. Ich fragte, wen er denn in Dresden besuchen wolle – niemanden außer mir. Ob es ein Konzert gebe oder etwas im Theater – nicht daß er wüßte. Einsilbig beantwortete er alle Fragen, schwieg ich, blieb auch er stumm. Ich wußte nicht, was ich mit ihm anfangen sollte. Meine Frage, wo er denn Theologie studieren wolle[1], entsprang derselben Verlegenheit wie meine anderen Erkundigungen.

Ich glaubte, er sei meiner Fragerei überdrüssig und blicke mich deshalb so wütend an. Und dann begann Geronimos Monolog. Er formulierte Aussagesätze, intonierte sie jedoch fragend, als erwarte er Widerspruch. Das Leben lohne nicht, wenn der Tod das Letzte sei. »Ohne Ewigkeit«, sagte er, »ist unser Leben sinnlos.«

Geronimo redete und redete, er schien sich über mich zu empören. Worauf wollte er hinaus? Ich sah nur seine Verzweiflung, die in der Behauptung gipfelte, es sei egal, ob er auf dem Stuhl sitzen bleibe oder sich aus dem Fenster stürze. Ich begriff, daß für ihn Gott und der Sinn des Lebens noch eins waren!

Mein Achselzucken steigerte seine Ungehaltenheit, er preßte die Lippen aufeinander und sah mich an, als wäre mein Schweigen noch jenes, in das er mich vor drei Jahren hineinmanövriert

[1] Für Johann Ziehlke gab es nach Abschluss des kirchlichen Proseminars nur die Möglichkeit, Theologie an einer kirchlichen Hochschule zu studieren, da er für die Zulassung an einer Universität das staatliche Abitur benötigt hätte.

hatte. Was erwartete er denn von mir? So tat ich das, worauf ich vorbereitet war.

Ich zog die Schreibtischschublade auf und entnahm meinen Schatz seinem Versteck. Ich war kaum mehr in der Lage, Geronimo zuzuhören. Meine Fingerspitzen schoben die Seiten akkurat übereinander. Mein Blick streifte ihn nur, als ich sagte, dieses Zeug sei es, womit ich mich über Wasser hielte. Ich überreichte meinem wichtigsten Leser mein Werk – und verzog mich in die Küche.

Als ich mit zwei Gläsern ins Zimmer zurückkehrte, saß Geronimo unverändert da. Endlich hob er den Kopf. Er hätte nichts sagen müssen, schon gar keine Adjektive anhäufen, er hätte mich nur so anschauen müssen und ungläubig den Kopf schütteln. Es war kein Erfolg – es war ein Triumph!

Nicht Vera und ihre Entourage, Geronimo war es, der mich zum Dichter machte. Ihm glaubte ich. Er sagte Sätze, die heute zu wiederholen lächerlich wäre, die aber damals meine Weihe – und seine Unterwerfung bedeuteten. Er konnte wohl nur derartig loben, weil er selbst den Boden unter den Füßen verloren hatte.

An diesem Abend sprach Geronimo ausschließlich über meine Gedichte, als müßte er mich davon überzeugen, wie außerordentlich sie seien. Und ich mühte mich, sein Pathos, so gut es ging, zu erwidern. Nun konnte ich ihm sagen, wie übermächtig ich ihn einst erlebt und wie sehr ich ihn zum Freund begehrt hatte.

Es gibt eine Art Offenheit, die jeden Rest von Distanz als Makel empfindet. Meine Mutter fragte mich nach dem sonntäglichen Frühstück, ob Johann geweint habe.

Wir sprachen unaufhörlich miteinander, und unaufhörlich fürchtete ich, ein falsches Wort, ein zu schnelles Nicken könnte unsere Euphorie in Spuk verwandeln. Als der Schaffner die Zugtür hinter ihm zuwarf, war ich wie erlöst, als sei erst jetzt sein Lob unwiderruflich.

Obwohl jenes Wochenende geradezu als Gründungsdatum unserer Freundschaft angesehen werden könnte, schien es mir immer eine Frage des Takts, Geronimo niemals an diesen Abend zu erinnern.

Zu Hause nahm ich mir die Schreibmaschine und begann meinen ersten Brief an ihn. »Lieber Johann!« tippte ich, ließ eine Leerzeile folgen und legte die Finger, wie ich es im Schreibmaschinenkurs gelernt hatte, auf die Tasten. »Geliebter Johann!« sagte ich leise. »Mein geliebter Johann!«[1]

Im Vertrauen darauf, daß Sie mir weiterhin zuhören werden, grüße ich Sie herzlich,

Ihr Enrico T.

Dienstag, 10. 4. 90

Lieber Jo!

Das Wochenende war ein Alptraum! Jetzt, da die Panik vorbei ist, komme ich mir selbst etwas lächerlich vor. Aber zuerst die gute Nachricht: Wir haben für die Redaktion ein neues, wenn auch desolates, um nicht zu sagen baufälliges Domizil! Ein Wunder! Nachdem selbst Freds Alteingesessenen-Beziehungen wirkungslos geblieben waren und außer dem Galluswirt – der seine Gäste bei Laune halten muß – es niemand wagte, uns Hoffnungen zu machen, half abermals der Baron. Allmählich gewöhne ich mich daran.

[1] Diese Offenheit gegenüber N. H. überrascht.

Wann wir endlich verstehen würden, wozu eine Zeitung da sei, Anzeigen und Lokalnachrichten! Er stelle uns selbstredend sämtliche Zuschriften zur Verfügung, die auf seine Immobilienanzeigen eingegangen seien. Leider komme für uns nur eine in Betracht. Das klang wie Engelsmusik. Nicht viel hat gefehlt, und der Baron hätte sich bei uns entschuldigt, weil er sich selbst in eine herrschaftliche Villa eingemietet hat, ohne sie vorher uns anzubieten.

Von seinem Angebot bis zu unserem Eintreffen vor der Nummer 47 in der Moskauer Straße[1], zwischen Weibermarkt und Jüdengasse, war kaum eine halbe Stunde vergangen. Wir erwarteten den Eigentümer wie Kinder die Bescherung – und wurden böse überrascht. Wer erschien? Piatkowski! Er und eine hochaufragende Gestalt.

Piatkowski keuchte, als hätte er die hochaufragende Gestalt eigenhändig herbeigeschleppt. Nicht einmal als Piatkowski und der Baron sich die Hände schüttelten, wollten wir glauben, daß er es gewesen sein sollte, auf den wir gewartet hatten.

Der Baron, geschmeidig vor lauter Unternehmungslust, wiegte sich in den Hüften und forderte Piatkowski auf, voranzugehen. Zunächst müsse das Haus seinen Kunden gefallen, danach sähe man weiter. Die hochaufragende Gestalt rief, er sei sich mit Herrn Piatkowski bereits einig. Wir sollten das bitte zur Kenntnis nehmen!

Die hochaufragende Gestalt besaß eine geschulte, weithin tragende Stimme. Hinter dem Schaufenster des privaten Haushaltswarengeschäftes, das sich im Erdgeschoß befindet, erschienen nacheinander die Köpfe von Vater, Mutter und Tochter. Sie betrachteten die Szenerie, ohne meinen Gruß zu erwidern. Wer an uns vorüberging, verlangsamte die Schritte.

1 Das Haus wurde wegen Baufälligkeit vor drei Jahren abgerissen.

Der Baron kümmerte sich um niemanden, weder um Freds Gerede von Einheimischen und Dringlichkeit noch um das Getöne des anderen. Er lächelte Piatkowski an.

Die hochaufragende Gestalt, da sie uns nicht hatte abschütteln können, redete nun ungemein freundlich und verbindlich auf Piatkowski ein, hielt sich an dessen Seite und schlüpfte als erste in das Dunkel, das sich hinter dem geöffneten Flügel des Holztores auftat. Seine Stimme hallte, als er die uralte Pflasterung pries. »Phantastisch!« rief er. »Phantastisch!« Seine Schritte entfernten sich und kehrten schnell zurück. »Was ist?« fragte er Piatkowski. »Warum kommen Sie nicht?«

Der Baron war vor Piatkowski stehengeblieben, hatte ihn angesehen und dann uns gemahnt: »Halten Sie die Augen auf, bei Mängeln werden wir Mietminderung beanspruchen.«

Das Haus besteht ausschließlich aus Mängeln, die hochaufragende Gestalt jedoch fand alles faszinierend, hinreißend und »eine spannende Geschichte«: die Hufschmiede im Hinterhof, in der unter zerbrochenen Dachziegeln, Staub und Katzenkot ein Amboß samt Holzfuß stehen geblieben ist, das Fachwerk – unbedingt erhaltenswert – und immer wieder das Pflaster, das bei jeder Erwähnung um ein Jahrhundert alterte.

Piatkowski lehnte am Treppenaufgang und lutschte Drops. Das Haus hatte seinen Schwiegereltern gehört, einmal habe es einen Gemüseladen hier gegeben mit den besten Beziehungen zur Altenburger Bauernschaft und bis weit hinein ins Sächsische. Sie selbst, Piatkowski und seine Frau, hätten nichts davon gehabt. Ständig habe es Streit mit den Leuten wegen der Miete gegeben. Jetzt gehöre die Bruchbude vier Geschwistern, da bleibe sowieso nichts hängen. Unten die Haushaltswaren, ganz oben, unterm Dach, ein Ehepaar, Flüchtlinge damals, aus Schlesien, die Stadt sei voll von denen. »Ah«, sagte die hochaufragende Gestalt, »Schlesien«, und knöpfte den Mantel zu.

Das Treppenhaus ist zugig und dunkel wie ein Kamin, das Licht funktioniert nicht. In der ersten Etage, von einem kleinen Vorraum aus, führen zwei Türen zu den zur Straße gelegenen Zimmern. Das rechte und kleinere ist doppelt so groß wie unsere Redaktionsstube. Die linke Tür öffnet sich auf einen beinah saalartigen Raum mit hohen Fenstern, an den sich ein weiterer, fast ebenso großer Raum anschließt.

»Bei solchen Fenstern können Sie ja gleich auf die Straße ziehen!« Der Baron steckte eine Fingerkuppe in den Mund und hielt sie vor die Scheiben, als wollte er die Windrichtung bestimmen. »Das ist ja eine schöne Bescherung, die Sie uns hier anbieten«, rügte er Piatkowski, der tief durchatmete und zweimal nickte. »Ich nehm es! Wie es ist! Mit dem Laden unten! Abgemacht, Herr Piatkowski?! Abgemacht!?« Die hochaufragende Gestalt gestikulierte wild.

»Schauen Sie erst mal, was noch kommt«, antwortete Piatkowski und warnte Fred, der eine verzogene Tür mit Gewalt aufgedrückt hatte. »Dort wird's gefährlich, da lassen Sie mich mal!«

Wir betraten einen langen fensterlosen Gang. Nach links öffnet sich eine Tapetentür in den Vorraum, so daß man im Kreis laufen kann. Auf der rechten Seite liegen Kammern – Stauraum, wie Fred befand.

Plötzlich wurde es wieder hell. Der Gang endet an einem Zimmer, dessen Fenster auf den Hof hinausgehen, dahinter die Rückseiten der Markthäuser.

Piatkowski blieb im Türrahmen stehen. Das kleine Gemach, das ich am liebsten gleich bezogen hätte, ist baupolizeilich gesperrt, Fußboden und Außenwand sind einsturzgefährdet. Jeder durfte hineinsehen, bevor wir den dunklen Rückweg antraten.

»Lieber Herr Piatkowski, dafür wollen Sie tatsächlich Miete? Wenn das meine Lebensversicherung erfährt!« Der Baron rief seinen herumschnüffelnden Wolf zurück. Selbst die hochaufragende Gestalt blieb diesmal still.

»Das ist Bauschutt!« rief der Baron. »Ganz einfach Bauschutt!«

Mit der bisherigen Miete sei kaum der Schornsteinfeger zu bezahlen gewesen. Jeden Pfennig hätten sie ins Dach gesteckt, entschuldigte sich Piatkowski.

»Und jetzt wollen Sie mehr Miete? Wem soll ich denn das verklickern?«

Die hochaufragende Person rief: »Ich nehme es!«

»Es tut mir wirklich leid«, wiederholte Piatkowski.

»So hören Sie doch! Ich nehme es!«

»Gehen wir mal höher«, riet Piatkowski. Wir warteten, um die bewährte Reihenfolge einzuhalten, doch die hochaufragende Gestalt scherte aus. Er sei nicht mehr gewillt, dieses Theater mitzuspielen. Er miete für ein Jahr, und damit gut. Über den Preis würden sie sich wohl einig werden.

»Ich hingegen«, sagte der Baron, »möchte nicht die Katze im Sack kaufen!« Er bestand darauf, nach oben geführt zu werden.

»Natürlich, natürlich«, beschwichtigte Piatkowski, und so kam es, daß die hochaufragende Gestalt als letzte und etwas verspätet die beiden Räume betrat, die man ebenfalls durch einen Vorraum erreichte.

»Was wollen Sie denn dafür haben?« fragte der Baron, zupfte an den Haaren seines Oberlippenbärtchens und kaute darauf herum. »Für den Sommer mag es ja gehen.«

»Nun hören Sie mal ...«, mischte sich die hochaufragende Gestalt ein. Sie wußte offenbar nicht mehr, an wen sie sich wenden sollte.

»Was würden Sie denn geben?« fragte Piatkowski.

»Nicht viel, oder?« Der Baron sah zu mir und zu Jörg. »Dreihundert bestenfalls, zweihundertfünfzig Ost?« Jörg nickte, ich nickte, Fred und Ilona fanden das viel zuviel, Kurt ging von

Fenster zu Fenster, bohrte seinen Daumennagel in den Kitt und blies die abblätternde Farbe weg.

»Tausend«, rief die hochaufragende Gestalt erleichtert, »tausend West! Abgemacht!?«

Das könne er nicht machen, empörte sich der Baron, er verderbe ja hier die Preise, für so ein Loch tausend zu bieten, vollkommen daneben, das sei unmoralisch, das gehe nicht an, wirklich nicht. Wenn das Schule mache ... Die hochaufragende Gestalt zeigte sich kurz irritiert, besiegte jedoch ihre Bedenken und sagte: »Das ist Markwirtschaft!«

»Ja«, sagte Piatkowski, zweihundertfünfzig wäre ganz ordentlich, mehr wolle er gar nicht verlangen, er sei ja kein Raffzahn und hier müsse gehörig investiert werden, zweihundertfünfzig Ost, das gehe in Ordnung, nur immer im voraus, immer am Ersten.

Der Baron hielt ihm die Hand hin. »Ab Mai!« sagte er. »Mai?« fragte Piatkowski, schlug aber ein.

Die hochaufragende Gestalt lachte schrill. »Herr Piatkowski! Herr Piatkowski? Tausend West, abgemacht?«

»Ja«, sagte Piatkowski. Er verstehe ihn ja, und nannte die hochaufragende Gestalt bei ihrem langen wohlklingenden Namen, aber er müsse schon einsehen, die Einheimischen, und überhaupt, wie wir es hier eben so gewohnt seien.

»Ja«, sagte Fred, »wir Einheimischen!« Kurt nickte. Seine Daumennägel putzten sich gegenseitig.

Nach einem Schniefer trat die hochaufragende Gestalt vor den Baron, hielt ihm die Hand wie ein Messer vor den Bauch und brüllte: »Gratuliere, gratuliere wirklich, Gratulation!« Da der Baron seine Collegemappe mit beiden Händen an sich drückte, behalf sich die hochaufragende Gestalt mit energischen Kopfbewegungen, machte kehrt und verschwand wie ein Schatten im Dunkel des Hausflurs. Piatkowski händigte uns die Schlüssel aus, dann verabschiedeten wir uns.

Fred plante sofort die Renovierung. Wenn man ihm und Kurt freie Hand lasse, sei das in zwei Wochen komplett erledigt, komplett. Jörg bat mich, an dem Artikel über Piatkowski, der immer noch stellvertretender CDU-Vorsitzender ist, festzuhalten, auch wenn Piatkowski jetzt unser Vermieter sei. Er habe es Marion versprochen.

Der Baron ist stolz auf seine Leistung. Sobald er sein neues Briefpapier habe, werde er uns die Rechnung stellen, eine Monatsmiete Vermittlungsgebühr, normal seien drei, seine erste Einnahme im Osten!

Das alte Ehepaar aus dem Dachgeschoß hat noch nicht zu erkennen gegeben, ob sie sich über ihre neuen Mitmieter freut. Den Haushaltswarenleuten scheinen wir gleichgültig zu sein.

Mobiliar ist kein Problem – die »Lebenshilfe« verscheuert billig das Inventar der Stasivilla! Parkplätze gibt es mehr als genug. Wir müssen nur den oberen Teil der Jüdengasse roden.[1]

Nun also das Wochenende. Ich wollte nach Fred und Kurt sehen, die seit Freitag renovierten, und fuhr am Sonnabend mit etlichen Keksschachteln und einer Tüte Kaffee ins neue Haus. Ilona hatte Mann und Kinder mobilisiert. Sie rissen die Tapeten von den Wänden, als gäbe es nichts, was sie lieber machten. Kurt vergipste mit stoischem Gleichmut die Löcher in den Wänden. Pringel war glücklich, daß ich ihn im Schlosseranzug sah. Fred strich bereits das Vertriebszimmer. Meine Kekse nahmen sich neben dem Schaschlik und Ilonas Sahnetorte so ärmlich aus, daß ich nur den Kaffee daließ.

Jörg, Marion und ich hatten am Freitag bis Mitternacht gearbeitet, die zwölf Seiten für Montag waren so gut wie fertig. Ich weiß selbst nicht, warum ich in die Redaktion fuhr, der Eifer der

[1] Gemeint war eine verwilderte Brache, die 1988/89 durch den Abriss von Häusern entstanden war.

anderen hatte mich angesteckt. Wie früher machte ich mich über die Post her, schlitzte ein Kuvert nach dem anderen mit Ilonas ägyptischem Brieföffner auf und drückte den Eingangsstempel auf Leserbriefe, Anfragen, Manuskripte, sortierte die Abo-Zettel aus und die Kleinanzeigen. Das letzte Kuvert hatte wie zur Belohnung ein erhabenes Wappen auf der Rückseite.

Ich ahnte noch nicht einmal etwas, als ich die vielen Namen im Briefkopf sah. Ich las das Betreff, die Anrede, erreichte den Namen unserer Zeitung und die mir bekannte Überschrift »Schweinerei ...«, schneller und schneller las ich, überflog die Sätze, bis ich bei der Zahl 20000 und der Bezeichnung DM und dem in Klammern gesetzten Wort »zwanzigtausend« stockte. Es folgte schon bald eine »vierzigtausend« in Zahlen und Worten und nach einer Leerzeile freundliche Grüße und eine Unterschrift mit zwei großen Schleifen, die den Namenszug wie ein Geschenk verschnürten.

Ich begann von vorn zu lesen und setzte kurz darauf ein drittes Mal an. Eine Rechtsanwaltskanzlei verklagte uns im Auftrag ihrer Mandanten wegen Verleumdung und drohte, sollten erneut derartige Behauptungen von uns an die Öffentlichkeit gelangen (also der angekündigte zweite Teil über die Schweinemast), wäre eine Strafe von vierzigtausend D-Mark fällig.

An der Tür mußte ich umkehren, weil ich noch immer Ilonas Brieföffner in der Hand hielt. Ich fuhr zu Jörg. Niemand öffnete. Eine halbe Stunde später, ich versuchte es erneut, sagte eine Nachbarin, die beiden seien mit den Mädchen bis morgen nach Gotha gefahren, zu Oma und Opa. Im »Wenzel« wußten sie nicht, wann Barrista wiederkomme, sein Zimmer habe er gestern jedoch um eine Woche verlängert.

Warum nur für eine Woche? Und warum hatte Georg nach diesem Artikel alles hingeschmissen? Mir schien, jeder hatte mit solch einer Wendung gerechnet, nur ich nicht. Ich beneidete Jörg und Marion um ihre Ahnungslosigkeit, um den Abend mit Eltern und Kindern. In der irren Hoffnung, den Wagen des Barons vor der Tür stehen zu sehen, fuhr ich zum neuen Haus – und daran vorbei. Ich sah Ilona durchs Fenster. Mir war nach Heulen zumute.

Wenn sie wenigstens *Mark* geschrieben hätten und nicht *D-Mark*!

Zum Glück öffnete Anna, die Verfasserin des Artikels.

»Unsere Existenz«, sagte ich, »liegt in Ihren Händen.«

Während sie das Schreiben der Rechtsanwälte las, atmete ich zum ersten Mal wieder tief durch. Als sie sagte, sie schwöre, ohne Übertreibung alles so wiedergegeben zu haben, wie man es ihr erzählt habe, und diese Leute seien zuverlässig, ganz zuverlässig, geriet ich beinah in ausgelassene Stimmung. Sie erfüllte mir einen Herzenswunsch, indem sie nachdrücklich »ganz, ganz zuverlässig« wiederholte. Mit Tränen in den Augen versprach sie, sich nochmals zu vergewissern, ich solle mir keine Gedanken machen.

Schon im Auto kehrte die Angst zurück.

Als ich am Sonntag um vier erwachte, kam mir zu Bewußtsein, daß ich das verfluchte Schreiben noch immer in meiner Tasche trug, daß dieses Teufelszeug sozusagen gemeinsam mit mir hier übernachtet hatte.

Ich brauchte all meine Kraft, um nicht sofort, nicht um sechs oder um sieben oder um acht in den »Wenzel« zu fahren. Zehn Uhr hatte ich mir zum Ziel gesetzt, halb zehn …[1]

Kurz nach neun habe der Herr von Barricta das Haus verlassen … Ob sie sonst noch etwas für mich tun könne.

[1] Der vorangegangene Brief wurde am Sonntagmorgen geschrieben. Die Diskrepanz zwischen der dort erwähnten »seltsamen Freude« und dem hier geschilderten »Alptraum« wird nicht erklärt.

Ich schüttelte den Kopf, ich kämpfte bereits mit den Tränen. Ich suchte den Baron in der Schlange, die vor dem Bahnhof auf die »Bild«-Zeitung wartete. Ich lief die angrenzenden Straßen ab. Ich kehrte in den »Wenzel« zurück. Ich schrieb dem Baron ein paar Zeilen, ich bat ihn inständig, sich in der Redaktion zu melden. Die Postmappe lag noch auf dem Tisch. Ich schob das Schreiben zusammengefaltet hinein. Als Georg auftauchte, um mich in Frankas Auftrag zu fragen, ob ich über Mittag bliebe, lehnte ich ab. Er hat nichts mehr damit zu tun, sagte ich mir in einem Anflug von Ritterlichkeit, verschone ihn.

Einer plötzlichen Eingebung folgend, fuhr ich zu dem Haus, in dem, der Baron hatte es mir gezeigt, Manuela wohnt, die blonde Kellnerin. Sie arbeitet jetzt in der »Schiedsrichterklause«. Aber niemand öffnete.

Gegen sieben kam ich nach Hause. Schon von draußen hörte ich die Musik. Als ich eintrat, sah ich den Wolf unter der Spiegelkonsole. Er hob nicht mal den Kopf. Der Baron hatte Robert einen CD-Spieler samt Lautsprechern geschenkt, an deren Abstimmung sie arbeiteten. Mit ihren Baseballmützen sahen sie aus wie Monteure. Michaela hatte Vorstellung.

»Und wo waren Sie?« fragte der Baron. Er habe mich bei der Eröffnung der Ausstellung vermißt, im Lindenau-Museum. So viel Lokalprominenz! Beziehungspflege nenne man das.

»Und? Haben die recht?« fragte er, nachdem ich ihm mein Herz ausgeschüttet hatte, und beruhigte mich gleich. Wer so etwas mit der Post schicke, sei sowieso nicht ernst zu nehmen. Ob wir nicht trotzdem reagieren müßten, fragte ich.

»Ja«, sagte er, »indem Sie den Wisch zerreißen und vergessen. Wer sagt denn, daß Sie ihn überhaupt bekommen haben?« Ob es nicht eine andere Lösung gebe.

»Wenn Sie möchten«, sagte er, »kümmere ich mich darum.« Genau das hatte ich hören wollen.

»Aber das kostet immer Geld, so ein Briefkopf kostet leider verdammt viel richtiges Geld.«

Ich fragte ihn nach dem zweiten Teil, ob wir den drucken sollten oder nicht. »Natürlich«, sagte er, »wenn er gut ist, sonst nicht.«

Nun haben wir eine kleine Skandalnummer, denn Jörgs Artikel über den Lehrer Offermann steht auf Seite 3. Wenn wir untergehen, dann mit fliegenden Fahnen!

Sei umarmt, E.

Gründonnerstag, 12. 4. 90

Verotschka,[1]
ich beruhige Mamus alle paar Tage. Selbst bei hundert Toten liegt die Chance, daß Dir nichts passiert, bei 99,99 Prozent. Mamus kommt über Ostern.

Wenn der Telephonanschluß im neuen Haus installiert ist, brauchen wir keine Rücksicht mehr zu nehmen.[2] Merkwürdigerweise fällt es mir schwer, den Apparat zurückzulassen! Ich habe so viele Stunden mit ihm zugebracht, so viel gehofft! Die Wählscheibe, diese Spiralschnur, sogar der Hörer gehören schon zu Deiner Stimme, Deinem Atem, zu allem, was Du und ich gesagt haben.

Verotschka, nicht mehr lang, und ich werde Dir die Welt zu Füßen legen! Wenigstens ein kleines Stückchen davon. Dein Freund, der Baron, hat ein paar Andeutungen gemacht, und ich

1 Dieser Brief wurde als Fax an V. T. gesendet.
2 Rücksicht gegenüber Georg.

bin darauf eingegangen, gut möglich, daß wir, Du und ich, bald auf Reisen gehen. Ich will es noch nicht verraten, es klingt aberwitzig und verrückt, aber ich habe gelernt, gerade deshalb daran zu glauben. Du siehst ja, wie alles sich fügt!

Ich bin Dir so dankbar, daß Du an Robert gedacht hast. Er trägt die Jacke draußen und drinnen, nachts hängt sie an seinem Bettgestell.

Michaela schrieb seinen »phantasielosen« Geldwunsch meinem Einfluß zu. Was soll sich Robert denn wünschen? Er weiß ja, daß er sich in ein paar Monaten ganz andere Wünsche erfüllen kann.

Vor ein paar Tagen hat Michaela mir gestanden, daß sie einen Brief von Roberts Vater mit sich herumträgt. Sie hatte die Schrift auf dem Kuvert erkannt.

Ich bin ihm nur einmal begegnet, das heißt, ich habe ihn im Theater gesehen, als er sich *seine* Weihnachtspyramide und *seinen* alten Kerzenleuchter abholte. Ich begriff damals nicht, wie Michaela auf so einen hatte hereinfallen können. Diese Inkarnation des Möchtegernkünstlers (grauer Pferdeschwanz, Protzring, Stoppelbart). Ständig sprach er von Pablo oder Rainer oder Hanna[1], und wenn jemand nachfragte, fühlte er sich im Namen seiner Götter beleidigt. Robert saß bis zehn, elf abends in der Kantine des Theaters[2] und wartete, bis Michaela abgeschminkt war. Der Vater hatte nie Zeit für ihn, weil er gerade wieder seinen Inspirationen nachspürte oder Abiturientinnen ausführte. Trotzdem hat Robert sehr an ihm gehangen.

Jetzt wollte Robert den Brief gar nicht lesen. Dann hat er seinen Vater beschimpft und geweint. Irgendwann aber wird er zu

1 Picasso, Fassbinder, Schygulla.

2 Gemeint ist das Theater von Rudolstadt.

ihm fahren. Und ich muß es geschehen lassen oder ihn gar dazu ermuntern.

Gestern hat mich Michaela in den »Wenzel« begleitet. Wir sind erst vorhin zurückgekommen.

Auf der Hinfahrt behauptete sie noch, die halbe Stadt mache sich schon über Barrista lustig, ich solle Robert vor ihm schützen. Euphemistisch ausgedrückt sei mein Adliger ein übereifriger und lächerlicher Kauz, der vor lauter Ambitionen in seinen albernen Stiefeln kaum laufen könne.

Von Nicoletta (klein, brünett, mit kornblumenblauen Augen und einer unvorteilhaften, aber teuren Brille, sie weiß alles, kann alles, macht alles, aber im Grunde ist sie hilfloser als ein Kind, immer voller Angst, etwas zu verpassen, und dankbar, wenn sie überhaupt einen »Job« bekommt; sie erhofft sich dank des Lindenau-Museums eine kunsthistorische Karriere[1]) – von Nicoletta weiß ich, daß er irgendwie Dreck am Stecken haben muß, jedenfalls darf er nicht mehr selbst Geschäfte machen und bedient sich deshalb eines ganzen Netzes von Strohmännern. Wußtest du davon? Aber dieser Makel erhöht nur seine Attraktivität, zumindest für so poetische Seelen, wie ich sie kenne, allen voran Johann. Er giert regelrecht danach, von rätselhaften und undurchsichtigen Gestalten zu hören, die überall ihre Finger im Spiel haben und dabei erfolgreich sind, geschäftlich und bei den Frauen. […] Und wenn ich Barrista mal kurz hinken lasse, dann findet Johann ihn gleich diabolisch und spricht von dessen »dunklem Glanz«.

Selbst Michaela konnte nicht verbergen, daß ihr Ausfall gegen Barrista nur die Kehrseite ihrer Neugier war, ja daß sie darauf brannte, ihm vorgestellt zu werden. Ich hatte dann mein Vergnügen daran zu sehen, wie schnell Barrista sie für sich gewann.

1 So wenig diese Charakterisierung auf N. H. zutraf, so viel sagt sie über T.

Noch vor dem Handkuß (er sollte wenig später von ihren Händen schwärmen), noch bevor ihr der Ehrenplatz am Tisch zuteil geworden war, quasi mit dem Eintritt ins Restaurant, hatten die beiden ihr Spiel begonnen. Auch er weiß vor Publikum zu agieren, ohne es eines Blickes zu würdigen.

Der Baron überreichte uns etwas, das er Menükarte nannte und auf die er mit erhabener Goldschrift hatte drucken lassen: »Zu Ehren der Wiedergeburt des ›Altenburger Wochenblattes‹ und zu Ehren von Michaela Fürst und Marion Schröder«. Im Inneren waren sechs Gänge aufgezählt, links französisch, rechts in deutscher Übersetzung – so was macht Eindruck.

Ob das nicht übertrieben sei, fragte Michaela schroff, um sofort kundzutun, wie gern sie die Einladung annehme. Zuvor jedoch wolle sie nicht versäumen, ihm für die herrlichen Blumen zu danken, die in ihrer Art ebenso verführerisch seien wie die Namen dieser geheimnisvollen Gerichte.

Marion war aufgefahren, auch sie habe sich noch gar nicht für das größte Alpenveilchen Altenburgs bedankt.

»In Sachen Blumen«, resümierte Michaela, »kann dem Herrn von Barrista wohl niemand das Wasser reichen.« Es berührte mich seltsam, aus ihrem Mund seinen Namen zu hören. Von da an war eigentlich alles klar.

Während der Hauptgänge unterhielt er uns mit Reiseberichten. Im Herbst fliege er immer in die USA, an die Ostküste zum Lobsteressen. Er beschrieb uns die Lokale, die kleinen Häfen, die Landschaften und Lichtstimmungen, die Kürbisse auf den Feldern, das rote Laub ... Seine Erzählung war ebenso bildhaft wie heiter und floß, von keiner Frage unterbrochen, unaufhörlich dahin wie eine Tafelmusik, in die gehüllt ich mich meinen Träumen von Dir hingab.

Als wir aufstanden und der Baron mir die Hand auf die Schulter legte – das Restaurant war längst geschlossen, man deckte bereits fürs Frühstück –, fragte er, ob es uns recht sei, diesen außerordentlichen Abend mit einem Cocktail ausklingen zu lassen. Die Bar sei nicht viel wert, aber in den vergangenen Wochen habe er Aufbauarbeit geleistet. Er würde sich glücklich schätzen, den Shaker für uns zu schwingen. »Warum nicht?« sagte Michaela wie aus der Pistole geschossen.

»Well, das ist ein Wort!« triumphierte der Baron. Untergehakt geriet ich an einen Tisch in der Bar, der gerade abgeräumt wurde.

In den folgenden Minuten widmete sich mir der Baron geradezu inbrünstig. Mehr als an das Gesagte erinnere ich mich an den melodiösen Klang seiner Sätze, der angenehm war, fast zärtlich. Ja, er umwarb mich förmlich. Und ich begriff: Er ist gar nicht so alt, wie er aussieht, er ist viel jünger!

Als ich erwachte, prusteten und kicherten Michaela und der Baron. Bis auf ein paar Kellnerinnen und einen spindeldürren Mann am Nebentisch, der sich über leere Gläser beugte, waren wir allein.

»Wir sprachen gerade vom Theater«, sagte er, als wäre ich nur kurz auf der Toilette gewesen. Eine Hand auf meinem Knie, lehnte er sich zu mir herüber. Ich roch sein eigenwilliges Parfüm. Es war fünf Uhr, für mich schon relativ spät.[1]

Er nötigte uns in seinen Wagen. Michaela plapperte und kicherte vor sich hin. Während der Fahrt versuchte ich von hinten ihren Kopf zu halten, der in den Kurven von der Kopfstütze rutschte.

Beim Aussteigen sank sie mir in die Arme. Ich kam mir vor wie ein Lakai.

Kaum in der Wohnung, brachte die Übelkeit sie wieder zu Bewußtsein. Ich mußte ihr die Stirn über der Kloschüssel stützen, so schwach war sie.

1 T. erwachte nach eigenem Bekunden meist schon gegen vier Uhr.

»Bist du eifersüchtig?« fragte sie und meinte, mir dabei ganz besonders bedeutungsvoll in die Augen blicken zu müssen. Ich bat sie, sich nicht auf ihr Kleid zu knien, und versuchte, ihr den Mantel auszuziehen. Sie griff in die Manteltasche und hielt ein Kuvert hoch. »So viel ist mein Name wert«, rief sie, »tausend De-eM!« Das bekomme sie jetzt monatlich, als Geschäftsführerin von Fürst & Fürst Immobilien.

Als wir später nachzählten und ich sie fragte, ob sie wisse, worauf sie sich da einlasse, sagte Michaela: Sie vertraue *mir*, *ich* hätte sie schließlich mitgenommen, er sei *mein* Freund, nur *deshalb* habe sie eingewilligt, um wenig später hinzuzufügen: »Er ist so häßlich! Ist er nicht unglaublich häßlich?«

Findest Du ihn auch häßlich?

Ich küsse Dich

Dein Heinrich

[Nachfolgende handschriftliche Zeilen stehen auf einem neuen Blatt und sind undatiert. Da der vorangegangene Brief frühmorgens, unmittelbar nach der Rückkehr aus dem »Wenzel«, geschrieben wurde, ist auch hier der 12.4. als Datum anzunehmen. Sie kamen als ein Fax – Auskunft V. T.]

Michaela hatte heute vormittag eine Fehlgeburt. Sie ist gleich ins Krankenhaus, ich erfuhr es erst ein paar Stunden später. Vielleicht wäre es besser gewesen, ich hätte nie davon gehört, aber das ist natürlich Unsinn. Ich fühle mich schuldig, weil ich sie in den »Wenzel« geschleppt habe. Ich verstehe nicht, daß Michaela nichts gespürt hat – sie hätte es doch wissen müssen! Es kann nur in Offenburg gewesen sein, nur dort!

Michaela möchte nicht einmal getröstet werden und ist sehr gefaßt. Zartfühlenderweise hatte man sie in ein Zimmer mit drei Frauen gesteckt, die eine Schwangerschaftsunterbrechung hatten, es habe keine anderen freien Betten mehr gegeben.

In gewisser Weise sind wir beide dankbar, daß uns die Entscheidung abgenommen wurde. Deshalb reden wir nicht darüber. Am traurigsten scheint Robert zu sein.

Verotschka, Schwesterchen!

H.

Karfreitag, 13. 4. 90

Lieber Jo!
Freitag, der Dreizehnte. Ich sitze hier im Bademantel, trinke Kaffee und genieße die Stille. Ich weiß gar nicht, was ich Dir zuletzt geschrieben habe.[1]

Am Mittwoch hatte uns der Baron mal wieder eingeladen. Zu feiern gab es ja einiges, das Haus, meinen neuen Posten, Barristas Immobilienfirma.

Kaum waren wir eingetreten, hatte er Michaela erspäht und ließ sie nicht mehr aus den Augen. Ich glaube sogar, er war überrascht, mich plötzlich hinter ihr zu sehen.

Marion, die extra beim Friseur gewesen war, wirkte mit ihren kurzen Haaren strenger. Sie war stark geschminkt und trug ein mattrotes Kleid, das unter den Armen spannte. Auch Jörg wirkte in seinem grauen, etwas zu großen Anzug fremd.

Barrista, in bester Stimmung, räumte für Michaela die Stirnseite, bat Jörg, einen Stuhl weiter zu rücken, und setzte sich auf dessen Platz. Mich dirigierte er neben Marion, die Michaela bereits Komplimente machte. Der untere Teil des Tisches blieb leer.

[1] T.s letzter Brief an Johann lag drei Tage zurück.

Es waren immer zwei oder drei Kellner gleichzeitig mit uns beschäftigt, junge Kerle, die mit den Tabletts auf der Schulter durch den Saal marschierten und die, wenn sie in atemberaubendem Tempo die Teller auftrugen, im gleichen Schwung und wie auf Kommando die halbrunden Silberabdeckungen entfernten. Einer von ihnen nannte darauf feierlich den Namen des Gerichts.

Zweimal, ohne Rücksicht auf die anderen Gäste, wurde das Licht gelöscht. Mal tanzten Flammen auf den Schultern unserer Kellner, mal versprühten Wunderkerzen Funken, mal krachte ein Tischfeuerwerk. Es hätte nicht spektakulärer sein können. Michaela applaudierte jedesmal wie ein Kind.

Kaum hatten wir einen Schluck getrunken, schenkte uns der Baron nach. Er war mit sich und der Welt zufrieden und führte das Gespräch am sicheren Zügel.

Er entdeckte uns ein paar seiner Gewohnheiten. Er schlafe bis neun, unternehme dem Wolf zuliebe lange Spaziergänge und verbringe mehrere Stunden im Archiv, um sich danach mit einer Stunde im Museum zu belohnen. Zwar habe der Erbprinz, sooft sie über seine Visite gesprochen hatten, auf einen Museumsbesuch gedrungen, ihm, dem Baron, jedoch keine wirkliche Vorstellung vermitteln können, was ihm da bisher entgangen sei – nicht weniger als der Schlüssel zum Glück! Uns müsse man eigentlich an den Ohren ziehen. Warum wir ihn nicht gleich am ersten Tag an der Hand genommen und ins Museum geführt hätten, damit wäre ihm manch trübe Stunde erspart geblieben, die er ratlos über das Schicksal der Stadt gegrübelt habe. »Sie haben hier«, sagte er, »einen kleinen Louvre, wissen Sie das denn nicht?« Und schon sprach er wieder über die Madonna, die sich bei ihm langsam zur fixen Idee auswächst.

Wie um uns weitere Vorwürfe zu ersparen, begann Jörg, von Nietzsches Vater zu erzählen, der hier auf dem Schloß Lehrer gewesen war. Jörg kam aber nicht weit, weil ihn der Baron unterbrach. Er wolle auch einmal einen Beitrag für unsere Heimatseiten schreiben. Seiner allbekannten Collegemappe entnahm er ein paar Photos, die er zuerst Michaela und Marion reichte. Er hätte gar nichts weiter sagen müssen. Marion wollte sich abwenden, Michaela sah mich an, als vergleiche sie das Photo mit mir. Der Baron erklärte im Plauderton, es handle sich um Photos vom Februar 41. Auf dem Altenburger Markt – im Hintergrund erkennt man die Sparkasse und »Winkler Wurstfabrik mit Dampfbetrieb« – werden einer Frau vor versammelter Meute die Haare abgeschnitten. Ein Photo zeigt sie auf einem Pferdewagen sitzend, umringt von der Menge, vielleicht zweihundert oder dreihundert Schaulustige, vielleicht auch mehr. Auf dem zweiten Photo hat sie noch ein Kopftuch um, das Schild: »Ich bin aus der Volksgemeinschaft ausgestoßen!« berührt ihr Kinn. Auf dem dritten Bild sieht man einen älteren Herrn mit Hut und Brille, wie er ihr das Haar abschneidet. Fachgerecht hat er ihr einen weißen Umhang um den Hals gebunden. Auch auf dem vierten Bild »arbeitet« er. Auf dem fünften ist sie kahlgeschoren. Auf dem sechsten Bild tritt sie ihren Gang durch die Stadt an. Man warf ihr intime Kontakte zu einem Polen vor, ihr Mann war Soldat.

Er wolle einmal herausfinden, sagte der Baron, wo sie hier gewohnt habe, ob es noch Verwandte gebe. Er habe sich heute mit dem Photo in der Hand zu jener Stelle begeben, wo es passiert sei.

Es dürfte nicht schwer sein, sowohl den Namen des Friseurs wie auch die näheren Umstände herauszufinden, unter denen sich diese Gaudi – man sehe nur die fröhlichen Gesichter – abgespielt habe. Was wir davon hielten? Wir sollten nach Zeugen fahnden und die Einwohner befragen. Wenn man das Photo vergrößere, werde man die Leute vielleicht besser erkennen. Mit dem Versprechen, uns einen Artikel zu schreiben, sammelte er die Photos wieder ein und verstaute sie sorgfältig.

»Heimatseite einmal anders«, sagte Michaela und erhob ihr Glas auf den Baron. Überhaupt trank sie viel.

Plötzlich beugte sich der Baron über den Tisch. »Schauen Sie mal da«, flüsterte er und wies mit dem Kopf in Richtung Eingang. Ich wußte erst nicht, wen er meinte, weil gleich mehrere Leute nach freien Plätzen Ausschau hielten. Eine lange hagere Frau mit spitzem Gesicht und schwarzen Haaren steuerte direkt auf unseren Tisch zu. Der Mann vor ihr reichte ihr gerade bis zur Brust. »Cäsar und Kleopatra«, wisperte der Baron. Die Frisur der Frau hatte tatsächlich etwas Ägyptisches. Im nächsten Moment ergriff der kleine Mann die Lehne eines der freien Stühle und setzte lächelnd zu einer Frage an, als Marion und Michaela losprusteten. Auch ich konnte nicht an mich halten.

»Bedaure!« rief der Baron. »Wir erwarten noch Gäste.« Das ungleiche Paar blieb stehen, als suchten sie nach einer Erklärung für unser schlechtes Benehmen. Jörg, der am längsten widerstanden hatte, saß vorgebeugt, den Arm auf den Tisch gestützt, die Augen hinter der Hand verborgen. Seine Schultern zuckten. Marion und Michaela gluckstem abwechselnd, ich preßte meinen Handrücken vor den Mund.

»Bedaure sehr«, wiederholte der Baron.

»Guten Abend«, erwiderte der kleine Mann, weniger erbost als ratlos, worauf Michaela erneut losprustete und wir mit ihr. Es war ein unbändiges Lachen, das mich um so heftiger schüttelte, je entschiedener ich dagegen ankämpfte. Ich wußte nicht, was mit uns geschah. Es gab überhaupt keinen Grund, sich so aufzuführen.

Der Baron, der mehrmals einen Satz begonnen hatte, doch gegen unseren Dämon machtlos war, entschuldigte sich irritiert, stand auf und verließ unseren Tisch. Kaum hatte er sich ein paar Schritte entfernt, verstummten wir. Sosehr wir uns auch ansahen und belauerten – es geschah nichts.

Ich fühlte mich armselig und bloßgestellt. Unerträglich ist überhaupt kein Ausdruck für dieses sprachlose Dasitzen. Als hätte der Baron alle Worte kassiert, sie eingesammelt wie Spielkarten. Uns blieb nichts weiter übrig, als auf seine Rückkehr zu warten, damit er sie neu verteile.

In diesen Minuten schienen wir zu zerstören, was uns aneinander band. Dieses Schweigen zerfraß alles, was wir je füreinander empfunden hatten, es verschlang Respekt, Würde, Vertrauen, Zuneigung, Liebe. Hätte man uns in diesen Minuten gezwungen auseinanderzugehen, es wäre für immer gewesen.

Unversehens tauchte der Baron wieder auf. Als er sich anschickte, Platz zu nehmen, sagte Michaela: »Wir haben uns beruhigt, entschuldigen Sie bitte.« Er nahm ihre Hand und küßte sie.

Nun, da Gelegenheit gewesen wäre, die Sache vergessen zu machen, schloß sich übergangslos die nächste Katastrophe an.

Michaela hob plötzlich den Arm, als wollte sie einen Kellner heranwinken, was ihn, den Baron, sofort alarmierte. »Fehlt etwas?«

Ich drehte mich um. Der anrückenden Kellner-Garde standen Wolfgang, der Hüne, seine Frau und Jan Steen im Weg. Die drei traten zur Seite, sahen den Kellnern nach und entdeckten so auch uns.

Wolfgang und seine Frau kamen, um uns zu begrüßen. Der Baron, dem Michaela die beiden vorstellen wollte, legte nicht mal Messer und Gabel aus der Hand und wandte sich von ihr ab an einen der Kellner.

Um zu retten, was zu retten war, ging ich mit Wolfgang hinüber zu Steen. Im selben Augenblick wurde wieder feierlich ein Gericht enthüllt. Steen fragte, mit welchem Affen wir denn da zusammenhockten, und forderte uns auf, an seinen Tisch zu wechseln. Er habe einiges mit uns zu besprechen.

Ich bat ihn um Verständnis, worauf Steen mitten im Satz das Interesse an mir verlor, sich setzte und nach der Karte griff. Der Baron rügte uns seinerseits, indem er etwas über die Qualität des Essens raunzte, das im kalten Zustand jegliches Raffinement verliere.

War es Zufall oder Absicht, jedenfalls folgten die Gänge nun ohne die kleinste Pause, bis wieder das Licht ausging. Das brachte bei Steen das Faß zum Überlaufen. Er, Wolfgang und seine Frau brachen abrupt auf, ohne sich nach uns umzusehen.

Obwohl wir uns alle Mühe gaben und, zur großen Freude des Barons, ein zweites Mal Crème brûlée bestellten, trübte dieser Zwischenfall unsere Stimmung bis zum Schluß.

Am nächsten Morgen erwachte ich jedoch vollkommen erfrischt und ohne die geringste Schwere im Kopf.

Sei umarmt, Dein E.[1]

Dienstag, 17.4.90

Liebe Nicoletta!
Noch immer hoffe ich Tag für Tag, Nachricht von Ihnen zu erhalten. Ich habe es von Anfang an geahnt, daß ich auf Ihre Briefe würde warten müssen. Solange Sie mir aber erlauben, Ihnen zu schreiben, will ich mich nicht beklagen und fahre in meiner Beichte[2] fort.

1 Warum T. die Fehlgeburt unerwähnt ließ, bleibt ungeklärt.

2 An dieser Stelle benutzt T. zum ersten Mal den Begriff Beichte, den er im Folgenden fast immer für seine Aufzeichnungen verwendet.

Für die vier Monate zwischen Abitur und Einberufung suchte ich mir nicht wie alle anderen eine Arbeit. Ich hatte ja eine. Das wenige Geld, das ich für Bücher, Theaterkarten und die Zugfahrten nach Naumburg oder Berlin brauchte, gaben mir Mutter oder Vera.

Vera, als habe sie gewußt, daß man ihr Ende des Jahres den Ausweis abnehmen und ein sogenanntes Berlin-Verbot erteilen würde,[1] reiste rastlos – an die Ostsee, in den Harz, durch Mecklenburg – und schrieb mir Ansichtskarten und Briefe, so daß ich ihren Touren auf der Landkarte folgen konnte. War sie in Berlin, lernte sie töpfern, beschrieb etliche Wände mit den Gedichten ihrer Freunde und rauchte angeblich Marihuana.

Veras Abwesenheit beruhigte mein Leben. Mein Pensum bestand aus fünf bis sechs Stunden Schreiben. Doch verfaßte ich, anders als manch Frühvollendeter, keine Gedichte, in denen von der Elbe, von Dresden, von Frauen mit langen Haaren oder dem kupfernen Hämmern über den Dächern Budapests die Rede war.[2] Das lag mir fern. Ich schrieb über die Armee!

Befehlen preisgegeben, geschliffen bei Appell und Sturmangriff, würde ich von selbst einen unverwechselbaren Stil ausbilden. Und wartete man im Westen nicht auf Kassiber und Klopfzeichen aus östlichen Kasernenmauern wie einst auf die Lagergeschichten Solshenizyns?

Woran ich bereits arbeiten konnte, war der Morgen der Einberufung, jene Minuten zwischen Erwachen und Aufstehen, denen der Abstieg in die Hölle folgen würde.

Wahrscheinlich halten Sie es für übertrieben, wenn ich behaupte, meine Gedanken kreisten seit jeher um diesen Abschied. Armee war mir der Inbegriff des Von-zu-Hause-Abschied-Neh-

1 V. T. hatte nach eigener Aussage nie ein »Berlin-Verbot«.

2 Offenbar Anspielung auf Gedichte von »Frühvollendeten«.

mens. Kindergarten, Schule, Hort und Ferienlager waren unangenehm, doch nichts im Vergleich zu jenem schrecklichen Abschied, für den sie Vorstufen darstellten.

Wir wuchsen ja auf im Schatten der endlosen Russenkasernen, die sich von Klotzsche bis hinein in die Stadt zogen. Die zum Heller, einem Truppenübungsplatz, marschierenden Soldatenkolonnen und die nächtlichen Gesänge hinter den Kasernenmauern bildeten die Kulisse für Schauermärchen. Die achtzehn Monate NVA lagen in meiner Vorstellung immer schon als schwerer Riegel vor dem eigentlichen Leben.

Mit Kindheitserinnerungen und der frühen Angst vor der Armee glaubte ich, die Verzweiflung eines sensiblen jungen Mannes illustrieren zu können, der einrücken mußte. Für ihn gab es kein Ausweichen, kein Entrinnen, die totalitäre Macht überwachte jeden Schritt. Schließlich saß mein Held zerschlagen und bleich bei einer Tasse Kaffee in der Küche, seine Mutter – wieder eine deutsche Mutter, die ihren Sohn hergeben mußte – umsorgte ihn schweigend, das Gesicht abgewandt, damit er ihre Tränen nicht sah.

Zu Ihrer Erinnerung sei gesagt: Im Herbst 81 stand Polen kurz vor der Verhängung des Kriegsrechts. Von einem Nachbarjungen, der ein Jahr zuvor eingezogen worden war, wußte ich, daß sein Regiment im Sommer mit scharfer Munition ausgerückt war. Selbst der Regimentskommandeur, ein Oberst, hatte Felduniform getragen, und die Offiziere waren von einer nie gekannten Freundlichkeit gewesen. Ihm selbst war die Aufgabe zugewiesen worden, die Hinweisschilder für die nachrückenden Reservisten aufzustellen.

Das war Wasser auf meine Mühlen und beflügelte meine Phantasie. Ich fürchtete, zu spät zu kommen; trotzdem hätte ich gern den Tag der Einberufung hinausgezögert, denn so, wie es jetzt war, gefiel mir mein Leben.

Ende Oktober, etwa zehn Tage vor der Einberufung, geschah etwas völlig Unerwartetes.

Geronimo wollte mich, bevor ich kaserniert würde, wie er sich ausdrückte, noch einmal sehen. Wir hatten uns monatlich besucht. Von Naumburg aus waren wir viel gewandert und mit den Rädern nach Schulpforta oder nach Röcken[1] gefahren.

Die Anspannung jedoch, die ich bei unserem ersten Wiedersehen gespürt hatte, blieb bestehen. Ich sehnte mich nach Geronimo und fürchtete unsere Treffen. Unbeschwert war ich nur, wenn ich ihm schrieb.

Diesmal wollte er nicht vom Bahnhof abgeholt werden, ich sollte ihn zu Hause erwarten. Als es endlich klingelte, stand nicht er da – sondern Franziska! Ich glaubte an ein Wunder! Franziska hatte meine Adresse herausgefunden und war zu mir gekommen. Gott sei Dank brachte ich so lange kein Wort heraus, bis Geronimo hervortrat.

Obwohl sich damit alles geklärt hatte, war ich weniger bestürzt als ungläubig. Ich hatte in Geronimo nie ein Wesen gesehen, für das sich Frauen interessieren würden. Und jetzt Franziska!

Trotz aller Zärtlichkeit zwischen den beiden glaubte ich zunächst an einen Scherz. Benutzte sie Geronimo? Gehörte sie nicht viel mehr zu mir, spätestens jetzt, da sie uns vergleichen konnte? Ihre Gegenwart in meinem Zimmer, ihr unverhofftes Dasein inmitten jener Welt, in der ich von ihr geträumt hatte, ließen für Geronimo keinen Platz.

Anfangs hatte ich, wie man so sagt, nur Augen für sie. Doch

[1] Schulpforta – berühmte Schüler der Landesschule waren Klopstock, Fichte, Ranke und Nietzsche. Röcken – Geburtsort von Friedrich Nietzsche mit Geburtshaus, Taufkirche und Grab des Philosophen.

sowenig ich Geronimo als Fluchtpunkt jeder Regung, jedes Wortes von ihr akzeptieren wollte, so unvermeidlich war es, ihn irgendwann anzusehen. Und das änderte alles!

Geronimos Lächeln war so selig, daß sein ganzes Gesicht vor lauter Entrücktheit etwas Schafartiges bekam.

Kennen Sie den demütigenden Impuls, zwischen zwei Liebende fahren zu wollen wie der Teufel?

»Johann!« sagte ich wie ein Arzt, der einen Bewußtlosen anspricht. »Johann!«

Ich wollte ihn ohrfeigen, ihm die Brille herunterreißen und zerbrechen, ihn mit der Faust ins Gesicht schlagen, während er weiter blöd lächelte, sich umranken ließ und beim Küssen schmatzte. Make love, not war! »Johann!« Er hörte mich nicht einmal mehr! Fremd und verlassen hockte ich neben den beiden im eigenen Zimmer.

Als er mich bat, mit Franziska bei uns übernachten zu dürfen, machte es mir schon nichts mehr aus, ihm das ohne Begründung abzuschlagen. Ich bot ihm an, allein und bei mir auf der Luftmatratze neben meinem Bett zu schlafen.

Sie blieben zum Abendbrot und hielten sich selbst beim Essen an den Händen. Meine Mutter bestand darauf, jedes Detail ihrer ersten Begegnung zu erfahren. Und auch die beiden wollten über nichts anderes reden, erfaßt von unerträglicher Erzähllust.

Warum aber störte sich niemand daran, daß ich schwieg, auf meinen Teller starrte, vollkommen versteinert. Sie hatten mich bereits aus ihrer Gesellschaft getilgt. Es war nicht nur der brutale Egoismus der Liebenden, nein, sie alle hier probten bereits das Leben ohne mich.

Ich konnte von Glück reden, daß meine Mutter die beiden nicht zum Übernachten einlud. Mir fällt nicht mal mehr ein, wie wir uns verabschiedet haben.

Johann hatte mich in einen Hinterhalt gelockt, er hatte mich verraten! Und ich winselte seinen Namen ins Kopfkissen!

Am nächsten Morgen fand ich auf dem Frühstückstisch ein Kuvert. »Ist es ein Roman?« fragte meine Mutter später. Das war Johanns zweiter Verrat. Er hatte mit keiner Silbe erwähnt, daß er ebenfalls schrieb. Kämpfte Johann heimlich gegen mich?

Das war am Sonntag. Bei einer Fußballübertragung würde man sagen: Wir zeigen Ihnen diese Szenen ungekürzt.

Der Montag hielt eine weitere Hiobsbotschaft für mich bereit.

Der Auflage der Musterungskommission entsprechend, hatte ich mir den Brustkorb röntgen lassen, doch nicht beim Militärarzt, sondern im Friedrichstädter Krankenhaus, in dem meine Mutter arbeitete. Am Montag war der Befund mit der Post gekommen. Ich kam nicht mal auf die Idee, das Latein zu entschlüsseln, und legte den Umschlag auf Mutters Küchenstuhl, wo sie ihn erst fand, als wir uns zum Abendbrot setzten. Haben Sie jemals erlebt, wie in einem vertrauten Gesicht von einem Augenblick auf den anderen der Schädel aufscheint?

»Das kann nicht sein!« flüsterte sie.

»Was kann nicht sein?« war alles, was ich hervorbrachte. Dann wurde mir schlecht. Eine Minute später fragte ich vom Fußboden der Küche aus, wie viele Jahre mir noch blieben.

»Vier oder fünf«, sagte sie, fuhr in ihre Straßenschuhe und rief: »Aber das kann nicht sein! Das kann nicht sein!« Und zog die Wohnungstür hinter sich zu.

Die Kälte des Fußbodens war angenehm. Ich sah die Deckenlampe, in deren Glasschirm sich Dreck angesammelt hatte, und die Therme, in der ein einziges blaues Flämmchen brannte. Es tat gut, Dinge ins Auge zu fassen, die sich mein Leben lang nicht verändert hatten. Vier Jahre! Um die Fenster zu sehen, mußte ich den Kopf drehen. Ich lächelte der abgeschlagenen Ecke des Fensterbrettes zu. Vier Jahre! Da hatte ich meine Unausweichlichkeit! Mir blieb Zeit für ein Buch, vielleicht sogar für zwei. War Todesnähe nicht überhaupt die notwendige Voraussetzung schöpferischer Arbeit? Versuchte nicht jeder, sie so oder so vorzutäuschen? Vier Jahre! Ich drückte dieses Urteil an mich, als wäre es ein Versprechen, eine Abmachung zwischen Gott und mir.

Es dauerte fast eine Stunde, bis meine Mutter zurückkehrte. Sie war mit dem Rad die Telephonzellen abgefahren, hatte dann aber niemanden mehr in der Röntgenabteilung erreicht. Sie lächelte und wischte sich mit dem Taschentuch über das gerötete Gesicht. Der Befund sei falsch, ein Irrtum, völliger Nonsens, sonst käme ich kaum noch die Treppen hinauf.

»Hörst Du, Enrico? Das ist unsere Chance! Keine Armee der Welt nimmt dich mehr mit so einem Befund! Das will der Herrgott!« jubilierte sie.

Noch nie hatte sie dieses Wort gebraucht. Mir war nicht nur ihr Herrgott lästig, ich wollte überhaupt allein sein, allein mit den Dingen dieser Welt, die auf einen Schlag mein waren, alle schön, alle wichtig.

Je euphorischer sie sprach – »Mußt nur ein bißchen lamentieren, ein bißchen spielen« –, desto ungehaltener wurde ich. »Entweder verweigere ich, oder ich gehe wie alle anderen!«

Eine Stunde später lief ich an der Elbe entlang, über der Nebel lag. »Denn alles Fleisch, es ist wie Gras«, dröhnte mir Brahms Requiem im Ohr, »und alle Herrlichkeit des Menschen wie des Grases Blumen!« Wie soll ich diesen Zustand beschreiben? Zwar blieb ich der alte Adam, der sich Geronimo überlegen fühlte, ich erlebte etwas, was mich vor allen anderen auszeichnen würde. Darüber hinaus aber überraschte, nein, überrumpelte mich ein unerwarteter Trost: Ob tot oder lebendig, ich würde auf dieser Erde bleiben. Sterben und verwesen bedeutete nicht, sich in nichts aufzulösen, sondern, wie auch immer, weiter hier, weiter in der Welt zu sein. Dieser Gedanke, der sich wie im Schlaf eingeschlichen hatte, beruhigte mich. Ich will nicht sagen, auf diesem Spaziergang hätte ich die Angst vor dem Tod überwunden, doch so oder ähnlich fühlte es sich an. Alles Schöne war plötzlich schön, alles Schlimme schlimm, alles Gute gut. Für kurze Zeit entkam ich meinem Wahn – und mußte nichts mehr tun! Jeder Zwang, jeder Plan, jedes Kräftemessen fiel von mir ab.

Dienstag früh fuhr ich mit Mutter ins Krankenhaus und ließ mich erneut röntgen. Wieder zu Hause, schrieb ich Geronimo. Es war mein Testament, ein Abschied in vielerlei Hinsicht. Jeder Satz ein Hauptsatz. Ich wünschte ihm Glück, ich wünschte Franziska Glück, lieber hätte ich ihm alles mündlich gesagt, ich war krank, todkrank, aber ich nahm mein Schicksal an, ich wollte es tragen als das mir zugedachte, Schritt um Schritt auf meinem Weg vorangehen. Ich war von mir selbst beeindruckt. Sein Manuskript ließ ich unerwähnt.

Am Mittwoch um zwölf, ich hatte meine Mutter anrufen müssen, erfuhr ich, daß die Vergrößerung meines Herzens keine krankhafte war, im Gegenteil, ich besaß ein Sportlerherz. Im selben Moment erloschen Luzidität und Einsicht. Ja, ich ärgerte mich, durch die ganze Aufregung Zeit verloren zu haben, und spürte, wie die alte Kleinlichkeit durch jede Pore zurückkroch. Doch für Augenblicke hatte ich eine seltsame Klarheit erlebt. Und alles, was ich jetzt darüber schreibe, ist nicht mal ein Abglanz davon.

Mittwoch, 18.4.90

Da ich zwei Monate lang beinah täglich über den Tag meiner Einberufung geschrieben hatte, war mir der vierte November vertraut wie ein lang erwarteter Brieffreund, dessen Besuch ich mit

Neugier entgegensah. Allerdings blieb dann kaum Zeit, meine Vorstellung mit der Wirklichkeit zu vergleichen.

Ich hatte erwartungsgemäß schlecht geschlafen, das Verhalten meiner Mutter jedoch ähnelte nur entfernt der Beschreibung. Wir gossen viel Milch in den Kaffee, um ihn schneller trinken zu können, und schwiegen. Mich ärgerte, daß sie viel zu früh zum Aufbruch drängte, erst beim Abschied waren ihre Augen etwas feucht.

»Morgen«, zitierte ich aus dem Manuskript, »ist alles nur noch halb so schlimm« (der erste Tag sollte in meinem Roman nicht schlimm werden, jedoch alle folgenden). Meine Mutter umarmte mich und küßte mir zum Abschied die Stirn, was ich als überaus ausdrucksstark empfand. Ich beschloß sofort, diese Geste in meine Abschiedsszene aufzunehmen.

Der Weg in den großen, etwas zurückgelegenen Mitroparaum des Neustädter Bahnhofs, wo wir uns einzufinden hatten, erinnerte mich an die Abende, da wir auf die Rückkehr der Großeltern aus dem Westen gewartet hatten.

Ganz gegenwärtig stand plötzlich unser Nachbar, Herr Kaspareck, vor mir. Offenbar führte Herr Kaspareck hier als Offizier die Oberaufsicht und patrouillierte zwischen den Stühlen. Ständig stieß er an schwarze Taschen, die ihm aus dem Weg geräumt werden mußten. Trotz unserer Zivilkleidung waren wir bereits seine Gefangenen.

Als Sensation empfand ich die Pistole an Kasparecks Koppel. Vor Jahren war er einmal hinter mir hergerannt, weil wir sonntags vor seinen Fenstern Fußball gespielt hatten. Nun konnte er sich an mir rächen.

Herr Kaspareck erhielt von mir die Rolle eines Vorboten des Bösen. Er hatte mich nicht gegrüßt, er war über die ausgestreckten Beine eines Schlafenden gestolpert und hatte diesen mit einem gut gezielten Schlag in die Waden fast vom Stuhl gerissen.

Hier war jede Beobachtung brauchbar, Material für die Verbesserung meines Entwurfs.

Ein Streifenkommando, dessen weiße Lackgürtel und -riemen dem Zaumzeug von Zirkuspferden ähnelten, ein Vergleich, der mir in Erinnerung an die »Farm der Tiere« gefiel, schleppte einen Betrunkenen herbei – einen Verzweifelten, der den Namen seiner Frau schluchzte. Oder rief er nach seiner Mutter? Hunden gleich, die einen Knüppel apportieren, ließen sie ihn zwischen die Stühle fallen. Wimmernd blieb er liegen. Zwei der Streifensoldaten zogen ihn an den Schultern hüfthoch – wollten sie sein Gesicht sehen? –, zerrten ihn etwas weiter nach rechts, zählten unhörbar bis drei und ließen ihn fallen. Sie hatten gut gezielt. An der Stuhlkante schlug er sich die Vorderzähne aus. Sogleich rissen sie ihn wieder vom Boden und begutachteten ihr Werk. Einer rief, da sei ihnen wohl ein kleiner Dracula ins Netz gegangen. Die vier anderen feixten. Die Stille in dem Mitropasaal war undurchdringlich. So wie alle Einberufenen nach Kasparecks Attacke die Beine ausgestreckt hatten, so daß er nun wie ein Storch durchs Unterholz stakste, so eng zog sich jetzt das Schweigen um die Verräter zusammen und würde sie erstickt haben …

Derartiges entstand in meinem Kopf wie von selbst, als hätte ich endlich die Stange gefunden, an der sich meine Phantasie emporranken konnte. Aber Sie wissen ja: Die Erfindungen sind nie brutal und perfid genug, die Übertreibung liegt allemal in der Realität, und irgendwo, da war und bin ich mir sicher, hatte sich diese oder eine ähnliche Szene zugetragen.

Sie sehen, ich fühlte mich vom ersten Augenblick an am richtigen Ort. Hier gab es genau jene Dosis Härte und Notwendigkeit, die mir bisher gefehlt hatte.

Während wir die Treppen zum Bahnsteig hinaufgetrieben wurden, bewacht wie Sträflinge, lauschte ich den Befehlen, die es nach Klangfarbe, Höhe und Schärfe zu entschlüsseln galt.

Unsere Waggons wurden mehrmals auf der Marienbrücke hin- und hergeschoben. Das Canaletto-Panorama mit Hofkirche und Brühlscher Terrasse[1] war das letzte, was ich jetzt sehen wollte.

Natürlich wäre ich lieber, eskortiert von Uniformierten, abgeschottet durch ein Heer von Spitzeln, in einen Zug nach Westberlin gestiegen, wo ich, umringt von Kameraleuten und Photographen, ein neues Leben begonnen hätte. Doch die Voraussetzung für diesen Triumph war ja gerade, daß ich hier und jetzt kurzgeschoren antrat. Bevor ich meine Fundstücke präsentieren konnte, mußte ich hinab in die Unterwelt und mich umsehen.

Als wir endlich losfuhren und Radebeul vorüberzog – durch diese Weinberge waren wir schon mit Mutter und Vater gewandert, später hatte ich sie mit Vera und einmal auch mit Geronimo durchstreift –, wurde ich für Augenblicke zu jenem Schriftstellerdissidenten, den die Regierung abschob, der nie wieder in seine Heimatstadt zurückkehren durfte, getröstet durch eine Laudatio von Heinrich Böll[2] oder Willy Brandt. Ich sah aus dem Fenster und formulierte die ersten Sätze meiner Dankrede, einer Anklage, bei der auch der letzte Genosse begreifen mußte, welch großen Fehler sie mit meiner Ausbürgerung gemacht hatten.

Es begann eine schier endlose Irrfahrt. Ein Bauernjunge aus der Oberlausitz versorgte unser Abteil mit seinen Hausschlachterwürsten, weil er fürchtete – das hatten wir der Bemerkung eines Unteroffiziers zu verdanken –, der Proviant würde ihm bald abgenommen. Er selbst aß Leberwurst pur. Zum Helden wurde

[1] Bellotto, Bernardo (genannt Canaletto), 1721–1780, schuf viele Dresdner Stadtansichten. T. meint offenbar das berühmte Gemälde *Dresden vom rechten Elbufer unterhalb der Augustusbrücke* von 1748.

[2] Heinrich Böll hatte 1977 die Laudatio auf den Büchnerpreisträger Reiner Kunze gehalten, der im selben Jahr die DDR verlassen hatte.

er, als er die Unterwäsche aus seiner Tasche nahm und eine Flasche Doppelkorn herausschälte.

Meine neuen Kameraden verhöhnten die brandenburgische Landschaft, die mein Arkadien gewesen war, als Sand- und Kiefernwüste. Am späten Nachmittag erreichten wir, nüchtern und vertraut miteinander, das an den Norden Westberlins grenzende Oranienburg.

Auf dem Weg vom Bahnhof zur Kaserne irritierte mich, daß sich niemand nach uns umdrehte.

Wie auf Befehl stießen plötzlich Hunderte Füße in die Laubhaufen am Wegrand, schlurften hinein, wirbelten die Blätter auf, trieben sie vor sich her, schaufelten sie dem Vordermann auf die Hacken, dem Nebenmann vor den Schuh und verstreuten sie in alle Winde. Kein Befehl, kein Bellen gebot uns Einhalt. Erst als es keine Laubhaufen mehr gab, endete die Rebellion. Dagegen wirkte das Johlen der höheren Diensthalbjahre lächerlich. Sie rissen die Fenster auf und brüllten die Zahl der ihnen verbleibenden Tage heraus, als gäbe es in diesem Staat ein Ende der Armeezeit, als wüßten sie nicht, daß sie jederzeit wieder in Uniform gesteckt und in Kasernen festgehalten werden konnten. Mit Wucht knallte das Tor hinter uns zu …

An der Rückseite des Kasernenareals, zwischen einem Holzgebäude und dem Kulturhaus, war das Torgebäude des ehemaligen Konzentrationslagers Sachsenhausen zu sehen.

Ich habe später eine lange Passage darüber geschrieben, wie wir mit unseren Taschen im Nieselregen standen, eine Kompanie nach der anderen vor uns zum Abendbrot in die Kantine einrückte, wie wir geimpft wurden, Fragebögen ausfüllen und warten mußten, bis wir völlig durchnäßt waren. Erst gegen neun, eine Stunde vor der Nachtruhe, wurde ich zusammen mit anderen in das dem Lagerturm am nächsten liegende Gebäude geschickt.

Obwohl wir dort eine weitere Stunde wie am Pranger auf dem Flur standen, wirkten dessen spiegelblanker roter Fußbodenbelag und die frisch gestrichenen Wände beruhigend auf mich. Ich wollte endlich meine nassen Sachen loswerden und, ja, freute mich auf eine trockene Uniform! Die mir zugewiesene nur mit zwei Doppelstockbetten bestückte Stube empfand ich als komfortabel. An dem rechten oberen Gestell klebte ein Zettel, darauf stand in Maschinenschrift: Soldat Türmer.

Meine einzige Angst war, nicht alles notieren zu können, was ich sah, hörte und roch. Nichts durfte verlorengehen.

Nach dem Weckpfiff am nächsten Morgen sprang ich aus dem Bett, als ginge es zu einer Expedition. Frühsport und Frühstück fielen für uns Nachzügler aus. Statt dessen warf man uns Stoffplanen vor die Füße, die sich zu Säcken knöpfen ließen. Damit zogen wir durch die Kleiderkammern. Stahlhelm, ein neues und ein altes Paar Stiefel, Dienst-, Ausgeh- und Felduniform, Schutzanzug, Gasmaske, Sportschuhe, Trainingsanzug, all das nahm ich entgegen wie ein Bergmann seine Ausrüstung. Ich fuhr unter Tage, um nach verborgenen Schätzen zu schürfen.

Beim Mittagessen, ich verschlang die Königsberger Klopse mit Appetit, erhob sich aus unserer langen Tischreihe ein vierschrötiger Kerl und rief, daß er diesen Fraß nur deshalb runterwürge, weil es überhaupt das erste sei, was es hier zu fressen gebe. Morgen werde er ihm, dem am Tischende wartenden Spieß, diesen Fraß um die Ohren hauen.

Ich drückte meine letzte Kartoffel in die Soße und war begeistert. Soeben hatte sich mir meine erste Figur gezeigt, Thersites und Ajax[1] zugleich. Ich wollte ihn nicht mehr aus den Augen lassen.

Am Nachmittag, als wir die Pakete mit unserer eigenen Klei-

1 Gestalten aus Homers *Ilias*.

dung verpackten, legte ich zu den klammen Sachen und dem Gruß an meine Mutter noch ein Kuvert mit der Anschrift von Geronimo. Darin befanden sich drei Seiten Stichworte, an deren oberen Rand hinter einer 1 und dem Schrägstrich die Seitenzahl eingetragen war. Ich bat ihn, meine Aufzeichnungen zu sammeln und zu bewahren. Umgehend begann ich mit Nummer 2.

Meine Mutter spricht noch heute von dem Moment, in dem sie das Paket öffnete und meine Kleidung darin fand, »als wärst du gestorben«.

Soviel für heute. Wie immer grüßt Sie sehr herzlich

Ihr Enrico T.

Freitag, 20. 4. 90

Verotschka![1]
Damit wir nicht unsere Telephonzeit damit verschwenden: Roland war hier. Er ist auf Vortragstour durch den Osten. Die PDS läßt ihn nur in Kleinstädten auftreten. Am liebsten aber spricht er von Dir, als wärst Du seinetwegen in den Westen gegangen.

Wenn ich Roland richtig verstanden habe, muß er sich bald nach etwas Neuem umsehen. Für seine Theorien haben sie nicht mal mehr an der Uni Verwendung. Er sagte es natürlich anders: Jetzt, da wir überhaupt erst beginnen würden, über den Sozialismus/Kommunismus nachzudenken, ausgerechnet jetzt wollten sie seine Stelle abschaffen. Ich fragte, wen er denn mit *wir* meine. Die Unterdrückten und Entrechteten, die Hungernden und Durstenden, die Vertriebenen, Vergewaltigten und Obdachlosen, sagte er ohne jede Ironie.

[1] Dieser Brief wurde als Fax an V. T. gesendet.

Dann zog er über das Neue Forum her, wie unverantwortlich sie gehandelt hätten, wie naiv und kindisch, als hätten sie nie etwas vom Kapitalismus gehört. Und jetzt könne man ja zusehen, wie alles zerschlagen werde, all das, was die »Differenz zum Kapitalismus« ausgemacht habe.

Es ist sinnlos, mit ihm zu streiten, das wußte ich vorher. Er hat dieses Geschick, einen ständig in Positionen zu manövrieren, in denen man von allein beginnt, sich zu rechtfertigen. Für ihn war ich einer vom Neuen Forum, der die DDR nolens volens ans Kapital verkauft hat.

Für die Zeitung hat er sich nicht interessiert. Früher habe in unseren Zeitungen wenigstens nichts gestanden, heute finde er nur noch Unsinn darin. Im nächsten Satz warf er mir vor, daß wir über seinen Vortrag nicht berichten würden – »wahrscheinlich aus Platzgründen«. Als ich ihn fragte, warum er mir das unterstelle, höhnte er, er sehe meinen Artikel bereits vor sich. Ich war sprachlos. Darauf Roland: Er habe an Reaktionären schon immer bewundert, daß sie aufhörten zu reden, sobald ihnen etwas nicht passe, sie vertrauten in das Bestehende, in die Macht des Faktischen, wozu da noch streiten? Ob er in mir einen Reaktionär sehe, fragte ich. Er lachte. Das sei ich doch schon immer gewesen! Im Gegensatz zu den PDS-Leuten ist er frei von Schuldgefühlen und völlig unbefangen. Das irritiert am meisten.

Er wäre wohl erst zufrieden, wenn wir seine Rede in voller Länge abdruckten, auf der ersten Seite beginnend, alles andere ist für ihn Zensur. Wie aber schreibt man über einen, der den Begriff Demokratie, bürgerliche Demokratie, so geschickt benutzt, daß ein Kind glauben müßte, das sei etwas Verdächtiges, ja Verachtenswertes.

Rolands triumphierende Schlußvolte, in der er Schalck-Golodkowski als letzten Internationalisten pries, der die kommunistischen Verlage und Parteibüros im Westen am Leben gehalten habe, und die in der Feststellung gipfelte, am 9. November habe die Konterrevolution gesiegt, war selbst den alten SED-Kadern peinlich. Sie fürchteten, daß Rolands Rede in die Öffentlichkeit gelangt.

Die Sowjetunion, die sozialistischen Staaten seien die einzige Macht der Welt gewesen, die den Kapitalismus noch gezügelt habe. Wir, der Osten, seien der Garant gewesen, daß der Kapitalismus im Westen ein menschliches Antlitz habe. Aber damit sei es jetzt vorbei. Ich würde schon sehen. Ich würde noch an seine Worte denken, wenn der Staat und die Bürger nichts mehr, die Wirtschaft und der Konsument dagegen alles seien, wenn man für Kindergärten und Universitäten, ja wahrscheinlich auch noch fürs Sterben werde bezahlen müssen.

Roland scheut vor keiner Übertreibung zurück. Eigentlich wünscht er sich jene Verhältnisse zurück, in denen es unmöglich war, den Kapitalismus kennenzulernen.

Der Mann von Ilona, ein ehemaliger Genosse, kam selig aus Bayreuth zurück, weil er dort schnell und problemlos eine Hose für sich gefunden hatte, die ihm paßte, ohne daß sich Ilona wieder ans Kürzen machen mußte. Die tröstliche Bestätigung, offensichtlich doch keine abnorme Figur zu haben, hat ihn bekehrt. Man kann das lächerlich finden, und ich habe auch nicht gewagt, gegenüber Roland davon zu sprechen, aber ich verstehe Ilonas Mann, ich glaube ihm sein Glück, ein Glück, das Roland nur als Zeichen von Verblendung und Verführbarkeit schmähen kann.

Ist es nicht ein Verbrechen zu sagen: Ihr dürft das Mittelmeer nicht sehen, oder erst, wenn ihr alt und grau seid und nicht mehr arbeiten könnt? Ach, Schluß damit! Ich bin schon wie Michaela, die sich immer mal wieder an der Vorstellung berauscht, ihren früheren Lehrern und Professoren zu begegnen und sie zur Rede zu stellen. Als hätte sie nicht schon im Theater die Erfahrung gemacht, wie sinnlos das ist, sinnlos, weil man Scham und Reue nicht einfordern kann.

Natürlich bewundere ich Roland auch. Schon allein seine Vitalität, seine Lust zu reden, sich zu streiten, seine Extravaganz (damit meine ich nicht nur Gürtel, Hüftschwung und Seidentuch). Er ist ein brillanter Logiker ohne Angst vor Konsequenzen, ja, ich bewundere seinen Mut, aber es ist eine verderbliche Logik, um nicht zu sagen: eine mörderische.

Ich habe ihm von Mamus' Verhaftung erzählt und davon, was in Dresden letzten Herbst passiert ist. Ich ärgerte mich, schon während ich sprach, über mich selbst, weil ich die Verhaftung als Argument benutzte, weil es plötzlich so eitel klang. Wenigstens hat er nicht versucht, Rechtfertigungen dafür zu suchen oder es gar anzuzweifeln. Er hat seinen Abscheu ausgedrückt, sich dann aber nicht enthalten können, mir zu raten, Dich nach Schatila und Badra[1] zu fragen, danach, was in Griechenland oder Spanien, in Argentinien und Uruguay[2] passiert sei. Und dann kamen sie wieder, die abgehackten Hände von Victor Jara.[3]

Warum will er nicht in einer Welt leben, die halbwegs angenehm ist, warum immer kämpfen, leiden, sterben? Du, mein Heinrich, wirst Du sagen, müßtest es doch selbst am besten wissen? Weil es Leuten wie Roland nicht darum geht, in einer schönen Welt zu leben, sondern produktiv zu bleiben. Dafür nehmen sie alles in Kauf, Revolution, Chaos, Tod. Deshalb muß Roland

1 Flüchtlingslager in der Nähe von Beirut. 1982, nach dem Einmarsch der israelischen Armee, kam es dort zu Massakern, die christliche Milizen an palästinensischen Flüchtlingen begingen.

2 Länder, in denen es Militärdiktaturen gegeben hatte.

3 Nach dem Putsch vom 11. September 1973 durch General Pinochet kam es in Chile zu massenhaften Verhaftungen, Folterungen und Morden, denen ca. dreitausend Menschen zum Opfer fielen. Dem Sänger und Liedermacher Victor Jara wurden vor seiner Erschießung die Hände gebrochen, aber nicht abgehackt.

auch im 9. November ein Werk der Konterrevolution sehen. Wie sollte er sonst weiterschreiben? Nun können sie wieder ihre Budjonny-Mützen[1] aufsetzen. Man denkt, Leute wie Roland müßten unendlich verzweifelt sein, weil die Geschichte sie um hundert Jahre zurückgeschleudert hat, weil ihr ganzes proletarisches Tschingderassa, all die Millionen Opfer, die sie anklagend auf ihren Fahnen trugen, nun genauso sinnlos werden wie jene Millionen Opfer, die im Namen ihrer eigenen Götzen gemordet worden sind. Aber so ist es nicht. Seine Augen leuchten heller denn je. Sind sie Narren? Wirrköpfe? Egal was mit der Welt geschieht – an ihrer göttlichen Mission halten sie fest. Verzeih, ich wiederhole mich. Roland und seine Genossen sind einfach lästig. Ja, ich empfinde größte Genugtuung, daß ihnen nun kurzerhand der Hahn abgedreht wird und sie sich, wie alle anderen, nach einer Arbeit umsehen müssen. Wir grüßen die Genossen der Deutschen Kommunistischen Partei ein letztes Mal! Nur nicht zuviel Ärger, nur nicht zuviel Kraft und Gefühl an sie verschwenden. Alles, was sich auf sie bezieht, selbst wenn man ihnen vor die Füße spuckt, deuten sie als Zeichen der Aufmerksamkeit. Roland hat vollkommen recht, wenn er in mir einen Reaktionär sieht. Ist es nicht herrlich, sich ans Faktische zu halten, zu schweigen, zu lächeln?

Wieviel weiß er denn über uns?

In Liebe, Dein H.

PS. Mit Deinem Freund Barrista hat er sich komischerweise bestens verstanden; Barrista nennt Lenin und Luxemburg Terroristen, für Roland sind sie Revolutionäre. Aber in ihren »Analy-

[1] Budjonny – Reitergeneral der Roten Armee während des Bürgerkrieges in Russland. Isaak Babel, berühmt durch seine *Reiterarmee*, diente unter Budjonny.

sen« waren sich Roland und Barrista einig und gaben die Schuld am Übel der Welt den deutschen Reaktionären, die sich immer erst selbst das erschaffen, wogegen sie dann zu Felde ziehen.

Bei Roland bin ich mir allerdings nie sicher, ob er uns nicht über den Haufen schießen würde, falls das im Namen der Revolution von ihm gefordert würde. Bei Barrista besteht da wohl keine Gefahr.

PS II: Ich habe von Mamus geträumt. Sie ist auf Kur, und ich soll die Wohnung renovieren. Es ist aber nichts vorbereitet, nicht mal die Bilder hat sie von der Wand genommen. Ich suche überall nach Bürsten, Eimern, Farben. Vergeblich. Im Keller dann finde ich die Utensilien vom Maler Neudel, die er mir beim letzten Mal zum Auswaschen gegeben hat, aber die Farbe im Topf ist steinhart, ein Rundpinsel steckt darin fest. Als ich versuche, die Schrankwand in Richtung Zimmermitte zu schieben, fällt die georgische Vase herunter. Mamus fängt sie mit einer Hand auf wie bei diesem Bierdeckel-Kunststück. Sie will wissen, was ich da mache. In dem Moment merke ich, daß ich mich getäuscht habe. Die Frau, die mir gesagt hat, ich solle renovieren, war gar nicht Mamus. Schau dich nur um, sagt Mamus und deutet mit einer sehr erhabenen Geste auf die Wände. Die Wände sind tatsächlich weiß, ganz frisch weiß. Und draußen, sie weist zum Fenster, liegt überall Schnee. Er leuchtet so grell, daß das Haus gegenüber unsichtbar wird. Mamus schickt mich vor den Spiegel, damit ich endlich merke, wie ich jetzt aussehe.

Sonnabend, 21. 4. 90

Liebe Nicoletta!
Ich komme mir manchmal so kleingläubig vor. Dann wieder denke ich daran, wie Sie den Taxifahrer ermahnten, sanfter zu fahren. Ich habe jede Ihrer Gesten genossen. Manchmal greife ich mir an die Stirn, als könnte ich dort noch Ihre Hand finden, als Sie fühlten, ob ich Fieber hätte. Und ich sehe Ihre andere Hand, die eilig den Mantel zuknöpft. Das soll schon anderthalb Monate hersein?

Nach den ersten Tagen bei der Armee war klar: Die Hölle sieht anders aus. Darüber war ich froh, davon war ich enttäuscht. Es wurde viel gebrüllt, gepfiffen und herumkommandiert, man beschimpfte und verhöhnte uns, aber das war nur ein plumpes Spiel. Außerdem hat man im Rudel ein dickes Fell. Natürlich war es unangenehm, im Schutzanzug und mit Gasmaske zu rennen oder in Pfützen Liegestütze zu machen. Trotzdem nahm ich zu, denn anfangs hatten wir, die wir Fahrer von Schützenpanzerwagen (SPW) werden sollten, fast nur Polit-Unterricht. Bis auf die Stubenältesten, unsere Fahrlehrer, waren wir alle Neulinge, weshalb sich die Schikanen der höheren Diensthalbjahre in Grenzen hielten. Selbst wenn man Stubendienst hatte, blieb Zeit zum Schreiben oder Lesen.

Vereidigt wurden wir in der Gedenkstätte des ehemaligen KZ Sachsenhausen, in dem, wie man uns lehrte, Antifaschisten aus 18 Ländern ermordet worden waren. Während der Zeremonie sahen wir auf den Obelisken mit seinen 18 auf der Spitze stehenden roten Dreiecken – wie geschaffen, um 18 Monate Grundwehrdienst daran abzuzählen.

Ich versuchte, den Alltag so genau wie möglich festzuhalten. Der Soldatenjargon, jeder Terminus technicus, faszinierte mich.

Als einziger bewahrte ich die Broschüre »Vom Sinn des Soldatseins« auf, die monatlich in einer anderen Farbe erschien. Häufig stenographierte ich Gespräche mit – Dialoge waren meine Schwäche.

Anfang Dezember durften wir für sechs Tage nach Hause, ein sogenannter Erholungsurlaub, der uns einmal pro Halbjahr zustand. Vera und ich fuhren mit einem geborgten Škoda zwischen Meißen und Görlitz nahezu alle Schlösser, Burgen und Kirchen ab. Stundenlang saßen wir dann in irgendeinem Café zwischen älteren Frauen, rauchten und tranken Gin Tonic, falls es den gab.

Statt vor dem Anblick ihres Sohnes in Uniform zu erschrekken, fand meine Mutter mich »ulkig«. Die Beschreibung der Umstände und des Tagesablaufes hatte sie beruhigt. Sie sah ja, wie gut genährt ich war.

Vera jedoch weinte beim Abschied. Ich hatte ihr verboten, mich zum Bahnhof zu bringen, ich wollte nicht, daß sie mich in Uniform sah.

Warum aber schlief morgens kaum einer von uns Neulingen bis sechs? Ich war lange vorher wach, horchte auf die Schritte im Flur, auf das Scheppern des großen Metallrostes am Eingang und hielt mir die Leuchtziffern meiner Uhr vor die Augen, als könnte ich verschlafen. Die Sekunden vor dem Weckpfiff zählte das Zeitzeichen eines laut gestellten Radios.

Draußen, beim Frühsport im Dunkeln, wo mit dem Losrennen eine unglaubliche Furzerei begann, hatte ich diese Unruhe schon vergessen.

War Alarm angekündigt, verschlimmerte sich das morgendliche Warten. Die Offiziere, in voller Montur, dufteten nach Rasierwasser und versperrten uns den Weg zur Toilette, während uns die Unteroffiziere aus den Stuben trieben. Überall schrie, klirrte, schepperte es wie bei einer Treibjagd. Wir rannten hinaus und dann auf der Straße vor den Kasernen bis zum Gebäude des Regimentsstabs und wieder zurück, um schließlich bei einem endlosen Appell unsere Ausrüstung begutachten zu lassen.

Am 13. Dezember[1] jedoch riß uns ein Alarm aus dem Schlaf. Diesmal dröhnte das ganze Regiment. Die Unteroffiziere, die nicht schneller als wir in die Sachen kamen, wollten nicht glauben, was passierte, und zögerten, die Waffenkammer zu öffnen. Erst als die Kompanien aus den oberen Etagen ausrückten, machten auch wir uns fertig – und vervollständigten das Chaos auf den Regimentsstraßen. Ich inhalierte die Abgase der Panzer, die auf der Plattenstraße vorüberrasselten. Überall Scheinwerfer, Lärm und Fahrzeugkolonnen. Unseren kalt gestarteten SPW bestieg ich wie eine Arche. Ich spürte weder Furcht noch Auflehnung, nichts, was mich gehindert hätte, an diesem Aufbruch teilzunehmen. Im Gegenteil: Selbst uns, den letzten in der Hierarchie, entging nicht das Grandiose dieses Alarms. Wir hockten unter geschlossenen Luken, spähten zu den Schießscharten hinaus und hofften, ohne Offiziere loszufahren[2]. Diesmal waren sie die Hasen.

Kaum hatten wir die Kaserne verlassen, bogen wir von der Straße ab. Zwei Stunden ging es über Wald- und Feldwege. Immer wieder knallten wir mit den Stahlhelmen gegen die Wagendecke. Manche wußten sich nicht anders zu helfen und pinkelten in ihr Eßgeschirr.

Als es hell wurde und wir absaßen und die Fahrzeuge tarnten,

[1] Am 13. Dezember 1981 verhängte das polnische Militär unter Führung von General Jaruzelski das Kriegsrecht über Polen und verbot die freie Gewerkschaft Solidarność. T. setzte offenkundig voraus, dass N. H. die Bedeutung des »13. Dezember« bekannt gewesen ist.

[2] Die Offiziere übernachteten bis auf die Diensthabenden zu Hause und mussten erst in die Kaserne kommen.

standen wir am Rand einer Schonung. Der Kompanieschreiber auf dem SPW vor uns fummelte an der Antenne eines schwarz verkleideten Sternrecorders herum und versuchte, sie auszurichten. Da das offenbar nicht gelang, nahm er den Apparat in beide Arme und drehte sich wie ein Tänzer im Kreis. Von ihm erfuhren wir nichts. Gunther, ein hellblonder bleicher Sachse, der sich für einen Kellner eigenartig hölzern bewegte und beim Exerzieren vor Eifer grimassierte, hielt sich sein »Micki«-Radio ans Ohr und begann sofort, mit seiner Falsettstimme loszujammern. Was das für eine Scheiße sei und ausgerechnet jetzt, er habe immer gesagt, die sollten lieber arbeiten und nicht rumzicken, das bringe nichts, gar nichts, das wisse man doch, da hätten wir aber voll in die Scheiße gegriffen. Dann war von »Polacken« und »faulen Polacken« die Rede.

Ich begriff, daß geschehen war, was ich mir gewünscht hatte. Zu jeder vollen Stunde stapfte Gunther in den Wald. Der erste Schnee war liegengeblieben, eine Weihnachtslandschaft mit Tannengrün und Tierspuren. Zehn Minuten später kehrte er fluchend zurück. Statt der neuesten SFB-Nachrichten gab er irgendwelche Schoten zum besten, die er mit Polen erlebt hatte. Als es mittags Rouladen mit Rotkraut gab und zum Nachtisch Pfirsichhälften aus der Dose, zweifelte niemand mehr am Ernst der Lage. Angeblich hatte der Spieß die Munitionskisten schon dabei. Unser Zugführer reichte als erster das Photo seiner Frau herum. Als die Reihe an mir war, zeigte ich Veras Photo vor.

Nach Einbruch der Dunkelheit wurde es bitter kalt. Der SPW war eine Eishöhle. Wir wärmten uns am Tee, den es reichlich gab, machten Kniebeugen, manche boxten miteinander. Die Zeiger meiner Uhr schienen eingefroren. Einmal legten wir uns dicht an dicht auf den Waldboden, hielten es aber nicht lange aus. Immer wieder faßte ich an meine Beintasche und spürte das Notizbuch – mein Amulett.

Der Befehl zum Aufsitzen kurz nach Mitternacht war eine Erlösung. Hauptsache, die Motoren sprangen wieder an. Nach zehn Minuten Fahrt beorderte mich unser Leutnant nach draußen und warf zwei Flaggen herab, mit denen ich den SPW dirigieren sollte. Ich rannte entlang einer Mauer vor dem SPW her. Meine Füße waren wie Stümpfe, deren Tok, Tok, Tok ich auf den Betonplatten vernahm. Wunderbarerweise blieb ich im Gleichgewicht. Wir passierten ein Tor – und da erst erkannte ich unsere Kaserne wieder.

Das Seltsamste an diesem Alarm war die Stille nach der Rückkehr. Auch von den Kompanien in den Stockwerken über uns hörte ich nichts. Man stellte einfach einen Hocker auf den Flur und putzte seine Waffe, die Unteroffiziere taten das gleiche, und die Offiziere verschwanden lautlos. Auf den Stuben wurde Tee gekocht, man schlurfte in Unterhemd und heruntergetretenen Turnschuhen umher und brachte seine Kalaschnikow in die Waffenkammer zurück wie einen Spaten in den Schuppen.

In dieser Nacht zirpte eine Grille. Anfangs hielt ich das Zirpen für eine Halluzination oder eine Störung im Radio. Vielleicht war die Grille, angelockt von der Stille, aus dem Heizungskeller heraufgekommen und hatte unter unseren Spinden Quartier genommen.

Keinen der über zweihundert Armeebriefe an Geronimo habe ich je wieder gelesen. Ob diese mir helfen könnten, Ihnen jene Tage genauer zu beschreiben, als ich es hier vermag, sei dahingestellt. Wichtiger erscheint mir die Feststellung, daß über der Erinnerung an diese Wochen ein Schleier des Ungefähren liegt.

So wie das Kriegsrecht in Polen meinem Unbehagen vor dem Weckpfiff post festum eine Begründung lieferte, die jenseits von persönlicher Empfindlichkeit lag, so nehme ich das, was mir zu Weihnachten widerfuhr, als Beweis dafür, daß meine merkwürdige Stimmung in den anderthalb Wochen zuvor mehr gewesen war als eine Laune.

Am vierzehnten Dezember, dem Tag nach dem großen Alarm, zerbrach meine Idylle. Ich schlief über Knut, unserem Fahrer und Stubenältesten, einem auffällig kleinen, aber kräftigen Mann, Gewichtheber in einer der leichten Klassen. Seine Freundin hatte ihn kurz nach seiner Einberufung verlassen, was ihn nicht daran hinderte, ständig von ihr zu schwärmen. Weder schrieb noch erhielt Knut Briefe, einmal im Monat kam von seiner Mutter ein Päckchen.

Es war halb elf, also nach Beginn der Nachtruhe. Gunther und Matthias, ein säbelbeiniger gutmütiger Fischkopp[1], unterhielten sich darüber, was man essen, überhaupt, was man tun müsse, um möglichst schnell krank zu werden und ins Lazarett zu kommen. Sowenig ich selbst von ihrem Wissen Gebrauch gemacht hätte, so passend erschien mir ihr Gespräch. Dialoge waren, wie gesagt, meine Schwäche. Ich schrieb mit. Das Licht war noch an und Knut nicht im Zimmer. Im Bett zu schreiben bedeutete, daß ich morgens, in den drei Minuten, die zum Anziehen und Heraustreten blieben, die Blätter ins Kuvert stecken, dieses beschriften und frankieren mußte, alles in der Hoffnung, wir kämen während des Frühsports am Briefkasten vorbei, wo ich ausscheren und meinen unter der Trainingsjacke verborgenen Kassiber einwerfen konnte.

Knut liebte es, auf die Klinke zu hauen und der Tür einen Tritt zu geben, so daß sie aufflog und gegen die Wand krachte. Das war lästig, doch wer sollte ihn daran hindern. Auch diesmal spielte Knut wieder Major, sah mich über seine Brille hinweg an und knipste das Licht aus. Ich hatte nichts anderes erwartet, schrieb den Satz blind zu Ende und roch Knuts Fahne, während

1 Spöttische Bezeichnung für Küstenbewohner.

er sich auszog. Er warf sich hin und her, das Bettgestell wackelte und quietschte, dann war es still, als habe er seine Schlafposition gefunden. Ich schrieb gerade den Gruß, da wurde ich emporgeschleudert, einmal, zweimal. Stößt jemand von unten mit beiden Füßen gegen die Matratze, ist man oben wehrlos wie ein Käfer auf dem Rücken. Ich klammerte mich ans Bettgestell. Als es wieder ruhig war, beugte ich mich hinunter, rief irgendein Schimpfwort – da trat er erneut zu. Diesmal verlor ich das Gleichgewicht. Mir passierte nichts, es war beinah wie ein Abgang vom Barren, und die Bettdecke, die zuvor heruntergefallen war, dämpfte meine Landung. Wütend trat ich nach Knut.

Schreiend standen wir uns im Dunkeln gegenüber. Ein paarmal traf er mich. Als das Licht anging, hielt auch er sich die Seite. Ich hatte ein Sakrileg begangen. Das wußte ich.

Als ich am nächsten Morgen meinen Brief zusammenfaltete, fehlte ein Blatt. Obwohl ich diesem Verlust bald keine Bedeutung mehr beimaß, geriet ich in einen merkwürdigen Zustand. Alles Eigene, der Schweiß meiner Achselhöhlen und zwischen den Beinen, der Geruch meiner Socken oder der Fleck auf meiner Uniform, alles erschien mir auf einmal kostbar, weil zu mir gehörig. Ich wollte mich in meinem Körper verstecken, ich war dabei, mich zu verpuppen.

In dem Brief, den ich noch von meiner Mutter erhalten hatte – vor Weihnachten gab es eine Postsperre –, war sie wie verwandelt. Ich hatte nichts von dem Alarm geschrieben, sie aber fühlte sich schuldig und quälte sich mit Vorwürfen. Ohne ihre Intervention, glaubte sie, hätte ich den Wehrdienst verweigert, was nach dem 13. Dezember keine Dummheit, kein falsches Heldentum mehr war, sondern vielleicht die einzige Chance, sich zu retten. Sie, die doch alle Romane von Arnold Zweig gelesen hatte, verstand sich selbst nicht mehr. Unseren Streit um die Röntgenaufnahme schien sie vergessen zu haben.

Und nun werde ich versuchen, Ihnen zu schildern, was ich bis heute immer verschwiegen habe. Nicht einmal Vera weiß davon.

Ausgerechnet an Heiligabend, wir hatten den ganzen Tag putzen müssen, ging es mir wieder besser. Die Hälfte der oberen Diensthalbjahre hatte Urlaub, Knut war geblieben und hoffte auf ein Silvester zu Hause. Seine Tritte gegen meine Matratze hatte er mal als Erziehung, mal als Spaß bezeichnet; wer nicht mitlachte, war selbst schuld. Ich hatte wieder Lust, an meinem ersten Kapitel zu arbeiten, und wollte Steinbecks »Früchte des Zorns« lesen, die ich in der Regimentsbuchhandlung gekauft hatte.

Nach dem Abendbrot sangen ein paar Soldaten auf dem Flur Weihnachtslieder. Ich war im Zimmer geblieben und schrieb Geronimo, wie eigenartig es sei, allein zu sein, wenn auch nur für Minuten. Es komme mir vor, als schwänzte ich irgend etwas, so fremd sei mir das Alleinsein geworden.

Einige Minuten später mußte ich tatsächlich ein Gefühl des Ertapptwerdens unterdrücken, als die Tür aufflog. Die halbe Kompanie schien auf Besuch zu kommen. Mein erster Impuls war aufzustehen, doch ich beherrschte mich. Ein Tritt gegen meinen Hocker ließ mich hochfahren. Knut verlangte Meldung, er befahl, daß ich mich nach Dienstvorschrift ankleidete und Pit, dem einzigen auf der Kompanie verbliebenen EK – das heißt Entlassungskandidat, also dem einzigen verbliebenen Soldaten im dritten Diensthalbjahr –, Meldung machte. Ich konnte sehen, wie man im Flur die Köpfe reckte und hochsprang. Ich fragte, was er wolle.

Da umklammerte mich jemand von hinten und preßte mir die Arme an den Körper. Ich war völlig hilflos. Das bißchen Würde, das in so einer Situation noch möglich ist, glaubte ich zu bewahren, indem ich mich nicht wehrte. Mehrmals wurde ich hochgehoben, landete aber immer wieder auf den Füßen. Mein

Spind stand offen. Knut warf mir die Stiefel gegen die Knie. Er brüllte. Ich wurde losgelassen.

Ich legte das Koppel an und salutierte, ich salutierte langsam und lächelte dabei. Knut forderte ein Geständnis, ich solle es zugeben. Der mich umklammert hatte – mein Ajax-Thersites – stieß mich in den Rücken. Als ich mich umdrehte, fuhr er mich an, ich solle nach vorn sehen. Aber das alles wurde schnell belanglos, nachdem ich das Blatt mit meiner Schrift in Knuts Hand erkannt hatte. Noch bevor Gunther und Matthias vortraten, wurde mir klar, was hier geschah.

Knut verlas stockend, mich und meine Sauklaue verfluchend, was ich an jenem Abend mitgeschrieben hatte. Nach jedem Satz fragte er: »Hast du das gesagt?« – »Ja, das habe ich gesagt«, antwortete mal Gunther, mal Matthias. »Ja, das habe ich gesagt.« Die Püffe in die Seite, die Kopfnüsse, die Stöße – all das hätte ich ertragen, wäre es nicht von diesem einen Wort begleitet gewesen. Spitzel! Jeder sagte es: Spitzel! Ein Spitzel! Knut ließ keinen Satz aus. Zu gut funktionierte diese Inszenierung. »Ja, das habe ich gesagt!« Knut war zum Magier geworden. Er zog die Fäden. Selbst diejenigen, mit denen ich mich gut verstand, mit denen ich mich sogar über Knut lustig gemacht hatte, riefen »Spitzel! Spitzel!«. Und sie warteten, daß endlich etwas geschah.

Ob sie denn tatsächlich glaubten, so würden Spitzelberichte aussehen? Das könne ja wohl nur ich beantworten, rief Knut. Er wollte endlich von mir hören, warum und für wen ich das geschrieben habe. Jemand schlug mir auf den Kopf

Weil ich Schriftsteller bin, weil ich an einem Buch über die Armee arbeite! Warum gestand ich es nicht?

»Lauter!« rief Knut. »Ich wollte meinem Freund einen richtigen Eindruck von der Armee geben!« wiederholte ich – jedes Wort ein Messerstich. Ich hatte aufgegeben, ich spielte mit, ich versuchte gar nicht mehr, sie zu überzeugen. In gewisser Weise bewunderte ich Knut sogar. Man knöpft sich einen Spitzel vor – eine Szene, wie ich sie selbst gern erfunden hätte.

Pit, der sich täglich im Waschraum mit einem Schlauch duschte und dann, naß gekämmt, mit rosigem Gesicht, den Schlauch über der Schulter, über den Flur tänzelte, dieser Pit krähte, warum hier überhaupt diskutiert werde, die Sache sei doch klar: Spitzel!

Aber Knut war noch nicht fertig. Was das denn für ein Freund sei, an den ich da schriebe, so ein Freund vielleicht wie jene Freundin, die ich ihnen aufgetischt hätte?

Wieder wurde ich umklammert. Gunther und Matthias sollten zuerst »reinhauen«. Mein Ajax-Thersites half ihnen aus der Verlegenheit und warf mich zu Boden. Ich fiel auf den Rücken. »In die Eier!« rief jemand. Ich spürte nichts.

Was folgte, erspare ich Ihnen. Ihnen und mir. Ich staunte die ganze Zeit, daß sie das Richtige taten, daß sie instinktiv wußten, wie sie am tiefsten demütigen konnten. Vielleicht waren sie auch so treffsicher, weil sie guten Gewissens handelten, weil es niemanden gab, der etwas gegen die Bestrafung eines Spitzels gehabt hätte. Das heißt, einen gab es, doch das erfuhr ich erst später.

Knuts einziger Fehler war: Er übertrieb. Meine Züchtigung dauerte zu lange. Und mit der Empfindung für Schmerz kehrte auch die Wut zurück und ein euphorisches Freiheitsgefühl: Ich hatte nichts mehr zu verlieren!

Kurz darauf wurde ich zum Kartoffelschälen beordert. In dem gefliesten Lagerraum des Küchengebäudes saß ich auf einer umgestülpten Kiste, schälte vor mich hin und hörte zu, was die anderen Ausgestoßenen erzählten. Damals hätte ich sofort zugestimmt, die restlichen sechzehn Monate zwölf Stunden täglich Kartoffeln zu schälen. Es reihte sich Strafarbeit an Strafarbeit.

Doch ich war froh, die Feiertage nicht auf der Kompanie verbringen zu müssen.

Da mir kaum Zeit zum Schreiben blieb, machte ich meine Notizen auf der Toilette – hastige Stichworte, die Interpunktion auf Gedankenstriche reduziert. Es war Geronimo, der mir gratulierte. Ich hätte das neue Jahr mit einem eigenen, unverwechselbaren Stil begonnen. Merkwürdigerweise erwachte ich auch nicht mehr vor dem Weckpfiff.

Mein Schweigen unterband jeden Annäherungsversuch. Entschuldigungen überhörte ich. Selbst jenen Unteroffizier, der mir eröffnete, man habe mich nicht in der Küche benachrichtigt, als meine Mutter zu Besuch gekommen war – er nannte die Schuldigen und bot sich als Zeuge an –, würdigte ich keines Wortes. Von dem Kuchen, den Mutter für mich abgegeben hatte, war nur das Netz und die leere Springform bis zu mir gelangt.

Meine Rolle war in gewisser Weise bequem: Ich mußte keine Rücksichten mehr nehmen. Knuts Befehle ignorierte ich. Als er mir einmal die Unterwäsche aus dem Spind kehrte, landete seine Bettdecke auf dem Flur. Ich war zu allem bereit, auch zum unendlichen Kleinkrieg.

Montag, 23. 4. 90

Ende März, es war ein Sonntag, trat Nikolai in unsere Stube und damit in mein Leben. Nikolai besaß vielleicht die auffälligste Physiognomie der Kompanie. Die Spitze seiner schmalen langen Nase zeigte streng nach unten und gab seinem Gesicht etwas Widderhaftes. Sein Vater war Armenier, seine Mutter, eine Berlinerin, hatte später einen Deutschen geheiratet. Nikolai war ein sehr guter Läufer, zählte auf der Sturmbahn zu den Schnellsten und sollte als Fahrlehrer in der Kompanie bleiben. Seine Uniform saß wie maßgeschneidert. Man glaubte immer, er habe Dienst, weil er selbst abends und am Wochenende nach Vorschrift gekleidet herumlief. Als er vor mir stehenblieb, sein Käppi abnahm und fragte, ob er sich setzen dürfe, erwartete ich, daß er sich als Abgesandter in einer wichtigen Mission zu erkennen gebe.

Seine Bitte sei ungewöhnlich, doch die Bezahlung gut: zwei Schachteln »Club«. Dafür sollte ich einen Geburtstagsbrief schreiben, drei bis vier Seiten, nicht für ihn, sondern für Ulf Salwitzky. Dessen Frau habe Geburtstag, doch seit Tagen bringe Salwitzky kein Wort aufs Papier. Wahrscheinlich könne ich mehr verlangen, doch er, Nikolai, halte zwei Schachteln vorerst für angemessen.

Mir gefiel das Geschäftsmäßige seines Vorschlags, obwohl ich nicht auf die Entlohnung angewiesen war. Vera saß wieder Modell und verfügte über genügend Geld, um meinen Sold (110 Mark) je nach Bedarf aufzubessern.[1]

»Du brauchst nur deinen Füller«, sagte Nikolai und erhob sich. Im Klubraum wartete Ulf Salwitzky, ein »Vize«, also zweites Diensthalbjahr. Schreibblock und Photos lagen vor ihm.

Nikolai ließ sich zwei Tische weiter nieder, entnahm seiner Beintasche ein Bündel Buntstifte und begann zu zeichnen. Frau Salwitzky hatte eine auffällig schmale Oberlippe. Wenn sie lachte, entstanden auf ihren Wangen Grübchen.

Als hätte ich nie etwas anderes getan, nahm ich ihm gegenüber Platz und bat ihn, von ihr zu erzählen. Salwitzky schniefte und zuckte mit den Schultern. »Wir sind verheiratet«, sagte er, »seit zwei Jahren.«

Was sie am liebsten habe, fragte ich und wollte mir Notizen machen.

[1] T. hielt diese Unterstützung anscheinend für selbstverständlich.

»Zuerst von hinten, die Hosen runter, in der Küche oder im Bad, im Bett is nich ihr Ding«, sagte Salwitzky, der still hielt wie beim Friseur. Ich solle anfangen. Er wolle erst mal sehen, was ich überhaupt könne. Ihm schien es nicht recht, mit mir reden zu müssen. Was es denn da zu verstehen gebe, fuhr er mich an, einen Fick solle ich beschreiben, von hinten, ohne Getue.

»Und wie heißt sie?« fragte ich. Zuletzt ließ ich mir ihre Zweiraumwohnung beschreiben.

Nach einer halben Stunde sollte ich vorlesen. Ulf Salwitzky beugte sich vor und ergänzte zum Beispiel »Arschklatschen, Arschklatschen!«. Dabei schaukelte sein Kopf hin und her. Er bewies durchaus Gespür. Ihm gefiel, daß Kerstin keine Zeit blieb, den Blumenstrauß in die Vase zu stellen, und nun der Blumenstrauß immer mit dabei war, zuerst störend, dann als unerwartete Steigerung. Salwitzky weihte mich in die nächste Stellung ein. Nikolai fragte, ob ich wieder »mit Blumenstrauß« plane.

Nach einer Stunde übergab ich Salwitzky die Blätter zum Abschreiben. Auf Nikolais Zeichnung sah man, wie die Schweißtropfen von Kerstins wippenden Brüsten flogen. Ihr ganzer Körper war von Schallwellen umgeben, einfache, doppelte, dreifache Bögen, je nach Intensität der Bewegung. Salwitzky selbst war nicht geschönt, aber gerade dieser Realismus, mit dem Nikolai den zusammengepreßten Mund, den in den Schultern schmaler werdenden Oberkörper gezeichnet hatte, beglaubigte die Szene. Nur auf der letzten Zeichnung verklärten Gojko-Mitić-artige Züge Salwitzkys Gesicht.[1]

Ulf Salwitzky packte fünf Schachteln »Club« auf den Tisch

[1] Gojko Mitić wurde durch seine Rollen als Indianerhäuptling in DEFA-Filmen sehr bekannt. Galt lange Zeit als Inbegriff männlicher Schönheit. T. setzte voraus, dass N. H. ihn kannte.

und verschwand grußlos. Nikolai nickte mir zu, setzte sein Käppi auf und ließ zwei Schachteln zurück.

Dann erlebte ich, was es heißt, über Nacht berühmt zu werden, auch wenn ich im Schatten von Nikolai stand. Wie ein Bänkelsänger war Salwitzky von Stube zu Stube gezogen, hatte die Blätter vorgezeigt und meinen Brief verlesen. Den nächsten Auftrag erhielten wir am Nachmittag, und abends waren wir für die ganze Woche ausgebucht.

Nikolai war der Star und ich sein Gehilfe. Nikolai nahm die Aufträge an, bestimmte die Konditionen und legte die Termine fest. Jedesmal bat er mich erneut um Mithilfe und bedankte sich mit gleichbleibender Liebenswürdigkeit für meine Bereitschaft.

Ulf Salwitzky händigte uns so stolz wie ratlos den Brief seiner Frau aus, der damit schloß, wie sie ihren Mann am Schwanz hielt.

Je näher die Entlassung der EKs rückte, um so mehr hatten wir zu tun. Vor allem Nikolai arbeitete bis zur Erschöpfung. Selbstverständlich befreite man uns von allen Diensten. Statt meiner zog Knut auf Wache.

Als der Tag der Entlassung überstanden war, erhielten Nikolai und ich Ausgang. Er hatte das für uns arrangiert und ließ mich wissen, daß sonst niemand im Regiment »Freigang« habe, wie er es nannte, weshalb die Gaststätten halbwegs begehbar seien. Für mich war das Neuland.

Schweigend liefen wir nebeneinander her. Der Weg in die Stadt war endlos. Unter diesen Umständen fühlte ich mich ihm ausgeliefert. Ja, mich ärgerte die Anmaßung, mit der Nikolai über mich verfügt hatte.

Er lud mich ins »Gambrinus« ein und bestellte mit Zwiebeln und Käse überbackene Steaks, angeblich eine Spezialität des Hauses. Ich bestand auf Bier.

Nikolai versuchte, das Gespräch in Gang zu bringen. Zuerst ging es um unsere Preise und darum, nicht mehr jeden Auftrag anzunehmen. Dann sprach er von seinen Plänen. Nach der Entlassung wolle er nach Armenien reisen, zu seinem Vater, einem Künstler. »Das will ich auch werden«, sagte er.

»Was?« fragte ich.

»Künstler«, erwiderte er und sah dabei aus wie ein weises Schaf.

»Und ich Schriftsteller!« Ich grinste, als hätte ich einen Scherz gemacht.

»Ich weiß«, sagte er und hob sein Kinn. »Das hättest du mal eher sagen sollen.«

»Das hätte auch nichts gebracht«, erwiderte ich und ärgerte mich, weil ich damit anerkannte, daß er meine Gedanken erraten und womöglich schon damals die ganze Situation erfaßt hatte.

»Ich habe nur darauf gewartet, daß du den Mund aufmachst. Knut ist der Spitzel.«

»Warum Knut?« fragte ich.

»Alle haben es gewußt, schon Tage vorher, verstehst du, es geschah mit Ansage. Wärst du wirklich ein Spitzel gewesen, hätte man dich gerettet. Aber offenbar paßte es denen da oben ...« Nikolai blickte umher, als suchte er den Kellner.

»Und was heißt, du hast darauf gewartet?« fragte ich. Er nahm das Glas, aus dem er hatte trinken wollen, von den Lippen, hob es höher und sagte: »Ich hätte es bestätigt, hätte gesagt, daß wir darüber gesprochen haben und daß du mir von deiner Geschichte erzählt hast ...« Seine Oberlippe zuckte. »Du hast mir leid getan«, fuhr er fort, »aber so dämlich, wie du dich angestellt hast – man hätte glauben können, du wolltest es so.« Er reagierte nicht auf mein Lachen. Dann sah er mich an, hochmütig, traurig, weise, zu allem bereit und schicksalsergeben. Gegen ihn war Geronimo ein grobschlächtiges Kind.

Das Essen kam, und Nikolai begann, von anderen Dingen zu reden. Er werde kein Fahrer, sondern übernehme den frei gewordenen Posten des Plakatmalers, mit eigener Werkstatt und allem Drum und Dran. Er lud mich ein, ihn am nächsten Tag, überhaupt immer, wann ich wollte, in seinem Atelier zu besuchen. Doch mein Entschluß, ihn zukünftig nicht mehr in meiner Nähe zu dulden, stand bereits fest.

Enrico

Mittwoch, 25.4.90

Lieber Jo!
Wir sind umgezogen, ich lebe auf hoher See! Der über die alten Dielen genagelte Bodenbelag, ein Reststück aus Freds Schatzkammer, schlägt von Tag zu Tag höhere Wellen und macht aus dem Ölradiator ein Boot, das auf und ab tanzt, sobald ich ihn mir von den Füßen um den Schreibtisch herum in den Rücken schiebe. Das ist der Preis für meinen Mittelalter-Ausblick.

Wer zu uns will, steht häufig vor verschlossenem Tor, weil die alten Leute über uns – angeblich leben sie seit vierzig Jahren in wilder Ehe – nicht davon abzubringen sind abzuschließen, sobald sie das Haus verlassen oder wiederkommen. Besonders sie, Frau Käfer, genannt Käferchen, ist eine eifrige Schlüsselfee. Ilona hört inzwischen sogar mitten im Gespräch und bei geschlossenem Fenster, wenn jemand am Tor rüttelt. Wer sich aber einmal bis zu uns heraufgewagt hat, betritt einen hellen Empfangsraum – überall Grünpflanzen, die vom schäbigen Stasimobiliar ablenken sollen.

Fred hat die Türen mit Schildern versehen, »Vertriebsbüro«

zum Beispiel, und für jeden Raum Vorschriften verfaßt. In meinem Zimmer ist folgendes zu beachten: »Nicht mehr als zwei Personen gleichzeitig! Nicht springen oder stampfen! Ölradiator maximal Stufe 2! Beim Verlassen des Zimmers: Licht aus, Stecker raus! Fenster verschließen!« Seine letzte Anweisung, »Nicht rauchen, Brandgefahr!«, hat er handschriftlich durch »möglichst« ergänzt.

Als ich gestern mit Fred den Haushaltswarenmann besuchte – wir müssen eine neue Stromleitung in mein Zimmer legen – und darum bat, uns die hinteren Räume zu zeigen, sahen sie in meiner Bitte den läppischen Vorwand eines Spions. »Wir haben nichts zu verbergen«, rief der Chef, »wenn Sie es sehen wollen ... na bitte ... machen Sie, was Sie wollen ...« Und eilte voran. Gegen sein Mißtrauen vermochte meine Verbindlichkeit nichts. Im Gegenteil! Jede meiner Fragen erschien mir selbst höchst mißverständlich. Auf dem Rückweg aus dem Lager vertrat uns schließlich seine Frau den Weg. Sie hatte Tränen in den Augen, als sie ankündigte, »jetzt mal etwas geradezurücken«, weil ich wohl nicht wisse, wie lange sie schon ihr Geschäft hier hätten, wie mühsam es gewesen sei, all das herbeizuschaffen, aufzubauen und zu erhalten. »Es gab doch nichts! Die Gesundheit hat er sich ruiniert, seine Gesundheit!« Ihr Mann begleitete jedes Wort mit einem Laut wie aus einer gestopften Tuba. Gegen Ende fügte er ihrer verzweifelten Arie eine Zweitstimme hinzu, die aus nichts weiter bestand als »Da könn wir gar nüscht machen, gar nüscht! Da könn wir gar nüscht machen«.

»Und jetzt können Sie gehen!« sagte seine Frau und blieb vor mir stehen. Ihre Tränen waren versiegt. Ich lud sie ein, unsere Räume zu besichtigen, erzählte von der Zeitung – »Ja«, antwortete sie, und es klang bitter, »die kennen wir!« – und bot ihnen an, kostenlos bei uns zu inserieren. »Worum solln wir das machen?« fragte er. »Die kenn uns doch hier olle, worum denn, worum solln wir das machen?« Die Tochter, eine Bohnenstange, erwiderte nicht mal unseren Gruß, doch sie schnaubte unglaublich laut in ihr Taschentuch, als wir den Laden verließen.

Vorgestern hatte ich gerade die richtige Überschrift für einen Artikel gefunden (»Kapitäne retten sich zuerst«), als Ilona drei Gießener Journalisten ankündigte. Mit zwei von ihnen hatten wir den Wahlsonntag verbracht. Sie hoben vor Wiedersehensfreude die Arme, als wollten sie mich an sich drücken. Hinter ihnen erschien der Chef vom Dienst, bei dem ich mir das »Spiegeln« abgeschaut habe. Er wirkte ernst und verschlossen. Ich führte sie durch die Redaktion bis an meine Tür und stieg mit ihnen hinauf zu Jörg, Marion und Pringel, die sich zwei große Zimmer teilen. Wieder fanden die Gießener alles »spannend«, als erwarteten sie jeden Augenblick eine dramatische Wendung. Ich fragte nach ihrem Wahlartikel. Sie gaben sich erstaunt und waren untröstlich, weil der uns nicht erreicht hatte. Beim Kaffeetrinken belogen wir sie über die Höhe der Auflage, ließen uns bewundern – für Jörgs Artikel und unsere Skandalnummer – und lauschten ihren Betrachtungen über den »starken Anzeigenmarkt«, der hier heranwachse. Nach einer halben Stunde verabschiedeten sie sich mit dem Versprechen, den Artikel zu schicken.

Gegen sechs tauchte der Chef vom Dienst erneut auf und blieb mitten im Zimmer stehen. Ich saß auf Ilonas Stuhl, telephonierte und wartete auf den Baron, der uns versprochen hatte, seinen Rechtsanwalt und eine Überraschung mitzubringen. »Da haben Sie ja Glück«, sagte ich, »daß unser Tor offen war.«

Es sei wohl eher so, erwiderte er, daß das Glück auf unserer Seite liege, wir hätten Glück, daß er sich die Mühe gemacht habe, noch mal hereinzuschauen. Er nahm auf dem Stuhl für Anzeigenkunden Platz.

Er wolle ganz offen mit mir sprechen, er hoffe, wir wüßten das zu schätzen und würden die Gunst der Stunde erkennen.

Seine Zeitung habe beschlossen, in Altenburg ein Blatt zu gründen, beste Drucktechnik, professionelle Journalistik, den Mantelteil (also alles Überregionale) übernehme man von Gießen. Allerdings sei zu überlegen, ob wir mit ihnen zusammenarbeiten wollten, was hieße, daß sie uns aufkauften, es aber durchaus im Bereich des Vorstellbaren liege, daß »einer von Ihnen die Leitung hier übernimmt …«

Ich unterbrach ihn und ging hinauf. Ich sprach ganz ruhig, weshalb Jörg zuerst gar nicht reagierte. »Nein«, sagte ich, »ich spinne nicht. Er sitzt da unten und wartet.«

Der Chef vom Dienst mußte alles wiederholen, was seine Stimmung spürbar verschlechterte. Er könne uns, nur damit wir Bescheid wüßten, keine Bedenkzeit geben, morgen Punkt neun Uhr sei die Sitzung, auf der die Entscheidung gelte, die er heute abend von hier mitnehme.

Jörg fuhr auf. So überlegen er mit Georg verhandelt hatte, so unbeherrscht benahm er sich jetzt.

»Und ob wir das können«, gurrte der Gießener, wobei man spürte, wie wohlig ihm war, als er die Beine ausstreckte und die Füße an den Knöcheln übereinanderlegte. Was er, Jörg, denn glaube? Ein paar Räume, Strom, Telephon, das wüßten wir doch. Wäre es mit rechten Dingen zugegangen, säßen jetzt ohnehin nicht wir in diesem Palast, sondern ganz andere Leute, wobei der Chef vom Dienst auf sich zeigte. Wenn man den Einheimischen einmal den Vortritt gelassen habe, so bedeute das nicht, daß man das immer so zu machen gedenke.

Jörg, der aus unerfindlichen Gründen seine Backenmütze in Händen hielt und mit ihr herumwedelte, versuchte zu lachen. »Und wer schreibt?«

Das liege noch in unserer Hand. Sie jedenfalls hätten genug Profis, »junge, ehrgeizige, gut ausgebildete Leute«, die auf eine Chance warteten, sich zu beweisen. Und an Einheimischen mangele es ebensowenig. Auf ihre winzige Anzeige in der LVZ, die Winzigkeit schrumpfte zwischen seinem Daumen und Zeigefinger gegen null, hätten sich über dreißig Bewerber gemeldet, von denen sie sieben zu einem Vorstellungsgespräch eingeladen hätten. Das bereite ihm kein Kopfzerbrechen. Und seine jungen Freunde, die übrigens immer und überall, das könnten wir ihm glauben, voller Hochachtung und Bewunderung von uns sprächen, seien ja längst dabei, die ersten Ausgaben vorzubereiten. »Die haben bereits Quartier bezogen.«

Jörg schwieg und blinzelte. Ich wartete darauf, in Panik zu geraten, und fragte, wozu sie uns überhaupt brauchten. Der Chef vom Dienst zog ein Schnäuzchen und ließ seinen Kopf auf die Brust fallen.

Er erkenne unsere Leistung an, begann er – sobald er den Mund öffnet, löst sich seine Zunge mit einem Schmatzlaut vom Gaumen –, er habe Respekt vor jungen Leuten, die etwas für sich und die Gesellschaft tun wollten, die die Ärmel hochkrempelten und mit Engagement zur Sache gingen. Wir seien die neuen Kräfte, auf die man setzen könne und auch müsse, denn von außen ließe sich viel machen, aber eben nicht alles. Das sei ein Vorsprung, den er uns gern gutschreibe. Er sei der erste, der unseren Einsatz für Demokratie und Marktwirtschaft anerkenne. Allerdings, bei Licht betrachtet, fehle es uns an Professionalität, woher sollte die in einer Diktatur auch kommen, aber das könnten wir Schritt um Schritt erlernen, da zähle er auf unseren guten Willen. Kurzum, es sei eine Frage der Sympathie und der Fairneß. Wir sollten es einmal so sehen: Wir würden genau das schreiben, wonach uns der Sinn stünde, und sie würden uns mit ihrer geballten Kraft, mit Erfahrung und Kapital, mit ihren Verbindungen und Tricks – ja, er rede offen, auch Tricks gehörten zum Geschäft, haha –, sie würden uns zu Hilfe kommen – gegen die LVZ, die alte Parteizeitung. Und so entstünde gemeinsam und unter Anstrengung aller etwas wirklich Neues, ein Zeichen, ja ein Vorbild für das ganze Land.

Er war von Satz zu Satz auf seinem Stuhl emporgewachsen und schwang nun wie ein Prophet sein haariges Fäustchen. »Ein Vorbild für das ganze Land!« wiederholte er.

Allein, fuhr er fort, hätten wir sowieso keine Chance gegen die Großen, die früher oder später hier auftauchen würden. Insofern wären sie, die Gießener, regelrecht ein Glücksfall für uns, auch wenn wir das jetzt noch nicht so sehen würden. Und mit einem seligen Lächeln fügte er hinzu: »Wenn die Großen hier einreiten, fragt Sie« – und damit stieß er seinen Finger über den Tisch – »niemand mehr!« Etwas verspätet begann sein Finger wie ein Metronom hin- und herzuwackeln. »Dann fragt Sie niemand mehr!« wiederholte er und lehnte sich zurück, als hätte ihn dieser Satz erschöpft.

Vielleicht blieb ich deshalb so ruhig, weil nur noch diese Rolle frei war, vielleicht aber auch, weil ich spürte, daß irgend etwas nicht stimmte. Als Anfangsverdacht reichte mir die Unfähigkeit des Chefs vom Dienst, eine plausible Sitzhaltung zu finden. Seine Gesten wirkten vorgetäuscht.

»Und wozu«, fragte ich, »brauchen Sie uns wirklich?«

»Nicht schlecht, nicht schlecht«, sagte er nach einem besonders lauten Schmatzer. »Also gut, spielen wir mit offenen Karten.« Er vollführte eine Art Bocksprung mit dem Stuhl, der am Teppich hängengeblieben war. »Was ich Ihnen gesagt habe, stimmt, ohne Abstriche. Wir kommen, so oder so. Der entscheidende Faktor jedoch ist wie immer – die Zeit! Jede Woche, die wir eher als die LVZ fünf Seiten Altenburg haben, bringt uns Abonnenten, die später nicht mehr oder nur sehr teuer zu bekommen sind. Wir müssen schnell sein!«

Seine haarigen Finger tremolierten auf der Tischplatte. »Halten Sie nur mal die Zeitungen nebeneinander, nach welcher greifen Sie ganz automatisch? Und was passiert, wenn Altenburg nach Thüringen kommt, was so sicher ist wie das Amen in der Kirche? Wer will dann die Leipziger noch, was interessiert uns Sachsen?«

»Und wo lassen Sie drucken?« fragte Jörg tonlos.

»Ich bin in Gera gewesen«, sagte er in einem Tonfall leutseliger Fachsimpelei. »In Gera haben sie Lichtsatz, die lecken sich jetzt schon die Finger, so ein Geschäft bringen wir denen. Aber nur nach unseren Konditionen. Sonst fliegen wir alles aus Gießen ein. Dann kommt die Zeitung eben erst um sieben. Wann kommt sie hier?« fragte er. »Um elf, um zwölf, um zwei?«

»Und wir?« fragte ich. »Wieviel sind wir Ihnen wert?«

»Enrico!« rief Jörg und schwieg.

Ein Lächeln beseelte den Chef vom Dienst, das so verräterisch war, daß ich das Matchbox-Auto erst bemerkte, als es meine Hand berührte.

»Für jeden einen, hier vor die Tür«, sagte er. Ich schob den kleinen BMW weiter zu Jörg, der ihn mit einer Handbewegung abwehrte, als verscheuchte er eine Fliege. »Und zwanzigtausend auf die Hand, bar, in einer Woche, D-Mark, zwanzigtausend, für jeden zehn.«

Er könne seine Glasperlen wieder einstecken, sagte Jörg und sah mich an. »Das ist doch unglaublich, nicht? Völlig unglaublich!«

Am liebsten hätte ich dem Gießener – Offenheit gegen Offenheit – ein Märchen erzählt. Dieselben Argumente, die er so eindrucksvoll vorgetragen habe, hätten uns bereits dazu bewogen, nach einem starken Partner Ausschau zu halten, nach einem, der in ganz Thüringen präsent sei und der über eine Druckerei in der Region verfügte. Doch Jörgs Empörung ließ für Bluffs keinen Spielraum.

Die Peripetie kündigte sich durch Schläge gegen das Hoftor

und die gleichzeitig aufspringende Tür zum Vorraum an, aus dem das »Anybody home?« des Barons erklang, eine Frage, mit der er sich selbst ständig zum Lachen bringt, obwohl niemand kapiert, was daran witzig sein soll.

Mehrmals bewegte sich die Klinke vergeblich, bevor die Tür langsam aufschwang. Vom Baron sah man nur Beine und Stiefel, alles andere war ein Karton.

Der Baron war glänzender Laune, begrüßte den Chef vom Dienst mit Herzlichkeit und schüttete sich dann aus vor Lachen, weil das »Käferchen«, die ihm auf der Treppe begegnet war, die anderen ausgesperrt hatte. Jörg lief nach unten.

Ich half dem Baron, den Karton in den Nebenraum zu tragen. Er fragte, ob er die Sachen für ein paar Tage bei uns lassen dürfe, bis sein Büro fertig sei.

Der Chef vom Dienst hatte sich erhoben, magisch angezogen von dem Markenzeichen auf dem Karton, einem angebissenen Apfel. Inzwischen war auch Jörg wieder heraufgekommen und mit ihm zwei Männer, ebenfalls schwer beladen.

Der eine, Andy, ein Ami fast ohne Deutschkenntnisse, der andere unser Rechtsanwalt Bodo von Recklewitz-Münzner.

Recklewitz haben wir es zu verdanken, daß wir in Sachen Pipping-Fenster ruhig schlafen können. Recklewitz' Gesicht, aus dem die Nase spitz und schief hervorsticht, hat tatsächlich etwas Aristokratisches, sein Lachen ähnelt dem des Barons. Auch er verzieht jeweils nur die linke Mundhälfte. Andy, groß, breitschultrig, rotblond und blauäugig, lacht gern und laut. Seine Augen suchen ständig den Baron, weil der ihm hin und wieder etwas übersetzt. »Wie geht's?« sagte Andy, drückte mir die Hand und schien in meinen Augen zu forschen. Der Chef vom Dienst sagte »How do you do?« und fragte mich leise: »Sie rüsten um?« Ich nickte.

Jörg mußte auf der Treppe etwas gesagt haben, denn von

Recklewitz trat, sich die Hände reibend, vor den Chef vom Dienst und fragte, als erkundige er sich nach der Uhrzeit: »Sie wollen uns also brotlos machen?«

Und Jörg, dankbar, sich beklagen zu können, petzte: »Entweder mit oder gegen uns. So ist es doch, das haben Sie gesagt!?«

»So einfach ist es nun nicht«, verteidigte sich der Chef vom Dienst und zog seine Visitenkarte hervor. Während er die Geschichte unserer Freundschaft vortrug, waren Andy und der Baron nebenan damit beschäftigt, die Apparate aus den Kisten zu holen.

»Und was wird aus unseren Investitionen?« blaffte Recklewitz und hackte mit der Nase in meine Richtung. Er war großartig.[1]

Der Baron bat uns herüber. »Das ist das Beste«, schwärmte er, »es gibt nichts Besseres ... Sie sind aus der Branche?« Und als auch er eine Gießener Visitenkarte erhalten hatte, rief er: »Dann werden Sie das bestätigen?« Und der Chef vom Dienst bestätigte es umgehend. Sie selbst überlegten, ein paar »Apple« einzusetzen, in einigen Bereichen jedenfalls »mache das wohl Sinn«. Und allmählich wurde der Chef vom Dienst wieder zu jenem begeisterten Besucher, als der er sich im Februar über unsere Spiegel gebeugt hatte. Er hielt den Karton fest, als Andy den Bildschirm aus dem Kasten zog, räumte das Styropor zusammen, ließ sich keinen Kabelanschluß entgehen und betrachtete ebenso sorgenvoll wie Andy unsere Steckdosen.

Sogar an Verlängerungsschnüre und eine Verteilerdose hatte der Baron gedacht. Nur Recklewitz drängelte, er hatte Hunger. Wir verzogen uns mit ihm nach oben. Kurt bot Recklewitz etwas aus seiner Brotkapsel an. Recklewitz dankte irritiert. Er habe

[1] Barristas Gefolge schien in Auftritten wie diesem nicht ganz ungeübt zu sein.

so viel vom hiesigen Mutzbraten gehört (auch er sprach es falsch aus), daß er sich lieber noch etwas beherrschen wolle. Kurt klappte die obere Scheibe zurück, zeigte eine dicke Schicht Landleberwurst vor und biß dann selbst hinein.

Solltest Du jemals Bodo von Recklewitz-Münzner kennenlernen, so wirst Du sehen, daß er seinem Namen alle Ehre macht. Zuerst ist er ganz der Herr von Recklewitz, der nur über den Wassergraben seiner Burg hinweg Befehle erteilt. Ja, man merkt seinen Augen und Schläfen die Kopfschmerzen an, die es ihm bereitet, wenn sich jemand zu ihm setzt, statt in einigen Metern Abstand auf seinen Wink zu warten. Hat er sich dann erst einmal geordnet, den Blick von einem fernen Horizont zurückgeholt und den inneren Widerstand, den jede neue Berührung mit der Welt in ihm hervorruft, überwunden, wird aus dem Herrn von Recklewitz mit jedem Wort, mit jeder Erläuterung und Anmerkung mehr und mehr der hilfsbereite Herr Münzner, der uns zukünftig mit Rat und Tat zur Seite stehen wird. Wir zahlen ihm sechshundert Mark pro Monat und können ihn dafür jederzeit und mit allem in Anspruch nehmen – nur Fahrtkosten sind extra. Damit sei er, vor allem aber seien seine Klienten mit dieser Regelung stets gut gefahren. Nur sollten wir nicht den folgenschweren Fehler begehen, Recht und Gerechtigkeit miteinander zu verwechseln. Er sei für das Recht zuständig, dafür, recht zu bekommen.

Und plötzlich, nachdem der Vertrag unterschrieben war, lachte uns linksseitig unser alter Schulfreund Bodo an, mit dem zusammen wir jetzt was Gutes essen würden.

»Wir müssen da schleunigst runter«, rief er, »von allein werden die nicht rauskommen.« Bodo von Recklewitz-Münzner erwartete sich Sagenhaftes von der hiesigen Küche.

Ich lud den Chef vom Dienst ein, mit uns zu essen. »Glauben Sie mir«, sagte er und ergriff mit beiden Händen meine Rechte,

»wenn ich nicht morgen früh diese Beratung hätte, ich würde es tun! Ja, ich würde es tun, und dann würde ich Sie, Sie alle hier, einladen!«

Wir geleiteten ihn zum Wagen, zu ebenjenem BMW, dessen Modell ich als Corpus delicti in der Hosentasche trug. »Ein schönes Auto«, rief ich, als der Chef vom Dienst das Fenster herabsurren ließ. Er setzte zurück und streckte den Kopf heraus, als wollte er sehen, ob wir noch alle da wären. Beim Anfahren reckte er seinen Arm bis übers Dach und winkte mit seiner Fliegenhand, wobei er, wie ein neues Versprechen, ein Goldarmband entblößte.

»Der Sauhund!« rief Jörg, der noch vor Recklewitz seinen Arm hatte sinken lassen. »Dieser Sauhund!«

»Seien Sie froh«, lachte der Baron, »daß Sie an so einen geraten sind, und seien Sie stolz! Kaum daß Sie auf dem Markt sind, umwirbt man Sie. Was wollen Sie mehr?«

»Sitzt die ganze Zeit mit so einem Spielzeug im Jackett da und wartet auf seinen Einsatz, pfui Teufel!« rief Jörg.

Der Baron schwieg, wie um sicherzugehen, daß Jörg tatsächlich zu Ende gesprochen hatte, und sagte dann: »Bauen Sie die Mauer wieder auf, aber beeilen Sie sich damit!«

Wir sollten ihm, diesem Chef vom Dienst, dankbar sein, ja, wirklich dankbar. Der habe unsere Schwächen aufgedeckt, »Ihre Stärken und Schwächen«, ergänzte der Baron. Er mache sich selbst Vorwürfe, in der Vergangenheit nicht härter zu uns gewesen zu sein. Denn wie sich nun zeige, sei es wohl eher unwahrscheinlich, daß man uns weiterhin Zeit lasse, schmerzlos zu lernen, »wenn es das überhaupt gibt, schmerzloses Lernen!«.

Jörg solle ihm einen Satz des Chefs vom Dienst nennen, der falsch gewesen wäre. Wir müßten uns ändern, ganz schnell ändern, sonst hätten wir keine Chance. »Und wenn Sie wenigstens«, sagte er, »den Umfang überdenken und Ihre Druckqualität. Sie brauchen Platz für Anzeigen, und für D-Mark kauft Ihnen niemand solche schemenhaften Photos ab.«

Noch im »Ratskeller« stritten sie. Der Tonfall blieb freundlich, aber unerbittlich. »Sie wollen keine Tageszeitung werden? Dann müssen Sie sich eben was anderes überlegen.«

Jedesmal wenn ich Jörg beispringen wollte, stand er bereits auf verlorenem Posten. Deshalb wohl zielte Recklewitz mit seiner Nase auf mich. Was ich denn dächte? Mir fiel nichts ein. Und ich war verärgert, weil Jörg sich so kindisch gebärdete, daß sie glauben mußten, wir hätten vergessen, die Spielregeln zu lesen.

»Enrico!« rief Jörg. »Laß dich nicht so einfach ins Loch jagen!« Und dann machte Jörg erneut seine traurige Rechnung auf. Natürlich weiß niemand, was nach dem ersten Juli[1] wird, natürlich ist der Osten nicht der Westen, natürlich haben wir von der letzten Nummer fast tausend Exemplare mehr verkauft, natürlich kommt es auf uns an, auf das, was wir wollen, und auf unsere Kraft, natürlich sind wir nicht irgendeine Zeitung. Und wenn Jörgs Leute gewählt werden, sitzen wir näher an der Quelle als alle anderen. Aber ob das reichen wird?

Danach fiel niemandem etwas Unverfängliches ein, um das Schweigen zu beenden. Zum Glück kam das Essen. Wir stießen an, und ich begriff nicht mehr, was an der Vision des Barons eigentlich so schrecklich sein sollte und was Jörg dazu trieb, immerfort den Kopf zu schütteln. Wenn Jörg sich weiter weigere, hatte der Baron gesagt (und offengelassen, wie ernst es ihm damit war), werde er eben selbst ein Anzeigenblatt gründen. Man dürfe doch das Geld nicht auf der Straße liegen lassen. Außerdem mache ihm das Spaß, Geldverdienen mache immer Spaß. Und in diesem Fall sei es ein Kinderspiel, wenn man von Beginn an alles richtig anpacke. Hatte der Chef vom Dienst

[1] Am 1. Juli 1990 begann die Währungsunion mit der BRD.

nicht gesagt, in Gera drucke man mit Lichtsatz? Dann könnten so viele Gießener kommen wie wollten. Für das »Wochenblatt« jedoch sei das tödlich. »Wenn Sie jetzt nicht reagieren«, sagte er und richtete seine Tiefseebrille auf mich, »sind Sie erledigt.«

»Nein«, sagte Jörg, in diese Falle tappe er nicht. Er werde nicht zulassen, daß wir unsere Kräfte verschwendeten. Wir würden das Ruder fest in der Hand halten.

»Dann rudern Sie mal«, rief Recklewitz, der, weil es keinen Mutzbraten mehr gegeben hatte, ein enormes Eisbein vor sich zerlegte und von erfreulicheren Dingen reden wollte, zum Beispiel vom Fußball, obwohl er wissen mußte, wie lächerlich der Baron Sport fand.

Heute früh Punkt neun stand Andy in der Redaktion. Er setzte sich an den Computer und reichte mir drei Minuten später die fertige Anzeige: eine halbe Seite! In weißer Schrift stand auf schwarzem Grund nichts weiter als »Andy kommt!«. Er fragte nach »Discount«, den ich natürlich gewährte. Mit meinem Englisch ging es besser als erwartet, ich hatte ja keine Wahl. Trotzdem zweifelte ich dann, ob ich ihn richtig verstanden hatte, obwohl twenty ganz sicher zwanzig hieß und twenty thousand eben zwanzigtausend. Wieder tippte ich auf den Bildschirm, den Computer, den Drucker: All together twenty thousand?

»Jaa«, rief Andy immer wieder, »jaa!« Ich fragte, ob das nicht auch etwas für uns wäre! »Jaa, absolutely!«

Es ist alles so einfach! Wir haben siebeneinhalb für den VW-Bus ausgegeben, tausendfünfhundert für den Photoapparat. Auf die Habenseite kommen die Tausendfünfhundert[1] von der Videotheksanzeige, die uns der Baron verschafft hat, plus ein paar andere D-Mark-Einnahmen, macht zusammen dreizehn-

[1] T. hatte zunächst von tausendzweihundert geschrieben, vgl. Brief vom 28. 3. 1990.

tausend und ein paar Hunderter. Wir brauchen noch sechstausend und ein bißchen D-Mark!

Ich habe bereits Steen geschrieben und wegen eines Termins mit der Druckerei in Gera telephoniert. So schnell werden wir also nicht untergehen!

Dein E.

PS: Michaela sagt gerade, eine Frau habe versucht, Lafontaine umzubringen, mit einem Messer oder Dolch. Michaela glaubt, das erhöhe seine Wahlchancen.

Sonnabend, 28.4.90

Liebe Nicoletta!
Mit meiner Versetzung in eine Kompanie aus lauter Neulingen avancierte ich als Jüngster zum Stubenältesten,[1] dem das beste Bett (unten, am Fenster) und der neueste Spind zustanden, dem morgens und abends das Essen gebracht wurde und dessen Wort mehr galt als das eines Unteroffiziers.

Die Auftragsbriefe hatten sich so gut wie erledigt. Auch sonst hatte ich nicht viel zu tun. Gelegentlich fuhren wir mit den SPWs durchs Gelände, was eine willkommene Abwechslung war, ich mochte diese Fahrten – nur gestand ich mir das nicht ein. Selbst die Feldlager und kleinen Manöver hatten ihre Schrecken verloren, der Sommer 82 war außerordentlich warm.

Zum Schreiben verzog ich mich in Nikolais Malerwerkstatt[2],

1 T. befindet sich im zweiten Diensthalbjahr.
2 Diese Aussage überrascht, da T. am Ende seines letzten Briefes an

in der wochenlang dieselben Transparente auf Waschböcken lagen. Morgens rührte Nikolai die Farbdosen um, tauchte immer mal einen Pinsel ein und verzog sich danach in sein Atelier-Kabinett, ein kleines, mit den Fenstern zum Exerzierplatz gelegenes Zimmer, das er mit unglaublichem Komfort ausgestattet hatte. Er verfügte sogar über einen Schallplattenspieler und ein abgewetztes Ledersofa. Von den wenigen, die bei ihm Zutritt hatten, dienten ihm die meisten als Modell.

Sie werden mir meine Naivität kaum abnehmen[1], aber ich wunderte mich tatsächlich, daß alle, die ihm Modell saßen, sehr knabenhaft wirkten und einander oft zum Verwechseln ähnelten.

Angeregt von Baudelaires Prosagedichten, die mir Nikolai aus einem Inselband vorlas, schrieb ich täglich eine oder mehrere Skizzen. Diese Idylle unterbrach nur die Parade zum siebenten Oktober, deren Vorbereitung ein zermürbender, krank machender Stumpfsinn war. Aber das gehört nicht hierher.

Als wieder der Winter kam, ich war EK geworden, fürchtete ich, die Zeit könnte mir allmählich knapp werden.

Vieles, das zu erfahren ich als selbstverständlich vorausgesetzt oder mir vorgenommen hatte, drohte in der noch verbleibenden Zeit bis Ende April keinen Platz mehr zu finden. So war ich davon ausgegangen, früher oder später die Arrestzelle kennenzulernen. Ich hätte es auch einmal ganz ohne mein Zutun geschafft, als das Radio auf unserem Zimmer, für das ich als Stubenältester verantwortlich war, von einem Bataillonsoffizier kontrolliert und der rote Strich der Senderwahl nicht hinter einem der aufgeklebten Papierstreifen verschwunden war, mit denen man die

N. H. behauptet hatte, Nikolai »zukünftig nicht mehr in seiner Nähe zu dulden«.

1 T. versuchte verständlicherweise, seine homoerotische Beziehung zu Nikolai zu verbergen, will aber offenbar nicht auf Nikolai als Figur verzichten.

Ostsender markieren mußte. Man hatte mir sogar drei Tage angedroht, aber damit war die Sache erledigt. Alle, selbst die Offiziere, hörten Neue Deutsche Welle, und RIAS, SFB oder AFN empfingen wir auf UKW in bester Qualität.

Ich arbeitete an einer Geschichte, die auf Wache spielte, und brauchte dringend mehr Beobachtungen. Als ich erfuhr, daß meine Kompanie drei Tage vor Weihnachten auf Doppelwache[1] ziehen würde, setzte ich alles daran dabeizusein. Doch als einer von vier Fahrern im dritten Diensthalbjahr gab es kaum eine Chance, dafür eingeteilt zu werden. Mir half nur eine Samaritertat. In heuchlerischer Aufopferung schenkte ich einem lamentierenden Familienvater meinen Urlaubsschein und übernahm seinen Wachdienst. Um den Dank des zu Tränen Gerührten in Grenzen zu halten, verlangte ich von ihm etliche Flaschen Wodka, die er, Kopf und Kragen riskierend, in die Kaserne schmuggelte.

Selten lohnt bei bewußt herbeigeführten Arrangements der Aufwand,[2] diesmal aber schienen sich meine Hoffnungen zu erfüllen. In der zweiten Nacht, der Nacht zum 24., es schneite, war ich gerade abgelöst worden, als die Streife einen sturzbetrunkenen und brüllenden Matrosen einlieferte. Sie hielten ihn an Armen und Beinen und schwenkten ihn hin und her wie einen Sack. Sie hatten viel zu tun, deshalb luden sie ihn in der Wachstube ab und gingen wieder auf Jagd.

Der Matrose wohnte in Oranienburg, war also vor der Haustür geschnappt worden. Allein kam er nicht mehr auf die Beine,

1 48 Stunden Wachdienst.

2 T. wusste, wovon er sprach. Die Briefe an Nicoletta lassen sich als eine Abrechnung mit einem Leben lesen, das aus »bewußt herbeigeführten Arrangements« bestand. Zugleich drängt sich die Frage auf, ob nicht auch die Briefe an Nicoletta ein bewusst herbeigeführtes Arrangement sind.

seine Flüche und Verwünschungen erstickten bisweilen in einem Gurgeln. Schließlich schaffte er es auf die Knie, rutschte wieder zur Seite und erhob einen Arm. Wir sollten ihn laufenlassen. Selbst im Flehen schwang noch etwas von der Verachtung mit, die er als Matrose für unsere grauen Uniformen empfand. Er beteuerte, nicht zu einem Mädchen zu wollen, sondern zu seiner Mutter, er wolle nicht ficken, sondern einfach nur Weihnachten zu Hause sein, das müßten doch selbst »Mucker« kapieren. Er fingerte sich die Uhr vom Arm – die sollte uns gehören, wenn wir ihn freiließen.

Als ein Unteroffizier und ich versuchten, ihn auf die Beine zu stellen, machte er bereitwillig mit, weil er wohl glaubte, wir brächten ihn ans Tor, und pries weiter seine Glashütter Uhr an, die ihn noch nie enttäuscht habe.

Wir beeilten uns, ihn in Richtung Arrestzelle zu expedieren, stimmten ihm zu, wenn er seine Häscher Kettenhunde und rote Wichser nannte. Die Abdrücke seiner Halbschuhe im Schnee wirkten gegen die unserer Stiefel geradezu mädchenhaft. Er sah auf, als bemerke er erst jetzt, wohin wir ihn führten. Ich griff fester zu. Ob deshalb oder weil er den Gefreitenbalken auf meinen Schulterstücken gesehen hatte[1] – seine Wut entlud sich gegen mich. Er trat nach mir, seine Fußspitze traf mein Schienbein. Ich schlug zurück, ein Reflex, seine Nase blutete. Er hatte sich losgerissen und ging auf mich los, er raste und trommelte mit blutigen Fäusten auf mich ein. Ich bekam ihn irgendwie zu fassen, umklammerte ihn von hinten, er strampelte und trat, so daß ich mir nicht anders zu helfen wußte, als ihn anzuheben und in den Schnee zu werfen. Aus der Wachstube kam Hilfe. Auf allen vieren drehte sich der Matrose um und suchte im Kreis seiner Peiniger nach mir.

[1] Die Gefreitenbalken sind als Begründung unverständlich.

Zu viert überwältigten wir ihn, drehten ihm die Arme auf den Rücken, rissen seinen Kopf an den Haaren zurück, weil er anfing zu spucken, und stießen ihn vorwärts. Er ließ sich fallen, weshalb wir ihn die Treppe zum Arrest hinunterschleifen mußten. So gelangte ich nun in eine jener Zellen, deren Insasse ich gern gewesen wäre. Am nächsten Abend, dem Weihnachtsabend, saß ich in Nikolais Atelier, trank Glühwein, aß Stollen und hörte das Weihnachtsoratorium. Nikolai schenkte mir Malapartes »Haut«, ein zerlesenes Westtaschenbuch.

Ich lebte bereits in dem euphorischen Zustand eines Zurückgekehrten, als wir Mitte April, knapp zwei Wochen vor dem 28., dem Tag meiner Entlassung, zu einer Übung fuhren. Wir setzten über die Elbe und verkrochen uns im Kiefernwald.

In der letzten Nacht, wir warteten auf den Befehl zur Rückkehr in die Kaserne, schliefen wir in den SPWs. Sobald das Innere ausgekühlt war, ließen die Fahrer den Motor kurz an. Das war verboten, aber die Offiziere wollten es nicht bemerken.

Ich aber war beim zweiten oder dritten Mal eingeschlafen. Mich weckte ein Schmerz in der Schulter. Udo, ein Unteroffizier, kniete förmlich auf mir, um an die Kurbel heranzukommen, mit der die Jalousien am Heck des SPW zu öffnen waren, die einzige Möglichkeit, um die Motoren zu kühlen. Den Zeiger des Thermostats sah ich nicht, er war schon jenseits der roten Zone. Jeden Augenblick drohten die Motoren festzufahren. Ein solcher Vorfall konnte als Akt der Sabotage mit Schwedt, mit Militärgefängnis, bestraft werden. Udos Kinn verharrte über meiner Schulter, wir starrten auf den Thermostat. Ich roch seinen Schlafatem und erwartete mein Urteil. Aus Blödheit nach Schwedt, das wäre nicht zu ertragen!

Als sich der Zeiger zu bewegen begann, spürte ich Udos Hand in meinem Nacken, er schien mit aller Kraft zuzudrücken. Dann öffnete er die Luke und kletterte hinaus. Ich wartete, bis ich die Motoren abstellen konnte, und folgte ihm. Ich dachte, er stünde irgendwo in der Nähe und rauchte. Aber ich fand ihn nicht. Es war noch dunkel und vollkommen still, als ich zu einem Spaziergang aufbrach. Von einem Augenblick auf den anderen gab es nichts mehr, was an Armee erinnerte. Keine Wachen, kein Stacheldraht, keine Scheinwerfer, nur der weiche Boden und die Stille. Die Fahrzeuge waren genauso unwirklich wie die Bäume, verzauberte Reptilien, die im Schlaf murmelten.

Je weiter ich ging, desto größer wurde meine Erregung. Ich weiß nicht, wie lange ich so lief. An einem Feld blieb ich stehen, ließ die Hosen herunter und hockte mich hin. Es war gewaltig, was ich da alles aus mir herausbeförderte. Mir schien, daß ich mich nicht nur von dem entleerte, was ich in den letzten Tagen in mich hineingestopft hatte, sondern daß ich all das los wurde, was ich je an Bedrückung, an Angst und Qual geschluckt hatte. Mit dem nackten Hintern überm Waldboden in der ersten Morgendämmerung war ich der glücklichste und freieste Mensch, den Sie sich vorstellen können. Mit der Morgenröte sah ich auch meine Sonne aufgehen. Ich hatte es hinter mir, ich kehrte zurück aus der Hölle, es war nur eine Frage der Zeit, wann ich mein Buch vollenden würde. Diese Minuten waren der Urmeter meines Glücks.

Noch am Abend begannen meine Versuche, dieses Erlebnis zu beschreiben. Und bei allem, was ich später änderte, verwarf oder umstellte, immer sollte das Buch mit diesem unerwarteten Glück und der Morgenröte enden.

Am Tag der Entlassung, als ich am späten Nachmittag mit meiner schwarzen Tasche von der Straßenbahnhaltestelle kam, lief ich meiner Mutter in die Arme. Sie setzte die Einkaufstaschen mit den leeren Flaschen ab, fiel mir um den Hals und ließ mich auch dann nicht los, als ich sie darum bat.

Sonntag, 29. 4. 1990

Ich war zurückgekehrt, aber ich hatte ein Problem mit nach Hause gebracht. Nikolai hatte mich eingeladen, mit ihm ein Wochenende in der Sächsischen Schweiz zu verbringen. Ich wußte nicht, wie ich diese zwei Tage mit ihm überstehen sollte.[1]

Als Nikolai mich abholte – in einem weißen halboffenen Hemd, ausgewaschenen Jeans und einer ins Haar geschobenen Sonnenbrille lehnte er am Geländer unseres Treppenhauses –, folgte ich ihm wie jemand, der ins Wasser geht, obwohl er weiß, daß er nicht schwimmen kann. Die Stunden mit ihm zu beschreiben ergäbe eine eigene Geschichte. Ich fühlte mich schuldig, Hoffnungen in ihm genährt zu haben. Er war es nicht gewohnt, werben zu müssen. Sobald er auf Widerstand stieß, wurde er herrisch. In der Nacht hätten wir uns fast geprügelt. Wir hatten unsere Schlafsäcke auf einem Felsvorsprung ausgebreitet. Ein paar Meter weiter ging es in die Tiefe. Nicht mal sein Gesicht habe ich in der Dunkelheit richtig gesehen. Nur am Klang seiner Stimme erahnte ich dessen Ausdruck. Mit seiner Arroganz, seinen Vorwürfen, seinem Hohn und Spott, ja selbst mit seiner Verachtung konnte ich umgehen. Entsetzlich jedoch war sein Selbsthaß. Ich hielt mir die Ohren zu, so unerträglich war das, was ich zu hören bekam. Auch trösten konnte ich ihn nicht. Die ganze Nacht habe ich ihn bewacht. Als er endlich schlief, begann es schon zu dämmern. Ich mußte nicht viel zusammenpacken. Ja, ich bin einfach davongelaufen. Nikolai habe ich nie wiedergesehen.

Achtzehn Monate lang hatte ich meine Rückkehr ersehnt.

[1] Nach übereinstimmenden Aussagen von V. T. und Johann Ziehlke wirkten Nikolai und T. in den ersten Tagen nach der Armee wie ein Paar.

Wohin aber war ich zurückgekehrt? In eine Welt, die mich nicht interessierte, in der es nichts für mich gab, das aufzuschreiben sich lohnte. Bei der Armee war jede gut genutzte Minute ein unerwartetes Geschenk, jeder überstandene Tag ein Sieg gewesen!

Statt Zeugnis von der überstandenen Hölle zu geben, fühlte ich mich aus dem Paradies vertrieben. Meine Welt stand kopf. Und eins kam zum anderen.

Veras damaliger Freund war zum Kotzen. Daniel, das erfuhr ich erst später, schröpfte sie auch finanziell.[1] Ich versuchte herauszubekommen, ob er schrieb oder malte oder was er überhaupt tat. Angeblich war er Pfleger, ging aber nie arbeiten und lebte (außer von Vera) von der Miete, die ihm Holländer oder Franzosen für seine Wohnung in Berlin zahlten. Daniel fand Dresden unerträglich provinziell. Er wollte keine Stunde länger bleiben, sobald Veras Berlin-Verbot aufgehoben wäre. Vera bewunderte Daniel, weil ihm Worte wie Rhizom und Anti-Ödipus vertraut waren und er West-Bücher besaß, die er nicht verlieh. Sprach er den Namen »Foucault« aus, schien er selbst stillzustehen und auf das Echo seines Fanfarenstoßes zu lauschen. Für Vera war Daniel das Maß aller Dinge.

Auch ich konnte mich ihm anfangs nicht entziehen. Sein Lächeln war wie ein Köder, den er beim ersten Treffen auswarf. Schon bei der zweiten Begegnung hatte man das Gefühl, ihn enttäuscht zu haben, denn hinter seiner Nickelbrille fand sich nur ein nach innen gerichteter – heute würde ich sagen: stumpfer – Blick. Alles, was ich sagte, was ich gut und richtig fand, verkehrte sich in seiner Rhetorik ins Gegenteil. Leistete man Widerstand, machte man sich zum Komplizen der Herrschenden, versuchte man zu helfen, galt das als eine besonders perfide Art, die Kontrolle über jemanden zu erlangen. Daniel schaffte es innerhalb

[1] T. fürchtete auch auf diesem Gebiet Konkurrenz.

einer halben Stunde, mich in Gegenwart Veras zum kompletten Idioten zu stempeln. Wie wollte ich heutige Prosa schreiben, ohne Foucault, Deleuze, Lacan, Derrida und all die anderen gelesen zu haben? Mit Habermas müsse ich mich nicht abgeben, Adorno und die ganze Frankfurter Schule könne ich vergessen.

Vera, die mich zur Tür brachte, wollte mich trösten. Daniel werfe mir ja nicht die Unkenntnis seiner Autoren vor, ich sollte nur nicht versuchen zu schreiben, ohne sie studiert zu haben.

Den Rest gab mir Vera, indem sie mir Arbeiten von einem ihrer Verehrer versprach, Texte über die Armee, die sie »nicht schlecht« fand. Gerade weil Vera ihn sonst nicht ernst nahm – sie machte sich über seine Eifersucht und seinen Hundeblick lustig, mit dem er sie überall verfolgte –, war ich alarmiert. Vor allem beunruhigte mich, daß jemand in meinem Territorium wilderte.[1]

Als ich meine eigenen, von Geronimo akkurat geordneten Aufzeichnungen zur Hand nahm, langweilten sie mich. Was ich da pfundweise in meinen Schreibtisch stopfte, war Plunder. So wie ich früher an der Ostsee Muscheln gesammelt und darauf bestanden hatte, sie ausnahmslos mit nach Hause zu nehmen – wo sie nach wenigen Wochen mit meinem Einverständnis im Müll gelandet waren –, so konnte ich nun die Bündel zusammenschnüren und zum Altstoffhändler bringen.

Natürlich ermöglichten es die Briefe – es waren ja keine richtigen Briefe, sondern Notizen und Aufzeichnungen –, mir beinah jeden einzelnen der 541 Kasernentage wieder vor Augen zu führen. Aber wozu? Wo waren die Geschichten, von denen ich gehofft hatte, sie aus diesen Seiten herausfischen zu können wie

1 T. verschweigt, dass er denjenigen, von dem hier die Rede ist, aus der Schulzeit kannte: Gemeint ist der Herausgeber dieser Briefe. Gern hätte ich T.s Urteil über meine Texte erfahren, auf die er im Weiteren nicht mehr zu sprechen kommt.

im Herbst die fetten Karpfen aus den Moritzburger Teichen? Mein ganzer Eifer kam mir so kindisch, so eitel und unnütz vor, daß mir gar nichts anderes übrigblieb, als Daniel und Vera recht zu geben. Es war ein Höllensturz.

Plötzlich war ich ein Jedermann. Ich fühlte mich preisgegeben, ausgeliefert. Ohne das Schreiben war mein Leben wertlos!

Geronimo, der in Naumburg Theologie studierte, übte mit Franziska fürs Abitur und spielte in einer Band. Wir hatten uns gemeinsam auf dem Dresdner Kirchentag mit CDU-Leuten herumgestritten und Konsistorialrat Stolpe einen Abwürger genannt. Aber sonst hatten wir uns nicht mehr viel zu sagen. Ich beneidete ihn um Franziska und darum, daß er nun in der großen Villa auf dem Weißen Hirsch, von der aus man über die ganze Stadt sah, zu Hause war und mit ihren Eltern auf der Terrasse saß und Tee trank.

Zu allem Überfluß war mir auf dem Wehrkreiskommando[1] mitgeteilt worden, daß man mich als Unteroffizier der Reserve entlassen habe, eine Schmach, gegen die zu opponieren es zu spät war und die ich nur geheimhalten konnte.

Meine Rettung war Tante Camilla, die mir jeweils hundert D-Mark zu Weihnachten und 50 D-Mark zu Ostern geschenkt hatte, so daß ich plötzlich 300 D-Mark besaß, zu denen meine Mutter mir ihre eigenen Restbestände gab und obendrein die Zugfahrt nach Budapest und zwei Ladungen Bettwäsche spendierte. Ich blieb zehn Tage und lebte wie ein Prinz.

Wäre dies eine Biographie, hieße ein langes Kapitel »Katalin«. Katalin war die Nichte von Frau Nádori und studierte in

1 Auf dem Wehrkreiskommando bekam man den Personalausweis ausgehändigt, der einem für die Dauer des Armeedienstes entzogen worden war.

Szeged Englisch und Deutsch. Sie lernte für ihre Prüfungen. Morgens hockten wir stundenlang in Frau Nádoris Küche und rauchten deren Zigaretten, bis Katalin ins Wohnzimmer gejagt wurde, wo sie die mittelhochdeutsche Grammatik von Heinz Mettke studieren mußte. Nachmittags um vier trafen wir uns irgendwo. Katalin war verlobt und hielt sich an diese Rolle. Nach einem Abend in der Oper besuchte sie mich allerdings in meinem Zimmer. Ich zog den Schlafsack von der Liege und legte ihn auf das alte Parkett, direkt vor die weiße Kommode, die Frau Nádori immer als »echt Rokoko« bezeichnet hatte. Katalin öffnete nun diese weiße Echt-Rokoko-Kommode und bereitete uns aus der darin gehorteten Bettwäsche ein Lager. Sie wolle einfach nur bei mir liegen, sagte sie, streifte ihr Nachthemd ab und wärmte meine Hände zwischen ihren Schenkeln. Irgendwann schliefen wir kurz ein, doch als wir aufwachten, war alles einfach und schön und unvergeßlich.

Diesen Tagen im Juni verdanke ich noch etwas anderes, ein Buch, das ich genausogut in unserem Wohnzimmer hätte finden können. Doch dort war es in einen so abschreckenden Schutzumschlag gehüllt, daß ich es nie in die Hand genommen hatte.[1]

In Budapest empfing ich das gleiche Buch aus den Händen jener Antiquarin, die mir schon mehrere kleine blaue Bände Nietzsche in Packpapier eingewickelt hatte.

Noch im Laden las ich die erste Geschichte – und wußte plötzlich, was ich wollte. Genau solche Geschichten, nur eben heute, jetzt und hier, eine neue Reiterarmee! Ich hatte meinen neuen Gott gefunden. »Isaak Babel«, hatte die Dame geflüstert,

[1] Wahrscheinlich ist hier die Ausgabe des Verlages Kultur und Fortschritt, Berlin 1964, gemeint, die einen säbelschwingenden schnauzbärtigen Reiter zeigt.

zur Decke geblickt und dabei ihre schmale gefleckte Hand in winzigen, höchst eleganten Spiralen nach oben bewegt. Selbst wenn Vera und David hundertmal recht hatten, mit Babel hatte ich recht.

Katalin merkte, daß mir etwas Außerordentliches widerfahren war. Und ich spürte, daß ihr gefiel, wie ich sprach, wie ich nicht umhinkonnte, ihr Passagen vorzulesen, und wie ich in all meiner Begeisterung scheinbar blind dafür war, daß sie mich küssen wollte, am hellichten Tag, da jeden Augenblick das weiße Haupt ihrer Tante in der Tür erscheinen konnte.

Ihr Enrico T.

Dienstag, 1. 5. 90

Liebe Nicoletta!
Ende August wurde ich von meinem Dasein als Vollzeitschriftsteller erlöst. Ich fuhr nach Jena zum Studium.

Beinah schäme ich mich dafür, so brav der Chronologie zu folgen. Doch das eine bleibt ohne das andere unverständlich. Ich verspreche Ihnen aber, nun etwas schneller voranzukommen.

Ohne meine Schreiberei, meine elende Berufung, wäre ich vielleicht ein guter Student geworden. So aber trieb mich fortwährend eine einzige Frage um: Wie weit bin ich davon entfernt, mein Armeebuch zu vollenden, um es im magischen Alter von 25 Jahren im Westen zu veröffentlichen?

Über das Studium als solches werde ich Ihnen nicht schreiben, auch wenn es meine Tage bestimmte und ich sogar Angst davor hatte, es wieder zu verlieren. Wir waren neun Studenten, fünf Archäologen und vier Philologen. Ich habe Ihnen ja erzählt, daß für klassische Philologie nur in Jena und nur alle zwei Jahre immatrikuliert wurde. Natürlich macht das hochmütig, obwohl weiß Gott kein Grund dazu bestand.

Erinnern Sie sich noch an die Friedensmärsche und Nachrüstungsbeschlüsse von 1983? In Jena gab es Demonstrationen – illegale und offizielle, oft gleichzeitig. Die nichtoffiziellen Schilder und Transparente wurden von Arbeitern getragen und von Stasileuten schnell zertrümmert. Ich sah, wie Demonstranten die Überreste ihrer Schilder hochhielten, bis sie entweder verhaftet wurden oder hinter einem Wald aus DDR-Fahnen, die von Schulkindern geschwenkt wurden, verschwanden.

Gemeinsam mit ein paar anderen Studenten hatte ich mich zu den Theologen gestellt, die nicht attackiert wurden, obwohl auch ihre »Sprüche« nicht erwünscht waren.

Wahrscheinlich hätte ich mich nur bücken und den Splitter eines Schildes hochhalten müssen, um exmatrikuliert zu werden.

Daß ich es nicht tat, lag nicht allein an den Verheißungen des Studiums. Ich hatte auch Angst. Nicht alle hatten ihre Inhaftierung überlebt.[1] Jeden Sonnabendvormittag parkte ein vollbesetzter Mannschaftswagen mit Uniformierten neben dem »Platz der Kosmonauten«. Das Lauernde, das von ihm ausging, übertrug sich auf die Stimmung in der Stadt. Jeder, der in die Thomas-Mann-Buchhandlung ging oder einfach nur den Platz überquerte, konnte sich im nächsten Augenblick in einen Demonstranten oder einen Stasibüttel verwandeln.

Die »persönlichen Gespräche«, die ich aus der Schule kannte

1 Matthias Domaschk aus Jena war am 10. April 1981 festgenommen und am nächsten Morgen der Kreisdienststelle Gera des Ministeriums für Staatssicherheit überstellt worden. Am 12. April kam Matthias Domaschk unter bis heute nicht geklärten Umständen in der Untersuchungshaftanstalt des MfS in Gera ums Leben. Das MfS teilte mit, er habe sich mit dem eigenen Hemd erhängt.

(selbst bei der Armee hatte es ähnliche Versuche gegeben), fanden an der Universität ihre Fortsetzung. Es wurde vorausgesetzt, daß man als »männlicher Student« seine Bereitschaft, Reserveoffizier zu werden, schriftlich erklärte. Nach meiner ersten Weigerung, deren Begründung nicht ganz einfach gewesen war, erhielt ich die Einladung zu einem Gespräch mit der grauen Eminenz des Hauses, Ordinarius für Archäologie Professor Samthoven (das »v« soll früher einmal ein »f« gewesen sein), eine durch und durch gepflegte, ja geradezu manierierte Erscheinung. Auf seinen dichten, makellos getrimmten Bart war er so stolz wie auf seine kleinen Füße und schmalen manikürten Hände. Während des Proseminars rauchte er Zigarillos (auch wir durften rauchen) und benutzte eine Reitgerte als Zeigestab. Er genoß den Ruf, ein Casanova zu sein. Jedenfalls bevorzugte er hemmungslos die hübscheren Studentinnen, vor allem wenn sie langes Haar hatten. Seit ich das Schema (Skema, sagte er) eines Sonetts an die Tafel skizziert hatte (er legte »höchsten Wert« auf Allgemeinbildung) und mir die Beschreibung frühgeometrischer Vasen für einen Anfänger leidlich gelungen war, überschätzte er mich maßlos.

Er bat mich, Platz zu nehmen, und führte sich geradezu väterlich auf, kochte Tee und schob mir einen Aschenbecher hin. Beide hatten wir die Beine übereinandergeschlagen, sahen auf unsere ungleich großen Schuhe herab, die leicht wippten und sich dabei fast mit den Spitzen berührten. Mit Daumen und Mittelfinger strich er sich über die Mundwinkel, preßte die Lippen aufeinander und begann zu sprechen. Ich solle mich nicht darüber wundern, daß er mich zum Gespräch gebeten habe. Doch bevor jene, die dafür ihr Geld bekämen, mit mir redeten – er meinte damit nicht die Stasi, sondern Kollegen, deren Stellung sich erst in zweiter Linie ihrem fachlichen Wissen verdankte –, wolle er sich selbst das Vergnügen gönnen, mit mir zu plaudern, einfach nur um sicherzugehen, daß ich auch alles bedacht hätte, bevor ich meine endgültige Entscheidung träfe. Er schenkte Tee ein.

Außer ihm habe hier wohl noch niemand davon erfahren, daß ich Unteroffizier sei … ich wollte widersprechen, mich erklären – er wisse, was ich vorzubringen beabsichtige, doch solle ich ihn ausreden lassen. In der Tatsache, daß ich Unteroffizier sei, sehe er schon etwas Beschämendes. Doch nicht so, wie ich vielleicht dächte, ganz im Gegenteil. Jeder Staat, egal ob Ost oder West, hole sich die Offiziere aus seiner Elite. Das sei überall so, nur bei uns nicht. Bei den Polen, Russen oder Tschechen werde man gar nicht gefragt.

Ihm täte es leid, wenn ich mir durch meine Weigerung Beruf und Lebensplanung ruinierte, zumal mir, da werde ich ihm wohl zustimmen müssen, keine schlüssige Begründung eingefallen sei noch aller Voraussicht nach einfallen werde und ich mich von diesen Leuten zudem geistig demütigen lassen müsse. »Denn was, mein lieber Herr Türmer, soll ein Unteroffizier an der Offizierskarriere Abschreckendes finden? Argumentieren Sie grundsätzlich, müssen Sie auch das Ja Ihrer Vereidigung widerrufen. Oder übersehe ich da eine Möglichkeit?« Er hob die flache weiße Tasse an die Lippen und schlürfte.

Alles, was man von uns verlange, fuhr er fort, sei ein Bekenntnis, ein symbolisches Ja. Wieder führte er die Tasse zum Mund und sah mich über deren Rand hinweg an. »Grusinischer Tee, hab ich aus Tbilissi mitgebracht. Werden Sie auch bald hinfahren, denke ich.«

Er sei schon zufrieden, wenn ich mir die Sache noch mal durch den Kopf gehen ließe. Über all die Mängel des real existierenden Sozialismus brauchten wir gar nicht zu diskutieren, unsere Standpunkte lägen wohl nicht so weit voneinander entfernt, wie hier manche glaubten. Er jedoch stelle sich immer eine

Frage: Welche andere Gesellschaftsordnung hätte es geschafft, in so kurzer Zeit den Hunger zu besiegen, sei es in Rußland oder China oder Kuba. Solange täglich Zehntausende an Hunger und heilbaren Krankheiten umkämen, müsse man die Frage so stellen. »Was war der erste Beschluß von Allende? Ein halber Liter Milch für jedes Kind. Allende war Arzt, er hat gewußt, was not tut.«

Samthoven riß ein Streichholz an und sog an seinem Zigarillo.

Letztlich, und nur deshalb erzähle er mir das, nur deshalb nehme er sich die Zeit, gehe es doch darum, diesem Staat eine Elite zu geben. »Seien Sie nicht so dumm, auf Bildung zu verzichten!« rief er mit aufgestellten Fingern, zwischen denen das Zigarillo glomm. Ich solle nicht denen ins Netz gehen, die dieses Land mehr ruiniert hätten als der Klassenfeind. Wenn ich das begriffen hätte, stünden wir auf derselben Seite. Mehr wolle und könne er nicht sagen. Statt hier weiter den Helden zu spielen, täte ich besser daran, in die Partei einzutreten. »Nur aus der Partei selbst können die notwendigen Reformen kommen. Sie werden es erleben!«

Er persönlich werde mir alle Wege ebnen.

Die letzten Worte hatte er mit einer gewissen Ungehaltenheit gesprochen, als ärgere es ihn, all das überhaupt sagen zu müssen. Eine Weile saßen wir still da, unsere Füße wippten weiter. Dann reichte er mir seine schmale trockene Hand und verabschiedete mich.

Meine Lunge tat weh, ich hatte ununterbrochen geraucht. Vor Haeckels Phyletischem Museum blieb ich stehen. Ich wollte das anzügliche Angebot vergessen, ich brauchte Ablenkung, ich brauchte frische Luft.

An der Post vorbei ging ich in Richtung Westbahnhof, bog wegen des Berufsverkehrs jedoch bald nach rechts ab, einen steilen Weg hinauf, und spazierte ziellos durch die Straßen, die von

Bürgerhäusern und Villen mit Gärten gesäumt waren. An dem mehrteiligen Fenster einer Sandsteinvilla hing ein rot-weißes Fähnchen mit der Aufschrift: Vivat Polska! Davon gab es einige in der Stadt. Das bedeutete, hier wohnt ein Antragsteller, jemand, der rauswill, in den Westen.

Ich lief weiter. Es war windig, aber nicht kalt. Ich schwitzte. Irgendwann glaubte ich, die Orientierung verloren zu haben.

Was soll ich sagen. Ich stand auf halber Höhe an einem Berghang und wußte plötzlich, wie mein Armeebuch aussehen würde. Wie durch Zauberhand fügte sich das »Vivat Polska« und die Inschrift an der Kreuzschulmauer in meine Armeerfahrungen ein. Das geistig verbindende Band, wähnte ich, verdankte ich irgendwie Samthoven.

Anderthalb Stunden später saß ich im »Hauser« und ließ mich von der Vierer-Clique aus dem dritten Studienjahr über Samthoven ausfragen.

Ich ahmte Samthovens eleganten Beinüberschlag nach, betrachtete meinen durchgedrückten Handrücken mit der gleichen unverhohlenen Selbstverliebtheit, glättete meinen imaginären Bart, hielt mir schlürfend die Untertasse ans Kinn, spreizte den kleinen Finger ab, wiederholte seine Sätze über Tbilissi und versuchte dann, seine Satzperioden zu imitieren, die so lang waren, daß man Wetten abschließen konnte, ob er mit der richtigen Konjugation enden würde. Wenn man Samthoven verraten konnte, dann habe ich es getan.

Die Clique lachte schallend. Ich genoß, wie unser Tisch zum Zentrum der dunklen Wirtsstube wurde. Edith, die Wirtin, unbestimmbar jenseits der Fünfzig und mit weißer Kittelschürze, wies Ankömmlinge, die auf Plätze warten wollten, mit einer Handbewegung vor die Tür, als störten sie hier eine Vorstellung.

Ein besserer Unterhalter als an diesem Abend bin ich nie

wieder gewesen. Samthovens Aufforderung, in die Partei einzutreten, geriet mir zur krönenden Pirouette.

Samthoven mochte denken, ich hätte aus Höflichkeit geschwiegen, so wie diese hier glaubten, ich wüßte, was ich wolle. Am Ende meiner Vorstellung mußte ich auf ihre Vermutung, ich würde wohl bis ans Ende meiner Tage bei diesem Nein zum Reserveoffizier bleiben, nur noch mit Ja antworten.

Edith setzte sich wenig später an unseren Tisch und bat um eine Zigarette. Die abschließende Runde Bier spendierte sie. Damit war die letzte Steigerung erreicht. Der Vorhang konnte fallen.

Gleich einem prallen Portemonnaie in der Brusttasche spürte ich auf dem Heimweg mein Buch, dessen Dreh- und Angelpunkt die Inschrift »Vivat Polska!« sein sollte, die irgendwo im Heizungskeller der Kaserne mit weißer Farbe auf die dunkle Wand gemalt wird. Ein Soldat nach dem anderen wird vorgeladen, wobei das Verhör und die Zeit, in der man auf den eigenen Aufruf wartet, mir Gelegenheit zur Figurencharakteristik wie zur Schilderung des brutalen Kasernenalltags geben würden. Wer von ihnen hatte es geschrieben? Kaum haben sie einen Verdächtigen, findet sich die Parole an einer anderen Wand: Vivat Polska! Bald gibt es eine dritte Inschrift, eine vierte, bald sind es zehn, sogar im Schnee des Exerzierplatzes liest man »Vivat Polska!«. Und dabei – und das sollte der eigentliche Clou der ganzen Geschichte werden – ist es die Staatssicherheit selbst gewesen, die damit begonnen hat, um zu provozieren, um die Leute ausfragen zu können, sie zur Denunziation zu verleiten. Nun wendet sich ihr mieser Trick gegen sie selbst und wächst ihr über den Kopf.

Ich mußte nur beginnen, ich spürte bereits den Rausch, in dem sich alles fügen würde.

Ihr Enrico T.

Sonnabend, 5. 5. 90

Liebe Nicoletta!
Im nachhinein wirkt die Affäre mit Nadja durchschaubar. Damals wunderte ich mich, daß eine Frau wie sie sich mir in die Arme warf. Nadja war Veras große Liebe gewesen. Anfang 81 hatte ihre Mutter einen schwulen Schweizer geheiratet, und im Mai waren sie ausgereist.

Vera hatte sich nur langsam davon erholt. Bis heute vermeiden wir es, Nadja zu erwähnen. Nadja hieß eigentlich Sabine, aber wegen Veras Begeisterung für Breton nannten sie bald alle Nadja.

Bei den wenigen mir damals zugestandenen Besuchen hatte Vera Nadja und mich wie Kinder behandelt, uns Welpen genannt und mich jedesmal bald wieder fortgeschickt. Von Nadja wußte ich nur, daß verheiratete Exemplare meines Geschlechts – Vera brachte damals das Wort »Mann« nicht über die Lippen – vor ihrer Tür kampiert hätten, wobei es zu Prügeleien um die Sechzehnjährige gekommen sei.

Am 23. März 1985 nachmittags gegen drei Uhr traf ich Nadja auf dem Treppenabsatz unter Veras Wohnung wieder. Zuerst erkannte ich sie nicht, weil sie einen Hut aufhatte und heulte. Gekleidet war sie wie früher. Ihr neuer Dialekt verwirrte mich.

Vera hatte ihr die Tür vor der Nase zugeschlagen, Nadja war hartnäckig geblieben und hatte versucht, mit Vera zu reden. Und dann war ich aufgetaucht. Wie vom Himmel gefallen hätte ich plötzlich vor ihr gestanden ... Ich weiß nicht, wie oft wir uns das in den folgenden Monaten erzählt haben. Sie habe sofort gewußt: Das ist er! Den will ich!

Ich war mit Vera verabredet gewesen, aber Nadja einfach stehenzulassen brachte ich nicht über mich. Nadja fragte, ob ich sie auf ihrem alten Schulweg begleiten wolle, und erzählte, wie oft sie versucht habe, nach Dresden zu kommen. Wir gingen dann weiter zum Rosengarten und zur Elbe, liefen am Ufer entlang und überquerten das Blaue Wunder, ohne daß Nadjas Redefluß je gestockt oder sie den Arm aus meinem genommen hätte. Auf dem Rückweg über die Elbwiesen dämmerte es schon.

Mein Part beschränkte sich aufs Zuhören, während sie über Geld, Arbeit, Studium und ihre Wohnung in Salzburg sprach, wohin es sie vor einem Jahr verschlagen hatte. Österreich gefalle ihr besser als die Schweiz. Nadja schien mir nicht sonderlich zufrieden mit ihrem Leben zu sein, doch meine Frage, warum sie denn nicht ihre Arbeit oder ihr Studium wechsle, beantwortete sie mit einer abrupten Kopfbewegung und einem geradezu empörten »Wieso denn?«.

Vielleicht wäre unsere Begegnung damit beendet gewesen, aber der Sonnenuntergang und die Silhouette der Altstadt, auf die wir zuliefen, verliehen unserem Schweigen Bedeutung.

Im »Secundo genitur« auf der Brühlschen Terrasse kannte Nadja einen Kellner. So hatten wir einen ganzen Tisch für uns. Nadja fragte, ob ich denn immer noch schriebe. Ich erzählte ihr von meinem Armeebuch, verschwieg jedoch, in zwei Tagen nach Seeligenstädt ins Armeelager zu müssen. Jeder DDR-Student, wenn er nicht ausgemustert war, hatte diese fünf Wochen zu absolvieren.

Ich brachte Nadja zur Straßenbahnhaltestelle – sie wohnte bei einer Freundin in Dresden-Laubegast. Wir sagten einander Lebewohl, denn wir konnten uns auf unser Gespür für dramatische Steigerungen verlassen. Schließlich gab es nicht so viele Züge, die nachmittags nach München fuhren.

Nadja war eine Silhouette mit Hut unter dem Bogen des Bahnhofsdaches – von draußen blendete die Sonne. Als sie dann in ihrem dunkelbraunen Kostüm auf mich zugerannt kam, mir um den Hals fiel und flüsterte »Ich hab's gewußt, ich hab's ja gewußt«, war ich mir sicher, sie zu lieben. Wie sonst war es zu erklären, daß mir die Demütigung, die ich durch diesen Abschied erfuhr – die Demütigung, nicht zu Nadja in den Zug steigen zu dürfen –, die Tränen in die Augen trieb?

Meine Mutter empfing mich mit Vorwürfen. Ich hatte den Friseurtermin bei einer Nachbarin versäumt. Nun griff sie selbst zur Schere, rasierte meinen Nacken aus und stellte mir die gepackte Tasche vor die Füße.

Der Zug nach Jena war überfüllt. Mir war es recht. Ich wollte nicht lesen, ich brauchte keine Ruhe. Alles, was ich wollte, trug ich in mir. Endlich hatte ich Zeit, die Szenen mit Nadja zu entwickeln[1] und Details zu entdecken.

Nadja hatte mich beim Flüstern an den Ohrläppchen gezogen. Ich spürte wieder ihren Atem, ich spürte ihre Fingerkuppen in meinem Nacken, auf meiner Wange. Ich spürte die Kraft ihrer Arme, ich spürte ihre Brüste, ihre Lippen.

Das letzte, was Nadja aus meinem Mund gehört hatte, war »Gute Reise!«. Mir wurde heiß, so schämte ich mich dafür. Und sie? Was hatte sie gesagt? Wir hielten uns an den Händen, ich lief neben dem anfahrenden Zug her. Je schneller ich rannte, um so übermütiger lachte sie, um so weiter lehnte sie sich heraus, bis sie zurückschrak, als wäre das Ende des Bahnsteigs ein unerwarteter Schicksalsschlag. Der Schrecken hatte sich in ihrem Gesicht gehalten, bis nur noch ihr wirbelndes Haar zu sehen gewesen

[1] Auf einem mit Büroklammer am Durchschlag befestigten Zettel fand sich die als Zitat gekennzeichnete Überlegung: »Was man in Gegenwart der Geliebten aufnimmt, ist nur ein Negativ, man entwickelt es später, wenn man zu Hause ist und wieder über die Dunkelkammer im Inneren verfügt, deren Eingang, solange man andere Menschen sieht, ›vernagelt‹ ist.« Die Quelle konnte bisher nicht ermittelt werden.

war. Schließlich der Moment, da ich mich umdrehte und über den leeren Bahnsteig ging.

Ich weiß weder, ob wir von Jena aus auf LKWs oder per Zug nach Seeligenstädt verfrachtet wurden, noch, wer uns beaufsichtigte und in Kompanien einteilte. Allein das immer wieder neu explodierende Lachen, das jeder Neuankömmling auf dem bis zum Morgen währenden Besäufnis auslöste – als wären die kurzen Haare eine originelle Kostümierung –, dringt aus diesem Dunst. Ich trank aus jeder Flasche, die mir angeboten wurde.

Meine Erinnerung beginnt erst wieder mit einer Geste, die Bewegung der rechten Hand, die das Koppelschloß löst und das herabfallende Ende an der Öse auffängt, während die Linke das Käppi vom Kopf nimmt. Diese Geste hatte ich mit solcher Selbstverständlichkeit ausgeführt, daß ich erschrak, als würde mich jemand nachäffen.

Die Menge der kurzgeschorenen Uniformierten irritierte mich. Es reichte eine bestimmte Gangart oder Mundbewegung aus, und schon grüßte ich einen vermeintlichen Bekannten aus Oranienburg. Am zweiten Tag war ich davon überzeugt, Nikolai komme direkt auf mich zu. Als ich meinen Irrtum bemerkte, hatte ich bereits seinen Namen gerufen. Die vertrauten Gesichter hingegen erkannte ich nicht wieder. Anton, mein Kommilitone und Freund, stolperte unter seinem Stahlhelm derart blind und apathisch umher, daß wir einander erst nach Tagen fanden.

Sobald es ein paar freie Minuten gab, lag ich auf dem Bett, als könnte ich nur dort wirklich an Nadja denken.

Bereits nach Stunden war mir klar gewesen, daß ich mich geirrt hatte, daß es in Seeligenstädt nichts zu holen gab. Was sich um mich herum abspielte, paßte weder in mein Armeebuch, noch schien es geeignet, in Briefen mitgeteilt zu werden. Diese beflissene Unterwürfigkeit überdurchschnittlich intelligenter Menschen war abgrundtief beschämend.[1] Und ich gehörte dazu.

Die Jenenser Sportstudenten und die Studenten aus Ilmenau, aus denen meine Gruppe bestand, feuerten sich gegenseitig auf der Sturmbahn an und wollten mir nach Dienstschluß beibringen, die Eskaladierwand im Sprung zu bezwingen. Sie spielten Stubendurchgang, korrigierten einander beim »Päckchenbau« (wie lege ich meine Unterwäsche zusammen), waren neidisch, wenn andere mehr Platzpatronen erhielten, und traten beim Marschieren dem Vordermann aus erzieherischen Gründen auf die Hacken. Da war kein Sand mehr im Getriebe, keine Trunkenheit oder Unordnung, keine Verspätung oder Maulerei. In Seeligenstädt mußte nichts mehr befohlen werden, da reichte ein Wink, und die Meute parierte.

Seeligenstädt paßte nicht zu den Erfahrungen, die ich während des Grundwehrdienstes gemacht hatte und hier machen wollte. Die Fronten waren verschwunden.

Ich schrumpfte, irgend etwas brach in mir zusammen. Im Politunterricht schwieg ich und war froh, daß wir bei den Märschen zum Übungsgelände den Stahlhelm am Koppel tragen durften – ein Privileg der Unteroffiziere.

Nadjas Briefe erreichten mich nach zweieinhalb Wochen über meine Mutter. Nadja hatte bei ihr angerufen.

Als am nächsten Morgen der Weckpfiff kam, viele schliefen in Sportsachen, um pünktlich auf dem Gang zu stehen, blieb ich liegen und trat zu, als mir jemand die Bettdecke wegriß.

Statt zum Frühsport schlich ich zum Regimentszahnarzt, klagte über Schmerzen unter einer Plombe – und wurde tatsächlich nach Ronneburg geschickt. Der Zahnarzt dort ließ mich erst

[1] Die fünf Wochen Reservistenausbildung wurden wie ein reguläres Studienfach gewertet. Wer nicht »bestand«, wurde exmatrikuliert.

gar nicht warten, drückte seinen Stempel auf die Überweisung und wünschte mir einen schönen Tag. Plötzlich hatte ich schulfrei und schritt so leicht dahin, als hätte man mir gerade einen Gips vom Fuß geschnitten. Ich durchforstete die Buchhandlung, legte mich vor einer alten Friedhofsmauer ins Gras und genoß die vollkommene Ruhe. Als es zwölf schlug, ging ich Mittag essen, trank Bier und sonnte mich dann wieder.

Es war gegen drei, als ich eine Telephonzelle betrat und zum ersten Mal das samtene, tiefe Rufzeichen von Nadjas Apparat hörte, das mir in den kommenden Monaten so vertraut werden sollte. Niemand hob ab.

Bevor ich, mein Buchpaket unterm Arm, in den Bus stieg, versuchte ich es kurz vor fünf noch ein letztes Mal, wieder vergeblich.

Im Triumphgefühl über den gewonnenen Tag verfaßte ich meinen ersten Brief. In Großbuchstaben schrieb ich ÖSTERREICH und SALZBURG auf das Kuvert, als wäre das die Parole, die mir Immunität garantierte.

Am nächsten Morgen machte ich wieder mit. Hatte ich es bisher geschafft, dem Befehlegeben zu entgehen, kam ich diesmal um die »Zielansprachen«[1] nicht herum. Ich meldete fliegende Essenskübel unbekannten Inhalts in der Vorwärtsbewegung, schweren Beschuß durch zu kurz treffende Gulaschkanonen aus den eigenen Reihen und befahl Rückzug. Ich weiß, auch das ist erbärmlich, damals jedoch hielt ich mir meinen Lacherfolg zugute. Der Leutnant, ein Ilmenauer Kommilitone[2], beorderte uns zurück und ließ mich die Zielansprache wiederholen.

Auch die zweite, ja selbst noch meine dritte Zielansprache

[1] Beschreibung des Gegners nach vorgegebenen Kriterien.

[2] Die Offiziere kamen meist nicht aus der eigenen Universität oder Hochschule.

ernteten Lachen. Danach aber wollten alle, ausnahmslos alle, daß ich richtige Befehle erteilte. Die anderen Gruppen warteten bereits abmarschbereit. Nun hatten sie mich dort, wo sie mich wollten. Diese Demütigung war noch schlimmer, als am Ersten Mai an der Tribüne vorüberzuziehen. Am Nachmittag fand ich eine Ausgangskarte auf meinem Bett.

Ich kümmerte mich um Kleingeld und belagerte ab acht eine funktionierende Telephonzelle.

Es war schon nach zehn, als sich Nadja endlich meldete. Ich hatte geglaubt, sie wisse durch meine Mutter, wo ich sei, und könne sich vorstellen, unter welchen Umständen ich diese Wochen verbrachte. Sie aber schien nur glücklich, mich endlich zu hören, nannte Namen, Freunde, die mich kennenlernen wollten. Sie wünsche sich ein Photo von mir, und Briefe, viele Briefe.

Ich mußte ihr erklären, wo ich war und was ich hier tat, und je länger ich sprach, um so spürbarer wurde ihr Schweigen, ein Schweigen, das mich zwang, mehr und mehr vom hiesigen Alltag preiszugeben. Ich hoffte schon, die Verbindung wäre unterbrochen, da herrschte mich Nadja an: Warum fährst du denn in so ein Lager?

Statt zu antworten, begann ich, von meinen Zielansprachen zu berichten und wie ich meine Gruppe damit geradezu in einen Lachtaumel versetzt und mir immer neue Szenarien ausgedacht hatte ... »Mach dich doch nicht lächerlich!« rief Nadja.

Im selben Augenblick wurde ich ganz ruhig. Der Kampf war vorbei, ich hatte verloren, alles Weitere ging mich nichts mehr an.

»Das lohnt doch nicht«, hörte ich Nadja dann sagen. Sie kenne eine schöne Pension in Prag, wann ich denn komme, sie sehne sich so nach mir ...

Mein Armeebuch war zu einem blinden Fleck geworden. Ich wußte nicht, wann ich mich jemals wieder an die Arbeit machen würde. Wenn ich nach Dienstschluß nicht auf dem Bett lag, spielte ich Schach. Ich war ein beliebter Gegner, weil ich meistens verlor.

Am Ende der fünf Wochen, am vorletzten Tag, hatten wir noch einmal Politunterricht. Ich weiß die Frage nicht mehr und auch nicht meine Antwort, auf die es keinerlei Reaktionen gab. Wahrscheinlich ging es ums Wettrüsten.

Vor der letzten Stunde, sie galt als Prüfung, wurden Zensuren verkündet. Mit Gesamtnote »vier« – im ersten Seminar war mein Schweigen noch mit einer Zwei belohnt worden – war ich der Schlechteste.

Kaum hatte der Leutnant, ein in sich gekehrter Informatikstudent, sein Urteil verkündet, als ein »Sturm der Entrüstung« losbrach, ein Hohngelächter voller Zwischenrufe. Gorbatschow war seit ein paar Wochen im Amt.

In der Pause wurde ich zu einem Offizier gerufen, einem Hauptmann, im zivilen Leben Dozent für Werkstoffkunde, der meinen Vornamen kannte, mich duzte und all das tat, was er unter »ins Gewissen reden« verstand. Ich solle mir meine Laufbahn nicht durch läppische Dummheiten verderben. Er nannte mich naiv, unterstellte mir eine »Mit dem Kopf durch die Wand«-Mentalität. Ich müsse Kompromisse eingehen und so weiter. Ich erwiderte in der Manier eines Simpels, nur meine Meinung gesagt zu haben, wie es doch immer von uns erwartet werde.

»Das ist es nicht wert, Enrico«, rief er, »wirklich nicht.« Die Resignation zog seine Stimme in vertrauenerweckende Tiefen. Ich ließ ihn reden und betrachtete das dünne Lächeln des Honecker-Porträts vor blauem Hintergrund. Von einem Augenblick auf den anderen war ich kein Schiffbrüchiger mehr, sondern wieder der Kapitän, der einzige Aufrechte, der sich nicht von der allgemeinen Verkommenheit anstecken ließ.

Die Frage des armen Leutnants, wo ich denn gewesen sei –

ich war verspätet in den »Seminarraum« zurückgekehrt –, beantwortete ich mit einem schnippischen »Na, wo schon«, was ich für einen starken Auftakt hielt.

In einer Stunde konnte ich bereits exmatrikuliert sein. Dieser unglückselige Leutnant, dieses Werkzeug des Schicksals, wußte ja selbst nicht ein noch aus – dafür sprachen zumindest die roten Flecken an seinem Hals –, aber auf wundersame Weise hielt er sich weiter an seine Vorgaben. Und deshalb würde er mich in wenigen Minuten bis an sein Lebensende auf dem Gewissen haben.

Frage um Frage ließ ich passieren, ohne mich zu melden. Doch während ich lauernd verharrte, geschah etwas, was Sie rührend oder fürchterlich nennen können: Meine Schachspieler ließen mir über Bänke hinweg Zettel mit den »richtigen Antworten« zukommen. Einer nach dem anderen stand auf und antwortete, mancher erhielt zwei oder gar drei Chancen.

Als ich mich endlich meldete, verschwanden die anderen Arme. Man wies den armen Leutnant auf mich hin. Aber nicht ich, mein Nachbar wurde aufgerufen.

Bevor ich mich überhaupt wieder melden konnte, hörte ich meinen Nachnamen, in meinem Kopf Trommelwirbel. Ich bat den armen Leutnant, die Frage zu wiederholen.

Ich antwortete zögernd, ganz so, als müßte ich mich überwinden und zur Wahrheit durchringen, fügte aber diesmal Adjektive wie »dumm« und »menschenverachtend« ein. Ich hoffe, sagte ich zum Schluß, mich diesmal klar ausgedrückt zu haben. Der Stille im Raum und der Miene des Leutnants entnahm ich, daß die Sache gelaufen war.

Alle »bestanden« die Prüfung. Der Leutnant verkündete es am Ende der Stunde beiläufig und verließ grußlos den Raum. Mich feierten sie als Sieger, klopften mir wild auf Schulter und Rücken und hielten meine Versteinerung für fassungsloses

Glück. »Ich hab nie geglaubt«, bekannte der Sportler aus dem Bett unter mir feierlich und musterte mich von Kopf bis Fuß, »daß du von der Firma bist!«[1]

Am Abend eines Tages, der noch mit Weckpfiff und Frühsport begonnen hatte, schloß ich in Prag eine wunderschöne Frau aus Salzburg in die Arme.

Ich hatte Nadja im einfahrenden Bummelzug erspäht (wenn ich mich richtig erinnere, kam sie von Linz) und stand vor ihr, als sie ihren Fuß auf den Bahnsteig setzte. Sie schob mich zurück, ließ Plastetüten und Koffer fallen und schlang die Arme um meinen Hals. Über ihre Schulter sah ich wie aus einem Versteck den Aussteigenden zu.

»Laß dich anschauen«, rief Nadja, als sei ihr endlich der richtige Satz eingefallen. Sie trug dasselbe braune Kostüm wie beim Abschied in Dresden. Plötzlich preßte sie ihren Mund auf meinen, ihre Zunge drang weit vor.

Die Pension, zu der wir im Taxi fuhren, lag im Villenviertel »Vinohrady«. Es war alles etwas heruntergekommen, doch weder der marode Zaun noch das rostzerfressene Gartentor, an dessen Maschendraht die Briefkästen baumelten, konnten das Herrschaftliche des Hauses schmälern. Wir gingen zwischen Tulpenbeeten und Obstbäumen, von deren Duft die Luft schwer war, zur Haustür, in der uns Frau Zoubková erwartete. Sie hielt Dora am Halsband, eine Hündin, schwarz wie die Hölle und sterbensmüde. In ihren Filzlatschen erweckte Frau Zoubková den Eindruck, sie bewege sich nur deshalb den ganzen Tag, um auf diese Weise das Linoleum zu polieren. Meistens ging sie dicht an den Wänden entlang, und erst wenn einer ihrer Gäste vom Küchentisch auf geradem Wege zur Tür hinaus war, folgte sie und verwischte die Fährte.

1 Firma hier synonym für Staatssicherheit.

Frau Zoubková bewohnte im ersten Stock zwei Zimmer neben der Küche und vermietete die drei oberen Gemächer, die durch Symbole an den Türen als Sonnen-, Stern- und Mondzimmer ausgewiesen waren.

Muß ich noch sagen, daß wir das Sonnenzimmer bekamen? Die hohen Fenster lagen nach Süden, wo wir hinter den weißen Baumkuppen die Stadt mehr ahnten als sahen. Das Plätschern des Springbrunnens und Vogelgezwitscher waren die einzigen Geräusche.

Von den Früchten, die wir spätabends unter den traurigen Blicken von Dora wuschen, wußte ich oft nicht mal die Namen. Noch erstaunlicher: Weintrauben Ende April! Wie Lebkuchen zu Ostern. Nadja gefielen solche Vergleiche. Sie ließ mich jede Frucht kosten, und ich mußte sagen, wie sie schmeckte und woran sie mich erinnerte. Dabei sah ich auf Nadjas nasse, vom kalten Wasser geröteten Hände, die schälten und schnitten und mir unentwegt etwas in den Mund schoben, so daß ich mit Kauen und Sprechen nicht nachkam, worüber sie lachte, und je mehr sie lachte, desto schneller bewegten sich ihre Finger, desto belebter war das Spiel der Sehnen auf ihrem Handrücken ... Plötzlich hielt ich ihre Unterarme fest, nicht um Nadja Einhalt zu gebieten, sondern weil alles so unfaßbar schön war.

Ich leckte einen Tropfen von ihrem Handteller, fuhr ein zweites Mal, wie um sicherzugehen, daß ich auch alles erwischt hatte, mit der Zunge von ihrem Handgelenk hinauf die Lebenslinie entlang und glaubte, in dieser herben Süße eine Pampelmuse zu schmecken. Wie Wimpel leuchteten die Fruchtreste an Nadjas Nägeln, grün, rot, weiß. Fingerkuppe um Fingerkuppe schob sie mir in den Mund und berührte meine Zähne. Wie eine Blinde tastete sie über mein Gesicht, fuhr meine Nase auf und ab, zeichnete Augenbrauen und Lippen nach, während ich ihre Bluse öffnete und ihr Hemd nach oben schob.

Beim Knarren der Holztreppe erstarrten wir, lauschten – Wasser rann auf die Fliesen. Das Waschbecken lief über! Nadja drehte den Hahn zu, tauchte die Hände ins Wasser, holte die Schalen aus dem Abfluß, drehte sich langsam zu mir, hob die Arme und streckte sich, wie um ihre Brüste zu zeigen. Ich wollte sie gerade küssen, als mir etwas auf den Kopf tropfte. Nadja hielt noch die Fruchtschalen in Händen. Dora, der Höllenhund, schlabberte das Wasser vom Boden.

Halbnackt hantierten wir dann nebeneinander wie Fremde, wir mußten aufräumen, abspülen, zusammenpacken, vor der Toilette aufeinander warten und über die endlose Holztreppe nach oben steigen.

Ich sah Nadjas Silhouette vor dem Fenster. Sie hatte ihren Slip anbehalten. Es klang wie ein Geständnis, als sie mir ins Ohr flüsterte, daß sie ihre Tage habe und wir heute nicht könnten … Ich verstand nicht, warum das eine das andere ausschloß, war aber, wie ich gestehen muß, auch erleichtert.

Wie überflüssig meine Bedenken gewesen waren, spürte ich schnell. Nadja verstand sich darauf, mir das Gefühl zu geben, selbst der Erfinder all dieser unbekannten Liebkosungen zu sein.

Dann, es war schon gegen Morgen, gab es einen Moment, in dem ich fürchtete, alles Glück verdorben zu haben. Nachdem Nadjas Kopf wieder auf meine Schulter zurückgekehrt war, sagte ich unwillkürlich »danke«, so unglaublich fand ich, was sie getan hatte. Noch in dem Augenblick, da ich es aussprach, spürte ich ihre Reglosigkeit, ich wußte, wie falsch, wie dumm das gewesen war. Ihr Gesicht erschien über mir, sie stützte den Kopf auf die Hand, sah mich an, lächelte und fragte, die wievielte Frau sie denn für mich sei. Ich zögerte. Los, sagte sie. Ich hob meine Linke und spreizte Daumen und Zeigefinger ab.

Nadja sagte, ich solle ihr nichts vormachen. Dann amüsierte sie sich über mich, machte mir aber plötzlich Vorhaltungen, nicht auf sie gewartet zu haben. Als ich mich weigerte, ihr von Katalin zu erzählen, wurde sie sogar ungehalten.

Beim Frühstück legte sich Dora zwischen unsere Stühle. Frau Zoubková nickte uns vielsagend zu. Sollten wir Spuren in der Küche hinterlassen haben, so waren diese längst verwischt.

Traumwandlerisch fanden Nadja und ich die schönsten Flekken der Stadt, fuhren mit der Bahn hinauf zum Petřin, stiegen auf halber Höhe aus, gingen durch die Gischt der blühenden Kirschbäume und legten uns ins Gras.

Nahe der Moldau, nur wenige hundert Meter von der Karlsbrücke entfernt, betraten wir durch einen Torbogen unversehens einen verwunschenen Park, an dessen Ende wir über breite Stufen zu einer Terrasse aus braunem Sandstein emporstiegen, auf der eine Rotbuche stand. Ich wollte gerade die Blätter, die ich von weitem für verwelkt gehalten hatte, berühren, als es hinter uns rauschte. Wir fuhren herum und sahen zwei Pfauen, die gleichzeitig ihr Rad schlugen.

Als ich Nadja zum Zug brachte, von ihrem Gepäck war nur ein Köfferchen übriggeblieben, sprachen wir kaum miteinander. Schweigend durchquerten wir den Bahnhof. Auf dem Bahnsteig, ihr Zug mußte jeden Moment einfahren, sagte Nadja, daß ich ihr das nächste Mal von meinem Manuskript erzählen müsse, sie wolle alles darüber wissen, denn schließlich stünde es ja jetzt ihr zu, mein Werk in den Westen zu schmuggeln. Wenn mir noch etwas zu meinem Glück gefehlt hatte, dann war es dieser Satz gewesen.

Zurück in Jena, stellte sich bereits mit dem ersten Satz, den ich Nadja schrieb, ein Tonfall ein, in dem ich ohne Konzept, ja eigentlich ohne wirklich nachzudenken, loslegen konnte. Während ich die Blätter zusammenfaltete, formulierte ich schon den Beginn für Brief Nummer 2.

Täglich, nun auf der Maschine, schrieb ich an Nadja und war

überrascht, daß mein Alltag keineswegs so unliterarisch war, wie ich gedacht hatte.

Nach ihrer ersten Antwort – die hellblauen Kuverts trudelten alle vier, fünf Tage ein –, in der sie meinen Brief als »wunderbare Prosa« bezeichnet hatte, legte ich Blaupapier zwischen die Blätter.

Ich hatte zu spät begonnen, für die bevorstehende Dreierprüfung zu lernen: Literatur, Kunst und Geschichte Roms, dazu die Sprachen, eine Prüfung zum deutschen Drama des 18. Jahrhunderts und Politische Ökonomie (oder war es dialektischer Materialismus?). Für »Vivat Polska!« blieb keine Zeit, wollte ich nicht mein Briefkontinuum zerstören – die Tage nachträglich zu referieren hätte den Ton verdorben. So bestand meine Arbeit am Roman allein darin, Nadja von meinen Fortschritten zu berichten. Regelmäßig meldete ich den Abschluß eines Kapitels.

Kommt Ihnen das nicht komisch vor? Bemerken Sie, daß ich mich, nach allem, was Sie von mir wissen, völlig untypisch verhielt? Warum warf ich gerade in jenen Tagen mein Manuskript in die Ecke? Ja, die Liebe, werden Sie vielleicht sagen, ja, die Liebe war schuld! Ja, ich liebte Nadja. Aber auch die Liebe muß einem ja irgendwie in den Kram passen.

Ich weiß nicht mehr, welcher Brief es gewesen ist. Doch die Überzeugung, an einem Briefroman zu schreiben, besaß ich schon nach wenigen Tagen. Und sie war übermächtig! Gelängen die Briefe an Nadja, so mein Kalkül, entstünde das Werk von allein.[1]

Ich fand mich in einer ähnlichen Situation wie in Oranienburg wieder. Alles, was ich sah und tat, wurde literarisches Ma-

[1] Die Analogie zwischen der beschriebenen Situation und jener, in der sich T. als Schreiber befand, wird besonders an dieser Stelle evident. Beide Frauen passten T. »in den Kram«, in sein »Kalkül«.

terial. Jeder Brief entwickelte sich, ohne daß ich es beabsichtigte, zu einer Art Erzählung. Ich war überrascht, wie sich selbst weit auseinanderliegende Ereignisse unversehens miteinander verflochten, als wären sie Teil eines kompositorischen Plans. Sobald ich den Deckel von der »Rheinmetall« abnahm, geriet ich ins Erzählen. Ich mußte kaum nachbessern, denn ich ergänzte das Erlebte mit größter Selbstverständlichkeit, geradezu automatisch. Wenn man weiß, wohin die Roulettekugel rollt, setzt man natürlich auf die richtige Zahl.

Ich liebte Nadja, ich liebte Jena, ich liebte mein Leben, und alle sahen, wie mich die Liebe veränderte. Nur Vera schwieg.

Nadja und ich trafen uns alle zwei oder drei Wochen in Prag, Brno oder Bratislava, manchmal nur für Stunden. Am Telephon hatten wir einen Geheimkode entwickelt, in dem wir uns selbst verfingen. Bei unserem dritten Treffen – mitten in den Prüfungen – wartete ich in Bratislava, weil Nadja für eine Woche ihre Mutter, die mittlerweile in Wien lebte, besuchte. Ihr Zug sollte kurz nach meinem eintreffen. Als eine Stunde Verspätung angezeigt wurde, nahm ich ein Taxi, fragte nach einem Hotel und bezahlte eine Nacht im Voraus mit zweihundert Mark, was meinem gesamten Monatsstipendium entsprach.[1] Als ich zum Bahnhof zurückkehrte, betrug die Verspätung bereits zwei Stunden. Die Abkürzung für Wien Südbahnhof, die sich hartnäckig auf der Anzeige hielt, während alle anderen Städtenamen wechselten, wurde mir in jener Nacht zum Fluch. Seither weiß ich auch, daß nástupiště Bahnsteig heißt und příjerdy vlaků Ankunft der Züge. Ich entwickelte hilflose Rachegelüste und überlegte mir böse Kommentare zu dem Wandgemälde im Bahnhof, Kom-

1 In der Regel erhielt jeder Student zweihundert Mark monatlich, womit man ohne Unterstützung von zu Hause oder einer zusätzlichen Arbeit gerade so leben konnte.

mentare, mit denen ich vor Nadja glänzen wollte – über den Köpfen aller friedliebenden Menschen der Erde spießte der Sputnik gerade die Friedenstaube auf. Nach zwei Stunden empfand ich nur noch blanken Haß und wünschte nichts weiter, als daß die drei finsteren Typen, die sich links aus dem Bild stahlen, umkehrten, um mit ihren Maschinenpistolen all diese zukunftsfrohen sozialistischen Visagen, vom blonden Stahlarbeiter bis zur schwarzen Mutter, über den Haufen zu ballern. Nach fünf Stunden flehte ich zu diesem gräßlichen Olymp, er möge endlich Erbarmen mit uns haben. Fünf geraubte Stunden bedeuteten ein Viertel unserer Zeit, einen verlorenen Abend, eine halbe Nacht.

Endlich, nach Mitternacht, traf der Wiener Zug ein, aber ohne Nadja. Im Hotel standen mir noch die Tränen in den Augen, als ich um Rückgabe des Geldes bettelte. Man hatte Erbarmen mit mir. Ich nahm meine Tasche und stieg in den nächsten Zug, der nach Brno fuhr. Zwischen zwei und drei Uhr morgens suchte ich den dortigen Bahnhof nach Nadja ab und sprang, alarmiert von der Vorstellung, sie könnte an der Grenze festgehalten worden sein und mit dem nächsten Zug kommen, in einen schon anfahrenden Zug zurück nach Bratislava. Ich hatte Glück, daß ich nicht kontrolliert wurde. Wieder in Bratislava, rief ich ihre Mutter an, die, obwohl ich sie aus dem Schlaf riß, mit tiefer Stimme »Ach, mein Junge« sagte und mir dann die Nummer des Hotels »Jakub« in Brno diktierte.

Im Hotel »Jakub« war unsere Geschichte bereits bekannt. Eine Kellnerin schritt uns voran in den Frühstücksraum und bewirkte mit einer Geste, als wäre ihr ein Zauberstück gelungen, mächtigen Applaus für das glückliche Ende unserer Irrfahrt.[1]

[1] »Ich weiß nur noch, dass *Maria Theresia* Bratislava und *auf Arbeit gehen* Brno bedeutete, aber was der Fehler gewesen war und ob Enrico schuld war oder ich, das habe ich vergessen.« – Sabine Kraft in einem Brief an den Herausgeber.

War das nicht der Stoff, aus dem Romane gemacht werden? Mit Nadjas wenigen Schillingen spielten wir westliches Paar. Jede Kellnerin, jeder Museumswärter wurde in ein Gespräch verwickelt und ins Vertrauen gezogen, in jeder Passantin, in jedem Tischnachbarn fanden wir unser Publikum.

Einmal, es war in Prag, hat mich Nadja sehr verunsichert.

Ich wäre wohl auf die Kippah getreten, hätte sich nicht Nadja zuvor danach gebückt. Mit einer Spange – solche Utensilien barg ihre Handtasche – befestigte sie die Kippah in meinem Haar. Ich glaubte, Nadja sei neugierig, wie ich damit aussähe. Da es nur wenige Schritte bis zur Synagoge waren, die wir besichtigen wollten, behielt ich das Käppchen auf.

Wieder auf der Straße, vergaß ich, es abzunehmen. Nach wenigen Schritten, Nadja hatte sich bei mir eingehakt, sprach uns ein Mann an. Er fragte nach der Synagoge und starrte auf meine Kippah. Beinah hätte ich sie abgesetzt wie einen Hut.

Wieso er uns auf deutsch anspreche, fragte Nadja. Ihre Aussprache ähnelte der von Frau Zoubková, nur klang Nadja schneidend. Wieso er glaube, daß wir Deutsch verstünden, daß wir es gar sprechen wollten.

Er nickte. Mit irrlichterndem Blick und bebenden Lippen suchte er nach einer Entschuldigung. Nadja, noch immer an meinem Arm, trat einen halben Schritt vor und wies mit der flachen Hand in Richtung Synagoge: »Geraadeaus!« schnarrte sie. Er nickte erneut, lächelte auf einmal wie befreit und rief »Schalom!«.

Nadja zog mich fort. Ich wartete auf eine Reaktion von ihr, vielleicht sogar auf ein Lachen. Je länger sie schwieg, desto unruhiger wurde ich. Als ich sie ansah, blieben wir stehen. Nadja war eine Fremde, traurig und stolz, ja beinah hochmütig.

Sie wollte nicht, daß ich die Kippah abnahm. Sie stehe mir gut. Am nächsten Tag, wir sprachen von ihrer Mutter, sagte Nadja, in ihrer Familie habe es auch Juden gegeben. Ich weiß nicht, ob das stimmt. Die Kippah liegt noch hier bei den Mützen und Schals.

Um die Prüfungen hatte ich mir kaum Gedanken gemacht. Ich glaubte an mein Glück und bestand jedesmal knapp. Die gutwilligen Prüfer honorierten meine Semesterarbeiten.

Die längste Zeit, die Nadja und ich je gemeinsam verbrachten, waren acht oder neun Tage im August.

Wir hatten uns im Isargebirge bei einer Slowakin eingemietet. Im Treppenhaus hing ein Photo von J. F. Kennedy im Silberrahmen.

Nadja schien gewillt, Klarheit zu schaffen. Schon auf der ersten Wanderung zum Fernsehturm von Liberec fragte sie, wie es mit uns weitergehen solle. Ich sagte, daß ich mein Buch (an dem ich seit Monaten nicht mehr gearbeitet hatte) zu Ende schreiben wolle. Dann, wenn das wirklich ihr Wunsch sei, könne ich den Ausreiseantrag stellen. Das Wort Ausreiseantrag nahm kein Ende. Es zerfiel mir im Mund wie muffiges Konfekt. Nadja fragte, ob das denn wirklich mein Wunsch sei. Ja, sagte ich. Sie sagte, daß sie mich heiraten würde. Ich sagte, das wäre das einfachste.

Wir liefen durch den abgestorbenen Wald[1] und merkten zu spät, daß wir auf einen verblichenen Wegweiser hereingefallen waren, der die verbliebene Distanz statt mit neunzehn nur mit neun Kilometern angegeben hatte.

Im Restaurant des Fernsehturms mußte ich zweimal ansetzen, um pivo[2] zu bestellen, so ausgetrocknet war meine Kehle.

Eine Kleinbahn sollte uns, nach dem Plan unserer Wirtin, ins Dorf zurückbringen, aber in Liberec wußte niemand etwas

1 Die Kraftwerke im »Dreiländereck« von DDR, ČSSR und Polen hatten die Flora und Fauna der Mittelgebirge stark geschädigt.

2 Bier.

von einer Kleinbahn. Es blieb uns nur der Fußmarsch über den Kamm, die Dämmerung im Rücken. Nie werde ich diese Minuten auf der kahlen Höhe vergessen, das Licht der Abendsonne, die den Weg wie im Theater ausleuchtete, während die Dunkelheit die Berghänge heraufkroch; die Luft war klar, der Horizont ringsherum unendlich weit. Das einzige Geräusch waren unsere Schritte. Als mich Nadja plötzlich umarmte, spürte ich ihren hastigen Herzschlag. Wir hielten uns umschlungen und sahen über die Bergkuppen, als könnten wir in dieses Bild auswandern.

Es folgten drei Tage Regen, und als es auch am vierten Tag dunkel blieb, machten wir uns auf den Weg nach Dresden. Wortlos schloß Frau Krátká hinter uns die Haustür.

Damit Sie Nadja und mich verstehen, muß ich Ihnen noch etwas offenbaren, das mich zunehmend verstörte. Nach außen ein ideales Paar, waren wir doch nie eins geworden.

Anfangs hatte es immer einen Grund gegeben: Nadjas Angst, schwanger zu werden, die Pille wollte sie nicht nehmen. Dann wieder hatte ich keine Kondome dabei, oder wir waren von unseren Eskapaden zu erschöpft. Ich will Sie nicht mit weiteren, mir unangenehmen Details behelligen. Sobald wir die Tür hinter uns schlossen, befiel uns neuerdings eine unerklärliche Scheu.

Über Vera schwiegen wir lange. Seit ich mit Nadja vor Veras Tür umgekehrt war, hatte ich meine Schwester nicht mehr gesehen. Deshalb konnte ich Nadjas Nachfragen mit einem Schulterzucken abtun. Aber Nadja ließ nicht locker. Ich wurde eifersüchtig auf Vera. Zudem deutete Nadja an, daß sie in Dinge eingeweiht war, die Vera und ich geheimzuhalten geschworen hatten.[1]

[1] Wahrscheinlich eine Anspielung T.s auf die eingebildete quasi-inzestuöse Beziehung zu V. T. Diese Imagination nimmt später regelrecht wahnhafte Züge an.

Von der gemeinsamen Zukunft mit Nadja entwickelte ich klare Vorstellungen. In Salzburg wollte ich mich als Taxifahrer durchschlagen und in der verbleibenden Zeit schreiben. Sobald aber mein Buch erschienen wäre, brauchte Nadja nicht mehr zu arbeiten und könnte sich ganz auf ihr Studium konzentrieren. Und an den Wochenenden würden wir immer etwas unternehmen, wandern, flanieren oder reisen, nach München, Wien oder Italien.

Ich steigerte mich in dieses neue Kapitel hinein und wußte, daß meine Augen am Ende jedes Monologes glänzten. Nadja schwieg um so beharrlicher, je mehr Vorschläge ich vor ihr aufhäufte.

Ich fürchte, sie war ebenso erleichtert wie ich, als wir endlich zum Bahnhof aufbrechen konnten. Doch schon in der Straßenbahn überfiel mich eine große Wehmut und eine ungeheuerliche Angst, Nadja zu verlieren. Ich sagte ihr, daß ich alles dafür gäbe, um die vergangenen Tage wiederholen zu dürfen, selbst wenn sie um nichts von dem Erlebten abweichen würden. Sie umarmte mich, und wir hielten einander fest wie auf dem Bergkamm.

Bisher war es mir nie schwergefallen, nach unseren Treffen zu den Briefen zurückzukehren, ganz im Gegenteil. Diesmal verzweifelte ich daran, riß Blatt um Blatt wieder aus der Maschine und legte mich schließlich ins Bett, ohne zu wissen, wie es weitergehen sollte. Als ich erwachte, war ich überzeugt, Nadja in dieser Nacht verloren zu haben.

Von da an versuchte ich nur noch, mich als Briefschreiber so lange wie irgend möglich zu behaupten. Eher fürchtete ich eine Antwort, als daß ich sie erwartet hätte. Auf Anrufe verzichtete ich fast gänzlich, nachdem Nadja auf die Frage, ob sie denn meine Briefe erhalten und was sie in letzter Zeit so gemacht habe, erwidert hatte: Geschuftet, immer nur geschuftet.

»Was soll ich denn tun?« antwortete ich. Ich sei ja zu allem bereit!

Um uns zu sehen, fehlte das Geld. Mein Sparbuch war leer, die D-Mark-Zuwendungen von Tante Camilla hatte ich aufgebraucht, Vera um Hilfe zu bitten kam nicht in Frage. Für Briefe mangelte es Nadja an Zeit. Ich akzeptierte das, und in der Folge auch alles andere. Mit Semesterbeginn gab es wieder Stoff für Briefe in Hülle und Fülle.

Bei meinem letzten Anruf in Salzburg klang Nadja plötzlich wie früher, als es schon eine unfaßbare Zärtlichkeit gewesen war, wenn sie meinen Namen geflüstert hatte. »Ich liebe dich«, schrie ich ins Telephon. »Ich dich auch«, rief sie und lachte. Noch einmal beschwor ich unsere Liebe und hörte, wie mir Nadja Küsse durchs Telephon schickte. Dann war Schluß, weil ich zuwenig Kleingeld parat hatte.

Mit dieser Pointe sollte mein Briefroman enden, falls ich nicht dereinst noch einen besseren Schluß finden würde.

In Liebe

Ihr Enrico T.

Montag, 7. 5. 90

Lieber Jo!

Ich will es nur gesagt haben: Wenn Du die Irrungen und Wirrungen der Provinz studieren willst, also eine Arbeit brauchst und ein Einkommen, sollten wir darüber reden.[1] Als Schreiber

[1] Hintergrund dieses Angebots ist der Ausgang der Kommunalwahlen am 6. Mai 1990. Johann hatte für das Bündnis 90 kandidiert, war aber nicht in das Stadtparlament gewählt worden.

bekommst Du hier zweitausend netto, das heißt ab Juli zweitausend D-Mark, und eine ordentliche Behausung werden wir für Dich (oder Euch?) auch finden. Neue Leute brauchen wir so oder so. Die Frage ist nur, wann die Entscheidung fällt. In Gera könnten wir schon morgen drucken. Das wäre um ein Drittel billiger, bei besserem Papier und gestochen scharfen Photos. Der Umfang ließe sich in Viererspüngen[1] variieren – wir hätten kein Limit für die Werbung, noch müßten wir fertige Seiten einreißen oder Artikel verschieben, paradiesische Zustände! Wenn wir nur den Computer beherrschten! Andy hat achtzehntausend für alles verlangt, inklusive der Programme. Wir werden sein Renommierobjekt und schenken ihm ein paar Anzeigen! Das Geld für die Klebemaschine und die Leuchttische bekommt er im Juli. (Auch wenn ich glaube, daß wir ganz gut über den 1. Juli kommen werden, stelle ich mir jetzt doch manchmal vor, wir hätten die Zwanzigtausend damals in Ost-Geld umgetauscht, dann könnten daraus nun bald sechzig- oder siebzigtausend D-Mark werden, vielleicht noch mehr.[2])

Die LVZ ist ein trauriger Verein. Keiner von denen hielt es für nötig, am Sonntag in den »Auerhahn« zu kommen, in dem alle »Spitzenleute« zusammensaßen, bis auf die PDS natürlich, und

[1] Gemeint ist eine Erhöhung oder Verminderung um jeweils vier Seiten.

[2] Der Zentralbankrat der Deutschen Bundesbank hatte am 29. März einen Kurs von 2:1 empfohlen, da die DDR-Wirtschaft eine 1:1-Umstellung nicht verkraften könne. Der neue DDR-Regierungschef de Maizière befürchtete, dass eine Halbierung der Löhne »nicht ertragbare soziale Spannungen« hervorrufen würde, und befürwortete für Löhne und Renten eine 1:1-Umstellung. Am 1.7. werden die Sparguthaben bis 4000 Mark 1:1 umgetauscht (für Bürger über 60 bis 6000 Mark), alles darüber hinaus 2:1. Da der Umtauschkurs Ende Januar bei 5:1 oder noch höher gelegen hatte, stellt T. eine für ihn typische Spekulation an.

auf die Auszählung warteten.[1] Uns empfingen sie wie Könige, weil sie wissen, daß wir wissen, daß sie allesamt nicht gerade die Speerspitze der Revolution gewesen sind. Für Jörg ist das ein Dauerthema. Er hat Karmeka, den neuen Bürgermeister, Ende Dezember, da ihn noch niemand kannte, als Leiter des Runden Tisches vorgeschlagen, womit Karmekas Aufstieg begann. Jörg verspricht sich von den Kontakten zu seinem »Zögling«, wie er ihn etwas zu oft nennt, wohl zuviel, nachteilig aber ist diese Verbindung sicherlich nicht. Der neue Landrat (klingt das nicht irgendwie nach Junker und Kaiser?) steht noch nicht fest, aber er wird ebenfalls von der CDU sein. Wenn wir Glück haben, trifft es einen Kumpel von Fred. Selbst heute, nach drei Tagen, noch immer keine Zeile in der LVZ! Wir haben Karmeka groß auf der ersten Seite, mit Interview und Photo. Und auch die anderen Ergebnisse werden die Altenburger zuerst von uns erfahren. Kein Wunder, wenn Leute wie der Chef vom Dienst glauben, hier leichtes Spiel zu haben.

Am Sonntag sprach ich lange mit Marion und Jörg. Ich erzählte ihnen von Barristas Stadtplänen, den Werbegeschenken und der »Akquisiteursbrigade«. Den Computer hat er uns ja im wahrsten Sinne des Wortes ins Haus tragen müssen!

Nach zwei Stunden hatte ich Marion wenigstens so weit, daß sie einem Beratervertrag für Barrista zustimmte. Ich hatte tausend pro Monat vorgeschlagen, was immer noch lächerlich wenig gewesen wäre. Die nun bewilligten fünfhundert sind nicht mehr als eine an Peinlichkeit grenzende Geste.

Als wir ihm unsere Offerte antrugen, dankte er, zeigte sich jedoch eher überrascht als erfreut. Was wir denn von ihm erwarteten? Jörg wollte mit ihm seine eigenen Ideen prüfen, Marion sprach von Arbeitsorganisation, und ich sagte, er solle mit uns

[1] Kommunalwahlen vom 6. Mai 1990.

gemeinsam die Akquisiteure auswählen und schulen und einen Blick auf unsere Buchhaltung werfen, denn davon verstehe hier niemand etwas.

Der Baron hörte uns eine Weile an, erhob sich dann recht plötzlich und trat hinter seinen Stuhl, als wäre der ein Katheder. »Darf ich behaupten«, sagte er matt mit schweren Lidern, »daß Sie sich offensichtlich die grundlegende Frage, die am Beginn jeder wirtschaftlichen Tätigkeit geklärt sein sollte, noch nicht beantwortet, ja nicht einmal gestellt haben?« Barrista straffte sich und holte tief Luft. »Wollen Sie reich werden oder nicht?« Er sah von einem zum anderen und fügte hinzu: »Ich bewundere jeden, der sich dagegen entscheidet. Das verdient höchsten Respekt. Ich muß nur wissen, auf welchem Terrain wir einander begegnen wollen.« Unerwartet barsch unterbrach er mich, als ich auflachte.

»Das ist ernster, als Sie denken! Nehmen Sie sich Zeit! Wählen Sie nicht voreilig! Es impliziert sehr viel mehr, als Sie vielleicht erwarten!« Wenn sich Barrista aufregt, hört man seinen Akzent. Er setzte sich wieder und versprach, egal zu welchem Ergebnis wir kämen, dürften wir auf seinen Rat zählen, er müsse nur wissen, wohin wir unser Schiff steuern wollten. Dann richteten sich seine Gläser auf mich, an seinem linken Mundwinkel sah ich die Andeutung eines Lächelns. »Und Sie widersprechen mir nicht?« fragte er. »Warum widerlegen Sie mich nicht an meinem Beispiel? Mit den Ausnahmen ist das so eine Sache ...« Er spielte wohl auf unsere erste Begegnung an, da hatte er ja über Ausnahmen doziert. »Man kann und sollte sie machen, man muß nur wissen, daß es Ausnahmen sind. Ich leiste mir bereits zwei – Seine Hoheit und Sie! Ihnen jedoch rate ich, vorläufig keine Ausnahmen zu machen, Ausnahmen sind bestenfalls etwas für Fortgeschrittene, und auch da wäre ich sehr, sehr vorsichtig.«

Marion und Jörg verstanden ihn gar nicht. Für sie ist der Baron ein spleeniger Geschäftsmann, der sich über sein verlorenes

Familienidyll hinwegzutrösten versucht. Ich hingegen entdecke in ihm einen Logiker und Philosophen. Wir wiederum sind für ihn ein Glücksfall, eine Art Tabula rasa, was seine Selbstverständlichkeiten betrifft.

Jede und jeder muß ihm nun erzählen, wie seine Arbeit funktioniert, der Vertrieb, die Anzeigenannahme, die Rechnungen, die Organisation der Zeitungsproduktion usw. Manchmal verstehen wir nicht mal seine Fragen. Was bedeutet *ursprünglicher* Druckpreis? Wieviel wir *rausgehandelt* hätten, wie hoch der Skonto sei, wieviel Prozent Nachlaß bei Abbuchung usw. Wenn er dann ratlos und traurig zwischen uns hin und her blickt, wissen wir, daß wir schon wieder Geld verschenkt haben.

Es ist leicht, in ihm eine lächerliche Figur zu sehen, wie es Michaela und ihre Theaterdümmlinge offenbar mit Vorliebe tun.

Je länger ich darüber nachdenke, desto schwerer fallen mir die Antworten auf seine Fragen, Fragen, die zu stellen mir nie eingefallen wäre und die ich vorschnell als kindisch abgetan hätte. Am meisten begeistert mich jedoch die Gewißheit, daß er mit derselben Aufmerksamkeit, demselben Kraftaufwand und derselben Hingabe auch dann zu uns stünde, wenn wir mit Nein antworteten. In jedem Fall würde er seine sokratischen Fragen stellen und Diagramme verfertigen, nur eben mit anderen Koordinaten.

Natürlich sehen wir, daß der Verkauf sinkt und sich die Werbeeinnahmen erhöhen, und es ist kein Geheimnis, daß wir entweder mehr Platz brauchen oder mit den Preisen anziehen müssen oder uns – bei Strafe des Untergangs – überhaupt etwas Neues auszudenken haben. All das erhält jedoch eine ganz andere Überzeugungskraft, wenn man zwei Kurven sieht, Verkaufserlös und Werbeeinnahmen, die sich von Woche zu Woche näher kommen, ja regelrecht aufeinander zustreben, so daß man meint voraussagen zu können, wo und wann sie einander kreuzen werden. Die Addition der beiden Kurven wiederum läßt sich ins Verhältnis zu den Druck- und Lohnkosten setzen. Und schon sprechen wir ganz anders darüber, wie unser Überleben gesichert werden kann. Wir müssen in den folgenden Wochen unseren Gewinn erhöhen, weil wir ein Polster brauchen, um die Wochen nach dem ersten Juli zu überstehen. Was davor funktioniert hat, kann danach leerlaufen. Und spätestens seit dem Diagramm des Barons wissen wir, daß die Verhandlung im Druckhaus über unsere Existenz entscheiden wird. Das Schlimmste aber ist, daß man sich im nachhinein fragt, wie man das je hatte anders sehen können!

Ach, Jo, verzeih! All das wird Dich furchtbar langweilen! Und meine Erkenntnisse sprühen nicht gerade vor Originalität. Könntest Du Barrista nur erleben! In seiner Gegenwart werden noch die ernstesten Dinge leicht und spielerisch, ja, spielerisch im wortwörtlichen Sinne.

Wir hatten ihn am Montag wieder zu Hause (nachdem er mehrmals bei Jörg und Marion eingeladen gewesen war und mit ihnen sogar einen Wochenendausflug an die Saale gemacht hat, was mich, ehrlich gesagt, ein bißchen gekränkt hat). Er leidet unter seiner »Hotelzimmergruft« und dem ständigen Restaurantessen. Ginge es nach Robert und mir, säßen wir sowieso viel öfter mit ihm zusammen.

Seine Blumen verwandeln unser Wohnzimmer jedesmal in ein Tropenhaus. Der vertrocknete Dschungelstrauß erregte noch Aufsehen, als Michaela ihn in den Müll warf.

Dagegen nahm Michaela den Bericht des Barons über den Fortgang seiner Immobiliengeschäfte sachlich, um nicht zu sagen reglos zur Kenntnis. Sie blieb merkwürdig gleichgültig gegenüber der Tatsache, erheblich mehr als das garantierte Fixum zu erhalten, und fand kein Wort der Anerkennung für die Leistung des Barons.

Robert quengelte, weil er mit uns Monopoly spielen wollte, das er bezeichnenderweise von seinem Herrn Vater geschenkt bekommen hat (ja, so jemanden gibt es jetzt wieder!). Der Baron beteuerte, sehr gern spielen zu wollen, aber doch bitte nicht Monopoly, das sei das fadeste Spiel, das es überhaupt gebe, und führe nur in die Irre. Wäre ein einziger Tag seines Geschäftslebens so stupide und langweilig wie Monopoly, er würde sich auf der Stelle etwas anderes suchen. Roberts vorgeschobene Unterlippe hätte auch ein steinernes Herz gerührt. Etwas anderes, so der Baron, spiele er jedoch herzlich gern. Ihm kam Roberts Wunsch offensichtlich gelegen. Er hatte zuvor ein paar Andeutungen gemacht, die seine, wie er es nennt, kultischen Nachforschungen betrafen. (Im Mai 45 ist die einzige Altenburger Reliquie, ein Handreliquiar des heiligen Bonifatius, verschwunden, wahrscheinlich im Gepäck amerikanischer Soldaten, als sie Altenburg räumten.) Barrista hält seine Aktivitäten für noch nicht reif, mitgeteilt zu werden. Dabei vertut er die Hälfte seiner Zeit in dieser Angelegenheit.[1]

Geradezu euphorisch reagierte er, als ihm Robert den Karton mit dem Roulettespiel entgegenhielt. »Wo gibt's denn so was?« Ob da auch drin sei, was draufstehe? Der Inhalt amüsierte ihn. »Mein guter Filz«, kicherte er, entrollte die Plasteunterlage mit den Kästchen und Feldern und strich mehrmals darüber. »Mein

[1] T. weiß wohl mehr, als er hier eingesteht, vgl. seinen Artikel in: *Altenburger Wochenblatt*, Nr. 13; die umfangreichste und fundierteste Studie zur Geschichte des Altenburger Handreliquiars hat Hans Dörpfeldt geliefert, leider etwas abgelegen publiziert in: *Heidelberger Studien zur katholischen Dogmatik*, Heft 66, S. 55 ff.; vgl. auch P. Schnabel: *Die Heimkehr des Patrons*, in: *Altenburger Pfade in die Vergangenheit*, Heft 1, S. 7 ff.; als Einführung geeignet, besonders für jüngere Leser: *Arbeiten und Beten mit Bonifatius*, hrsg. von Horst Banske, Altenburg 2004 (12. Auflage).

guter Samt!« Die Jetons versetzten ihn in Entzücken, der kleine Kessel mit dem Zahlenrad machte ihn regelrecht närrisch. »Für Liliputaner!«

In Null Komma nichts hatte er die Summe der Jetons errechnet und herausgefunden, wie viele von jeder Sorte vorhanden waren. Michaela räumte ab, kam jedoch nicht dazu, das Tischtuch zu wechseln. Der Baron hatte bereits alles arrangiert, die Jetons verteilt und drängte Michaela, sich endlich zu uns zu setzen, wobei er zwischen Französisch und Deutsch hin und her wechselte. »Spielen Sie, setzen Sie, Sie sind dran!« rief er und plazierte als erster einen Zehner auf der rechten Reihe und für das obere Drittel, kein sehr mutiger Beginn, wie ich fand. Ich wagte dreimal das Doppelte: auf Rot, Ungerade und der Null. Michaela säte die Hälfte ihrer Jetons quer über die Zahlenfelder, Robert schob einen Hunderter auf Schwarz. Erst als der Baron mit ausgestrecktem Arm und flacher Hand dicht über dem Feld ein Oval beschrieb und beschwörend »Rien ne va plus« flüsterte, merkten wir, daß die Kugel bereits kreiselte. Einen Augenblick später sprang sie hin und her, der Baron verkündete das Ergebnis auf französisch und ergänzte, was jeder sah: »Fünfzehn, Schwarz.« Mit dem Schieber harkte er über die wellige Plasteunterlage, Michaela und der Baron hatten alles verloren. Robert bekam einen Hunderter dazu, ich zwanzig, verlor aber vierzig. Barrista lächelte und verdoppelte nun seinen Einsatz. Mich befiel bereits in der zweiten Runde Langeweile, die ich auch in der Großzügigkeit, mit der Michaela den Rest ihrer Jetons verstreute, zu erkennen glaubte. Robert wagte wieder hundert, diesmal auf Rot, ich spielte wie zuvor, schob nur statt auf Null einen Zwanziger neben Roberts Hunderter. Barristas beschwörende Armbewegung wiederholte sich, die Kugel klackerte – Elf, Rot. Ein Finger des Barons senkte sich auf die Elf, was Michaela wieder die Höhe ihres Startkapitals einbrachte.

Bald aber hatte Michaela als erste alles verspielt, was offenbar ihre Absicht gewesen war. Robert folgte mit unglaublichem Glück dem Lauf der Kugel. Der Baron verdoppelte nach jedem Verlust den Betrag, wagte vierzig, achtzig, hundertsechzig – und gewann schließlich. Seine Beharrlichkeit hatte sich ausgezahlt.

Doch aus freudigem Enthusiasmus war verkniffener Ernst geworden. Er unterhielt sich nicht mehr, antwortete auf keine Frage, starrte nur auf das Spielfeld und warf hastig die Kugel. Er arbeitete wie eine Maschine. Robert hingegen war der eigentliche Spieler und Held. Er verlor ebensoviel, wie er gewann, sein Guthaben aus den ersten Runden jedoch blieb ihm erhalten. Ich erhöhte meine Einsätze, weil mir das ewige Hin und Her zu öde wurde – und war als nächster bankrott. Der Baron verdoppelte weiterhin so lange, bis er gewann. So unaufmerksam, ja geradezu unhöflich hatte ich ihn nie zuvor erlebt. Ihm fiel nicht mal auf, daß nur noch wir Männer dasaßen und Michaela in der Küche abwusch.

Erst als er sagte: »Jetzt steige ich aus«, sich zurücklehnte und uns seine Jetons präsentierte, tauchte er unter dem Eis hervor. »Haben Sie gesehen?« fragte er, nun endgültig wieder lebendig geworden, und fügte mit kindlichem Stolz hinzu. »Am Ende habe immer ich gewonnen.«

»Pech in der Liebe, Glück im Spiel«, sagte ich. Der Baron sah mich so durchdringend an, daß ich mich schon für meine Taktlosigkeit entschuldigen wollte.

»Nein«, sagte er und lächelte. »Wahrscheinlichkeit! Maximale Wahrscheinlichkeit! Zufall ist nur eine Frage des Rahmens, des abgesteckten Umfeldes, natürlich auch eine der Zeit. Je mehr Geld Sie aber haben, um so weniger kann Ihnen der Zufall da hineinpfuschen. Wie im richtigen Leben!«

Er kenne alle Spielhöllen zwischen Wiesbaden und Las Vegas. Es gehe nur vordergründig um Gewinn und Verlust oder um die

Frage, ob man ein rettungsloser Spieler oder ein braver Mann sei. Es gehe um mehr, um viel mehr, vielleicht sogar um alles. Er habe erfahren, was es bedeute, sich mit Haut und Haar dem Schicksal zu ergeben, sich auszuliefern und zu warten, ob es einen berührt. Statt eines Apfels hätte Eva ihrem Mann lieber eine Handvoll Jetons anbieten sollen.

Ich bekannte, das Spiel nicht gerade als schicksalhaft empfunden zu haben.

Ich solle mich nicht lächerlich machen, das hier sei weniger als Kinderkram, das sei nichts, gar nichts, was ich denn erwartete. Mich befremdete, ja erschreckte die Heftigkeit, mit der er seine Hand unter die Plasteunterlage geschoben und diese von sich geworfen hatte. Sie schlappte zur Tischmitte, fiel zurück und hing vor ihm über die Tischkante herab. Ein paar Jetons fielen zu Boden, was ihn in Rage brachte. Mit Daumen und Zeigefinger faßte er die Plasteunterlage und hielt sie angewidert hoch, als handelte es sich um das dreckige Taschentuch eines Widersachers.

Das sei kein Vorwurf, sagte er, schon wieder milder gestimmt, als wir mit den aufgelesenen Jetons unterm Tisch hervorkamen. Doch dieses Spiel sei ihm etwas nahezu Heiliges, ein Ritual, ja, ja, ein Reinigungs- und Opferritual, das meine er ernst. Er wiederholte es wörtlich gegenüber Michaela, die hereingekommen war, weil sie, wie sie später sagte, Streit vermutet hatte.

Ich solle, bemerkte er dann mit auffälliger Beiläufigkeit, erst einmal das wirkliche Spiel kennenlernen. Und wenn er sage, das wirkliche, dann meine er es auch, ein Wochenende in Monte Carlo, was ich davon hielte, er würde sich um alles kümmern. »Sind Sie einverstanden?«

»Monte Carlo ist nicht so weit weg, wie Sie denken«, sagte er. Neben der schönen Lektion, die ich dabei lernen könnte, würde sich als angenehmer Nebeneffekt die Aufbesserung meiner Privatschatulle einstellen, denn beim ersten Mal, noch dazu, wenn ich seine Vorgaben befolgte – »es gibt überall Regeln und Gesetze« –, werde ich immer gewinnen, ja, immer! Wir sollten bloß einmal überlegen, warum die Spielbanken Höchstgrenzen für Einsätze festlegten. Dies sei der Schlüssel zum Verständnis. Darüber lohne es nachzudenken.

Schon vor Wochen hat der Baron eine Andeutung in diese Richtung gemacht, aber ich hielt es für Gerede. Offensichtlich aber gibt es bei ihm kein Gerede.

Sei umarmt von Deinem Enrico

PS: Nur eine Frage: Anton Larschen will bei allem Verständnis für unsere Lage mit seinen Memoiren nicht länger warten und benimmt sich wie ein bockiges Kind. Jörg und ich haben sie gelesen, wollen den Text auch veröffentlichen, aber da wartet noch viel Arbeit auf einen Lektor. Darf ich ihn Dir schicken? Du würdest natürlich dafür bezahlt, firmiertest als Herausgeber, und ein Vorwort oder Nachwort wäre hochwillkommen.

Dienstag, 8. 5. 90

Liebe Nicoletta!
Es ist nicht nur das Frühlingswetter, das es mir schwermacht, meinen Bericht fortzusetzen und Ihnen etwas über jenen Dezember zu erzählen, der der endgültigen Trennung von Nadja und mir Ende November folgte.

Zurück in Jena, fühlte ich mich, statt erleichtert zu sein, gelähmt und einsam. Von Vera hatte ich seit März kaum mehr gehört, die Briefe, die Johann und ich in diesem Jahr gewechselt hatten, ließen sich an einer Hand abzählen. Ich hatte ihm nicht mal richtig zur Geburt seiner Tochter Gesine gratuliert.

Am Montag verschlief ich das lateinische Übersetzungsseminar, versuchte mich vergeblich fürs Griechische am Abend zu präparieren – schlug ich ein Wort nach, hatte ich es beim Blick in den Text bereits wieder vergessen –, wachte am Dienstag erst mittags auf und schaffte es kaum zur Toilette. Wenigstens kam ich auf die Idee, mich krank zu melden.

Unser Sprachlehrer, ein begnadeter Horaz-Übersetzer[1], gab zu verstehen, daß er mir trotz Krankenschein nicht glaubte. Die Gleichgültigkeit, die selbst Samthoven mir gegenüber seit einigen Wochen an den Tag legte, bescheinigte mir, kaum mehr Mittelmaß zu sein.

Meine Müdigkeit nahm von Tag zu Tag zu. Das einzige, was ich schaffte, war, jeden Morgen ein Türchen im Adventskalender zu öffnen, den meine Mutter mir geschenkt hatte, ein Ritual, an dem wir bis heute festhalten.

Zu Beginn der Weihnachtsferien fuhr ich nach Dresden und verkroch mich im Bett. Kam meine Mutter nach Hause, wich ich ihr kaum von der Seite.

Am 24. erwarteten wir Vera schon zum Mittagessen. Zu meiner Überraschung deckte Mutter für vier.

Roland war mindestens zehn Jahre älter als Vera und bestimmt zehn Zentimeter kleiner als sie. Seine feine Nase paßte nicht zu den wulstigen Lippen. Unter seinem dünnen schwarzen Haar glänzte die Kopfhaut. Er trug eine ungewöhnliche Brille, eckig und randlos, und sprach einen angenehmen Dialekt, den ich für südthüringisch hielt. Auffällig war, daß er sich für alles interessierte, selbst für das Etikett auf der Limonadenflasche.

[1] T. dachte wohl an: *Horaz*, Werke in einem Band, hrsg. und übersetzt von Manfred Simon, Berlin, Weimar 1972.

Beim Zuhören nickte er und sagte unentwegt »Okay, okay, okay«, als bedürfe jeder Satz seiner Zustimmung.

Als Roland seine Genossen in »Torino« erwähnte, wo er letztes Jahr Weihnachten gefeiert habe, wurde mir einiges klar. Ich fragte ihn trotzdem, wie man denn nach Turin komme. »Mit dem Auto«, antwortete er und kaute zufrieden weiter. Ich sagte, daß ich auch gern ein Auto hätte, mit dem man bis nach Turin fahren könnte, schon Salzburg würde mir reichen.

Unbeeindruckt belehrte mich Roland, daß man sich hier über den Westen viel zu viele Illusionen mache. Mit dem Reisen sei es längst nicht so weit her, wie wir glaubten, schließlich brauche man Geld dafür; und nach zwei oder drei Wochen fange die Schufterei dann wieder an. Und so weiter und so fort.

»Aber man muß doch das Mittelmeer sehen!« Ach, Nicoletta, hätte ich diesen Satz nur schon damals gekannt! Ich stand auf und ging in mein Zimmer. Bei der Vorstellung jedoch, nun werde die Geschichte mit Nadja kolportiert, bereute ich meinen Abgang.

Wenig später klopfte es an meine Tür. Ich ließ Roland herein. Er hielt mir seine Schachtel »Reval« hin. Wir rauchten nebeneinander am offenen Fenster. Ich weiß nicht, ob er nur tiefe Züge nahm oder mehrmals zum Sprechen ansetzte. Bevor er ein Wort hervorgebracht hatte, erschien Vera, strich mir übers Haar und zog ihn mit sich fort. Die Zigarette schmeckte fürchterlich.

Am Abend wurde Roland übermäßig beschenkt. Er selbst hatte nichts vorbereitet, zumindest nicht für Mutter und mich. Vera trug einen Hosenanzug, den er ihr mitgebracht hatte, und streckte das Kinn vor, um uns das Parfum an ihrem Hals riechen zu lassen. Dann wurde Tante Camillas Paket auf den Tisch gestellt. Vera und ich begannen sofort die Suche nach den Geldscheinen. Schlimmer als die schlimmsten Zollbeamten fetzten wir einvernehmlich das Geschenkpapier von den Ananasdosen und Kaffeepäckchen, rissen Sterne und Schleifen ab und kümmerten uns nicht um die zu Boden fallenden Reste. Da Roland sich angewidert von uns abwandte, trieb ich es besonders arg. Den ersten Hunderter entdeckte ich in der Packung einer Fa-Seife, den zweiten unter dem Plasteeinsatz der Sprengel-Pralinenschachtel. Der dritte blieb verschollen, bis Mutter ihn in den Papierresten fand.

Am nächsten Tag – immerhin hatte er morgens um halb sechs Mutter zum Dienst gefahren – machte es sich Roland gemütlich. Er lief in Unterhose herum, rauchte, durchstöberte die Speisekammer, aß im Stehen die Schüssel mit Kartoffelsalat leer, trank den Murfatlar[1] aus der Flasche und kratzte sich unentwegt die behaarte Brust.

In seinem Renault, auf dessen Heckscheibe ein blauer Aufkleber mit weißer Friedenstaube prangte, kutschierten Vera und er nach Meißen, Pillnitz und Moritzburg und gingen mit Rolands Genossen, die bei Vera wohnten, ins Theater.

Vera und ich sprachen kaum miteinander. Roland war ihre Rache für Nadja.[2] Von meiner Mutter erfuhr ich, daß die beiden bereits beschlossen hatten zu heiraten. Bei Tisch fragte ich, wo sie denn leben wollten. »So 'ne blöde Frage!« sagte Vera. Roland jedoch gestand, am liebsten in den Osten übersiedeln zu wollen. Nur fiele er mit diesem Schritt seinen Genossen in den Rücken.

Roland sprach immer wieder von den Berufsverboten, auch ihm war das einmal angedroht worden. Mich fragte er, ob ich ihm etwas zu lesen geben könne, etwas von mir Geschriebenes natürlich, oder vorlesen, hier, jetzt, heute abend. Er erkundigte sich auch, ob es in Dresden einen »Rotlicht«-Bezirk gäbe. Ich kannte nur Rotlicht-Bestrahlung als Synonym für DDR-Propaganda und ähnliche Bezeichnungen wie rotes Kloster (für be-

1 Süßer rumänischer Weißwein.
2 T. scheint noch im Mai 1990 dieser Meinung gewesen zu sein.

sonders scharfe Schulen), roter Arsch und dergleichen mehr. Ich dachte, Roland meine eine Art Regierungsviertel.[1]

Mutter bezeichnete Roland als feinen Menschen, weil er wegen seiner Aufrichtigkeit überall Probleme bekommen würde, hüben wie drüben. Ich hingegen fand ihn anstrengend und anmaßend. In seiner Anwesenheit sah ich den Grund für meine anhaltende Müdigkeit.

Silvester war furchtbar, die Rückfahrt trostlos.

Die Nadja-Briefe hatte ich weggeschlossen. »Vivat Polska!« war mir fremd geworden. Wollte ich weiterschreiben, mußte ich tun, was ich bislang vermieden hatte, nämlich das Geschriebene lesen.

Nein, es war kein Debakel, nicht mal eine Enttäuschung. Natürlich sah ich, wie unfertig, wie verbesserungsbedürftig das Manuskript war – ohne Bedauern strich ich ganze Absätze und Seiten. Ein paar Details allerdings, einige Beschreibungen und Vergleiche erschienen mir geradezu perfekt, ich fürchtete, sie Babel oder Mailer geklaut zu haben.

An diesem Sonntagnachmittag – kalt, sonnig und ohne Schnee – befiel mich jedoch ein Zweifel, der alles befleckte, alles ungenießbar machte: Ich glaubte mir nicht mehr!

Hatte ich nicht selbst einst erwogen, die »Karl und Rosa leben!«-Mauerschrift auf mich zu nehmen? Sollte denn keine meiner Figuren auf die Idee kommen, das »Vivat Polska!« für sich zu reklamieren? Gründe dafür gab es genug. Und was, bitte schön, war eigentlich so schlimm an der Inschrift? Konnte nicht jeder, der einmal etwas vom braven Soldaten Schwejk gehört hatte, eine Umdeutung vornehmen, die den Verhörspezialisten der Staatssicherheit die Luft aus den Backen nahm?

[1] Eher unwahrscheinlich, dass Roland, der laut V. T. relativ gut über die DDR informiert war, eine solche Frage gestellt hat. Vielleicht opferte T. auch hier die Wahrheit der Pointe.

Sehen Sie, Nicoletta, nun bin ich wieder an so einem Punkt angelangt.[1] Es ist so, als spräche ein Erwachsener über die Sorgen und Ängste eines Kindes. Denn Sie werden vielleicht fragen, warum ich mich nicht über die neuen Einfälle gefreut und sie verwendet habe. Gerade das hätte doch der ganzen Sache gutgetan und sie womöglich überhaupt erst interessant gemacht.

Doch wenn mein Lebensgefühl schon nicht tragisch war, mußte es wenigstens die Literatur sein. Und die brauchte Leid. Je größer das Leid, desto besser die Literatur. Lachen Sie nicht! Ich kannte es nicht anders. Unser Part, der östliche, war Leiden und Widerstand oder Mitmachen, tertium non datur. Mein Heldenepos kippte in die Farce; einen Augenblick später war es bereits unmöglich geworden.

Ich hegte den Verdacht, mein falsches Leben habe mir das Schreiben verdorben. Warum hatte ich nicht die Kraft, mein Geschreibe vom Tisch zu fegen und mir statt dessen Kaegis Grammatik[2] vorzunehmen? Warum bin ich nicht bis ans Ende gegangen? Weil ich nicht die Kraft hatte, ohne Schreiben, ohne die Illusion einer Berufung zu leben?

Da ich mich nicht änderte, mußte ich warten, bis sich die Welt änderte.

Ich suchte nach einem Ausweg und fand ihn folgerichtig: Ich mußte zurück, zurück in die Zeit vor meinem Sündenfall, als Leid noch Leid und Gott noch Gott gewesen waren.

Nun, Sie ahnen natürlich, was jetzt folgt. Alsbald lag in verführerischer Klarheit die Novelle um einen Schüler vor mir, der am DDR-System zu zerbrechen droht. Ich brauchte ja nur zu schreiben, was ich erlebt hatte, und dies mit einem geeigneten Schluß zu versehen, einer überraschenden Wendung, die sich von

1 Wann war er denn schon mal »an so einem Punkt«?

2 Griechische Schulgrammatik.

dem, was mir widerfahren war, unterschied, ein Finale, das öffentlich vorweisbar war.

Vom Tonfall her schwebte mir etwas in der Art zwischen »Törleß« und »Tonio Kröger« vor. Die Handlung war schnell skizziert. Plötzlich fühlte ich mich frei und unternehmungslustig, als dürfte ich nun, da ich mir meines Werkes so sicher war, wie man es nur sein konnte – die Vollendung schien eine Frage von Wochen –, auch wieder am Leben der anderen teilnehmen.

Liebe Nicoletta, es ist erst drei. Ich erwache immer früher. Gestern, auf dem Weg in die Redaktion, überlegte ich, was ich Ihnen als nächstes schildern sollte. Plötzlich hatte ich Anton vor Augen. Einen Moment später war ich mir auch schon sicher, daß Anton und seine Begegnung mit Johann noch zu dem Brief gehören, den ich bei mir trug, um ihn bei der Post einzuwerfen.[1]

Natürlich brächte es unserer Sache wenig und verwirrte meine Erzählung eher, wollte ich Ihnen von allen Begegnungen und Bekanntschaften berichten, die auf die eine oder andere Art von Bedeutung für mich gewesen sind. Doch Anton sollte ich mit ein paar Zeilen erwähnen, damit das Bild, das Sie von meinem Leben erhalten, nicht ganz in Einseitigkeit erstarrt.

Ich weiß nicht, ob ich das jahrelange Nebeneinander von Anton und mir als Freundschaft bezeichnen darf. Die tagtägliche Nähe jedoch erzeugte eine fast familiäre Vertrautheit, die alle Vorlieben und Geheimnisse, die Anton mit anderen teilte, mitunter aufwog. Unsere Seminargruppe ist immer »die von Anton« gewesen. Er war der einzige Mann, den ich kannte, der außerordentlichen Wert auf Kleidung und Frisur legte und stundenlang über Mode sprechen konnte. David Bowie, dessen Musik er

[1] Spätestens an dieser Stelle wird offenbar, wie sehr T. auch kompositorische Fragen beim Verfassen der Briefe beschäftigten.

mäßig fand, war sein Idol. Und von weitem ähnelte Anton ihm tatsächlich. Bei besonderen Anlässen, wenn von Studenten das FDJ-Hemd erwartet wurde, erschien Anton im schwarzen Anzug, weißem Hemd und schwarzem Schlips, weshalb manche Professoren anfangs glaubten, er komme von einer Beerdigung, und ihn in Ruhe ließen. Wenn Anton auflachte, seine blonden Strähnen zurückwarf und die Lücken hinter seinen Eckzähnen preisgab, erinnerte er mich immer an ein wieherndes Pferd.

Anton war zu beneiden. Er hatte eine sehr schöne und warmherzige Frau und einen kleinen Sohn. Gleichwohl war Anton alle paar Wochen in eine neue Frau verliebt. Fast jeden Abend verbrachte er in der »Rose«, einem Studentenclub.

Antons Seminararbeiten und Übersetzungen fand ich enttäuschend. Ich übertreibe nicht, wenn ich behaupte, von Anton nie einen eigenständigen Gedanken gehört zu haben. Auf Kritik reagierte er mit Trotz oder sogar Tränen, und so hartnäckig er sich gegen das Blauhemd gewehrt hatte, so schnell war er in Sachen Reserveoffizier eingeknickt.

An einen Ausreiseantrag dachte Anton nicht im Traum. Er wußte genau, daß seine Erscheinung wie auch unser Studienfach keinesfalls so ungewöhnlich wären wie im Osten.

Als Johann mich nach der Trennung von Nadja in Jena besuchte, wir hatten eine Ewigkeit nicht miteinander gesprochen, stand plötzlich Anton vor meiner Tür, um sich den Brief seiner neuesten Liebe abzuholen, der an mich adressiert gewesen war. Anton nahm weder mich noch Johann wahr, fetzte das Kuvert auf, verzog sich in eine Ecke, las, wieherte ein paarmal laut und machte sich sofort an die Antwort. Johann mokierte sich über Antons Verhalten, das ich längst gewohnt war. Auf einmal fragte Anton, ob er uns etwas vorlesen dürfe, schrieb die letzten Zeilen zu Ende und sann einen Augenblick vor sich hin, während wir bereits auf seinen Vortrag warteten.

Anton las monoton und wiederholte mitunter einen Satz, um ihn dann gleich zu verbessern. Antons Geschichte handelte vom lieben Gott, davon, wie Gott die Menschen macht.

Nach wenigen Sätzen lauschten Johann und ich völlig gebannt. Noch mehr als die Handlung setzten mich die Wendungen und Details in Erstaunen. Ich erinnere mich an einen Engel, der am lieben Gott vorbeischwebt und singt: »Du, der Du alles siehst ...« Aber der liebe Gott sieht eben nicht alles. Schließlich läßt der liebe Gott seine Hände allein arbeiten, um kein Auge mehr von der Erde zu lassen. Und wie Kinder beim Versteckspiel fragt er seine Hände immer wieder: »Schon?«, denn er will sich überraschen lassen. Plötzlich fällt da etwas ganz aus seiner Nähe auf die Erde, Gott befürchtet Schlimmstes. Da treten seine Hände, lehmbeschmiert und ohne Menschen, vor ihn hin. Nach einem Donnerwetter schickt Gott seine Hände weg: »Macht, was ihr wollt, ich kenne euch nicht mehr!« Doch ohne Gott gibt es keine Vollendung, weshalb die Hände unzufrieden und müde werden und letztlich niederknien und den ganzen Tag Buße tun. Deshalb scheint uns, Gott ruhe immer noch aus und der siebente Tag dauere fort.

Johann bewegte die Zehen in seinen Wollsocken und suchte meinen Blick. Ich sah auf Anton wie ein Lehrer auf seinen Primus und versuchte, meine Bestürzung, so gut es ging, zu verbergen.

»Genial!« rief Johann.

Der eigentliche Schock jedoch war, daß Anton die Blätter zusammenfaltete und um Kuvert und Briefmarke bat, als legte er keinen Wert darauf, solche Geschichten zu bewahren.[1]

Ich sagte, dieses Werk müsse gefeiert werden, und lud Anton

[1] Es sei daran erinnert, dass T. diese Zeilen, wie überhaupt den Großteil seiner Briefe, mit Durchschlagpapier schrieb.

ein, mit uns zu essen. Anfangs fand ich nichts dabei, in den Hintergrund zu treten. Ich war der Gastgeber und kümmerte mich um die beiden, die schnell Gefallen aneinander fanden. Was mich verstimmte, war die Selbstverständlichkeit, mit der sie meine Dienste annahmen. Während Anton sein Repertoire von Ansichten abspulte und Johann unter dem Eindruck der Geschichte bereit war, sie zu erwägen oder sie zumindest nicht gleich zu verwerfen (Anton schwärmte für Klaus Mann und Erich Kästner), begannen sie bereits zu essen und zu trinken, während ich wie ein Kellner zwischen Küche und Zimmer hin- und herlief. Ein Blick, ein Lächeln – und ich wäre versöhnt gewesen. Anton war bei seinen musikalischen Vorlieben angelangt, und Johann versuchte herauszufinden, was für eine Art von Musik King Crimson machte. Sie bemerkten nicht mal, daß ich mein Weinglas hob, ihre waren bereits wieder leer.

Nach dem Essen brach Anton auf, Johann fragte, was er vorhabe, und Anton lud ihn ein, mit ihm in die »Rose« zu gehen. Sie kamen erst lange nach Mitternacht zurück, verschliefen den halben Tag und hockten dann in der Küche zusammen, nachdem sie sich über meinen Kühlschrank hergemacht hatten. Es war Anton, der Johann zum Bahnhof brachte.[1]

Am Montag sagte mir Anton, er habe gedacht, wir kennten Rilkes »Geschichten vom Lieben Gott.« Es sei schon ein bißchen unfair von mir gewesen, ihm die ganze Zeit meinen Besuch aufzuhalsen. Ob ich zur Entschädigung einen Spaziergang mit ihm machen würde. Von Johann erhielt ich einen Brief, in dem er

[1] Unterstellt man eine homoerotische Beziehung zwischen Johann und T., so erscheint die sonst etwas rätselhafte Situation in einem relativ klaren Licht. Darauf deutet auch der an dieser Stelle im Original unlesbar gemachte Satz: »Wie schon zuvor bei Vera, so blieb mir auch bei Johann keine andere Deutung übrig, als daß er mir nun meine Liebe zu Nadja heimgezahlt hatte.«

bedauerte, daß wir am Wochenende so wenig Zeit füreinander gehabt hätten.

Ein paar Tage später schrieb mir Vera, daß sie den Ausreiseantrag gestellt und sich von Roland getrennt habe.

Soviel für diesmal von meinen Verwirrungen.

Ihr Enrico T.

Mittwoch, 9. 5. 90

Lieber Jo!

Was hätten wir denn Deiner Meinung nach machen sollen? Woher sollten wir sonst von heute auf morgen so viele Tische und Stühle bekommen? Die »Lebenshilfe« bekam ja unseren Obolus. Hätte man das alles verbrennen oder schreddern sollen? Für Jörg sind es Trophäen. Michaela hat bei der Besetzung der Staatssicherheit[1] einen silbernen SPW im Matchbox-Format geklaut, als Beweis, daß sie tatsächlich »drin« gewesen ist!

Gestern früh kam mir Ilona heulend entgegen. Wo ich denn bliebe. Fast wäre sie mit ihren Fäustchen auf mich losgegangen. Sie habe mich schon holen wollen, aber sie könne ja die Redaktion nicht allein lassen, das habe sie dem Herrn von Barrista auch gesagt. Dreimal habe der angerufen und sie zur Schnecke gemacht!

Es war ein schöner Morgen, warm und voller Vogelgezwitscher! Auf dem Markt hatte ich Brötchen gekauft. Ich bat Ilona,

[1] Am 6. 12. 1989 besetzten, wie in vielen anderen Städten, Vertreter der Bürgerrechtsbewegung das Gebäude der lokalen Staatssicherheit.

uns einen Kaffee zu machen, setzte mich neben das Telephon und grübelte, was Barrista gewollt haben könnte.

Vorgestern waren wir in Gießen gewesen. Der Zeitungschef, nicht viel älter als ich, hatte Jörg und mich äußerst herzlich empfangen. Wir hatten das für einen Bluff gehalten, denn auf den Grund unseres Besuches war er mit keiner Silbe eingegangen. Als Jörg die Angelegenheit offen angesprochen und die Drohungen des Chefs vom Dienst wiederholt hatte, hatte der Zeitungschef schallend gelacht. Davon wisse er nichts. Er bitte um Entschuldigung, ja, wirklich, daran sei er nicht schuld, höchstens insofern, als er den Chef vom Dienst beauftragt habe, uns einmal einzuladen, mehr nicht, vielleicht habe der geglaubt, anders seien wir nicht zu einem Besuch zu bewegen, nur so könne er sich einen Reim darauf machen. Er wolle nichts weiter, als aus erster Hand etwas über Altenburg erfahren. Danach hatte er uns durch das ganze Haus geführt und uns zu einem kleinen Festmahl in ein chinesisches Restaurant eingeladen. Zum Schluß aber hatte er vom Kellner eine Quittung verlangt.[1]

Als Ilona mit dem Kaffee kam, brachte ich etwas Leben in ihre angststarren Züge, als ich von der Monte-Carlo-Idee des Barons erzählte. Erst als Ilona auf das Telephon zeigte und vorwurfsvoll rief: »Und nu sahgds keenen Mucks, heij!«, bemerkte ich die Stille. Nicht nur das Telephon schwieg. Es kamen auch keine Besucher. Ich nahm den Hörer ab und lauschte dem Freizeichen.

Ilona goß die Pflanzen, ich spitzte Bleistifte. Als sie dann mit den Händen im Schoß dasaß und auf ihre Schuhe starrte, forderte ich sie auf, doch bitte irgend etwas zu tun.

[1] T. fühlte sich offenbar »abgerechnet«. Es soll auch später eines von T.s Ritualen gewesen sein, dass er nach einem Geschäftsessen die Quittung demonstrativ zerknüllte und in den Aschenbecher warf – Hinweis Johann Ziehlke.

Gestern sei sie bis zehn dagewesen, um alles zu erledigen, am Tage komme man ja zu nichts. »Das ist doch verhext«, rief sie und heulte wieder los, »wirklich verhext!« Und da Ilona fortwährend und ohne besonderen Anlaß übersteigerte Ängste hegt, fragte sie: »Meinst du denn, daß etwas passiert ist, eine Atombombe?«

Ich schickte sie auf den Markt, damit sie sich vom Gegenteil überzeugt. Nachdem sie gegangen war und ich allein wartete, hätte mich tatsächlich jeder Anruf und jeder Besucher erfreut.

Als es dann endlich klingelte, zuckte ich zusammen. Ich meldete mich und wußte bereits nach Barristas »Na, wie geht's?«, daß sich die Welt in vollkommener Ordnung befand. »Raten Sie mal, was ich für Sie habe?« Ganz egal, was Sie für uns haben, hätte ich am liebsten gerufen, und wunderte mich nicht im geringsten, daß im selben Moment die Tür aufging und Jörg und Marion eintraten.

»Wir haben es!« triumphierte der Baron, und ich genoß für einen Augenblick meine Ahnungslosigkeit. »Sechzigtausend! Türmer, für sechzigtausend!« Ich begriff noch immer nicht. »Der Krämer unter Ihnen hatte es schon fast in der Tasche! Ihr Haus!«

»Sie sind ein – Genie!« rief ich. »Gott« hätte ich beinah gesagt, doch auf dem ersten Buchstaben noch kehrtgemacht. »Ein Genie!« wiederholte ich, um ihm zu zeigen, daß ich das Wort auch richtig aussprechen konnte. Seit wir hier eingezogen sind, spekulieren wir über ein Verlagshaus mit allem Drum und Dran. Und plötzlich ist alles zum Greifen nah!

Als wir in Gießen waren, hatte Piatkowski, der nun doch gewählt worden ist, obwohl er so weit hinten auf der Liste stand, den Baron angerufen. Der Baron meldete sich sofort »mit ein paar Blümchen« bei Madame Piatkowski an. Allerdings stellte sich heraus, daß ihr nur ein Fünftel gehört, ihrem ältesten Bruder hingegen zwei Fünftel und den beiden Schwestern der Rest. Er hatte gehofft, das alles telephonisch klären zu können, mußte jedoch, um überhaupt eine Chance zu haben, bis in ein Dorf südlich von Bonn fahren, wo der Clan sich schon versammelt hatte.

Etwas zu spät habe er gemerkt, daß es weniger auf den Bruder als auf dessen Frau und den Mann der Jüngsten angekommen sei, denn die hätten plötzlich das große Geschäft gewittert. Daraufhin habe er ihnen klargemacht, daß der Krämer auch in hundert Jahren keinen D-Mark-Kredit bekommen würde, da könnten sie lange warten, und dann habe er die Zeitkarte gezogen, wie er sagte, und behauptet, das Einverständnis jetzt und hier zu benötigen, andernfalls trete eine andere Option seiner Klienten in Kraft. Gegen zehn Uhr abends waren sie auseinandergegangen. Kurz nach Mitternacht habe ihm Recklewitz, er wohnt irgendwo da drüben, in Pyjama und Bademantel die nötigen Verträge aufsetzen müssen. Er selbst habe dann Mühe gehabt, so früh am Morgen das nötige Kleingeld flüssigzumachen, um den Koffer für die Familie zu präparieren.

Der Baron bedauerte sehr, mich nicht mit dabeigehabt zu haben. Die drei Geschwister nebst Anhang seien nach dem Blick in den Koffer so benebelt gewesen, daß sie auf der Stelle zugestimmt hätten. Natürlich habe unser Einverständnis gefehlt, aber mit sechzigtausend sei er wahrhaftig kein Risiko eingegangen, für sechzigtausend, habe er gedacht, werde er es notfalls überall wieder los. Da sie das Geld quasi schon in Händen hielten, habe er keine Bedenken, daß sie den Köder wieder ausspucken könnten. Heute nachmittag um drei sei Notartermin. Und als wäre das alles nicht schon genug, buchte der Baron bis auf weiteres für die kommenden Ausgaben jeweils eine halbe Seite Anzeigen. Eine Freundin von ihm werde in Kürze ein Reisebüro in Altenburg eröffnen und nebenbei den Leuten beibringen, was Zeitungsanzeigen seien …

Dem Baron gelingt alles! Auf seinen Artikel über die Frau, der man 1941 öffentlich das Haar abgeschnitten hat, gab es zwar keinerlei Reaktion. Aber der Baron hat die Nachfahren jenes unseligen Friseurs ausfindig gemacht, der es sich damals zur Ehre angerechnet hatte, die Frau zu scheren. Den Nachfahren gehört direkt neben dem Rathaus ein Frisiersalon. Und? Ahnst Du die Pointe? Nun hat der Baron tatsächlich sein Ladengeschäft am Markt! Für Andy beginnt der Mietvertrag am 1. Juni!

Nach dem Mittagessen wollte ich mit Ilona die Postmappe durchgehen, fragte nach den bisherigen Einnahmen und wunderte mich über ihre merkwürdige Gestik. Hinter mir in der Ecke stand Frau Schorba aus Lucka. Ihr dunkles Kleid fiel wie bei einer Oratoriensängerin vom Busen senkrecht ab bis kurz über die Schuhspitzen. Frau Schorba rührte sich zunächst nicht, als wollte sie das Stelenhafte ihrer Erscheinung bewahren. Stumm folgte sie mir dann durch den Gang nach hinten, wo ich ihr den Stuhl neben den Schreibtisch, also in unmittelbare Wandnähe rückte.[1] Wir schwiegen, als wüßten wir nicht, wie wir abseits unseres Rituals miteinander reden sollten. Ihr Gesicht, das immer etwas Maskenhaftes gehabt hatte, verriet jetzt jede Regung, jeden Gedanken. »Schön, daß Sie mal reinschauen!« sagte ich, um die Spannung, die ihr Schweigen erzeugte, nicht übermächtig werden zu lassen. Frau Schorba sah nicht auf. Ich wartete.

»Nehmen Sie mich? Können Sie mich einstellen? Bitte! Und fragen Sie mich nicht, warum.« Sie ergriff meine Hände. »Sie dürfen mich das nie, nie fragen. Das müssen Sie mir versprechen.«

Frau Schorbas Hände waren eiskalt. Sie war auf ihrem Stuhl nach vorn gerutscht und neigte sich so weit vor, daß ich fürchtete, sie würde im nächsten Augenblick auf die Knie sinken.

[1] T. fürchtete wohl, Frau Schorba sei zu schwer für den baupolizeilich gesperrten Raum.

Ich bat sie, sich wieder aufrecht hinzusetzen.

»Sie müssen!« flüsterte sie und bot mir ihren ausrasierten Nacken dar. »Sie müssen! Bitte! Bitte!«

Erst als ich drohte, jeden Moment könne jemand hereinkommen, richtete sie sich auf und zog ein Taschentuch aus ihrem Ärmel. Kurz darauf trat Jörg ein, einen Brief in der Hand.

Ich stellte Frau Schorba vor und bat sie, im Empfangsraum zu warten. Der gelungene Hauskauf tröstete Jörg und mich schnell über das Schreiben Steens hinweg, der uns mitteilte, wegen innerbetrieblicher Umstrukturierungen in den nächsten Wochen leider keine Zeit für uns erübrigen zu können. Das bedeutete, daß wir nicht auf eine Fortsetzung seiner Anzeige hoffen durften.

Ich erzählte Jörg, was ich von Frau Schorba wußte, und bat ihn, sie in die Schar der Bewerberinnen aufzunehmen, denn wir brauchen dringend Verstärkung.

Dann begleitete ich Frau Schorba nach unten. Auf die Frage nach ihren Gehaltsvorstellungen zuckte sie glücklich mit den Schultern. Sie nehme, was wir ihr geben könnten.

Sei umarmt, Dein E.

PS: Du würdest natürlich dasselbe verdienen wie ich!

Donnerstag, 10. 5. 90

Liebe Nicoletta!
Ich stelle mir immer vor, Sie läsen meine Briefe im Stehen, im Stehen oder im Gehen. Kaum haben Sie die neueste Sendung aus dem Briefkasten gefischt, klemmen Sie Tasche und Zeitung unter den Arm, öffnen das Kuvert mit dem Zündschlüssel, entfalten

die Seiten und beginnen zu lesen, ohne sich um etwas anderes zu kümmern. Sie merken gar nicht, wie Ihre Füße Sie Stufe um Stufe die Treppe hinauftragen, Sie die Tür aufschließen, Sie Tasche und Zeitung ablegen oder einfach zu Boden fallen lassen. Es ist gar nicht so wichtig, bei welchen Zeilen Sie lächeln oder sich Ihre Stirn kraust. Wichtig allein ist Ihre ungeteilte Aufmerksamkeit. Erst zur zweiten Lektüre machen Sie es sich im Sessel oder auf der Couch bequem. Wer auch immer Sie beim Lesen sieht – wird er den Absender der Briefe nicht beneiden und sich an seine Stelle wünschen?

Träume wie dieser sind schuld, daß ich fortfahre.

Mitte Juni 87, knapp anderthalb Jahre nachdem Vera ihren Ausreiseantrag gestellt hatte, erhielt ich ein Telegramm. Ausreise heute, Neustädter Bahnhof, dann folgte die Abfahrtszeit und wie üblich: Gruß, Vera.

Das Telegramm war gegen elf gekommen. Sonst hatte ich spätestens um zehn das Haus verlassen. Und auch an jenem Dienstag wäre ich schon in der Bibliothek gewesen, hätte ich nicht nach dem Aufstehen vergeblich am Wasserhahn gedreht. Ein Zettel im Hausflur versprach ab elf Uhr wieder fließend Wasser. Ich hatte mich noch mal hingelegt und war erst vom Fauchen und Röhren der Leitung und der rostbraunen Sturzflut, die ins Waschbecken schoß, erwacht. Und hätte ich nicht im Weggehen den Boten, der mit auf die Stirn geschobener Brille das Klingelbrett inspizierte, gefragt, zu wem er denn wolle … ein Wunder also, daß ich das Telegramm rechtzeitig erhielt.

Es ist eine der wenigen Zugfahrten gewesen, auf die ich kein Buch und keine Arbeit mitnahm. Obwohl ich die ganze Zeit aus dem Fenster sah, nahm ich weder etwas vom Saaletal noch von Weinböhla wahr.

Vom Neustädter Bahnhof aus ging ich zu Veras Wohnung. Die Fenster waren zu, niemand öffnete. Ich schrieb einen Zettel und fuhr zu Mutters Wohnung. Auch dort niemand. Endlich, fast eine Stunde später, kamen beide.

Vera war den ganzen Tag von Amt zu Amt gerannt, Mutter hatte sich zum ersten Mal in ihrem Leben krank gemeldet und schleppte zwei Koffer voll neuer Schuhe, Bett- und Unterwäsche herein. Sie verstand nicht, warum Vera nur mit einer kleinen Reisetasche fahren wollte. Ohne ihre Photos und die gesammelten Taschentücher meines Vaters hätte sie nicht mal die gebraucht.

»Was soll ich denn damit machen?« rief Mutter, lief hinter Vera her, bis die sich im Bad einschloß und wir alle drei herumschrien. Mutter schluchzte zuerst.

Während ich Ihnen das schreibe, kommt es mir so vor, als erinnerte ich mich jetzt zum ersten Mal an diese Stunden.[1]

Vera ging noch einmal durch die Zimmer und öffnete jede Schublade, als wolle sie sich alles noch einmal einprägen. Am liebsten würde sie allein zum Bahnhof fahren, sagte sie. Kopfschüttelnd verfolgte sie, wie Mutter eine Doppelschnitte nach der anderen schmierte, als machten wir einen Familienausflug. Gemeinsam gingen wir zur Straßenbahn.

Mutter hatte eine Schachtel »Duett« gekauft und rauchte unaufhörlich. Wir fuhren zum Platz der Einheit. Vera und ich waren schon ein paar Schritte in Richtung Neustädter gegangen, da rief Mutter sie zurück. »Vera! Ich schaff das nicht!« Mutter stand noch genau dort, wo wir aus der Bahn gestiegen waren. Vera lief zurück, setzte die Tasche ab, und mir war, als sähe ich sie zum ersten Mal Mutter umarmen. Ich sah auch, wie Mutter Veras Wange streichelte. Dann beobachtete ich die Leute, die sich nach den beiden umdrehten.

Vera sagte nichts, warf nur einen Blick in ihren Handspiegel

1 Dieser Brief zählt zu den unleserlichsten, was vor allem an den vielen Streichungen und Einfügungen liegt, vor allem im letzten Drittel.

und hakte sich bei mir unter. Ich nahm ihre Reisetasche. Man hätte denken können, sie bringe mich zum Zug.

Weder auf dem Vorplatz noch in der Bahnhofshalle bemerkte ich etwas Ungewöhnliches. Es war wenige Tage vor Ferienbeginn, und an den Kartenschaltern warteten lange Schlangen. Langsam stiegen wir die Treppen hinauf. Ich hatte Angst, daß Freundinnen oder Freunde von Vera kommen und wir nicht allein bleiben würden.

Wir gingen den Bahnsteig entlang. Dicht an dicht standen die Grüppchen. Sekt- und Weinflaschen wurden herumgereicht. Fast immer waren Kinder dabei, die Campingbeutel auf dem Rücken trugen und irgendein Plüschtier an sich drückten. Ich dachte, daß die ganzen weißgesprenkelten Jeansmonturen nun wieder dorthin zurückkehrten, woher sie gekommen waren.

Unter freiem Himmel, schon am Ende des Bahnsteigs, packte Vera die Brote aus.

»Die Stasi hat nach dir gefragt«, sagte sie, ohne mich anzusehen.[1] Viel zu laut rief ich: »Was?«, ja ich meine, ich krähte dieses »Was?« wie ein Vierzehnjähriger im Stimmbruch.

»So ist das eben«, sagte sie, »wenn man ein bißchen interessanter ist als der Rest.« Mit dem Daumen hob sie die obere Brotscheibe an und sagte, Mutter habe nach dreißig Jahren immer noch nicht kapiert, daß sie keine Blutwurst esse.

»Diese Idioten«, sagte ich.

»Wieso Idioten?« fragte Vera und warf den Tauben etwas Brot zu.

1 Von hier an insinuierte T. offenbar bewusst einen Verdacht, als dürfe in seinen Briefen keinesfalls der Komplex Staatssicherheit und Verrat fehlen. Weder davor noch danach deutet irgendetwas in seiner Darstellung auf einen solchen Zusammenhang hin. Liest man die folgenden Äußerungen von V. T. unvoreingenommen, so wird man T.s Verunsicherung nicht nachvollziehen können.

»Was denn sonst«, sagte ich. Vera lächelte. Als wären wir deshalb hierhergekommen, fütterte sie die Tauben. Die Blutwurst hing wie eine Zunge zwischen den Brotscheiben heraus und fiel ihr schließlich vor die Füße.

»Vielleicht sind es Idioten«, sagte Vera, »aber es gibt sie nun mal, und daran wird sich so schnell nichts ändern.«

Der Zug fuhr ohne Lautsprecheransage ein. Während die anderen die Wagen stürmten, verfütterte Vera das restliche Brot. »Mit diesen Idioten kann man aber reden«, sagte sie. »Fällt dir noch irgend etwas dazu ein?«

Ich hatte das Bedürfnis, mich hinzusetzen oder, lieber noch, mich hinzulegen. Fast hätte ich gesagt: »Das mußt du entscheiden.« Statt Vera nach dem Grund ihres Geredes zu fragen, schwieg ich, was vielleicht das schlimmste war. Ich sah auf den schwarzen Bahnsteig und zu den Tauben, die im Kampf um das Brot mit den Flügeln schlugen und übereinanderhüpften. Aus den Augenwinkeln beobachtete ich, wie es Vera gelang, mit dem kleinen Finger den Schnappverschluß ihrer Handtasche zu öffnen und eines der braun-weiß karierten Taschentücher herauszuziehen, eines dieser riesigen, stets gebügelten Taschentücher unseres Vaters, die nach Schrank rochen. In aller Ruhe wischte sie sich die Hände ab. Die Tauben wackelten umeinander herum und pickten nach jedem Dreck, sogar nach Kippen, so gierig hatte sie das Brot gemacht.

Plötzlich hielt Vera die Bestecktasche aus gelblichem Kunstleder in der Hand, die ich einmal im Werkunterricht hatte fertigen müssen, mein Geschenk zu ihrer Jugendweihe. »Hier«, sagte sie, »das ist der Rest meines Vermögens.« Die Bestecktasche war voller Geldscheine.

Vera war vor einer Wagentür stehengeblieben. Sie küßte mich zuerst auf die Wange, dann auf den Mund. Ich gab ihr die Reisetasche, und sie stieg ein, wahrscheinlich als letzte.

Die Leute im Gang drückten sich an die Scheiben, um sie durchzulassen. Ich begleitete Vera von Fenster zu Fenster. Ich sah, wie sich Vera unter dem Nichtraucherzeichen eine Zigarette anzündete. Sie hielt die Schachtel hoch, Mutters »Duett«. Dann wurden die Türen geschlossen, was den Kampf um die Fensterplätze neu entfachte.

Wenn sich unsere Blicke trafen, lächelte Vera.

Ohne Ansage, ohne Pfiff ruckte der Zug plötzlich an und fuhr los. Der Aufschrei auf dem Bahnsteig war ohrenbetäubend. Wer konnte, griff nach einer aus dem Fenster gestreckten Hand. Selbst Vera ließ sich von der Hysterie anstecken. Ich sah ihre Hand im oberen Fensterwinkel, als wollte sie mir ihre halbe Zigarette geben. Sie preßte die Lippen aufeinander und schüttelte den Kopf, bis ich sie nicht mehr sah.

Viel zu viele liefen neben dem Zug her, um die Hand, die sie umklammerten, noch ein paar Sekunden länger festzuhalten. So idiotisch ich das fand, so grandios war das Schauspiel, als alle diese Hände einander im selben Augenblick losließen.

Vom Ende des Bahnsteigs her schwammen mir bereits rote verheulte Gesichter entgegen. Eine Frau fiel mir um den Hals und wurde weggezogen. Der letzte Wagen donnerte vorbei, einen Augenblick später war jeder wieder für sich, man sprach leise, nur ab und an ein Schluchzen. Einzeln, als hielten wir uns an eine Abmachung, verließen wir den Bahnsteig.

Ich lief zur Elbe und am Ufer entlang stromaufwärts bis zum Blauen Wunder und dann hinauf, bis ich vor der großen Villa mit den runden Blumenbeeten stand.

Franziska öffnete, als hätte sie mich erwartet. Sie begrüßte mich so herzlich, ja stürmisch, wie ich es mir früher erträumt hatte. Aus dem Keller hörte ich die Musik von Johanns Band, ein paar Takte nur, die immer an derselben Stelle abbrachen. »Sie streiten sich nur noch«, sagte Franziska. Ich hielt inne, weil jetzt

Gesang zu hören war. Ich verstand kaum etwas, und der Sänger – es war nicht Johanns Stimme – verstummte auch bald wieder. Wie verachtete ich plötzlich diese Bagage, diese Kirchenmäuse, die nichts riskierten! War es denn nicht egal, wo und welchen Glauben man heuchelte? Hätte Johann denn Theologie studieren dürfen, wenn er bekannt hätte, ein Ungläubiger zu sein? Mein Widerwillen überraschte mich selbst. Statt mich gleich wieder zu verabschieden, folgte ich Franziska nach oben. Auf dem Treppenabsatz unter ihrer Dachwohnung ging das Licht aus. Franziska kam die Stufen herunter, um, wie ich glaubte, nach dem Lichtschalter zu tasten. Im Schein der Straßenlampe sah ich noch, wie Franziska ihre Brille ins Haar schob, dann drückte sie sich an mich, und wir küßten uns.

Die ganze Zeit über bewegten wir uns kaum von der Stelle, nur ab und an knarrten die Dielen unter unseren Füßen. Natürlich hatte ich gemerkt, daß Franziska etwas getrunken hatte. Aber daß sie richtig betrunken war, wurde mir erst klar, als sie plötzlich in sich zusammensackte. Ich konnte nicht verhindern, daß sie zu Boden rutschte. Ich versuchte, sie auf eine Stufe zu setzen, und wäre dabei fast auf sie gefallen. Franziska hielt mich fest. »Stimmt's«, flüsterte sie, »du liebst mich doch, oder?« Ich bejahte.[1]

Das Licht ging an, Johann verabschiedete sich von seinen Leuten.

Ich befreite mich halbwegs lautlos von Franziska und schob ihr die Brille wieder auf die Nase. Doch weder meine Anwesenheit noch Franziskas Zustand schienen Johann zu überraschen.

»Er liebt mich«, sagte Franziska, »er liebt mich!« Aber da sie

[1] Die nächsten drei Zeilen sind im Original wie im Durchschlag geschwärzt.

zwischen Johann und mir hin und her sah, war nicht klar, wen sie meinte.

Ich wartete dann in der Küche, während Johann versuchte, Franziska ins Bett zu bringen. Als er wieder in der Küche erschien, suchte er nur nach einem Eimer, ließ Wasser einlaufen und verschwand erneut im Schlafzimmer.

»Das wird schon wieder«, sagte er später, nachdem er sich ein Glas Leitungswasser genommen und sich zu mir gesetzt hatte. Er sah todmüde aus.

»Ich habe Vera zum Zug gebracht«, sagte ich. »Sie läßt dich grüßen.« Ich weiß nicht, warum ich das erfand. Johann reagierte erfreut.

Der Reihe nach erzählte ich von dem Telegramm, der Fahrt und von Mutter, von ihren Koffern und wie sie Vera zurückgerufen hatte. Ich bedauerte, daß Franziska nicht mit am Tisch saß, denn es war, wie ich fand, eine schöne Erzählung. Ich war schon bei der Stelle mit den Tauben angelangt, als Johann aufsprang und ins Schlafzimmer lief. Wie in einer Filmszene sah ich ihm nach und beobachtete, wie die Küchentür immer weiter aufging.

Und plötzlich geschah es – ein Gefühl, eine Sehnsucht, die Gewißheit: Ich will raus! Ich will in den Westen!

Vielleicht war es nur das Eingeständnis eines längst vorhandenen Wunsches. Ich saß da und genoß die Klarheit, nur von einer einzigen Regung beherrscht zu werden. Ja, jetzt liebte auch ich den Westen von ganzem Herzen, eine Liebe, die mich überschwemmte und durchströmte und in die ich Vera und all jene, die mit ihr im Zug saßen, einschloß.

Als Johann zurückkehrte, verabschiedeten wir uns schnell, es war lange nach Mitternacht. Ich lief den ganzen Weg nach Klotzsche.

Ich war zu erschöpft, um noch irgendwelche weiterführenden Überlegungen anzustellen. Ich wollte nichts anderes, als diesen einen Entschluß, der mir[1] alle Ungewißheit[2] auf vollkommene Art und Weise nehmen würde, sicher nach Hause zu tragen.

Ihr Enrico T.

Monte Carlo, am Sonntag, 14.[3] 5. 90

Lieber Jo!
Ich sitze auf unserem Balkon im »Hôtel de Paris«, gehüllt in einen weißen Bademantel, mit Blick aufs Casino, links und rechts ein Streifen Meer. Mir ist speiübel. Die Müdigkeit ist wie ein Weinkrampf, doch sobald ich die Augen schließe, wird mir schwindlig. Schreiben ist eine gute Ablenkung. Vera hat trotz Ohrstöpseln kaum geschlafen. Jetzt flaniert sie durchs Hotel und wird wohl, sollte sie nicht zufällig eine Bekanntschaft machen, im Schwimmbad landen. Überhaupt eignet sich Vera für ein Leben wie dieses sehr viel besser. Nach Beirut wird sie so bald nicht zurückkehren. Das jüngste Gemetzel, obwohl es auf der »anderen Seite« geschah, hat ihr den Rest gegeben.[4]

Ich habe mich die ganze Zeit gefragt, warum Barrista das riskiert, warum er mir fünftausend D-Mark in die Hand drückt, Übernachtung und Flug bezahlt und als Gegenleistung nur ver-

1 Streichung: und sei es nur für diese eine Nacht.

2 Streichung: und alle Probleme.

3 T. irrte sich im Datum. Sonntag war der 13. 5.

4 V. T. lebte in den drei Monaten ihres Aufenthalts in West-Beirut. Am 18. April 1990 war in Ost-Beirut ein Schulbus in ein Feuergefecht rivalisierender Christenmilizen geraten. 15 Kinder kamen dabei ums Leben.

langt, daß ich den Roulettetisch nicht eher verlasse, als bis mein Einsatz verloren oder verdoppelt ist. Allmählich aber ahne ich, was er im Sinn hatte.

Schon daß ich allein aufbrach, allein ins Flugzeug stieg, war neu für mich. Der Flug, die Alpen, das Mittelmeer, Nizza, Palmen, dann Vera – als wäre ich in einen Belmondo-Film geraten, als gäbe es den Westen noch! Vera sieht aus wie immer! Sie war am Donnerstag von Damaskus über Athen nach Paris geflogen und gerade erst angekommen. All ihre Habseligkeiten passen in zwei Koffer.

Barrista hatte mir empfohlen, den Helikopter zu nehmen. Routiniert wie Geheimagenten bückten wir uns unter dem lärmenden Rotor, die Türen wurden von außen geschlossen, und einen Augenblick später hoben wir ab. Gibt es ein besseres Sinnbild für unser neues Leben, als sich in die Lüfte zu erheben? Wir flogen hinaus aufs Meer, die Segelboote unter uns wie eine Großwildherde. Plötzlich Monaco in der Mittagssonne. Die erhabene Aussicht war allerdings nur mit einem kurzgeschorenen Nüschel[1] im Bild zu haben. Nach der Landung verschaffte uns Barristas Zauberwort »Hôtel de Paris« Respekt. Während der Kahlschädel in ein Taxi stieg, öffnete man uns die Türen eines Wagens, von dem Vera behauptet, es sei ein Bentley gewesen.

Palmen, Yachten, blauer Himmel – genau so hatte ich mir das vorgestellt. Über die Grand-Prix-Strecke schwebten wir hinauf zum Hotel. Der Teppich am Eingang machte meinen Gang leicht und federnd. Trotzdem kam ich mir vor wie bei einer Schloßbesichtigung. Vera hingegen verteilte in alle Richtungen Geldscheine, als wäre sie das so gewohnt.

Ich nannte einem älteren Herrn, der sich lächelnd erhoben

[1] Sächsisch für Kopf, Schädel.

hatte, meinen Namen und war plötzlich überzeugt, daß sich keine Reservierung für uns finden würde.

Bienvenue, Madame Türmer, bienvenue, Monsieur Türmer, wir sanken wie ein Brautpaar in die Sessel vor ihm. Die alten edel ermatteten Spiegel in der Wandtäfelung zeigten nun unsere Gesichter.

John, ja, er heiße John, empfahl uns für den Abend eine Reservierung im »Grill«. Wir stimmten zu, ohne zu wissen, worauf wir uns einließen. Ich grüßte ihn von Barrista (»Egal wen Sie dort treffen, mich kennen alle!), worauf John die Arme ausbreitete und sich verbeugte, als hätte er uns erst jetzt erkannt. Sein Habitus und sein Tonfall rechtfertigen die Krone auf diesem Briefpapier. John begleitete uns in das »belle chambre« und erklärte sowohl Telephon und Fernbedienung als auch Lichtschalter und Kühlschrank. Ein voller Aschenbecher auf dem Balkon entsetzte ihn.

Ich brachte es nicht übers Herz, einen Gentleman wie John mit Trinkgeld abzuspeisen, was, wie Vera mir versicherte, ein Fehler gewesen sei. Sie selbst hatte nicht nur sämtliche Franc ausgegeben, sie besaß überhaupt kein Geld mehr.

Nachdem die Koffer gekommen waren, ich hatte sie in Nizza das letzte Mal berührt, gingen wir gegenüber ins »Café de Paris« zum Lunch, wie Barrista sagen würde. Allein jene anderthalb Stunden auf der Terrasse des Cafés wären die Reise wert gewesen. Aber ich habe Dir Wichtigeres zu schreiben.

Bevor wir zur Siesta auf unser Königsbett fielen, kauften wir für mich eine Fliege und eine Sonnenbrille.

Als ich erwachte, war es zwanzig vor acht. Von einem Moment auf den anderen geriet ich in Panik. Der Gedanke, all das Westgeld jetzt aufs Spiel zu setzen, erschien mir aberwitzig. Erst unter der Dusche beruhigte ich mich wieder. In die frischen Sachen fuhr ich, als legte ich eine Rüstung an. Dies waren die

Socken, die ich tragen würde, und das die Unterhose. Jeder Knopf, den ich schloß, bedeutete ein Stück Sicherheit. Nur der oberste ging nicht zu.

Diese Blöße stellte alles in Frage. Wahrscheinlich besitze ich gar kein Hemd, bei dem sich der obere Knopf schließen läßt.

Während Vera sich im Badezimmer herrichtete, band ich mir die Fliege um – und das Wunder geschah: Le nœud papillon verdeckte den Makel und versiegelte mich gleichsam.

Eine Stunde später war ich überzeugt, herausgefunden zu haben, warum ich hier war. Es ging nicht um das Casino, sondern um ein ganz anderes Spiel. Hier, im »Grill«, in der achten Etage, vis-à-vis der Burg der Grimaldis, hier galt es zu bestehen, hier mußten wir mithalten.

Braucht es nicht Courage, eine Front von zehn Kellnern abzuschreiten, von denen jeder mit dem liebenswürdigsten Lächeln »Bonsoir, Madame! Bonsoir, Monsieur!« sagt? Ist es nicht Mut, wenn man sich blind und ohne nach dem Stuhl zu tasten, nach hinten fallen läßt, ganz der Geschicklichkeit des Kellners vertrauend? Und was ist Tapferkeit, wenn nicht das gleichmütige Lächeln angesichts einer solchen Speisekarte? Wobei ich einräume, Vera, in deren Karte die Preise fehlten, vor dem iranischen Kaviar gewarnt zu haben. Für eine Vorspeise mehr als tausend Franc zu zahlen, hätte ich zu diesem Zeitpunkt nicht übers Herz gebracht. Dagegen verleugnete ich heroisch meinen Bierdurst und verlangte die Weinkarte. Während ich nach einem Rotwein unter 400 Franc suchte, entdeckte Vera in dem Hocker, der zwischen uns an die Tischecke gestellt worden war, die ideale Ablage für ihre Handtasche.

Unsere Neugier irritierte die hochempfindlichen Wahrnehmungssysteme der Kellner. Schon ein flüchtiger Blick oder eine unbedachte Geste reichten, sie herbeispringen zu lassen, natürlich völlig umsonst, denn die Gläser waren gut gefüllt, der Aschenbecher leer, Rosinen- und Olivenbrot ausreichend vorhanden, und die Krümel hatten sie gerade erst vom Tischtuch gebürstet.

Gibt es nicht eine Meditationsart, bei der die Abfolge erlesenster Speisen die Seele reinigt? Reiche Leute leben gesund, sagte Vera.

Zu diesem Zeitpunkt glaubte ich, dem Baron ein Schnippchen schlagen und ihn betrügen zu können. Denn jene tausendachthundert Franc, die ich bereitwillig aufs Silbertablett legte, waren uns nicht mehr zu nehmen, weder von ihm noch vom Casino.

Wie naiv von mir! Als gäbe es irgendeine Regung, irgendeinen Gedanken, die nicht zum Kalkül des Barons gehörten. Je zahlreicher und widersprüchlicher meine Reaktionen ausfielen, desto größer der Erfolg seiner Lehrstunden. Wahrscheinlich würde mich Barrista, hielte er diesen Brief in Händen, zuerst kritisch darauf hinweisen, daß ich bereits dreimal Preise erwähnt habe.

Leider patzten Vera und ich zum Schluß: Hatte schon meine Barzahlung befremdet, gestaltete sich unser Aufbruch derart abrupt, daß die Leibkellner, die uns die Stühle hatten zurückschieben wollen, enttäuscht und vorwurfsvoll die Hände hoben.

Im Casino standen wir schnell vor dem ersten Roulettetisch. Am liebsten hätte ich mich gleich an die Arbeit gemacht, besaß aber noch keine Jetons. Ich fragte Vera, welche Zahl sie als nächste erwarte, und tippte selbst auf »achtzehn«. Es gab keinen Grund, die Achtzehn zu nennen. Meine Favoriten sind andere Zahlen. »Achtzehn«, wiederholte ich – und verstand nicht, was der Croupier auf französisch verkündete. Vera sah mich erschrocken an. Achtzehn!

Wie aber sollte ich dieses Orakel deuten: »Das ist dein Tag!« oder »Das war deine Chance!«?

An der Kasse wechselte ich statt der für heute geplanten sechstausend Franc nur fünftausendfünfhundert – und lächelte über meinen Kleinmut.

Ein Aufseher am Eingang zu den hinteren Sälen ließ uns zögern. Wir zeigten unsere goldenen Hotelkärtchen, warteten seine Verbeugung ab und überschritten die unsichtbare Grenze zum »Salon privé«.

Am Tisch 7 waren zwei Stühle frei. Die Anzeigetafel verhieß eine überdurchschnittliche Mischung. Man mußte nur ein bißchen Konsequenz aufbringen, um zu gewinnen. Direkt vor uns das rote Feld.

Ich ließ die ersten Runden aus, um ein Gefühl fürs Spiel zu bekommen. Dann setzte ich hundert auf das untere Drittel[1] – es war viermal nicht erschienen. Ich verlor und verdoppelte den Einsatz. Vielleicht sind die perlmuttgrünen Hunderter die schönsten Jetons. Ich verlor und verdoppelte auf vierhundert. Die anderen am Tisch, alles ältere Herren, setzten auf Zahlen. Ich gewann. Ein rosafarbener Fünfhunderter, eine Zweihunderter-Orange und ein grüner Hunderter kamen zu meinem Einsatz hinzu; ein Gewinn von fünfhundert Franc nach drei Spielen. »Es funktioniert«, flüsterte ich.

Vera setzte auf Drittel, auf Reihe, auf Rot, auf Ungerade. Nicht immer behielt sie den Überblick, die Fünfzehn und die Sieben kamen zweimal. Die Drittel wechselten einander beinah regelmäßig ab.

Plötzlich wollte Vera gehen, zwanzig Prozent Gewinn seien mehr als genug. Ich sagte, daß ich überhaupt keine Linie, kein System entwickeln könne, wenn sie so viel und planlos setze. Vielleicht, mutmaßte sie, bestehe ja meine eigentliche Aufgabe darin, eigene Regeln zu finden. Ich habe es versprochen, sagte ich gereizt. Danach verlor ich viermal in Folge.

Beim Anblick unserer Barschaft versagte mir die Courage.

1 T. meint Dutzend. Die richtige Benennung hätte ihm, wie man bald sehen wird, eine Schrecksekunde erspart.

Statt auf tausendsechshundert zu verdoppeln, wagte ich nur tausend – und verlor. Ich setzte tausendfünfhundert. Das war bereits meine letzte Chance. So schnell ging das also.

Vera stand auf. Wir verabschiedeten uns, während die Kugel im Kessel kreiste. Ich sah Vera nach, sie drehte sich um, ich winkte, hörte die Kugel springen, schließlich das letzte »Klack« – die Ansage war mehrsilbig. Ich erinnere mich nur, daß es das richtige Drittel war – Sieg! Sieg! Ich war wieder im Rennen.

Von da an spielte ich selbstvergessen wie ein Kind mit meinen Hunderter-Äpfeln, froh, endlich tun und lassen zu können, was ich wollte. Der Erfolg gab mir recht. Mein Gewinn wuchs beständig und immer auf dieselbe Art: Sobald ein Drittel viermal nicht erschienen war, stieg ich ein: hundert, zweihundert, vierhundert -- spätestens bei achthundert gewann ich.

Mir war es egal, wenn andere auf dasselbe Drittel wie ich spekulierten. Nur wenn ihr Betrag über meinem lag, fürchtete ich, ihr fremdes Gravitationsfeld könnte mein Glück stören.

Fortwährend wurden Geldscheine in Jetons getauscht. Wer den Tisch verließ, verließ ihn mit nichts. Ich hingegen hatte das Gefühl, gut zu arbeiten.

Der einzige Mitspieler, den ich bewunderte, trug weder Krawatte noch Fliege, dafür kaute er an einem Zigarillostummel. Ich weiß nicht, wie hoch sein Einsatz gewesen war. Nach einer halben Stunde jedoch lagen zwei große weiße Zehntausender vor ihm, die Lipizzaner unter den Jetons. Wie gern hätte ich ihm anerkennend zugenickt, sein Blick aber haftete unausgesetzt auf dem grünen Filz.

Sein Gegenbild war ein sommersprossiger unrasierter Herr, der an der Ecke saß und jede Zahl in ein kariertes Heft schrieb, wobei er den Kopf schief hielt wie ein Grundschüler. Er rechnete und rechnete und sah nur auf, wenn er einen seiner minimalen Einsätze wagte, die prompt verlorengingen.

Eifriger als ich arbeitete nur ein zierlicher Franzose, der gleichzeitig an zwei Tischen spielte und offensichtlich meinen Dritteln vertraute. Unser Schicksal hing am selben Faden – für ihn jedoch kein Grund, mein Lächeln zu erwidern. Ich begriff sehr schnell, wie allein man selbst im Erfolg bleibt.

Zweimal wurde ich übermütig und verlor auf Rot vier Fünfziger-Zitronen, dasselbe mit einer Zweihunderter-Orange auf Passe. Schrieb ich schon, daß ich mich in jeder Runde mit einem perlmuttroten Zwanziger gegen die Null versicherte? Die Null allerdings kam den ganzen Abend nicht. (Das Zimmermädchen weiß nicht, ob es mich vom Balkon jagen soll oder nicht. Es hat die Tür geöffnet, damit ich den Staubsauger höre.)

Dem Vorbild des Zigarillo-Mannes folgend, verteilte ich mal Zitronen, mal Äpfel an die Croupiers. Kurz vor eins machte ich Kassensturz: Ich hatte zehntausend Franc in der Tasche, also einen Gewinn von viertausendfünfhundert, dazu einen bunt zusammengewürfelten Rest von tausendzweihundert, der mir plötzlich nichts mehr bedeutete. Ich setzte auf Rot – und gewann. Die Äpfel und Zitronen ließ ich liegen, steckte den Perlmutt-Bleu-Tausender ein und sämtliche Orangen.

Ich hatte bereits mein Bon soir geflüstert und mich auf den Weg zur Kasse gemacht, als ich am Nebentisch die Dekolletés zweier Frauen bemerkte und meinen Kurs änderte.

Ich beugte mich über die beiden Damen – und setzte sämtliche Orangen auf Rot. Augenblicke später sah ich zum zweiten Mal auf die Damen herab und raffte den Gewinn zusammen.

Der Mann an der Kasse schielte, aber das war die einzige Unregelmäßigkeit. Ich schritt hinaus, sprang die Stufen des Casinos hinab und die des »Hôtel de Paris« hinauf, rief »Ja! Gewonnen!« und überließ es Vera, die Scheine auf der Bettdecke zu sortieren. Alles in allem ein Gewinn von fast siebentausend Franc.

Die Angst kam mit dem Erwachen. Ich weiß, wie lächerlich

es ist, von Angst zu reden. Die Tatsache, daß ich, selbst wenn ich alles verlöre, nichts verlöre, half mir nicht. Ich litt unter meiner eigenen Großmäuligkeit. Ohne zu überlegen, hatte ich das Angebot des Barons akzeptiert. Jetzt verstand ich schon nicht mehr, woher ich den Mut genommen hatte, tausendfünfhundert Franc zu setzen. Es schien mir absurd, so etwas je wieder zu riskieren!

Vera hatte keine Freude an mir. Wir trotteten in der Frühlingssonne hinunter in die Bucht und hinauf zur Burg der Grimaldis, verpaßten die Wachablösung, drehten eine Runde durch die Kathedrale und landeten schließlich beim ozeanographischen Museum. Von der Dachterrasse aus beobachteten wir die Segler. Aber Ablenkung verschaffte mir all das nicht. Ich versuchte an Fußball zu denken.

Bis sieben döste ich auf dem Bett, ohne eine Idee für das Spiel zu finden. Ich war davon überzeugt, nicht auf dieselbe Art und Weise wieder zum Erfolg zu kommen. Trotzdem zog ich mir nach dem Duschen die Sachen des gestrigen Abends an, sogar dieselben Socken. Vera hingegen sah eleganter denn je aus, auch ihre Frisur war neu. Doch weder sie noch ich hatte an eine Reservierung gedacht.

Nachdem wir im »Louis XV« abgewiesen worden waren, schlug ich vor, im Casino zu essen. Angeekelt schüttelte Vera den Kopf. An der Rezeption machten sie uns Hoffnung auf den Churchill-Room des »Grill«.

Bonsoir, bonsoir, bonsoir, bonsoir. Wieder schritten wir die Kellnerfront ab, durchquerten den großen Speisesaal und durften uns schließlich im leeren Churchill-Room den Tisch aussuchen. Ich begriff nicht, warum die Kellner bedauerten, uns hier plazieren zu müssen. Mir kam es eher wie eine Auszeichnung vor. Erst als wir saßen, bemerkte ich das große Photo von Churchill. Sein Blick richtete sich auf mich.

Die Hälfte der Kellner war uns vertraut, der Hocker für die Handtasche wurde gebracht, meine Speisekarte war auf englisch.

(Schweren Herzens mußte ich eben Terrasse und Zimmer räumen. Nun sitze ich bei Tee und Zwieback und unerträglichem Pianogeklimper im Café des Hotels. Wenigstens wird man hier nicht ständig photographiert.)

Wir zeigten Routine, wählten sofort die Brotsorte (Olive), wußten, welche Butter gesalzen war, den Rotwein bestimmte ich schnell, dreihundert Franc galten mir längst als preiswert. Der Bestellkellner überwachte persönlich das Servieren des ersten Ganges. Nicht nur das. Als wäre die Sahne in der Mitte des leeren Tellers meine ganze Vorspeise, wünschte er uns »Bon appétit!«, zögerte spitzbübisch, um dann mit Eleganz die Pilzsuppe um die Sahne zu gießen.

Ich kostete von Veras Risotto und dachte für ein paar Minuten nicht ans Casino. Der nachfolgende Zwischengang ging auf Rechnung des Hauses. Dann war ich satt.

Woher kam der Klumpen in meinem Magen? Beim Hauptgang konzentrierte ich mich auf den Fisch, kostete aber nur davon und ließ alles andere unberührt. Der Käsewagen durfte sich mir erst gar nicht nähern. Wiederum auf Rechnung des Hauses und mit bester Empfehlung des Kochs folgten gefüllte Crêpes.

Mir war schlecht. Vom Flaschenwagen wählte ich einen Calvados. Mild rann er hinab, begann allmählich zu brennen – dann explodierte die Übelkeit. Unser Hauptkellner geleitete mich schnellen Schritts durch das Restaurant – nicht auf die Tische sehen! – und zur Toilette. Vor der Kloschüssel ging ich auf die Knie und ächzte mehrmals. In der Ecke lagen Verpackungsreste, vielleicht von einem Hemd. Ich überwand mich und steckte den Finger in den Mund. Ein harmloser Rülpser war alles, was mir gelang.

Meine Crêpes waren zum Aufwärmen in die Küche geschickt

worden. Mit ihnen kehrte der Brechreiz zurück. Erst kurz vor dem Fahrstuhl holten uns die Kellner ein, auf dem Silbertablett das Wechselgeld.

Im Zimmer stellte ich den Fernseher an, schloß sämtliche Türen und hockte mich aufs Klo, den Kopf überm Bidet. Nach zwanzig Minuten kroch ich unverrichteterdinge ins Bett.

Kurz vor eins mußte Vera zusehen, wie ich mich wieder anzog. Als ich in die Schuhe fuhr, brach mir der Schweiß aus. Vera band mir beide Schleifen neu, spuckte mir dreimal über die linke Schulter und ließ mich ziehen.

Ich tauschte sechstausend Franc, wies mein goldenes Kärtchen vor und gelangte zu Tisch 7, wo wieder der sommersprossige, immer noch unrasierte Herr an der Ecke saß, in sein Heft starrte und mit schiefgelegtem Kopf rechnete.

Die anderen Spieler standen. Ich jedoch brauchte einen Stuhl.

Die Ellbogen auf die Bande gestützt, war ich im Begriff, meine Jetons vor mir aufzubauen, als mein Blick über den Tisch ging – für einen Moment mußte ich die Augen schließen. Das Schild über dem Obercroupier wies noch immer einen Mindesteinsatz von fünfzig Franc aus. Was aber da gerade vom Tisch geklaubt wurde, waren zwei grünweiße Schokoladentafeln zu jeweils hunderttausend, zwei violette zu fünfzigtausend und unzählige Lipizzaner. Allein meine Übelkeit hinderte mich daran, laut zu lachen. Mit was für Ängsten hatte ich mich den ganzen Tag gequält?!

Nun begann ich, vollkommen befreit zu spielen, bediente außer meinem Drittel auch Rot und Ungerade, rauchte, spürte meinen trockenen Mund und wußte, daß mein Magen mir nicht endlos Zeit lassen würde. Die Orangen setzte ich ausschließlich als Türmchen, und auch mit meinen Tausenderbleus war ich nicht zimperlich. Gewann ich, waren die Jetons zu groß, um sie als Trinkgeld zu verschenken. Die Null mißachtete ich völlig.

Die Mischung aus Konzentration und Übelkeit schien mich für die Exegese der Anzeigetafel zu prädestinieren. Schnell erfaßte ich den Rhythmus, hinter dem sich das Gleichgewicht der Welt verbarg. Einen rosa Fünfhunderter aufs untere Drittel – ich gewann. Dieses Drittel war so lange vernachlässigt worden, daß die Kugel nicht sofort wieder wechseln würde. Ich blieb dabei – und gewann. Nun war genug Kraft versammelt, um das mittlere Drittel zu überspringen, also ganz nach oben – ich gewann. Ich lächelte, weil das, was folgen mußte, jedes Kind wußte. Einmal Rosa aufs mittlere Drittel – und natürlich gewann ich.

Daß ich im Nebengeschäft auf Rot, Ungerade und Passe meistens verloren hatte, verminderte meinen Gewinn, aber nicht mein Zutrauen. Einmal Rosa aufs obere Drittel, und schon besaß ich wieder einen Bleu mehr. Nach der nächsten Runde hatte ich meine sechstausend Franc verdoppelt – was mich nicht sonderlich bewegte. Jetzt wollte ich zwölftausend!

Glaub mir, mein Lieber, im selben Augenblick, da ich es dachte, erkannte ich meinen Fehler. Ich wußte, daß dieser Wunsch mein Ruin sein würde. Aber ich spielte weiter.

Im mittleren Drittel verlor ich zweimal hintereinander mein Rosa. Zur Übelkeit gesellte sich eine Trauer, die ich bisher nicht gekannt hatte, die Trauer über den nächsten Sieg. Gewann ich, besäße ich bloß wieder so viel, wie ich schon drei Spiele zuvor besessen hatte.

Trotzdem ließ ich nur das einfache Rosa liegen – mir fiel nichts Gescheiteres ein. Plötzlich die Erleuchtung: Bleu auf Rot – wider besseres Wissen zuckte ich zurück. Es kam Schwarz und erstes Drittel.

Keine Traurigkeit mehr. Immerhin lag ich noch mit über viertausend im Plus. Nicht Trübsal blasen! Ich blieb mit Rosa dem mittleren Drittel treu. Oder sollte ich Bleu wagen? Wieder zog ich in letzter Sekunde zurück – und verlor.

Ich empfand nichts mehr, mir war einfach speiübel. Ich hatte Rosa komplett verloren, griff zu Bleu – und verlor.

Jetzt bäumte sich etwas in mir gegen diese Ungerechtigkeit auf, blinde Wut! Ich wollte mein Bleu zurück! Es gehörte mir! Einfach in die Jetons greifen und verschwinden!

Mir war klar, daß ich jeden Moment unter den Tisch kotzen würde. Doch vorher mußte ich noch etwas tun – ein Akt der Selbstachtung, der Ehrenrettung.

Sechs Bleus in der Brusttasche. Auf der Anzeigetafel stand die Reihung: Rot, Schwarz, Schwarz, Rot, Schwarz, Schwarz, Rot, Schwarz, Schwarz – alles auf Rot? Sechs Bleus zwischen den Fingerspitzen. Ich mußte es tun, ich verlangte es von mir. Eine Krämerseele wollte ich nicht sein!

Die Kugel lief – nein! Nicht auf Rot, nicht Ungerade, nicht Passe – weiter zweites Drittel! Als einziger baute ich dort mein blaues Türmchen.

Beim »Rien ne va plus«, das wie eine Glasglocke über den Tisch sank, blickte ich zum ersten Mal auf zur Decke, sah in der Ecke vor mir das meterhohe Wandbild »Le matin«. Was hieß »Le matin«? Mein Blick irrte über die leeren Restauranttische rechts von mir hinaus in die Nacht. Denk nicht an Sieg, ermahnte ich mich, finde dich ab, du hast richtig gehandelt.

Es klackte mehrmals, die Kugel sprang – ich sah hin, im selben Augenblick kam die Ansage. Ich verstand den Croupier nicht, aber ich sah sie, die Dreizehn, ich sah sie zum zweiten Mal und dann noch einmal, Dreizehn. Zu welchem Drittel gehörte die Dreizehn? Sechsunddreißig durch drei, zwölf, zwölf, zwölf. Ich schrie nicht auf. Im Gegenteil, als hätte ich die ganze Zeit gestanden, hatte ich nun das Gefühl, mich endlich zu setzen.

Der Sommersprossige starrte in sein Heft. Der Tisch wurde abgeharkt, niemand hatte gewonnen – nur ich! Ich allein! Analysiere du nur, während ich spiele, lachte ich still den Sommersprossigen aus. Und wenn ich wieder gewonnen habe, dann kannst du wieder darüber nachdenken und wieder analysieren, wie ich das gemacht habe. Und so immer weiter, bis ans Ende unserer Tage!

Mein blauer Turm zerfiel zwischen den Fingern des Croupiers in sechs Jetons, ich zählte mit – und erhielt außer zwei weiteren Bleus endlich meinen Lipizzaner!

Nie hätte ich gewagt, von diesem weißen Viereck zu träumen! Wenn ich etwas bedaure, dann nur, daß ich meinen Lipizzaner nicht länger als zwei Minuten besaß. So lange brauchte ich, um mein Häuflein zusammenzuraffen und nach einem grußlosen Abschied zum Kassierer zu gehen.

Ich war zu matt, um mir den Schweiß von der Stirn zu wischen. Im Foyer wurde mir etwas zugerufen, eine ganze Gruppe lachte laut. Ich war bleich, mein Gang übertrieben zielgerichtet – man hielt mich für das Sinnbild des Verlierers.

Als ich unser Zimmer betrat, hielt sich Vera gerade die Hand vor die Augen, im Fernsehen Schreie. Ich verschwand ins Bad, ächzte und würgte und rang nach Luft – nichts.

Ich weiß nicht, wie ich den Rückflug überstehen soll. Gerade kommt mein dritter Tee. Immer noch peinigt mich die Vorstellung, ich hätte im entscheidenden Augenblick versagen und nicht den gesamten Gewinn setzen können.[1] Wenn ich da gekniffen hätte, ich könnte mir selbst nicht mehr in die Augen schauen. Wie Du siehst, habe ich aufgehört zu fragen und begonnen zu verstehen.

Ich soll Dich grüßen! sagt Vera. Sie drängt zum Aufbruch.

Dein Enrico

[1] Es bestand die Abmachung mit Barrista, alles zu riskieren, nicht nur den zwischenzeitlichen Gewinn. Daran gemessen hat T. versagt.

PS: Als wir zum Taxi gingen, saß wieder John am Rezeptionstisch. Er verbeugte sich, ich reichte ihm die Hand und steckte ihm zum Abschied einen Hunderter zu. Ich sah sofort, daß ich keinen Fauxpas begangen hatte.

Vera und ich haben uns in Frankfurt am Main getrennt. Sie stieg in den Zug nach Berlin, ich in den nach Leipzig. Sobald Vera die Wohnung in Berlin aufgelöst hat, wird sie für ein paar Wochen nach Altenburg kommen. Ich habe ihr meinen Gewinn geschenkt, und das verschaffte mir zum Schluß doch noch Erleichterung.

Mittwoch, 16. 5. 90

Liebe Nicoletta!
Es ist schon eigenartig. Jetzt, da ich mich in meiner Erzählung jenen Tagen nähere, in denen ich Michaela zum ersten Mal begegnete, gerade da trennen wir uns. Kein böses Wort ist gefallen, das haben wir längst hinter uns. Robert sagte, er und ich blieben zusammen, wir seien eine Familie, er, ich, Michaela und meine Mutter natürlich, egal was passiert. »Wir sind und bleiben eine Familie«, versprach ich.

Pech in der Liebe, Glück im Spiel. Ich habe tatsächlich ein paar Tausender gewonnen, so daß einem Ausflug nach Bamberg oder Italien bereits heute nichts im Wege stünde.[1] Soviel zur Gegenwart.

[1] Gegenüber Johann hatte T. sich gerade noch gebrüstet, den Gewinn Vera überlassen zu haben.

Ohne Anton wäre ich weder zum Theater noch nach Altenburg gekommen, ich hätte Michaela und Robert nicht kennengelernt, wäre kein Zeitungsmensch geworden, und wir beide wären wohl auch aneinander vorbeigelaufen.

Anton wollte Dramaturg werden und nach Berlin ziehen. Beides verfolgte er mit einer Unbedingtheit, der er alles zu opfern bereit war. Anton erklärte mir, was ein »Dramaturg« zu machen habe. Auch er suchte ja keine Arbeit, sondern ein komfortables Unterkommen, bei dem ihm genug Zeit für seine Eskapaden bleiben würde.

Im Januar 87, ein halbes Jahr vor Veras Ausreise, schickte ich Bewerbungen an alle Theater des Landes; es waren ungefähr vierzig (fand man nicht selbst eine Arbeitsstelle, lief man Gefahr, von der Uni an eine Bibliothek, ein Museum oder einen Verlag vermittelt zu werden)[1]. Vier Theater luden mich ein: Potsdam, Stendhal, Zeitz und Altenburg. Kurz darauf fand ich in meinem Fach einen Brief Antons, der sehr förmlich begann, weshalb ich das Ganze für einen Scherz hielt. Ein paar Zeilen später traute ich meinen Augen nicht. Da er, Anton, mir schon das ganze Land überlasse, habe er gehofft, ich besäße im Gegenzug so viel Anstand, auf Berlin und Potsdam zu verzichten.

Vera schwärmte wegen des Lindenau-Museums von Altenburg und weil Gerhard Altenbourg in Altenburg wohne und der ginstergesichtige Hilbig[2] aus dem nur wenige Kilometer entfernten Meuselwitz stamme. Außerdem habe die Stadt den Krieg praktisch unbeschadet überstanden.

1 Die Universität war verpflichtet, für jeden Absolventen eine Arbeitsstelle zu beschaffen.

2 Wolfgang Hilbig, geb. 1944 in Meuselwitz, konnte in der DDR nur einen schmalen Band mit Gedichten und Kurzprosa veröffentlichen (*Stimme, Stimme*, Reclam, Leipzig 1985), seine Bücher erscheinen seit 1979 bei S. Fischer in Frankfurt a. M.

Also fuhr ich nach Altenburg, und da der Intendant – ein Mann Ende Dreißig mit langen Haaren und einem bis zum Brustbein aufgeknöpften Hemd – mir nach zehn Minuten erklärte, ich sei eingestellt, sofern ich das Praktikum überstünde, bedeutete mein erster Gang durch die Stadt bereits eine Besichtigung jenes Schauplatzes, an dem mein eigentliches Leben beginnen sollte.

Es schneite. Die Auffahrt zum Schloß lag in makellosem Weiß vor mir. Ich hatte Kopfschmerzen, wegen der Aufregung und wegen meiner Ersatzbrille, deren Gläser andere waren als bei meiner richtigen Brille (die Vera auf dem Gewissen hatte). Die Flocken, so groß wie Briefmarken, fielen mit jedem Schritt dichter. Als ich mich umwandte und wie durch einen Schleier unter mir das Theater und die sich nach Westen erhebende Stadt sah, waren meine ersten Fußstapfen bereits kaum noch zu erkennen.

Nach einer Runde durch den Schloßhof (das war vor dem Brand) ging ich zum Park, in dem der Verlauf der Wege nur mehr an den Bänken auszumachen war. Am Fuße des Hügels, durch das Schneetreiben in die Ferne gerückt, lag das Lindenau-Museum. Alles, was ich davon kannte, waren Abbildungen antiker Vasen. Ihnen muß ich nicht beschreiben, was geschieht, wenn man hinaufgestiegen ist, das Oktogon durchquert hat und dann die Flucht mit den Italienern betritt. Ich wußte fast nichts über die Sienesen, sehr wenig über die Florentiner,[1] und doch war es wie eine Ankunft. Sie glauben vielleicht, ich redete Ihnen nach dem Mund.[2] So, wie manch einer leidet, wenn er die Elbe

[1] Die Sammlung besteht aus 180 frühitalienischen Tafelbildern.

[2] Dieser Verdacht lag allerdings nahe. T. war mit dem Museum kaum vertraut und sah in den Ausstellungseröffnungen vor allem eine Gelegenheit, um geschäftliche Beziehungen zu pflegen, wie Johann Ziehlke und V. T. übereinstimmend bemerkten. Zudem unterbricht diese Museumspassage unmotiviert die Schilderungen seiner Theatererlebnisse.

oder das Meer entbehren muß, würde ich nirgendwo mehr hinziehen, wo ich nicht solch einen Schatz in der Nähe wüßte.

In den großen Sammlungen von Dresden, Prag, Łódź, Budapest oder Leningrad fehlt es an Stille. Hier jedoch ist man allein mit dem Bild. Selbst die Leute von der Aufsicht bleiben verborgen und bringen sich allenfalls durch das entfernte Knarren des Parketts in Erinnerung. Hier war ich bereits in Italien. Hier begriff ich, daß das Beste der Renaissance aus der Vor-Renaissance stammt. Hier konnte ich die zweihundert Jahre Revue passieren lassen, die nicht nur für die italienische Kunst, sondern für den ganzen europäischen Geist so entscheidend gewesen sind.[1]

Bis heute sind mir die Bilder, die ich damals ins Herz schloß, die liebsten geblieben. Natürlich die drei Guido da Sienas, Christus im Grab von Lorenzetti, die Madonna von Lippo Memmi, die Anbetung des Taddeo di Bartolo, die Kreuzigungen des Giovanni di Paolo, überhaupt alles von ihm und von Lorenzo Monaco, natürlich Masaccio, aber fast noch lieber Fra Angelicos Feuerprobe des Franziskus, mit dem zweiflerischen Sultan auf dem Thron, auch seine Heiligen, der Hieronymus von Lippi, Botticellis strenge Katharina, Signorellis artistische Folterknechte, die Madonnen seiner Grablegung, die Verkündigung von Barnaba da Modena, Puccinellis Madonna mit den Engeln und Heiligen, die Freude der einen, der sich der Jesusknabe zuwendet.

Als ich aus dem Museum trat, leuchtete ein blaurotes Stück Nachmittagshimmel über mir.

1 T. gab hier genau jene Passage aus der Einführung zum Bestandskatalog wieder, die bereits C. v. Barrista erwähnt hatte, vgl. Brief vom 28. 3. 1990. Die im Anschluss benannten Tafeln finden sich als Abbildungen in derselben Reihenfolge im Bestandskatalog.

Drei Wochen später passierte ich mit einem Kopfnicken die Theaterpforte, bekam die Gittertür zu fassen, bevor sie hinter einer Tänzerin im Gymnastikanzug ins Schloß fallen konnte, und erstarrte bei einem schrillen »Halt!«. Die Pförtnerin war aufgefahren und drückte ihre Stirn gegen die Scheibe. Zur Rede gestellt, wer ich sei und wohin ich wolle, hatte ich schließlich »Hoffmann! Undine!« geantwortet.

»Zurück! Ganz zurück!« Mit meiner Umhängetasche versperrte ich den anderen den Weg. Ich sollte erklären, warum ich versucht hatte, ins Theater »einzudringen«. Über meine Bitte, den Intendanten anzurufen, lachte sie, griff zum Hörer, ließ mich aber nur aus den Augen, wenn sie einen Finger in die Drehscheibe des Apparates stieß. Sie fragte mich immer dann nach meinem Namen, wenn jemand hereinkam. Mehrmals zwang sie mich, »Enrico Türmer« zu rufen, es etwas lauter »bitte schön« zu wiederholen, die beiden Worte zu buchstabieren, so daß alle, bevor ich überhaupt das Theater betreten hatte, den Namen jenes dummen Jungen da an der Pforte erfuhren. »Kennt *ihr* vielleicht einen Türmer, Enrico?« – sprich: Dürmer, Ähnriegoh. Der unbestimmte Artikel vor meinem Namen löschte mich aus.

Ich bat darum, die Chefdramaturgin zu benachrichtigen. Entrüstet ließ die Pförtnerin den Hörer sinken, legte einen Finger auf die Telephongabel und drückte sie herab. Sie wisse, was sie zu tun habe, sie brauche keine Belehrungen. Außerdem kenne man mich dort genausowenig.

»Er weiß ja nicht, wohin er will«, rief sie erneut in den Hörer, während zwei Tänzerinnen vorübertrippelten, »das isses ja doch, was mich so aufregt, das isses ja«, worauf ich immer nur »Hoffmann, Hoffmann!« erwiderte.

»Hier kennt Sie niemand«, beschied sie mir und legte den Hörer auf. Sie musterte mich noch einmal, bevor sie sich erschöpft zurücklehnte und in irgend etwas zu blättern begann, das die ganze Zeit vor ihr gelegen hatte. Es war unklar, ob sie weiter in meinem Fall ermittelte oder mich bereits ad acta gelegt hatte.

»Warten!« rief sie mitten im Umblättern und griff erneut zum Hörer, als von rechts eine Frau in weißer Bluse aus dem Dunkel des Treppenhauses auftauchte, die drei Stufen zu mir herabsprang und mich so herzlich ansah, daß ich eine Verwechslung befürchtete.

»Ich weiß, wer Sie sind«, sagte sie lächelnd, schob ihren Arm unter meinen und lenkte meine Schritte Richtung Pförtnerin.

»Darf ich Ihnen«, sie nannte die Pförtnerin beim Namen, »Herrn Türmer, unseren neuen Dramaturgen vorstellen …« Die Pförtnerin kam diesmal erst beim zweiten Versuch von ihrem Stuhl hoch, streckte eine Hand durch die ovale Luke in der Scheibe und rief: »Warum sagt er das denn nicht gleich!« Danach durchschritten wir die Pforte.

Die Frau in der weißen Bluse geleitete mich durch ein Labyrinth aus Gängen und Treppen. Alle paar Meter wechselte der Geruch. Wir kamen am Ballettsaal vorbei, an der Kantine, passierten ein barockes sandsteinernes Treppenhaus und standen im Dunkeln. Ich hörte einen Schlüssel und betrat nach ihr ein Zimmer, durch dessen Vorhänge kaum Licht drang. Es roch nach Mittagessen.

Auf dem Rückweg blieben wir vor einer weißen Flügeltür stehen und lauschten. Plötzlich drückte meine Führerin die Klinke, nickte mir zu und schob mich hinein, gerade als das Klavier wieder einsetzte.

Wer ich sei, was ich wolle, wer mich geschickt habe … Meine gute Fee war verschwunden, der Regisseur, kaum älter als ich, mit einem Haarschnitt, der seinen Hinterkopf zur Geltung brachte, hatte die Probe unterbrochen und blätterte hastig im Klavierauszug.

Ich nannte meinen Namen, ich wiederholte meinen Namen. Ich ließ mir von dem unentwegt weiterblätternden Regisseur sagen, daß man weder ungefragt an einer Probe teilnehme noch sie unterbreche. Zumindest er, der Regisseur, wenn nicht das gesamte Ensemble, müsse vorher um Erlaubnis gebeten werden. »Vorher!« wiederholte er und hielt endlich im Blättern inne. Ob ich das getan hätte? Nein, antwortete ich, das hätte ich nicht getan. Begründen konnte ich mein Fehlverhalten nicht mehr. Ein am Boden kniender Herr mit Baßstimme empörte sich über die Mißachtung seiner Person. Wie lange er denn hier noch rumkriechen solle, ob wir keine Augen im Kopf hätten. Er hatte »sie« gesagt, dabei aber nur mich angesehen.

Die Position, in die ich durch meinen ersten Auftritt geraten war, habe ich in den fünf Wochen, da ich bei Tim Hartmanns »Undine«-Inszenierung hospitieren durfte, kaum verbessern können. Ich hatte alles verschlimmert, indem ich jeden siezte. Tim Hartmann sah einen Affront darin, von mir nicht wie von den anderen mit Tim angesprochen zu werden. Ich fand es furchtbar, die Tür zur Kantine zu öffnen, furchtbar, mit Bockwurst und Kaffee die Theke zu verlassen, furchtbar, mich an einen freien Tisch zu setzen, furchtbar, mich zu den anderen zu gesellen. Außerdem roch ich selbst nach Küche, die direkt unter meinem Zimmer lag.

Ab und an erbarmte sich die Regieassistentin meiner, eine hübsche große Berlinerin. Sie vor Augen, begriff ich, was mich gerettet hätte: eine Aufgabe.

Dabei saß ich gern auf den Proben. Anfangs hatte ich geglaubt, irgend etwas sagen zu müssen, um meine Theatertauglichkeit unter Beweis zu stellen. Ich wunderte mich selbst, wieviel mir einfiel. Am Ende der ersten Woche überreichte ich Tim Hartmann eine Liste mit Vorschlägen. Ich hoffte, mich auf diese Weise als Gesprächspartner zu empfehlen. Die Regieassistentin bat mich zu Beginn der neuen Probenwoche, von nun an auf Notizen zu verzichten.

War keine Abendprobe, besuchte ich die Vorstellung, setzte mich in eine der ersten Reihen und versuchte mir, den Besetzungszettel in der Hand, die dazugehörigen Gesichter einzuprägen. Das Erlernen der Namen betrieb ich so energisch, ja leidenschaftlich, als hinge meine Zukunft davon ab. Deshalb war die letzte Probenwoche der »Undine« für mich besonders wichtig, weil ich nun auch jenen, die nie auf der Bühne standen, die ich aber vom Sehen kannte, einen Namen und eine Funktion zuordnen konnte. So leicht ich lernte, so schwer fiel es mir, meine Irrtümer zu korrigieren. Beispielsweise hatte ich den Chef der Beleuchtung für den Leiter des Malsaales gehalten und den Leiter der Werkstätten für den Beleuchtungschef.

Ich glaubte an einen versöhnlichen Abschluß meiner Hospitanz, nachdem es mir zugefallen war, die Pressemitteilung zu schreiben, die Tim Hartmann nach der Hauptprobe herumgereicht hatte, wobei er immer wieder »à la bonne heure« sagte. Vor der Premiere durfte ich sogar Undine, die mich länger als alle anderen ignoriert hatte, dreimal über die linke Schulter spucken.

Tim Hartmanns Inszenierung war kein rauschender Erfolg, doch die Leute klatschten, bis er in einem schwarzen Anzug auf der Bühne erschienen war, sich verbeugt und seinen Kopf hin und her gewandt hatte, als sollten alle seinen neuen winzigen Pferdeschwanz sehen.

Auf der Premierenfeier wurde ich mehrmals umarmt. Ich erwartete eine Ansprache des Intendanten, ein paar Worte zur Inszenierung und zu den Leistungen der Sänger. Und ich hoffte, er würde sich seiner mir gegebenen Zusage erinnern.

Er gratulierte Tim Hartmann, machte händeschüttelnd eine Runde um den Tisch und lachte auch über irgendwelche Bemerkungen, was bei ihm von Husten kaum zu unterscheiden war.

Nur setzen wollte er sich nicht. Seine Entourage, die sich aus dem Schauspiel, vor allem aber aus dem Ballett rekrutierte, erwartete ihn zwei Tische weiter.

Ich trank und rauchte fast ununterbrochen und fühlte mich zum ersten Mal in der Kantine heimisch. Die Regieassistentin machte mich mit Antonio bekannt, einem jungen Chilenen aus Berlin. Antonio fragte, was ich denn von der Inszenierung halte, die er selbst als »Langweiler« bezeichnete. Antonio sagte, ich solle mich zu ihm setzen, und zog für mich einen Stuhl an den Tisch von »Jonas«, wie er den Intendanten nannte. Wie einfach alles war. Antonio bot mir Wodka an. Alle am Tisch tranken Wodka.

Jonas brachte mit seiner Behauptung, Ehe und Treue seien widernatürlich, sinnlos und lächerlich, die meisten Frauen gegen sich auf, was ihn nicht daran hinderte weiterzureden. Fortwährend strich er sich die Haarsträhnen aus dem Gesicht und sah von einem zum anderen. Als sich unsere Blicke trafen, nickte ich unwillkürlich, als stimmte ich ihm zu. Ich ärgerte mich darüber, und das um so mehr, als Claudia Marcks, die Schauspielerin, Jonas laut widersprach, ihn sogar auslachte, was dieser halb beleidigt, halb als Bestätigung seiner Frauen-Theorie hinnahm.

Ich bewunderte Claudia Marcks. Mir war es nie gelungen, mit ihr zu sprechen, ich hatte es nicht mal geschafft, in ihre Nähe zu kommen. Alles an ihr war schön und begehrenswert, besonders liebte ich ihre Hände. Sie führten ein Eigenleben, das niemand außer mir zu beachten schien. Plötzlich wollte ich nichts anderes, als heute, morgen oder dereinst von diesen Händen berührt zu werden und sie selbst zu küssen. Und ich war seltsam gewiß, daß diese Stunde nicht mehr weit entfernt sei.

Ich fragte Jonas, ob er das, was er da von sich gebe, denn selbst glaube.

Er starrte mich aus geröteten Augen an. »Du geh erst mal ficken!« rief er. »Du geh erst mal …« Jonas wiederholte den Satz zweimal, dreimal, viermal, so lange, bis es in der Kantine still geworden war.

Statt ihm, wie es Claudia Marcks getan hatte, ins Gesicht zu lachen, dachte ich an Nadja. Und dann hörte ich mich auch schon sagen: »Warum sollte ich denn?«

Alle stimmten in das Gelächter ein. Auch Claudia Marcks und Antonio. Antonio sagte, er bewundere die reinen Geistesmenschen, Menschen wie mich. Es war die Hölle.

Lange nach Mitternacht fragte mich die Regieassistentin, ob sie und Antonio bei mir übernachten könnten, das Bett im Gästezimmer sei doch so breit, sie hätten den Zug verpaßt. Antonio und sie schliefen keine Minute.

Am Rand zu liegen und auf die beiden neben mir zu hören erschien mir als Sinnbild des Ausgestoßenseins. Jonas hatte mich vor allen gedemütigt, und morgen würde ihm Antonio von dieser Nacht erzählen. Wehrte ich mich nicht, weil ich meine Anstellung, meine Dramaturgenstelle, nicht gefährden wollte? Wie sich das Leben an einem rächt, dachte ich, wenn man sich etwas anderes von ihm wünscht! Mein Leben war das Erzählen. Und zum Erzählen brauchte es Distanz und einen kalten Blick. Wie hatte ich das nur vergessen können![1]

Mitte Juni, wenige Tage nach Veras Ausreise, fuhr ich wieder nach Altenburg. Eine unangenehme Erfahrung mehr – und was sonst sollte mir das Theater bringen? – würde mich in dem Wunsch bestärken, Vera zu folgen.

Die Chefdramaturgin überreichte mir ein orange leuchtendes

[1] T. entging offenbar, dass er sich selbst in der auf die Spitze getriebenen Position des Beobachters, des Voyeurs beschrieb.

Büchlein, dessen Empfang ich ihr quittierte. Von unten nach oben las ich: Bibliothek Suhrkamp/Fräulein Julie/August Strindberg. Wohnen sollte ich diesmal nicht im Gästezimmer, sondern im »Wenzel«. Flieder, der Regisseur, war noch nicht angereist.

Abends im Hotelzimmer öffnete ich zum ersten Mal Veras kunstlederne Bestecktasche, sortierte die Scheine und legte sie in verschiedenen Reihen auf dem Fußboden aus. Bei dreitausend Mark, mehr als das Stipendium eines Jahres, hörte ich auf zu zählen!

Vom Bett aus sah ich dann zu, wie die Scheine, bewegt vom Luftzug, der durch das offene Fenster kam, sich übereinanderschoben, als wollten sie sich paaren, und lauschte schließlich mit geschlossenen Augen ihrem Rascheln. Als ich erwachte, waren die Scheine im Zimmer verstreut, in einer Ecke hatte sich ein kleiner Laubhaufen gebildet.

Ich duschte, setzte mich im Restaurant an den gedeckten Frühstückstisch und ging, sobald es zehn geworden war, ins Lindenau-Museum. Danach spazierte ich durch die Stadt, umrundete den Großen Teich, suchte das Haus von Gerhard Altenbourg und aß mittags im »Ratskeller«. Danach legte ich mich in den Park, las und ging abends ins Kino. So oder ähnlich verging die ganze Woche.

Am liebsten saß ich in dem Gartenlokal am Großen Teich und stellte mir vor, ich wäre in Westberlin am Landwehrkanal und erholte mich zusammen mit Vera von den Interviews, die ich den ganzen Tag über hatte geben müssen.

Am Freitag fuhr ich nach Dresden zu meiner Mutter. Obwohl ich nicht unangekündigt kam, erwartete sie mich weder auf dem Bahnhof, noch traf ich sie zu Hause an. In der Wohnung deutete nichts auf ein Willkommen hin, kein Zettel, kein Topf im Kühlschrank, nicht mal mein Bett war bezogen.

Als Mutter kam – ich wisse doch, daß es manchmal später

werde –, sprachen wir nur über Vera. Vera hätte schon viel eher gehen sollen, sagte Mutter, von Anfang an sei ihr alles verbaut gewesen, wertvolle Jahre habe man ihr geraubt. Ich sagte, daß Vera ihr Leben genossen und mehr über Theater gelernt und mehr Bücher gelesen habe als ich im Studium. Wie ich so reden könne. Das seien ja alles nur Notlösungen gewesen! Vera habe an die Schauspielschule gehört und ans Deutsche Theater nach Berlin! Ich habe ja keine Ahnung, wie verzweifelt Vera manchmal gewesen sei.

Zum Abendbrot legte Mutter einen Camembert unausgewickelt auf den Tisch, ich öffnete eine Fischbüchse, das Brot war alt. Ich litt. Diese Lieblosigkeit sich selbst und mir gegenüber war neu.

Am Montag kam ich zu spät zur Probenbesprechung. Es war ein schlechtes Omen, daß auch Flieder einen Pferdeschwanz trug, selbst wenn er nur aus den Resten seines Haarkranzes gebunden war und grau und dünn über den Kragen hing. Erwartungsgemäß hatte er sich nicht nach mir umgedreht, als ich nach dem Anklopfen eingetreten und zum Tisch gegangen war. Ebenso erwartungsgemäß ließ er sich meine Vorstellung wiederholen. Wie aber erschrak ich, als ich Claudia Marcks am Tisch sitzen sah. Sie hatte nicht auf der Besetzungsliste gestanden.

»Das also ist der Enrico«, sagte Flieder, »Enrico wird uns hier bei allem helfen. Das hoffe ich zumindest. Schön, Enrico, daß du da bist.« Niemand lachte.

Außer Claudia Marcks saßen nur die Petrescu (Kristin, Köchin, 35 Jahre) und Max (Jean, Bedienter, 30 Jahre) am Tisch. Flieders Assistentin, eine hoch aufgeschossene junge Frau mit kurzen Haaren, die zugleich die Bühnenbildnerin war, hockte abseits auf der Lehne eines Stuhls, winkte mir zu und sog an ihrer »Karo«.

Was folgte, ähnelte eher einem Seminar als einer Probe. Und

ich war nicht vorbereitet. Mir schien, Flieder referiere allein für mich jenes Buch, das er an der Pforte mit einem Zettel versehen hinterlegt hatte. Dabei ging er auf und ab, kicherte und gewann mehr und mehr das Aussehen eines Fauns oder Satyrs. Seine Assistentin wiederholte, ergänzte, sprach von behavioristischer Verhaltensforschung und kniff bei jedem Zug aus ihrer Zigarette die Augen zusammen.

In der Mittagspause setzte sich Claudia Marcks neben mich. »Kennt ihr euch?« fragte Flieder.

»Ja«, sagte ich. Claudia Marcks sah mich an. »Woher kennen wir uns denn?«

»›Undine‹, Premierenfeier, genau an diesem Tisch.«

»Oh, bitte nicht«, rief sie. »Da bin ich so blau gewesen, so blau, o bitte, das tut mir leid!« Wie zur Entschuldigung legte sie eine Hand auf meinen Unterarm und fragte fast ängstlich, ob ich an jenem Abend auch Brüderschaft mit ihr getrunken hätte?

»Leider nicht«, sagte ich, »aber mit Ihnen hätte ich gern Brüderschaft getrunken.«

»Sag du«, flüsterte sie. »Einfach nur Michaela und du, ja?«

»Sehr gern, Michaela«, sagte ich, nannte meinen Vornamen und sah auf ihre wunderschöne Hand, die auf meinem Unterarm liegengeblieben war.

Ihr Enrico T.

Donnerstag, 17. 5. 90

Liebe Nicoletta!
Bevor ich Ihnen weiter von Michaela berichte, muß ich ein Erlebnis aus dem Sommer von 1987 einfügen, über das ich mit nie-

mandem sprach, weil es mir nicht weiter erwähnenswert schien. Wie hätte ich es auch verstehen sollen?

Vielleicht gibt es ja etwas in uns jenseits des Bewußten oder Unbewußten, etwas, was jener Empfindungsgabe verwandt ist, die die Tiere ein Erdbeben oder Unwetter lange vor uns spüren läßt. Soll ich es Instinkt, soll ich es Ahnung nennen? Oder einfach nur ein besseres Sensorium?

Im August war ich für zwei Wochen nach Waldau gefahren, um endlich mit meiner Novelle voranzukommen. Eines Nachts erwachte ich und vermeinte zu hören, wie ein Schuß im Haus, im ganzen Wald nachhallte.

Wäre nicht das Knarren des Bettes gewesen, ich hätte mich für taub gehalten. Ich schnippte mit den Fingern. Kein Rascheln, kein Wind, kein Vogel. Ich schwitzte und wußte, daß ich nicht wieder einschlafen würde.

Nackt, wie ich war, trat ich hinaus vor die Tür. Alles schien erstarrt. Um jedes Geräusch, das ich machte, schloß sich die Stille nur um so dichter. Je angestrengter ich lauschte, desto undurchdringlicher wurde das Schweigen, bis ich es schließlich wie einen riesigen schwarzen Quader über meinem Kopf zu spüren glaubte.

Mehrmals versuchte ich durchzuatmen, aber die Luft, die ich in meine Lungen sog, schien diese nur halb zu füllen, als befände ich mich in mehreren tausend Metern Höhe. Auch im Sitzen wurde mir nicht besser. In der Herzgegend empfand ich ein Kräuseln, ein Strudeln. Ich wunderte mich, daß ich nicht in Panik geriet. Wenigstens konnte ich das tiefere Schwarz der Fichtenstämme von dem Graudunkel der Zwischenräume unterscheiden. Ich war kurz davor, ein Gebet zu sprechen oder ein Lied zu summen, nur um dieser Stille, diesem Schweigen zu entkommen. Plötzlich erschien es mir unglaubwürdig, daß ich da allein mitten im nächtlichen reglosen Wald saß, ich, die einzige Unruhe in einer stummen Welt. Ich glaubte zu träumen oder den Verstand zu verlieren. Ich erschrak vor meinem Lachen.

Und da, als gewährte man mir eine Gnade, gesellte sich eine Fliege zu mir. Sie umschwirrte meinen Kopf, und mir stand plötzlich eine Abbildung aus dem Physikbuch vor Augen: die Flugbahn des Elektrons um den Atomkern.[1]

Die Fliege setzte sich auf meine linke Schulter – ich zuckte und hielt erschrocken inne. Hatte ich sie verscheucht? Die Fliege durfte mich nicht verlassen, sie sollte bleiben, das einzige Lebewesen, das mit mir wachte, meine einzige Gefährtin. Als ich sie wieder spürte, hielt ich still und genoß ihre Berührung wie eine Zärtlichkeit. Haben Sie je eine Fliege über Schulter und Rücken krabbeln lassen? Während ich fürchtete, von der Fliege über kurz oder lang im Stich gelassen zu werden, kam mir zum ersten Mal der Gedanke, daß mir die Welt, so, wie sie war, abhanden kommen könnte.

Das war nicht die Angst vor dem Atomkrieg, dem Weltuntergang. Es war die Angst, alles, worauf ich mich bezog, könnte mir verlorengehen; das Weltgefüge, dem ich mich durch Denk- und Gefühlsmutation angepaßt hatte, verschwände von einem Tag auf den anderen und ließe nichts weiter zurück als eine große Leere. So, wie ich gefürchtet hatte, zu spät zur Armee eingezogen zu werden, so fürchtete ich nun, bevor ich selbst zum Schuß kommen würde, könnte alles Großwild erlegt sein und für mich blieben nur Mäuse und Ratten übrig.

Es war ein absurder Gedanke, aber nicht weniger absurd, als nachts nackt im Wald zu sitzen, froh und dankbar über die Gesellschaft einer Fliege.

[1] Auch hier fabuliert T. Denn wäre es tatsächlich so dunkel gewesen, wie er es beschreibt, hätte ihn wohl kaum eine Fliege »umschwirren« können.

Allein der Schmerz über dem Herzen und die Fliege schienen zu existieren, die einzige Wirklichkeit, über die ich verfügte, das einzige, was meine Gedanken und Gefühle davor bewahrte, sich in der Schwerelosigkeit zu verflüchtigen.

Dort, wo der Schweiß noch nicht getrocknet war, spürte ich den Lufthauch und fröstelte. Mit leerem Kopf, leerem Herzen und ergeben in mein Schicksal kroch ich zurück ins Bett.

Als ich erwachte, war es warm, und Fliegen, ein ganzer Schwarm, summten über mir.

Wahrscheinlich halten Sie mich nun tatsächlich für verrückt oder zumindest für etwas wunderlich. Von heute aus gesehen, gehört dieses nächtliche Erlebnis zu den wenigen Episoden, bei denen ich im Rückblick Mitleid mit jenem Menschen empfinde, der ich damals gewesen bin.

Nun aber zurück nach Altenburg, wohin ich Anfang September 88, noch vor Beginn meines letzten Studienjahres, fuhr.

Über Flieders »Julie«-Proben zu schreiben wäre ein eigenes Kapitel wert. Lesen Sie noch einmal Strindbergs Stück und achten Sie auf die Brüche, auf das unentwegte Bleiben – Gehen – Bleiben – Gehen. Es war in einem Maß von mir selbst die Rede, daß es schon unheimlich war.

Nicht weniger unheimlich war mir die Erkenntnis, wie eng verwandt Regieführen und Schreiben sind. Von Flieder lernte ich, daß ein Dialog nicht dazu dient, etwas mitzuteilen, sondern die Verhältnisse unter den Figuren zu klären. Daß es egal ist, worüber man spricht, wenn man nur weiß, was man erzählen will. Daß es sich rächt, wenn man auch nur eine einzige Beziehung vernachlässigt, daß kein Gegenstand und kein Schritt in der Choreographie vergessen werden darf.

Gibt es etwas Schöneres als eine plausible Figur? Könnte ich im Schreiben je Flieders Niveau erreichen, würde meine Novelle ein Meisterwerk. Warum aber, fragte ich mich beunruhigt, ist Flieder kein *berühmter* Regisseur?

Doch was wären Flieders Proben ohne Michaela gewesen! Ich durfte Michaela anschauen, beobachten, studieren, und niemand, auch sie nicht, konnte mir daraus einen Vorwurf machen. Sie mit Blicken zu verschlingen gehörte ja zu meinen Aufgaben. Ich träumte davon, Michaela und ich seien ein Paar. Diese Vorstellung kollidierte allerdings mit meinem Wunsch, so bald wie möglich auszureisen. Nur aus Rücksicht auf Mutter, nur weil es mir besser schien, das Studium abzuschließen, nur weil ich von Vera seit ihrer Ausreise nichts gehört hatte, schob ich diesen Schritt vor mir her. Und ich blendete aus, daß Michaela Tag für Tag mit Max (unserem Jean) kam und ging. Sie hatte einen Sohn aus erster Ehe, der manchmal in der Kantine auf sie wartete, wo er malte oder mit der Küchenhilfe Karten spielte.

Zu Beginn der zweiten Woche, abends, nach der Probe, umarmte ich Michaela wie immer zum Abschied, unsere Wangen berührten sich. Ich wollte mich wieder aufrichten, sie jedoch hielt mich fest – eine Ewigkeit, wie mir schien. Danach stieg Michaela wie immer zu Max in den Wartburg. Ich glaubte, diese lange Umarmung sei Teil jener verwahrlosten Intimität, die für das Theater so typisch ist. Am nächsten Abend jedoch wiederholte sich dieser Abschied. Diesmal hielt auch ich Michaela fest, so lange, bis sie nicht mehr auf ihren Zehenspitzen stehen konnte. Am Mittwoch begegneten wir uns nach der Abendprobe auf dem Flur vor der Kantine, besser gesagt, wir liefen aufeinander zu. Ich hatte noch meine Schreibkladde in der Hand. Es wäre zuviel, wenn ich behauptete, bereits an ihrem Gang alles erkannt zu haben, doch es ist keine Übertreibung zu sagen, daß wir uns buchstäblich in die Arme flogen – wir hatten Glück, nicht über das wellenschlagende Linoleum zu stolpern.

»Kannst du Auto fahren?« war das erste, was Michaela mir

ins Ohr flüsterte. Sie bat mich zu warten, ging in die Kantine und kehrte mit dem Schlüssel für den Wartburg zurück. Er gehörte ihr, eigentlich ihrer Mutter, aber die hatte auch keine Fahrerlaubnis.

An diesem Abend brachte ich Michaela zum ersten Mal nach Hause. In Roberts Zimmer brannte Licht. Sie rief mir noch zu, wann ich sie am nächsten Tag abholen sollte, und rannte los. Ihre Absätze hallten in dem Neubau-Hufeisen, was mich aus irgendeinem Grund mit Stolz erfüllte. Ich stand in der offenen Fahrertür, einen Ellbogen aufs Dach gestützt, als hätte ich den Hauptpreis einer Tombola gewonnen.

Am nächsten Morgen fragte sie, ob ich denn überhaupt frei sei, ob mir der Unterschied von sieben Jahren (das hatte sie irgendwie herausbekommen) etwas ausmache und ob mir klar sei, daß sie immer Rücksicht auf Robert nehmen müsse. Bevor ich antworten konnte, küßte sie mich, und dann klopfte Max an die Heckscheibe.

Nach der Probe wartete ich am Auto auf Michaela. Als sie endlich erschien, sah sie aus, als wollte sie mit mir ausgehen. Sie sagte, daß ich heute genau das Hemd trage, in dem sie mich am liebsten sehe. Ich ließ den Wagen an, sie schob mir ihre linke Hand unter den Kragen, ich fuhr los, und beide starrten wir nach vorn, als wäre dichter Nebel.

Wir huschten an der Rezeption vorbei, ich hatte den Zimmerschlüssel extra nicht abgegeben. Sie sei sich schon wie eine Hochstaplerin vorgekommen, sagte Michaela im Fahrstuhl, weil sie die ganze Zeit über die Pille genommen habe. Robert sei heute nicht vor halb fünf zu Hause, wir hätten also ein bißchen Zeit. Aus ihrer Handtasche nahm sie einen Wecker und stellte ihn.

Im Zimmer zog Michaela die Vorhänge vor und ließ die Rollos herunter. Mir entwand sie sich, als ich ihre Bluse öffnen wollte. Sie erlaubte mir nicht einmal, ihr beim Entkleiden zu-

zuschauen, und rief mich erst aus dem Bad, als sie bis zum Hals zugedeckt im Bett lag. Zuerst hielt ich das für ein Spiel, aber Michaela hatte in allem sehr klare Vorstellungen, was ich durfte und was nicht.

Vor Beginn der Abendprobe sagte Flieder, er habe umdisponiert, er brauche nur Max und die Petrescu. Michaela und ich fuhren ins Hotel, und wieder wartete ich im Bad, bis sie mich rief. Ich fragte sie, warum sie sich vor mir schäme. Das werde ich schon noch erfahren – oder auch nicht, sagte Michaela und hielt mir den Mund zu, als ich weiterfragen wollte.

Später waren wir eingeschlafen und erst nach zwölf erwacht. Michaela konnte sich vor lauter Panik kaum anziehen, bestand aber darauf, daß ich mich zur Wand drehte.

In Roberts Zimmer brannte Licht. Ich wartete und horchte wieder auf das Echo von Michaelas Schritten.

In den Tagen bis Semesterbeginn sahen wir uns nur auf den Proben. Jetzt war es wieder Max, der sie ins Theater fuhr und nach Hause brachte.

Einige Wochen später verriet mir Michaela den Grund ihres befremdlichen Rituals. »Es hängt mit Robert zusammen«, sagte sie, »mit seiner Geburt.« Ich verstand nicht. »Ein Kaiserschnitt«, sagte sie und sah mich beinah ängstlich an, um mich dann anzufahren: »Ich hab da eine Narbe, groß und häßlich!« Ich sagte, daß das nichts Neues für mich sei, und begriff den Zusammenhang erst in diesem Moment.

»Das muß ja nicht gleich jeder sehen!« rief sie ungehalten.

Sie werden fragen, warum ich Ihnen all das erzähle? Was hat diese Liebesgeschichte mit meiner Beichte zu tun?[1] Haben Sie Geduld.

[1] Man kann sich nicht des Eindrucks erwehren, dass T. in den Tagen der Trennung von Michaela einer gewissen Nostalgie frönte.

Robert kämpfte gegen mich. Zudem haßte er alles, was vom Theater kam. Und ich mußte mir eingestehen, daß Robert mich störte. Ich war es nicht gewohnt, Rücksichten zu nehmen. Ich wollte lesen, schreiben, ins Theater und in Ausstellungen gehen, Filme sehen. Und Michaela wollte das auch. Aber ich greife vor. In den ersten Wochen war allein schon der Gedanke abwegig, ich könnte in Michaelas Wohnung übernachten. Für diesen Fall hatte Robert angedroht, von zu Hause wegzulaufen. Als ich das erste Mal offiziell zu Besuch erschien, schloß er sich in seinem Zimmer ein und heulte so laut, daß Michaela mich nach zehn Minuten bat, wieder zu gehen. Manchmal fuhr ich nach Altenburg, um Michaela für eine halbe Stunde zu sehen. Und auch dann drehte sich alles nur um Robert.

Zum ersten Mal blieb ich Ende November über Nacht, und das nur, weil Robert meine Schuhe aus dem Fenster geworfen hatte und diese nun auf der Heizung trocknen mußten.

Doch Robert war nicht nur ein Störenfried, ich empfand ihn auch als ein Makel an Michaela. Sowenig ich auf Roberts Seite stand, so sehr wünschte ich ihm mitunter den Sieg. Denn eine Liebe hatte ich mir anders vorgestellt.[1] Außerdem wollte ich ja nicht hier bleiben, hier in Altenburg, hier in diesem Land. So schrieb ich es jedenfalls an Vera.

Als mir Michaela strahlend verkündete, Robert habe eingewilligt, mit mir und ihr nach Dresden zu fahren, auch er wolle meine Mutter kennenlernen, hätte der Zwiespalt in mir nicht größer sein können.

Meine Mutter hatte gebacken und gekocht, auf unseren Betten – Robert schlief allein in meinem Zimmer – lagen Lakritzstangen, wie ich sie seit Jahren nicht mehr gesehen hatte, und Schokoladentiere. Die Handtücher waren neu und weich, und

[1] Es wäre interessant zu erfahren, wie sich T. eine Liebe vorgestellt hat.

jeder bekam ein Paar Pantoffeln geschenkt. Robert schien nichts anderes erwartet zu haben. Während wir beim Kaffee saßen, streunte er durch die Wohnung, warf eine Vase herunter und sah in alle Schränke und Schubladen. Mutter fand nichts dabei und besänftigte Michaela. Sie rauchten um die Wette, und Mutter schenkte ihr dann die Schuhe, die sie ein halbes Jahr zuvor am Tag von Veras Ausreise gekauft hatte. Alle paar Minuten präsentierte uns Robert neue Entdeckungen. Er fand nicht nur meinen alten Teddy und die Kinderbücher, sondern auch meinen ersten Patronenfüller, dessen Kappe deutliche Nagespuren aufwies und mir so vertraut war, als hätte ich ihn eben erst aus der Hand gelegt. Zuletzt schleppte Robert den Zirkelkasten meines Großvaters an. Der blaue Samt, in dem die Zirkel eingebettet lagen, schimmerte. Robert fragte, ob er ihn behalten dürfe. Zu meinem Entsetzen stimmte Mutter zu. Doch Michaelas Nein war so entschieden, daß ich nicht einschreiten mußte. Danach waren die Photoalben an der Reihe, und am Abend schlug Robert sämtliche Eier in die Pfanne und nannte sein Gericht Omelett.

Kurz vor unserer Abfahrt am nächsten Tag bestand Robert darauf, mit mir im Hof Federball zu spielen. Ja, allein mit mir. Auf der Rückfahrt schlief er ein, so daß sich Michaela zu mir herüberlehnen konnte. Ich habe eine Familie, dachte ich da zum ersten Mal, eine Familie, und wußte nicht, ob sich ein Traum erfüllt hatte oder ob ich in der Falle saß.[1]

[1] Wahrscheinlich vergaß T. hier erneut die Schlussformel, die er bereits in den vorangegangenen Briefen eher mechanisch angehängt hatte.

Sonnabend, 19. 5. 90

Liebe Nicoletta!
Es wird Sie vielleicht erstaunen, wenn ich die anderthalb Jahre von unserem ersten gemeinsamen Wochenende in Dresden bis zum Mai 89 eine glückliche Zeit nenne. Der Zwiespalt, von dem ich schrieb, blieb bestehen, aber ich lebte nicht schlecht mit ihm. Den Antrag auf Ausreise zögerte ich hinaus, nein, ich sparte ihn mir auf wie eine Belohnung, die ich mir erst verdienen mußte. Je länger ich in der DDR aushalten würde, desto mehr hätte ich schließlich im Westen vorzuweisen. Zudem betrachtete ich das Familienleben als neue Erfahrung. Ich fühlte mich ausgezeichnet, wenn ich Michaela dabei zusehen durfte, wie sie ihre Beine rasierte, und empfand es als Vertrauensbeweis, wenn ich unsere Wäsche aufhängte oder von der Leine nahm.

Zwischen Robert und mir blieb es anstrengend. Anerkennung fand ich bei Robert nur sporadisch, zum Beispiel wenn es mir gelang, die Tülle der Wäscheschleuder über dem Eimer zu halten. Dazu mußte ich mich mit meinem ganzen Gewicht auf die Maschine werfen. Meine Mutter hingegen wurde uneingeschränkt akzeptiert, weshalb wir oft nach Dresden fuhren.

Das Studium beendete ich glanzlos. Ungewollt war ich wenige Monate vor meiner Verteidigung an den Rand einer Exmatrikulation geraten, weil ich ein Blatt mit »konkreter Poesie« an die Wandzeitung geheftet hatte.[1] So liberal, wie es manchmal schien, war die Universität doch nicht geworden.

Nach der Verteidigung der Diplomarbeit, meiner letzten Aufgabe als Student, gingen wir – Michaela, Anton und ich – zum Wehrkreiskommando. Ich mußte mich abmelden, genauer gesagt: ummelden. Michaela hörte zu, als man mir mitteilte, als Fahrer

1 Vgl. im Anhang »Mai-Nelken«.

hätte ich gute Chancen, bereits in zwei Jahren (das wäre jetzt) wieder eingezogen zu werden.

Sowohl die Schulnovelle wie auch das Armeebuch gewannen durch diese Drohung für mich wieder an Kraft.

Die Premiere von »Fräulein Julie« im September[1] war ein Reinfall. Als Flieder, von Michaela geführt, auf der Bühne erschien, gab es Bravo-Rufe, doch drei Viertel des Publikums warteten da bereits an der Garderobe. Wir erzwangen fünf Vorhänge, Michaela knickste jedesmal wie eine Operndiva und lächelte hinauf in die leeren Ränge. In Berlin wäre diese »Julie« wie »Dantons Tod« oder »Macbeth«[2] gefeiert worden.

Erst auf der Rückfahrt nach der Premierenfeier brach die Wut aus Michaela heraus. Viel zu lange sitze sie schon in Altenburg fest, das Gerede, dieses Theater sei ein Sprungbrett, habe noch nie gestimmt. »Ich ertrage dieses Kaff nicht mehr!« schrie sie. Auf dem Gipfel ihrer Verzweiflung wollte sie sogar in die Partei eintreten, wenn das die Bedingung für ein Engagement in Berlin wäre. Die Hälfte ihrer Freunde am Gorki und im BE seien Genossen, alles Leute, von denen es niemand glauben würde.

»Wie wäre es denn mit *West*berlin«, fragte ich, als wir in unsere Straße einbogen. »Sofort!« rief Michaela und sah mich mit weit aufgerissenen Augen an. »Sofort!« wiederholte sie.

Zu Hause überreichte sie mir ein Paket, ihr Premierengeschenk. Es enthielt einige, immer kleinere Päckchen, die ich zu öffnen hatte, bis ich endlich eine in Goldpapier gewickelte Schachtel »Club« in Händen hielt – voller Pfefferminze. Auf

1 T. meint September 1988. Wegen Bauarbeiten, die im Herbst 87 überraschend begonnen hatten, war das Theater für eine knappe Spielzeit geschlossen. Erst im September 88 begann der Spielbetrieb wieder.

2 Legendäre Inszenierungen von Alexander Lang am Deutschen Theater und von Heiner Müller in der Volksbühne.

dem Zettel, der darin steckte, las ich: »Rauchen schadet werdenden Müttern und Vätern.« So weit war es noch nicht, aber wir versuchten, uns das Rauchen abzugewöhnen.

»Fräulein Julie« erlebte fünf oder sechs Aufführungen. Michaela sah in der Tatsache, daß ihre »Julie« nicht im Anrechtsprogramm[1] lief, einen Akt der Zensur. Eine einzige Kritik war erschienen, ein Verriß auf der Lokalseite der LVZ.

Mit Beginn meiner Arbeit als Schauspieldramaturg waren mir anderthalb Zimmer bei der 88jährigen Emilie Paulini zugewiesen worden.

Mit ihr teilte ich das Trockenklo auf halber Treppe und die Küche, deren Waschbecken das Bad ersetzte. Dafür war der Keller voller Briketts. Ich brauchte dieses Refugium, weil Roberts Fernsehgewohnheiten und sein ununterbrochen laufender Kassettenrecorder mich regelmäßig vertrieben. Daß ich aber nur mit einem Tisch und einem Stuhl einzog, enttäuschte Emilie Paulini tief. Sie fürchtete sich nämlich, allein zu sein, »wenn es ans Sterben geht«. Abends einschlafen und nicht mehr aufwachen, so wollte sie es. Aber nebenan sollte jemand sein. Mir zu Ehren trug sie eine Perücke, die meistens schief wie eine Baskenmütze saß. In regelmäßigen Abständen winkte sie mich in ihre Stube, bat mich, Platz zu nehmen, und überreichte mir das gerahmte braunstichige Photo einer sehr schönen jungen Frau. Ob ich mir vorstellen könne, wer das sei. Sie kicherte, schob ihren Kopf mit der Perücke wie eine Schildkröte vor und sagte ganz laut: Na? Ich sah dann zwischen ihr und dem Photo hin und her und sagte schließlich: »Natürlich, Frau Paulini, das sind Sie!« Emilie Paulini kreischte, warf die Arme hoch und sprang auf, um mir sofort ein Stück Kuchen aus der Küche zu bringen.

1 Abonnementprogramm.

Emilie Paulini mochte Michaela nicht, weil sie »eine vom Theater war« und obendrein schuld daran, daß ich nicht bei ihr wohnte.

Ihre Tochter Ruth kam mittwochs zu Besuch und holte sie sonntags zum Mittagessen ab. Ruth, die sehr schnell sprach und statt einer Pause zwischen den Sätzen ein hohes, gedehntes, mit dem Luftstrom absinkendes Aaah oder Neeeh ausstieß, hatte mir in der Küche erzählt (»Herr Türmer, was ich Ihnen erzählen könnte, Herr Türmer, aaah, dazu reicht unsre Zeit gar nicht aus, was ich – neeeh – so viel, so viel«), wie sie auf der Flucht im April 45 in Freital bei Dresden »den Russen in die Hände gefallen« waren. Ihre Mutter habe sie immer weggeschickt und aufgefordert zu singen. »Immer wenn Russen kamen, wurde ich singen geschickt. Aaah! Das sind Geschichten, Herr Türmer, Geschichten ... Aaah! Dabei war unser Muttchen gar nicht mehr jung, hat aber nicht geholfen. Geschichten! Aaah, Herr Türmer. Sie ist schwanger hier angekommen, mit 43 schwanger! Neeeh, ohne Mann, stellen Sie sich mal vor!«[1] Ruth drückte sich ihr immer griffbereites Spitzentaschentuch in die Augenwinkel.

Mir hatte der Sinn dieses Singens nicht eingeleuchtet, da uns aber Emilie Paulini nie lang allein ließ, war ich erst Tage später dazu gekommen, Ruth danach zu fragen. »Aaah, Herr Türmer, das ist doch ganz einfach. Das hat sie beruhigt. Da wußte sie, daß sie wenigstens mich in Ruhe lassen. Aaah, neeeh, Geschichten!«

Es war Michaela, die vorschlug, aus den Erzählungen der beiden Paulinis ein Stück, einen Monolog zu machen. Für sie, Michaela, sei es natürlich besser, wenn Ruth das Ganze erzählte,

[1] Im Zweiten Weltkrieg waren nur die Industrieanlagen an der Peripherie Altenburgs bombardiert worden, deshalb hatte die Stadt überproportional viele Flüchtlinge aufgenommen.

aber auch ein Mutter-Tochter-Stück sei denkbar. Wenn es mir gelänge, die beiden zum Erzählen zu bringen, würde sich das Stück wie von selbst schreiben.[1]

Nun übernachtete ich hin und wieder bei Emilie Paulini. Die Vorstellung, über einen Stoff zu verfügen, der von Krieg, Flucht, Plünderungen und Vergewaltigungen handelte, vielleicht sogar von Juden und SS, gab mir das Gefühl einer seltsamen Überlegenheit.

Ich begann bescheiden und verzeichnete Emilie Paulinis Gewohnheiten: wann sie aufs Klo und in die Küche ging, was sie einkaufen ließ, welches Mittagessen, das die Volkssolidarität brachte, ihr schmeckte und welches bis zum nächsten Tag in der Küche stand. Ihre Fernsehzeiten waren nicht zu überhören. Nachts erwachte ich mitunter von Emilie Paulinis Gebrabbel, das ich trotz der hellhörigen Wand nicht verstand. Vor ihre Tür zu schleichen hatte ich aufgeben müssen, weil sie beim ersten Dielenknarren verstummt war.

Ich versäumte keinen Mittwochabend. Wie erhofft, wurde ich bald ins Zimmer gebeten, das ich nur im Halbdunkel kannte, weil Emilie Paulini Strom sparte. Je älter die Gegenstände waren, die ich mit Argusaugen erspähte, desto mehr brachte ich meine Bewunderung zum Ausdruck, in der Hoffnung, die Paulinis zum Sprechen zu animieren. Aber es war keine »Vorkriegsware« dabei.[2] Ich hoffte auf Photos, bekam aber keine anderen zu sehen als jene, die gerahmt auf dem Buffet standen.

Ich fragte sie nach Tschechen, Juden, dem Kriegsausbruch.

1 Diese Formulierung, die T. bereits gebrauchte (vgl. Brief vom 5. 5. 1990), findet sich nur leicht variiert bereits auf der folgenden Seite wieder. Deshalb ist es wahrscheinlich, dass T. diese Worte Michaela in den Mund gelegt hat.

2 Das hätte sich T. bei einer Flüchtlingsfamilie wie den Paulinis auch denken können.

Nichts, schon gar nichts Grausiges, fiel ihr dazu ein. Mitunter glaubte ich, Emilie Paulini spüre das Vorsätzliche meiner Neugier. Über ihren Mann sagte sie: »Die haben bis zuletzt gekämpft!« und stieß ein hohes Lachen aus. In der Küche erfuhr ich mehr. Doch Ruths Aaahs und Neeehs waren so laut, daß Emilie Paulini sofort aus ihrem Zimmer geeilt kam. Ihr Mann war Feldpolizist gewesen, ein Kettenhund, und galt als verschollen. Nicht mal ein Photo gebe es mehr von ihm. Lange vor ihrer Heirat hatte Emilie Paulini, noch nicht volljährig, einen Sohn geboren. Er war in einem Heim aufgewachsen, hatte sich freiwillig zur Marine gemeldet, war in Norwegen schwer verwundet worden und schließlich bei einem Bombenangriff auf Bremen ums Leben gekommen. Ein einziges Mal habe sie mit ihrer Mutter darüber gesprochen. Irgendwo müßten noch Briefe von ihm sein. Ihre Mutter danach zu fragen sei sinnlos, sagte Ruth. Sie könnten ja nicht einmal über Hans, das Russenkind, miteinander reden. Aber auch Ruth selbst wollte nichts von ihrem Halbbruder erzählen.

Ich benutzte Karteikarten, die ich mit Filzstift markierte. Schwarz für die häuslichen Gewohnheiten, rot für die Geschichten von Emilie Paulini, grün für die von Ruth, blau für die Gegenstände, die mir interessant schienen. Ich hoffte, meine Notate würden irgendwann gleichsam wie von selbst zueinanderfinden und eine Geschichte spinnen. Michaela las jede Menge Bücher über das Ende des Zweiten Weltkrieges und überschüttete mich mit Vorschlägen.

Nie zuvor hatte ich so viel Zeit zum Schreiben gehabt wie am Theater – unsere Anwesenheitspflicht galt von zehn bis vierzehn Uhr –, und dafür wurde ich sogar noch bezahlt! Immerhin blieben mir von neunhundert brutto siebenhundert netto, das war nicht anders als fürstlich zu nennen.

Ich betreute das jährliche Weihnachtsmärchen, eine Bearbeitung von Andersens »Schneekönigin«, und hatte darin sogar ein paar Auftritte als weiser Rabe. Vergeblich wartete ich auf einen Regisseur wie Flieder.

Am besten waren noch die Inszenierungen von Moritz Paulsen, der sein Geld mit Modenschauen verdiente und bei dem sich die Beleuchtungsproben über zwei oder drei Tage erstreckten. Was mich für Moritz Paulsen einnahm, war sein Entschluß, ein sogenanntes Glasnost-Stück als Revue aufzuführen. Höhepunkt waren jene kurzen Szenen, die mit dem von Paulsen erfundenen Ausruf »Der Parteiflamingo!« begannen und die Handlung unterbrachen. Mit verklärtem Lächeln sahen dann alle Schauspieler zu dem imaginären Parteiflamingo auf, der über den Bühnenhimmel zu ziehen schien. Wir rechneten uns gute Chancen aus, nach der Premiere verboten zu werden. Doch bis auf einen Wutausbruch von Jonas, dem Intendanten – niemand würde verstehen, was wir damit sagen wollten –, gab es nur müde Proteste. Ein Lehrer, der mit seiner Klasse die Aufführung gesehen hatte, bemängelte, daß wir, statt unsere künstlerischen Mittel für die Herausbildung eines parteilichen Bewußtseins einzusetzen, den Pädagogen in den Rücken fallen würden. Solche Briefe, die wie Trophäen ausgehängt wurden, blieben Mangelware.

Zur Zeit unseres zweiten gemeinsamen Weihnachten waren wir wohl eine glückliche Familie. Die Anwesenheit beider Großmütter besänftigte Robert. Er antwortete mir und stand nicht mehr auf, wenn ich mich zum Fernsehen neben ihn setzte.

Und dann, am Morgen des zweiten Weihnachtsfeiertages, wußte ich plötzlich, wie meine Novelle enden sollte. Ich verstand gar nicht, warum ich fast drei Jahre dafür gebraucht hatte.

Es muß mit der Stimmung bei uns zu tun gehabt haben, mit der von unserer Lektüre beeinflußten Stimmung. Michaela las Ecos »Der Name der Rose«, und Robert hatte von mir »Tim

Thaler oder Das verkaufte Lachen« geschenkt bekommen. Lachen lag in der Luft, und auf einmal durfte auch Titus, mein Held, in der Novelle lächeln. Titus ließ sich nicht länger erpressen. An die Stelle des Leidens trat die Ironie. Er war erwachsen geworden.

Ich würde wieder von vorn beginnen, ganz von vorn, aber diesmal sicher im Tonfall. Das Lächeln von Titus tauchte die Novelle in ein heiteres Licht und befreite sie von der säuerlichen Tragik der Pubertät.[1]

Im neuen Jahr machte ich mich an die Arbeit. Ich konnte gar nicht so schnell schreiben, wie mir die Ideen zuflogen. Und weil ich nun viel Zeit in meinem Refugium verbrachte – der Herr Türmer ist stets freundlich und gut gelaunt –, war auch Emilie Paulini froh.

Heute glaubt ja jeder, bei den Kommunalwahlen[2] bereits die Totenglocken des Systems gehört zu haben. Im nachhinein erscheint das plausibel.

Hatte es an der Uni noch große Diskussionen gegeben, um wieviel Uhr ein Student im Wahllokal zu sein habe, nämlich nicht später als eine Viertelstunde nach Öffnung, so kümmerten die Wahlen am Theater niemanden. Nachdem der Karl-Marx-Orden an Ceauşescu verliehen worden war,[3] hatte selbst Jonas mit Parteiaustritt gedroht.

1 Das Urteil T.s über den Charakter seiner Novelle kann ich – zumindest anhand der hier abgedruckten Fassung (»Titus Holm. Eine Novelle aus Dresden«) – nicht bestätigen.

2 Bei den letzten Kommunalwahlen der DDR am 7. Mai 1989 wurde erstmals Wahlbetrug nachgewiesen, weil die Auszählung vielfach von Bürgerrechtsgruppen kontrolliert worden war. Das offizielle Endergebnis wies 98,77 Prozent der Stimmen für die »Kandidaten der Nationalen Front« aus.

3 Im Januar 1988.

Am Wahlsonntag war schönstes Maiwetter. Wir holten die Räder heraus und machten einen Ausflug. Ich kann Ihnen kaum eine Vorstellung von jenem Schaudern geben, das mich früher auf dem Weg zum Wahllokal begleitete. Wie auch immer man sich zu tarnen versuchte, man sah es jedem an – und jeder sah es einem selbst an –, daß der Weg zur Wahlurne führte. Das Anstehen vor dem Wahllokal funktionierte wie ein Pranger.

Wir machten ein Picknick an einem See nahe Frohburg und kehrten erst nachmittags zurück – da waren kaum noch Wahlgänger unterwegs. Wir hatten uns gerade hingelegt, als es klingelte. Robert öffnete. Ich dachte, es sei sein Freund Falk. Eine Frau und ein Mann wollten uns sprechen, sagte Robert. Wir zogen uns wieder an.

Ich fühlte mich kampfeslustig! Mit ein paar klaren Worten wollte ich die Sache erledigen.

Die Frau war um die Fünfzig und wippte wie eine Turmspringerin auf unserem Treppenabsatz. Ihre hellrot geschminkten Lippen hielten ein altes Lächeln fest. Er war Mitte Dreißig, hatte schütteres dottergelbes Haar und trug eine schwarze Lederjacke. Um den linken Ellbogen lässig auf das Treppengeländer stützen zu können, mußte er sich lächerlich tief zur Seite neigen. Aus seiner Faust ragte ein Kuli. In der Rechten hielt er eine Mappe.

Er sprach, sie beobachtete unser Frage-Antwort-Spiel.

Nein, sagte ich, wir beabsichtigten nicht, bis 18 Uhr das Wahllokal aufzusuchen, nein, der Grund sei nicht die Lokalpolitik, nein, die zur Wahl stehenden Personen kennten wir nicht, sie interessierten uns nicht, wir hätten eine andere Vorstellung von Wahlen.

Ich mühte mich, mein Lächeln niederzureden. Doch auch Michaela und selbst der mit den dottergelben Haaren begannen zu lächeln. Und sogar die Frau versuchte vergeblich, ihre hellroten Lippen am Lächeln zu hindern. Er war inzwischen mit dem Ellbogen am Geländer abgerutscht.

Ob sie weitere Auskünfte wünschten, fragte Michaela und klang dabei so freundlich, als hätte sie ihnen ein Glas Wasser angeboten. Nein, sagte er, sie hätten keine weiteren Fragen. Sie seien uns dankbar, weil wir so offen mit ihnen gesprochen hätten, nun könnten sie im Wahllokal Bescheid geben, da brauchten die ehrenamtlichen Helfer nicht länger zu warten, und auch die fliegende Wahlurne müsse ja nicht zu uns geschickt werden.

»Dann haben Sie den Weg nicht ganz umsonst gemacht«, sagte ich. Und Michaela fügte hinzu: »Da können Sie wenigstens den Rest vom Sonntag genießen.« – »Ach, schön wär's«, rief der Dottergelbe, lachte und klopfte mit dem Kuli auf seine Mappe. Fast hätten wir uns zum Abschied die Hand gereicht.

Michaela mußte Robert beruhigen, der mitgehört hatte und fürchtete, man würde ihn unseretwegen in der Schule aufrufen. Er weinte, warf sich aufs Bett und rief: »Warum macht ihr es denn nie so wie die anderen!?« Als es erneut klingelte, zuckte er zusammen. Diesmal war es sein Freund Falk.

Ich weiß nicht, ob ich mich verständlich machen kann. Aber die Jämmerlichkeit der einen Seite machte die Jämmerlichkeit der anderen noch sichtbarer. Mit diesem Tag überfiel mich ein Gefühl absoluter Sinnlosigkeit. War es nicht absurd, sich jetzt wieder an die Novelle zu setzen? War sie nicht eine unfreiwillige Parodie? Überhaupt bekam alles, wie die Szene im Treppenhaus, einen Unterton, der zum Lachen reizte. Jegliche Emphase lief ins Leere, jede Geste, jedes Aufbegehren war überflüssig. Genauso unangemessen erschien mir der kühle Beobachterblick. Er war das Lächerlichste überhaupt, der größte Kitsch.[1]

[1] Die Begründung für seine Behauptungen bleibt T. schuldig. Warum sollte kühles Beobachten der »größte Kitsch« sein?

Ich setzte mich an meine Rheinmetall und hämmerte drauflos. Ich verstand nicht, was ich da schrieb. Ich ahnte nur, daß es mit Literatur nichts mehr zu tun hatte.

Es war ein Abschied, ich selbst vertrieb mich aus dem Paradies. Oder sollte ich sagen, ich trieb mir das Ich aus, ich opferte meine Individualität, meine eigene unverwechselbare Stimme, sofern ich sie überhaupt besessen hatte.

Ich glaubte, das, was ich tat, tun zu müssen, um mich zu bestrafen. Und in mir geißelte ich auch alle anderen, das ganze Land, das ganze System. Was ich da fabrizierte, war Dreck, aber nichts anderes als Dreck verdiente ich, dieser Staat, diese Gesellschaft! Vielleicht, dachte ich, hat Duchamp ähnlich empfunden, als er sein Pissoir zum Kunstwerk erklärte. So wie ihn vielleicht die Gewißheit gequält hat, nie wieder einen Pinsel in die Hand nehmen zu dürfen, nie wieder vor die Staffelei zu treten und die Farben auf der Palette zu riechen, so fühlte ich mich bei meinem Ausbruch. Es war ein brutaler Exorzismus, zu dem ich mich gezwungen sah. Mit jedem Satz meiner Wahlgeschichte, einer primitiven Fäkalienorgie, entfernte ich mich weiter von Arkadien.[1]

Das, worüber ich mich empörte, waren nicht die widerwärtigen und ekelhaften Tatsachen, sondern daß sich diese widerwärtigen und ekelhaften Tatsachen nicht mehr auf herkömmliche Art mitteilen ließen, als mache jeder Versuch, die Wahrheit zu sagen und die Lüge Lüge zu nennen, die Unterscheidung nur noch schwerer.

Das Massaker auf dem Platz des Himmlischen Friedens in Peking[2] signalisierte mir vor allem eins: Die Welt würde bleiben, wie sie war. Ewig würde es so weitergehen. Etwas anderes hatte

1 Vgl. dazu im Anhang »Stimmabgabe«.
2 Am 4. Juni 1989.

ich nicht erwartet – oder doch? Ich verstand gar nicht, wieso ich bei jener Schreckensnachricht eine gewisse Erleichterung empfand.

In der Spielzeitpause fuhren wir mit Auto und Zelt nach Bulgarien. In Achtopol am Schwarzen Meer, wo Robert beim Anblick eines gestrandeten Delphins weinte, kam ich auf die Idee, Nikolai Ostrowskis »Wie der Stahl gehärtet wurde«[1] als Vorlage für ein bitterböses Opus zu nehmen.

Was in diesem Sommer tatsächlich geschehen war, wurde mir erst Ende August klar, zu Beginn der neuen Spielzeit. In der Dramaturgie schlossen wir Wetten ab, wer wieder zum Dienst antreten würde und wer bereits weg sei. Max, unser Jean, und seine Familie waren nach Ungarn gefahren. Er galt allgemein als Favorit fürs Abhauen. Max begriff dann gar nicht, warum man ihn, der zu spät zur Eröffnungsversammlung gekommen war und im Foyer gewartet hatte, derart überschwenglich begrüßte. Auf merkwürdige Art mischten sich dabei Freude und Enttäuschung, ja sogar ein bißchen Verachtung war dabei, als hätte man ihm mehr zugetraut.

Zur selben Zeit hatte es zwischen Michaela und mir Streit gegeben oder, besser gesagt, eine Verstimmung. Obwohl Michaela schon fünfunddreißig wurde, wünschten wir uns ein gemeinsames Kind.[2] Früher, sagte sie, sei sie beim Anblick des Blutes wie erlöst gewesen, heute deprimiere er sie bei jedem Mal mehr. Jede neue Menstruation geriet mir zum Vorwurf. Michaela bestand darauf, daß ich mich untersuchen ließe. Ich fand das demütigend, aber darüber zu diskutieren hätte noch mehr kaputtgemacht. Die Untersuchung war genau so, wie ich es mir

[1] Schullektüre. Roman über einen Komsomolzen, der zur Zeit des Bürgerkrieges in der Sowjetunion zum Helden wird.

[2] In der DDR galten bereits Frauen Anfang dreißig als Spätgebärende.

vorgestellt hatte. Mit einem Becher stand ich auf der nach Desinfektionsmitteln stinkenden Toilette und wußte auf einmal nicht, an welche Frau ich denken sollte. Eine Woche später überreichte ich Michaela mein Zertifikat. »Komisch«, sagte sie, und das blieb auch ihr einziger Kommentar dazu.

Ihr Enrico T.

Montag, 21. 5. 90

Lieber Jo!
Heute früh klingelte es bei uns Sturm. Vor der Tür standen Schwarz und Blond, zwei mir bekannte Polizisten. Ich fragte, ob sie unsere Wohnung durchsuchen wollten.[1] »Heute nacht«, sagten sie, ohne eine Miene zu verziehen, »wurde in Ihrer Zeitung eingebrochen!«

Schwarz und Blond durften mir keine Auskunft geben, auch nicht auf die alles entscheidende Frage, ob die Computer noch da waren.

Am liebsten hätte ich dann den großen Bildschirm geküßt und umarmt. Ich schaltete ein Gerät nach dem anderen ein, als erkundigte ich mich nach ihrem Befinden, und stand glücklich inmitten ihres Gesummes. Alles andere, dachte ich, ist zweitrangig. Der Metallschrank in meinem Zimmer war aufgebrochen,

[1] »Schwarz und Blond« werden später eingeführt. Hier sei nur so viel verraten, dass es sich um »die beiden Männer in dem weißen Lada« handelte, die T. bei dem Unfall am 7. 3. gesehen zu haben glaubte (vgl. Brief vom 9. 3. 1990). Der Sinn von T.s Frage muss auch Johann Ziehlke unverständlich gewesen sein. Er erschließt sich erst aus den nachfolgenden Briefen an N. H.

Ilonas Kassette mit den Bareinnahmen vom Freitag fehlte, nicht mehr als dreihundert Mark. Im Zimmer von Fred und Kurt hatten sie unseren Groschenvorrat erbeutet. Das alles erschien mir wie ein Bubenstreich. Schwarz und Blond verabschiedeten sich.

Wir sollten froh sein, sagte der Kripomann, daß die etwas gefunden hätten. In der oberen Etage haben sie die Schubladen herausgerissen und die Manuskripte von Jörg, Marion und Pringel über den Fußboden verstreut.

Ich fragte nach dem Käferchen und ihrem Mann. Der Kripomann verstand die Frage nicht (wir kennen uns vom Polizeireport, ein untersetzter Typ mit Schraubstock-Händedruck und Augen wie Schießscharten).

Im dunklen Treppenhaus tasteten wir uns nach oben. Der Kripomann stolperte auf den unregelmäßigen und kaputten Stufen. Im Schein seines Feuerzeugs suchte ich nach der Klingel. Die Tür war offen, ließ sich aber nur einen Spalt weit aufdrücken. Er leuchtete den Türrahmen ab. »Brechstange«, sagte er. Das Schloß hing heraus. Ich rief nach dem Käferchen, zweimal, dreimal. Als Antwort – mir gefror das Blut! Ich muß es so sagen: ein unmenschliches Geheul. Selbst der Kripomann schrak zusammen.

Ich erkannte die Stimme des Alten erst gar nicht. Ich rief meinen Namen. Der Alte brüllte. »Meuchler! Oooch duuuh veruuhchter Meuchler!« Der Alte verfluchte uns, uns Banditen!

Zusammen mit einem zweiten Kripomann gelang es, die Tür zu öffnen und den Schrank wegzuschieben. Der Alte ging mit der Axt auf uns los, das Feuerzeug verlosch. Gleichwohl glückte es den beiden Kripos, den Alten zu fassen. Ich hörte, wie die Axt die Stufen hinabschlitterte.

Der Alte stank fürchterlich. Er röchelte fast tonlos sein schauerliches »Meuchler!« und drohte, uns den Hals umzudrehen.

Frau Schorba schob mich ins Computerzimmer und bot mir eine von ihren grünen Beruhigungspillen an. Sie war um sieben gekommen und hatte sich absolut vorschriftsmäßig verhalten – noch in Lucka war sie über das Verhalten bei Einbruch belehrt worden.

Durchs Fenster sah ich das Blaulicht. Kurz darauf hörte ich wieder die Stimme des Alten, während man ihn und das Käferchen nach unten transportierte.

Wir begannen mit den Kripoleuten unseren Rundgang. Jeder mußte an seinem Platz sagen, was fehlte oder beschädigt worden war. Ich dachte erst, ich sei gänzlich verschont geblieben. Dann konnte ich es kaum glauben: Das Photo von Robert, Michaela und mir war verschwunden. Es hatte zwischen meinen Papieren gelegen. Ilonas Familienphoto hingegen, es war gerahmt gewesen, hatten die Einbrecher auf den Boden geworfen und das Glas zertreten. Darüber hatten sie den Inhalt ihrer »Operntasche« verstreut. Ich wisse ja, schluchzte sie, was das bedeute. Sie meinte den Spiegel. Ilona ist abergläubisch. Bei Spiegeln, klärte ich sie auf, folgten nur dann sieben böse Jahre, wenn man sie selbst zerbreche. Sie schüttelte ihr Köpfchen, nein, nein, so sei es eben nicht.

Die Einbrecher sind vom Hof aus durch das einzige Fenster in den Haushaltsladen gestiegen. Die Kasse war leer und stand offen. Offenbar haben sie nur nach Geld gesucht und außer einem Mixer nichts mitgehen lassen. Auch bei uns fanden sich Spuren der Brechstange. Keine saubere Arbeit, wie der kleine Kripomann abschätzig meinte. Ich mußte immer auf seine Hände sehen. In zwei Fingern hat er mehr Kraft als ich im ganzen Arm. Obwohl die Tasse heiß war, hielt er sie wie einen Becher, spreizte jedoch den kleinen Finger ab. Er ist der Ältere, steht im Dienstrang aber offenbar tiefer. Er läßt seinen Kompagnon immer zuerst durch die Tür. Selbst als ich ihnen Kaffee anbot, wartete er erst das Ja des anderen ab. Sein Chef wirkt unsicher, ist sofort bereit, uns zuzustimmen oder über Gesagtes zu lachen, während der Kleine keine Miene verzieht. Er nickte allerdings, als sein Chef meinte, es gehöre nicht viel Phantasie dazu, sich vorzustellen, wie sie mit den beiden Alten umgegangen seien. Das Käferchen habe wimmernd und in ein Laken gewickelt dagelegen. »Da oben ist alles verwüstet«, sagte der Kleine, »nur Scherben und Splitter.« Die Standuhr wurde umgeworfen, die Bettdecke aufgeschlitzt. Wie es die Alten geschafft haben, den Schrank vor die Tür zu schieben, bleibt ein Rätsel.

Als Jörg kam, waren die beiden Kripomänner gerade dabei, sich zu verabschieden. Sie reichten auch ihm die Hand. Er aber wich vor ihnen zurück. Der Kleine sagte etwas in der Art, daß wir es in der Bruchbude hier ja gemütlich hätten, eine belanglose Bemerkung, wie ich fand.

Solche Beurteilungen solle er sich besser sparen, erwiderte Jörg mit eisiger Miene und hüllte sich in Schweigen, bis die beiden gegangen waren.

Er sei nicht gewillt, platzte er dann heraus, solche Anzüglichkeiten hinzunehmen. Und wieso ich mich mit solchen Typen überhaupt an einen Tisch setzte. Ich sagte, daß ich schon oft mit ihnen an einem Tisch gesessen habe und mir gar nichts anderes übrigbleibe, weil ich sonst den Polizeibericht im Stehen mitschreiben müsse, den sie eigens für uns ins Leben gerufen haben.

Anzüglich fand Jörg die Bemerkung über die Redaktion deshalb, weil er sie auf unser Mobiliar bezog. Er hatte die beiden Kripomänner während der Stasibesetzung kennengelernt und für Stasileute gehalten. Alle dort hätten sich geduzt. Erst nach und nach sei ihm klargeworden, daß er sich mit Staatsanwalt und Kriminalpolizei herumstritt, und nur diejenigen, die nie etwas sagten, zur Stasi gehörten. »Das heißt«, berichtigte er sich, »offiziell dazugehörten.« Gerade der Kleine, die Eisenhand, habe ihm, Jörg, Aggressivität vorgeworfen. Jörg wollte sich nicht beruhigen.

Er steht unter Marions Fuchtel. Letzte Woche hat er mir verraten, daß er seit der Redaktionsbesichtigung mit Piatkowski versuche, einen Artikel über ihn zu schreiben.[1] »Die Unerträglichkeit des Wahlsiegers« laute die Überschrift. Sobald er aber diese Überschrift vor sich sehe, sei er vollkommen vernagelt. Keinen Satz, keine Zeile, die er nicht sofort wieder gestrichen habe. Er fühle sich wie eine Fliege, die wieder und wieder gegen eine Scheibe knalle, und das ausgerechnet bei einem Artikel, der für ihn eine Frage der Selbstachtung sei, der Selbstachtung und der Unabhängigkeit.

Dann hätten wir dem Hauskauf nicht zustimmen dürfen, sagte ich. Ja, sagte Jörg, das sei nicht in Ordnung gewesen, und er habe dem auch nicht zugestimmt. Was das denn heißen solle, fragte ich. Das könne er auch nicht sagen, er mache mir keinen Vorwurf, und er habe sich ja selbst darüber gefreut, das habe ich ja gesehen, und auf den Baron wolle er sich auch nicht herausreden. »Aber es ist nicht recht, es ist nicht recht.«

»Die Leute haben Piatkowski gewählt«, sagte ich, »zumindest kann er das mit Recht von sich behaupten.«

Das wisse er selbst. Aber er ertrage es nicht, wenn jemand wie Piatkowski wieder oben schwimme, das entwerte doch alles! Diese Frage wolle er stellen, wenigstens das, eine Frage!

»Was sollen wir denn mit Leuten wie den Kripomännern machen? ›Stasi in den Tagebau‹ funktioniert nur im Sozialismus«,[2]

[1] Im Brief vom 10. 4. 1990 schrieb T., dass Jörg ihn gebeten habe, »an dem Artikel über Piatkowski festzuhalten«. Es war also ursprünglich T.s Aufgabe gewesen, diesen Artikel zu schreiben.

[2] Eine der populärsten Parolen auf der Leipziger Montagsdemonstration.

sagte ich, worauf Jörg nichts erwiderte. Ich half ihm beim Aufräumen.

Jörg ist voller Skrupel. Nach dem Erscheinen der Skandalnummer hatte er Angst, daß sich Meurer, der Schuldirektor, den er in seinem Lehrerartikel attackiert, etwas antut. Deshalb war Jörg jetzt froh, als er ihn auf der Straße sah. Meurer weiß ja nicht, wie Jörg aussieht. Vor Jörg haben sie hier in der Stadt richtig Angst. Auch ich profitiere von seinem Ruf.

Es war eine Überwindung, sich wieder auf den eigenen Platz zu setzen und weiterzumachen. Am liebsten hätte ich den katholischen Pfarrer gebeten – der war mit dem Baron gekommen, um uns einen Artikel über das Altenburger Handreliquiar »anzuvertrauen« –, Zimmer für Zimmer mit seinem Weihrauchfaß einer reinigenden Prozedur zu unterziehen. Ilona war unter den Trostworten des Pfarrers erneut in Tränen ausgebrochen. Von Stunde zu Stunde steigerte sie sich mehr in etwas hinein, wovon sie nicht einmal selbst hätte sagen können, was es eigentlich war. Frau Schorba hatte ihren Posten übernommen und sie nach hinten geschickt, wo ich Ilonas Geheul aus der Küche hörte. Astrid, der Wolf, lief aufgeregt schnüffelnd von Zimmer zu Zimmer, als verfolge er eine Spur. Ich fuhr Ilona nach Hause. In ihrer Küche tranken wir noch Kaffee. Sie erzählte mir unentwegt von sich, zum Beispiel, daß sie sich mit achtzehn, ein paar Monate nach ihrer Heirat, vor den Zug habe werfen wollen.

Als ich zurückkam, fragte Kurt, der sonst nie etwas sagt, ob es denn schön gewesen sei mit Ilona, wobei er mir, durchaus anerkennend, zunickte.

An Kurt sah ich sie zuerst, eine jener bombastischen Uhren, von denen der Baron einen ganzen Karton mitgebracht hat. In ihrer Originalversion sollen sie mehrere Hunderte, wenn nicht gar Tausende kosten, er aber bezieht sie für neun DM das Stück. Sie sind gedacht als Prämien für ein neues Abonnement: Wer das »Altenburger Wochenblatt« bis zum 1. Juli bestellt und die 45,90 Mark im voraus bezahlt, bekommt eine Uhr – solange der Vorrat reicht.

Es geht darum, uns ein kleines Polster anzulegen, damit wir über den Juli kommen. Wenn nur tausend Leute dieses Angebot annehmen, wären das immerhin 45 900 Mark, abzüglich der 9000 DM für die Uhren.

Bis zum Abend hat der Schlosser alle Türen wieder halbwegs in Ordnung gebracht. Wir haben auch gleich die Tür der Alten mitmachen lassen.

Sei umarmt, Dein Enrico

PS: Ich habe gestern zwei Stunden lang gerechnet und ein Papier verfaßt, meine zehn Thesen, die ich morgen verteilen werde. Wir müssen handeln. Wenn wir einfach nur so weitermachen wie bisher, sind wir erledigt. Marion – die mir vorwirft, eine Anzeige aus Südafrika angenommen zu haben[1] – meinte, diese Klinkenputzerei um Anzeigen sei entwürdigend, ja menschenverachtend, insbesondere für Frauen. Das grenze schon an Prostitution. Gerade ich müsse doch die Diskrepanz spüren zwischen dem, was uns wichtig sei, weshalb wir überhaupt eine Zeitung machten, und dem, was ich da plane. Als ich schwieg, setzte sie nach, ob ich mir solche Hausierer in Sachen Reklame auf dem Theater oder in der Literatur anders denn als unglückliche Gestalten vorstellen könne. Ich weiß nicht, ob sie, als sie es aussprach, ihren Fehler bemerkte[2] oder ob sie verstummte, weil Manuela[3] in der Tür erschien, strahlend.

1 Die Anzeige einer südafrikanischen Papierfabrik, die um Fachkräfte warb, erschien auf der ersten Seite.

2 Johann Ziehlke berichtet, dass T. häufig Leopold Bloom, die Hauptfigur des *Ulysses* von James Joyce, als »Schutzpatron für das Anzeigengeschäft« bezeichnet hat. T.s Meinung nach bestünde der

Himmelfahrt, 24. 5. 90

Liebe Nicoletta!
Ich hoffe sehr, daß meine Überlegungen zu den Nöten des Schreibens Sie nicht langweilen. Aber mein Wohl und Wehe hingen vom Schreiben ab. Wäre dieses ein Irrtum, so wäre ich selber einer.

Die Platitüde, beim Schreiben vergewissere man sich der Welt, erfüllte ich mit Leben. Mit anderen Worten: Solange es Blasphemiker gibt, braucht man sich um Gott keine Sorgen zu machen. In meinem Fall hieß das: Solange es mir gelang, reinen Herzens weiterzuwüten, mußte da draußen etwas existieren – Großwild, das Monströse, der real existierende Sozialismus, das andere, wie immer Sie es nennen wollen.

Sie sehen, wie dünn das Eis bereits war, auf dem ich mich bewegte. Alle Sicherheit reduzierte sich auf ein *reines Herz*. Sie können es auch Stilgefühl nennen oder Sinn für das Angemessene.

Michaela fand die Ausgeburten meiner Verzweiflung amüsant, nahm sie aber nicht sonderlich ernst und quälte mich weiter mit ihren Vorschlägen für das Paulini-Stück. Geronimo hat nie ein Wort darüber verloren. Vera hingegen schickte mir ein Glückwunschtelegramm. Sie glaubte, gerade die Preisgabe des Ichs werde mir zu einer solitären Stellung verhelfen. Ich hätte damit eine Abkürzung auf dem Weg zu Ruhm und Ewigkeit entdeckt. Ich fürchte, sie glaubt das weiterhin. Noch Anfang Januar hat sie mir versichert, daß ich ein »unsterbliches Spiel« besäße, meine

»Fehler« Marions dann darin, nicht sofort an die nicht »unglückliche Gestalt« Leopold Bloom gedacht zu haben. So vage diese Interpretation ist, so schwer fällt eine andere Deutung.

3 Manuela, »die blonde Kellnerin«, ist inzwischen Akquisiteurin.

Kunst, nur dafür lohne es sich, zu leben und zu leiden, auch sie habe schon seit langem ihr Leben darauf gesetzt, auf das Talent ihres Bruders.[1]

Verzweiflung wechselte mit Euphorie. Heureka! jubelte ich, weil ich der Überzeugung war, meine Methode weiterentwickelt und radikalisiert zu haben. (Auf dem Klo bemerkte ich zu spät, daß Papier fehlte, und griff mir eine herumliegende Zeitung. Als ich die Toilette verließ, fehlte einer Kolumne der schräg abgerissene Schlußteil. Der Rest ergab durch seine kürzer werdenden, mit verstümmelten Worten endenden Zeilen ein abgewürgtes Gestammel, das ich ergreifend fand. Die vorletzte Zeile bestand nur aus einem »mu«, die letzte aus einem »t«. Diese zufällige Auflösung von Personen, Dingen und Ideen in der Sprache hätte ich bewußt niemals so überzeugend darzustellen vermocht. Da ich mich beim Abtippen an die Zeilenlänge der Kolumne hielt, zog ich am Ende ein Blatt aus der Maschine, auf dem ein Gedicht zu stehen schien.) Kaum aber hielt ich mein Produkt in der Hand, versank ich in Melancholie. Wohin sollte mich diese Reduktion führen?

Das war zwei Tage bevor die Ungarn die Grenzen öffneten.[2] Bisher hatte ich die Ungarnurlauber, so gut es ging, ignoriert. Ich weiß nicht, was ich erwartet hatte, vielleicht einen Kompromiß, der sie zurückkehren ließ, doch keinesfalls die Öffnung der Grenze! Ein dauerhaftes Loch in der Mauer war unvorstellbar. Michaela verlangte, wir sollten darauf anstoßen. So trank Robert sein erstes Glas Wein auf das Wohl der Ungarn. »Vielleicht«, sagte Michaela, »wird es ja noch was mit Westberlin!«

1 Eine sehr übertriebene Wiedergabe des nicht erhaltenen Briefes, wie V. T. anmerkt.

2 Am 11. September öffnete Ungarn seine Grenze zu Österreich. Innerhalb eines Tages flohen etwa zehntausend DDR-Bürger in den Westen.

Ich korrigierte sie nicht, weil mir das Mißverständnis zu grundlegend erschien.

Norbert Maria Richter, der Regisseur von Nestroys »Freiheit in Krähwinkel«, versuchte zur selben Zeit, mich durch einen anderen Dramaturgen zu ersetzen. Unsere Differenzen seien unüberbrückbar.

Noch im Juni wollte Norbert Maria Richter aus »Krähwinkel« eine Art »Ritter der Tafelrunde«[1] machen, eine Farce auf die verratene Revolution, auf die zu Bonzen gewordenen Revolutionäre, auf die Geschichte, die sie sich in ihrer Erinnerung schönlügen. Und das alles mit viel Show.

Jetzt, im September, glaubte Norbert Maria Richter im Stück den Geist der Revolution entdecken zu können.

Schon weil es dieser Norbert Maria Richter war, durch den ich von der Gründung des »Neuen Forums« erfuhr, er sprach »von einem bedeutenden Schritt in Richtung Demokratisierung der Gesellschaft«, wollte ich damit nichts zu tun haben.

Allerdings legte mir noch am selben Tag Ramona, meine Kollegin, ein paar ausgefüllte Anträge auf Mitgliedschaft im »Neuen Forum« auf den Tisch. Michaela habe ihr versprochen, die Anträge nach Halle zu einer Kontaktadresse zu bringen.

Mir blieb keine Wahl; ich mußte selbst einen dieser Zettel mit Name und Anschrift ausfüllen. Ich wußte, welche Dummheit ich damit beging, welche Kinderei das war. Jetzt spielte auch ich »Opposition«. Genau dieser Zettel würde mir über kurz oder lang in einem Verhör wieder vorgelegt werden.

Michaela hingegen benahm sich nicht wie eine, die ihre Existenz und das Glück ihres Kindes gefährdete, sie wirkte eher, als hätte sie endlich die richtige Rolle am richtigen Theater bekommen.

[1] Stück von Christoph Hein.

Am letzten Montag im September, dem Tag, an dem wir nach Halle fahren sollten, fand ich die Anträge nicht mehr in meiner Tasche. Ich durchwühlte meinen Schreibtisch im Theater, durfte mir aber wegen meiner Kolleginnen nichts anmerken lassen. Der Gedanke, Michaela und die anderen durch meine Unachtsamkeit ans Messer geliefert zu haben, war unerträglich.

Ich fuhr nach Hause, ich konnte kaum sprechen. »Sie sind weg«, japste ich, »die Anträge sind weg!«

Michaela hatte sie aus meiner Tasche genommen, um sich die Adressen der anderen abzuschreiben.

Auf der Fahrt sahen wir mehrere Polizeiwagen, doch der höchst unwahrscheinliche Fall, wir – Robert war mitgekommen – könnten herausgewinkt und durchsucht werden, hatte alle Schrecken verloren.

Michaela freute sich, jemanden mit dem Namen Bohley kennenzulernen, offenbar eine Verwandte von Bärbel Bohley[1]. Außer der funktionierenden Klingel und dem Namensschild am Briefkasten deutete nichts darauf hin, daß das Haus noch bewohnt war. Der ganze Straßenzug schien zum Abriß freigegeben. Michaela war enttäuscht. Wir beschlossen, später wiederzukommen, und fuhren ins Zentrum. Auf dem Markt liefen wir hin und her und bestellten in einer Milchbar die teuersten Eisbecher. Wir versuchten, Robert zu beschreiben, wie der Dom von Feininger gemalt aussieht, spazierten weiter zur Moritzburg und hinunter zur Saale. Michaela wollte weder zum Haus von Albert Ebert[2] gehen noch Schuhe kaufen, obwohl sie welche sah, die ihr gefielen. Sie mochte nicht mit einem Einkaufspaket vor der Bohley-Tür erscheinen.[3]

1 Malerin, Mitbegründerin des Neuen Forums, eine der bekanntesten Bürgerrechtlerinnen.

2 Albert Ebert (1906–1976), kleinmeisterlicher Maler und Grafiker.

3 Die Einkäufe hätten sie auch im Auto verstauen können.

Wir hatten dann wieder kein Glück. Michaela, die Antragszettel in der Hand, zögerte, sah von mir zu Robert und wieder zu mir, als wollte sie uns eine letzte Chance geben, sie vor einer Dummheit zu bewahren. Oder lag ihr daran, dem Augenblick eine gewisse Weihe zu verleihen, weil von nun an nichts mehr so sein würde, wie es gewesen war? Lautlos verschwanden die Zettel im Briefkasten.

Im Auto sprachen wir kaum miteinander. Auf der Schnellstraße von Leipzig nach Borna glaubte ich, etwas ein für allemal hinter mich gebracht zu haben. Ich hatte mich nicht gedrückt, ich hatte unterschrieben – was ich weder leugnen noch widerrufen würde – und einen halben Tag dafür geopfert. Damit glaubte ich mich berechtigt, nun in Ruhe meine Arbeit fortsetzen zu dürfen. Sogar inmitten dieser Mondlandschaft, sogar in Espenhain war die Milde dieses Herbstes spürbar. Ich dachte an Kartoffelkrautfeuer, an die Wanderungen durchs Saubachtal bei Dresden zur Mühle mit ihrem riesigen Wasserrad und den mit Fallobst übersäten Chausseewegen, wo man trunken wurde vom Duft überreifer Pflaumen und Äpfel und der vor Wespen zitternden Luft. Ich dachte an die ersten Saisonspiele im Dynamo-Stadion, an die Festung Königstein und den Geschmack von Bockwurst und Faßbrause. Meine Dresden-Novelle erschien mir wie ein geliebtes Buch, das ich schon lange nicht mehr gelesen hatte.

Am nächsten Tag war es Jonas, der Intendant, der mir, als wäre er zufällig dort gewesen, von Leipzig erzählte. Zehntausend seien es gewesen, zehntausend Demonstranten! Wie gern hätte ich ihm die Mär, das seien alles Antragsteller[1], geglaubt, aber zehntausend waren zuviel, viel zuviel!

Michaela erzählte, daß auf dem Dach der Leipziger Post Kameras installiert gewesen seien. Alles, was sie von Max erfah-

[1] Antrag auf Ausreise aus der DDR.

ren hatte, gab sie wieder, als wollte sie sagen: »Und, was hast *du* während dieser Zeit gemacht? Wo bist *du* gewesen?«[1]

Was ich an der Demonstration so lächerlich fand, war ihr Feierabendcharakter. Erst macht man gewissenhaft seine Arbeit, danach geht man demonstrieren, aber nicht zu lange, denn am nächsten Morgen will man pünktlich und mit regenerierter Arbeitskraft wieder im Betrieb sein.

Am Mittwoch kaufte Michaela ein neues Radio.

Norbert Maria Richter hatte für den nächsten Montag eine Abendprobe angesetzt. Michaela hielt das für ein Alibi, für eine Pro-forma-Ankündigung. So, wie sich Norbert Maria Richter gab und wie er auf Max' Erzählungen reagiert hatte, mußten sie annehmen, er fahre als erster nach Leipzig. Norbert Maria Richter aber dachte nicht im Traum daran. Michaela nannte ihn einen falschen Hund. Was sie zu sagen hätten, so Norbert Maria Richter, könnten sie am besten hier, auf der Bühne sagen. Dieser Freiraum sei ein Privileg, das sie im Sinne der Zuschauer zu nutzen hätten, eine Verantwortung, die wahrzunehmen sei und nicht leichtfertig vertan werden dürfe.

Wer Aufruhr spiele, soll die Petrescu in bester Stanislawski-Tradition interveniert haben, komme nicht drum herum, ihn zu studieren. Gerade aus schauspielerischer Redlichkeit sei es eine Pflichtverletzung, wenn sie diese Gelegenheit ungenutzt ließen. Sonst würden *wir*, also die Theaterleute, eines schönen Tages vom *Publikum* darüber aufgeklärt, wie Aufruhr und Revolution aussehen. Norbert Maria Richter sprach von Rücksichten gegenüber jenen, die anders darüber dächten, und wie notwendig es gerade jetzt sei, Disziplin zu wahren und sich durch gute Arbeit unangreifbar zu machen.

1 Auf dem Weg von Halle nach Altenburg sind sie durch Leipzig gefahren.

Michaela kündigte an, sich krank schreiben zu lassen. Wenn in den Nachrichten von den Prager Botschaftsflüchtlingen die Rede war, verstummten wir, und Michaela machte eine Geste, die sagen sollte: Da hörst du es ja, wir müssen nach Leipzig!

Am Montag mittag kam Michaela in die Dramaturgie. Sie wolle nur sagen, daß niemand nach Leipzig fahre. Da stand sie, Frau Eberhard Ultra, die Anführerin der Revolutionäre, in Waden- und Knöchelwärmern, mit ihrem Tuch über der Schulter. »Es ist alles so absurd«, sagte sie, »ich schäme mich so!«

»Dann fahr ich allein«, sagte ich, als wäre das die einzig mögliche Antwort.

Natürlich hatte ich keine Lust. Aber es mir entgehen zu lassen wäre blamabel gewesen. Würde es überhaupt noch einmal eine Demonstration geben, dann an diesem Montag, dem letzten vor dem 7. Oktober[1].

Kaum hatte ich das gesagt, wollte mich Michaela nicht mehr fahren lassen. Immer wieder sprach sie von Krenz, der sei doch gerade erst in China gewesen, man wisse doch, was das zu bedeuten habe.[2]

Man könne nicht zehntausend Leute über den Haufen schießen, jedenfalls nicht in Leipzig, und verhaften ließen sie sich auch nicht. Das Auto, sagte ich zum Schluß und gab ihr das zweite Paar Schlüssel, würde ich in der Nähe des Bayerischen Bahnhofs abstellen.

Nach unserem Abschied ging Michaela sogar auf den Balkon und winkte mir nach.

1 40. Jahrestag der Gründung der DDR.

2 Noch Ende September hatte Egon Krenz, der Vorsitzende des Nationalen Verteidigungsrates der DDR und Kronprinz Erich Honeckers, China besucht und den chinesischen Genossen zur »Wiederherstellung von Ordnung und Sicherheit unter Einsatz bewaffneter Kräfte« gratuliert.

Die Sonne blendete, die späte Wärme ruhte wie ein göttlicher Segen auf diesem Tag. Die Landschaft im Rückspiegel war das Paradies, in das ich nach dieser letzten Prüfung, erfüllt von unzähligen Beobachtungen und Empfindungen, zurückkehren würde.

Gegen vier war ich in der Deutschen Bücherei, bestellte ein paar Titel über Nestroy und fand im Lesesaal einen freien Einzeltisch. Die kaputte Lampe störte mich nicht, im Gegenteil. Mir genügte es, hier sitzen zu dürfen, in diesem Asyl, dieser Arche.

Vor mir lag das Textbuch von »Freiheit in Krähwinkel«. Wenn ich den Ärmel von der Uhr zurückstrich, berührten mich meine kalten Finger wie die eines Fremden.

Ich glaubte, meine Absicht zu verraten, wenn ich Punkt fünf den Saal verließ. Also harrte ich ein paar Minuten länger aus, erkundigte mich nach den bestellten Büchern und ging auf die Toilette. Wer wußte schon, wann das wieder möglich sein würde.

Nachdem ich das Auto am Bayrischen Bahnhof abgestellt und meine polnische Ledertasche im Kofferraum verstaut hatte, schlang ich mir einen leeren Beutel ums Handgelenk, als wollte ich einkaufen.

An einer Fußgängerampel traf ich Patrick, Norbert Maria Richters Regieassistenten. »Schwänzt du?« rutschte es mir heraus. Er antwortete wie ein ertappter Schüler und vermied es, mich anzusehen. Die Frau neben ihm stellte er mir als seine Verlobte Ellen vor.

Wir gingen gerade am Gewandhaus vorbei, als ich zum ersten Mal die Sprechchöre hörte. Ich verstand sie nicht. »Stasi raus«, wiederholte Patrick wie jemand, der etwas zitieren muß, das ihm geniert; er hätte es nicht sanfter sagen können.

Ellen hatte nur bis sieben Zeit. Um acht begann in Connewitz[1] ihr Klavierunterricht. Sie und Patrick mutmaßten darüber,

[1] Stadtteil von Leipzig.

ob und ab wann wieder Straßenbahnen fahren würden. Selbst wenn sie zu Fuß gehen müsse, sei Viertel acht ausreichend, sagte er, andernfalls verpasse sie das Beste. Ich hielt es für unangebracht zu fragen, was er unter »dem Besten« verstand.

Ich betrachtete jeden in meiner Nähe von Kopf bis Fuß. Wie ein aufgeregter Hund irrte mein Blick von einem zum anderen, denn jetzt, kurz vor sechs und nahe der Nikolaikirche, konnte es doch niemanden mehr geben, der tatsächlich einkaufen ging oder einfach nur von der Arbeit kam.

Noch am Krochhaus schien nichts auf das Ungeheuerliche hinzudeuten, obwohl ununterbrochen Parolen skandiert wurden.

Auf dem Platz vor der Nikolaikirche standen sie dicht an dicht. Wir kamen nicht weiter und reckten die Hälse. Mir reichte das vollkommen. Ellen jedoch wand und schlängelte sich zwischen den Leuten hindurch, man machte ihr Platz wie einer Kellnerin. Sie wäre weiter vorgedrungen, hätte Patrick nicht einen Bekannten getroffen. Ohne unsere Namen zu nennen, gaben wir uns die Hand.

Ich stellte mich auf die Zehenspitzen. Ich weiß nicht mal mehr, woran ich die Gruppe erkannte, die jene Ungeheuerlichkeiten riefen. War dort mehr Licht? Waren es erhobene Arme? Das Bild, das ich heute von dem Platz vor der Nikolaikirche habe, läßt sich mit dem damaligen nicht zur Deckung bringen. Wie Traum oder Vision erscheinen mir heute die Leute, die Dunkelheit, die warme Luft und jene untergründige Bewegung, die von jener Gruppe ausging.

Statt jedes Detail, jede Schwingung zu registrieren, empfand ich immer weniger. Dabei war ich überzeugt, Historisches zu erleben. Selbst wenn der Budenzauber im nächsten Moment vorbei sein sollte – der Platz war leicht abzuriegeln –, wäre es dennoch der gewaltigste Protest nach 1953 gewesen. Man würde sich bald des 2. Oktober in ähnlicher Weise erinnern wie des 17. Juni.

Die Dämmerung und das dichter werdende Gedränge erleichterten die Ausbreitung der Sprechchöre.

Ich war bereit, jene, die dort im Epizentrum die Rufe erfanden und vorgaben, als Leittiere anzuerkennen und zu bewundern. Aber glaubten sie tatsächlich, sie könnten etwas ändern?

Der Ruf »Neues Forum zulassen« war ein kleines metrisches Kunstwerk, dessen drei letzte Silben wie Fäuste gegen ein Tor schlugen. Mich berührte das eigenartig, als kämpften jene Schreihälse für mich, dafür, meine Mitgliedschaft zu legalisieren. Die Sprechchöre hallten von den Hausfassaden wider. An der Peripherie merkten sie zu spät, wenn sie im Zentrum bereits schwiegen oder eine neue Parole ausgaben. »Neues Forum zulassen«, brüllte Patricks Freund direkt neben uns. Ich gestehe – mir war das peinlich. Obwohl – *er* hatte seinen Teil getan, ich würde dergleichen nie über die Lippen bekommen.

Im selben Moment, da sie zum ersten Mal »Los-lau-fen!« riefen, glaubte ich Stiefelgetrappel zu hören – es war aber nur eine Schar Tauben, die vom Dach aufflog. Gern wäre ich losgelaufen – die Leute neben mir fielen schon in die Sprechchöre ein –, doch wir steckten mittendrin fest. Einen Moment später waren Ellen und Patrick spurlos verschwunden.

In der Fußgängerzone war kaum zu entscheiden, wo die Demonstration aufhörte und der Alltag begann. Ebenso unklar blieb, welchen Weg die Demonstration einschlagen würde.

In der Hoffnung, Patrick und Ellen wiederzufinden, drückte ich mich an ein Schaufenster. Und erst da begriff ich: Das ist eine Demonstration, hier demonstrieren Leute. Ich brauchte nur ein paar Schritte nach vorn zu machen und dann weiter einen Fuß vor den anderen zu setzen. So einfach ist es also, an einer illegalen Demonstration teilzunehmen, dachte ich.

Ich kann Ihnen nicht mehr sagen, wie wir zum Bahnhof kamen, ob wir bereits vor der Oper abgebogen waren oder erst auf der Ringstraße. Die späteren Bilder überlagern die frühen. Ich sehe uns noch zwischen Häusern, vor Schaufenstern, wie eine Nebendemonstration, die darauf wartet, sich dem Hauptstrom anschließen zu können. Ein Transparent, das zusammengewickelt nicht größer als eine Rangierflagge war, wurde über den Köpfen weitergereicht, »Visafrei bis Shanghai«. Ich sah darin eine Methode, die Fingerabdrücke auf den Stäben zu verwischen. Gerade als es an mir war, den Arm auszustrecken und ein Ende zu übernehmen, brach ein »Gorbi, Gorbi!«-Sprechchor über uns herein. Ich sah zu Boden und hoffte, es möge schnell vorbei sein.

Die Straßenbahngleise zu betreten kostete mich einige Überwindung. Die Bahnen waren stehengeblieben. Ein Fahrer hielt die Arme verschränkt und sah ausdruckslos auf mich herab. »Reiht euch ein«[1] wurde skandiert. Die Leute in dem erleuchteten Wagen, die Stirn an der Scheibe, betrachteten uns wie Figuren in einem öden Film. »Reiht euch ein!« Sie werden das Lied kaum kennen – wir mußten es im Musikunterricht singen –, der Refrain heißt: »Drum links, zwei, drei, drum links, zwei, drei / Wo dein Platz, Genosse, ist / Reih dich ein in die Arbeitereinheitsfront, / Weil du auch ein Arbeiter bist!« Daher, aus diesem Lied, stammte ihr »Reiht euch ein!«. Ist das nicht abgeschmackt?[2]

Dann der Kordon der Bereitschaftspolizisten. Ich habe Ihnen ja die Stelle gezeigt, wo sie die Straße abgeriegelt hatten. Instinktiv wich ich zum Rand aus. Mir schien es ein zu offensichtliches In-die-Falle-Gehen zu sein. Die Menge rückte auf, schob die

1 Nach Aussagen anderer Demonstranten hieß es: »Schließt euch an!«

2 Möglicherweise gibt es für diesen Slogan eine Herleitung von den Demonstrationen der Achtundsechziger: »Bürger, lasst das Glotzen sein, kommt herunter, reiht euch ein!« (Hinweis von N. H.)

vorderen Reihen praktisch dem Kordon in die Arme. Auf einen Schlag war wieder alles überschaubar geworden, wie auf dem Platz vor der Nikolaikirche, von dem sie uns erst gar nicht hätten herunterlassen dürfen. Nun würden sie ihren Fehler korrigieren.

Links, auf dem hohen Bordstein, stand eine ältere zierliche Frau, die Arme angewinkelt, halb Tänzerin, halb Adorantin. Erst als ich die Leinen sah, an denen sie zwei Pudel hielt, die vor Aufregung umeinandersprangen, erklärte sich mir ihre Haltung.

Die Leuchtschrift auf dem Neubau links, der die Straßensperre zu verlängern schien, verkündete »Bienvenu«, »Welcome«, »Dobro poshalowat« – Grüße aus einer anderen Zeit, da man Angenehmeres zu tun hatte, als mit Tausenden auf der Straße zu stehen, sich an Sprechchören heiser zu schreien und auf neue Einheiten der Bereitschaftspolizei zu warten. Kaum ein Fenster war erleuchtet. Standen die Bewohner hinter den Gardinen, saßen sie beim Abendbrot oder vor dem Fernseher? Ich beneidete sie. Das »Astoria«, der Bahnhof, diese Leuchtreklame erschienen mir wie die Kulissen eines vertrauten Stücks, in denen man zwischen zwei Vorstellungen einen Sketch probte.

Ich weiß bis heute nicht, warum wir eigentlich stehenblieben, warum wir den Kordon nicht umgingen oder uns einen ganz anderen Weg suchten. Boten wir Demonstranten nicht der Staatsmacht geradezu an, uns einzukesseln? Oder erhielt unser Spaziergang überhaupt erst durch diese Reihe Uniformierter einen Sinn?

Ich hatte genug gesehen und gehört. Ich machte die ersten Schritte in Richtung Freiheit, da begann in meinem Rücken ein neues »Schämt euch was! Schämt euch was!«. Das dritte »Schämt euch was!« – ja, ich schämte mich für diese kindischen Sprüche – war ohrenbetäubend und versetzte die Pudel in Raserei. Sie bellten und verhedderten sich in den Leinen. Plötzlich sprang mich der eine an, ich spürte die Krallen durch die Hose. Die Frau unternahm nichts. Sie gab sogar Leine nach, als ich zurückwich, dabei blickte sie mir ungeniert in die Augen. Über den Mundwinkeln war ihr Oberlippenbärtchen besonders dicht. Erst als das »Schämt euch was« verebbte, machte die Frau kehrt. Sie humpelte, die Pudel folgten ihr willig, die Leinen hatten sich auf wundersame Weise entwirrt.

Wenn ich schon blieb, wollte ich wenigstens etwas sehen, und so versuchte ich, möglichst weit vorzudringen. Man half mir, rief die Vorderleute beim Namen oder tippte auf ihre Schultern. Ich bewegte mich sehr langsam, um niemanden zu irritieren, nachdem ein Mann, fast noch ein Junge, meinetwegen zusammengezuckt und mitten im Ruf verstummt war.

Als ich den Kordon der sich untergehakt haltenden Uniformierten unmittelbar vor mir erblickte – soweit ich sah, waren sie unbewaffnet –, verstand ich nicht, warum wir uns von ihnen aufhalten ließen. Sie waren ein Nichts gegen uns. Die Gesichter unter den Schirmmützen lagen im Schatten. Es fiel schwer, überhaupt einen Ausdruck zu erkennen.

In dem schmalen Korridor, der Demonstranten und Uniformierte trennte, liefen drei junge Frauen hin und her, besser gesagt, frühreife Mädchen. Zwei von ihnen machten gleichzeitig eine Kaugummiblase, katschten weiter mit offenem Mund und lachten aufgesetzt, jeder sollte sehen, was für einen Spaß sie hier hatten. In ihren weißgefleckten Jeans wirkten sie plump und aufreizend zugleich. Wieso erlaubte man ihnen, sich hier derart aufzuführen? Außer mir schienen sie die einzigen zu sein, die bei den Sprechchören nicht mitmachten.

Dann waren die Mädchen in nahezu klassischem Kontrapost stehengeblieben, die Hände in die Hüften gestemmt oder den Arm um die Schulter der Freundin gelegt, und taten, als plauderten sie mit einem Bekannten im Kordon.

Die entscheidende Bewegung verpaßte ich. Sie werden es für Einbildung halten, doch ich nahm das Schweigen wahr, durch das sich die Tat ankündigte. Es war ein Innehalten, wie man es aus der Natur kennt, der Augenblick, in dem Tag und Nacht zusammenstoßen und alle Kreatur für ein paar Herzschläge verstummt. Wegen dieser Stille sah ich mich um – die Leute blickten auf, etwas drehte sich über unseren Köpfen – die Mütze fiel mit einem »Klack« des Schirms auf den Asphalt, kippte über und blieb verkehrt herum keine zwei Schritte vor mir liegen. Bevor ich das Namensschild entziffert hatte, schnappte sich eines der Mädchen die Mütze und warf sie über die Schulter wieder empor.

Ich sah ihr Gesicht wie ein winziges Porträt, aufgehängt am anderen Ende der Welt, aber ich sah es in vollkommener Schärfe. Ich sah alles gleichzeitig: die um sich selbst schlingernde Mütze, den Kopf eines schwarzhaarigen Jungen, die Bewegung des Mädchens und die erstarrten Zeugen. Am meisten verwirrte mich der mützenlose Kopf, das verklebte schwarze Haar und die weiße, von einem Striemen[1] durchschnittene Stirn.

Auch das zweite Mädchen fischte sich mit einer Hand die Mütze eines langen Kerls und warf diese sofort in die Luft. Die andere Hand behielt sie lässig in der Hosentasche. Diesmal landete die Mütze hinter mir. Ich hob sie auf. Jürgen Salwitzky[2] stand auf dem Zettel unter der Folie. Von hinten kam erster Jubel. Jürgen Salwitzky, auch er mit dem Abdruck auf der Stirn, sah seine Mütze wieder auffliegen. Denn bevor ich sie ihm hatte zurückgeben können, war sie mir entrissen worden wie eine Beute, die mir nicht zustand.

1 Gemeint ist die Druckstelle der Mütze.

2 Der Name scheint an dieser Stelle eine Erfindung T.s zu sein. Er verwendet ihn sowohl in seinem Brief über die Armeezeit (S. 290 ff.) als auch in seiner Erzählung »Jahrhundertsommer«. Wohl kein Zufall.

Der Jubel, mit dem jeder neue Mützenflug begrüßt wurde, konkurrierte mit Keine-Gewalt-Rufen. Ich verstand nicht, worauf die Uniformierten warteten. Was mußte denn noch geschehen?

Das dritte Mädchen drehte eine Schirmmütze auf ihrem Kopf hin und her.

Jürgen Salwitzky und die beiden anderen Barhäuptigen sahen jetzt aus wie die Gefangenen ihrer bemützten Nebenmänner.

Die Keine-Gewalt-Sprechchöre waren verstummt. Jetzt wollten die Demonstranten mehr Mützen sehen, und einige Mutige erhaschten ihre Trophäen. Sie hatten leichtes Spiel. Untergehakt konnten die Uniformierten bestenfalls ihren Kopf nach hinten werfen und wütend und ängstlich zugleich die ausgestreckte Hand des Räubers beäugen.

Bald aber hatte man sich auch daran gewöhnt. Deshalb war es eine Erlösung, als ein junger Kerl auf irgend etwas stieg und eine kurze Ansprache hielt. Wir sollten uns nicht provozieren lassen und jetzt nach Hause gehen, am nächsten Montag aber wiederkommen und jeder noch einen Freund, Kollegen oder Nachbarn mitbringen. Heute hätten wir einen Sieg errungen, einen Sieg, auf den wir stolz sein könnten. Der Beifall war dünn.

Er verharrte, als wollte er weitersprechen oder Fragen beantworten, da aber weder ihm noch sonst jemandem etwas einfiel, verschwand er wieder in der Menge.

Wie leicht hätte ich selbst diesen Part übernehmen können. Doch hätte ich ganz anders gesprochen! Meine anklagende und aufrührerische Rede lag seit Jahren in mir bereit! Ein bißchen Mut und Kletterkunst reichten aus, um in Stunden wie dieser Historisches zu vollbringen.

Ich zählte zu den ersten, die gingen, und sah, wie klein die Welt der Demonstranten war, wie wenige Schritte ausreichten, um in die vertrauten Kulissen, in das alte liebgewonnene Stück zurückzukehren.[1]

Kurz nach neun war ich zu Hause. Robert hatte Michaela erwartet, nicht mich. Jedenfalls war seine Tür wieder zugegangen, noch bevor ich ihn gesehen hatte. Michaela konnte dann kaum ihre Enttäuschung über meinen Bericht verbergen, der blaß und einsilbig ausgefallen war, als hätte ich geschwänzt. Insgeheim hat sie wohl bezweifelt, daß ich überhaupt in Leipzig gewesen bin.

Im Bett mußte ich daran denken, was man uns in der Schule gelehrt hatte, nämlich daß bei uns in der DDR die Werktätigen nicht zu demonstrieren oder zu streiken brauchten, denn wer im Sozialismus auf die Straße ginge, demonstriere schließlich gegen sich selbst. Diese Formulierung beschrieb präzis meine Lage. Als Schriftsteller tat ich genau das. Ich demonstrierte für die Abschaffung meines Stoffes, meines Themas. Ich muß Ihnen das nicht weiter erläutern. Was sollte ich, ein Schriftsteller, ohne Mauer?

Herzlich wie immer,
Ihr Enrico

[1] T. verschweigt hier, wissentlich oder nicht, dass sich die Auseinandersetzungen zwischen Demonstranten und Polizei an diesem Tag noch zuspitzten und gewalttätig endeten. Genaueres über die weiteren Ereignisse vgl. *Rabet oder Das Verschwinden einer Himmelsrichtung* von Martin Jankowski, S. 155 ff., wo u. a. beschrieben wird, warum und unter welchen Umständen später auf ebenjener Demonstration erstmals »Wir sind das Volk« gerufen wurde.

Freitag, 25. 5. 90

Liebe Nicoletta!
Damals fiel es mir schwer, über die Stunden in Leipzig zu sprechen, aber das Vergangene interessierte auch niemanden mehr. Michaela, die uns kaum im Vorraum geduldet hatte, wenn sie auf dem Klo saß, ließ nun sogar die Tür angelehnt, um weiter Radio hören zu können. Das nächste Radio kauften wir, nachdem die Grenze zur Tschechoslowakei geschlossen worden war.[1] Daß die Falle zuschnappen würde, hatte ich erwartet, allerdings nicht vor dem 7. Oktober. Michaela triumphierte, der Bankrott konnte nicht offensichtlicher, die Fronten nicht klarer werden. Am meisten verachtete sie jene, die sich erst jetzt zu Kritik und Empörung entschlossen.

Es war nicht leicht, gegen Michaelas Euphorie anzureden. Nie, sagte ich, hätte man es ohne den Windschatten des 7. Oktober so weit treiben können. Die Demonstranten hatten genau jene Tage erspürt, in denen sie mit Schonung rechnen konnten. Einen anderen Grund als das Jubiläum gab es für diese Zurückhaltung nicht. Nun aber, früher als erwartet, hatte das Hase-und-Jäger-Spiel begonnen. Schritt um Schritt, Zug um Zug nahte das Ende.

Ich bat Michaela, sich zurückzuhalten. Spätestens in zehn Tagen lebten wir unter Kriegsrecht. Oder glaubte sie vielleicht, die würden sich von unseren Sprüchen beeindrucken lassen und freiwillig abdanken? Wofür hatten sie denn ihre Staatssicherheit, Polizei, Kampfgruppen, Armee?

Meine Argumente erschienen mir so zwingend, daß am Ende nicht nur Michaela eingeschüchtert war, sondern auch ich selbst Angst hatte.

[1] Am 3. 10. 1989.

Und doch, liebe Nicoletta, ist das bestenfalls die Hälfte der Wahrheit. Nur wenn Sie mir glauben, daß ich vor allem Erleichterung, ja sogar eine gewisse Heiterkeit empfand, sind diese Briefe nicht umsonst gewesen.

Mir wäre nichts lieber, als an dieser Stelle meine Beichte abbrechen zu können. Aber es geht noch tiefer hinab.

Am Theater hatte ich kaum etwas zu tun und saß deshalb oft in den Nestroy-Proben. Michaela spielte wie gesagt den Eberhard Ultra. Im Grunde war es keine Rolle mehr. Sie spielte von Tag zu Tag mehr sich selbst.

Allein die Beschreibung der Proben würde die damalige Zeit hinlänglich charakterisieren. Auch ohne Zutaten wie Demonstration und Polizeieinsatz entstünde eine Art Chronik: von den Vorgesprächen im Mai und Juni, als Norbert Maria Richter im Stück noch eine Persiflage auf die Funktionäre und ihr Revolutionspalaver gesehen hatte, zu der Aufregung Anfang September, als auf der Bühne gezeigt werden sollte, daß Revolution möglich sei, über den Oktober, als die Inszenierung von Tag zu Tag platter wurde, weil die Straße der Bühne mehr als zwei Schritte voraus war, bis hin – aber ich will nicht vorgreifen.

Michaela war nicht davon abzubringen, am Sonnabend[1] – wie jedes Jahr – zu Theas Geburtstag nach Berlin zu fahren. Ich fand es absurd, sich ausgerechnet an jenem Wochenende zu trennen, da die Würfel fallen sollten. Sie könne Thea nicht absagen, gerade jetzt müsse man in Kontakt bleiben. Außerdem sei ich auch eingeladen. Dabei wollte sie gar nicht, daß ich mitkam. Am Sonnabend brachten Robert und ich Michaela zum Zug. Sie lehnte sich aus dem Fenster und winkte, als wäre es ein Abschied für Wochen. Dann schaffte ich Robert zu Michaelas Mutter nach Torgau, wo er über Nacht bleiben sollte.

[1] Sonnabend – der 7. Oktober.

Rückzu konnte ich in Borna ohne längeres Anstehen tanken. Zu Hause aber überfiel mich das Alleinsein wie ein Unglück. Ich fuhr zur Autobahn, von dort waren es nur noch 107 Kilometer bis Dresden.

Erinnern Sie sich an die Züge mit Prager Botschaftsflüchtlingen? Aus den Nachrichten wußte ich von den Tumulten, die es am Dresdner Hauptbahnhof gegeben hatte. Wer rauswollte, versuchte, diese Züge zu erreichen.

Meine Mutter hatte ich zuletzt am Mittwoch gesprochen und geglaubt, sie sei zu ängstlich oder zu vorsichtig, um am Klinik-Telephon darüber zu reden.

Am 7. Oktober aber drehte sich alles wieder um Berlin und Gorbatschow und darum, was am Montag in Leipzig passieren würde. Während der Fahrt hörte ich alte Musik, einen berühmten Neapolitaner, dessen Namen ich mir eigentlich merken wollte, selbst Bach hat ihn bearbeitet.[1] Bei seinen Arien und Duetten hatte ich das Gefühl, das erste Mal seit Monaten wieder zur Ruhe zu kommen, als kehrten unter diesen Klängen die Welt und ich selbst in die vertrauten Bahnen zurück. Doch diese Stimmung war nicht von Dauer.

Nachdem ich an der Tür meiner Mutter geklingelt und gewartet hatte, schloß ich auf. Noch während ich den Vorhang, der den kleinen Vorraum des Eingangs von der Diele trennte, aufzog, nahm ich den Geruch meiner Kindheit wahr. Die Tasse in der Spüle war halb gefüllt mit Wasser, ihr Rand ohne die Spuren von Lippenstift. Auf dem Teller darunter schwammen Brotkrumen, am Messer war etwas Dunkles angetrocknet, Leberwurst oder Pflaumenmus. Der Topfputzer war voller Reiskörner und stank ein bißchen.

[1] Möglicherweise meint T. das *Stabat Mater* von Giovanni Battista Pergolesi (1710–1736).

Ich ging zur Telephonzelle und rief in der Klinik an. Es meldete sich eine Schwester, die ich nicht kannte. Der Stimme nach mußte sie sehr jung sein. Frau Türmer sei zur Zeit nicht zu sprechen. Ich fragte, wie lang die OP dauern würde. Das könne sie nicht sagen. Ich bat sie, meiner Mutter auszurichten, daß ich sie in der Klinik besuchen werde. Zuerst dachte ich, die Schwester habe aufgelegt, dann erfuhr ich, meine Mutter habe dieses Wochenende keinen Dienst, sei also auch nicht in der Klinik.

Ich rief Geronimo an. Bei ihm war besetzt. Ich rief bei Thea an. Eines der Mädchen nahm den Hörer ab, rief, bevor ich überhaupt etwas sagen konnte, »Bei uns ist niemand da!« und legte auf. Geronimo sprach immer noch. Ich ging zu dem kleinen Parkrondell mit dem Theodor-Körner-Gedenkstein und versuchte es ein drittes Mal, wieder vergeblich.

Als ich zurückkam, sah ich unser Wohnzimmer erleuchtet. Ich stürmte hinauf, klingelte, schloß auf, rief, lief ins Wohnzimmer, wo ich eine Weile stehenblieb, auf das Ticken der Wanduhr hörte und schließlich das Licht wieder ausschaltete. Ich ging von Zimmer zu Zimmer, machte die Runde ein zweites Mal, schaltete die Heizung ein und setzte mich schließlich in die Küche. Ich hatte keinen Hunger, wußte aber in dem Moment nichts Besseres, als mir etwas zu essen zu machen. Das Brot war alt, und das wenige, das ich im Kühlschrank fand, stellte ich, nachdem ich es eine Weile in Händen gehalten hatte, wieder zurück. Nur die Westschokolade aus dem Butterfach aß ich Stück für Stück zum Tee.

Sie werden sich fragen, warum ich Ihnen diese Belanglosigkeiten zumute. Natürlich sind die Details unwichtig, aber die alte Musik, die vertraute Umgebung und die Abwesenheit meiner Mutter machten mich wieder zum Kind. Ich fuhr zu Franziska und Geronimo.

Im Auto hörte ich Nachrichten, in denen Dresden nicht vorkam, jedenfalls nichts, was auf das, was gerade geschah, schließen ließ. Hinter dem Dr.-Kurt-Fischer-Platz[1] sah ich aus mehreren hundert Metern Entfernung die Straßenbahnen, die sich vom Platz der Einheit[2] zurückstauten.

Ich kehrte um und fuhr über die Dr.-Kurt-Fischer-Allee[3] zur Bautzner Straße, also direkt vorbei an den Gebäuden der Staatssicherheit, die »Festbeleuchtung« hatten. Außer auf einem Mannschaftswagen, der vor mir abbog, sah ich keine Uniformierten.

Um Gesine nicht zu wecken, warf ich Steinchen ans Fenster, immer wieder, bis ich aus dem dunklen Treppenhaus Schritte hörte. Geronimo erschien hinter der Türscheibe, öffnete und umarmte mich. Damit aber war seine Freude auch schon verpufft. »Was gibt's?«

Ich solle mich nicht wundern, flüsterte er im Treppenhaus, er habe Besuch.

Geronimo ging voran, die Küche war leer. Er öffnete die Speisekammer. »Es ist Enrico«, sagte er und hielt die Tür auf, als wollte er mir seinen Golem präsentieren. Für ein paar Augenblicke geschah nichts. Ich setzte mich – und stand sofort wieder auf. Weil er sich ducken mußte, um durch die Tür zu kommen, sah ich zuerst nur den weißen Turban, einen Kopfverband. Heraus kam Mario, der rote Mario Gädtke aus unserer Klasse, der zur Armee wie in ein Ferienlager aufgebrochen war. Seine linke Gesichtshälfte war angeschwollen. Wir gaben uns die Hand. »Das trifft sich«, sagte er, »sind wir alle wieder beisammen.« Mario setzte sich aufs Sofa und holte unter seinem Pullover einen A4-Block hervor. Wir hatten uns sieben Jahre nicht gesehen. Ich wartete auf eine Erklärung, auch dafür, warum er

[1] Heute Olbrichtplatz.
[2] Heute Albertplatz.
[3] Heute Stauffenbergallee.

in der Speisekammer verschwand, wenn jemand Steinchen ans Fenster warf.

»Er ist gerade entlassen worden«, sagte Geronimo. Mario verzog genauso wie früher die Lippen.

»Von wo entlassen worden?«

Mario lächelte vor sich hin.

»Von der Bereitschaftspolizei«, antwortete Geronimo für ihn. Sie hatten ihn am Vorabend einkassiert und erst vor zwei Stunden nach Hause geschickt.

»Das hat er von dort mitgebracht«, sagte Geronimo und deutete auf den Verband. Mario hob den Kopf. Ich fragte nach Franziska.

»Die ist nicht in Gefahr«, sagte Mario und lächelte wieder.

»Sie arbeitet für die Konferenz ›200 Jahre Französische Revolution‹ im Hygiene-Museum«, erklärte Geronimo. In dieser Situation verlasse immer nur einer von ihnen das Haus, der andere bleibe bei Gesine. Er wollte fortfahren, Mario aber hatte zu lesen begonnen, und zwar so laut, daß Geronimo aufstand und die Küchentür schloß.

Marios Bericht ist in Geronimos Buch[1] nachzulesen, natürlich etwas anders, als ich ihn damals zu hören bekam. Im Vorwort beschreibt Geronimo, wie er Mario so zerschlagen, mit einem Verband um den Kopf, kaum wiedererkannt hatte. Mario habe ein Glas Wasser nach dem anderen getrunken, bevor er überhaupt fähig gewesen sei, ein Wort zu sagen. In diesem Moment, schreibt Geronimo, also bevor er von Mario irgend etwas erfahren habe, sei ihm zum ersten Mal der Gedanke gekommen, daß all das dokumentiert werden müsse. Danach ist viel die Rede

[1] Johann Ziehlke, *Dresdner Demonstranten*, Radebeul 1990, S. 9–23; vgl. dazu auch: Eckhard Bahr, *Sieben Tage im Oktober*, Leipzig 1990, S. 80–88.

vom Vergessen und Bewahren, von Schuld und Recht und Sühne und Vergebung. Außerdem gewinnt man den Eindruck, Mario sei zu ihm gekommen, weil Geronimo eben derjenige war, an den man sich in Not wandte, der Fels in der Brandung.

Bei der Beschreibung des Abends verschweigt Geronimo meinen Besuch. Ich habe damals tatsächlich kaum etwas gesagt. Aber wie Sie sehen werden, hätte es trotzdem nahegelegen, mich – wenn auch in einer Nebenrolle – zu erwähnen.

Was Mario vorlas, hörte sich anfangs an wie ein Unfallprotokoll, wie ein bereits amtlich gewordenes Papier, ein Beschwerdeschreiben an wen auch immer. Nach Datum, Uhrzeit (20.15) und der Angabe, sich zum Hauptbahnhof begeben zu haben, betont er, »in alkoholfreiem Zustand« gewesen zu sein, und zählt die »mitgeführten Gegenstände« auf: Personalausweis, Portemonnaie, Zigaretten, Streichhölzer, Haustürschlüssel, Taschentuch. Diese Bestandsaufnahme hat sich bis in die gedruckte Fassung erhalten. Dort heißt es: »Mein Ziel war, mich persönlich davon zu überzeugen, was an den Berichten von Freunden, Nachbarn und Kollegen der Wahrheit entspricht und was nicht. In der Nähe des Hauptbahnhofs und entlang der Prager Straße waren viele Tausende Menschen versammelt. Die Prager Straße und besonders das Terrain um das Rundkino waren durch Sicherheitskräfte abgeriegelt. Es waren mehrere Sperrzonen zu erkennen. Unmittelbar vor dem Rundkino war eine Hundestaffel postiert. Rowdyhafte Ausschreitungen konnte ich keine wahrnehmen. Soweit ich es überblicken konnte, setzten sich die Sicherheitskräfte aus Einheiten der Bereitschaftspolizei, Transportpolizei sowie der NVA zusammen. Vor dem Rundkino, auf der Höhe des Geschäftes für Musikinstrumente, waren Sprechchöre zu hören: ›Vater, schlag nicht! Bruder, schlag nicht!‹, ›Wir bleiben hier!‹, ›Ohne Gewalt!‹.«

Ich fragte, ob es nicht »Keine Gewalt!« heißen müsse, Mario

aber beharrte auf »Ohne Gewalt!«. Was im Buch fehlt, ist sein Kommentar des »Wir bleiben hier!«. Er hatte es erklärungsbedürftig gefunden, diesen Ruf als Abgrenzung zu denen, die die DDR verlassen wollten, zu interpretieren, keinesfalls als Widerstand gegen die polizeiliche Aufforderung, die Straße zu räumen.

»Vor dem Exquisit-Bekleidungsgeschäft photographierte ein Passant den Absperriegel. Daraufhin stürzten 2 Uniformierte auf ihn zu; der Passant unternahm einen Fluchtversuch, schien aber bald zu resignieren, so daß er gegriffen wurde. Sehr grob führte man ihn hinter den Sperriegel, der Photoapparat wurde ihm entrissen. Dies alles geschah im Laufschritt. Die Sicherheitskräfte rückten weiter vor und räumten so die Prager Straße. Wer nicht schnell genug vor ihnen herlief, wurde schonungslos einkassiert. Zu Beginn einer jeden Phase des weiteren Vorrückens schlugen die Uniformierten mit ihren Gummiknüppeln im Takt auf ihre Schutzschilde, erst langsam, dann immer schneller, bis sie losliefen. Das steigerte sichtlich die Angst und das Entsetzen der Flüchtenden.«

Die Passage über das Geräusch der Schlagstöcke habe ich wesentlich länger in Erinnerung. Es gab auch Vergleiche. Bei einem verwechselte Mario römische Legionäre mit Gladiatoren. Sobald er schwieg, zog er wieder seine vorgestülpten Lippen zur Seite.

»So etwa gegen 22.30 Uhr formierten sich auf der Straße vor dem Hauptbahnhof, Höhe Busbahnhof, Armee-Einheiten. Sie henkelten sich fest in den Armen ein und verteilten sich auf die gesamte Straßenbreite. Hintereinander waren es ungefähr 10 bis 15 Reihen. Schnellen Schrittes und begleitet durch gemeinsames, lautstarkes ›Links, 2, 3, 4‹, begannen sie die Straße entlangzumarschieren, Richtung Zeitkino. Zu diesem Zeitpunkt befand sich jedoch nur ein geringer Teil der Bürger vor dem Hauptbahnhof, es war eher ein Zustand der relativen Ruhe an diesem

Punkt zu verzeichnen, denn die Sprechchöre kamen aus Richtung Leningrader Straße.«

Etwa an dieser Stelle geschah etwas, was ich nicht im mindesten erwartet hatte. Mit einem Lächeln schob Mario die Blätter über den Tisch zu Geronimo. Nun sah ich, was mir längst hätte auffallen müssen: Es war Geronimos Schrift, nicht jene, um die ich Mario immer beneidet hatte wegen ihres gleichmäßigen Flusses, die wie eine Gravur die Seiten füllte.

Mario lehnte sich auf dem Sofa zurück. Geronimo schob sich die Blätter zurecht.

»Als Zeugen für die Richtigkeit meiner Aussagen«, diktierte Mario, »kann ich meinen ehemaligen Klassenkameraden Johann Ziehlke nennen, den ich zufällig auf der Prager Straße getroffen hatte. Hast du was dagegen?« Geronimo schüttelte den Kopf, während er schrieb. Mario breitete die Arme auf der Sofalehne aus, den Kopf an die Wand gelehnt, und fuhr mit zur Decke gerichtetem Blick fort zu diktieren. Auch diese Passage habe ich anders in Erinnerung und glaube, die Lücke darin zu erkennen.

»Trotzdem setzten diese Uniformierten ihren Marsch unbeirrt fort und räumten ohne erkennbare Notwendigkeit die Straße (einschließlich Kreuzung) vor dem Hauptbahnhof. Dahinter fuhr ein Armeefahrzeug des Typs Ural. Aus diesem kamen qualmende Gegenstände auf die Menschen geflogen. Ich merkte schnell, daß es sich um Reizgas handelte. Ich konnte ca. 10 Minuten lang nicht mehr richtig sehen, die Augen brannten sehr, die Schleimhäute waren angegriffen! Das alles, obwohl ich mein Taschentuch sofort als Gesichtsschutz benutzte. In diesem Augenblick wurde mir bewußt, daß ich schon bei meinem Eintreffen an diesem Abend umgehängte Schutzmaskentaschen an den Uniformierten bemerkt, diesem Fakt aber bis dahin keine größere Beachtung geschenkt hatte. Einige Zeit später rückten die Uniformierten von der Prager Straße her weiter vor. Dabei umzingelten sie auch die große Rasenfläche gegenüber dem Busbahnhof. Zu dieser Fläche hatte ich mich nämlich zuvor begeben, weil sich dort nur vereinzelt und sehr verstreut Bürger aufgehalten hatten.«

Haben Sie es bemerkt? In den Minuten, als Mario nichts oder kaum etwas sehen konnte, bleibt die Szene leer. Aber so ist es nicht gewesen. Zudem verlor sich gerade mit dieser Stelle sein halbamtlicher Tonfall. Er und Geronimo hatten sich untergehakt, weil sie fürchteten, sonst »abgesammelt zu werden wie Marienkäfer mit verklebten Flügeln«. Es gab zwei, drei humorig groteske Sätze, in denen er beschrieb, wie sie beide blind umhergelaufen waren, von betrunkenen Hühnern war die Rede und dem Gestank von fauligen Eiern. Plötzlich war ihm Geronimos Arm entglitten, er hatte nach ihm getastet, ihn gerufen und schließlich geglaubt, sie seien aus der Tränengaswolke raus und in Sicherheit. Schließlich war er in der Annahme, Geronimo sei zurückgeblieben, umgekehrt, um ihn zu suchen.

Geronimo hatte nicht einmal aufgesehen, als Mario die Arme von der Lehne genommen, ihn angeblickt und gesagt hatte: »Du warst wie vom Erdboden verschwunden.« Ich glaubte, Geronimo beende nur den Abschnitt, bevor er sich erklären würde. Doch Mario nahm schon wieder seine vorherige Position ein, lehnte den Kopf an die Wand und diktierte weiter.

»Doch sehr bald schon mußte ich feststellen, daß die Uniformierten, mit den Knüppeln auf ihre Schilde schlagend, immer weiter vordrangen. Dabei kamen sie nun auch vom Busbahnhof aus in breiter Front die Straße entlang, so daß es kein Entrinnen gab. Drei oder vier Jugendliche wollten sich seitwärts entfernen. Auf einen stürzte ein Uniformierter zu und rannte ihn zielgerichtet aus vollem Lauf brutal um. Anschließend schlug er auf den sich nicht wehrenden Bürger erbarmungslos mit dem Gummiknüppel ein. Ein weiterer Uniformierter eilte ihm zu Hilfe. Gemeinsam schleppten sie das Bündel nach hinten.« Mario beschrieb die Aktionen der Uniformierten, das Hin und Her. Schließlich kam die Reihe an ihn. »Sturmtrupps begannen, die letzten verstreut umherstehenden Bürger zu jagen, einzufangen, zusammenzuschlagen und in die Einkreisung zu schleppen. Ich vernahm, wie jemand rief: ›Da ist noch einer!‹ Erst spät bemerkte ich, daß 3 Armisten auf mich zustürmten. Ich drehte mich um, sah um mich – keiner in meiner Nähe. Ich begriff – die jagten mich! Ich begann zu flüchten. Aufgrund meiner geistigen Schaltpause waren sie jedoch schneller heran, als ich weg war. Und so blieb ich stehen, hob die Arme und rief: ›Ich komme freiwillig mit, ich wehre mich nicht!‹ Zwei Uniformierte packten mich, einer nahm mich in den Schwitzkasten und drückte sehr fest zu. Der andere drehte mir meinen rechten Arm sehr schmerzhaft auf den Rücken. Dabei schlugen sie 4–5mal auf meinen Rücken ein und brüllten: ›Halt deine dreckige Schnauze! Noch ein Wort, und du sprichst tagelang nicht mehr!‹ Sie schleppten mich in die Einkreisung. ›Nicht so zaghaft! Sonst helfe ich nach!‹ schrie ein Uniformierter. Ich wurde auf die Straße geworfen, ein Stiefeltritt in den Rücken half nach. Dort lagen schon andere Bürger, etwa 10 Personen. Jemand brüllte: ›Gesicht auf die Erde, Arme breit und nach vorn, Beine breit, Arsch runter!‹ Ein Uniformierter trat mir kräftig auf das Hinterteil und rief dabei: ›Weiter runter, flacher!‹ Ich konnte dann auf die Uhr sehen. Es war 0.25 Uhr. Die Kälte des Erdbodens durchdrang langsam meine Kleidung, ich fror. Nach einer Weile fuhren LKWs (W50) vor. Eine Leibesvisitation erfolgte, bei der wir in der beschriebenen Stellung verharren mußten. Zu meiner rechten Seite warf ein Uniformierter nacheinander 2 Flaschen auf den Erdboden. Einzelne Splitter gingen bedenklich nahe unseren Köpfen nieder. Bald wurde von rechts her begonnen, jeden Liegenden einzeln hochzuzerren.«

Bisher hatte Mario monoton gesprochen und nur am Satzende die Stimme gesenkt. Bei allem Merkwürdigen, das diese Situation ohnehin schon besaß, fragte ich mich, warum die beiden einander nie ansahen. Als Mario die Torturen beschrieb, wurde seine Stimme lebhafter. Mitunter, etwa beim Tritt auf sein Hinterteil, lachte er sogar auf. Geronimo hingegen beugte sich dann wie ein schlechter Schüler tiefer über das Blatt. Ich habe Marios Erzählung, vor allem die folgenden Teile, weit weniger ungelenk in Erinnerung, als sie jetzt nachzulesen sind:

»Wir wurden zum LKW geführt und mußten aufsteigen. Dabei bekam ich abermals Schläge. Neben mir wurden weitere 4 Bürger plaziert. Uns gegenüber nahmen knüppelschwingend 2 Uniformierte Platz. Draußen brüllte ein Uniformierter: ›Euch Dreckschweinen werden wir's zeigen!‹ Während der Fahrt durften wir nicht nach hinten hinaussehen und hatten die befohlene Haltung beizubehalten. Die Fahrt dauerte ca. 15 Minuten und war sehr kurvenreich. Warnend schlugen die 2 Bewacher mit ihren Knüppeln auf die Sitzbänke. Das Fahrzeug hielt. Wir mußten runter vom LKW. Dies sollte einzeln und nacheinander geschehen. Doch auf der anderen Seite ging es den Uniformierten nicht schnell genug, sie halfen nach. Wir befanden uns auf Kasernengelände. Es regnete. Wir 5 mußten uns in einer Reihe hintereinanderstellen, die Hände im Genick verschränkt, Beine auseinander. Wie lange wir so standen, weiß ich nicht. Dann mußten wir eine Treppe hinaufrennen in ein Gebäude, auch dabei die Hände im Nacken. Wir kamen in einen Raum. Jeder mußte sich mit der Stirn an die Wand lehnen, Beine weit weg von der Wand und breit gespreizt, Hände im Nacken. Zweite Leibesvisitation. Dabei nutzten die hinter uns stehenden Uniformierten lebhaft die Möglichkeit, der mit dem Körpergewicht belasteten Stirn Schmerzen zu bereiten. Taschenentleerung. Danach hatte jeder an einen Tisch zu treten und seine Personalangaben zu machen. Dann ging es in einen großen Raum (Klubsaal?) mit Parkettfußboden. Aufstellung: Beine breit, Gesicht zur Wand, Hände im Nacken. Der Saal füllte sich immer mehr. Ich konnte wieder auf die Uhr sehen. Es war 1.45 Uhr (7. 10. ›Tag der Republik‹). Wir wurden durch 2 Mann bewacht. Einer belehrte uns aus dem Hintergrund: ›Sie befinden sich in einem militärisch gesicherten Objekt. Bei Fluchtversuch wird geschossen!‹«

Bei den Zitaten entwickelte Mario nach und nach schauspielerische Qualitäten. Besonders schien ihn das »geschossen« zu reizen, das er mehrfach wiederholte. Von da an hatte ich den Eindruck, er wende sich zunehmend an mich.

»Regelmäßig wurden wir während der Stehzeit schikaniert und mißhandelt. Links von mir wurden einem Stehenden von hinten die Beine weggerissen, er fiel mit dem Gesicht auf das Parkett. Jede Bewegung wurde mit Schlägen eines Gummiknüppels beantwortet. Ein vierzehnjähriger junger Mann meldete sich, daß man bitte seine Eltern informieren möchte, und wies darauf hin, daß er nierenkrank sei, Medikamente einnehmen müsse. Daraufhin wurde er geschlagen und weggeführt. Wenn man nicht mehr konnte, mußte man sich mit den Knien auf die eigenen Handrücken knien, bis die Hände geschwollen waren. Einmal mußte ich hören: ›Das sind alles Rädelsführer, die gucken wir uns mal 'n bißchen genauer an!‹ Und: ›Das wär nicht der erste, dem ich den Schädel aufklatsche, und ooch nicht der letzte!‹ Wir wurden ›Nazischweine‹ genannt, und es fielen Worte wie ›Jetzt machen wir Chile mit euch!‹. Gegen ca. 5 Uhr, meine Uhr war durch die Schläge kaputtgegangen, wurden wir mehrmals umsortiert. Das große Fenster war geöffnet. Es zog. In den Armen und Beinen hatte ich kein Gefühl mehr. Einmal brach ich zusammen. Danach bekam ich einen Verband um den Kopf, mußte mich aber nach kurzer Zeit wieder in die Reihe stellen. Nach erneuter Umsortierung wurde meine Reihe in einen anderen

Raum getrieben. Es gab einen Kübel Tee. Einer von uns mußte dann den verschmutzten Erdboden auf den Knien rutschend wischen. Danach bekamen wir eine Schmalzschnitte. Dann wurde umsortiert. Wir standen anschließend sehr lange auf dem Flur, nahe der Küche. Erneute Erfassung der Personalien. Dann Aussortierung einzelner Personen. Auch mein Name war dabei, mein richtiger Name. Sonst riefen sie mich nur Inder. ›Was denn, Inder hammer wohl ooch schon hier?‹ Ein auswärtiger Leutnant der Kriminalpolizei in Zivil nahm die Befragung vor. Dann ging es wieder runter in den Raum. Im Türeingang des Raumes standen wie zuvor 1–2 Bewacher. Sie achteten besonders auf die Einhaltung des Schlafverbotes. Wer irgendein Anzeichen dafür zeigte, auch nur im geringsten Ansatz, wurde hochgerissen und munter gemacht, das heißt, er bekam Sonderbehandlung auf dem Flur. ›Sind Sie müde? Na, dann aber auf!‹ Draußen ging es dann lautstark zur Sache. Von den Sonderbehandlungen kamen sie immer mit blutleeren Fingern zurück und waren minutenlang nicht in der Lage, einen Becher Tee zu halten. Ein gutgekleideter grauhaariger Herr saß bewegungslos auf seinem Stuhl und starrte apathisch geradeaus. Bei einem anderen war die eine Gesichtshälfte völlig zerschlagen, verquollen und blutunterlaufen. Ein älterer, einfach gekleideter Mann hatte total zerschundene Hände. Ich habe auch ein Protokoll unterschrieben, nach dem Verhör. Eine weibliche Uniformierte, sie war Hauptmann, gab mir meinen Ausweis zurück, händigte mir die Eröffnung eines Ordnungsverfahrens zur Unterschrift und Stellungnahme aus und erfragte die Vollständigkeit der persönlichen Dinge. Mit der Empfehlung, den Hauptbahnhof weiträumig zu umfahren, wurde ich gegen 18.30 Uhr entlassen.«

Ich bin, das will ich nicht verhehlen, gegen Ende etwas von der Vorlage abgewichen und meiner Erinnerung gefolgt. Aber auch mein Eingriff kann das Gespenstische dieser Szene nicht wiedergeben. Es steigerte sich von Satz zu Satz, beinah von Wort zu Wort. Mario schwitzte. Zum Schluß hatte er beinah jeden Satz mit einem Auflachen begonnen und beendet. Den kalt gewordenen Tee trank er in einem Zug aus.

Geronimo starrte erschöpft vor sich hin. Mario drängte zum Aufbruch. Ich weiß nicht, warum ich nicht bei Geronimo blieb und wenigstens Franziskas Rückkehr abwartete. Wir hatten keine zwei Sätze miteinander gesprochen. Ich ging voran die Treppe hinunter und hörte, wie Geronimo die Wohnungstür schloß.

Mario bat mich, ihn in die Innenstadt zu fahren. Gerade als ich dachte, er sei neben mir eingeschlafen, schlug er die Augen auf und fragte, ob ich immer noch Gedichte schriebe.

An der Kreuzung zwischen Fučík-Platz[1] und Kupferstichkabinett erreichten wir den Demonstrationszug. Ich hielt und ließ Mario aussteigen. Unser Abschied war kurz. Der Zufall aber wollte es, daß ich auf ein Photo geriet und auf diese Art und Weise in Geronimos Buch. Nur weiß das niemand außer mir. Ich bin jener Fahrer auf dem oberen Photo von S. 45, der neben der offenen Tür seines Wartburg steht.

Ich hatte gerade Mario zugewinkt, der mir über die Köpfe der Leute hinweg etwas zurief. Mein Blick folgte seinem weißen Turban. Dann hörte ich hinter mir meinen Namen. Als ich mich umdrehte, kam er mit hochgezogenen Schultern, einem schiefen Lächeln und Rabenschritten auf mich zu und streckte mir seine Hand entgegen. Seine Füße schienen immer noch in den Arbeitsschuhen seines Vaters zu stecken. Ich schüttelte Hendrik die Hand. »Ich suche meine Mutter«, sagte ich. Wir sollten uns mal wiedersehen, sagte er. Ich fragte, ob er mit mir nach Hause fahren wolle. Er wohne nicht mehr in Klotzsche, sagte er. Kurz darauf verlor ich auch ihn aus den Augen.

1 Heute Straßburger Platz.

Wie früher, wenn ich allein war, legte ich mich ins Bett meiner Mutter und schlief mit ihrem Nachthemd unterm Kopfkissen schnell ein.[1]

Ihr Enrico

Montag, 28. 5. 90

Lieber Jo!

Wärst Du hier Lokalpolitiker, würdest Du täglich anrufen, Briefe ankündigen oder diese »am besten mal selbst schnell vorbeibringen«, um einen letzten verzweifelten Versuch zu wagen, als Kandidat auf die Liste der fünfminütigen Audienzen beim Erbprinzen zu kommen. Dank der beiden Seiten über »Seine Hoheit« hat sich die letzte Ausgabe besser verkauft als unsere Skandalnummer.

Der *erste* Beschluß der *ersten* Sitzung der *ersten* frei gewählten Volksvertreter seit knapp sechzig Jahren bestand in der Einladung an den Erbprinzen (die Einstimmigkeit hatte Barrista mehr oder weniger zur Bedingung gemacht, denn »Seine Hoheit« wolle den Wunsch nicht gegen Widerstände oder Vorbehalte verwirklicht sehen). Selbst unsere PDSler rissen die Arme hoch. Alle miteinander waren sie dankbar, derart symbolträchtig beginnen zu können. Zuerst lobten sie uns – der Besuch trägt das Epitheton »organisiert vom ›Altenburger Wochenblatt‹« und dann sich selbst, weil sie versuchten, eine unterbrochene, für Stadt und Land eminent wichtige Tradition, die in den Jahrzehn-

1 Ein etwas merkwürdiges Bekenntnis in einem Brief an die spätere Verlobte.

ten der SED-Diktatur unterdrückt worden war, wiederzubeleben. In der Tanzschule üben sie bereits den Hofknicks.

Ein paar schwarze Schafe versuchen, sich hinter unserem Rücken an den Erbprinzen heranzupirschen. Jeder zweite davon will ihn anpumpen, was der Erbprinz nach Aussage des Barons nicht einmal als Unverschämtheit empfinden würde.

Der Baron hat zwei große aneinandergebaute Mietshäuser gekauft, deren zur Straße gelegene Nordseite regelrecht verrußt ist. Noch im Treppenhaus war mir seine Begeisterung ein Rätsel. Die hohen stuckverzierten Räume mit den alten Türen machten die Sache schon plausibler. Eine der beiden Holzveranden, die zu jeder Wohnung gehören, soll zum Wintergarten werden. Dann aber der Blick! Von der Südseite geht er geradewegs hinüber zum Schloß und – bei klarer Sicht – bis zum Kamm des Erzgebirges. Die Schloßfassade strahlte wie eine Bergkuppe im Abendlicht. In der Ferne ein dunkelblauer Streifen. Nicht genug damit. Unten sieht man eine Wiese voller Obstbäume, die an einer drei oder vier Meter in die Tiefe gehenden Felswand endet, an der die Hinterhöfe der im Tal gelegenen Grundstücke beginnen. Renoviert wird seine Lieblingsimmobilie rund um die Uhr, denn er zahlt in harter Währung.

Wenn ich auch glaube, mich nicht zu schonen, führe ich im Vergleich zu anderen ein beinah kontemplatives Leben. Andy will nicht nur einen zweiten Laden einrichten, er hat sich zudem in den Kopf gesetzt, ein Autohaus speziell für Geländewagen zu gründen, was es in dieser Art bisher nirgendwo gibt. Selbst wenn ich nach Mitternacht nach Hause fahre – in Cornelias Reisebüro brennt immer noch Licht. Buchen kann man bei ihr jetzt schon, bezahlen muß man erst im Juli. Die Leute stehen von morgens bis abends davor Schlange. Ihr Mann Massimo will eine Apotheke in der Poliklinik einrichten. Deshalb pendelt er zwei- oder dreimal pro Woche zwischen Fulda und Altenburg hin und her.

Recklewitz-Münzner rekrutiert hier Partner, gibt Fortbildungen und kauft in eigenem und fremdem Auftrag ein Grundstück nach dem anderen. Gemeinsam mit seinem Freund Nelson baldowern sie Standorte für Tankstellen aus. Olimpia, Andys Braut, recherchiert für jüdische Organisationen im Katasteramt und spricht alle Sprachen der Welt. Und Proharsky, der Ukrainer, treibt für die ganze Familie, also auch für uns, die Schulden ein. Muß ich überhaupt erwähnen, daß die Fäden bei Fürst & Fürst Immobilien zusammenlaufen?

Dem Baron überreichte ich meine Kalkulation für das Anzeigenblatt in der Erwartung, er werde sie belächeln. Er warf einen kurzen Blick darauf, nannte sie perfekt, gab sie mir zurück, fragte mich, während er seine Collegemappe durchsuchte, was ich von der Vereinigung des Jemen halte[1], wovon ich weder gehört hatte noch wußte, was diese Frage jetzt sollte, und zog seine eigene Kalkulation hervor, die, wie er meinte, zu einem ähnlichen Ergebnis gelange. Der einzige Posten, den ich vergessen hatte, waren Zinsen für Kredite und die Miete.

Der Baron lud mich ein, ihn zu Dr. Karmeka, dem neuen Bürgermeister, zu begleiten, das würde garantiert interessant, denn er wolle ihm ein Angebot unterbreiten, bei dem ich das Verhalten des Bürgermeisters beobachten solle, ein Angebot, das für die Zukunft der Stadt entscheidend sein könne.

Karmeka, der, eigentlich Zahnarzt, wegen seines maroden Rückens in die Politik gewechselt ist, hat in der Stadtverwaltung alle entlassen, die er entlassen konnte. Nur sein »Vorzimmer« hat überlebt. Neben zwei Sekretärinnen gibt es da einen Privatadlatus, Herrn Fliegner, ein bleicher schmaler Jüngling, der auf dem

[1] Am 22. Mai 1990 hatte sich die Demokratische Volksrepublik Jemen (Südjemen) mit der Arabischen Republik Jemen (Nordjemen) vereinigt.

Schreibtisch Karmekas irgendwelche Papiere ordnete und nicht einmal aufsah, als wir eintraten.

Karmeka, das ist allgemein bekannt, empfängt jeden Besucher, indem er, kaum daß man Platz genommen hat, eine Zigarette aus der Schachtel zieht – er raucht alte »Juwel« –, um sie samt Feuerzeug hochzuhalten und zu fragen: »Stört Sie das?«

Statt zu antworten, überreichte der Baron ihm ein glänzendes braunes Lederetui. »Eine kleine Aufmerksamkeit.« Karmeka (man muß es auf der ersten Silbe betonen) erstarrte, legte sein Spielzeug beiseite, bediente sich und zog schnüffelnd die Zigarre unter seiner Nase entlang. Wenn wir erlaubten, meinte er und schob das Etui wieder zu Barrista hinüber, würde er diese Kostbarkeit heute abend in Ruhe und mit Verstand rauchen, im Dienst sei das schlecht möglich, denn obwohl unsere Anwesenheit höchst willkommen sei und im eigentlichen Sinne nicht als Arbeit gewertet werden dürfe ... und schon sog er an seiner Zigarette und vergaß darüber, den Satz zu beenden.

Der Baron stimmte eine Klage über die Flut von Bittschriften an, die mit der Ankündigung des Besuches Seiner Hoheit eingesetzt habe. Notgedrungen müsse er viel Zeit darauf verwenden, das könne man ja nicht dem Erbprinzen überlassen. In dieser Art und Weise lamentierte er weiter. Die beiden senkrechten Falten, die jeweils in der Mitte von Karmekas Wangen begannen und an den Mundwinkeln vorbei bis zu seinem Unterkiefer führten, zuckten hin und wieder.

Es gehe nämlich so weit, rief der Baron, daß unsere geschätzten Freunde vom »Altenburger Wochenblatt« regelrecht erpreßt würden, die Adresse Seiner Hoheit zu veröffentlichen. Er erwähne diesen Ärger nur, damit das, worauf wir uns bei dem Besuch gefaßt machen müßten, recht plastisch ins Bild rücke.

Die Gesten Karmekas, mit denen er auf Barristas Gerede reagierte, wurden immer verhaltener und erlahmten zusehends.

Zaghaft streckte er beide Arme aus, um den Ablaufplan des Besuches – ein Vorschlag, nur ein Vorschlag – in einer Mappe aus demselben edlen Leder wie das Zigarrenetui entgegenzunehmen. Und justament da, als seine Fingerkuppen das Leder schon berührten, überfiel ihn ein Husten, ein Hustenanfall, bei dem er die Arme anwinkelte und sich wie unter Schlägen krümmte, zur Seite drehte und schließlich, in gebückter Haltung, aufstand und sich abwandte.

Der Baron fuhr unerbittlich fort. »Seine Hoheit kommt nicht mit leeren Händen!« rief er, und da er das Gehuste Karmekas übertönen mußte, klang es weniger wie ein Versprechen als wie eine Zurechtweisung. Nach Luft ringend, den Kopf gesenkt, sah uns Karmeka, die Augen im feuerroten Gesicht weit aufgerissen, an. Er hatte nicht verstanden, was der Baron vom Handreliquiar gesagt hatte, eine Angelegenheit, die nicht nur mit der Kirche besprochen worden war, sondern deren festliches Procedere – der Einzug, der Empfang – sich bereits in der Phase eifrigster Vorbereitung befand. »Können Sie – bitte … ich habe nicht … ich meine – wiederholen?« stieß Karmeka hervor.

»Wir bringen Bonifatius zurück!« schrie der Baron, lächelte und hielt dem erschöpften Karmeka die Mappe wieder hin.

»Moment!« hörte ich über mir eine Stimme. Fliegner war mit einem Glas Wasser zwischen uns und Karmeka getreten. Fliegner schirmte ihn so geschickt ab, daß wir nicht sahen, wie er trank. »Zehn Minuten«, sagte Fliegner, zu Karmeka gewandt, und trat lautlos zurück.

»Bitte«, sagte ein sichtlich erholter Karmeka, »wo waren wir stehengeblieben?«

Der Baron überreichte ihm erneut die Mappe mit dem Ablaufplan. Karmeka legte sie ungeöffnet vor sich ab und sah den Baron wieder an.

»Und jetzt ein Angebot«, sagte der Baron, »ich habe der

Stadt ein Angebot zu unterbreiten.« Und mit Blick auf Fliegner fügte er hinzu: »Und ich erwarte höchste Diskretion.« Karmeka lächelte ihn unverwandt an. Der Baron schien zu überlegen, ob er überhaupt weitersprechen sollte. Vom Schreibtisch hörte man wieder das Rascheln der Papiere.

»Eine dreistellige Millionensumme, die sich als Dollaranlage noch außerhalb des Landes befindet, wird in diesem Jahr frei«, sagte der Baron. Er gedenke sie in großen Teilen hier zu parken, ja, in Altenburg und natürlich in D-Mark, vorausgesetzt, die Stadt komme mit der Sparkasse ins reine und biete ihm in Anbetracht der Summe und einer mehrjährigen Laufzeit die notwendigen Konditionen. »Altenburg liegt mir am Herzen«, schloß der Baron.

Karmekas Aufmerksamkeit war nach innen gekehrt, seine Zunge puhlte an einem Backenzahn. Die Zigarette war bei dem Versuch, sie auszudrücken, abgebrochen und qualmte nun im Aschenbecher vor sich hin. Fliegner war bereits wieder lautlos hinter Karmeka getreten, beugte sich herab und flüsterte ihm etwas ins Ohr.

»Wie kann ich Sie erreichen?« fragte Karmeka. Der Baron deutete auf mich und verbeugte sich, als danke er im voraus für meine Dienste. Sein Lächeln flackerte und erstarb.

Karmeka, der sich als erster erhoben hatte, faßte den Baron am Ellbogen, als wollte er ihm beim Aufstehen helfen. »Ich werde Ihre Zigarre heute abend im Garten genießen.« Seine Augen leuchteten vor Herzlichkeit. »Auf bald«, sagte er. An mich gewandt, flüsterte er: »Machen Sie weiter so!«

Im Vorzimmer holte uns Fliegner mit dem Zigarrenetui ein. Von ihm schieden wir grußlos. Schweigend durchquerten wir den Rathaussaal.

»Unglaublich«, seufzte der Baron, als wir unter den blauen Himmel traten. »Haben Sie so einen schon mal erlebt? So ein

Schlitzohr? Mimt den Deppen und zeigt uns bei der nächsten Drehung die kalte Schulter!« Der Baron ächzte. »Da haben wir ja ein Früchtchen, so ein Kuckucksei!«

Derart verärgert hatte ich den Baron noch nie erlebt.

»Dem müssen Sie mal eins vor den Bug geben, sonst begreift der nicht, mit wem er es hier zu tun hat. ›Machen Sie weiter so!‹ Wie der mit Ihnen umspringt. Haben Sie den Rüssel gesehen, wie der an meiner Zigarre geschnuppert hat? Aber nein, bloß keinen Luxus, das vertragen diese Protestanten nicht!«

Ich wollte den Baron darauf hinweisen, daß Karmeka Katholik sei, aber er war nicht zu bremsen. »Rathaus weist dreihundert Millionen zurück!« Der Baron setzte Wort für Wort die Schlagzeile in die Luft. »Eins vor den Bug, aber richtig!«

An unserem Tor stellte er sich mir in den Weg. »Wissen Sie, wie ich das hasse?! Wie ich das Warten hasse!«

»Aber was hatten Sie denn erwartet?« fragte ich.

»Ich hasse es, hasse es, hasse es!« rief er.

Dann aber, als Frau Schorba das Tor von innen öffnete, genügte schon ihr Anblick, um ihn ganz zum Kavalier werden zu lassen. Hinter ihr kam Astrid, der Wolf, angetrabt. Frau Schorba versorgt ihn tagsüber. Da liegt er bei ihr unterm Tisch, wartet auf sein Futter und darauf, daß sie ihn mittags ausführt und mit ihm spielt. Unermüdlich apportiert er ihr einen grünen Ball. Nachmittags führen ihn Georgs Jungen oder auch Robert aus. Diese Spaziergänge sind ein richtiger Jungbrunnen für ihn. Abends holt ihn der Baron wieder ab.

Die Sorge des Barons um unser Wohlergehen hatte ihn nicht an einem wenig dezenten Abwerbungsversuch gehindert, allerdings vergeblich. Nie werde sie mir das in sie gesetzte Vertrauen vergessen, das sei nicht mit allem Geld der Welt aufzuwiegen, beteuerte Frau Schorba.

Jeden Tag besucht sie das Käferchen und den Alten im

Krankenhaus. Das Käferchen hat eine Lungenentzündung oder Schlimmeres; sie spricht wie im Fieber und brabbelt immerzu, wo sie denn jetzt hinsollten. Frau Schorba versucht dem Alten seinen Wahn auszureden und hofft, meinen Namen bald in seiner Gegenwart aussprechen zu können. Abgesehen von ihrer Warmherzigkeit und ihrer Eignung als Sekretärin wäre sie die ideale Anzeigenakquisiteurin und eine gute Buchhalterin. Bei den Computerschulungen ist sie die Unauffälligste, nie quatscht sie rein, nie ist sie unaufmerksam.

Andy begann die Schulungen vor zwei Wochen damit, daß er sich ein kleines Schildchen mit seinem Namen anheftete und einen Teleskop-Kuli auszog. Er sprach, als stünde er vor hundert Leuten. Den Antworten auf seine eindringlichen Fragen folgte die jeweils überschwengliche Bestätigung »Rrischtig! Sehr good!«.

Vor Andy sind alle gleich, alle Schüler, und jede und jeder muß sich einmal vor den Bildschirm setzen, was ungefähr so ist, als würde man an die Tafel gerufen. Pringel ist unser Primus, immer vorbereitet, immer begierig, die Antwort zu geben, wobei sein Kindergesicht leuchtet. Jörg hat eine ähnlich gute, wenn nicht sogar bessere Auffassungsgabe, nur ruhiger, ohne Strebertum.

Ich fühle mich am ehesten als Familienvater[1], der lieber einmal mehr fragt und das langsame Verstehen auf sich nimmt, nur damit auch alle das Klassenziel erreichen. Marion ist gehemmt. Ein früher Tadel vor versammelter Klasse hat ihr die Lust am Computer verdorben. So ist sie nolens volens auf eine Stufe mit Ilona gestellt, die sich gar nicht erst bemüht hat, dafür aber die Gemeinschaft des Klassenkollektivs genießt und Kritik und Tadel gleichermaßen als ihr gewidmete Aufmerksamkeit nimmt.

[1] Die patriarchalische Attitüde soll auch bei späteren Unternehmungen typisch für T. gewesen sein.

Kerzengerade sitzt sie auf der Stuhlkante, um dann, gleich ob ihre Antwort richtig oder falsch ist, mit einem wohligen Stöhnen zurückzusinken – das kapiere ich nie, nie, heij?! –, womit sie regelmäßig Andys Blicke bis an ihren Rocksaum lockt.

Andy bekommt hundert Mark pro Stunde von uns, ein Freundschaftspreis, sagte der Baron, was weder Jörg noch ich so sehen können. Doch hat er es fertiggebracht, daß wir nach drei Schulungen eine perfekte Zeitungsseite (auf zwei A4-Blätter verteilt) ausdruckten. Quod erat demonstrandum!

Die schnitten wir dann zurecht und umstanden sie schließlich wie das Kindlein in der Krippe.

Sei umarmt, Dein E.

Donnerstag, 31. 5. 90

Liebe Nicoletta!
Solange ich im Schlaf noch Träume hatte, an die ich mich morgens erinnern konnte, standen sie in großem Gegensatz zu meinem Befinden. Fühlte ich mich elend, spann mein Gehirn die heitersten Gebilde. In vermeintlich guten Zeiten waren die Nächte oft schrecklich.

In Dresden, am frühen Morgen des achten Oktober, riß mich die Türklingel aus dem Paradies. Gewohnheitsgemäß hatte ich den Schlüssel innen steckengelassen. Deshalb hätte meine Mutter nicht hereinkommen können. Ich schloß auf – doch da war niemand. Ich zog mich an, lief barfuß die Treppen hinunter, fand die Haustür angelehnt, sah hinaus, vergebens. Noch heute würde ich schwören, dieses Klingeln gehört zu haben.

Im Bett versuchte ich, wieder in den Traum zu gelangen, zurück an jenen Tisch, an dem ich mit Vera Äpfel geschält und zu schiffchenförmigen Stücken zerschnitten hatte, um sie in Honig zu tunken. Doch das war nur Kulisse. Das eigentliche Glück verbarg sich in einer Welt, deren Logik mit dem Erwachen zerfiel. Was davon in der anderen, der sogenannten wirklichen Welt zurückblieb, war jedoch eine spürbare Wärme, etwas, womit ich mich tatsächlich trösten konnte.

Zum zweiten Mal erwachte ich vom Sonntagsgeläut. Ich fand ein Glas Honig und toastete das alte Brot. Ich ging in die Dresdner Heide, die meisten Wege war ich seit der Schulzeit nicht mehr gegangen, und fuhr gegen eins über den Platz der Einheit und den Pirnaischen Platz zum Hauptbahnhof. Das, wovon im Radio die Rede gewesen war und was Mario erzählt hatte, wie auch die Demonstration vom Vorabend waren verflogen wie ein Spuk. Eine halbe Stunde später, ich war im »Café am Altmarkt« gewesen, einem von Veras Lieblingsorten, schien sich auf dem Theaterplatz etwas zusammenzubrauen, die Dimitroffbrücke[1] war bereits gesperrt. Nachdem ich eine Weile Ausschau nach Marios Turban gehalten hatte, kehrte ich über die Marienbrücke nach Hause zurück. Ich schrieb meiner Mutter, daß ich bedauerte, mit ihr keinen Ausflug nach Moritzburg machen zu können. Beim Durchlesen wollte ich das Blatt zerreißen, aber ich war froh, überhaupt etwas zu Papier gebracht zu haben.

Auf der Autobahn fuhr ich nie schneller als hundert, hielt mich an alle übrigen Geschwindigkeitsbegrenzungen, hörte Musik und glaubte für Bruchteile von Sekunden, ich hätte letzte Nacht tatsächlich Vera getroffen.

In Torgau wartete Robert schon auf mich. In jeder Hand einen Beutel, lief er vor mir her zum Auto. In einem war Kuchen, in dem anderen ein mehrfach mit Zellophantüten und Einweck-

[1] Heute Augustusbrücke.

gummis gesicherter Topf, darin gefüllte Paprika. Robert sagte, das sei alles für mich. Wieso für mich, fragte ich. »Für uns alle«, sagte Robert, »aber vor allem für dich.«

Er fragte, was ich gemacht hätte. Wie auch später Michaela erzählte ich ihm, daß mein Freund Johann ein Telegramm geschickt und mich gebeten habe zu kommen. Deshalb sei ich nach Dresden gefahren. Er fragte nach meiner Mutter, und ich sagte, ich habe sie zu Hause nicht angetroffen. Wir fuhren zum Bahnhof.

Michaela stieg direkt vor mir aus. Daran, wie sie mich geflissentlich übersah, unentwegt ihre Haare hinters Ohr zurückstrich und mich erst dann begrüßte, wurde klar: Sie steckte in einer Rolle, einer neuen Berliner Rolle, die sie uns jetzt vorführen würde. Robert kam mit seinem auf dem Rücken hin und her hüpfenden Campingbeutel auf sie zugerannt und fragte sie noch vor der ersten Umarmung, ob ihr schlecht sei. Denn Michaelas Rolle bestand jetzt darin, sich überanstrengt zu geben, zugleich aber alle verbliebenen Kräfte dafür aufzubieten, sich diese Erschöpfung nicht anmerken zu lassen.

Das einzige, worüber ich im Auto redete – sie hat es mir immer wieder vorgehalten –, waren die gefüllten Paprika und der Kuchen. Michaela warf mir noch Monate später vor, ich hätte sie völlig allein gelassen und mich benommen wie der letzte Trottel. Dabei hat sie jede Nachfrage Roberts ignoriert und immer nur wieder gesagt, Thea lasse uns herzlich grüßen und wir sollten beim nächsten Mal unbedingt mitkommen.

Ich sah nichts Beunruhigendes darin, daß sie sich sofort nach ihrer Ankunft ins Bad verzog. Ich stellte den Topf auf den Herd, deckte den Tisch im Wohnzimmer, Robert füllte die saure Sahne in ein Schälchen und zündete die Kerzen an. Uns zuliebe legte er »Friday Night in San Francisco« auf. Mehrmals rief er nach Michaela. Nachdem ich den Plattenspieler leiser gestellt hatte, hörten wir sie schluchzen.

Schließlich erschien sie mit einer Schleppe aus Toilettenpapier, als brauchte sie eine ganze Rolle, um ihre Tränen zu trocknen und sich die Nase zu putzen. Sie öffnete das Balkonfenster – der Geruch von Essen bereite ihr Übelkeit –, ließ sich aufs Sofa fallen und zog Robert an sich. Über seinen Kopf hinweg sah sie in jene Ferne, in der sie wohl das uns Verschwiegene schaute.

Thea, Michaela und Karin (auch sie Schauspielerin) hatten sich, bevor die abendliche Geburtstagsrunde begann, für zwei Stunden in Theas Lieblingskneipe gesetzt, in der Stargarder Straße, nicht weit entfernt von der Gethsemanekirche. Bis sieben waren sie dort gewesen, Thea hatte von ihren Gastspielen im Westen erzählt, Erfolge, die man sich hier gar nicht vorstellen könne. Auch das Publikum sei viel spontaner und offener gewesen als hier. Weniger berauscht vom Bier als von diesen Geschichten, waren sie dann auf die Straße getreten und hatten sich einer Front behelmter und mit Schutzschilden und Schlagstöcken bewehrter Uniformierter gegenübergesehen. Sie waren umgekehrt, aber in der anderen Richtung war auch kein Durchkommen gewesen, die Schönhauser Allee war gerade an dieser Stelle abgeriegelt. Sie waren wieder zurückgekehrt und hatten die Behelmten um Durchlaß gebeten, sie wollten endlich nach Hause. Thea zeigte sogar ihren Ausweis und sagte, sie habe heute Geburtstag. Man antwortete ihnen nicht. Sie versuchten es erneut auf der anderen Seite. Dort trugen die Uniformierten keine Schilde und Helme.

An dieser Stelle ihrer Erzählung schneuzte sich Michaela. Das Toilettenpapier raschelte auf den Kokosmatten.

Sie dachten, fuhr Michaela fort, mit denen ohne Helme könne man reden. Jedesmal habe Thea ihren Geburtstag erwähnt und von den Kindern und Gästen gesprochen, die zu Hause auf sie warteten. Weil sie keine Antwort bekommen habe, sei Thea laut geworden. Sie habe nicht gewußt, daß es jetzt schon verboten sei, nach Hause zu gehen, das würde ja zu diesem Staat passen, da könne man sie doch gleich verhaften. Thea habe sich gerade zu Karin und ihr, Michaela, umgewandt, als drei Greifer in Zivil durch den Kordon auf sie zugestürzt seien und sie von hinten gepackt hätten. Einer von ihnen sei zwischen sie und Thea getreten, weshalb sie, Michaela, nicht sagen könne, was mit Thea in jenen Sekunden wirklich passiert sei. Thea habe geschrien, wahrscheinlich vor Schmerz. Beide sahen noch, wie Thea, als sie weggeführt wurde, ihren Ausweis in der Hand hielt. Dann sei sie hinter einem LKW verschwunden. Sie hätten Theas Handtasche aufgehoben, die Sachen, die herausgefallen waren, aufgesammelt und überlegt, was sie jetzt tun könnten. Sie hatten versucht, einander die drei Stasitypen zu beschreiben, und mußten sich eingestehen, sie bei einer Gegenüberstellung nicht identifizieren zu können. Fünf Minuten später hatten sie gesehen, wie Thea von zwei Bütteln auf einen LKW geworfen worden sei. Das könnten Karin und sie bezeugen.

Sie seien in die Kneipe geflüchtet und hätten Thomas, Theas Mann, angerufen. Karin habe einen Heulkrampf bekommen und sich auf die Eckbank des Stammtisches legen müssen. Von draußen sei Geschrei zu hören gewesen, und immer wieder seien Leute hereingestürzt, manche mit Platzwunden oder blutenden Nasen. Alle hätten Angst gehabt, daß die Uniformierten auch in die Kneipe kommen könnten. Sie, Michaela, habe es sich schon fast gewünscht, weil das Gewarte das schlimmste gewesen sei.

Als sie gegen halb eins in Theas Wohnung zurückgekehrt seien, habe noch die ganze Geburtstagsgesellschaft dagesessen. Thomas habe sie, Michaela und Karin, zuerst angebrüllt, als trügen sie die Schuld an Theas Verschwinden. Mehr als zehn Gäste hätten in der Wohnung übernachtet, auf dem Fußboden, in Sesseln, an Schlafen sei sowieso nicht zu denken gewesen. Thomas habe die ganze Nacht herumtelephoniert. Er sei auch zur Polizeischule Rummelsburg gefahren, aber man habe ihn nicht hineingelassen. Tagsüber hätten sie gewartet und wären nur raus, um die Kinder auf den Spielplatz zu bringen.

Michaela hatte sich beim Sprechen etwas beruhigt, doch nur, um jetzt um so vehementer mit ihrer Selbstanklage zu beginnen. Thea habe nämlich im Moment ihrer Festnahme nach ihnen gerufen. Sie, Michaela, habe Thea sogar festhalten wollen, sei aber dann von dem Kordon der Uniformierten zurückgestoßen worden. Michaela brach erneut in Tränen aus. Einer der Polizisten, oder was für Uniformen das auch immer gewesen seien, habe sie gefragt, ob sie ebenfalls Lust habe, dorthin zu kommen. »Dorthin«, habe er gesagt, und es sei klar gewesen, daß »dorthin« etwas Schreckliches bedeute. Und nun frage sie sich, warum sie davor zurückgeschreckt sei, warum sie Thea nicht gefolgt sei, wie es sich gehört hätte. »Nein!« rief Michaela, alle unsere Tröstungsversuche abwehrend, es wäre ihre Pflicht gewesen, Thea zu begleiten und sich nicht abschrecken zu lassen von diesem »dorthin«. Sie könne Thomas verstehen, natürlich mache er ihr zu Recht Vorwürfe. »Ich habe es zugelassen! Ich habe sie allein gelassen!«

Robert saß völlig ratlos neben ihr. Dann stand Michaela auf und verkündete, jetzt zur Telephonzelle zu gehen, um Thomas anzurufen. Außerdem sei ihr nach frischer Luft zumute.

Robert und ich aßen allein. Beim Abwaschen erzählte er mir von seinem Klassenlehrer, Herrn Milde, der gesagt habe, wir würden niemandem eine Träne nachweinen, der unserer Republik den Rücken kehre (das war damals so eine Zeitungsparole), woraufhin Falk, sein Freund, geantwortet habe, er bedauere, daß Doreen, seine Banknachbarin, die vor ein paar Tagen mit ihren Eltern ausgereist war, nicht mehr da sei. Erst habe Herr Milde nicht reagiert, ihn dann aber ermahnt, sich zu melden, wenn er etwas sagen wolle. Da habe sich Falk gemeldet, sei aber nicht aufgerufen worden. Herr Milde hatte gesagt, einem wie ihm werde es doch leichtfallen, eine hübschere Freundin als Doreen zu finden. Robert fragte mich, ob er sich auch hätte melden sollen.

»Schlechte Nachrichten«, sagte Michaela. Mir kam es vor, als sei sie im Grunde stolz darauf. Karin sei bei Theas Kindern geblieben, Thomas habe einen Bericht über Theas Verhaftung verfaßt und in der Gethsemanekirche vorgelesen und ausgehängt. Karin habe als Zeugin unterschrieben und ihre Adresse angegeben. Karin habe Michaela versprochen, auch ihre, also unsere Adresse darauf zu schreiben. »Dort muß die Hölle los sein«, sagte Michaela.

Am nächsten Morgen waren wir kurz vor zehn im Theater. In der Dramaturgie, diesem niedrigen dunklen Raum unterm Dach, drängten sich die Leute.

Michaela griff sofort zum Telephonhörer, preßte ihn ans Ohr und hielt sich während des Gesprächs das andere Ohr zu.

Die meisten schien die pure Langeweile hierher verschlagen zu haben. Sie inspizierten unsere kleine Bibliothek, blätterten in alten Programmheften und sprachen über Aufführungen und Kollegen, als sei das ein Gebot der Stunde. Ging die Tür auf, stockten die Gespräche jeweils für einen Augenblick.

Amanda von der Requisite erschien und kurz darauf Olaf, der Inspizient. Norbert Maria Richter war noch nicht da. Amanda steckte sich eine Zigarette an und fragte, was wir denn planten. »Ich plane nichts«, sagte ich.

Die einen sprachen über eine Resolution des Dresdner Theaters, die auf der Bühne verlesen werden sollte, andere von Blutkonserven und freigeräumten Stationen. Das werde tatsächlich in Leipzig erzählt, bestätigte Patrick. Ellen habe ihn deshalb im Theater angerufen. Amanda zeigte uns einen Artikel aus der »Volkszeitung«. »Werktätige fordern: Staatsfeindlichkeit nicht länger dulden!« lautete die Überschrift. Eine Kampfgruppeneinheit namens Geifert fühlt sich von gewissenlosen Elementen nach der Arbeit, beim Genuß ihres verdienten Feierabends, belästigt. Die Folgerung daraus: Sie sind bereit und willens, das von ihrer Hände Arbeit Geschaffene zu verteidigen und zu schützen, die Störungen endgültig und wirksam zu unterbinden. »Wenn es sein muß, mit der Waffe in der Hand.« Ich las den Artikel laut vor und ließ die Zeitung herumgehen. Amanda hielt ihre Kippe unter den Wasserhahn und legte sie neben die Seife zu den anderen. Sie lächelte.

»Heute entscheidet sich alles«, hörte ich plötzlich Michaela. »Wenn wir heute versagen, dann haben wir für immer versagt.« Ihr Blick ging von einem zum anderen. »Wenn wir heute nicht selbst auf die Straße gehen, lassen wir alle, die inhaftiert und gefoltert wurden, im Stich.« Darauf folgte die Wiedergabe dessen, was Thea erzählt hatte.

Michaela nahm sich Zeit für ihre Rede, hob kaum die Stimme und ließ alle spüren, daß sie um Sachlichkeit rang und ihre Gefühle, schließlich handelte es sich um ihre beste Freundin, zu unterdrücken verstand. Sie ähnelte schon einer Nachrichtensprecherin, als sie ein Mädchen erwähnte, das sich habe ausziehen müssen und unter dem Gelächter der Polizisten nackt über den Gang gejagt worden war. Dieses Martyrium sei Thea erspart geblieben. Dafür spüre sie noch den Schlag auf den Kopf – minutenlang habe sie bewußtlos auf dem LKW gelegen; schlimmer noch seien die Rückenschmerzen, die ganze rechte Seite sei ein einziger Bluterguß. Sie seien bei jeder Gelegenheit geschlagen worden, sogar dann noch, als sie an der Wand standen, mit den Händen im Nacken. Immer wieder hätten junge Kerle Leibesvisitationen vorgenommen.

Nach 38 Stunden ohne Schlaf und Essen habe man sie entlassen. Gestern abend sei um die Gethsemanekirche die Straßenbeleuchtung ausgeschaltet worden, dann hätten die Uniformierten losgeprügelt – unterm Sturmgeläut der Kirchenglocken.

»Wenn wir es heute nicht schaffen«, sagte Michaela, während sie am Kragen ihres Mantels zog, »haben wir unsere Chance für lange, vielleicht für immer vertan!«

Michaela hatte uns mit ihrer Rede in Verlegenheit gebracht. Deshalb löste die Nachricht, Norbert Maria Richter sei gekommen, einen etwas überstürzten Aufbruch aus.

Hätte es mich statt Thea getroffen, davon war ich überzeugt, wäre Michaela wohl kaum zu solch einer Rede inspiriert worden. Thea war ihr schon wieder einen Schritt voraus. *Das* fand Michaela unerträglich! Die große Freundin war daran schuld, daß Michaela glaubte, ihr Gesicht zu verlieren, wenn nicht auch sie Kopf und Kragen riskierte.

Liebe Nicoletta! Ich weiß, wie mißgünstig ich Ihnen erscheinen muß. Vielleicht habe ich immer noch zuwenig Distanz zu der ganzen Sache. Aber in diesem Falle teile ich Ihnen nicht nur meine damalige Meinung mit.

Gegen Michaelas Wahn war kein Kraut gewachsen.[1] Ich wußte, sie würde nach Leipzig fahren. In Norbert Maria Richter oder Jonas mußte ich keine Hoffnungen setzen. Robert bliebe mein einziges Argument, aber Thea hatte schließlich auch keine Rücksicht auf ihre Familie genommen.

Mittags in der Kantine wußte jeder von leer geräumten Turnhallen und Notlazaretten zu berichten. Jonas, der lange geschwiegen hatte, sagte mit einem wissenden Lächeln, er rate jedem dringend davon ab, heute nach Leipzig zu fahren.

Als wir uns nach der Probe trafen – natürlich war an eine richtige Probe nicht zu denken gewesen –, fuhren wir zu Tante

[1] Es ist bemerkenswert, dass T. noch im Mai 1990 Michaelas mutiges Auftreten als »Wahn« bezeichnet.

Trockel. Die würde, sollten wir uns bis zehn nicht gemeldet haben, nach Robert sehen. Danach gingen wir noch in die Kaufhalle – das Angebot war unglaublich gut, ich erinnere mich jetzt nur an die Gläser mit Gewürzgurken, plötzlich schienen davon Unmengen verfügbar zu sein, ebenso H-Milch und Ketchup. Unser Kühlschrank war später so vollgestopft wie vor Weihnachten. Michaela legte zweihundert Mark auf den Küchentisch, dazu unseren Vorrat an Telephonzwanzigern, das restliche Münzgeld und die Kliniknummer meiner Mutter. Ich schrieb die Nummer von Geronimo dazu. Robert begann erst beim Anblick der Geldscheine zu ahnen, wie sehr sich dieser Nachmittag von allen anderen unterschied. Er wollte mit. Ich war dafür, Michaela dagegen. Sie sprach mit ihm in seinem Zimmer. Als sie wieder herauskam, sah ich, daß sie geweint hatte. Gegen vier starteten wir; aus dem Theater hatte sich niemand von Michaelas komfortablem Angebot zum Mitfahren bewegen lassen.

Hinter Espenhain wurden wir herausgewinkt, Verkehrskontrolle. Ich hätte nur die Papiere zu Hause vergessen müssen oder ein Blinklicht demolieren, womöglich wäre dann die Reise schon vorbei gewesen. Man wünschte uns gute Fahrt. Bevor ich wieder ins Auto stieg, ließ ich meinen Blick auf den mickrigen Bäumen und Sträuchern ruhen, die den Parkplatz umgaben – in diesem Moment erschien er mir wie eine Idylle. Es war verhältnismäßig warm. Mir kam es so vor, als hätte ich seit Jahren nicht mehr ans Schreiben gedacht.

Kurz vor Leipzig begann sich Michaela zu schminken. Wir könnten doch noch einen Schaufensterbummel machen, sagte sie, Zeit hätten wir ja. Dabei legte sie mir eine Hand auf den Schenkel, als wolle sie mir Mut machen.

Was folgte, ist schnell erzählt:

Wir parkten vor dem Dimitroffmuseum. Direkt gegenüber, in einer Nebenstraße, standen LKWs der Kampfgruppen. Aus großen Kübeln wurde Tee an die Uniformierten verteilt. Sie schienen keine Waffen zu tragen. Wir überquerten die Straße und kamen bis auf zehn Meter an sie heran. Die wenigen, die uns bemerkten, sahen schnell weg.

Wir gingen am Neuen Rathaus vorbei zur Thomaskirche. Ein bißchen benahmen wir uns wie Touristen, denen man eine Stunde Freizeit gelassen hat, bevor ihr Bus weiterfährt. Wir umrundeten die Kirche und blieben eine Weile vor dem Denkmal Johann Sebastian Bachs stehen. Michaela zog es in den gegenüberliegenden Buchladen. Gerade in einer Situation wie dieser, sagte sie, sei es schön, von Büchern umgeben zu sein. Ich gehorchte meinem Reflex, doch noch bevor ich die ersten Meter des Regals überflogen hatte, war mir klar, daß ich nichts kaufen würde. Ich sah überhaupt keinen Sinn mehr darin, ein Buch auch nur in die Hand zu nehmen.[1]

Es muß dann schon in der Nähe der Oper gewesen sein, als wir auf eine ganze Reihe von diesen Mannschaftswagen stießen. Wir liefen an ihnen vorbei, und es war fast so, als würden wir sie besichtigen. Ein paar Uniformierte stapften hin und her, den Blick auf ihre Gerätschaften gerichtet. Sie hatten auch Hunde dabei und Wasserwerfer.

Am Gewandhaus blieben wir stehen. Von den Eingangsstufen aus konnte man den ganzen Platz übersehen.[2]

Liebe Nicoletta! Sie werden vielleicht annehmen, wir hätten in diesen Stunden irgendwelche gewichtigen Gespräche geführt, Gespräche über die Zukunft und über Robert, oder uns wenigstens versprochen, von nun an jeden Augenblick unseres Lebens zu genießen und einander zu lieben. Aber nichts von alldem.

1 Auch hier wüsste man gern: Warum?

2 Der Eingang des Gewandhauses ist völlig ebenerdig, es gibt dort keine Stufen.

Weil ich die Staatsmacht nie zuvor derart bedrohlich zu Gesicht bekommen hatte, war es gerade dieser Anblick, der alles so unwirklich machte. Jedesmal wenn eine Kolonne Mannschaftswagen aus Richtung Grassi-Museum auf den Ring einbog, hupten die Autos dagegen an, Pfiffe gellten. Waren die Wagen vorbei, wurde es wieder ein schöner Oktobernachmittag mit Leuten, die einander zulächelten, die Buchläden durchstreiften und auf die Straßenbahn warteten.

Ich erklärte Michaela, deren Einkäufe ich trug, aus welcher Richtung die Demonstranten kommen würden, falls man sie überhaupt bis auf den großen Platz ließe. Wären sie erst mal hier, könne sie nichts mehr aufhalten. Wir hatten einen geradezu idealen Standort gefunden. Von hier aus konnten wir flüchten oder teilnehmen oder einfach verharren. Wer wollte einem verbieten, mit einer Buchtüte unterm Arm vor dem Gewandhaus zu stehen?

Plötzlich drangen von allen Seiten Geräusche auf uns ein. Aus Lautsprechern tönte ein Aufruf zur Gewaltlosigkeit[1], und zugleich hörte ich die Sprechchöre laut und nah. Unversehens war sie da, die Demonstration, wir hatten es gar nicht gemerkt. Von einer Sekunde auf die andere war der Opernplatz voller Leute, als hätten sie Tarnkappen abgeworfen. Wir selbst waren die Demonstration! Jetzt ist es zu spät, dachte ich. Michaela knetete meine Hand. Ich wollte ihr sagen, sie brauche nun keine Angst mehr zu haben, als sie mich wegzog. Michaela strebte auf

1 Aufruf der »Sechs von Leipzig« (die Sekretäre der SED-Bezirksleitung Kurt Meyer, Jochen Pommert, Roland Wötzel, der Dirigent Kurt Masur, der Theologe Peter Zimmermann und der Kabarettist Bernd-Lutz Lange): »Wir alle brauchen freien Meinungsaustausch über die Weiterführung des Sozialismus in unserem Land.« Der von Masur verlesene Aufruf endete: »Wir bitten Sie dringend um Besonnenheit, damit der friedliche Dialog möglich wird.«

einen Mann zu, der mit seinem Schnauzer und dem kahlen Kopf aussah wie eine Robbe. Sie umarmten sich. Er trug eine Brille aus dem Westen und tat so, als habe er mich gar nicht bemerkt. Mindestens eine halbe Minute lang wartete ich hinter Michaela und sah ihn über ihre Schulter hinweg an. Irgendwann sagte sie: »Das ist Enrico, der ist auch am Theater.« Ich fragte, was *er* denn mache, worauf Michaela »Das ist ***!« rief. *** nickte kurz wie in Gedanken und richtete seine Robbenaugen wieder auf Michaela. Und schon gingen wir drei nebeneinander in Richtung Post. Ich schob mich neben Michaela und winkelte meinen rechten Arm an, damit sie sich bei mir unterhakte. Sie aber tat nichts dergleichen und wandte kein Auge von der Robbe. Ich wußte nicht einmal, woher sie sich kannten. »Irre«, sagte die Robbe mehrmals, »irre!«

Ohne mich wären sie einander wohl noch öfter um den Hals gefallen. Michaela erzählte von Thea. Sah so der Regisseur aus, der Michaelas Träume erfüllen konnte?

Unerträglich war mir der Gedanke, daß er nun unauslöschlich mit diesem Tag verbunden sein würde. Wie eine Zecke würde er von nun an in unserer Erinnerung hängen. Genosse Robbe war dazu übergegangen, statt »irre« »schlimm« zu sagen. Jedem Satz von Michaela gab er mit »schlimm, schlimm« seinen Segen. Sie fühlte sich davon angespornt. Plötzlich zeigte er zu der Kamera hinauf und sagte: »Wenn das ein Maschinengewehr wäre!« Jemand hatte angefangen, der Kamera zuzuwinken, und nun winkten alle um mich herum hinauf. An der Fußgängerampel machten wir halt.

Sie kennen ja die dunklen Fernsehbilder. Haben Sie die Langsamkeit bemerkt, mit der die Leute einen Fuß vor den anderen setzten, und die großen Abstände zwischen ihnen? Ich kannte nur Maidemonstrationen, bei denen man sich ewig die Beine in den Bauch stand, ab und an ein paar Meter voranschlurfte, wartete und schließlich zum Laufschritt angetrieben wurde, damit vor der Tribüne keine Lücke im Demonstrationszug entstand. Hier aber schlenderte man zu zweit, zu dritt, in Grüppchen über den Platz, darauf bedacht, den anderen nicht zu nahe zu treten. Die Ampel wurde grün. Wir aber blieben stehen und warteten. Ein Mann fragte: »Beim nächsten Grün gehen wir los?« Und so betraten wir, als das grüne Männlein wieder aufleuchtete, endlich die Straße.

Wir wandten uns nach links, in Richtung Hauptbahnhof. Die Leute in den Autos, für sie war kein Durchkommen mehr, saßen wie festgefroren, angststarre Blicke. Von den Einsatzwagen, überhaupt von Polizei war nichts zu sehen. Nur ein einziger Polizist zeigte sich breitbeinig in einer Nebenstraße, als wollte er sich die Demonstration einmal persönlich anschauen. Nach zwei- oder dreihundert Metern drehten wir uns um. Sie erinnern sich vielleicht, die Straße fällt zum Hauptbahnhof hin leicht ab. Michaela jubelte und umarmte mich, die Robbe schrie: »Irre, irre!« Die ganze Stadt schien eine einzige Demonstration!

Auf einmal brüllte die Robbe los: »Reiht euch ein! Reiht euch ein!« Beim zweiten Mal hatte er sogar seinen Arm erhoben und skandierte es mit geballter Faust, als drohte er den Leuten in dem Restaurant, die an die Fenster gekommen waren und winkten. »Reiht euch ein!« brüllte er, und Michaela fiel beim vierten oder fünften Mal mit ein. Dann wechselten sie zu »Gorbi, Gorbi!«. Es war grausam. Die beiden machten ein solches Geschrei, daß alle Gespräche verstummten und den anderen nichts weiter übrigblieb, als einzustimmen.

Michaela wandte sich mir zu, als wollte sie sagen: »So wird's gemacht!«

Wenn die Robbe pausierte, sprach Michaela weiter von Thea. Sie nahm es klaglos hin, daß die Robbe sie mitten im Satz unterbrach, um die »Internationale« anzustimmen.

Wir liefen unter der dichtbesetzten Fußgängerbrücke hindurch und betraten die riesige Kreuzung dahinter, die völlig leer war. Ich genoß es, mitten auf der Straße gehen zu können. Im selben Moment sah ich die Helme und Schilde, vielleicht dreihundert Meter von uns entfernt. Wir blieben stehen. Die Robbe klärte uns darüber auf, daß dort die »Runde Ecke« sei, das Gebäude der Staatssicherheit.

Wie schon an der Fußgängerampel warteten wir, daß die Leute aufrückten und der Demonstrationszug dichter wurde. Auf dieser Kreuzung hörte ich zum ersten Mal »Wir sind das Volk« (im Originalton: »Mihr sinn das Vouhlg«), was mir damals wie eine Antwort auf den Leserbrief der Kampfgruppe vorkam.[1]

An der »Runden Ecke« – kein einziges Fenster war in dem ganzen großen Haus erleuchtet – sah ich erst, wie klein der uniformierte Haufen war, der sich da vor dem Eingang Schild an Schild drängte. Ich glaubte zu erkennen, daß diese Hopliten wie Pferde zu scheuen und auf der Stelle zu tänzeln schienen.[2] Um sie zu beruhigen, hatte sich eine Reihe von Demonstranten vor die Schildbewehrten gestellt. Sie hielten sich an den Händen und sahen den anderen Demonstranten zu, wie diese brennende Kerzen zu ihren Füßen auf das Pflaster stellten.

Plötzlich verschwand die Robbe von unserer Seite und zwängte sich in die Menschenkette vor den Uniformierten. Dabei sah er nach links und nach rechts, als ginge es darum, sich beim Schlußapplaus gleichzeitig mit den anderen zu verbeugen. Statt weiterzugehen und ihn dort stehen zu lassen, trat Michaela vor ihn hin. Er aber, ganz ergriffen von seiner neuen Rolle, ignorierte sie jetzt.

[1] T. hörte diesen Spruch eine Woche nach seiner Entstehung.

[2] Leicht als Übertreibung erkennbare Beschreibung.

Schweigend trotteten Michaela und ich an der Thomaskirche vorbei, bis wir zum Neuen Rathaus kamen.

Ich wunderte mich über das Freudengeschrei um uns herum. Ich hatte eher das Gefühl, wir seien ins Leere gelaufen. Was sollte man tun? Noch einen Schwenk, zurück zum Gewandhaus?

Michaela wollte bleiben. Ich ging weiter geradeaus zum Auto. Notgedrungen folgte sie mir. Was ich gegen *** habe, rief sie, und warum in aller Welt ich den Beleidigten spiele. Von ihm, sagte ich, habe sie mir nie erzählt. Da gebe es auch nichts zu erzählen, sagte sie, sie hätten sich nur einmal in der Kantine des BE getroffen und Thea habe sie einander vorgestellt. Ich sagte, daß ich ihr das nicht glaubte … Ich wolle einfach nicht kapieren, unterbrach sie mich, wie es unter Theaterleuten zugehe; sie seien eben eine große Familie und so eine Begrüßung habe gar nichts zu bedeuten. Ganz egal wie es sei, sagte ich, auf jeden Fall habe sie mich verleugnet.

Wir schwiegen während der gesamten Rückfahrt.

Als ich die Wohnungstür aufschloß, glaubte ich erst, Tante Trockel sei gekommen, aber es war meine Mutter, die mit Robert Abendbrot aß. Ich dachte, sie würde uns Vorwürfe machen wegen unseres Leichtsinns und weil wir Robert allein gelassen hatten. Aber das schien sie nicht zu interessieren. Sie habe mal wieder vorbeischauen wollen, sagte sie und hörte Michaela mit schiefgelegtem Kopf zu, als berichtete sie von ihrer letzten Premiere. Tante Trockel hingegen, von der ich den Schlüssel holte, verlangte einen vollständigen Bericht. Den sei ich ihr schuldig, schließlich habe sie bereits ihre Sachen gepackt. Sie klang vorwurfsvoll, als hätte ich sie um eine Reise, um ein Abenteuer gebracht.

Ihr Enrico T.

Freitag, 1. 6. 90

Lieber Jo!
Ich habe Dir die Stelle versprochen, und ich werde mein Versprechen halten, schon aus Eigennutz! Aber ich brauche noch ein paar Tage, vielleicht sogar ein oder zwei Wochen, um Klarheit zu schaffen. Ich weiß nicht, was in den letzten Tagen hinter meinem Rücken passiert ist. Von einem Augenblick auf den anderen hat alles die schlimmstmögliche Wendung genommen. Die Atmosphäre ist völlig verändert und läßt mich kaum mehr atmen.

Morgens beginne ich mit allen guten Vorsätzen, um dann, mit jedem unerwiderten Gruß, jedem mir ausweichenden Blick, jedem ins Leere gesprochenen Satz mehr und mehr zu jenem tückischen Wesen zu werden, für das man mich hält.

Vielleicht bin ich mit zuwenig Geschick zu Werke gegangen. Aber das Taktieren widerstrebt mir. Vielleicht hätte ich warten und Jörg allein abpassen sollen. Doch gerade das wußte er zu verhindern. Marion und er spielen glückliches, unzertrennliches Paar.

Ich habe sie gefragt, was sie von meinem Papier hielten, der Kalkulation für das Anzeigenblatt. Jörgs Unterkiefer senkte sich förmlich bei meinem Anblick. »Papier ist geduldig«, sagte er. Marion hatte sich mit meinem Eintritt in ihre Arbeit vertieft. Wegen eines Käseblattes, sagte Jörg, habe er nicht seine Arbeit als Diplomingenieur aufgegeben!

Du mußt wissen, Jo, ich will das Anzeigenblatt ja nicht als Selbstzweck, sondern als Schutz und Geldverdienmaschine, um das »Wochenblatt« von Anzeigen zu entlasten, ohne daß diese uns verlorengehen. Wir müssen das Möglichste aus unseren Ressourcen herausholen, die vorhandene Struktur nutzen, wie mit den Stadtplänen oder den Leserreisen, die ich gemeinsam mit Cornelia plane. Zu Jörg sagte ich: »Wir wollen doch das gleiche!«

»Jede ordentliche Zeitung hat ihre Chance«, erwiderte er,

»wenn sie sich auf das Eigentliche konzentriert.« Sobald wir in Gera druckten, könne die Zeitung genügend Anzeigen aufnehmen, ohne den Text zu vernachlässigen. Dann hätten wir alles, was wir brauchten.

Ich versuchte ihm klarzumachen, daß das eine das andere nicht ausschließe, daß wir aber Positionen besetzen müßten, bevor andere sie einnähmen. Ich halte es mit Barrista, der sich bückt, wenn Geld auf der Straße liegt.

Ich könne doch selbst ein Anzeigenblatt machen, sagte Jörg, denn was ich bisher geschrieben habe, eigne sich sowieso besser dafür. Marion lachte, sah aber nicht auf, als hätte sie gerade etwas Lustiges gelesen.

Ich steckte auch das weg. Wir seien verpflichtet, sagte ich, alles nur Mögliche zu versuchen, um die Zeitung zu schützen, im eigenen Interesse, aber auch in dem unserer Angestellten. Ich wolle nichts weiter als sein Einverständnis, es wenigstens zu versuchen. »Und wenn es schiefgeht, was dann?« fragte er.

In diesem Moment wandte sich Marion um und sagte zu Jörg, sie verstehe gar nicht, warum er überhaupt mit mir diskutiere. Er und sie wollten es nicht, das sei ja wohl ein ausreichender Grund. »Und wenn ihm das nicht gefällt, kann er uns ja seinen Anteil wieder zurückgeben.«[1]

Ach, Jo, ich stand da wie ein dummer Junge. Jörg hatte mich bei seinen Ungeheuerlichkeiten wenigstens angesehen, Marion hielt nicht mal mehr das für nötig!

[1] Jörg Schröder widerspricht dieser wie auch den folgenden Darstellungen sehr entschieden. Weder sei abfällig über die Artikel T.s gesprochen worden, noch sei, wie später wiederholt von T. behauptet, der Anteil einfach zurückgefordert worden. Man habe T. nur daran erinnert, dass ihm sein Anteil an der Zeitung geschenkt worden sei. Für den Fall, dass er zukünftig nicht mehr mit ihnen zusammenarbeiten wollte, sollte er das bedenken.

Um unsere Angestellten müsse ich mir keine Gedanken machen, sagte Jörg. Niemand von ihnen wolle ein Anzeigenblatt. Ich könne sie ja fragen. Und dann machte er eine Anspielung auf Frau Schorba, meine Busenfreundin, was er überdeutlich auf der ersten Silbe betonte. Die habe der neue Bürgermeister ja gleich am ersten Tag davongejagt, was im übrigen allgemein bekannt sei, was ich ihm jedoch aus so bedauerlichen wie unerklärlichen Gründen verschwiegen hätte. Aber glücklicherweise absolviere sie ja hier nur eine Probezeit.

Ich bat ihn, sich alles noch einmal zu überlegen, am Mittwoch, in der Redaktionssitzung, würde ich das Thema erneut zur Sprache bringen.

Das hoffe er nicht, sagte er, womit er mir den Rücken zukehrte. Vielleicht war es einfach Feigheit, die mich hinderte, sofort die Entscheidung zu suchen. Jedenfalls erschien mir gestern früh (wie lang ist das her!) die Erinnerung an dieses Gespräch wie ein böser Traum, der mit dem neuen Tag vorbei und vergessen sein sollte, so sehr vertraute ich meinen Argumenten.

Sie aber hielten meine Freundlichkeit für Schwäche. Ilona, der ich noch vor ein paar Tagen eine neue »Operntasche« verehrt hatte, war zu beschäftigt, um beim Grüßen von ihrer Arbeit aufzusehen, Jörg murmelte irgendwas im Vorbeigehen, Marion übersah mich völlig, Fred besprach, in den Türrahmen gelehnt, etwas mit Ilona (plötzlich verstehen sie sich, plötzlich hatte Ilona Zeit), was ihn so in Anspruch nahm, daß er mir nur wie einem zufälligen Kunden zunickte. Selbst Kurt huschte schnell in sein Zimmer. Pringel war ständig unterwegs. Allein Astrid, der Wolf, kam mir wie jeden Morgen freudig entgegengesprungen. Aber seit Ilona auf Astrids Spielball getreten ist und sich den Fuß verknackst hat, beargwöhnt sie sogar diese Begrüßung. Frau Schorba präsentierte mir die Ausbeute der Akquisiteure, ohne den ganzen Kladderadatsch auch nur mit einer Silbe zu erwähnen. Sie lächelte, das Geschäft läuft unglaublich gut.

Daß ich mich dann ausgerechnet zu Georg, meinem alten Chef, flüchten würde! Ich traf ihn auf dem Markt, bei den Fischbrötchen. Obwohl wir erst vor zwei Monaten bei ihm ausgezogen sind, habe ich Georg kaum wiedererkannt, so anders waren seine Bewegungen. Keine Spur mehr von dem steifen Ritter auf seinem Pferd. Auf seinen langen Beinen bewegt er sich jetzt geradezu geschmeidig. Verschwunden sind auch die Wurzelfalten zwischen den Augenbrauen und auf der Stirn. Zur Begrüßung hätte er mich fast umarmt. Ob ich einen Kaffee oder Tee bei ihm trinken wolle. Ich bejahte, allein schon um nicht gleich wieder in die Redaktion zu müssen.

Die Gartenpforte ist jetzt von Rosen überwuchert. Wie aber staunte ich, als ich beim Betreten der alten Redaktionsstube den gleichen Bildschirm wie bei uns und daneben den Apple erkannte. Sein Drucker ist etwas kleiner als unserer.

Der Baron hat zwei Bücher angeregt und jeweils tausend Exemplare im voraus bezahlt. Das Buch über den Erbprinzen wird das erste sein, dann ein Buch über die Juden in Altenburg und Umgebung und über ihre Vertreibung. Er selbst habe so viele Ideen, sagte Georg, die reichten für Jahre. Obwohl das Barometer, die Uhr und die Briefwaagen, überhaupt alles noch an seinem Platz war, schien ich mich in einem ganz anderen Raum zu befinden. Genauso erging es mir mit dem Garten, der nun grün und voller Blumen ist und an seinen Rändern nahezu undurchdringlich.

Franka umarmte mich, als wäre ich von einer langen Reise zurückgekehrt. Als ich die große Kaffeetafel im Garten sah, an der die drei Jungen mit ihren Großeltern auf uns warteten, gestand mir Georg, heute Geburtstag zu haben.

So verbrachte ich eine heitere Stunde im Kreise seiner Familie. Georg erzählte von einer merkwürdigen Begegnung. Vor ein paar Tagen, es schüttete wie aus Eimern, klingelte es spätabends bei ihnen. Vor ihm stand eine kleine, völlig durchnäßte Frau, der die Haare am Kopf klebten. Sie trat ein und fragte, ob sie bei ihnen übernachten dürfe, ihr Auto sei kaputt und im »Wenzel« gebe es für alles Geld dieser Welt kein Bett mehr. Im selben Augenblick, da er sie fragen wollte, warum sie ausgerechnet bei ihnen klingele, erkannte er sie: Die Zeitungszarin aus Offenburg. Franka und Georg übernachteten selbst auf Luftmatratzen, damit ihr Gast in einem richtigen Bett schlafen konnte. Am nächsten Morgen aber saß die Zeitungszarin bleich und mit Augenringen in der Küche und behauptete, keine Minute geschlafen zu haben, das Bett sei eine Katastrophe.

In Frankas Sachen, die ihr zu groß waren, machte sie sich dann bald auf den Weg. Das Bad duftet angeblich immer noch nach ihr. »Eine richtige Millionärin«, sagte Franka zum Schluß.

Später stieg ich mit Georg den Hang hinauf. Während wir über die Stadt bis hin zu den Pyramiden sahen und die Augen mit den Händen vor der Sonne beschirmten, erzählte ich ihm von meinen Nöten.

»Ihr müßt es machen, wie du es sagst, genau so, sonst habt ihr keine Chance!« pflichtete mir Georg bei. Ich hatte Zurückhaltung und Bedenken, wenn nicht gar Widerspruch erwartet. Nun aber sprach ich wie befreit.

Wäre doch Jörg dabeigewesen! Dort oben auf dem Berg hätte ich ihn überzeugt! Nie zuvor hatte ich mir selbst die Notwendigkeit eines Anzeigenblattes so deutlich vor Augen geführt.

Laut Georg ist es beschlossene Sache, daß die großen Konzerne die Parteizeitungen unter sich aufteilen, allerdings nach Ländern geordnet. Da Altenburg Thüringen zugeschlagen werde, blieben wir die einzigen Grenzgänger und könnten eines nicht allzu fernen Tages von Ronneburg bis Rochlitz, von Meerane bis vor die Tore Leipzigs jeden Haushalt beliefern, wir würden nicht nur die Region zusammenhalten, wir wären auch ein kleines Imperium mit Altenburg als Zentrum.

Wir ergingen uns in Schätzungen über die Auflage – ich rechne mit hundert- bis hundertzwanzigtausend –, und ich begriff, daß der Baron unrecht hat. Denn es ist vollkommen belanglos, ob man reich werden will oder nicht! Ganz gleich, zwischen wie vielen Möglichkeiten man zu wählen glaubt, es gilt immer nur eine Entscheidung zu treffen, nämlich die, die das Überleben sichert. Ja, am Ende gibt es immer nur das Richtige oder das Falsche. Und letztlich ist es viel schöner, selbst etwas zu tun, als über das, was andere getan haben, zu schreiben.[1]

Noch auf dem Rückweg gab ich die Stempel für unser SONNTAGSBLATT in Auftrag.

In der Redaktion empfing mich Frau Schorba mit einer Hiobsbotschaft. Das Käferchen ist gestorben, der Alte sinnt auf Rache. Wenn er zurückkommt, schützt mich niemand vor ihm, denn weder darf er von der Polizei in Gewahrsam genommen noch in die Psychiatrie gesperrt werden, bevor er nicht irgend etwas angerichtet hat. Zumindest Marion wir sich darüber freuen.

Die morgendliche Stunde, in der mir Frau Schorba Nachhilfe am Computer gibt, ist wie das Atemholen für den ganzen Tag. Komme ich nicht weiter, sagt sie mir vor, doch so, als wäre ich sowieso im nächsten Augenblick selbst draufgekommen. Ihre Ungeduld verrät nur die Oberlippe, die wie eine rosa Raupe auf dem scharfen Strich ihrer Unterlippe hin und her kriecht. Meine erste selbstgesetzte Anzeige waren Cornelias »Italienische Wo-

[1] Dieser Gedanke, der später noch mehr Raum gewinnen wird, steht bereits im Gegensatz zu T.s Beteuerung gegenüber Johann, es gehe ihm allein um die Erhaltung des »Wochenblattes«.

chen für Fußballfans«. Das WM-Signet haben wir aus der LVZ ausgeschnitten und einfach aufgeklebt.

Während ich auf Fred wartete, lähmten mich die Gedanken an die bevorstehende Auseinandersetzung am Nachmittag. Vor mir lagen Freds Listen von den Landtouren. Ich verglich die Zahlen der letzten beiden Wochen auf dem obersten Zettel miteinander. Mal war ein Exemplar weniger verkauft, mal drei. Im besten Fall stagnierte es. Die Summe jedoch wies ein Plus von dreißig verkauften Zeitungen aus!

Von den zehn Listen, die ich bis zu Freds verspätetem Eintreffen überprüft hatte, stimmten zwei. Die Rechenfehler brandmarkte ich mit rotem Filzstift und Ausrufezeichen. Eigenartigerweise wogen die Fehler einander mehr oder minder auf.

Als er hereinkam, war gerade Manuela, unsere Wunderwaffe, bei mir (sie bringt mehr Anzeigen als die drei anderen Akquisiteure zusammen). Fred, die Beine übereinandergeschlagen, die Hände über dem Bauch gefaltet, verdrehte die Augen, um kundzutun, für wie überflüssig er es hielt, daß ich mir Manuelas Tratsch anhörte. Als er auch noch den Kopf schüttelte, reichte ich ihm wortlos seine Listen. Würde ich ihn nicht kennen, sagte ich, müßte ich Betrug unterstellen. Dann verabschiedete ich Manuela und bat sie, mir Ilona nach hinten zu schicken.

»Kannst du mir das erklären?« fragte ich Fred nach einer langen Pause. »Kannst du mir sagen, wie du abgerechnet hast?«

Er hätte immer alles Geld abgeliefert, nie etwas zurückbehalten, und Ilona hätte es ihm quittiert.

»Und dir sind«, fragte ich und ordnete die Blätter wieder der Reihenfolge nach, »nie Unstimmigkeiten aufgefallen?«

Fred zuckte mit den Schultern. Ich schwieg. Ob er gehen könne, fragte Fred. »Nein«, sagte ich, »wir warten auf Ilona.«

Dieser Satz blieb für einige Zeit der letzte, bis Fred von sich aus fragte, ob er Ilona holen dürfe.

»Ach du Schreck«, sagte sie, als ich die Listen vor ihr ausbreitete.

»Und du hast ihm das Geld abgenommen und quittiert?«

»Ich hab's gerollt und zur Bank geschafft, heij«, sagte sie, als erwarte sie dafür Lob. Sie schien nicht einmal zu ahnen, was das mit ihr zu tun haben sollte.

»Und nichts nachgerechnet?«

Sie habe das Geld genommen und zur Bank geschafft, wiederholte sie.

Die beiden schnieften um die Wette, als ich sagte, daß sie alles stehen- und liegenlassen und die Listen nachrechnen sollten. Heute nachmittag brauchten wir die Zahlen. »Vielleicht«, sagte ich zum Schluß, »sind wir ja schon längst pleite.«

Als es kurz nach fünf losging, war die Stimmung unerträglich. Ilona und Fred saßen mir gegenüber und redeten über etwas, was sie ständig zum Lachen reizte. Anstatt nachzurechnen, hätten sie andere Aufträge erledigen müssen. Ich sei doch ihr Kontrolleur, eigentlich sei das meine Aufgabe.

Pringel saß für sich und starrte auf das leere Blatt vor ihm. Er wußte bereits, was ihn erwartete, nur ich hatte keine Ahnung. Kurt fehlte, die Akquisiteure waren nicht geladen. Allein Jörg schien von alter Herzlichkeit.

Er stellte als erstes Ilona und Fred zur Rede, warum sie meiner Anordnung nicht gefolgt seien, sich um die Abrechnung zu kümmern. Sie waren völlig verblüfft.

Frau Schorba gab die Werbeeinnahmen bekannt. Wir brauchten gar kein Anzeigenblatt mehr zu werden, sagte Jörg, wir seien bereits eins. Ab der letzten Juniwoche solle das »Wochenblatt« in Gera gedruckt werden, um vier oder acht Seiten verstärkt. Dann gebe es auch wieder Platz für Artikel, was unseren Verkaufszahlen wesentlich besser bekommen werde als diese Anzeigenschwemme, mit der wir uns selbst das Wasser abgrüben. Damit war Jörgs Ausblick in die Zukunft beendet. Er stellte seinen neuen Aufmacher vor, den ihm die »Kommission gegen Korruption und Amtsmißbrauch« frei Haus geliefert hatte (nun mußten sie schon den dritten Vorsitzenden wählen, weil die beiden ersten selbst der Korruption verdächtigt wurden).

Dann zog Jörg ein Papier hervor und sagte: »Wir müssen darüber reden, Gotthold, da mußt du jetzt durch.« Pringels Kindergesicht wurde noch kleiner. Jörg referierte den Inhalt eines Briefes, unterzeichnet von mehr als dreißig Leuten vom Anlagenbau. Darin wurde Pringel als »roter Schreiberknecht« bezeichnet. »Was hat ein roter Schreiberknecht in Eurer Zeitung zu suchen?« Beigelegt hatten sie einen Artikel aus Pringels Betriebszeitung vom Oktober 89.

Jörg begann daraus zu zitieren und brach nach Formulierungen wie »mit der geballten Härte des Gesetzes«, »Wohl und Gesundheit unserer Kinder sind bedroht« mit einem Undsoweiterundsofort ab.

Als Pringel aufsah, erkannte ich ihn kaum wieder. Seine Lippen bebten. Er versuchte zu lächeln, sein Blick huschte über uns hinweg.

Er verstehe eigentlich nicht, sagte Jörg, warum er so überrascht von diesem Brief sei. Vor allem aber wolle er ihn fragen, warum er uns gegenüber nicht mit offenen Karten gespielt habe. Das sei für ihn das eigentliche Delikt. Pringel nickte. Im Oktober habe wirklich niemand mehr solche Sachen schreiben müssen, murmelte Fred und verhinderte damit eine Antwort Pringels, der gerade Luft geholt hatte.

Es sei nach den Dresdner Ausschreitungen gewesen, stammelte Pringel schließlich. Aber der Text sei ihm vorgegeben worden, er habe gar keine andere Wahl gehabt, als das zu veröffentlichen, es sei gar nicht sein Artikel, er habe ihn aber zeichnen müssen, als verantwortlicher Redakteur habe er seinen Namen hergegeben. Sein Blick irrte herum. »Was hätte ich denn tun sollen?«

»Uns mal die Zeitung zeigen«, sagte Marion, worauf Pringel wieder stammelte, es sei doch gar nicht sein Artikel.

Ich fragte ihn, wovor er denn Angst gehabt habe? Ich meinte natürlich seine damalige Situation im Herbst. Er mißverstand mich.

»Daß Sie mich nicht mehr schreiben lassen«, sagte er. Nie zuvor habe ihm Zeitungmachen so viel Freude bereitet, ihn so erfüllt. Jeden Morgen sei er froh, daß er hierherkommen könne ...

Was sollten wir ihn weiterquälen? Er war einverstanden damit, daß sein Name bis auf weiteres nicht in der Zeitung erscheint. Pringel ist ein freundlicher Mensch und intelligent. Ihm muß man nur sagen, was man braucht, und bekommt es am nächsten Tag. Seine kleinen Firmengeschichten sind beim »Gallus« der Renner. Möbel-Hausmann schaltet seither eine halbe Seite pro Woche.

Ob es Fragen gebe, wollte Jörg wissen.

Ja, sagte ich, über das Wichtigste hätten wir gar nicht gesprochen.

Das sei eine Redaktionssitzung, unterbrach er mich, das Grundsätzliche müßten wir zu zweit klären. Wann ich das endlich begreifen würde. Außerdem sei die Sache vom Tisch.

Für mich, sagte ich, ist die Sache noch nicht mal auf dem Tisch, und wenigstens meine Argumente sollten die anderen hören. Doch »die anderen« waren bereits aufgestanden. Selbst Frau Schorba griff schon nach ihrer Handtasche. Nur Pringel war sitzen geblieben. Uns beiden war offenbar die Entschlußkraft abhanden gekommen. Da spürte ich die Schnauze von Astrid, dem Wolf, auf meinem Knie. Mit seinem einen Auge sah er mich an. Du kannst mich auslachen, aber ich bin mir sicher, daß der Wolf die Situation genau verstand. Mir wird nichts anderes übrigbleiben, als den Einsatz zu verdoppeln. Ich glaube an den Sieg.

Sei umarmt, Dein E.

PS: Vielleicht ist es besser, wenn Du Anton Larschen bei Georg herausbringst. Ich glaube, Georg würde sich freuen, und das Buch hätte dann einen richtigen Verlag.

Sonntag, 3. 6. 90

Liebe Nicoletta!
Ich hatte mich nicht weiter darüber gewundert, daß meine Mutter an jenem 9. Oktober bei uns aufgetaucht war. Nachdem Robert im Bett war, sagte sie: »Ich muß euch was erzählen.« Und nach einer kurzen Pause: »Ich bin verhaftet worden!«

Der Bericht meiner Mutter war weit weniger ausführlich als der von Michael. Auch sie war am Freitag abend, also am 6., vor dem Dresdner Hauptbahnhof festgenommen worden. Sie habe sich mit eigenen Augen von dem überzeugen wollen, was sie in der Klinik und im Radio gehört hatte; doch kaum aus der Straßenbahn gestiegen, noch bevor sie sich zwischen Demonstranten und Uniformierten so recht habe orientieren können, sei sie gepackt und auf einen LKW geworfen worden. Man habe sich geschlagen und beschimpft. Nach ihrer Entlassung am Sonntag morgen sei sie zu Gunda Lapin, ihrer Freundin, der Malerin, nach Laubegast gefahren. Bei ihr habe sie sich bis Montag morgen erholt. In der Poliklinik habe sie sich dann untersuchen und für eine Woche krank schreiben lassen. Wäre sie noch inhaftiert, sagte sie, wüßte niemand, wo sie sei.

Ihr zuzuhören war eine Qual. Michaela kämpfte mit den Tränen und versuchte, Mutters Hände in ihre zu nehmen. Ich fand das unpassend, weil es Mutter hemmte, und war froh, als Michaela zur Telephonzelle ging, um Thea anzurufen. Doch das Alleinsein mit meiner Mutter ertrug ich noch weniger. Ich schaltete den Fernseher an. Aber weder sie noch ich sahen hin. Wortlos räumten wir den Tisch ab und brachen unser Schweigen auch beim Beziehen ihres Bettes nicht. Mutter ging ins Bad, und ich hörte sie gurgeln und das Wasser ins Becken spucken. Ich saß vor dem ausgeschalteten Fernseher und betrachtete meine Silhouette auf dem Bildschirm. Ich atmete immer tiefer ein, bis das Heben und Senken der Schultern auch bei meinem Spiegelbild deutlich zu sehen war.

Plötzlich stand meine Mutter in Unterwäsche vor mir und bat mich, sie einzureiben. Ihr Rücken war voller Blutergüsse, sogar auf Schenkel und Waden hatte man sie geschlagen. Sie stützte sich auf den Tisch und krümmte ihren Rücken. Sie roch ein bißchen nach Schweiß. Die wenigsten Ärzte dächten, wenn sie solches Zeug verschrieben, daran, daß alte Menschen meist allein seien und sich gar nicht einreiben könnten, sagte sie. Wir gaben uns einen Gutenachtkuß. Meine Mutter hatte im Bad weder das Licht ausgemacht noch die Zahnpastatube zugeschraubt. Ihr Handtuch lag auf dem Klodeckel.

Michaela fragte, wonach es rieche, und sagte dann, Thomas habe Thea auch gerade mit Franzbranntwein eingerieben. Das klang irgendwie gemütlich, als sei nun alles überstanden.

Am Dienstag war das Verlesen der Dresdner Resolution von der Bühne herab nicht mehr zu verhindern. Bis auf Beate Sebastian, die nur mit Zustimmung der Partei an einer solchen Aktion teilnehmen wollte, war das ganze Schauspiel dafür.

Was die Resolution betraf, teilte ich die Begeisterung der anderen nicht. Als ich vorschlug, eine eigene Resolution zu schreiben, hieß es, das Orchester, die meisten Sänger und das Ballett hätten schon ihr Einverständnis erklärt, sie könnten jetzt nicht wieder von vorn beginnen.

Der ganze Tonfall war dem Ritual von Kritik und Selbstkritik entlehnt. Hinter jeder Zeile schaue ein besorgter Funktionär hervor, sagte ich. Michaela schüttelte den Kopf, ich täuschte mich. Wir gingen es Zeile für Zeile durch, und ich war selbst überrascht, wie leicht diese pseudorevolutionäre Rhetorik auszuhebeln war. Allein schon der Satz: »Eine Staatsführung, die mit ihrem Volk nicht spricht, ist unglaubwürdig.«

»Hörst du darin nicht das Winseln des enttäuschten Speichelleckers?« fragte ich. »Wer sagt denn, daß ich mit denen dort überhaupt noch reden will? Wieso denn *Staatsführung*, wenn sie durch Wahlbetrug an die Macht gekommen sind? Und was bedeutet: mit *ihrem* Volk? Warum zitieren sie nicht Brecht: Sollen sie doch *ihr* Volk auflösen und sich ein neues wählen ...«

Michaela gab zu, daß man diese Zeile streichen könne, meinte aber, die Formulierung »Ein Volk, das zur Sprachlosigkeit gezwungen wurde, fängt an, gewalttätig zu werden« sei nicht nur mutig, sondern auch jetzt noch richtig. Warum, fragte ich, schreiben sie nicht: Ein Volk, das seit 28 Jahren eingesperrt und als Staatseigentum behandelt wird, das beim leisesten Widerspruch bestraft und eingeschüchtert wurde, erobert endlich die Straße! Weg mit der Verbrecherbande, die auf wehrlose Menschen einschlägt, sie verhöhnt und foltert?

Michaela schwieg. »Warum«, fragte ich, »sagen sie nicht einfach: Die Mauer muß weg, weg mit der SED, her mit den Menschenrechten, geht auf die Straßen, habt Mut, laßt euch nicht mehr einschüchtern!«

»Das geht zu weit«, sagte Michaela, »das stellt ja alles in Frage.«

»Natürlich«, rief ich, »stellt das alles in Frage! Leipzig stellt alles in Frage, was mit meiner Mutter, was mit Thea passiert ist, stellt alles in Frage. Wir müssen alles in Frage stellen!« Warum sie sich mit dem alten Käse aus der Feder von Apparatschiks zufriedengebe. »›Wir haben die Pflicht‹«, zitierte ich höhnisch, »›von unserer Staats- und Parteiführung zu verlangen, das Vertrauen zur Bevölkerung wiederherzustellen.‹ Ist das nicht widerwärtig? So ein Schlußsatz? Heißt das, bitte schlagt uns nicht, wir sind doch für den Sozialismus!? Das ist doch noch armseliger als der Wunsch nach Fürstenerziehung! Du kennst doch die Dresdner!«

»Und warum«, fragte Michaela, »sagst *du* es nicht?«

»Ich werde es sagen«, erwiderte ich. »Darauf kannst du dich verlassen!«

Ich muß ergänzen, daß wir nicht alleine waren. Wir standen vor dem kleinen runden Tisch in der Dramaturgie und hatten in denen, die dort saßen oder an den Schreibtischen lehnten, ein Publikum. Seit ihrem gestrigen Auftritt und unserer Rückkehr aus Leipzig war Michaela die Bärbel Bohley des Theaters und ich ihr Mann, dessen Mutter von Polizisten geschlagen, ja gefoltert worden war. Nach und nach waren die anderen verstummt. Die letzten Sätze hatten wir wie auf einer Bühne gesprochen.

Michaela machte einen mit Aufmerksamkeit verfolgten Gang zu ihrer Handtasche auf meinem Schreibtisch. »Es ist eben ein Unterschied«, sagte sie, zur Ausgangsposition zurückkehrend, »ob man im Theater etwas sagt oder auf der Straße. Im Theater ist man nicht anonym ...«

»Das heißt nichts anderes«, unterbrach ich sie, »als daß die Straße das Theater aufklären muß! Keiner von denen, die verhaftet worden sind, war anonym, weiß Gott nicht. Die haben alle ihren Personalausweis vorlegen müssen!«

Für sie wäre es ein Erfolg, wenn es im Theater überhaupt so weit käme, daß die Resolution verlesen würde. Damit verließ

Michaela die Dramaturgie. Von meinem Platz am Fenster aus sah ich sie zur Haltestelle gehen. Wieder war eine »Krähwinkel«-Probe ausgefallen.

Die Schlüssigkeit meiner Argumente versetzte mich in Euphorie. Ich hatte meinem Widerwillen nachgegeben, ich war ihm gefolgt wie einer Wünschelrute und hatte dabei eine Logik entdeckt, die funktionierte. Verstehen Sie mich? Plötzlich konnte ich begründen, warum ich nicht mitmachen wollte.

Mit meiner Sichtweise glaubte ich eine Verteidigungslinie bezogen zu haben, die so schnell keiner überrennen würde und die es mir erlaubte, dem Theaterkleinklein mit einem abschätzigen Lächeln zu folgen. Natürlich gab man mir recht, schlug sich aber auf Michaelas Seite und sprach von Etappen, List und Geduld.

Punkt 14 Uhr fuhr ich nach Hause. Mutter hatte gekocht. Sie hatte Robert in das, was ihr widerfahren war, eingeweiht. Er genoß die »Großfamilie« und das Sonntagsessen. Je länger sie darüber nachdenke, sagte Mutter, desto klarer werde ihr, daß sie alle hinter Gitter gehörten, nicht nur die Prügelknaben und ihre Offiziere, sondern alle, Modrow, Berghofer, Honecker, Mielke, Hager und das ganze Gesocks. »Und wenn sie nichts davon gewußt haben, um so schlimmer!« Michaela sah nicht auf. Wäre ich nicht später gekommen, hätte sie glauben können, Mutter wäre von mir instruiert worden. Zum Kaffeetrinken fuhren wir nach Kohren-Sahlis. Es gab Mohnkuchen mit Schlagsahne. Mutter bestellte eine doppelte Portion und sagte, das habe sie sich verdient. Danach brachte ich Michaela ins Theater. »Die Csárdásfürstin« hatte als Rentnervorstellung bereits um 15 Uhr begonnen.

Während die Vorstellung lief, war hinter der Bühne der Kampf um die Resolution erneut entbrannt.

Orchester und Ballett hatten zugestimmt, auch die Solisten

mit Ausnahme von einem, der Chor aber hatte sich zerstritten. Die Csárdásfürstin war nicht zu überreden gewesen, die Erklärung zu verlesen. Kleindienst, der Dirigent, weigerte sich ebenfalls. Schließlich meldete sich Oliver Jambo, der schwule Heldentenor (ich erwähne das, weil Jambo den schwulen Heldentenor auf Schritt und Tritt zelebriert). Für ihn sei es eine Ehre, das Schreiben zu verlesen. Danach fuhr ich nach Hause.

Abends erzählte Michaela, daß alles an Jonas gescheitert sei. Jonas habe in der Raucherecke gesessen und gelächelt. Wer immer sich in seine Nähe verlaufen habe, den habe er gebeten, mit »dieser Aktion« zu warten. Er habe nur um einen Tag gebeten. Einen Tag sollten sie noch warten. Auch sie, Michaela, habe er angesprochen. Selbst ihr sei es schwergefallen, sich gegen ihn zu behaupten. Ein Tag, habe er wieder und wieder gesagt, nur einen Tag. Gefragt, was das denn ändere, habe er von der Tagung des Politbüros gesprochen.

An dieser Stelle von Michaelas Erzählung mußte ich lachen. Ja, sagte sie, sie schäme sich dafür, aber schließlich habe sie nichts machen können. Die Sänger seien plötzlich auch dafür gewesen, es um einen Tag zu verschieben. Das Orchester, das nicht informiert worden sei, habe in der Kulisse gewartet. Schließlich waren sie von Kleindienst auf die Bühne gebeten worden, um, wie er gesagt habe, ihren verdienten Applaus in Empfang zu nehmen. Die Musiker seien so wütend abgezogen, daß man wohl mit ihnen nicht mehr rechnen könne.

Am Mittwoch jedoch kam Michaelas großer Tag. Mutter, Robert und ich setzten uns in die Vorstellung, »Emilia Galotti«. Michaela war nicht bei der Sache. Als Emilia zu ihrem Bericht ansetzte, wußte sie nicht weiter.

Nach der Pause verzog ich mich in die Dramaturgie. Die Intendanz war hell erleuchtet. Der technische Direktor, die Verwaltungschefin, die zugleich Parteisekretärin war (und nun Intendantin ist), saßen mit drei oder vier anderen zusammen, deren Stimmen ich nicht erkannte.

Ich hörte auch immer wieder Schritte und das Klappen der Eingangstür. Trotzdem war ich dann überrascht, wie viele gekommen waren. Jambo, der auf der untersten Stufe der kleinen Treppe stand, die zur Bühne führte, spielte gedankenverloren mit der Kordel seiner Brille. Eine Frauenstimme flüsterte: »Der Intendant!«

Ich hatte ihn nicht bemerkt. Er saß am Tisch, den Kopf auf den verschränkten Armen, als würde er schlafen, seine Schultern zuckten. Ich dachte zuerst an ein Unglück, einen Todesfall.

Nach dem Knacken des Lautsprechers bat Olaf, der Inspizient, den Darsteller des Odoardo auf die Bühne. Er ließ den Lautsprecher eingeschaltet, so daß wir von da an die Vorstellung mitverfolgen konnten. »Noch niemand hier? Gut, ich soll noch kälter werden«, schnarrte es aus dem Lautsprecher.

»Habt ihr denn nicht Radio gehört?« fragte Jonas mitten in den Satz hinein. »Wer kein Gesetz achtet, ist doch genauso mächtig wie der, der keins hat!«[1]

Jonas' Augen, von Tränen schlierig, sahen in die Runde, ein Blick, der sich auf der Suche nach Barmherzigkeit von einem zum anderen schleppte. »Habt ihr denn nicht Radio gehört? Kriegt ihr denn nichts mehr mit? Könnt ihr nur noch in eine Richtung denken?« Er schüttelte den Kopf. »Sie wissen es nicht«, rief er, »sie wissen nichts von der wichtigsten Veränderung seit Jahrzehnten! Hat denn keiner gehört, was das Politbüro heute abend erklärt hat?«

»Huch!« rief Jambo. »Ist die Mauer weg?«

Jonas brüllte; seine Stimme explodierte in dem kahlen Raum.

1 Richtig muss es heißen: Wer kein Gesetz achtet, ist ebenso mächtig, als wer kein Gesetz hat.

Michaela behauptete später, selbst durch die Stahltür habe man ihn gehört. Sein Kopf wurde derart rot, daß ich ihn bereits mit starren Augen und offenem Mund auf den Tisch fallen sah.

Die Bügel von Oliver Jambos Brille hatten sich in der Kordel verwickelt, so daß er eine Bewegung machte, als schüttelte er ein Fieberthermometer. »Könnten Sie das noch mal wiederholen?« fragte er leise.

Statt sich wie erwartet auf Jambo zu stürzen, begann Jonas zu predigen. Seine ganze Erklärung war so läppisch, daß ich mich an nichts erinnere, außer an zwei Formulierungen, die Jonas mehrmals wiederholte: »Es wird keine chinesische Lösung geben« und »Das Politbüro steht mit dem Gesicht zum Volk«.

Aus dem Lautsprecher kam der Schlußapplaus. Jonas redete weiter. Er setzte gerade wieder zu seinem »mit dem Gesicht zum Volk« an, als Michaela etwas atemlos aus dem Lautsprecher zu vernehmen war: »Los, es geht los!« »Meine Damen!« sagte Jambo und hielt die Stahltür auf. Ich folgte als letzter. Als ich mich noch einmal umdrehte, sah ich Jonas mit halb erhobenem Arm dastehen, ins Leere weisend.[1]

Michaela trat vor und begann. Ein Paar stand eilig auf und stürzte hinaus. Im halben Saallicht sah ich Mutter und Robert, die beide kerzengerade dasaßen und lauschten, als wäre die Galotti wiederauferstanden, um Rache an Marinelli zu nehmen. Auch der Tonfall, in dem sie sagte »Wir treten aus unseren Rollen heraus«, war derselbe wie der, mit dem sie gesagt hatte: »Aber alle solche Taten sind von ehedem!«

Mir war es unangenehm, einfach nur dazustehen, reduziert auf meine körperliche Präsenz.[2]

1 T. versucht wohl, Jonas mit dieser Geste als »Lenindenkmal« zu denunzieren.

2 Es fällt schwer, in T.s Handeln eine Logik zu entdecken. Im selben

Das Publikum applaudierte, die meisten erhoben sich, auch Mutter und Robert. An Michaela sah ich den Reflex, sich bei Applaus zu verbeugen. Sie bekam ihn gerade noch unter Kontrolle, breitete aber die Arme aus, als wollte sie sagen, wir alle hier denken so, und trat zurück. Die Leute klatschten weiter und schienen auf etwas zu warten, ein Lied oder ein Nachspiel. Ein paar folgten Michaelas Beispiel und spendeten mit ausgestreckten Armen den Zuschauern Beifall. Statt eines geordneten Abgangs begannen wir einzeln von der Bühne zu bröckeln. Die letzten, unter ihnen die Galotti, flohen dann regelrecht. Das Publikum, 124 verkaufte Karten, klatschte, wie um eine Zugabe zu erzwingen.

Als wir am nächsten Tag ins Theater kamen, wartete bereits ein Emissär der Umweltbibliothek an der Pforte. »Die ganze Stadt spricht von eurer Aktion«, sagte er, nickte ernst und lud uns für den Abend in die Martin-Luther-Kirche ein, um über unseren Aufruf zu informieren. Da ich von keiner Umweltbibliothek in Altenburg wußte, glaubte ich zuerst, er sei aus Berlin gekommen.

Die Einladung an uns galt einer »Fürbittandacht«.

Über Mittag residierte Michaela in der Kantine und empfing die Huldigungen selbst von Orchester und Chor. So war es ihr noch nach keiner Premiere ergangen. Michaela bestimmte, wer abends die Resolution im Theater vorlesen solle, weil sie selbst beabsichtigte, in der Kirche aufzutreten.

Die Martin-Luther-Kirche, jener neogotische Zeigefinger an der Stirnseite des Marktes, war überfüllt. Ich folgte Michaela durch den Mittelgang nach vorn, wo uns der Emissär empfing. Wie lange hatte ich keine Kirche mehr betreten!

Brief behauptete er zuvor, nun begründen zu können, »warum ich nicht mitmachen wollte«.

»Schrecklich, ganz schrecklich«, sagte immer wieder eine Frau mit kurzen Haaren und einer langen schmalen Narbe, die ihre rechte Augenbraue kreuzte. »Ganz, ganz schrecklich!« Sie meinte Bodin, den Pfarrer der Kirche, der sie aufgefordert hatte, statt weiter große Reden zu schwingen, lieber einen Dankgottesdienst zu veranstalten. Gedankt werden sollte Gott für die um Verständnis bemühte Erklärung des Politbüros. Im übrigen gebe es starke Kräfte in seiner Gemeinde, die überhaupt kein Verständnis für diese Veranstaltung hätten. Wenn sie und ihre Freundinnen das nicht begriffen, sehe er keine andere Möglichkeit, als jenen Gemeindemitgliedern nachzugeben und seine Kirche für diese Krawallveranstaltung zu schließen.

Irgendwie verstand ich den Pfarrer Bodin, diesen älteren, vollkommen kahlköpfigen Mann, der sich im Talar auf einen Stuhl an der Wand gesetzt hatte und in Gedanken oder in ein Gebet vertieft war.

Michaela und ich wurden mehrfach begrüßt. Der Gründer des »Neuen Forums Altenburg« (jede Stadt hatte ihr eigenes Neues Forum) schnappte nach Luft, als er uns erzählte, daß heute früh die Radmuttern an seinem Trabi locker gewesen seien. Ein dürrer Langhaariger mit einem Chinesenlächeln trug ein zusammengerolltes Transparent wie eine große Puppe im Arm. Immer wieder stellten sich junge Frauen als Mitglieder oder Sprecherinnen von Umwelt- und Friedensgruppen vor.

Auch bei denen, die sich in den Gängen und auf den Emporen drängten, waren mehr Frauen als Männer. »Heute muß was passieren!« sagte die Frau mit der Narbe und hockte sich vor uns hin.

»Was soll denn passieren?« fragte ich.

»Na, Demonstration!« rief sie. »Es muß doch hier mal losgehen! Einer muß heute mal den Mund aufmachen!«

Der Langhaarige kam dazu und mischte sich ein: »Es ist besser, wenn jemand redet, den sie hier noch nicht so kennen.« Merkwürdigerweise leuchtete mir das damals ein. Ich spürte zu spät, wie prekär die Situation durch mein Nicken für mich geworden war. Der vom Neuen Forum kam wieder mit seiner Radgeschichte und daß er seiner Familie sowieso schon viel zuviel zumute. Michaela rührte sich nicht. »Kannst du das nicht machen?« fragte die Frau mit der Narbe und sah mich an. Ich saß in der Falle.

»Und was soll ich sagen?« fragte ich. »Klasse«, rief sie, »das ist echt klasse!« Der mit den langen Haaren beugte sich über mich und berührte meine Schulter. »Gut, Enrico, sehr gut!« Ich war so verunsichert, daß ich ihn fragte, woher er denn meinen Namen kenne[1]. In diesem Moment begann die Kirchenband zu spielen. Der Bassist, der den Einsatz gegeben hatte, nickte wie einer dieser Plastedackel, die eine Zeitlang hinter jeder Heckscheibe zu sehen gewesen waren.

Nach den ersten Takten bereute ich alles, nach der ersten Strophe war ich verzweifelt. Hatte ich mich nicht bislang wohlweislich von solchen Kreisen ferngehalten? Ich verstand immer mehr den Pfarrer Bodin, der schwer atmend dasaß. Seine vorgestülpte Unterlippe hing herab, eine zitternde rotblaue Tülle, über die schon viel zu viele Worte geflossen waren.

Während jemand von der Menschenrechtsgruppe sprach, wurde mir ein Zettelchen gereicht. »Stelle Dich bitte kurz vor. Danke!«

Michaela, die anfangs mit viel Applaus begrüßt worden war, beging den Fehler, die Dresdner Resolution mit dem gleichen Gestus vorzutragen wie im Theater. Ich hörte die Galotti. Sie spürte selbst, wie sie von Zeile zu Zeile an Kraft verlor und wie schließlich nur das Gekünstelte und die Theaterpose übriggblie-

[1] Gestrichen: »Von der Begrüßung«, sagte er.

ben. Zum Ende wurde sie immer schneller, eine Todsünde für eine Schauspielerin.

»Ich war nicht gut«, flüsterte sie, ich nahm ihre kalte Hand und hielt sie eine Weile fest. »Macht nichts«, sagte ich, während das Kopfnicken des Bassisten der unseligen Band den Einsatz gab.

Hundertmal, tausendmal hatte ich mir vorgestellt, eine Revolutionsrede zu halten, als liefe mein Leben auf diesen Augenblick hinaus, mein Wunschtraum, zu dessen Erfüllung ich nun verdammt war.

Mit der Linken zerknüllte ich das Zettelchen, mit der Rechten umfaßte ich den Rand der kleinen Kanzel[1] und kämpfte gegen einen Lachreiz an.

Ich sah auf. Kein Hüsteln, kein Räuspern, kein Scharren. In diese vollkommene Stille hinein sagte ich: »Ich heiße Enrico Türmer, wohne seit anderthalb Jahren mit Frau und Sohn in der Georg-Schumann-Str. 104, arbeite am Theater und bin parteilos.«

Ich sah über die Köpfe der Leute hinweg den Mittelgang entlang und begann.

»Wir haben Fehler gemacht, wir legen ein Geständnis ab, wir klagen uns an.

Wir haben uns das Pionierhalstuch umgebunden und das Lied von der Friedenstaube gesungen, als Panzer durch Budapest fuhren.

Wir haben geweint und die Hände in den Schoß gelegt, als man uns einmauerte.

Wir haben geschwiegen, als der Prager Frühling von sowjetischen Panzern niedergewalzt wurde.

Wir bezahlten den Solidaritätsbeitrag, während in Danzig Arbeiter erschossen wurden.«

[1] Es war nur ein Rednerpult, keine Kanzel.

Die atemlose Stille verlieh meinen Worten eine Kraft, die nichts mit mir zu tun hatte, es waren nicht mehr meine Worte.

»Wir demonstrierten am 1. Mai die unverbrüchliche Treue zur Sowjetunion, als ihre Truppen in Afghanistan mordeten.

Wir rissen Witze über faule Polacken, während die Polen für freie Gewerkschaften stritten, und schworen den Fahneneid, als die NVA an Oder und Neiße in Stellung ging.

In der Friedhofsruhe, die seit Monaten auf dem Platz des Himmlischen Friedens herrscht, hören wir noch immer, wie Honecker und Krenz den Mördern Beifall klatschen.«

Ich spürte, wie die Worte um mich wirbelten, ich spürte, wie sie mich losrissen, ich spürte, wie sie mich mit sich fortschwemmten.

»Wir zogen unsere besten Sachen an, wenn wir ins Wahllokal gingen.

Wir lernten, von diesem Land zu reden, ohne das Wort Mauer zu benutzen.

Wir ließen uns als lebende Girlanden an den Straßenrand stellen.

Wir gingen zur Jugendweihe und gelobten dem Staat Treue.

Wir übten Handgranatenwurf und Luftgewehrschießen, während die besten Schriftsteller, Schauspieler und Musiker das Land verlassen mußten.

Wir ließen uns zur Neubauwohnung beglückwünschen, während die alten Stadtkerne abgerissen wurden.

Wir zählten die olympischen Goldmedaillen, aber der Zahnarzt wußte nicht, womit er unsere Zähne sanieren sollte.

Wir hängten Fahnen aus dem Fenster, obwohl wir uns in Prag und Budapest schämten, als DDR-Bürger erkannt zu werden. Wir erhoben uns zur Nationalhymne, obwohl wir am liebsten im Boden versunken wären.«

Ich richtete meinen Blick in die Ferne.

»Wir wollen nicht länger Schuld auf uns laden! Unsere Geduld ist zu Ende! Man wird uns sehen können, auf den Straßen, auf den Marktplätzen, in Kirchen und Theatern, im Rathaus, vor den Häusern der Kreisleitung, vor den Villen der Staatssicherheit. Wir haben nichts zu verbergen, wir zeigen unsere Gesichter! Wir haben nichts zu verschweigen, wir nennen unsere Namen! Die Zeit der Bitten ist vorbei! Weg mit der Mauer, weg mit der Staatssicherheit, weg mit der SED! Her mit freien Wahlen, freien Medien, her mit der Demokratie! Wir brauchen keine Genehmigungen! Wir gehen jetzt auf die Straße! Das ist unser Land!«

Die Stille zerbarst. Der ganze Raum war in Aufruhr, Poltern, Klatschen, Pfiffe. Wenn es nicht zu unsinnig klingt: Ich starrte auf den Lärm und klammerte mich an die Kanzel, weil mir von meinen Worten schwindelte. Die Leute drängten hinaus. »Klasse«, rief die Frau mit der Narbe, »echt klasse!« Michaela hielt die Arme verschränkt, die Hände um die Ellbogen gelegt. Später sagte sie, der Pfarrer habe mich beiseite geschoben, um ans Mikrophon zu gelangen. Aber die Orgel habe ihn übertönt.

Je näher wir dem Ausgang kamen, desto deutlicher hörten wir die Sprechchöre.

Die Demonstration zog sich vorbei an der Polizei, vorbei am Rathaus über den gesamten Markt und bog am anderen Ende links in die Sporenstraße. Wir folgten als Nachhut. Plötzlich öffnete sich die Tür des Polizeigebäudes, zwei Uniformierte eilten auf uns zu und fragten, wo es denn langgehe. Woher wir das wissen sollten, rief der Langhaarige, der gerade sein Transparent (Freie Wahlen!) entrollte. Die Frau mit der Narbe beschrieb ihnen die wahrscheinliche Route, vorbei an der Staatssicherheit und dem Rat des Kreises und hinauf zur Kreisleitung. Sie sollten die Zeitzer Straße sperren und die Puschkinstraße.

Als wir über die Ebertstraße liefen, hörten wir das Pfeifkonzert, das nur der Stasivilla gelten konnte. »Hoffentlich machen sie keine Dummheiten! Hoffentlich, hoffentlich«, flüsterte Michaela.

Nachts gegen halb zwei wurden unmittelbar vor unserem Fenster Autotüren zugeschlagen, ich lauschte auf die Schritte, ich glaubte bereits, das Klingeln zu hören. Aber wieder geschah nichts. Und das beunruhigte mich fast noch mehr.

Ihr Enrico T.

Pfingstmontag, 4. 6. 90

Verotschka,
jetzt muß ich Dir doch schreiben:[1] Mamus war zwei Tage hier.

Am ersten Abend waren wir bei Michaela eingeladen.

Plötzlich war alles wie früher, jeder saß auf seinem Platz, und wenn Freund Barrista nicht in Hausschuhen herumgelaufen wäre, hätte man auch ihn für den Gast halten können. Mamus benahm sich, als sei nichts geschehen, und ignorierte die neue Konstellation. Robert ist ihr Enkelkind und Michaela ihre Schwiegertochter, und nun ist erfreulicherweise noch der Baron hinzugekommen. Bei allem, was er sagte, war Mamus stets seiner Meinung und lobte mehrmals die Sachlichkeit des Herrn von Barrista. Er sprach immer wieder von Dresden, und wie herrlich doch die Fahrten mit der Straßenbahn und die Stadtführung gewesen seien und wie herzlich ihre Gastfreundschaft. Das ist erst drei Wochen her![2]

[1] Gewöhnlich telefonierten die Geschwister miteinander.

[2] In dieser Zeit waren T. und V. T. in Monte Carlo.

Neu war für Mamus, daß Michaela im Theater gekündigt hat. »Warum denn das?« rief sie. Michaela aß weiter, als hätte sie die Frage nicht gehört. Statt dessen begann ihr Baron umgehend zu dozieren. Zuerst sprach er über den Zustand der Welt und erklärte unser Heute kurzerhand zur besten Gegenwart, die es je auf dieser Erde gegeben habe (konkurrenzlos starke Demokratien und ein technologischer Fortschritt, der den Menschen mehr und mehr entlaste und ihm die Freiheit schenke, seiner eigentlichen Berufung nachzugehen). Vor uns, so der Baron, liege jetzt, da der Eiserne Vorhang gefallen sei, die Zeit der Bewegung, der Tat, hinter uns die der Kontemplation und Grübelei. Gerade nun, da sich in einer Woche mehr verändere als früher in Jahren, stehe die Kunst, egal ob in Ost oder in West, auf verlorenem Posten. Die Erfahrungen von heute werden nicht im Theater gemacht, sondern im Geschäft, auf dem Markt. Der tägliche Wandel sei in unseren Tagen nicht nur aufregender als Shakespeare, sondern auch mit Shakespeare nicht mehr zu fassen.

Im Grunde sagte er nichts anderes als das, was ich sinngemäß bereits im Januar vorgebracht hatte. Mitunter verwendete er sogar dieselben Worte. Jetzt aber nickte Michaela geradezu eifrig, und Mamus stimmte dem Baron zu und wiederholte, daß wir die Dinge jetzt sachlich sehen müßten.

Nach Tisch ließ Freund Barrista etwas in einem Schächtelchen mit Glasdeckel herumgehen. Der Anblick verhieß nichts Gutes, irgendein vertrocknetes Etwas in einer Art Mausefalle. Ahnst Du es? Unsere arme Mamus erschrak so sehr, daß sie sich gegen die Stuhllehne preßte – ein paar Knöchelchen des Bonifatius.

»Sachlich« vollzog sich dann auch unser Abschied, obwohl jeder von uns verlegen war. Robert brachte uns zum Auto. (Freund Barrista hat ein so schlechtes Gewissen, daß er mir nicht nur den Wagen überschrieben hat, sondern auch noch die Versicherung bezahlt.)

Auf der Fahrt erzählte ich Mamus von der neuen Wohnung, beschrieb ihr den Blick hinüber zum Schloß und die Weitläufigkeit unserer Räume. Ich erwähnte dies, um ihr das öde Zimmer, in dem sie mit mir übernachten sollte, erträglich zu machen.[1] Außerdem schien es mir besser, mit ihr zu reden, als sie ihrem Schweigen zu überlassen.

»Ich ziehe nicht allein ein«, sagte ich plötzlich, es war mir so herausgerutscht. Mamus zeigte keine Reaktion. Erst als wir hielten, verkündete sie das Ergebnis ihrer Überlegung: »Vera!«

»Ja«, sagte ich, »Vera!« Ich fragte Mamus, ob sie noch einen Spaziergang mit mir machen wolle, denn im Zimmer gebe es außer den beiden Luftmatratzen nur einen Stuhl. Sie schüttelte den Kopf. Ich erschrak richtig, als ich sah, wie langsam sie die Treppen hinaufstieg.

Cornelia und Massimo waren nicht da. Wir hätten uns in die Küche setzen können, aber Mamus wollte sich gleich »bettfertig« machen. Als ich nach ihr ins Badezimmer ging, entdeckte ich in ihrem Kulturbeutel ein ganzes Sammelsurium von Medikamenten und Salben.

Mamus hatte schon das Licht ausgemacht und sich statt auf die Luftmatratze mit dem frischen Bettzeug auf meine Matte gelegt.

Ich fragte, wozu sie solche Mengen an Medikamenten brauche. »Alles mögliche«, sagte sie. Ich wollte wissen, ob »alles mögliche« auch bedeute, daß sie noch Schmerzen von den Mißhandlungen habe.

»Das geschieht mir ganz recht«, sagte sie.

1 T. verschwieg in den Briefen an Johann und N. H., dass er aus der Wohnung von Michaela und Robert ausgezogen war und bei Cornelia und Massimo ein Zimmer zur Untermiete genommen hatte, so lange, bis die Sanierung des Hauses, das C. v. Barrista erworben hatte, abgeschlossen sein würde.

»Wer sagt denn so was?« fragte ich. »Deine Kolleginnen?«

»Nein«, antwortete Mamus, »ich sage das, ich selbst.«

Sie hatte die Bettdecke bis zum Kinn hochgezogen, ihre Nase ragte spitz auf. Am liebsten hätte ich das Licht wieder angemacht.

Plötzlich sagte sie: »Ich schäme mich so« und drehte sich von mir weg.

Ich stand auf und kniete mich neben sie. Ich bat sie, mit mir zu sprechen, ich versuchte, ihre Wange zu berühren, ich beugte mich hinab, um ihr in die Augen zu sehen. Aber das war alles falsch, ich solle mich hinlegen, ich solle mich bitte hinlegen. Nein, sagte ich, sie solle mir endlich sagen, was los sei.

Sie schwieg.

»Dieser verdammte Photoapparat«, begann sie, nachdem ich mich auf die Luftmatratze zurückgezogen hatte. »Dieser verdammte Photoapparat.«

Ich wagte kaum zu atmen, als belauschte ich sie heimlich.

Mamus war am 6. Oktober, einem Freitag, nach der Klinik zum Hauptbahnhof gefahren. Sie war neugierig, sie wollte sehen, was wirklich passierte. Und sie hatte ihren alten Photoapparat dabei. Sie hatte ihn eingesteckt, ohne groß zu überlegen. In der Bahn traf sie C., die Kinderärztin, ihre Sitznachbarin beim Staatskapellenanrecht. C. fuhr mit ihr zum Hauptbahnhof. Zunächst schien alles harmlos. Dann aber begannen die Demonstranten Steine zu werfen. Mamus hielt ihren Photoapparat hoch und drückte ab. Die Polizei ging auf die Demonstranten los, und C. rief: »Jetzt!«, »Dort!«, »Da!«, »Jetzt!« und riß Mamus am Arm. Mamus erzählte von Kampfgruppen, die sich, angetrieben von einem Megaphon, gegen die Demonstranten wandten. Auf einmal verschwamm alles um sie her. Tränengas, rief C., sie solle die Augen fest schließen und sich die Hände vors Gesicht halten. Sie hakten sich unter. Ohne zu sehen, wohin, gingen sie hundert oder zweihundert Meter, bis sie glaubten, aus der Wolke rauszusein.

Danach verabschiedete sich Mamus von C. und stieg in die erste Straßenbahn, die kam. Der Fahrer aber weigerte sich abzuklingeln, weil die Demonstranten die Straßenbahn angriffen. In der Bahn wurden Sprüche geklopft. Nun könne man nicht mal mehr abends ins Kino fahren. Ein paar grölende Demonstranten stiegen in die Bahn, und einer rief: »Scheißbullen!« Dann ging alles »ruck, zuck«. Mamus wußte gar nicht, wie ihr geschah. Der hintere Wagen wurde geleert. Sie sah die Leute aussteigen, sah, wie sie auf die Knie gingen, wie sie sich auf die Steine vor dem Hauptbahnhof legten, das Gesicht nach unten, über ihnen die Polizisten mit Schlagstöcken und Hunden. »Chile eben«, sagte sie und machte eine Pause, in der ich sie atmen hörte.

»Saudumm bin ich gewesen«, fuhr sie fort, »saudumm, weil ich dachte, das geht mich nichts an. Ein dicker Uniformierter stieg vorn in den Wagen ein und rief: ›Steigen Sie bitte aus und legen Sie sich hin!‹ Das sagte er ganz höflich, als handelte es sich um einen Unfall. Von hinten aber kam ein drahtiger Typ und schrie: ›Raus! Hinlegen!‹ Und ich blödes Schaf mache auch noch, was der sagt! Ich hab es einfach gemacht. Verstehst du? Deine Mutter steht auf, steigt aus und legt sich draußen auf die dreckige Straße, verstehst du das?«

Mit tränenerstickter Stimme sagte sie: »Ich habe völlig versagt, völlig ...« Ich wagte nicht, sie zu berühren. Ich sagte, daß sie sich nichts vorzuwerfen habe. Was habe das denn mit Versagen zu tun?

»Doch, doch!« flüsterte sie, um mich kurz darauf anzufahren: »Natürlich habe ich versagt!«

Mamus bat mich um ein Taschentuch und schneuzte sich.

»Neben mir«, begann sie wieder, »lag eine Frau, die wimmerte und heulte wie ein Kind, völlig hemmungslos. Als ich den Kopf hob, sah ich die Bahn, und mitten in der leeren Bahn saß eine ältere, sehr gut gekleidete Dame. Sie erschien mir unglaublich vornehm. Zwanzig, dreißig Leute liegen auf dem Boden, nur die eine sitzt dort und schaut zur anderen Seite aus dem Fenster. Plötzlich zieht eine Frau die Heulende neben mir hoch, hakt sie unter und geht an dem Bitte-Polizisten vorbei in die Bahn. Und ich, ich kann nur Blödsinn denken, keinen vernünftigen Gedanken fassen. Ich denke, jetzt ist das Kontingent erschöpft, mehr Ausnahmen können die nicht machen. Ich denke, daß sie den Photoapparat nicht sehen dürfen, wenn sie den finden, verhaften sie mich. Und dabei hab ich immer auf die vornehme Dame geschaut, und dann klingelt die Bahn und fährt mit den drei Frauen im ersten Wagen ab.«

Mamus lachte auf. »Wäre die Vornehme nicht gewesen, würde ich mir nicht mal jetzt Vorwürfe machen. So kaputt haben sie uns gemacht, Enrico, so kaputt!«

Mamus zu trösten war sinnlos. Sie ließ keine Entschuldigung gelten. Sie habe vorher genug gesehen, wie die auf die Leute los sind und wie die zugeschlagen haben. Aber das spiele eigentlich gar keine Rolle, das müsse ich doch verstehen. »Ohne Gegenwehr habe ich mich in mein Schicksal gefügt, willfährig bin ich gewesen, einfach nur willfährig!«

Alles, was danach passiert sei, was ihr die jungen Burschen zugefügt haben, daß sie auf ihren Händen habe knien müssen, wegen dieses verdammten Photoapparates, das erscheine ihr jetzt wie die Strafe für ihr Versagen.

Die letzten Worte hatte sie geflüstert, weil Cornelia und Massimo nach Hause gekommen waren. Als ich etwas sagte, zischte Mamus, ich solle still sein. Die Dielen knarrten. Wir hörten auf das helle Kichern von Cornelia und Massimos ewig heisere Stimme. Ich hörte, wie sie eine Flasche entkorkten und wie sie anstießen. Und dann hörte ich plötzlich das Schnarchen von Mamus.

Sie schlief bis acht, angeblich so lange wie seit Jahren nicht mehr. Beim Frühstück sagte sie: Die Photos waren sowieso alle verwackelt!

Den ganzen Sonntag verbrachte Robert mit uns. Und als wir Mamus zum Bahnhof begleiteten, sagte sie, daß sie sich darauf freue, die Familie bald wieder zusammen zu wissen.

Soll ich Dich eifersüchtig machen? Weißt Du, wer mich am Freitag besucht hat? Mein schöner Nikolai![1] Er stand plötzlich vor mir, mitten in der Redaktion, und lächelte, er zerfloß förmlich vor Lächeln. Aber keine Angst, auch er hat sich mit einer Familie umgeben – Marica, »ein Bild von einer Frau«, wie Mamus sagen würde, eine Jugoslawin, die, wenn sie nicht gerade ihre beiden Mädchen kommandierte, mir berichtete, was Nikolai ihr alles von mir erzählt hat. Manchmal habe sie den Eindruck, sie wisse von mir mehr als von ihm. Nikolai ist schon 84 in den Westen, nach Bielefeld, wo sich sein Vater niedergelassen hat. Er hat eine Fachschule besucht, irgend etwas mit Elektrotechnik, und verdient »gutes Geld«, wie Marica sagte. Jedenfalls fahren sie einen riesigen Mercedes, eine Staatskarosse, der gegenüber sich mein LeBaron wie ein Spielzeug ausnimmt. Sieben Jahre hatten wir nichts voneinander gehört.

Johann wird im August bei uns anfangen. Franziska hat endlich eingewilligt, eine Entziehungskur zu machen, im September wird ihre Wohnung hier fertig, es soll für sie ein Neubeginn werden.

In Liebe, Dein Heinrich

[1] Die Charakterisierung Nikolais unterscheidet sich deutlich von jener, die T. gegenüber N. H. gab.

Freitag, 8. 6. 90

Lieber Jo!
Entschuldige, falls ich Dich mit meinem letzten Brief beunruhigt haben sollte. Glaub mir, Deine Stelle war nie gefährdet. Aber ich hielt es für das beste, Dir reinen Wein einzuschenken.

Du kannst Dir die unglaubliche Hysterie und den Haß nicht vorstellen. Ich hatte gar keine Wahl mehr, ich mußte die Notbremse ziehen. Noch jetzt, nach all dem Unrat, den sie über mir ausgeschüttet haben, empfinde ich weit mehr Trauer als Genugtuung über unsere Trennung. Wir hätten es so gut haben können! Wir wären unschlagbar gewesen! Zum Schluß sah auch Jörg, daß er sich verrannt hatte, aber da fehlten ihm bereits Kraft und Mut, seine Entscheidung zurückzunehmen. Nun leidet er. Kein Wunder bei so vielen vergebenen Chancen!

Da ich nicht bereit gewesen war, mich seinem Diktat zu beugen, blieb mir nichts anderes übrig, als genau das zu tun, was Jörg mir als Ausweg vorgeschlagen hat, nämlich gemeinsam mit dem Baron ein Anzeigenblatt ins Leben zu rufen.[1]

Weißt Du, was passierte, als ich Jörg und Marion meinen Entschluß mitteilte? Sie forderten »ihren Anteil« zurück. Ich begriff erst gar nicht, was sie meinten. Ich saß neben Frau Schorba am Computer und hörte Marion und Co. nebenan keifen (statt mei-

[1] Dieser Satz markiert T.s Bruch mit dem »Wochenblatt« und den eigentlichen Beginn seiner fragwürdigen unternehmerischen Karriere. T.s Darstellung, ihm sei keine andere Wahl geblieben, konnte nicht unwidersprochen bleiben. Jörg Schröder: »Ich hatte zuletzt dem Drängen Enricos nachgegeben und war, gegen den Willen meiner Frau, bereit gewesen, mit ihm gemeinsam ein Anzeigenblatt zu gründen. Doch auf Enricos Bedingung, dass er die alleinige Entscheidungsgewalt über das neue Blatt haben sollte, konnte und durfte ich nicht eingehen.«

nes Namens verwendeten sie nur den bestimmten Artikel). Ich ahnte schon nichts Gutes, als Jörg hereinkam.

»Ich habe nur eine Frage«, sagte er. Ob ich bereit sei, meinen Anteil, den er mir ja geschenkt habe, wieder zurückzugeben.

»Das heißt«, sagte ich so leise wie möglich, »ich soll meine Sachen packen und verschwinden?« So habe er es nicht gemeint, sagte Jörg und fuhr sich mit der Hand in den Nacken. Ich ließ ihm Zeit. Doch als er immer nur weiter seinen Nacken massierte, fragte ich, wie er sich das vorstelle.

Er wisse es ja auch nicht, sagte er ebenso leise, nur könne es so nicht weitergehen. Ich beschwor ihn noch einmal, mich das Anzeigenblatt machen zu lassen.

Jörg aber wiederholte, daß es nicht angehen könne, ausgerechnet in dieser kritischen Phase zu expandieren.

»Das Geld ist da!« rief ich und zeigte auf den Stapel Anzeigen. »Es ist da!«

»Gibst du mir den Anteil zurück?« fragte er.

»Und was bekomme ich dafür?« fragte ich.

»Also doch«, sagte er und stieß ein bitteres Lachen aus. Ich fragte, was »Also doch« bedeute. Aber da rannte er schon aus dem Zimmer. Kurz darauf stürzte Marion wie eine Furie herein. Sie siezte mich. Von jemandem wie mir (»wie Ihnen«) geduzt zu werden sei eine Beleidigung. Dann ging es erst richtig los. Sogar einen Dieb hat sie mich genannt, und einen Schatten! Ich sei ein Schatten, nichts weiter, ein Schatten! Keine Ahnung, wie sie das meinte. Alles würde sie geben, nur um mich loszuwerden!

»Diese Äußerungen wirst du noch mal bereuen«, sagte ich. Meine Antwort bezog sich auf die Zerstörung der Zeitung! Ich hatte es voll Trauer gesagt! Marion aber kreischte: »Er droht!« Und zeigte mit dem Finger auf mich: »Er droht!« Jörg kam herbeigesprungen und verbat sich derartige Angriffe. So ging es endlos weiter. Widerlich! Jörg und Ilona versuchten Marion zu besänftigen, indem sie über mich herzogen. So viel verlogene Theatralik habe ich noch auf keiner Bühne gesehen. Frau Schorba saß wie ein Eisblock neben mir. Astrid, der Wolf, bellte vor lauter Aufregung. Selbst der stumme Kurt erträgt die Streiterei nicht mehr und will die Zeitung verlassen.

Nun bin ich mit dem Baron übereingekommen, ihm meinen Anteil am »Wochenblatt« abzutreten. Den berechnet er mit dreißigtausend D-Mark – sollte Jörg das Geld aufbringen, hat er natürlich Vorkaufsrecht. Das heißt, wir fangen wieder ganz von vorne an, werden für die Dreißigtausend Computer, Drucker, Leuchttische, Klebemaschine, Photoapparat und einen Wagen kaufen – Andy macht dem Baron bessere Preise als uns, die anderen Dreißigtausend zahlt der Baron auf ein Konto ein, damit wir liquid bleiben. Bis wir eine GmbH werden können, wird wiederum Michaela meine offizielle Partnerin sein, was ja nicht ohne Pointe ist.

Das ist insofern eine ideale Lösung, weil der Baron nicht nur die Verhandlungen führt, sondern an beiden Zeitungen ein starkes Interesse haben muß, und das verpflichtet uns alle zur Kooperation. Bis auf weiteres werden wir die Räume gemeinsam nutzen. Auch die Akquisiteure arbeiten vorläufig für beide Zeitungen, weshalb es, auf Drängen des Barons, Kombinationspreise geben wird. Im Prinzip machen wir beinah alles, wie ich es vorhatte, nur mit doppelter Buchhaltung und fast doppeltem Personal.

Frau Schorba ist natürlich mit bei uns. Auf alle anderen kann ich verzichten. Du wirst der Redakteur für Altenburg, Pringel hat sich mir für Borna/Geithain angedient, wo ihn kaum jemand als »roten Schreiberknecht« kennt. Aber das sollten wir gemeinsam entscheiden.

Das größte Problem ist der Vertrieb. Wir müssen ja in jeden Haushalt.

Der Baron freut sich, Dich kennenzulernen. An manchen Tagen sehe ich ihn gar nicht. Wenn er nicht gerade damit beschäftigt ist, seinen Leuten hier neue Filialen zu verschaffen, hat er mit seinem »Bonifatius-Spiel« zu tun. Er plant nämlich ein Spektakel, eine Freiluftaufführung, die ihm offensichtlich mehr als alles andere am Herzen liegt. Olimpia, Andys Frau, ist in dieser Sache seine Vertraute. Wir anderen erfahren außer vagen Andeutungen nichts. Mit seinem Reliquiar luchst er zudem den Katholiken die Madonna ab. Darüber reißt er unentwegt Witze, um nicht zu sagen Zoten.

Wegen des Alten über uns habe ich nun immer eine Taschenlampe dabei. Jedenfalls will ich ihm nicht im Dunkeln begegnen. Am Montag hat er uns alle Sicherungen herausgeschraubt.

Einen anderen Nachbarschaftsfeind jedoch haben wir heute verloren! Als ich am Haushaltswarenladen vorbei zum Auto ging, kam die gesamte Familie heraus. Ich grüßte und sah gleich wieder geradeaus. Da hörte ich meinen Namen. Die Haushaltswarenfrau kam auf mich zu. Ihr Händedruck war kräftig. Um sich zu verabschieden, sei es zu früh, und ihr tue es auch ein bißchen leid, weil man sich ja schon aneinander gewöhnt habe, doch die Gelegenheit sei eben günstig. Ihr Mann reichte mir ebenfalls die Hand. »Nu scho«, sagte er. »Nu is bold Schluß.« – »Sie wollen doch nicht aufgeben?« fragte ich. Alle drei nickten.

»Doch, doch«, sagte sie. Im Frühjahr seien sie Rentner geworden, und mit so einem Laden sei sowieso kein Blumentopf mehr zu gewinnen, was sollten sie sich also noch weiter abrackern.[1] Sie sahen mich an, als hätten sie das nur gesagt, um meine Reaktion zu testen. Bevor ich mir eine Antwort überlegt

[1] Nach dieser Äußerung fragt man sich, ob die »Haushaltswarenleute« tatsächlich beabsichtigt hatten, das Haus zu kaufen, wie von C. v. Barrista behauptet.

hatte, erinnerte sie mich an die kostenlose Annonce, die ich ihnen einmal versprochen hätte. Ich erneuerte mein Angebot. Je schneller sie draußen sind, desto eher haben wir unsere Anzeigenannahme in ihrem Geschäft.

Ach, Jo, mein Lieber, es passiert jeden Tag so viel. Als ich auf den Parkplatz kam, lehnte eine Frau an meinem Wagen. Ihr war es peinlich, daß ich sie eher gesehen hatte als sie mich. Es war die Frau von Ralf, dem Braunauge, mit dem zusammen ich im Januar bei der Sitzung des Neuen Forums an einem Tisch gesessen hatte. Ralf verliert am ersten Juli seine Arbeit als Fahrzeugschlosser. »Er spricht nicht, er schläft nicht, er ißt nicht«, sagte sie. Und jetzt soll ich helfen! Wir verabredeten einen Termin, an dem Ralf und sie kommen sollten. Dann beging ich den Fehler, sie nach Hause zu fahren. »Dort sitzt er, dort hinterm Fenster«, sagte sie beim Aussteigen und bat mich, doch gleich mitzukommen.

Ich habe so etwas noch nie erlebt. Er sah kurz auf, grüßte aber nicht zurück, wandte sich ab und ließ mich reden. Was sollte ich sagen? Ich kann ihn ja schlecht als Akquisiteur einstellen! Es war völlig sinnlos. Mein Auftritt nahm seiner Frau wohl den letzten Rest Hoffnung. Als ich versprach, in ein paar Wochen wiederzukommen, heulte sie los.

Ich fuhr danach in die »Schiedsrichterklause«, allerdings in einem großen Bogen über die Felder, das Dach zurückgeklappt, um mich so richtig durchlüften zu lassen.

Zum Schluß noch etwas Erfreulicheres: Ich soll Dich von Nikolai grüßen, dem schönen Armenier. Der ist inzwischen mit einer Jugoslawin verheiratet. Wir haben Wetten auf das Spiel abgeschlossen.[1] Wer verliert, kommt den anderen besuchen …

Sei umarmt, Dein E.

[1] Fußballweltmeisterschaft in Italien (8. 6. bis 8. 7. 1990), Deutschland traf zum Auftakt am 10. Juni auf Jugoslawien und gewann 4:1.

Sonnabend, 9. 6. 90

Liebe Nicoletta!
Mit der Kirchenrede hatte ich mein Pulver verschossen, was in meiner Macht stand, war getan. Ich wußte nicht weiter. Ich empfand eine große Leere. Michaela sprach von Depression und ließ sich diesen Begriff auch nicht mehr nehmen. Verdenken konnte ich es ihr nicht. Schließlich hatte sie am meisten unter mir zu leiden.

»Die verstehen doch nur, wenn du ihnen die Faust unter die Nase reibst!« kommentierte Mutter meine »Brandrede«. Damit war die Sache für sie erledigt. Robert war unschlüssig, ob er stolz auf mich sein sollte oder ob es sich bei meinem Kirchenauftritt nur um eine weitere Peinlichkeit handelte.

Michaela hatte man am nächsten Tag aus der Probe gerufen. Zusammen mit Anna (die Frau mit der Narbe), dem Langhaarigen, dem Pfarrer Bodin, dem Forum-Mann und noch ein paar Frauen, die wir am Vorabend kennengelernt hatten, wurde sie vom ersten Sekretär der SED-Kreisleitung zu einem Gespräch ins Rathaus geladen. Michaela erzählte von dem alten Rathaussaal mit seiner Holzdecke, dem Sitzungszimmer mit den alten Möbeln und wie erschrocken sie beim Anblick Naumanns, des 1. Sekretärs, gewesen sei. Aus solcher Nähe habe sie ihn noch nie gesehen.

Der zerquetscht einen, ohne mit der Wimper zu zucken, habe sie gedacht. Die Chefs der Blockparteien hätten mit gesenkten Köpfen dagesessen und wären regelrecht zusammengezuckt, wenn Naumann das Wort an sie gerichtet habe. Nur der CDU-Mann, dessen Namen sie sich nicht hatte merken können (Piatkowski), habe sie unverhohlen gemustert. Der Bürgermeister dagegen habe vor Aufregung viel zu laut geredet. Naumann habe mehrmals wiederholt, wie sehr ihn die erste Demonstration in unserer Stadt bewege, was ihr, Michaela, etwas von der Angst genommen habe. Sie habe die ganze Zeit an Robert denken müssen. Piatkowski hingegen habe darauf beharrt, daß sie hier über eine illegale, ungenehmigte Demonstration sprächen, die Menschenleben gefährdet habe, was er als Christ mit seinem Gewissen nicht vereinbaren könne. Er meinte die fehlende Verkehrssicherheit. Sie sollten froh sein, habe darauf der blaulippige Pfarrer Bodin geantwortet, überhaupt Gesprächspartner zu finden. Es gebe da einige, die wären gar nicht mehr bereit zu reden, die wollten Taten sprechen lassen. Erst draußen auf dem Marktplatz sei ihr klargeworden, was Bodin, der Pfarrer, da eigentlich gesagt habe. Das sei eine Distanzierung von mir gewesen, wen sonst sollte er denn gemeint haben.

Sonnabend mittag brachten wir meine Mutter zum Zug. Auf der Rückfahrt fragte Michaela, ob wir nicht Lust hätten, nach Berlin zu fahren, sie habe keine Vorstellung am Wochenende. Ich war einverstanden. Robert hielt das für einen Scherz. Er wollte gar nicht glauben, daß ich bereit war, kampflos ein freies Wochenende, also zwei Schreibtage, zu opfern.

Nachdem Michaela das allabendliche Verlesen der Resolution organisiert hatte, mußte sie uns nur noch bei Thea ankündigen.

Deren Wohnung in der Hans-Otto-Straße, keine Minute vom Friedrichshain entfernt, hat Michaela immer als großbürgerlich bezeichnet. Verglichen mit unserem Neubau war sie es auch. Jedenfalls fanden die vierzig Leute, die sich an diesem Abend dort versammelten, bequem Platz.

Wie sehr hatte ich mich einst an der Vorstellung berauscht, eine solche Veranstaltung als derjenige bestehen zu können, dessen Buch gut sichtbar auf dem Couchtisch neben dem Jugendstilleuchter liegt, veröffentlicht in Frankfurt am Main. Jetzt aber standen dort Salzstangen, und daneben lümmelte, lang und dürr, ***, der vielversprechendste unter den jüngeren Berliner Schauspielern, der sich eine Salzstange nach der anderen in den Mund steckte und das herausstehende Stück geräuschvoll abbrach.

Michaela saß wie ein Hofnarr zu Füßen des Sessels, auf den sich Thea mit untergeschlagenen Beinen zurückgezogen hatte. Sie zupfte an dem Schafsfell, das sie wie eine Eisscholle umgab, und erzählte von Leipzig und der Robbe. Mich erwähnte sie mit keinem Wort. Zuvor hatte Thea mich in der Küche beiseite genommen und in ihrer stets fürsorglich vereinnahmenden Art gemahnt, keine Dummheiten zu machen, nicht den Helden zu spielen, Micki (wie sie Michaela nennt) mache sich große Sorgen. Thea belehrte mich über den Unterschied zwischen Tollkühnheit und Mut. Trotzdem könne sie nicht umhin, mich zu bewundern, wobei sie unvermittelt jenen mädchenhaft-scheuen Ausdruck annahm, der sich bei Schauspielerinnen regelmäßig einzustellen scheint, wenn sie selbst bewundert werden möchten.

Das Berliner Gerede unterschied sich nicht von dem, was ich aus Altenburg kannte, allerdings wurden hier die Berühmtheiten meist nur beim Vornamen genannt, so daß ich oft nicht wußte, wer gerade gemeint war.

Theas Mann, ein perfekter Gastgeber, war der einzige, mit dem ich mich ein paar Minuten unterhielt – über die Kinder, ihre beiden Mädchen, in deren Zimmer Robert verschwunden war.

Gegen elf wollte ich mich schlafen legen, als endlich jemand das Wort an mich richtete. Es war Verena, eine gelernte Töpferin. An ihr fiel mir zuerst die frische glatte Haut ihrer Wangen auf. Von ihrer Arbeit gebe es nicht viel zu erzählen, sagte sie und tat meine Nachfragen mit einem Kopfschütteln ab, wobei sie auf ihre rauhen Handflächen sah. Geradezu demütig hatte sie von »diesem Kreis« gesprochen und ihre Arbeit durch das Lob von »Menschen wie Thea« als geadelt betrachtet.

»Wenn die Mauer weg ist«, entgegnete ich, »werden die alle hier wie die Fische auf dem Trockenen liegen und große Augen machen. Dann wird es gut sein, einen richtigen Beruf zu haben.« Das, was ich als Ermunterung gedacht hatte, ließ sie vor mir zurückschrecken. Jetzt gehe es doch erst richtig los, sagte sie, ohne Zensur, ohne Beschränkung, bald könne man spielen, was man wolle, alles, was verboten sei oder in den Schubladen warte. Von einem »unvergleichlichen Aufbruch« sprach sie und von »nie gekannter Blüte«.

»Aber keiner wird sich mehr dafür interessieren«, sagte ich.

»Warum denn nicht?« rief sie aufgebracht. »Aus welchem Grund?«

»Weil es einfach zu schön wäre«, wich ich aus und spürte, wie schwer Gedanken auf einen zurückfallen, mit denen man allein bleibt.

»Thea findet immer und überall ein Theater«, sagte Verena, dessen sei sie gewiß.

Vielleicht wäre der Eklat vermieden worden, wenn mich nicht Thomas gebeten hätte, mit ihm ein paar Flaschen aus dem Keller zu holen. Ich sah noch, wie sich Verena zu dem Kreis um Thea setzte.

Später, vor dem Bücherregal, registrierte ich reflexhaft, was wir nicht besaßen, den ganzen Proust zum Beispiel, aber ich empfand keinen Neid mehr. Ich stand vor den Büchern wie einer, dem erst an der Tür seines Freundes einfällt, daß dieser umgezogen ist.

Plötzlich hörte ich Theas Stimme hinter mir. Ich fühlte mich irgendwie ertappt und griff nach dem orangefarbenen Strindberg-Bändchen.

Ich verstand sofort. Trotzdem fragte ich: »Mit welchen Fischen?« Sie wiederholte, was ich zu Verena gesagt hatte.

»Wenn die Mauer fällt, ist hier Schluß«, sagte ich und blätterte in »Fräulein Julie«. Die Gespräche waren schon vor meiner Antwort verstummt.

»Das ist doch klar! Ohne Mauer keine DDR!« sagte ich und blätterte weiter.

»Ich verdiene siebenhundert Mark«, sagte ich, nachdem es wieder ruhiger geworden war, »das sind weniger als zweihundert West, vielleicht weniger als hundertfünfzig. Das hätte ich in Westberlin als Kellner an einem Wochenende zusammen.«

Wie ein Lehrer wandte ich mich den Gästen zu: »Wenn ich als Hilfsarbeiter zehn- oder zwanzigmal mehr verdiene als ein Dramaturg, warum soll ich dann kein Hilfsarbeiter werden? Wozu braucht die Gesellschaft heute noch ein Theater?« Sie lachten und buhten und nannten mich Clown und Verräter.

»Was für Aufgaben denn?« rief ich ihnen zu. »Wen lasse ich denn im Stich?«

Der Salzstangenknacker sagte, er wisse nicht, wer ich sei und was ich mache, das sei ihm aber auch egal, denn mit Reaktionären wolle er bei aller Notwendigkeit von Veränderung nichts zu tun haben. Die *** vom DT fistelte, ich sei ein Provokateur, ja, ein Provokateur.

»Ich meine«, rief ich versöhnlerisch, »daß euch das Publikum davonlaufen wird ...«

Ach, Nicoletta! Ich sprach von Publikum, meinte aber etwas anderes, etwas Grundsätzliches. Von Publikum zu reden war eine Verniedlichung. Die Aufmerksamkeit würde aus der Welt verschwinden, die Aufmerksamkeit, die uns alle auf eine Bühne gehoben hatte, das wollte ich sagen. Aber das hätte niemand verstanden. Die begriffen ja nicht mal, daß es Masochismus war, was ich da praktizierte, daß ich, schrecklich, es auszusprechen, viel mehr verlor als diese Schauspieler. Ja, natürlich, die würden immer irgendwas finden. Thea bekäme immer irgendeine Rolle. Sie mußten keine Angst haben. Ich aber verlor alles, ALLES! Leid und Glück! Ost und West! Himmel und Hölle!

Michaela litt bleich auf ihrer Eisscholle und versuchte zu lächeln.

Gegen zwei gingen wir schlafen. Die Plüschtiere über meinem Kopf, ein nach vorn übergefallener Hund und ein Bär, der auf dem Rücken lag, schienen vom Spiel auszuruhen. Robert hatte mit den Mädchen bis nach Mitternacht Musik gehört und schlief in einem anderen Zimmer.

Michaela kam in einem zerknitterten blauen Pyjama aus Seide herein. Thea habe ihn wegschmeißen wollen, weil er in der Maschine ruiniert worden sei. Nun gehöre er ihr. Mitten in der Nacht erwachte ich von ihrem Weinen. Es sei alles zuviel, sagte sie, einfach zuviel. Mit meiner Hand unter ihrer feuchten Wange schlief sie noch vor mir wieder ein.

Am nächsten Morgen hatten Thea und Thomas ein Frühstück vorbereitet, das auf mich wie eine Entschuldigung wirkte und zugleich der Vollzug jenes Rituals war, das Michaela so bewunderte. Über den Biedermeiertisch war eine blütenweiße gestärkte Decke gebreitet. Berührte man den Saum mit dem Schenkel, hob sich der Stoff an der Tischkante. Die Servietten unserer Gastgeber steckten in silbernen, mit Initialen verzierten Ringen, unsere Servietten waren zu einer Art Krone gefaltet. Michaelas Nachahmung scheiterte schon an der beiläufigen Geste, mit der selbst die Mädchen ihre Servietten entfalteten und sich zurücklehnten, als erwarteten sie, daß man ihnen serviere.

Gold- und rotumrandetes Geschirr, silbernes Besteck, sogar Vorlegegabeln, ja Messerbänkchen schmückten den Tisch. Zwei Sorten bitterer »Jam« leuchteten in Kristallschalen, neben denen der Plastebecher mit Senf und das Meerrettichglas wie die Harlekine im Hofstaat wirkten. Außer diesen hatte allein das kleine russische Metallgestell für das Salz eine Entsprechung in unserem Haushalt, obwohl uns das dazugehörige Löffelchen abhanden gekommen war.

Was bei Tisch gesprochen wurde, hatte nichts mit dem gestrigen Abend zu tun. Zumeist redeten die Mädchen. Robert ignorierte uns vollständig. Er hatte sich in eine von ihnen oder in beide, das habe ich nie herausgefunden, verliebt. Im Hintergrund lief ein Klavierkonzert von Chopin. Alles war dazu angetan, mich glauben zu machen, die Welt sei dieselbe wie bei unserem letzten Besuch im April.

Plötzlich trieb Thomas zur Eile. Zum ersten Mal hörte ich von dem Treffen der »Gewerkschaftsvertrauensleute der Theater«. Thea sollte dort das »Gedächtnisprotokoll« ihrer Verhaftung vortragen. Ich hoffte mich durch mein Versprechen, den Tag mit Robert zu verbringen, dieser Zumutung entziehen zu können. Doch Robert hatte jedes Interesse am Planetarium verloren. Also mußte ich mit ins Deutsche Theater.

Wir fanden nur im zweiten Rang Platz. Ich schwor mir, zum letzten Mal auf Michaela Rücksicht genommen zu haben. Von denen, die auf der Bühne saßen, kannte ich nur Gregor Gysi. Man müsse den psychischen Druck, der auf den Bereitschaftspolizisten laste, berücksichtigen, sagte er, die seien einfach strukturiert und auf Situationen wie diese gar nicht vorbereitet.

Es wurden Gedächtnisprotokolle verlesen, von Schlägen auf Rücken, Beine, Nieren und Kopf war die Rede. Thea las ohne Pathos, ihr Bericht war einer der kürzesten. Einmal sagte sie: Das möchte ich nicht wiedergeben. Zwei Frauen vor uns weinten.

Applaus, Gelächter, Buh- und Zwischenrufe wechselten einander fast gleichmäßig ab. Plötzlich wurde es lauter. Von überall her Hohngelächter, wie es gestern abend auch über mich niedergegangen war. Ich glaubte, vorher Gysis Stimme gehört zu haben.

»Er hat die Stirn, uns zu fragen, warum wir die Demonstration nicht *angemeldet* hätten!« rief Michaela mir ins Ohr.

Das hat dir der Teufel souffliert! schoß es mir durch den Kopf.

Dabei lachte ich. Natürlich wurde weitergeredet, aber eben nur, um zu reden; man flüsterte, man räusperte sich, rutschte auf den Stühlen herum und unterhielt sich ungeniert. Doch die teuflische Saat ging auf.

Ich bin mir nicht sicher, denke aber, daß es der Intendant des Schwedter Theaters war, der da wie ein Besessener auf die Bühne stürmte. Mit bebender, fast erstickter Stimme schrie er, auch weil er das Mikro zu weit weghielt, daß, wenn hier schon davon die Rede gewesen sei, daß man Demonstrationen beantragen solle, daß er dann beantragen wolle, daß diese Beantragung jetzt hier und überall erfolgen solle, daß in allen Städten, daß überall dort, wo ein Theater sei, wo es Leute wie uns gebe, daß dort Demonstrationen beantragt werden sollten, überall, im ganzen Land! »Danke!« rief er in den Applaus und Jubel, der über ihn hereinbrach. Thea und Michaela waren aufgesprungen und klatschten.

Auf der Bühne wurde sofort das Procedere besprochen, welche Fristen eingehalten werden müßten und so weiter. Zum Schluß stand als Termin der 4. November fest.

Abends, auf der Rückfahrt, hielten wir in Leipzig und gingen ins »Astoria«, ich habe es Ihnen gezeigt, dieses noble Hotel direkt am Ring, unmittelbar neben dem Bahnhof. Man ließ uns ein, wir bekamen Plätze und aßen fürstlich. »Eigentlich geht es uns doch gut«, sagte ich. Daß die Straße vor dem »Astoria« dieselbe sein sollte wie die, auf der vor dreizehn Tagen ein Militärkordon gestanden hatte, über die vor sechs Tagen siebzigtausend Demonstranten gezogen waren, schien jetzt genauso unwirklich wie die Annahme, morgen könnte es hier zu einer Schlacht kommen.

Am Montag saß ich ab zehn auf meinem Platz in der Dramaturgie, las ein wenig, ging um zwölf in die Kantine und fuhr um zwei nach Hause. Ich kümmerte mich um den Haushalt, ich ging einkaufen, ich legte mich hin, später machte ich Abendbrot. Danach setzte ich mich mit Robert vor den Fernseher. In der Tagesschau hieß es, in Leipzig wären hundertfünfzigtausend auf die Straße gegangen. Kein Wort über Festnahmen oder Straßenschlachten.

Michaela, die kurz darauf eintraf,[1] blieb mit offenem Mantel neben uns stehen. »Wirklich?« fragte sie. »Hundertfünfzigtausend!?« Sie sah unentwegt in den Fernseher, obwohl dort schon etwas ganz anderes lief.

Am Dienstag morgen warteten Michaela und ich um neun im Sekretariat, weil Jonas am Montag nicht im Haus gewesen war. Halb zehn bat er uns herein, bestellte bei seiner Sekretärin drei Kaffee und lehnte sich in seinem Thron, der dem Fundus entstammte, zurück. Sein Lächeln blieb nahezu unverändert, während Michaela ihn von dem »Berliner Beschluß« unterrichtete und ihn aufforderte, eine Demonstration für Presse- und Meinungsfreiheit anzumelden.

»War's das?« fragte er. Ob uns klar sei, was wir da sagten, ob wir das ernst meinten und tatsächlich von ihm erwarteten, zur Polizei zu gehen und eine Demonstration zu beantragen? Solche »Be-schlüs-se« (er sprach, jede Silbe betonend, die Anführungszeichen mit) kümmerten ihn einen feuchten Dreck. Wir könnten uns gern weiter unglücklich machen und als Privatpersonen so viele Demonstrationen anmelden, wie wir für nötig hielten, sollten dann aber auch unseren eigenen Kopf hinhalten und ihn später nicht um Hilfe bitten, denn das sage er uns jetzt schon, dann könne er gar nichts mehr für uns machen, gar nichts mehr!

Michaela wollte, wie sie sagte, sich nur noch einmal vergewissern: Er sei also nicht bereit, die in Berlin von den Gewerkschaftsvertretern aller Theater beschlossene Demonstration hier in Altenburg zu beantragen?

[1] T. verschwieg, dass Michaela allein nach Leipzig gefahren war.

Er wisse nichts von Beschlüssen der Gewerkschaft. Er könne ja mal die Gewerkschaft hier anrufen, wenn wir das wünschten, vielleicht wüßten die, wovon wir redeten.

»Das bedeutet also nein?« fragte sie.

»Es bedeutet ganz sicher nein«, sagte er. Wir lächelten uns an. »Na dann«, sagte Michaela und erhob sich, als gerade die Sekretärin mit drei Tassen Kaffee erschien.

Nach der Probe gingen wir zur Polizei,[1] klingelten und standen im nächsten Moment vor zwei Diensthabenden, der eine schwarzhaarig, der andere blond und pausbäckig. Sie musterten uns von ihren Schreibtischen aus.

»Wir wollen eine Demonstration anmelden«, sagte Michaela, stellte uns vor und gebrauchte dieselben Sätze wie gegenüber Jonas. Der Schwarzhaarige griff zum Telephon, der Blonde sah aus dem Fenster und grinste.

Eine Minute später benutzte Michaela zum dritten Mal an diesem Tag die Formulierung »Berliner Beschluß« und »Treffen der Theaterschaffenden«.

Der Altenburger Polizeichef, ein langer hagerer Mann mit Rundrücken, wirkte, selbst wenn er sprach, abwesend und blickte, wenn er uns überhaupt ansah, allenfalls kurz auf. Nach einer längeren Pause sagte er etwas von Verkehrssicherheit, die er »mit seiner jetzigen Stärke« nicht gewährleisten könne, klagte über die Kurzfristigkeit unseres Anliegens. Danach herrschte Schweigen. Ich betrachtete die Spuren von rotem Bohnerwachs an der Fußleiste des hellen Wandschranks und die schwarzen Striemen der Bohnerkeule.

Plötzlich fragte der Polizeichef, wie denn das Thema unserer Veranstaltung laute.

[1] Das Verhältnis T.s zu den Aktivitäten der Bürgerbewegung bleibt unberechenbar und rätselhaft.

»Die Zulassung des Neuen Forums, freie und geheime Wahlen, Presse- und Informationsfreiheit, Meinungsfreiheit, Reisefreiheit – eben alles, was in unserer Verfassung garantiert wird«, sagte Michaela. Der Polizeichef stemmte sich hoch, stellte sich ans Fenster und verschränkte die Arme, was seine Schultern noch weiter nach vorn zog. An seiner Hüfte trug er eine Pistole.

Michaela und ich schlugen gleichzeitig die Beine übereinander, was mir etwas peinlich war.

Ohne sich zu rühren, wies er uns schließlich an, wieder nach unten zu gehen und die notwendigen Formulare auszufüllen, nickte zum Abschied in Richtung Tür und starrte dann weiter aus dem Fenster.

Der blonde Polizist grinste immer noch. Auf seinem Tisch lagen die beiden Formulare für die »Anmeldung einer Veranstaltung im Freien«. Michaela runzelte die Stirn. »Es gibt nichts anderes«, sagte der Schwarze, der glänzende Lippen hatte und mit seinen geschwungenen Augenbrauen mädchenhaft wirkte.

Als Teilnehmerzahl trugen wir zehntausend ein, gaben als Zeitraum 13 bis 15 Uhr an und schrieben in die Rubrik Musik – ungewiß. Unter dem Rubrum »Ort der Veranstaltung« war zuwenig Platz vorgesehen. Bei der Festlegung der Demonstrationsstrecke hielten wir uns an die Route, die sich letzten Donnerstag ergeben hatte, nur daß wir die Demonstration am Theater beginnen lassen wollten. Wir unterschrieben beide. Auf die Frage nach dem weiteren Procedere bestellte uns der Blonde für nächsten Dienstag und sah fragend zu seinem dunklen Kollegen hinüber. Der zuckte mit den Schultern und wiederholte »Nächsten Dienstag«. Michaela reichte ihnen nacheinander die Hand, sie schnellten von ihren Stühlen hoch. Auch ich schüttelte ihnen die Hände. Der Pförtner grüßte uns aufgeregt wie alte Bekannte und ließ die Außentür summen. »Wir hätten sie nur noch um ihre Colts bitten müssen«, sagte Michaela draußen.

Am Mittwoch wartete ich am Auto auf Michaela, es war später als sonst geworden. Ich hörte, wie jemand leise meinen Namen rief. Die Sekretärin des Intendanten hatte ihr Fenster nur einen Spalt weit geöffnet und winkte mir zu, als schlüge sie einen Staublappen aus.

»Na! Hörst du schon das Kettenrasseln?« rief mir Jonas entgegen, als ich das Sekretariat betrat. »Hörst du die Panzer noch nicht? Laßt eure Demo sein. Krenz ist neuer Generalsekretär!«

Ich weiß bis heute nicht, was Jonas' Ausbruch provoziert hat. Er hatte wohl mein Lächeln als Spott mißdeutet. Jonas lief rot an und brüllte: »Krenz war in China!« Und als ich weiterschwieg: »Vor drei Wochen war er dort, vor drei Wochen! Ihr begreift nichts, nichts!« Und knallte die Tür hinter sich zu.

Dabei gab ich ihm ja recht. Auch ich hielt die »chinesische Lösung« für möglich, ja in gewisser Weise für folgerichtig.

Michaela und ich trafen an der Pforte zusammen. Sie empörte sich über Amanda, die Requisite, weil die vor der Probe alle umarmt und sich verabschiedet hatte – in den Westen. »Die hat die ganze Zeit einen Ausreiseantrag laufen, hält den Mund und ist nun fein raus!« In der Kantine hatten sie gestritten. Angeblich war aus der Intendanz der Vorschlag gekommen, die »Krähwinkel«-Premiere abzublasen. »Wegen Krenz«, hieß es.

Michaela saß neben mir im Auto und spielte mit dem Henkel ihrer Handtasche. Sie war nicht davon abzubringen, zu einem Treffen des Neuen Forums zu gehen. Dort sei sie vielleicht sicherer als zu Hause, sagte sie. Danach wollte sie ins Theater, damit nicht ausgerechnet heute das Verlesen der Resolution ausfiele. »Das wäre ein ganz falsches Zeichen«, sagte sie. Ich bot ihr an, sie zu fahren, ihr war es aber lieber, wenn ich bei Robert blieb.

Kurz vor sieben lagen wir uns in den Armen. Michaela streichelte meine Wange, ihre Handflächen waren kühl. »Ich beneide Amanda«, sagte Michaela und wollte mich küssen – da klingelte es. Wir erstarrten. Robert öffnete lautlos die Zimmertür. Wir sahen einander an und warteten. Auch das zweite Klingeln war kurz.

Vor der Tür stand Schmidtbauer, der Gründer des Altenburger Neuen Forums, und plinkerte mit den Augen. Bei ihm waren ein kleiner Bärtiger mit Baskenmütze, der als einziger lächelte, und ein Mann mit langem Bart und einer Brille, die seine Augen um ein Mehrfaches vergrößerte. Ich kam gar nicht dazu, etwas zu fragen oder sie zu bitten, ihre Schuhe anzubehalten, so selbstverständlich marschierten sie in ihren Socken bei uns ein.

Mir war der Anblick der neben dem Abtreter zurückgelassenen Schuhe unangenehm, ja peinlich. Außerdem ärgerte ich mich über die stumme Selbstverständlichkeit ihrer Invasion. Schmidtbauer hatte die »Sitzung« kurzerhand zu uns verlegt. Da wir kein Telephon besaßen, hatten ausgerechnet wir davon nichts erfahren.

Im Vorraum wandte sich Schmidtbauer nach mir um.

Ob wir uns dahin gehend verständigen könnten, daß der Sozialismus reformiert, aber nicht abgeschafft werden sollte.

»Mit mir«, sagte ich, »müssen Sie sich nicht verständigen.«

Am meisten ärgerte mich, daß Michaela sich von den dreien duzen ließ.

Während ich ihnen die Teetassen hinstellte, sagte Schmidtbauer: »Hiermit eröffne ich die Sitzung des Neuen Forums Altenburg, Thüringen.«

»Wieso Thüringen?« fragte der mit dem langen Bart und den großen Augen.

»Da habe ich eine ganz einfache Antwort«, sagte Schmidtbauer. »Weil Altenburg in Thüringen liegt. Und mit Thüringen fühlen sich die Leute verbunden, da könnt ihr fragen, wen ihr wollt.« Dabei spielte er mit dem Druckknopf seines Kulis.

Nur der mit dem langen Bart widersprach Schmidtbauer, als

dieser beantragte, die verschiedenen Arbeitsgruppen des Neuen Forums am morgigen Abend, dem Kirchenabend, noch nicht bekanntzugeben und abzuwarten, was Krenz unternehmen würde.

»Was hat Krenz damit zu tun?« rief der lange Bart. »Kann mir bitte mal jemand erklären, was das mit Krenz zu tun hat?« Er sah der Reihe nach einen jeden mit seinen riesigen Augen an, zuletzt sogar mich.

»Das kann ich dir erklären«, sagte Schmidtbauer. »Wir alle, so wie wir hier sitzen, du« – sein Kugelschreiber deutete zuerst auf Michaela –, »du, du und ich, können im nächsten Moment verhaftet werden. Wenn Krenz – laß mich ausreden –, wenn Krenz den Befehl gibt, dann Gnade uns Gott!«

Der lange Bart meldete sich wie ein Schüler und sah Schmidtbauer unverwandt an. »Na, was denn«, murrte Schmidtbauer und richtete endlich seinen Kuli auf ihn.

»Ich muß dich jetzt mal was fragen, Jürgen. Darf ich das?«

Schmidtbauer nickte.

»Bist du denn nicht stolz, im Neuen Forum zu sein?«

»Was?« Schmidtbauer sah von einem zum anderen, als sollte jeder sehen, wie schwer es ihm fiel, nicht laut loszulachen.

»Ich kann dir nur sagen, daß ich stolz darauf bin«, sagte der lange Bart. »Und das kann jeder wissen.« Er setzte sich aufrecht hin. »Wißt ihr, was ich gestern gemacht habe?« Dann erzählte er, daß die Baufirma, bei der er arbeitet, ihn für eine Reparatur in die Villa der Staatssicherheit geschickt habe. Mittags habe er in deren Kantine gegessen und ein paar Bekannte getroffen. Denen habe er erklärt: »Ich bin im Neuen Forum. Guckt euch mal unser Programm an, da werdet ihr nichts Schlechtes finden! Und dann hab ich gesagt, ich bin stolz drauf, im Neuen Forum zu sein. Das kann jeder hören. Und wenn ich die Wirtschaftsgruppe leiten darf, kann das auch jeder wissen. So, Jürgen, und jetzt kannst du weitermachen.«

Nachdem ich ihnen die Teekanne gebracht hatte, schloß ich Wohnzimmer- und Küchentür. Ich räumte auf und begann vor lauter Ratlosigkeit, den Fußboden zu wischen, bis Michaela mich rief. Sie saßen bereits vor der Glotze.

Als ich Krenz sah, wußte ich, daß nichts passieren würde. Sein Gerede von der nicht real genug eingeschätzten Entwicklung, von Aderlaß und seine neue Empfindsamkeit für die Tränen der Mütter und Väter beruhigten selbst Schmidtbauer. Vielleicht war ich nur deshalb von Krenz, von seiner Gesichtslosigkeit, so überrascht, weil ich nie richtig hingesehen hatte. Diese bedauernswerte Kreatur sprach, als ekelte ihn jedes Wort, als wäre diese Rede ein Fraß, den er vor aller Welt herunterzuwürgen habe. Zudem kannte ich ihn nur im Schillerkragen, wie meine Mutter es nannte, wenn die Funktionäre den Kragen des Blauhemds[1] über den ihres grauen Anzuges schlugen. Mit weißem Hemd und Krawatte sah er aus wie ein Zirkusbär.

Als die drei gegangen waren, öffnete ich das Fenster, und Michaela sagte, daß sie nun nicht mehr ins Theater fahren müsse. Zusammen mit Jörg, dem kleinen Bärtigen mit der Baskenmütze, werde sie die Medien- und Kulturgruppe des Neuen Forums leiten. Ich fragte, ob Leute wie Schmidtbauer es wert seien, sich ihretwegen zu gefährden. Michaela sagte, Schmidtbauers Frau habe ihn mit zwei kleinen Kindern sitzengelassen. Wie würde ich denn reagieren, wenn an unserem Auto morgens plötzlich alle Radmuttern locker wären?

Wieso bemerkte Michaela Schmidtbauers Kleinkariertheit nicht, seine Geltungssucht und Empfindungslosigkeit? Doch je mehr ich mich über *ihn* aufregte, desto lächerlicher schien *ich* in ihren Augen zu werden.

[1] FDJ-Hemd. Egon Krenz war lange Zeit 1. Sekretär des Zentralrats der FDJ gewesen.

Am nächsten Morgen ging es genauso weiter. Da Michaela abends Probe hatte, sollte ich sie vertreten und in der Kirche über das Berliner Treffen und die angemeldete Demonstration sprechen. Ich weigerte mich. »Und warum?« fragte Michaela. Sie klang so hart, so kalt, als hätte ich sie betrogen. »Darf ich das wissen?«

»Weil ich mit diesen Leuten nichts mehr zu tun haben will«, sagte ich und äffte das wichtigtuerische Kopfnicken des Bassisten nach.

In der Art, wie Michaela die Luft durch die Nase blies, lag so viel Verachtung, daß ich ahnte, was uns bevorstand. Fünf Minuten später sagte sie: »Ich verstehe dich nicht, Enrico. Ich kann dich einfach nicht mehr verstehen.« Ich schwieg und ging abends in die Kirche.

Eigentlich war alles so, wie ich mir früher den zukünftigen Ruhm ausgemalt hatte. Ich lief durch ein regelrechtes Spalier nach vorn, die Leute erkannten mich wieder, und manche riefen mir sogar etwas zu. Jemand forderte, *ich* solle die Sache hier in die Hand nehmen. In der ersten Reihe rechts war für mich der Platz am Mittelgang reserviert. Es war mir unangenehm, Michaelas Namen und unsere Adresse auf einem gut sichtbar aufgehängten A1-Blatt zu lesen, das zur Mitarbeit in der Medien- und Kulturgruppe einlud.

Sie begannen mit einiger Verspätung. Reden, Musik, Reden. Nach einer Dreiviertelstunde war ich endlich dran. Es war so still, als hielten die Leute tatsächlich den Atem an. Ich berichtete von dem Treffen in Berlin. Dafür brauchte ich eine Minute. So beiläufig wie möglich fügte ich hinzu, daß wir für den 4. November eine Demonstration angemeldet hätten. Wieder gab es Jubel, wieder zogen die Leute auf die Straße, wieder kam Pfarrer Bodin nicht mehr zu Wort. Und als ich aus der Kirche kam, standen auch wieder die beiden Polizisten da. Der Blonde lächelte.

Der Schwarze drehte sich vor Aufregung um die eigene Achse. Wir gaben uns die Hand. Dieselbe Strecke wie letztes Mal, sagte ich. Daraufhin stiegen sie in ihren Lada. Ich redete mich auf Robert heraus und fuhr gleich nach Hause.

Von da an fällt es mir schwer, die Tage zu unterscheiden. Ich beteiligte mich an nichts mehr, und Michaela war zu stolz, mich um etwas zu bitten.

Wenn ich allein war, lag ich in meinem Zimmer, einen Unterarm über den Augen, und versuchte, meine Gedanken möglichst weit weg von mir und der Gegenwart zu halten. Meistens dachte ich an Fußball.

Vielleicht haben Sie von dem legendären Viertelfinalspiel im Europapokal der Pokalsieger gehört, zwischen Dynamo Dresden (der Mannschaft meines Herzens) und Bayer 05 Uerdingen, am 9. März 86, einen Tag nach dem Internationalen Frauentag. Ich weiß bis heute nicht, wo Uerdingen liegt. Dresden hatte zu Hause mit 2:0 gewonnen und spielte in Uerdingen groß auf, der »Dresdner Kreisel« lief. Ich erinnere mich noch an Klaus Sammer, unseren Trainer, wie es ihn von seiner Bank hochriß, als das 3:1, ein Eigentor der Uerdinger, fiel und er über eine Werbebande sprang und abwinkte. »Das war's« sollte diese Geste wohl heißen. Vor dem Fernseher wunderte ich mich, daß die Zuschauer weiter im Stadion ausharrten.

Dresden hätte sich in den verbleibenden fünfundvierzig Minuten vier Gegentore leisten können und wäre trotzdem im Halbfinale gewesen. In der 58. Minute fiel dann ein Tor für Uerdingen. In der Verfassung, in der ich mich befand, schien mir dieses Tor seine Entsprechung im Verbot des »Sputniks« und der Verleihung des Karl-Marx-Ordens an Ceauşescu zu haben. Das 3:3 wenig später setzte ich dem Wahlbetrug vom 7. Mai gleich. Das 4:3 für Uerdingen bedeutete soviel wie die ungarische Grenzöffnung, dem 5:3 entsprachen die Montagsdemonstrationen. Niemand zweifelte zu diesem Zeitpunkt noch am 6:3, das dann auch fiel und Dresden ausscheiden ließ. Was aber würde das 6:3 im Herbst 89 sein? Reisefreiheit für alle? Und das 7:3? Das 7:3 – so das Endresultat – interessierte mich schon nicht mehr.

Sechs Gegentore in einer Halbzeit! Das war die unwahrscheinlichste und schlimmste aller möglichen Wendungen. Zugleich waren die Tore mit scheinbar zwingender Notwendigkeit gefallen, als sei es ganz natürlich, wenn alle sieben Minuten der Ball im Netz zappelt.

Ich werde nicht der einzige gewesen sein, der in diesem Spiel ein Menetekel erkannte.

Am Montag, dem 23., kam ein Brief von meiner Mutter. Nachdem Michaela und Robert nach Leipzig gefahren waren – Robert sollte erleben, wie Geschichte gemacht wird –, las ich die engbeschriebenen Seiten. Es ging ausschließlich um die Klinik und die Reaktionen auf ihre Krankschreibung. Man hatte kontrolliert, ob sie auch tatsächlich das Bett hüte, und sie zu Hause nicht angetroffen. Die Krankschreibung war daraufhin nicht anerkannt worden, und ihr sollte die Woche vom Urlaub abgezogen werden. Auch die Äußerungen ihrer Kolleginnen, die sie minutiös wiedergab, waren unangenehm (wenn man seine Nase in alles steckt, muß man sich nicht wundern, wenn man eins draufbekommt). Was mich allerdings mehr beunruhigte, war ihr eigener Tonfall und die Zwanghaftigkeit, mit der sie das alles zitierte. Natürlich war mir klar, daß ihre Verhaftung und die Folter (wie sollte ich es anders nennen?) nicht spurlos an ihr vorübergehen würden. Und natürlich war sie mir bei ihrem Besuch bereits verändert vorgekommen. Aber dieser Brief verhieß nichts Gutes.

Ich schickte Mutters Protokoll, statt es zu beantworten, weiter an Vera. Von Vera erhielt ich bis zum Mauerfall regelmäßig

Post, Geronimos tagebuchähnliche Episteln wurden von Woche zu Woche weitschweifiger, als müßte er mir irgendwas beweisen. Offenbar wußte allein ich nicht mehr, was ich schreiben sollte. In Berlin hatte ich nicht einmal gewagt, Vera anzurufen,[1] so unsicher war ich bereits geworden.

Ich hätte von Michaela erzählen können, von ihrer schier unendlichen Kraft. In Zeiten, als noch Magie und Beschwörung zum Alltag gehörten, wäre wohl die Vermutung aufgekommen, ich hätte meine Kräfte ganz auf sie übertragen. Nach dem Streit wegen Schmidtbauer waren wir schweigsamer geworden. Ich versuchte, Michaela so oft wie möglich zu fahren, und wartete im Auto auf sie. Wenn nicht gerade jemand vom Theater gegen die Scheibe klopfte, war das Warten ein geradezu behaglicher Zustand.

Einmal zu Hause, rührte ich mich nicht mehr aus unseren vier Wänden heraus. Am liebsten blieb ich allein. Auch Robert war mir zuviel. Ich erschrak regelmäßig, wenn ich ihn kommen hörte.

Es gab Kleinigkeiten, die ich gern tat. So erinnere ich mich, regelrecht stolz auf die Idee gewesen zu sein, unseren Kühlschrank auszuwischen. Allein die Vorstellung, mit dem Ausmisten eine ganze Stunde oder mehr verbringen zu können, erfreute mich. Ich drang bis in die hintersten Ecken vor, spürte halbleere verschimmelte Marmeladengläser auf, entfernte einen eingetrockneten Senfbecher von seinem ewigen Platz und leerte eine Wodkaflasche, die seit Monaten wegen eines winzigen Schlucks aufbewahrt wurde.

Am nächsten Tag nahm ich mir das Gewürzfach vor, dann die Schublade mit dem Besteck. Später ordnete ich auch das Geschirr neu und trennte unsere Teller von denen, die aus den

1 Von Ostberlin konnte man nach Westberlin telefonieren.

Haushalten unserer Mütter stammten, die, weil sie kleiner als unsere waren, immer oben standen und hochgehoben werden mußten, wenn wir von unseren eigenen Tellern essen wollten.

Zwischen dem Saubermachen, Ausleeren und Wegschmeißen ging ich einkaufen. Eine angebrochene Flasche Bier trank ich nachmittags aus, um sie mit den anderen leeren Flaschen fortzuschaffen, achtete aber darauf, jedesmal mehr Flaschen einzukaufen, als ich weggebracht hatte.

Erst als ich den Toaster mit dem Staubsauger reinigte – eine Methode, die mir nach wie vor einleuchtet –, bemerkte ich an Robert einen gewissen Argwohn.

Da ich mich beobachtet fühlte, verschanzte ich mich in meinem Zimmer. Ich legte Schallplatten auf. Man sollte hören, daß ich hörte. Da aber die Platten, die ich besaß, mich mit Erinnerungen konfrontierten, denen ich mich nicht aussetzen wollte, kaufte ich neue Platten. Beinah wahllos griff ich zu, vor allem beim Jazz, denn Jazz hatte ich nie gehört.

Nach Michaelas Bemerkung, der deutsche Geist halte sich mal wieder an Musik, wurde mir klar, daß es nichts Unverfängliches mehr gab.

Im Theater hielt man mein Schweigen und meine Zurückhaltung für Radikalität. Michaela war bereit, mir eine Art Schonfrist einzuräumen, mir ein paar Wochen zu gewähren, in denen sie einfach durchhielt und weitermachte, ohne zu fragen. Anderen gegenüber sprach sie von Arbeitsteilung.

Abends im Bett war ich froh, wenn sie schnell einschlief. Manchmal drückte sie sich gleich mit dem Rücken an mich, zog meinen Arm über ihre Schulter und sagte: »Wie schön«, als brauchte ich nur Sicherheit und Bestätigung, um wieder zu mir zu kommen. Es gab aber auch andere Nächte.

Die Leute, die im Oktober bei uns klingelten und in der Mediengruppe mitarbeiten wollten, waren fast ausschließlich Männer, die selten ein zweites Mal auftauchten. Michaela und ich bekamen anonyme Briefe. Man drohte, uns die Masken vom Gesicht zu reißen, und beschuldigte uns der Demagogie und Volksverdummung.

Jeden Tag gab es irgend etwas Unerhörtes, und vielleicht sollte ich wenigstens das, woran ich mich erinnere, aufzählen, um Ihnen annähernd zu vermitteln, in welcher Situation wir uns befanden.

Aber ich muß endlich zum Schluß kommen und steuere deshalb schnell auf den 4. November zu.

Unser Antrag für die Demonstration war abgelehnt worden – wir hätten die Frist nicht eingehalten. Bewilligt wurde dafür eine Demonstration am Sonntag, dem 12. November. Der Haken war: Sie forderten von Michaela und mir die Unterzeichnung eines Schreibens, in dem wir versicherten, daß von uns am 4. November keine Demonstration »ausgehen« werde. Michaela reagierte, wie es wohl niemand erwartet hatte: Sie habe keine Probleme, sagte sie, das zu unterschreiben. Nur täten sich die staatlichen Stellen damit keinen Gefallen. Alle im Raum erstarrten und verfolgten dann, wie Michaela an den Schreibtisch herantrat, die Kappe von ihrem Füllfederhalter schraubte, sich über das Blatt beugte, unterschrieb und den Füller an mich weiterreichte, was dem Ganzen den Anschein eines diplomatischen Protokolls gab.

Zwei Tage später, als sie davon in der Kirche berichtete, habe es, erzählte sie triumphierend, Buhs und böse Zwischenrufe gegeben. Dann aber habe sie gesagt: »Entschuldigung, hier haben wohl einige nicht richtig hingehört. Ich habe gesagt: Von *mir* geht am 4. November um 13 Uhr vor dem Theater keine Demonstration aus. Seid ihr damit nicht einverstanden?«

Am Sonnabend, dem Vierten, fuhren wir gegen halb eins zum Theater. »Mein Gott, was haben wir angerichtet«, rief Michaela angesichts der Menschenmenge. Es war die größte Demonstration, die es je in Altenburg gegeben hat. Wer in Leipzig dabeigewesen ist, hätte von zwanzigtausend Leuten nicht sonderlich beeindruckt sein sollen. Doch Altenburg war das Vertraute, zudem ließ die Kleinstadt den Volkshaufen noch gewaltiger erscheinen. Obwohl Michaela sagte, sie und ich seien die einzigen, die heute nichts tun dürften, bahnte sie uns einen Weg zur Treppe des Theaters. Ganz oben hatten sich Schmidtbauer, der Prophet mit dem langen Bart und den großen Augen und Jörg wie drei Feldherren postiert.

Und einmal mehr spürte ich in all dieser Fröhlichkeit, Aufregung und Erwartung, wie sehr ich zu einem Fremdkörper geworden war.

Die Leute freuten sich an dem schönen Wetter, das ihnen der Herrgott wieder beschieden hatte. Mit dem Ein-Uhr-Schlag der Kirchenglocken wuchs die Unruhe, man sah zu uns herauf, man blickte sich um und wartete auf irgendein Zeichen. Rechts von uns begannen die Sprechchöre, und mit ihnen geriet die Menge in Bewegung. Die ersten zogen unter einem breiten Transparent los, doch nicht die Moskauer Straße hinauf, sondern links die Straße der Arbeitereinheit entlang. Ich wühlte mich – nur fort von Schmidtbauer! – quer durch die Menge zum Polizeiwagen, der die Straße zum Marstall sperrte. Neben Blond und Schwarz stand noch ein Dicker. Von ihrem Standort aus hatten sie gerade erst den Schwenk in die Arbeitereinheit bemerkt.

Ich riet ihnen, zum Großen Teich zu fahren, wo der Demonstrationszug nach rechts in die Teichstraße einbiegen würde. Die Teichstraße kennen Sie ja, eine Ruine neben der anderen, das Sinnbild des Verfalls. Die Teichstraße müsse auch von oben her gesperrt werden, sagte ich.

Die drei stimmten mir zu, und der Blonde fragte, ob ich mitfahren wolle. »Ja, bitte, kommen Sie mit«, rief der Dicke und quetschte sich nach hinten, während ich vorn Platz nehmen durfte. Mit Blaulicht bretterten wir durch die Frauengasse. Um am Brückchen abzubiegen, war es bereits zu spät. Erst zwischen Kleinem Teich und Kunstturm kamen wir wieder auf die Arbeitereinheit und rasten mit Tatütata auf die Kreuzung am Großen Teich. Ich versuchte, die drei zu beruhigen. Selbst wenn die Absperrung der Teichstraße von der anderen Seite her zu spät käme, sagte ich, könne der Wagen der Demonstration voranfahren. In Leipzig, belehrte ich sie, habe es nie Probleme gegeben. Der Blonde, der als Fahrer auch den Sprechfunk betätigte, blieb als einziger im Wagen, die anderen beiden sperrten die Kollwitz- und die Zwickauer Straße, was Unsinn war, weil beide Straßen die einzige Umgehung für die lahmgelegte Innenstadt bildeten. Ich sagte es dem Blonden. Er nickte, griff nach seiner Mütze und eilte zu den anderen.

In der mittäglichen Sonnabendruhe lehnte ich am Wagen und hörte auf die Sprechchöre.

Und plötzlich lag sie da – eine Pistole. Genauer: ein weißer Ledergürtel mit Halfter und darin die Pistole, direkt vor der Fahrertür. Und genauso plötzlich wußte ich: Die ist für dich! Ich bückte mich, hob den Gürtel auf, nahm die Pistole heraus, schob sie ohne jede Eile in meinen Hosenbund und zog den Pullover darüber. Das leere Halfter beförderte ich mit einem Tritt unters Auto.

Ich glaube, ich habe gelächelt, als erlaubte ich mir einen Scherz. Der Blonde kam, warf sich auf den Fahrersitz und rief irgendeine Bezeichnung in die Funksprechanlage, sah dann zu mir auf und sagte: »Alles balleddi.«

Liebe Nicoletta, ich müßte längst in der Redaktion sein.[1] Fortsetzung folgt. Sehr herzlich, wie immer,

Ihr Enrico T.

1 Es ist eher unwahrscheinlich, dass T. diesen langen Brief an einem einzigen Morgen geschrieben hat.

Montag, 11. 6. 90

Lieber Jo!
Es tut mir so leid, daß Du es auf diese Art und Weise erfahren mußtest. Natürlich hätte ich derjenige sein sollen, der Dir von unserer Trennung erzählt. Ich habe es aber einfach nicht aufs Papier gebracht, als würde der Verlust erst dadurch endgültig, als gäbe ich damit den letzten Rest Hoffnung auf. Ich wollte hier mit Dir darüber reden, es sollte das erste sein, was Du von mir zu hören bekommst. Und dann läufst Du dem neuen Paar in die Arme …[1]

Jo, mein Lieber, was soll ich sagen?

Letztes Jahr, in den Wochen, in denen ich lebendig beerdigt im Bett lag, mußte ich mit ansehen, wie Michaela an mir irre wurde. Obwohl ich leer und taub war, spürte ich doch mit jeder Faser, wie ihre Liebe zu mir aufgezehrt wurde, jeden Tag ein Stückchen mehr.

Glaub mir: Als ich aus diesem Alptraum erwachte, war ich voller Hoffnung und voller Liebe. Und ich wußte, was ich zu tun hatte. Michaela hat nie verstanden, daß ich ihretwegen beim Theater kündigte. Ja, ich tat es für Michaela und Robert, für uns drei.

Es war auf einem Spaziergang zu Beginn des Jahres gewesen, es hatte geschneit, und wir gingen zu dritt quer über die Felder, als ich plötzlich sah, wie wunderbar mein Leben sein könnte. Ich begriff, wie armselig, berechnend und lieblos mein ganzes Tun gewesen war. So wie bisher war es nicht länger möglich zu leben und nicht möglich zu schreiben. Anstatt meinen Figuren

[1] Der Brief legt einen Besuch von Johann Ziehlke in Altenburg nahe. Wie es zu der Situation kam, auf die sich T. bezieht, konnte nicht ermittelt werden.

Odem einzuhauchen, hatte ich mein eigenes Leben unter dem Pesthauch der Kunst verdorren lassen. Das erkannte ich, als mich Robert – ein Splitter war mir ins Auge geraten – über das verschneite Feld führte. Ich wollte mich retten und damit auch Michaela, vor allem aber den Jungen. Ich hoffte, ein neues Leben würde uns glücken. Michaela und ich schliefen sogar wieder miteinander, und ich war mir sicher, daß sie bald schwanger werden würde.

In meiner Verzweiflung denke ich manchmal, Michaelas Liebe hätte nur ein paar Wochen länger reichen müssen, und wenn Barrista erst heute in der Stadt einträfe, würden seine Zauberkünste gar nichts mehr bewirken. Dabei bin ich es gewesen, der ihm den Boden bereitet hat, ich habe ihm Michaela regelrecht zugeführt. Solches Garn spinne ich in meinen schwarzen Stunden. Ich will es immer noch nicht wahrhaben, Michaela und Barrista! Er hat sie einfach überrumpelt. Er ist ja die Überrumpelung schlechthin!

Michaela sieht das natürlich anders. Ihrer Meinung nach gehorcht unsere Trennung einer inneren Notwendigkeit. Sie hat bis zur Selbstaufgabe um mich gekämpft. Und ausgerechnet ich lasse sie dann im Stich, übe Verrat an ihr und am Theater. Sie blieb allein zurück, mit dem Rücken zur Wand. Sie meint, wir wären schon kein Paar mehr gewesen, als der Baron auftauchte. Das stimmt natürlich nicht, wie so manches, was sie jetzt behauptet. Michaela sah sehr klar, was ihr die Verbindung mit dem Baron ermöglichen würde – und konnte nicht widerstehen. Er hat sie nicht nur gerettet, er verschafft ihr auch Genugtuung, vielleicht sogar Rache. Mit diesem Handstreich hat sie alle übertrumpft, nicht zuletzt mich. Von ihrer Höhe aus betrachtet bin ich nur einer dieser vielen täppischen Anfänger. Selbst ihre überlebensgroße Thea ist jetzt bloß noch eine von jenen, die gezwungen sind, sich für Geld auf der Bühne zu prostituieren. Michaela hat Dir sicher von der Flugschule erzählt. Sie spricht ja von nichts anderem mehr. Hoch über der Stadt zu kreisen, während alle anderen Erdenbewohner zur Arbeit kriechen, gilt ihr als Inbegriff des Triumphs.

Ihr schlechtes Gewissen jedoch macht sie reizbar, zumal Robert auf meiner Seite steht. Wahrscheinlich hat Michaela Dir von Nicoletta erzählt – jener Frau, die bei dem Unfall im März mit im Auto saß. Michaela hat Briefe von mir an sie gelesen[1] – und natürlich nichts Anstößiges gefunden. Allein die Tatsache, daß ich einer »wildfremden Frau« anvertraue, was ich ihr »verschwiegen« hätte, stilisierte Michaela zum Anlaß unserer Trennung hoch. Ach, Jo, ich wünschte mir ja, ihre Vorwürfe stimmten, dann würde ich die Trennung wahrscheinlich besser verkraften. Es ist so absurd. Ich weiß nicht einmal, ob Nicoletta einen Freund hat, ob sie allein oder mit jemandem zusammenwohnt und was sie von meinen Episteln hält, die ich ihr morgens schreibe, wenn ich nicht mehr schlafen kann. Nicoletta ist die ideale Person – zumindest jene Nicoletta, an die ich beim Schreiben denke –, der ich von früher erzählen kann. Ihr Bild vor Augen begreife ich, was mit uns passiert ist.

Nicoletta glaubte mir nicht, daß ich das Theater freiwillig verlassen hätte, um so ein Provinzblättchen zu machen. Ihre Vorstellungen von Schriftstellern und Künstlern ähneln jenen, die meine Mutter hegt – obwohl die ja die Welt jetzt »ganz sachlich« sieht. Zudem hat Nicoletta zehnmal mehr Marx und Lenin gelesen als wir alle zusammen. Sie ist nicht so wie Roland, Veras alter Verehrer, aber sie spricht immer noch von Ausbeutung und Kapitalismus, ja selbst Begriffe wie aggressiver Imperialismus oder »Militärisch-industrieller Komplex« (angeblich eine Be-

[1] Wahrscheinlich fand Michaela einige der Durchschläge von T.s Briefen.

zeichnung des ehemaligen US-Präsidenten Eisenhower) kommen ihr problemlos über die Lippen.

In ihrer Achtung bin ich rettungslos gesunken, als ich begann, »gemeinsame Sache« mit Barrista zu machen. Barrista ist für sie das Böse schlechthin. Ich versuche nicht, sie vom Gegenteil zu überzeugen, doch mein Ehrgeiz ist es, ihr klarzumachen, warum ich dieses Leben gewählt habe. Und das versteht nur, wer weiß, wie wir gelebt haben.

Ich rede wirklich nicht von Liebe. Dazu bin ich auch noch gar nicht in der Lage.

Außerdem, und nicht mal das war bisher gegeben, wünsche ich mir eine Liebe Ebenbürtiger, die unter gleichen Voraussetzungen handeln. Ich will eine Liebe ohne alle Vertracktheit und Verrenkungen. Ich will Weckerklingeln am Morgen und das Abendbrot immer zur gleichen Zeit, ich will Urlaub und Sonntagsausflüge. Ich will eine Familie. Ja, ich sehne mich nach Bürgerlichkeit, nach Ordnung, in mir und um mich. Nicoletta liefe wohl davon, wenn ich ihr das beichten würde.

Hast Du in der vorletzten Ausgabe den Artikel über das Lindenau-Museum gelesen? Hinter all diesen Plänen steckt Nicoletta. Sie hat sich außerdem in den Kopf gesetzt, im Lindenau-Museum den Altar des Guido da Siena zu rekonstruieren, sie war schon in Eindhoven, wo es eine Tafel gibt (die anderen Tafeln sind in Princeton, im Louvre und natürlich in Siena). Die Holländer haben wohl schon zugestimmt, die Rekonstruktion wäre eine Sensation![1]

Sobald meine neue Wohnung bezugsfertig ist, wird Vera für ein paar Wochen oder Monate nach Altenburg kommen.

[1] Dieses Projekt konnte erst im Jahre 2001 – unter großer internationaler Beachtung – verwirklicht werden. Vgl. dazu: *Claritas. Das Hauptaltarbild im Dom zu Siena nach 1260. Die Rekonstruktion*, Lindenau-Museum Altenburg 2001.

Sie hat sich von Nicola getrennt, oder er von ihr, was sie nie zugeben würde, dafür ist in Vera zu viel gekränkte Eitelkeit, weibliche Eitelkeit. Das macht es für mich so schwierig, sie zu trösten. Ihr Auftreten jedoch ist mondän! Niemand würde glauben, daß sie aus zwei Koffern lebt. Beirut war für sie doch etwas zu viel Abenteuer. Nicolas Mutter hat sie mit dem Gerede um Entführungen völlig verunsichert, der Strom fällt ständig aus, die Generatoren machen ohrenbetäubenden Lärm und verpesten die Luft. Grün gibt es sowieso nicht, das Meer ist eine Kloake, und die Autos rasen mit hundert durch die Straßen, bremsen, rasen weiter – aus Angst vor Scharfschützen. Gegen Westbeirut ist Westberlin wohl so weitläufig wie die Prärie. Ihr einziger Vorteil war, daß sie getauft ist. Das wird akzeptiert. Bloß kein Atheismus!

Nicola wittert jetzt das große Geschäft. Sein Zukunftsorakel ist ein Glaser. Kaufen die Leute Fensterglas, besteht Hoffnung auf Frieden. Und jetzt kaufen sie ihm wohl das Lager leer.

Zurück nach Dresden will sie keinesfalls, und in Berlin, in ihrem schönen Westberlin, hat sie auch keine Arbeit mehr. Sie löst die Wohnung und Nicolas Laden auf. Sie verschleudert alles, und wenn sie Pech hat, bleiben sogar noch Schulden an ihr hängen. Ihr werdet Euch hier also wiedersehen.

Gib Dir und Franziska ein paar Wochen Eingewöhnungszeit. Alles, was die Arbeit betrifft, sieht der Baron sehr nüchtern. Das sollte Dich nicht verunsichern. Ich habe Dir ja meine erste Begegnung mit ihm beschrieben. Pringel und Frau Schorba sind völlig vorbehaltlos, und für unsere Elevinnen[1] bist Du sowieso schon eine Berühmtheit. Wahrscheinlich werden sie sich darum streiten, wer Dich in die Geheimlehre des Layouts einführen darf. Jörg beneidet Dich um das Buch. Jemanden wie

1 Neu eingestellte Mitarbeiterinnen von T.

Dich an meiner Seite zu sehen hatten Marion und er wohl nicht erwartet.

Anton Larschen, der sich schon in einen bösen Geist zu verwandeln drohte, fördert nun wieder gute Gaben aus seinem Rucksack. Du hättest mit Deinen Änderungsvorschlägen »auf der ganzen Linie recht«. Frau Schorba wird am Wochenende den Text in den Computer tippen.

Das Geschäftliche laß getrost meine Sorge sein. Die Zeit arbeitet für uns. Deine Fahrschule bezahlen wir, Voranmeldungen braucht man nicht mehr. Im Herbst fährst dann *Du* den LeBaron!

Ihr könnt spätestens im September einziehen, denn für jeden Tag nach dem 31. August blecht die Baufirma, so steht es im Vertrag. Die Miete wird moderat sein. Hab ich Dir gesagt, daß im Badezimmer nicht nur eine schnöde Wanne, sondern ein richtiger kleiner Whirlpool geplant ist?

Stell Dir einen Spätsommertag vor, von unten duften die Äpfel herauf, oben riecht alles noch ein bißchen frisch, das Schloß ragt vor Euch auf, dahinter die Hügel und in der Ferne das Gebirge. Ihr werdet genügend Geld haben, keine Zukunftssorgen, und jeder kann ganz in Ruhe machen, was er will. Und nächstes Jahr fahren wir alle nach Italien oder fliegen in die USA und essen Lobster.

Gib Franziska einen Kuß!

Dein Enrico

Dienstag, 19. 6. 90

Lieber Jo!
Ich habe mich in die Arbeit gestürzt – mir blieb auch gar nichts anderes übrig. Die Verhältnisse klären sich mit einer Schnelligkeit, die ich selbst nicht für möglich gehalten hätte. Kaum mehr als eine Woche ist vergangen, und aus dem ganzen Tohuwabohu erstehen bereits die Konturen unserer Zeitung.

Auch mit uns geht eine Verwandlung vor. Ob Frau Schorba oder ihr Mann, der den Vertrieb organisiert, oder Evi und Mona, unsere Elevinnen am Computer, selbst der geschlagene Pringel – wir alle bewegen uns nicht nur rascher, zielgerichteter, geradezu begierig, gleich das nächste zu erledigen, wir sind auch freundlicher, offener, wir haben nichts zu verbergen, nichts zu verlieren! So wie jetzt sollte der Alltag immer sein. Ja, so soll es bleiben!

Offiziell arbeitet Herr Schorba noch bei der Wismut. Er ist aber freigestellt und wartet auf seine Kündigung samt Abfindung. Als Bergbauingenieur weiß er zu organisieren. Ich genieße es, wenn jemand die Dinge mit Verstand und Umsicht angeht. Er hat eine ganze Wand mit Landkarten tapeziert. Seiner Berechnung zufolge werden wir 120000 Exemplare drucken. Schorba verteilt klare Aufgaben und kontrolliert akribisch. Als ich Kurt fragte, wie er sich das ab Juli vorstelle, sagte er: »Na, mit euch.« Fred hingegen ist völlig überfordert. Täglich, fast stündlich muß er sein Vertriebsnetz flicken, weil Verkaufsstellen schließen oder immer weniger Exemplare absetzen, so daß die Fahrt nicht mehr lohnt.

Zudem kalkulieren wir mit zehn- oder hundertmal größeren Beträgen. Im Vergleich zu uns spielen Jörg und Marion nur Kaufmannsladen. Jo, mein Lieber, jetzt beginnt ein neues Leben! Unsere Artikel haben, wenn überhaupt, ab und an ein bißchen Staub aufgewirbelt, der sich jedoch schnell wieder legte. Jetzt aber bringen wir wirklich etwas in Schwung. Unsere Anzeigen sind der Motor. Wir selbst verändern die Welt. Denk nur an unser Verlagshaus, an die Passage, die wir von hier auf den Markt bauen lassen. Vor allem aber: Wer außer uns schafft das – kostenlos und in jeden Haushalt?! Jörg ähnelt jenem Unglücksraben am Roulettetisch, der die Zahlen studiert und analysiert, aber wenn er setzt, verliert er. Wir jedoch machen das Spiel. Denn wir haben die Wahrscheinlichkeit und die Zeit auf unserer Seite. Und je mehr Geld wir haben, desto weniger kann uns der Zufall reinpfuschen. Jörg soll nur schön weiterstudieren und analysieren und darüber schreiben, während wir schon wieder ein neues Spiel machen, das er dann wieder studieren und analysieren kann. Es ist ein Glück, mit klarem Bewußtsein[1] noch einmal anfangen zu können.

Der Wunsch des Barons, nach all dem Aufruhr und Durcheinander unser Projekt erneut von A bis Z abzuklopfen, war mir nur recht. Denn der rote Faden droht im Wirrwarr aller gleichzeitig zu erledigenden Aufgaben verlorenzugehen. Ich hatte an ein Abendessen gedacht, er sah mich jedoch als einen Referenten im nüchternen Interieur unserer Redaktion. Plötzlich wußte ich, was zu tun war: Jede und jeder in der Redaktion mußten eine Rolle und einen Auftritt bekommen. Und ich war der Regisseur.

Vier Tage lang habe ich kaum etwas anderes gemacht, als mit ihnen zu reden. Nichts soll fraglos hingenommen werden!

Fred und Ilona, zuerst froh, von »solchen Mätzchen« verschont zu bleiben, fühlen sich bereits vernachlässigt. Ilona schielt wie eine Elster, wenn ich Frau Schorba etwas gebe. Außerdem treibt sie die »Rolex-Affäre« fast in den Wahnsinn. Die Leute kommen in die Redaktion und knallen ihr die »Scheißuhr« auf den Tisch, entweder geht die Uhr nicht mehr, oder die neuen

1 Gestrichen: und voller Befehlsgewalt.

Abonnenten haben herausgefunden, daß es keine echte Rolex ist. Manche weigern sich zu gehen, bevor sie nicht ihr Geld wiederbekommen haben. Ilonas Erklärungen, daß in der Anzeige nichts von Rolex gestanden habe, sondern nur »Diese Uhr erhalten Sie …«, macht die Leute erst recht fuchsteufelswild! Ilonas einzige Rettung ist der von ihr geschmähte Wolf. Weil Astrid durch das Gezeter fortwährend geweckt wird, gähnt sie oft und entblößt dabei ihre Reißzähne. Auch ihr weißes blindes Auge flößt den geprellten Abonnenten Respekt ein. Gott sei Dank geht uns dieser Ärger nichts mehr an! Wir müssen keine Abonnenten werben! Ist das nicht eine wunderbare Emanzipation vom Leser?

Gestern war nun die große Besprechung. Ich hatte Frau Schorba gebeten, den Raum ein bißchen vorzubereiten, und damit nur gemeint, den Tisch abzuräumen und genügend Stühle heranzuschaffen.

Für meine Leute aber war diese Zusammenkunft etwas Feierliches. Sie hatten den langen Tisch mit Papierbögen bedeckt und Kerzen auf Untertassen gestellt. Für jeden gab es zwei Plastebecher. Sie hatten Mineralwasser und Wein gekauft, dazu jede Menge Salzstangen. Für die Kerzen war es natürlich zu hell.

Pringel und Schorba steckten in den gleichen grauen Anzügen, beide trugen dazu dunkle Hemden, beide hatten einen rotblauen Schlips um. Man hätte es für Betriebskleidung halten können. Kurt hingegen saß in Bermudas und einem kurzärmeligen gelben Hemd stumm am Rand, die Ellbogen auf den Knien, und betrachtete ungeniert und gleichgültig das Treiben der Frauen. Manuela, die sich die Warze am Kinn hat wegmachen lassen, führte wieder einen ihrer hochgeschlitzten Röcke vor, ihre Dekolletés werden immer gewagter. Evi und Frau Schorba waren beim Friseur gewesen und sahen unter ihren Dauerwellen gleich alt aus, wie die Tanten-Komparsen der Jugendweihefeiern.

Mona hatte nur Lippenstift benutzt. Mir fiel zum ersten Mal auf, daß sie schön ist.

Alle Stühle standen auf einer Seite des Tisches, als seien es nicht wir, sondern der Baron, der eine Prüfung zu bestehen hatte.

Als er mit zehnminütiger Verspätung hereingefegt kam, durchquerte er den Raum im Laufschritt, warf seine Collegemappe auf den Besuchertisch, riß den Telephonhörer an sich und wählte.

Es war totenstill, als er seinen vollständigen Namen nannte. Die Unfallmeldung gelang ihm derart perfekt, als läse er sie aus einer DRK-Broschüre vor. »Ja, ich warte«, sagte er und sah sich zum ersten Mal nach uns um: »Direkt vor Ihrer Tür«, flüsterte er.

Ich weiß nicht, warum sich keiner von uns rührte. Erst nachdem der Baron aufgelegt hatte, folgten wir ihm hinaus.

Der Baron, der den verrückten Alten in die stabile Seitenlage gebracht hatte, kniete sich neben ihn und rief »Herr Hausmann! Hilfe kommt!« Der Alte stöhnte, blinzelte und schien uns zu mustern, auch mich, ohne daß ich eine Reaktion an ihm wahrgenommen hätte. Seine Hände waren blutverschmiert. Der Baron rief ständig »Herr Hausmann, Herr Hausmann!« – ich hörte zum ersten Mal den Namen des Alten – und ermahnte ihn, wach zu bleiben. Nachdem der Baron ein Glas Wasser für den Alten zurückgewiesen hatte, konnten wir nichts weiter tun, als immer wieder den Knopf für das Licht zu drücken. Der Baron half später, den Alten auf die Trage zu hieven. Dieser schloß im selben Moment die Augen, als wollte er nicht mit ansehen, wie man ihn durch das steile Treppenhaus nach unten bugsierte. Astrid, der Wolf, bellte ihm nach.

So kaltschnäuzig es klingt, aber dieser Unfall nahm die Anspannung und Befangenheit von uns. Der Baron dankte ohne einen Anflug von Ironie für das schöne Arrangement. Nach wenigen Augenblicken war es ihm gelungen, die gesamte Aufmerksamkeit auf sich zu ziehen. Und so vergingen die nächsten Stunden wie im Flug.

Der Baron versprach jedem tausend D-Mark für den Fall – »und wenn ich ›jedem‹ sage, dann meine ich wirklich jede und jeden von Ihnen« –, daß die Stadtplanaktion gelingt. Wir müssen nur die ersten sein!

Evi und Mona wissen nun, daß es auf der ganzen Welt keinen besseren, keinen moderneren, keinen effizienteren Arbeitsplatz in der Werbung gibt als ihren. Vielleicht seien sie überhaupt die ersten in Ostdeutschland, die jetzt schon an einem Apple-Macintosh arbeiten könnten.

Herrn Schorba und Kurt bezeichnete er als das Rückgrat des Unternehmens. Der Vertrieb werde von Woche zu Woche mehr Bedeutung erlangen. Ob ihnen klar sei, daß sich mit ihrer Arbeit Wohl und Wehe eines mittelständischen Betriebes entscheiden werde?

Pringel nannte er das Salz in der Suppe, Frau Schorba das Herz des Unternehmens und Manuela die Diva und den Star der Truppe. Denn ohne sie und ihre Kolleginnen könnten wir noch so gut sein und rackern, wir hätten schlichtweg nichts zu tun. (Er verschwieg, daß ihr Verdienst zu einem ernsthaften Problem wird. Manuela hat ihre Mutter bei sich einquartiert und zieht nun, da sie keine Rücksicht mehr auf ihre Kinder nehmen muß, Tag und Nacht durchs Land; ich fürchte, sie kann bald allein von ihren Verträgen leben.[1])

Eine Zeit wie die kommenden Monate und Jahre würden wir alle – »wir alle, wie wir hier sitzen« – so schnell nicht wieder erleben. »Einhundertzwanzigtausend Exemplare!« Das sollten wir uns mal auf der Zunge zergehen lassen. Und das sei erst der

[1] Gemeint sind Jahresverträge über wöchentliche, vierzehntägige oder monatliche Anzeigenschaltung.

Anfang. »Wissen Sie, welch geballte Macht das ist? Vom Völkerschlachtdenkmal bis an den Rand des Erzgebirges, von den Wehrkirchen Geithains bis zu den Pyramiden von Ronneburg – das ist Ihr Gebiet! Das sind Sie!« Sein Blick wanderte unablässig von einem zum anderen.

»Und dann denken Sie einmal daran, daß Sie als einzige gegen die Großen der Branche ankämpfen. Hier, diese Zeitung, Sie, die Sie hier versammelt sind, trotzen den internationalen Konzernen! In einer Nußschale ziehen Sie gegen eine ganze Armada zu Felde. Ob Sie es wollen oder nicht, aber Sie verteidigen damit etwas, was diese Welt lebenswert macht!«

Der Baron hielt die Blicke in seinem Bann wie ein Zauberer. Und wenn doch einmal ein Augenpaar abirrte und sich im Zimmer verlor, dann nur um sich zu vergewissern, daß das alles kein Traum war.

In naher Zukunft wird das Unternehmen wachsen müssen. Wir werden neue Mitarbeiterinnen und Mitarbeiter brauchen. Doch jeder von uns hat das Glück, von Anfang an dabeizusein, und jeder von uns wird bald eine kleinere oder größere Abteilung leiten. Das ist enorm viel Verantwortung. Denn wenn einer versagt, werden das alle zu spüren bekommen.[1] Mich ermahnte er, hart und unnachsichtig gegenüber Schlamperei zu sein und keine Ausnahmen zu dulden, das Steuerrad immer fest in Händen.

Erst als wir aufbrachen, dachte ich wieder an den Alten. Er hat auf den Holzdielen ein paar Blutflecken hinterlassen. Deshalb machte jeder von uns einen großen Schritt, fast so, als läge er noch immer dort.

Sei umarmt

Dein Enrico

1 Das Vorangegangene vermittelt den Eindruck, als handle es sich um T.s eigene Worte, doch er referiert nur die Ansprache des Barons.

Lieber Jo, ich vergaß heute früh, den Brief mitzunehmen. Schon jetzt kann ich Vollzug melden: Die Verhältnisse sind geklärt. Wir hatten einen Termin beim Notar. Ich saß Jörg und Michaela, die den Baron vertritt, gegenüber.

Mit Jörg kann ich ja reden. Wenn nur Marion nicht wäre! So wie sich Dreck immer an derselben Stelle sammelt, finde ich in ihren Augen jeden Morgen neuen Haß. [...] Außerdem ist sie zu einem Zwirnsfaden abgemagert. Nur noch der Gürtel hält ihre Hose. Mich behandelt sie wie Luft, wenn ich ihr nicht ausweiche, rempelt sie mich an. Ließe ich mich von ihr provozieren, gäbe es hier täglich ein Handgemenge. Neuerdings behauptet sie, ich schriebe allein deshalb Artikel, um möglichst viel Platz zu blockieren, damit das Wesentliche nicht erscheinen kann. Das Wesentliche sind meine »Umtriebe«, mein schändliches Verhalten. Marion hat sogar eine Theorie entwickelt, der zufolge Journalisten gewählt werden sollten.

Wie schnell sich das Blatt gewendet hat! Nun könnt Ihr ganz beruhigt Euren Umzug nach Altenburg planen.

Sei umarmt, Dein Enrico

[Mittwoch, 20. 6. 90]

Verotschka, ich habe es schon hundertmal probiert, ich erreiche Dich nicht! Wo steckst Du?

Wir müssen uns keine Vorwürfe machen.[1] Nicht wegen Michaela. Ich hatte es schon immer geahnt, aber jetzt weiß ich es sicher. Die Sache mit Barrista war kein Zufall. Michaela hat es geplant, kaltblütig geplant.

[1] Der Sinn dieses Satzes bleibt unverständlich.

Nein, ich bilde mir das nicht bloß ein. Es geht um die Fehlgeburt. Es war alles so unwirklich, in der Welt, aus der Welt. Ich hatte es nicht vergessen, natürlich nicht, aber darüber reden?

Heute war ich bei Michaela, ich mußte Barrista sprechen (seine dämliche Rolex-Idee erweist sich als Fluch!), ich dachte, er sei zu Hause. Michaela hörte die Klingel nicht. Ich klopfte gegen die Scheibe meines alten Zimmers. Das ist jetzt ihr »Studio«, ein »Sportstudio«!

Wie sie da vor mir stand, nur in Unterwäsche, völlig verschwitzt, und etwas von »zwei Kilo weniger« erzählte, von »zwei Kilo weniger in vier Tagen!«. Ich mußte mir anschauen, wie sie in roten Turnschuhen auf einem Förderband rannte, Hanteln in den Händen. »Noch fünfhundert Meter«, keuchte sie.

Ich wartete in der Küche. Wie schnell alles fremd wird! Unmengen an Zwieback, Knäckebrot und H-Milch. Die Kühltruhe bemerkte ich erst nicht. Neben ihrem strahlenden Weiß wirkte alles andere schäbig.

Michaela klatschte sich auf den Bauch und sagte, sie ziehe ihn nicht ein, der Speck sei weg, das müsse ich zugeben. Sie sprach von Willenskraft und wieviel man damit erreichen könne, allein mit täglichem Training. Sie redete immer wieder von ihrem Bauch, während sie halbnackt herumhantierte. Und da sagte ich: »Eigentlich traurig, daß dein Bauch so flach ist.« Verotschka, versteh mich nicht falsch, Du und ich, wir hätten ja das Kind nehmen können, ich hätte es gewollt. Zuerst dachte ich, Michaela kapiere die Anspielung nicht oder wolle mich nicht verstehen. Dann aber sah sie mich an und nannte mich einen Träumer und Egoisten und noch einiges mehr. Plötzlich sagte sie: »Du glaubst aber auch alles« – und erschrak über die eigenen Worte. Ich fragte, was sie damit meine. Sie schwieg. So schnell fiel selbst ihr keine Ausrede ein. DU GLAUBST ABER AUCH ALLES!

Damals, im Krankenhaus, hatte ich die Stationsschwester zur

Rede gestellt, wie sie denn so etwas dulden könne, so eine Brutalität, eine »Fehlgeburt« zu den »Abbrüchen« zu legen ... Lieber auf den Gang! habe ich gesagt, ja, lieber auf den Gang, das wäre menschlicher. Alle haben geschwiegen, auch die Schwester. DU GLAUBST ABER AUCH ALLES!

Ich habe Michaela schwören lassen, daß es wirklich eine Fehlgeburt gewesen ist, und sie hat es auch geschworen. Aber das war Lüge. Lüge und Meineid. Ich hielt es nicht mehr aus, ich bin weg, ohne Abschied.

Das ist alles, Verotschka. Wir hätten es doch genommen, nicht wahr?

Dein Heinrich

Donnerstag, 21. 6. 90

Ach, Nicoletta,
mir scheint, als würden ungeahnte Reichtümer am Ende dieses Monats auf mich, auf uns warten. Alles wird sehr, sehr schön sein müssen! Seien Sie mir nicht böse, daß ich so lange nicht geschrieben habe, hier war so viel zu tun! Am liebsten würde ich fragen: Wie geht es Ihnen? Was machen Sie? Hätten Sie eine Stunde Zeit für mich, wenn ich nach Bamberg komme? Ich würde lieber in der Gegenwart mit Ihnen sprechen, als immer nur von der Vergangenheit schreiben. Aber wie es scheint, habe ich keine Wahl.

Zurück also nach Altenburg und der Pistole unter meinem Pullover.

Während der ganzen Demonstration war ich voll teilnahmsloser Ruhe. Wäre jemandem etwas aufgefallen, hätte ich meine

Beute vorgezeigt, als erlaubte ich mir einen Scherz, und die Pistole bei nächster Gelegenheit abgeliefert. Michaela hielt mich untergehakt an ihrer Seite und war ganz davon in Anspruch genommen, Grüße zu erwidern, egal ob sie die Leute kannte oder nicht. Sie flüsterte mir zu, wen von unseren Nachbarn sie gesehen hatte, und machte mich hin und wieder auf jemanden aufmerksam. Manchmal rätselten wir, woher wir sie kannten – eine Verkäuferin, eine Postangestellte, auch Roberts Unterstufenlehrerin lief mit. Ein paarmal begrüßten sich Leute, um dann, nach ein paar Worten, die unerwartete Gemeinsamkeit mit einer Umarmung zu krönen.

Vor der Villa der Staatssicherheit gab es die üblichen Pfeifkonzerte und Sprechchöre. Als auf dem Marktplatz die Sache zu erlahmen drohte, verschaffte sich eine Stimme Gehör, die ans Grölen gewöhnt zu sein schien. Er war auf eine Bank gestiegen und schleuderte von dort seine Haßtiraden in die Menge. Der SED verpaßte er immer üblere Adjektive: verdorben, verhurt, verfickt. Bei jeder betonten Silbe stieß seine Faust gen Himmel. Nach sechs oder sieben Sätzen fiel ihm nichts Neues mehr ein, und er begann von vorn, so daß sich während seiner kurzen Rede eine Art Refrain herausbildete. Vor allem die Forderung, alle, aber wirklich alle diese verfickten Funktionäre in den Tagebau zu schicken, wurde jedesmal bejubelt. Dann aber, als ich glaubte, er werde nun zum Sturm auf das Rathaus aufrufen, ließ er es mit einem »Wir kommen wieder! Wir kommen wieder!« bewenden und stieg von der Bank. Von diesem Revolutionsredner habe ich Ihnen schon mal berichtet. Da bot er mir an, einen Leserbrief gegen die Plastik von Wieland Förster zu schreiben.[1]

[1] Vgl. Brief vom 27. 2. 1990. Der »Revolutionsredner« kommt auch in dem Brief an Johann Ziehlke vom 18. 1. vor, als »Schreihals« während der Vollversammlung des Neuen Forums.

Auf der Rückfahrt war Michaela euphorisch. Zum Triumph aber wurde der Tag, als wir zu Hause den Fernseher anschalteten. Es lief die Übertragung der Berliner Demonstration. Noch nie, sagte Michaela, habe sie mit so gutem Gewissen ferngesehen, denn schließlich hätten wir unseren Beitrag bereits geleistet. Sie rührte sich den ganzen Nachmittag nicht vom Bildschirm und rückte immer näher heran, weil sie hoffte, Thea entdecken zu können.

Mir hingegen war von einem Moment auf den anderen so jämmerlich zumute geworden, daß ich am liebsten losgeheult und alles gebeichtet hätte, in der Hoffnung, Michaela werde sich meiner erbarmen und die Pistole wieder aus meinem Leben entfernen. Ich war davon überzeugt, daß es jeden Augenblick eine Hausdurchsuchung geben würde. Ich machte dem Schicksal ein Angebot, indem ich die Pistole auf meine Liege warf, die Tür angelehnt ließ und in die Küche ging. Tatsächlich rief mich Michaela, doch nur, weil gerade der Salzstangenknacker aus Theas Wohnung sprach. Der gab sich den Anschein großer Nachdenklichkeit und Sorge. Dazu wiegte er seinen schmalen Kopf hin und her, als sollte man ihn sich von allen Seiten einprägen. Ich streckte den Arm aus, zielte über meinen Zeigefinger und ließ meinen aufgestellten Daumen nach vorne kippen – »Paff!«. Michaela lachte.

Ich legte die Pistole in den Schrank auf die Manuskriptmappen und setzte mich zu Michaela. Mein Schwächeanfall schien überstanden. Als die Direktübertragung vorbei war, zeigten alle Sender in Ost und West Ausschnitte der Reden in ihren Nachrichten. Das gab mir Gelegenheit, der Frage nachzugehen, um die allein mein Denken kreiste: Auf wen sollte ich schießen?

Anfangs war mir jeder Redner recht. Dann wählte ich meine Opfer nach Sympathie und Antipathie aus. Schließlich begriff ich die Sinnlosigkeit, die Opposition zur Zielscheibe zu machen.

Das beschränkte meine Wahl auf Schabowski und Markus Wolf, wobei ich mich für Wolf entschied, um die Truppen der Staatssicherheit zu mobilisieren. Immer wenn Wolf die Arme mit seinem Zettel sinken ließ, also die Pfiffe und Buhrufe am lautesten waren, drückte ich ab, mal aus der Menge, mal von hinten. Ich kroch fast in den Fernseher, um den besten Standort zu erkunden, und spürte in meinem rechten Handgelenk bereits den Schlag, mit dem der Schuß sich löste und die Waffe hochriß. Mir war klar, wie schwer es sein würde, unerkannt zu entkommen. Und vielleicht hatten sie auch irgendwo Scharfschützen postiert. Von der Polizei war weit und breit nichts zu sehen. Plötzlich wurde mir bewußt: Ich will ja gar nicht unerkannt bleiben! Warum soll ich nicht zu meiner Tat stehen?

Bei der nächsten Wiederholung befinde ich mich bereits auf dem Podium, nur zwei Schritte links hinter Wolf, und rufe, als das Pfeifkonzert seinen Höhepunkt erreicht: »Genosse General!« Wolf blickt herüber, ich ziehe meine Waffe und sage: »Verschwinde!« Ungläubig bis zur Dümmlichkeit ist sein Blick, während er sich herumdreht. »Verschwinde!« rufe ich erneut und deute mit dem Pistolenlauf in Richtung Treppe. Sekundenlang bewegt sich niemand. Dann, in ungeheuerlicher Verkennung der Lage, greift Wolf in seinen Mantel, die Napoleongeste, denke ich. Versteinert starren wir uns an. Wolf wird kleiner und kleiner. Die Bewegung, mit der er seine Pistole herauszieht, wischt wie ein Schatten über meine Augen. Dann bricht der Schuß, und die heiße Patronenhülse hoppelt übers Podium.

Ich sehe die kleine silberne Pistole in Wolfs rechter Hand, deren Lauf schräg nach unten zeigt, und denke noch, um wieviel moderner, leichter und treffsicherer sie sein mag, da schlägt er der Länge nach vor mir hin, seine Pistole schlittert an meinen Schuhspitzen vorbei unter einen Lautsprecher.

Ich nutze die Gelegenheit, um auf die Menge zu sehen, während das Pfeifkonzert abflaut. Unbehelligt verlasse ich das Podium. Lange muß ich gehen, bis ich den ersten Polizeiwagen sehe. Erleichtert und glücklich liefere ich meine Waffe ab, denn ich habe getan, was in meiner Macht stand.

Michaela hatte sich vor dem Fernseher unentwegt Notizen gemacht und an ihrem Redeentwurf für nächsten Sonntag gearbeitet. Im Bett schlief sie sofort ein.

Gegen halb eins stand ich auf, ging in mein Zimmer und setzte mich ans Fußende der Liege. Als gälte es, ein Tier zu wecken und aus seinem Käfig zu holen, scheute ich mich, die Schranktür zu öffnen.

Die Waffe war gut gepflegt und das Magazin voll. All die dazugehörigen Handgriffe stellten sich von allein ein.[1] Selbst das Entnehmen der Munition gelang problemlos. Die linke Hand in die Hüfte gestützt, atmete ich ein, hob die Waffe übers Ziel und senkte sie am Fensterrahmen herab, bis die Unterkante des Fensterknaufs genau in jenem Moment auf Kimme und Korn saß, der zwischen Ausatmen und Luftholen liegt und in dem der Finger den Druckpunkt erreicht. Beim ersten Schuß verriß ich beträchtlich. Auch bei den nächsten Versuchen war es der übermäßig harte Druckpunkt, der mir Probleme bereitete und die Waffe aus ihrer idealen Lage trieb. Es würde kaum möglich sein, aus mehr als fünf Metern gezielt zu treffen. Ich trainierte eine Weile, stopfte die Patronen in eine Streichholzschachtel[2] und wickelte die Waffe in das Unterhemd, das ich beim Ausziehen über die Stuhllehne geworfen hatte. Mehrmals wusch ich

[1] T.s Kenntnisse sind darauf zurückzuführen, dass er von seinem elften bis vierzehnten Lebensjahr Pistolenschütze (Olympisch Schnellfeuer) im »Bezirkstrainingszentrum Dresden« gewesen war. Vgl. Brief vom 10. 3. 1990 an N. H.

[2] Nach Auskunft von Polizeibeamten war es keinesfalls möglich, alle Patronen in eine Streichholzschachtel zu »stopfen«.

mir die Hände, doch sie rochen immer noch rauchig und nach Waffenöl, als hätte ich bereits das ganze Magazin abgefeuert.

Nach wenigen Stunden Schlaf war ich hochgeschreckt, weil ich, ganz wie einen Monat zuvor in Dresden, glaubte, die Türklingel gehört zu haben. Jede Minute rechnete ich damit, ein Streifenwagen werde vor unserem Haus halten. Kurz nach sieben klingelte es tatsächlich. Michaela ging in Roberts Zimmer. Ich öffnete.

Ruth, Emilie Paulinis Tochter, sah mich reglos und stumm an. Ich bat sie herein. »Sie ist tot, Herr Türmer«, sagte sie. »Jetzt ist sie tot!«

Ich bat sie erneut einzutreten. »Sie hat so darauf gewartet, daß Sie kommen, Herr Türmer, ach, hat sie darauf gewartet.« Ruth machte zwei Schritte in den Vorraum und blieb stehen.

Michaela begrüßte sie gleichermaßen erleichtert und verärgert. Doch Ruth überhörte ihr Beileid und übersah ihre ausgestreckte Hand. Ruths Blick suchte immer nur mich. »Warum sind Sie denn nicht gekommen?« jammerte sie. »Aaah, Herr Türmer! Unser Muttchen hat so auf Sie gewartet.«

Ich sagte, daß gerade jetzt, in diesem Herbst, so viel los gewesen sei. Wir seien, verteidigte mich Michaela, in den letzten Wochen kaum nach Hause gekommen. »Aaah, Herr Türmer!« rief Ruth. »Warum sind Sie denn nicht mal für ein Stündchen gekommen?! Neeeh!« Wie zur Strafe blieb meine Frage, wann ihre Mutter gestorben sei, unbeantwortet.

»Zur Beerdigung kommen Sie!« befahl Ruth. Sie nannte das Datum, machte kehrt, öffnete die Wohnungstür und ging davon, ohne sich zu verabschieden.

Nach Ruths Auftritt kehrten die Ängste zurück. Den ganzen Tag über verhörte ich mich selbst. So wie man sich an der Vorstellung der eigenen Beerdigung berauscht, ging ich ganz darin auf, detailliert und lückenlos aufzuzählen, was ich vor drei Tagen getan hatte oder wann ich am Abend vor zwei Wochen ins Bett gegangen war.

Dann wieder stand ich als Mörder von Markus Wolf vor Gericht. Panzer waren infolge meiner Tat über den Alex gerollt, in jeder Stadt standen sie jetzt, Seite an Seite mit den Russen, das Kriegsrecht war verhängt worden. Ich sollte in einem Schauprozeß verurteilt werden. Wie Dimitroff[1] verteidigte ich mich selbst vor den Augen der Weltöffentlichkeit.

Am Abend fuhr ich ins Theater und versteckte die Pistole in der herrenlos gewordenen Requisite. Die Munition drückte ich in die Erde eines Blumentopfes, der auf dem Schreibtisch einer Kollegin stand.

Am Montag fuhr ich mit Michaela und Robert nach Leipzig. Es sollte meine Generalprobe sein. Aber Uniformierte bekam ich gar nicht mehr zu Gesicht. Die Demonstration löste sich nach dem Marsch um den Ring schnell auf. Man wollte rechtzeitig zurück sein, um sich in der Tagesschau zu sehen.

Am Dienstag wurde ich in die Intendanz gerufen. Dort saßen – ich hatte es erwartet – die beiden Polizisten, Blond und Schwarz. Jonas sagte, er stelle uns nur sein Zimmer zur Verfügung, mehr nicht.

Natürlich war es naheliegend, mich zu verdächtigen. »Warum sollte ich eine Pistole klauen?« wollte ich so amüsiert wie möglich sagen. Ihre Gesichter waren tiefernst, sie wirkten müde. Ihr Gerede von »Sicherheitspartnerschaft« für die Demonstration am 12. konnte nur ein Vorwand sein. Obwohl sich viel mehr freiwillige Ordner gemeldet hatten, als gebraucht wurden, ließen sich ihre Bedenken nicht zerstreuen. Sie gaben Sätze von sich

[1] Georgi Dimitroff (1882–1949), Führer der bulgarischen KP, seit 1946 Ministerpräsident der VR Bulgarien, verteidigte sich 1933 im Reichstagsbrandprozess selbst und musste freigelassen werden.

wie: »Davon können wir nicht ausgehen« oder »Die Genossen müssen wissen, was passiert.« Ich schwieg, weil ich keinem harmlosen Gespräch Vorschub leisten wollte, aus dem heraus die eigentliche Frage mich überrumpeln konnte. Schließlich saßen wir ratlos da und blickten stumm auf den leeren Intendantenthron.

Später am Tag geschah etwas, das mich dann doch noch überrumpelte. Meine Gedanken, die unablässig um Tod und Töten kreisten, folgten offenbar einem alten Reflex: Plötzlich lag vor mir eine Idee, die Idee für eine Geschichte, ein Science-fiction-Stoff. In der Gesellschaft, die ich beschreiben wollte, werden Schwerverbrecher lebenslänglich auf einer gutbewachten Insel inhaftiert, der Insel der Sterblichen, auf der es ihnen an nichts mangelt, nicht mal an Vergnügungen. Jedoch, und das ist ihre eigentliche Strafe, sind sie dazu verurteilt, eines »natürlichen Todes« zu sterben. Alle anderen können infolge irgendwelcher genetischen Manipulationen oder Hirnverpflanzung mit einem wenn nicht ewigen, so doch tausend- oder zweitausendjährigen Leben rechnen.

Das Weitere ergab sich von selbst: Ein zur Normal-Sterblichkeit Verurteilter – man hat ihm das Jugend-Gen bereits entnommen, und er altert nun mit jedem Tag – entkommt der Insel der Sterblichen und versetzt die Hauptstadt in Angst und Schrecken. Er gilt als völlig skrupellos, weil er ja nichts mehr zu verlieren hat. Denn ob er jetzt erschossen wird oder in zwanzig oder vierzig Jahren eines natürlichen Todes stirbt, läuft in der Vorstellung der Ewigen auf dasselbe hinaus.

Plötzlich saß ich wieder an meinem Schreibtisch. Ich arbeitete an der Beschreibung, wie die Medien in der täglichen Berichterstattung einen fanatischen Ekel vor der Endlichkeit schüren. Wer kein ewiges Leben mehr hat, so das Fazit, ist a priori skrupellos.

Mein Held spricht über seine Todesangst und das Grauen, das der Gedanke an den Tod in ihm auslöst, weil er den anderen fremd ist. In immer neuen Ansätzen umkreiste ich den Augenblick des Todes, die Untröstlichkeit, wenn man eine Erfahrung allein machen muß.[1]

Was mich belebte, war auch die Hoffnung, wieder in die Deutsche Bücherei zurückkehren zu dürfen. Ich sah mich bereits die gesamte medizinische Fachliteratur durchpflügen. Waren nicht Körper und Tod die letzten Themen, die mir geblieben waren?

Michaela, die spät von der Hauptprobe kam, war überrascht, mich am Schreibtisch zu finden. Sie lächelte und ging gleich ins Bett.

Am Mittwoch weckte uns Robert frühmorgens. Er stand im Zimmer und rief etwas. Ich sah als erstes Michaelas Waden. Michaela rannte! Und dann hörte ich – viel zu laut – das Radio.

Roberts Stimme, das grelle Lampenlicht, der Wetterbericht – plötzlich schämte ich mich unendlich, der Versuchung zu schreiben nachgegeben zu haben. Jetzt verstand ich, was Robert rief.

Den Fall der Mauer empfand ich als harte, doch gerechte Strafe für meinen Rückfall. Ich zog mir die Bettdecke über den Kopf.

»Jetzt kommt keiner mehr zur Demo«, murrte Michaela. Später glaubte ich, ihre Absätze auf den Fußwegplatten zu hören. Allein gelassen, erlag ich dem Gefühl, persönlich für den Fall der Mauer verantwortlich zu sein, weil ich gezögert hatte, weil ich es nicht fertiggebracht hatte, einfach abzudrücken. Nicht mal in die Nähe einer Tat war ich gekommen. Das also war das 6:3, das unfaßbare fünfte Tor in der zweiten Halbzeit, das Aus, das K. o.

[1] Das Niveau dieser Geschichte wirft ein bezeichnendes Licht auf T.s literarische Ambitionen.

Beinah heiter kehrte Michaela zurück. Sie hatte ihre Mutter aus dem Bett geklingelt und erzählte, wie eigenartig ihr zumute gewesen sei, ES jemandem zu sagen, wie merkwürdig dieser Moment war, da der andere noch ahnungslos in der alten Welt lebe.

Auf der Generalprobe, an die ich sonst keine Erinnerung mehr habe, sagte ich in Anwesenheit von Jonas und Norbert Maria Richter, daß ich von einer Premiere abrate. Jonas stimmte mir zu, stellte es aber Norbert Maria Richter frei, ob er seine Inszenierung zur Aufführung bringe.

Michaela nannte mich daraufhin einen Verräter. »Ich lebe mit einem Verräter zusammen!« Ich suchte wohl Streit, ich wolle wohl nur noch zerstören, alles, alles mutwillig zerstören, Familie, Arbeit, alles.

Michaela und ich sprachen bis zum Sonntag kaum miteinander, und wenn, dann nur über die Demonstration. Ich bat sie, für meine Rede auf dem Markt höchstens zwei Minuten einzuplanen. Sie fragte, worüber ich denn sprechen würde. »Über die Zukunft«, sagte ich, eine Bemerkung, die mir selbst absurd vorkam, weil ich überhaupt keine Zukunft mehr sah.

Zur Demonstration kamen nur halb so viele wie am 4. November. Vor der Villa der Staatssicherheit und der SED-Kreisleitung gab es wieder Katzenmusik, aber niemand blieb stehen. Überall waren Ordner – Michaela hatte die weißen Armbinden verteilt, trug selbst eine und hatte auch Robert und mir eine angetragen. Ich sah den dicken Polizisten vom letzten Sonnabend wieder, Schwarz und Blond jedoch zeigten sich nicht.

Als der Demonstrationszug auf den Markt schwenkte, sah ich vor der Rednertribüne rote Fahnen und DDR-Fahnen in einer Gruppe von hundert oder zweihundert Leuten, fast ausschließlich Frauen. Sie trugen auch alte Transparente und Schilder: »Die DDR – mein Vaterland« oder »Sozialismus und Frieden«.

Ein kleiner Schnauzbart umkreiste den Haufen und rief: »Zusammenbleiben, zusammenbleiben«, obwohl sich niemand von ihnen bewegte. Der rote Haufen wurde umstellt, und ein nicht enden wollendes »Schämt euch was!« ging auf sie nieder. Sie schwenkten ihre Fahnen.

Vom Rednerpult aus bemerkte ich die wütenden, aber auch ängstlichen Blicke dieser Frauen. Eine von ihnen, ganz vorn, hatte ihre Stirn an die Schulter ihrer Nachbarin gelehnt und schluchzte. Ihnen, liebe Nicoletta, mag es merkwürdig erscheinen, wenn ich behaupte, in diesen Frauen zum ersten Mal Menschen begegnet zu sein, die aus freien Stücken für die DDR eintraten.

Ich hatte mir einen Zettel mit Stichpunkten gemacht, Michaela sollte nicht glauben, ich nähme die Sache zu leicht.

Während meiner kleinen Rede habe ich immer nur auf die Frauen gesehen. Ich sprach zu ihnen wie ein Arzt, der versucht, ihnen die notwendigen Therapieschritte zu erklären. Im Grunde sagte ich dasselbe wie vor drei Wochen in Berlin, als ich von Thea zur Rede gestellt worden war.

Ich war der einzige, der an diesem Tag ein paar Bemerkungen über das Geld machte. »Der Kurs von D-Mark zu Ostmark beträgt in den Westberliner Wechselstuben eins zu sieben.« Das war eine Behauptung, ich wußte es nicht genau, aber Vera hatte es einmal erwähnt. Zudem erfand ich einen Mindestlohn von 11 D-Mark pro Stunde und sagte, nun könne sich jeder ausrechnen, wie viele Tage man im Westen arbeiten müsse, um auf ein hiesiges Monatsgehalt zu kommen. »Die meisten von uns«, sagte ich, »werden wohl keine zwei Tage dafür brauchen!« Dafür erhielt ich Applaus. Nur die Frau, auf deren Schulter sich die Weinende gestützt hatte, rief, Geld sei doch nicht alles.

»Wir haben also nur zwei Möglichkeiten, entweder wir schließen die Mauer wieder, oder wir führen auch hier die Marktwirtschaft ein, andernfalls wird keiner bleiben.« Meine Conclusio mußte ich wiederholen, weil das Wutgeheul des roten Haufens losbrach. Es waren Beschimpfungen, wie man sie vielleicht noch zu Beginn des Jahrhunderts Streikbrechern zugerufen hat. »Kapitalistenknecht« war dabei, auch »Reaktionär« und »Konterrevolutionär«. Eine zieh mich, wohl in Anspielung auf meine weiße Ordnerarmbinde, einen Weißgardisten. Die Frauen behielten die Oberhand, bis sich die große Menge erneut zu einem »Schämt euch was!« aufgeschaukelt hatte und sie übertönte.

Je schneller wir begreifen würden, rief ich, daß es nur ein Entweder-Oder gibt, desto besser wäre es für uns alle. »Oder wollt ihr als Bettler nach Paris fahren?« Weil ich das nächste Stichwort nicht fand, trat ich vom Mikro zurück und wandte mich ab, der Applaus für den letzten Satz nahm dadurch noch zu. Als Begleitmusik zu meinem Abgang hatten einige Frauen die »Internationale« angestimmt, ein Gesang, der sich, kaum daß ich wieder auf dem Marktpflaster stand, über den Applaus erhob. Zuerst gab es Pfiffe, dann aber begann die Mehrheit selbst die »Internationale« zu singen, so wie ich es bereits in Leipzig erlebt hatte.

Ich hockte mich auf einen der Beton-Blumenkübel und hoffte, daß der ganze Zirkus schnell vorübergehen möge.

Sie werden wohl den Verdacht nicht unterdrücken können, daß ich hier versuche, mich post festum ins rechte Licht zu rücken, mich zum einzigen zu stilisieren, der bereits damals verstand, wohin der Hase läuft.

Aber dem war nicht so. Wie beim Schachspiel versuchte ich nur, ein paar Züge vorauszuspekulieren. Ich hatte nicht mal die Vereinigung vor Augen, die damals schon von einigen gefordert wurde. Und ich hatte wie gesagt auch keinen Begriff von Zukunft. Denn meine persönliche Zukunft hatte sich durch den Fall der Mauer in nichts aufgelöst. Hätte ich nicht Michaela zuliebe auf die Rednerkanzel steigen müssen, nie wären solche Sätze über meine Lippen gekommen. Natürlich hätte ich auch etwas anderes sagen können. Aber was? Was gab es denn sonst noch zu sagen? Es gab nichts mehr zu sagen!

Wann immer Michaela auf das Podium gestiegen war, um den nächsten Redner anzukündigen und, wie es in dem LVZ-Bericht hieß, die Demonstranten zu »Mäßigung und Anstand« aufzufordern, hatte sie frei und souverän gewirkt und mehr Beifall für ihre Schlagfertigkeit erhalten als die meisten für ihre Reden. Nun, da sie sich aus dem Pulk derer, die mit ihr reden wollten, herauswand und auf uns zukam, schien sie bedrückt. Mich würdigte sie keines Blickes. Auf der Rückfahrt kippte ihre Stimmung vollends ins Dunkle. Ich hielt es für Premierenangst.

Als ich sie zu Hause endlich fragen konnte, was denn passiert sei, sagte sie »Nichts« und zog sich in ihr Zimmer zurück. Sie weinte.

»Ist es das?« fragte sie, als ich eintrat. Sie hielt mir ein Kuvert hin. »Bist du deshalb so?« Ich erkannte Nadjas Handschrift auf dem Kuvert. »Du mußt keine Rücksicht nehmen«, sagte Michaela, »wir kommen schon zurecht.« Sie schneuzte sich.

Es war einer der seltenen Momente meines Lebens, in denen mein Gewissen rein war, bereit für jede Art von Verhör.

Ich bat Michaela, das Kuvert zu öffnen. Sie schüttelte den Kopf. Bitte, sagte ich. Nein, sagte sie. Das wolle sie sich nicht antun.

Mit der Nagelfeile, die auf ihrem Tisch lag, schlitzte ich den Umschlag auf, faltete das Blatt auseinander und begann vorzulesen. Gleich zu Anfang schrieb Nadja, sie wisse bereits, daß ich eine Familie habe. Sie selbst lebe mit Jaroslav, einem Tschechen, zusammen, und Ende Februar erwarte sie ihr erstes Kind. Sie erkundigte sich nach meinem Manuskript und klagte über ihre Arbeit.

Michaela schwieg. Auch als ich den Brief vor ihr ablegte, rührte sie sich nicht. Schließlich fragte sie, ob sie die Briefmarken haben dürfe. Dann faltete sie den Brief wieder zusammen und steckte ihn zurück ins Kuvert.

»Und woran liegt es dann?« Sie sah mich an.

»Was?« fragte ich.

»Daß du so bist!«

Bevor ich antworten konnte, klingelte es bei uns Sturm. Meine Mutter stand da und reckte ihr Kinn, um überhaupt noch unter ihrer Mütze hervorsehen zu können. Aus ihrer Rechten ragte drohend ein Alpenveilchen empor, mit der Linken hielt sie ein hin und her schaukelndes Einkaufsnetz hoch, in dem ich die vertraute Springform erkannte.

»Die Gerechtigkeit siegt!« rief sie. Sie sprach sehr laut und benahm sich überhaupt wie eine Schwerhörige, jede ihrer Bewegungen begleitete irgendein Krachen, Schaben, Scheppern.

Robert aß hingebungsvoll den Käsekuchen und störte sich nicht an Mutters Gerede. Der Fall der Mauer war ihr persönlicher Triumph, und über uns machte sie sich lustig, weil wir noch nicht im Westen gewesen waren. Sie wollte unbedingt mit uns nach Bayern fahren, weil dort das Begrüßungsgeld am höchsten sei[1], und zusammen ergebe das 560 D-Mark, eine Summe, mit der man etwas anfangen könne.

Später im Theater gestand mir Mutter, wie sehr Michaelas Aussehen sie schockiert habe. Ob wir uns denn nicht freuten?

Bis auf eine Frau, von der niemand wußte, wer sie war, blieb die gesamte erste Reihe leer. Den Rang hatte man gar nicht erst geöffnet. Von den knapp 60 Zuschauern zählten etwa 15 zu Nor-

[1] In Bayern betrug das Begrüßungsgeld in der Regel 140 DM statt der sonst üblichen 100 DM.

bert Maria Richters Entourage und etwa 30, so wie wir, zum Anhang der Schauspieler.

Zu Beginn folgte das Publikum den alten Reflexen und beklatschte jede Spitze. Bald aber verlor sich dieser Enthusiasmus, als sei den Leuten endlich zu Bewußtsein gekommen, was in den letzten Tagen geschehen war.

Nach der Pause, etliche waren nicht mehr auf ihren Platz zurückgekehrt, siechte das Stück vollends dahin. Die Schauspieler wurden immer schneller, weil die Reaktionen auf ihre Pointen ausblieben.

Zum Schluß schaffte es Norbert Maria Richter kaum noch, sich zu verbeugen.

Am Dienstag wurde ich mal wieder in die Intendanz gerufen.

Jonas und die Sluminski saßen hinter dem Tisch, als erledigten sie gemeinsam Hausaufgaben. Beide erhoben sich gleichzeitig, wir gaben uns wortlos die Hand und setzten uns. Jonas sah auf das Schreiben vor ihm. Seine Haare fielen ihm ins Gesicht. »Ich gehe«, sagte er. Und dann, indem er den Kopf hob und seine Haare zurückfliegen ließ: »Ich habe gekündigt.«

Er genoß meine Überraschung. Der Sluminski glänzte das Glück in den Augen. Ob es wegen »Krähwinkel« sei, fragte ich. Er schüttelte den Kopf, und auch die Sluminski bewegte ihren leicht.

»Was soll ich denn noch hier?« sagte er und sah mich mit seinen ewig feuchten Augen an, als läge ihm tatsächlich etwas an einer Antwort.

»Ja«, sagte ich. »Die Frage stelle ich mir auch.«

Statt ihm alles Gute zu wünschen, die Hand zu reichen, aufzustehen und zu gehen, blieb ich sitzen. Ich bedaure seinen Weggang, sagte ich. Aber verstehen könne ich ihn sehr gut.

Er wisse, sagte er, was man über ihn tratschen, wie man über ihn herfallen werde, aber zu bereuen habe er nichts. Wenn er auch nur die geringste Chance sähe, hier noch etwas Sinnvolles zu tun, würde er bleiben. Aber davon könne ja keine Rede mehr sein. Ich nickte. Und dann sagte er, daß die Sluminski vorerst die Geschäfte weiterführen werde, die daraufhin aufsah und sagte, daß ihr dabei jede Unterstützung willkommen sei. Ich nickte wieder. »Oder willst du das machen?« fragte Jonas und grinste wie früher. »Willst du?« Ich schüttelte den Kopf, und dann gaben wir uns wieder die Hand.

Als ich in die Kantine kam, wurde Jonas' Weggang bereits als Sieg gefeiert. Ich saß abseits wie einer vom alten Regime und war froh, daß man mich in Ruhe ließ.

»Jonas geht«, sagte ich zu Michaela, die nicht im Theater gewesen war. Und weil sie mich ansah, als wolle sie sich keinen Bären aufbinden lassen, fügte ich hinzu: »Das hat er mir selbst gesagt.«

Ich konnte ihr nicht erklären, warum ausgerechnet mir diese Aufmerksamkeit zuteil geworden war. Michaela vermutete dahinter einen Trick von Jonas, irgend etwas ganz Durchtriebenes. Da ich schwieg, fragte sie, ob ich denn tatsächlich so eitel sei zu glauben, ihm sei es um mich persönlich gegangen. Ich zuckte mit den Schultern. »Nein, mein Lieber«, sagte sie, »dahinter stecken Strategie und Taktik. Ist vielleicht jemand kurz ins Zimmer gekommen und hat euch gesehen?«

Ich verneinte, erwähnte nun aber die Sluminski. Bei diesem Namen sprang Michaela auf. »Was hatte denn die dabei zu suchen?« rief sie.

Schon als ich Jonas' Worte wiederholte, trat Michaelas Stirnader hervor. »Vorerst die Geschäfte weiterführen? Die? Die Parteisekretärin?«

»Als Verwaltungsdirektorin«, sagte ich.

»Und du?« rief sie. »Was hast du getan?«

Ich versuchte mich an meine Worte zu erinnern. »Nichts hast du getan«, rief sie, bevor ich antworten konnte, »nichts, gar nichts!« Michaela sah mich an, ihr Kopf schien zu zittern, sie wollte weiterreden, schwieg jedoch, als wagte sie nicht auszusprechen, was sie dachte, und verließ das Zimmer.

Mir war bereits jenes Empfinden abhanden gekommen, das Michaela in solchem Übermaß besaß. Ich war taub, stumm und gefühllos geworden. Ich spürte die Verletzungen nicht mehr.

Als ich am Ende der Woche nichtsahnend Mutter anrief, war das erste, was sie fragte: »Hast du es gewußt? Hast du?«

»Was?« fragte ich. Und als sie nichts sagte, fragte ich: »Was soll ich gewußt haben?« Statt zu antworten, legte meine Mutter auf.

Ich rief wieder an. Ich wußte, daß sie *das* nicht überleben würde! Ich hatte keine Hoffnung, aber sie nahm ab.

»Mutter!« rief ich. Wahrscheinlich habe ich niemals so flehentlich geklungen.

»Von wegen Schauspielerei! In einem *Stoff*laden arbeitet Vera! Eine *Verkäuferin*! Und *du* hast es gewußt! Stimmt's?«

Ich war glücklich, *diesen* Vorwurf von ihr zu hören.[1]

»Du wolltest es doch glauben!« rief ich. »Warum hast du dich denn nie gewundert, daß Vera dir keine Kritiken schickt?!«

Sie habe immer gedacht, sagte meine Mutter, die seien von der Staatssicherheit aus den Kuverts genommen worden.

Zum Schluß sagte sie: »Ich verlange nur eins, nicht von meinen Kindern betrogen zu werden. Das hält man doch nicht aus, Enrico, in der eigenen Familie. Wer soll denn das aushalten?« Dann legte sie auf.

[1] Diese Szene bleibt unverständlich, wenn man sich nicht an den Abschied bei der Ausreise von V. T. erinnert. In dem Brief vom 10. 5. 1990 an N. H. hatte T. insinuiert, es gäbe eine Verbindung zwischen V. T. und der Staatssicherheit. Er glaubte, seine Mutter spiele darauf an.

Ich ging nach Hause. Auf dem Weg dachte ich zum ersten Mal wieder an Emilie Paulini, die wohl an einem der vergangenen Tage beerdigt worden war.

Ihr

Enrico T.

Donnerstag, 28. 6. 90

Liebe Nicoletta!
Warum, Nicoletta, sind Sie mir so gegenwärtig geblieben, so sehr, daß es mich manchmal erschauern läßt? Wie oft male ich in Gedanken Ihr Porträt, an das ich mich so gut erinnere! Fieberhaft, mit ungesundem Eifer, rufe ich Ihre Gegenwart wach. Mir gelingt das erschreckend gut, und danach, wenn ich mich alleine wiederfinde, erscheint mir meine eigene Gesellschaft unerträglich. Und dann schreibe ich Ihnen.

Zwei Wochen nach Maueröffnung gab es außer uns niemanden mehr, der noch nicht im Westen gewesen war. In Roberts Klasse hatten schon alle »Batman« gesehen. Michaela redete sich jedesmal heraus. »Der Westen läuft uns schon nicht weg«, sagte sie, hier aber gebe es Arbeit in Hülle und Fülle, womit sie Sitzungen meinte, von denen sie beinah täglich eine besuchte oder bei uns zu Hause abhielt. Ihre Idee war es, ein Mitteilungsblatt herauszugeben, das allen Arbeitsgruppen des Neuen Forums Veröffentlichungen ermöglichen sollte. In Michaelas Augen hieß das: Ungerechtigkeiten und Mißstände, wie den Fall Sluminski, publik zu machen, weil es ja sonst keiner tun würde.

Als mir die Chefdramaturgin den Auftrag erteilte, mehrere Kartons mit Textbüchern zum Henschel Verlag nach Berlin zu bringen, willigte ich vor allem deshalb ein, weil ich mir Sorgen um Vera machte. Ich ahnte, was die Maueröffnung für sie bedeutete. Ihre kleinen und großen Lügen würden nun platzen.[1]

Als ich Robert einlud mitzukommen, umarmte er mich zum ersten Mal. Nun wollte auch Michaela nach Berlin.

Zuvor jedoch sollte meine Selbstbeherrschung auf die Probe gestellt werden.

Im November brauchte man noch einen Stempel, um über die Grenze zu kommen. Robert begleitete mich zu einer provisorischen Polizeistelle, die in dem Flachbau hinter der Kaufhalle eingerichtet worden war (Michaela hatte es abgelehnt, vor diesen Leuten je wieder als Bittstellerin zu erscheinen).

Da alles tot aussah, hatte ich die Tür für verschlossen gehalten und nur an ihr rütteln wollen, sie dabei aber aufgerissen. Es roch nach Mittagessen. Der Raum, den wir durch eine Flügeltür betraten, war dunkel wie eine Kirche. Nur in der Mitte, über den zusammengeschobenen Schreibtischen, hing eine Lampe, unter der sich die Uniformierten nach vorn beugten, als wollten sie ihre Gesichter verbergen. Tresen und Küchentür waren mit übereinandergestellten Tischen und Stühlen verbarrikadiert.

Ich lief einen Halbkreis, weil mir nicht klar war, von welcher Seite ich mich ihnen nähern sollte. Immer hatte ich einen Rücken vor mir, sah in eine Schublade mit Stempeln, Schlüsselbund und Petschaft. Neben einer Aktentasche glänzte eine metallene Brotkapsel, im Papierkorb lagen zwei Apfelgriebse. Im nächsten Augenblick fürchtete ich, in einen Hinterhalt geraten zu sein. Blond erkannte mich nicht oder tat wenigstens so. Er hob den Arm, seine Hand öffnete sich, ich reichte ihm die Ausweise.

Es war, als erinnerte ich mich an einen Traum. In diesem Moment sahen die beiden anderen Uniformierten von ihrem Blatt

[1] T.s Verdächtigungen erwiesen sich als vollkommen gegenstandslos.

auf, und im Schein der Lampe stellte ich fest, daß es sich um Schwarz und den Dicken handelte. Das Trio, zu dem ich mich am 4. November ins Auto gesetzt hatte, war also komplett.

Ich dachte nicht ernsthaft an Flucht. Ich sah nur zur Tür, als müßte dort jemand stehen, der uns den Rückweg versperrt. Ich rief Robert heran.

»Sind *Sie* schon drüben gewesen?« fragte ich und sah Blond dabei zu, wie er das in meinen Ausweis geklebte Leporello[1] bis zur letzten Seite durchsah, als interessierte ihn jeder einzelne Stempel der Grenzkontrollen. Blond stempelte dann seinerseits und faltete alles wieder zusammen. Robert sagte später, ich hätte bezahlt und sogar eine Quittung erhalten, aber daran erinnere ich mich nicht. Mit derselben Geste, mit der er die Ausweise in Empfang genommen hatte, gab Blond sie zurück. Meinen Dank überhörte er wie zuvor meine Frage. Ich ging in Richtung Ausgang. Robert hielt sich neben mir.[2]

Tags darauf lieferten wir die Textbücher in Berlin ab und aßen in der Nähe des Henschel Verlags zu Mittag. Wir waren unsere alte Strecke gefahren, also nicht, wie ich es mir vorgestellt hatte, nach dem dreispurigen Asphaltstück bei Michendorf in Richtung Westberlin abgezweigt. Berlin, ich meine der Osten der Stadt, war nichts weiter als ein Vorraum, in dem man wartete, bis man hinüber in den großen Saal ging. Ich wunderte mich, warum die Kellnerin und der Mann am Tresen weiter hier im Osten arbeiteten, als stünde die Mauer noch. Nachdem wir gegessen und getrunken hatten, fuhren wir auf der Friedrichstraße dem Checkpoint Charlie entgegen, wie Robert es sich gewünscht hatte. Als wir auf die Kontrolle warteten – vor uns standen nur

1 Vgl. auch im Anhang den Prosaversuch »Stimmabgabe«.

2 Diese Passage wirkt etwas konstruiert und wenig glaubhaft. Wahrscheinlich eine »Räuberpistole«.

wenige Autos –, begriff ich zum ersten Mal den Sinn des Wortes »checkpoint«. Tscheckpeuntscharlie waren nur Laute gewesen, ein Klang, die Kaugummiblase, die im Augenblick der größten Stille, wenn das Glockenspiel vom Spasski-Turm[1] erklang, vor dem Mund zerplatzte. Ich fragte Robert, ob er wisse, was »checkpoint« bedeute. Er wußte es. Michaela sagte, ich solle nicht den Oberlehrer geben. Ausweis, Blick, Ausweis, danke, ab. Kein Blättern nach dem Stempel, nichts. Michaela glaubte, die eigentliche Kontrolle stehe uns noch bevor. Ich bog nach rechts ab. Ich hatte keine Ahnung, wie ich fahren sollte. Wir wollten nach Westberlin, und jetzt waren wir in Westberlin. Verstehen Sie? Westberlin hieß ankommen, im Westen sein, nicht herumirren.

Nach einer Stunde strandeten wir am unteren Ende des Kurfürstendamms, wo ich eine Parklücke fand und wir in einer Bank unser Begrüßungsgeld abholten. Dann liefen wir auf dem Ku'damm herum, verloren in den Nebenstraßen die Orientierung und landeten auf einer anderen großen Straße mit vielen Geschäften. Dort betraten wir unter Michaelas Führung einen Buchladen, in dem mehrere Stapel eines Romans[2] von Umberto Eco vom Fußboden emporwuchsen. Lachen mußte ich, als ich vor einem Supermarkt diese überdimensionierten Einkaufskörbe auf Rädern sah.[3] Prompt weckten sie in mir die Lust, einen Vorrat zu erhamstern, um dann tagelang das Haus nicht mehr verlassen zu müssen.

Später fanden wir uns in einem Kaufhaus wieder, in dem es viel zu warm war und wir, unsere Sachen überm Arm, von Etage zu Etage liefen, als suchten wir etwas Bestimmtes. Wir trennten

1 Hauptturm des Moskauer Kremls, auch »Erlöserturm« genannt.

2 *Das Foucaultsche Pendel*, München, Wien, 1989.

3 In den Kaufhallen der DDR gab es in aller Regel keine Einkaufswagen, sondern nur Körbe.

uns für eine Dreiviertelstunde, als Michaela auf die Idee kam, einen Jugendweiheanzug für Robert zu kaufen. Sie händigte mir zwei Fünfzig-D-Mark-Scheine aus und schob Robert vor sich her zur Rolltreppe.

Ich sah ihnen nach, ich hatte keine Lust, eine Dreiviertelstunde allein zu bleiben. Ich dachte: Du bist frei, so frei wie nie zuvor in deinem Leben.[1] Mitten in Westberlin konnte ich tun und lassen, was mir beliebte.

Am interessantesten fand ich die Haushaltswaren, die Kaffeemaschinen, Töpfe, Bestecke und Korkenzieher, aber es gab auch Utensilien, deren Bestimmung ich gern erfragt hätte. Ich wollte mir unbedingt etwas kaufen. Etwas für mich allein. Plötzlich hatte ich die fixe Idee, das Geld wäre verloren, wenn ich es nicht sofort ausgäbe. Jedenfalls suchte ich händeringend nach dem idealen Objekt. Glaubte ich, mich entschieden zu haben, verlor ich bereits im nächsten Moment das Zutrauen. Mal sollte es eine chinesische Teekanne sein, mal eine Windjacke. Mit einem Walkman stand ich bereits an der Kasse, als ich wie einer, der kein Deutsch spricht, gequält-bedauernd den Kopf schüttelte, den Walkman weglegte und floh. Wären Michaela und Robert pünktlich gewesen, hätte ich mit leeren Händen dagestanden. Dann aber, angelockt von einer Menschentraube, begann ich wie die anderen einen quadratischen Kasten voller Handschuhe zu durchsuchen. Ob groß oder klein, alle kosteten dasselbe. Zuerst versuchte ich, in möglichst unberührte Regionen vorzudringen, und fischte auf dem Boden, förderte aber nur Plunder zutage, Kinderhandschuhe oder einzelne Exemplare, von denen mir einer

[1] Eine ähnliche Formulierung findet sich im Brief vom 6. Februar an V. T.: »Das Bewußtsein, für zwei Stunden frei zu sein, so frei, wie ich es noch nie in meinem Leben gewesen bin, beraubte mich meines Willens.«

aus schwarzem Leder wie angegossen paßte. Ich behielt ihn an und suchte nach dem zweiten, doch vergeblich. Schließlich überwand ich meinen Widerwillen und zog auch jene in Betracht, die gerade von anderen zurückgeworfen worden waren. Das Anprobieren bereitete Schwierigkeiten, weil die Handschuhe paarweise auf Höhe der Handgelenke aneinandergenäht waren. War das Kunststück vollbracht, hatte man sich selbst gefesselt. Ich entschied mich für ein dunkelblaues Paar mit rotgrünkariertem Futter und lief, wie in Handschellen geschlagen, zur Kasse.

»Ich denk, du magst keine Handschuhe«, sagte Michaela. »Weil ich keine hatte«, sagte ich. Robert trug eine Plastetüte, die so geschickt geschnitten war, daß es nicht hineinregnen konnte. Michaela eröffnete mir, nur noch eine D-Mark zu besitzen, dafür aber seien wir die Sorge um Roberts Jugendweiheanzug los.

An einem Imbißwagen spendierte ich uns Currywurst. Das verbesserte die Stimmung.

Danach wählte ich Veras Nummer. Zum ersten Mal benutzte ich ein Tastentelephon und fühlte mich wie in einem Film. Ich stieß die Zellentür wieder auf und fragte, wo wir hier überhaupt seien. Michaela lief los, ein Straßenschild zu suchen.

Veras Telephon hatte einen Anrufbeantworter, darauf klang sie so steif, als würde sie ausschließlich von wildfremden Leuten angerufen. Ich war überzeugt, sie werde den Hörer abnehmen, sobald sie meine Stimme erkannte. Ich sagte ein paarmal »Hallo!« und daß wir gern einen Kaffee bei ihr trinken würden. Ich rief im Laden an, der Mann auf dem Anrufbeantworter, wahrscheinlich Nicola, sagte auf deutsch, daß man Nachrichten nach dem Signalton hinterlassen könne, danach hörte ich vermutlich das gleiche auf arabisch und französisch.

Von der Frau im Imbißwagen ließen wir uns den Weg in den Wedding erklären.

Als wir die Malplaquetstraße gefunden hatten, war es bereits dunkel. Zuerst übersah ich Veras Schild auf dem Klingelbrett, weil Türmer hinter Barakat stand.

»Sie wohnen im Hinterhaus«, sagte Michaela, eine Tatsache, die auch mich enttäuschte. Als ich Schritte hinter der Haustür hörte, glaubte ich, es sei Vera. Die kleine Frau, von der man nur das Gesicht sah, würdigte uns keines Blickes und entfernte sich in ihrem knöchellangen Gewand wie eine Aufziehpuppe. Der etwas heruntergekommene Hausflur war vollgestellt mit Kinderwagen und Fahrrädern, die Hoftür besprüht, die Beleuchtung schwach.

Wir mußten in den vierten Stock. Es war niemand da, aber für mich war es schon etwas Besonderes, ihre Tür und ihren Abtreter zu sehen.

Auf die Rückseite von Roberts Anzugrechnung schrieb ich: Viele Grüße, Deine Altenburger. Ich faltete die Rechnung zusammen und steckte sie in den Türspalt.

Michaela fragte, ob ich Robert und sie zu »Batman« einladen würde.

Vor einem Kino in der Nähe des Bahnhofs Zoo setzte ich die beiden ab und machte mich auf die Suche nach einem Parkplatz. Während dieser endlosen Odyssee verlor ich mehrmals die Orientierung. An dem Film lag mir nichts, den Anfang zu verpassen versetzte mich jedoch in Panik, ich fürchtete, die beiden würden auf mich warten. Jede Parklücke erwies sich als zu klein. Ich konnte von Glück reden, daß nichts passierte, denn ich überfuhr bei Rot einen Fußgängerüberweg. Schließlich war ich gerade zur Stelle, als jemand abfuhr. Ich parkte mit einem Hinterrad auf dem Fußweg. Die kalte Luft tat gut. Das Benzin roch in Westberlin tatsächlich wie herbes Parfüm.

Die Frau an der Kasse sagte zu meiner Überraschung, ich käme gerade rechtzeitig.

Michaela und Robert saßen nahe am Eingang. Wegen der Sessel glaubte ich zuerst, wir hätten Logenplätze. Gleich darauf ging das Licht an, und Michaela lachte auf, weil ein Verkäufer neben uns erschien, der genau das Eis anbot, das wir eben in der Reklame gesehen hatten. Mir wollte es nicht in den Kopf, daß man in solchen Sesseln Eis essen durfte, noch dazu im Dunkeln. Eine einzige Kinokarte plus Eis, überschlug ich anhand des Restgeldes, kostete soviel wie meine Handschuhe.

Nach der Vorstellung war Robert vollkommen glücklich, und Michaela schien es auch zu sein. Auf dem Stadtplan, den Michaela von der Kassiererin geschenkt bekommen hatte, sahen wir, wie einfach es war, zur Autobahn zu kommen. Robert hatte seinen Kassettenrecorder angeworfen und gab uns, begleitet von Milli Vanilli und Tanita Tikaram, eine komplette Inhaltsangabe des Films, als hätten wir ihn nicht gesehen. Anschließend mußte jeder seine Lieblingsszenen aufzählen. Michaela dirigierte mich. Fünf Minuten später erreichten wir die Autobahn, dahinter leuchtete der Funkturm. Ich fädelte mich in den Verkehr ein. Nach ein paar hundert Metern wechselte ich auf die mittlere Spur.

Michaela rief, ich solle aufpassen und nicht so schnell fahren, das sei doch Wahnsinn. »Wie denn?« rief ich. »Was soll ich denn machen?!« Ich wollte bremsen, wagte es aber nicht! Neben uns, vor uns, hinter uns – wir rauschten mit ihnen dahin, so schnell wie nie zuvor im Leben, eine rasende Meute, und wir mittendrin. Ich versuchte den Sicherheitsabstand zu vergrößern, doch sofort schoß von der Nebenspur ein Auto hinein und verschlimmerte meine Not. Mir blieb keine Wahl, ich mußte so fahren wie die anderen. Da aber alle das Tempo hielten, konnte es nicht so gefährlich sein, jedenfalls nicht so sehr, wie wir fürchteten. Allmählich beruhigte ich mich.

Als der Abzweig zum Flughafen kam, war mir klar, wir fuhren nicht nach Süden, sondern nach Norden. Auch Michaela hatte den Irrtum bemerkt. Sie streckte die Beine aus und suchte nach einer bequemen Lage. Robert war verstummt und sah, die Ellbogen auf unseren Rückenlehnen, nach vorn.

Wir rasten also dahin, durch die weiten Kurven und die Tunnel – ein bißchen wie Achterbahn. Statt bis nach Hamburg zu fahren, folgte ich dem Schild, das die letzte Ausfahrt vor der Grenze anzeigte, und kehrte um. Jetzt hatten wir ein noch längeres Stück dieser Asphaltautobahn vor uns. Im Radio unterbrachen sie selten die Musik.

Während der Rückfahrt dachte ich fortwährend ans Meer, sah Schiffe über den Ozean fahren und zählte mir Hafenstädte auf: Hamburg, Hongkong, Valparaiso, New York, Helsinki, Vancouver, Genua, Barcelona, Leningrad, Istanbul, Melbourne, Alexandria, Odessa, Singapur, Auckland, Marseille, Rio de Janeiro, Kapstadt, Aden, Bombay, Rotterdam, Venedig. Ich sah Schiffe, Ozeanriesen, die an girlandengeschmückten Kaimauern anlegten. Der Radioempfang war schlechter und schlechter geworden, doch auf Mittelwelle hielt sich ein Sender: Musik und Worte klangen gleichermaßen zauberhaft und fern, ich sah Terrassen über der Stadt mit Ausflugsgästen und Lampions und Feuerwerk. Ich fuhr bereits in einer unbekannten Weltgegend. Wie Jim, der Sklave aus Huckleberry Finns Abenteuern, glaubt, in der Ferne die Lichter von Kairo und den Pyramiden zu erblicken, so hätte ich mich nicht gewundert, wenn plötzlich ein Hinweisschild nach St. Louis oder New Orleans erschienen wäre.[1]

Ich weiß nicht mehr, was ich sah, als ich den Wagen durch Leipzig steuerte. Das erste, woran ich mich wieder erinnere, ist Michaelas Handbewegung, die vom Lichtschalter im Flur direkt zu meiner Stirn führte. »Du hast ja Fieber!« sagte sie und präsentierte mir den Schweiß an ihren Fingerkuppen.

[1] Hier irrt T. Jim und Huck Finn halten Ausschau nach Cairo/Illinois, der Stadt am Zusammenfluss von Mississippi und Ohio.

»Ich bin krank«, antwortete ich.

»Schrei doch nicht!« sagte sie.

»Ich bin krank!« wiederholte ich und flüsterte es gleich darauf noch einmal, als dürfte ich es nicht vergessen.

»Ich bin krank« war genau jene Formel, nach der ich in den letzten Wochen vergeblich gesucht hatte. Eilig wusch ich mir Gesicht und Hände, zog mich aus und legte mich ins Bett, um endlich all die Schiffe und Städte ausgiebig und ungestört bewundern zu können.

Als ich am nächsten Tag erwachte, war ich allein in der Wohnung. Ich hatte das Gefühl, Stunden zu brauchen, bis ich genug Willenskraft gesammelt hatte, um die Liege in meinem Zimmer mit einem Leintuch zu beziehen sowie Kopfkissen und Decke aus dem Schlafzimmer hinüberzutragen. Ich wußte, daß dies für lange Zeit meine letzte Arbeit gewesen sein würde, und schloß die Augen.

Damit ist eigentlich alles gesagt. Denn meinen Zustand zu beschreiben ist unmöglich. Worte reichen nicht an ihn heran.

Liebe Nicoletta, jetzt, im nachhinein, schreibe ich Ihnen von sicheren Gestaden. Wer seine eigenen Abenteuer erzählen kann, ist nicht dabei umgekommen, eine Gewißheit, die eigentlich alles auf den Kopf stellt. Außerdem bleibt die Logik des Traums dem wachen Auge verborgen, so wie Sonnenlicht den Film löscht.

Wenn mir die notwendige *sensibilità* für die Welt abhanden gekommen war – Signore Raffalt[1] findet in Lektion 14 keine deutsche Entsprechung dafür, um sie jedoch einen Satz später

[1] Reinhard Raffalt, *Eine Reise nach Neapel e parlare italiano*, München 1957. T. scheint die italienische Sprache, die er später gut beherrscht haben soll, in jenen Wochen anhand dieses alten, wenn auch immer wieder neu aufgelegten Sprachführers gelernt zu haben.

kühn mit »Resonanzfähigkeit« zu übersetzen –, so nicht, weil ich taub, stumpf oder apathisch geworden wäre, sondern einfach, weil mein Ich zerbrochen war. Mich gab es nicht mehr.

Verstehen Sie mich, Nicoletta? Alles, was mich seit meinem ersten Arkadiensommer ausgemacht hatte, was mich interessiert, was mich wach und am Leben gehalten hatte, war in den letzten Wochen und Monaten gegenstandslos geworden.

Die unermeßliche Leere, die an meiner Statt existierte, entsprach ganz der endlosen, gewaltigen Zeit, in der sie schwebte. Ich staunte, welche Unendlichkeit ein Tag in sich barg. Nein, so einfach war es nicht. Ich lag im Bett, stand nur auf, wenn ich aufs Klo mußte, und trank von dem Tee, den mir Michaela morgens und abends ans Bett stellte. Ich schlief ein und erwachte, schlief ein und erwachte und wunderte mich, wo Robert blieb, warum er nicht aus der Schule kam. Doch nicht nur er, auch Michaela verspätete sich mehr und mehr. Je länger ich wartete, um so wahrscheinlicher, ja unausweichlicher schien irgendein Zwischenfall zu sein, vielleicht sogar ein Unfall. Als ich mich endlich entschlossen hatte, meine Armbanduhr vom Schreibtisch zu holen, war sie auf halb zehn stehengeblieben. Durch meine Berührung kam sie wieder in Gang. Später, draußen war es immer noch hell, schaffte ich es bis in die Küche. Die Uhr über der Tür zeigte zwanzig vor elf, genau wie meine Armbanduhr! Ich lag im Bett und staunte, was aus Minute und Stunde geworden war, zu welchen Monstern sie sich entwickelt hatten. Mit Hohn dachte ich daran, was ich nun alles an einem Vormittag hätte bewältigen können. Mühelos hätte ich eine Geschichte pro Tag geschrieben, nebenbei den Haushalt erledigt, ferngesehen, gelesen. Nun, da mich all das nichts mehr anging, konnte ich gottgleich über die Zeit verfügen. Nicht mal elf! Stellen Sie sich vor, Sie haben einen langen Traum, einen sehr langen Traum, einen, der andere Träume fortführt. Beim Erwachen glauben Sie, der

Wecker werde gleich klingeln, dabei sind keine zehn Minuten vergangen, und im gegenüberliegenden Haus brennt überall noch Licht.

Ich zählte die Sekunden, die ich für einen Atemzug brauchte, um wieder ein Gefühl dafür zu bekommen, was eine Minute, was fünf Minuten bedeuteten. Sobald ich die Uhr aus der Hand legte, war ich überzeugt, jeden Tauchrekord brechen zu können. Noch schlimmer mißlang jenes Experiment, das mich schon als Kind beschäftigt und von dem ich mir eine Beschleunigung der Zeit erhofft hatte: Mit der Lupe – Robert besitzt eine für seine Briefmarken – beobachtete ich den Minutenzeiger. Ja, ich sah die Bewegung, aber es nützte nichts.

Irgendwann besuchte mich ein Schmerz. Ich muß es wirklich so sagen, der Zahnschmerz erschien als Gast in meiner Leere. Dafür war ich dankbar. Mit geschlossenen Augen versuchte ich herauszufinden, wo er sich niederlassen würde, denn anfangs irrlichterte er umher, tauchte mal oben auf, mal unten, mal rechts, mal links. Dann hatte er seinen Platz gefunden: unten links. Damit Sie mich verstehen, muß ich es wohl so ausdrücken: Ich klammerte mich an diesen Schmerz. Doch eigentlich müßte es heißen: *Ich* war der Schmerz. Außer ihm gab es nichts. Und so war es natürlich, daß ich versuchte, ihn zu hegen. Ich beobachtete ihn unaufhörlich wie ein Kind seinen Hamster am ersten Tag und überließ mich ganz der jedes Maß übersteigenden Zeit. Je größer der Schmerz, desto kleiner die Leere. Erst wenn er ganz von mir Besitz ergriffen haben würde, wollte ich – als Krönung der Tortur – zum Zahnarzt gehen. Ich verlor mich regelrecht in den Details einer qualvollen Zahnbehandlung.

Wie einer, der fürchtet, im Schlaf bestohlen worden zu sein, und hastig seine Taschen abklopft, forschte ich beim Erwachen nach meinem Schmerz. Und war jedesmal erleichtert, ihn an seinem Platz zu finden. Und nicht nur das, er breitete sich aus, kroch und pockerte[1] den Kiefer entlang und stieß bis in den Hinterkopf vor. Er war eine Art Unterpfand für mich, die einzig verläßliche Größe.

Ich verwahrloste. Der Geruch, den ich, hob ich die Decke, an mir feststellen konnte, die langen Fingernägel, die Verpelzung der Zähne – ich nahm all das zur Kenntnis wie einen Defekt meiner Umgebung, wie eine kaputte Glühbirne, für die kein Ersatz im Haus ist. Als meine Bartstoppeln so lang waren, daß sie aufhörten zu piken, vergaß ich meinen Körper ganz. Das lag natürlich auch an meiner Müdigkeit, eine fortwährende Müdigkeit, in der Traum und Wachen oft ununterscheidbar blieben. In der Betrachtung ferner Städte und Schiffe fuhr ich fort. Es war bedeutungslos, ob ich dabei die Augen offenhielt oder schloß, es blieben dieselben Orte, in denen ich umherirrte, ohne selbst zu erscheinen.

Für Michaela und Robert sah es aus, als schliefe ich ununterbrochen. Wenn Michaela mir morgens Tee ans Bett brachte, legte sie die Hand auf meine Stirn. Sie gab sich Mühe, kochte mir Milchreis und bat Tante Trockel, Apfelmus für mich zu machen. Ich wollte das alles nicht, ich wollte nur Ruhe, ließ es aber über mich ergehen, als sei das mein Dank dafür, daß Michaela mir die Krankschreibung von Dr. Weiß zuerst für eine, dann für eine zweite Woche besorgt hatte.

Nach Ablauf der Frist quälte ich mich selbst in die Poliklinik. Es war Nikolaus, der 6. Dezember, ausgerechnet jener Tag, an dem Michaela und Jörg und ein paar andere die Villa der Staatssicherheit besetzt hatten, mittags ein Flugblatt druckten, es verteilten und Punkt 18 Uhr am Theater ihre Demonstration begannen. Michaela schien nun endgültig jene Energie, die mir fehlte, hinzugewonnen zu haben. In der halben Stunde, die sie nachmittags zu Hause war, hatte sie, meine Abwesenheit ausnut-

[1] Das korrekte Wort an dieser Stelle wäre: puckern.

zend, die Bettwäsche in die Maschine gesteckt, es jedoch nicht mehr geschafft, die Liege frisch zu beziehen. Als ich mit einer erneuten Krankschreibung, diesmal gleich für zwei Wochen, zurückkehrte, fand ich mein Krankenlager aufgelöst, was mich wie ein Rauswurf traf. Ich verzichtete auf ein neues Laken, wühlte statt dessen meinen alten Daunenschlafsack aus dem Schrank, entrollte ihn auf der Liege, kroch in Unterwäsche hinein und zog mir die Kapuze über den Kopf.

Michaela war an diesem Abend außer sich. Ich konnte mich nicht erinnern, daß sie je mein Zimmer betreten hatte, ohne anzuklopfen. Sie stand plötzlich vor mir, ich hörte ihren Schlüsselbund und ihre Stimme, noch bevor ich die Augen geöffnet hatte. Sie redete nicht nur schnell. Jeder Satz erforderte drei oder vier weitere Sätze zu seiner Erklärung, die wiederum andere Sätze nach sich zogen, weshalb sie kaum zum Luftholen und Schlucken kam und immer hastiger sprach. Die eigentliche Zumutung bestand aber in der Erwartung, ich würde aufstehen, mich anziehen und mit ihr zur Demonstration zurückkehren.

Selbst wenn ich nicht krank gewesen wäre, hätte sie doch wissen müssen, wie wenig mich das alles anging, ja wie gleichgültig es mir war, ob an der Spitze eines Demonstrationszuges »Deutschland einig Vaterland« und »Wir sind ein Volk« skandiert wurde und ob irgendein Jörg oder Hans-Jürgen einen oder keinen Versuch unternommen hatte, »das zu unterbinden«.

Mit jedem Satz begriff ich von neuem, wie unfähig ich war, an diesem Leben teilzunehmen, wie sinnlos sich jede Anstrengung ausnahm.

Die Antwort auf Michaelas Frage, was denn der Arzt gesagt habe, fachte ihren Zorn von neuem an. Irgendwann verglich sie mich mit einer Raupe, einer fetten Raupe, was angesichts des Schlafsacks nicht sonderlich originell war. Das verstand ich als Ankündigung, sich fortan nicht mehr um mich zu kümmern.

Ärgerlich war der darin versteckte Vorwurf, ich sei ein Simulant. Wie richtig ich die Situation eingeschätzt hatte, zeigte sich bereits am nächsten Tag, als Robert mich bat, ihm bei den Hausaufgaben zu helfen. Besonders setzten mir seine Bitten zu, ihn hierhin oder dorthin zu fahren. Was Michaela früher meist aus pädagogischen Gründen verboten hatte, schien sie nun regelrecht anzuregen. Ja sie selbst quälte mich in den nächsten Tagen mit Wünschen, als hätte sie meinen Zustand vergessen.

Das Zusammenleben mit den beiden wurde mehr und mehr zur Tortur. Eine Rückkehr ins Theater schloß ich aus. Vera war abgetaucht, von Geronimo trafen beinah täglich weitschweifige Episteln ein, die ich schließlich nicht mal mehr öffnete. Von dem Unglück, mit dem meine Mutter kämpfte, wußte ich damals noch nichts. Sie stellte die völlig unsinnige Behauptung auf, Vera sei schuld an meinem Zusammenbruch. Michaela wiederum nahm stundenweise das Leid der Welt auf ihre Schultern und fühlte sich für meine Verwahrlosung verantwortlich, bis ihr wieder der Geduldsfaden riß. Hartnäckig verteidigte ich meinen Schlafsack gegen sie, ließ jedoch zu, daß sie die Liege mit einem Laken bezog.

Wie gesagt, mein damaliger Zustand ist mir heute selbst fremd. Ich berichte davon wie einer, der Gehörtes eher schlecht als recht wiederholt.

Dann geschah es. Es geschah einfach. Haben Sie schon mal Küchenabfälle in einer Papiertüte gesammelt? Und wenn man die Tüte am nächsten Tag in die Hand nimmt, sackt der ganze Mist durch. Plötzlich war das Entsetzen da.

Aber was sagt dieses Wort schon![1] Ich hatte plötzlich begriffen, was mir widerfahren war und wie es um mich stand.

[1] Gestrichen: Es gab nur noch Anstrengung und Qual. Jede Selbstverständlichkeit war erloschen, ganz zu schweigen von Freude oder Lust; für jede Kleinigkeit brauchte es einen Entschluß, und sei es nur für das Öffnen des Fensters oder den Weg aufs Klo.

Ach, Nicoletta! Das vollkommene Verschwinden des Herrn Türmer ist schwer faßbar. Sie können es natürlich auch den Verlust des Schreibens nennen oder, um genauer zu sein, den Verlust des Westens, den Verlust unseres Jenseits, den Tod der gütigen Götter ... Damit hätte sich, wenn Sie sich erinnern, der Kreis meiner Betrachtungen eigentlich geschlossen.

Andererseits haben meine Schilderungen, wie ich hoffe, vielleicht erst die Voraussetzungen dafür geschaffen, das Folgende zu verstehen.

Doch davon nicht mehr heute.

Ihr

Enrico Türmer

Sonntag, 1. 7. 90

Lieber Jo!

Übermorgen kann ich einziehen, sofern der Baron keine Beanstandungen hat. Ich habe eine neue Matratze bestellt, dank Monte Carlo das Beste vom Besten.[1] Alles andere hat Zeit.

Vera kommt mit dem Zug, zwei Koffer hat sie angekündigt.

Die neue Familie ist an die Ostsee geflogen, nach Dänemark, das erleichtert manches. Keiner weiß, wie sich der Baron die Genehmigungen für seine Fliegerei verschafft und wie er die Russen herumbekommen hat.[2] Mich würde es nicht mal mehr wundern,

1 Zur Erinnerung: Der Brief vom 14. Mai an Johann Ziehlke endet mit dem Satz: »Ich habe ihr [Vera] meinen Gewinn geschenkt, und das verschaffte mir zum Schluß dann doch noch Erleichterung.«

2 In Nobitz bei Altenburg befand sich ein großer Militärflughafen der Sowjetarmee.

wenn er bald eine MiG-29 fliegt. Für DM ist alles zu haben. Der Baron macht schon große Pläne für die Zeit, wenn die Russen einmal weg sein werden: Von Altenburg-Nobitz mit Sonderangebot nach London und Paris! Ihm ist alles zuzutrauen.

Als ich am Freitag aus dem Auto stieg, glaubte ich, Möwen gesehen zu haben, Möwen in der Stadt! Leider war es nur Papier, aller möglicher Zettelkram wirbelte herum und trieb mir auf dem Fußweg und der Straße entgegen. Ich blieb für einen Moment stehen und sah den Blättern nach, die auf die Parkplatzbrache, den Hang hinunterflatterten, über die Autodächer tänzelten, dann an der Ziegelmauer oder im Maschendraht landeten. Auf eins war ich sogar getreten und hatte überlegt, ob es lohne, sich wegen der Büroklammer daran zu bücken. Ich war weitergelaufen – um einen Augenblick später auf dem Absatz kehrtzumachen und verzweifelt wie ein Kind den weißen Vögeln nachzujagen. Marions aus dem Fenster gellende Stimme hatte mich aus meinem Traum gerissen. Schreiend stürzten Evi, Mona und Frau Schorba aus unserem Eingangstor.

Frau Schorba versuchte die auf der Straße treibenden Blätter zu fangen. Sie schrie in regelmäßigen Abständen auf, wenn das verfolgte Papier in letzter Sekunde ihrem Zugriff entkam. Inzwischen beteiligten sich auch Ilona und Fred an der Jagd. Wie Treiber durchkämmten wir den Parkplatz. Den Großteil der entfleuchten Anzeigenvorlagen konnten wir an Mauer und Zaun auflesen. Evi erklomm und übersprang den Zaun, um Rüdiger-Bajohr-Finanzen und Noëlle's Bücherstube aus den Büschen zu pflücken. Mona kroch unter jeden Wagen und zog hinter meinem Vorderrad den Kopierservice hervor.

Ilona und Fred inspizierten Jüdengasse und Markt, während wir anderen Frau Schorba zu Hilfe eilten. Die hatte ihre Taktik geändert, trippelte nun den Blättern hinterher und knallte mit dem Ausruf »Miststück!« ihre Hacken aufs Pflaster. Spätestens nach dem zweiten oder dritten »Miststück!« war die Anzeige gerettet. Die Autos, zum Anhalten gezwungen, schalteten ihre Warnblinkanlagen ein.

Fred präsentierte uns stolz seine verdreckte Hose, Ilona schien glücklich, einen Absatz verloren zu haben, und humpelte ostentativ. Von Pringel, dem wir wohl die Unversehrtheit der Computer zu verdanken haben, erfuhren wir, daß Marion von Jörg bereits ins Auto verfrachtet und weggefahren worden war.

Sie, Marion, war in den Computerraum gestürmt, hatte sich, ohne ein Wort zu sagen, den Anzeigenstapel gegriffen und aus dem Fenster geworfen. Danach hatte sie wieder die anderen als Schatten beschimpft, während das Seewetter die Vorlagen auseinanderstob. Ich bat alle, den Vorfall diskret zu behandeln. Jörg werde ich nahelegen, Marion einem Psychiater vorzustellen. Kaum haben wir einen Verrückten aus dem Haus – der Alte muß in ein Pflegeheim –, droht schon der nächste Fall.

Gestern ist Marion sogar mit dem Messer auf mich losgegangen. Die Situation war völlig harmlos. Weil Schorba unterwegs war, gab Fred zwei neuen Austrägern von uns ein paar Auskünfte. Marion hatte das zufällig mitbekommen und Fred auf der Stelle abgekanzelt. Ihr Geschrei rief Jörg und mich herbei.

Da Jörg nichts unternahm, um Marions Gezeter zu unterbinden, ließ ich mich zu ein paar Worten hinreißen; es sei jetzt genug und sie solle uns bitte allein lassen. Plötzlich sah ich die vor Schrecken geweiteten Augen der Austräger, denen ich mich zugewandt hatte.

Marion hielt Freds Messer mit beiden Händen umklammert, Klinge und Pupillen bedrohlich auf mich gerichtet. Ihr Gesicht war entstellt, als hätte der Wahnsinn alle vertrauten Züge mit einem Mal aufgelöst. […] Ich solle nur versuchen, sie aus diesen Räumen zu vertreiben, drohte sie.

»Sie denken wohl, ich trau mich nicht?« Marion verzog ihren Mund zu einem schiefen Lächeln, als ich zurückwich.

»Nein«, sagte ich, »dir traue ich alles zu.«

»Dann haben wir uns ja verstanden«, stellte sie befriedigt fest, ließ das Messer sinken und machte kehrt. Wir verharrten alle wie erstarrt. Im Hinausgehen rief Marion dem zurückkehrenden Schorba ein heiteres »Mahlzeit!« zu, was dieser freudig erwiderte. Uns dagegen sah Schorba an, als wären wir eine Ansammlung von Gespenstern.

Von Fred weiß ich, daß die Auflage des »Wochenblattes« unter zehntausend gefallen ist, obwohl Jörg reißerisch titelt: »Gift im Grundwasser?« oder letzte Woche: »Massengräber in Altenburg?« Er weiß nicht mehr, was er schreiben soll. Gerade jetzt, da von Tag zu Tag der Festtagsjubel lauter wird, hockt Jörg in seinem Zimmer und wird immer fahler und kleiner. Der Baron läßt ihm freie Hand. Fragt sich nur, wie lange noch. Habe ich Dir von Ralf erzählt?[1] Ich habe seine Frau als Akquisiteurin eingestellt, er und seine Tochter werden in Nord unser Sonntagsblatt austragen, das ist kein schlechter Nebenverdienst.

Die Abende verbringe ich in der Schiedsrichterklause. Bei jedem deutschen Tor läßt Friedrich, der kahlköpfige Wirt, eine Rakete steigen und spendiert eine Runde Korn. Schade, daß wir heute nicht spielen.

Sei umarmt,

Dein Enrico

1 T. hätte das leicht nachprüfen können, da er ja die Durchschläge der Briefe besaß.

[Dieser Brief wurde nicht mehr abgeschickt.]

Dienstag, 3.7.90

Verotschka!
Gestern erschien Michaela in der Redaktion, sie brachte Barristas dicken Taschenkalender. Zum ersten Mal sah ich, wie sie Barrista küßte. Sie trug wieder ihre edlen roten Turnschuhe. In die Augen schauen konnte sie mir nicht.

Später hörte ich zufällig, wie sich Mona und Evi über Michaela unterhielten. Ihr Verdacht, daß sich Barrista »eine Hübsche von hier« nehme, hat sich nun bestätigt. Wenig später rief Robert an und fragte, wann ich denn Schluß hätte. Wir verabredeten uns zum Mittagessen.

Ich habe ihn kaum wiedererkannt. Nicht wegen der neuen Sachen – auch er trägt jetzt Turnschuhe, dazu eine Jacke mit dick gepolsterten Schultern. Seine Haare sind viel kürzer. Vielleicht bin ich in letzter Zeit unaufmerksam gewesen – aus Robert ist ein junger Mann geworden. Er umarmte mich trotzdem.

Ich ließ alles stehen und liegen und ging mit ihm hinaus. Draußen trafen wir Pringel, der für seine Reportage über den Tag Null, über das neue Geld recherchierte. (Johann wird sich anstrengen müssen, neben Pringel zu bestehen.)

Auf dem Markt stellte ich mich bei einem Obsthändler an. Wir kamen schnell dran, weil die anderen offenbar nur das Angebot besichtigen wollten. Ich fühlte mich wie ein Aufschneider, wie jemand, der sich ans Buffet wagt, bevor es eröffnet ist. Ich verlangte vier Kiwis, die ich mir selbst aussuchen durfte – und erkannte in dem Moment unseren alten Bekannten, den D-Mark-Obsthändler, der Robert geholfen hatte, die ersten Zeitungen zu verkaufen. Er kam mir vor wie eine Märchenfigur, so lang her erschien mir unsere letzte Begegnung. Er begrüßte uns freundlich, doch seine Stimmung war miserabel. Er habe heute noch keine hundert Mark Umsatz gemacht. Nicht einmal die Standgebühr werde er verdienen. Es sei hoffnungslos, aussichtslos! Unter den Blicken der Umstehenden griff ich überhastet, ja wahllos zu, als müßte ich jede einmal berührte Frucht auch nehmen. Ich zahlte mit einem Zehnmarkschein und hielt ihm die flache Hand hin, auf die er mir das Wechselgeld legte. Robert bekam eine Banane geschenkt, die er mir gleich zusteckte, weil es ihn genierte.

Die ganze Stadt war eine soeben eröffnete Ausstellung, durch die wir als Besucher schlenderten. Meine Obsttüte wurde bemerkt, so wie auch ich jedes gefüllte Netz, jeden halbwegs vollen Beutel registrierte. Die Luft über dem Markt schien von der Erwartung und Nervosität der Leute zu flimmern.

Der Ratskeller war vollkommen leer. Nicht viel hatte gefehlt und ich hätte mich unter Hinweis auf die offene Tür für unser Eindringen entschuldigt, als uns die Kellnerin bat, Platz zu nehmen, wo immer wir wollten, und jedem von uns eine Speisekarte reichte.

Robert und ich hatten kaum miteinander gesprochen. Gedankenverloren war er neben mir hergelaufen. Er kaute auf seiner Unterlippe und verzog die Mundwinkel. Ich fragte, wo sie denn in den Ferien gewesen seien. Er antwortete einsilbig. Ich vermutete Ärger zu Hause, irgend etwas mit Barrista, und argwöhnte schon, Robert wolle bei uns einziehen. Ich fragte ihn schließlich, was denn passiert sei. Da hob er den Kopf und sah mich an. Im selben Augenblick kam sein Bauernfrühstück. Als die Kellnerin gegangen war, rann ihm eine Träne über die Wange.

Ich weiß nicht, was ich von der Sache halten soll. Selbst wenn ich das, was offensichtlich Einbildung ist, wegstreiche, bleibt seine Erzählung phantastisch genug.

Sie waren in Dänemark an der Ostsee gewesen. Roberts Beschreibungen nach muß das Hotel ein kleines Schloß gewesen sein. Vom Flugplatz – Barrista reist nur noch durch die Lüfte –

ging es mit der Kutsche weiter, Autos dürfen nicht in das Naturschutzgebiet.

An der Schloßtreppe waren sie von einer Schar livrierter Diener in Empfang genommen worden, die ihnen jedes Gepäckstück, selbst Roberts alten Campingbeutel, auf die Zimmer getragen hatten, Zimmer mit Terrasse und Blick aufs Meer. Er könne sich gar nicht entscheiden, was das Schönste gewesen sei: auf der Terrasse zu sitzen oder am Strand zu liegen, mit der Kutsche oder mit dem Boot zu fahren, auf dem Zimmer zu frühstücken oder in den prächtigen Speisesaal zu gehen. Er hat auch Tennisstunden genommen und mit Barrista und Michaela Minigolf gespielt. Beim Frühstück hätten Kellner ihm jeden Teller, kaum daß er ein Brötchen davon gegessen hatte, wieder entführt und ihm einen neuen hingestellt. Ihm sei es allerdings unangenehm gewesen, daß Mädchen und Jungen, von denen er glaubte, sie seien kaum älter als er gewesen, sich sogar nachts für die Gäste bereit zu halten hatten und auf den roten Samtpolstern im Foyer einnickten, um bleich aus dem Schlaf aufzuschrecken, sobald sie Schritte hörten. Am Strand habe er sich mit einigen Gleichaltrigen angefreundet, sei einmal sogar auf ein Segelboot eingeladen worden.

In der Nacht von Sonnabend auf Sonntag habe es ein Feuerwerk gegeben, prächtiger als zu Silvester, wie er sagte. Er habe ein paar seiner Strandbekanntschaften dazu eingeladen. Sie hätten ein bißchen viel getrunken. Michaela habe die anderen schnell verabschiedet und ihn aufs Zimmer geschickt.

Müde sei er nicht gewesen. Er habe auf der Terrasse gestanden und dem »Meer zugehört«, wie er sagte.

Plötzlich leuchtete die Lampe auf seinem Nachttisch auf. Er habe sich einem jungen Zimmerkellner gegenübergesehen. Seine Verwunderung aber sei noch größer geworden, als dieser sein Käppchen abgenommen und sein Haar über die Schultern habe fallen lassen. Er bzw. sie habe ihn nur angesehen. Flehentlich sei ihr Blick gewesen, das Lächeln müde. Dann habe sie das Licht gelöscht, sich mit wenigen Handgriffen ihrer Montur entledigt und sei in sein Bett gestiegen.

»Ich machte wieder Licht. Ich fragte, wer sie sei und was sie wolle. Aber sie schloß einfach die Augen. Erst als ich ihre Hand nahm, hat sie die Augen wieder aufgeschlagen.« Sowenig er gewußt habe, was zu tun sei, so genau habe er doch verstanden, daß es sinnlos gewesen wäre, sie weiter auszufragen. Er habe sich dann zu ihr unter die Decke gelegt.

Er habe das alles genossen und wiederum auch nicht, weil er immer an Aids habe denken müssen und voller Angst gewesen sei, sich anzustecken. Die wenigen Worte, die ihr entschlüpft seien, habe er für Ungarisch gehalten. Sicher könne er das nicht sagen. Plötzlich habe er geglaubt, sie zu kennen. Und im selben Augenblick sei sie auch schon verschwunden. Er sei ihr nachgelaufen und habe früh um fünf das gesamte Hotelpersonal aufgeschreckt und befragt. Immer freundlich, immer lächelnd, immer bedauernd habe man ihn abgewiesen. Am Strand sei er dann bis zum Frühstück auf und ab gelaufen, und da erst, beim Rauschen der Wellen, habe er schlagartig wieder gewußt, wo er ihr bereits begegnet sei. Robert schwört, es handle sich um jenes Mädchen oder jene Frau, die in Paris, als unser Bus durch die Hurenstraße geschaukelt sei, ihm einen Kuß gegen die Scheibe gehaucht habe. Da sei er sich sicher, ganz sicher.

Wir stocherten in unseren Essen herum und machten anschließend einen Spaziergang um den Teich. Ich sagte ihm, er solle glücklich sein, so etwas Schönes erlebt zu haben, und sich keine Sorgen machen.

Ich habe Barrista noch nicht fragen können, aber wie ich ihn kenne, steckt er dahinter, allerdings kann ich das Robert schlecht sagen. Ganz sicher hat Barrista das Mädchen geschickt.

Rechts, über den Feldern, glüht es noch rot, der ganze Himmel glänzt und schimmert davon in einem Rosaviolett, das nach Osten immer blasser und matter wird, der gleiche Himmel, den wir in Waldau über den Kiefern gesehen haben. Verotschka, auf dieser Veranda wird es uns nie wieder schlechtgehen, glaub mir, Verotschka, nie wieder![1]

PS: Verotschka,[2] noch sechzehn Stunden! Ich sitze auf unserer Holzveranda und sehe auf das Schloß, das wie eine angestrahlte Märchenkulisse vor einem lilafarbenen Hintergrund aufragt. Ich will diese 16 Stunden nicht, ich habe Angst, Du könntest Deine Abfahrt verschieben.

Wenn Du dies liest, werden wir schon alles gemeinsam haben, das Klingelschild, das Konto, das Kopfkissen. Dann soll die Zeit stillstehen. Es ist so seltsam, daß sich nun alles erfüllen soll, was wir uns immer gewünscht und uns immer verboten haben, fast immer. Wir, die merkwürdig stillen Geschwister, die nicht wußten, was sie miteinander anfangen sollten, wenn sie allein waren. Bis Du, die Siebzehnjährige, dem Dreizehnjährigen erlaubtest, in Dein Bett zu kommen und dort zu bleiben. Wenn ich etwas bedauere, dann nur, daß es so selten gewesen ist. Dabei habe ich nie etwas anderes gewollt, nie jemand anderen lieben können. Immer mußte ich Deine Freunde und Männer übertrumpfen und etwas Besonderes vollbringen. Von allen, die Du kanntest, wollte ich der Berühmteste, der Begehrteste werden. Dir, Dir allein wollte ich die Welt zu Füßen legen.

Warum haben wir immer so gegen uns gewütet? Du mit Dei-

[1] V. T. verließ zwei Jahre später Altenburg nahezu mittellos.

[2] Auch wenn es fast überflüssig erscheint, darauf hinzuweisen: Diese wie die folgenden Zeilen entsprangen der entzündeten Phantasie T.s. Seine literarischen Wunschvorstellungen entbehren jeglicher Grundlage.

nen Liebschaften, ich mit meinen. Nadja, die in mir Dich liebte so wie auch ich Dich in ihr. Und wie Du mich von Dir befreien wolltest, mit Deiner Ausreise, und wie ich mir in jener Nacht, nachdem ich Dich zum Bahnhof gebracht hatte, endlich eingestand, daß ich Dich liebte, daß ich niemanden anderen als Dich im Herzen trug. Ich fühlte mich rein dabei, rein, weil es nur diese eine einzige Regung gab.

Und wie ich mich mit Bleiben bestrafte und Michaela Deine Schuhe trug und wie die Weltgeschichte uns überrumpelte und Du Dich verstecktest und ich darüber fast den Verstand verlor, weil ich nicht wußte, wie es weitergehen sollte. Und ich plötzlich begriff, daß ich kein Geld hatte, zum ersten Mal machte es mir etwas aus, keine Kröten, keinen Zaster, keine Moneten, kein Moos, keine Kohle, keine Knete, kein Heu zu haben.[1] Sonst wäre ich Dir nach Beirut gefolgt und hätte Dich nach Rom oder New York oder Altenburg entführt. Ach, Verotschka, bis in den Orient bist Du vor mir geflohen und hast mich brav ermutigt, weiterzuschreiben und fremde Frauen zu lieben, so wie man Jungen rät, sich viel zu bewegen und kalt zu duschen. Dabei wollte ich doch nichts anderes als Dich! Mit Dir will ich leben, Verotschka, nur mit Dir kann ein neues Leben beginnen.

Hier gibt es nichts mehr aufzuräumen. Der Geruch der frischen Farbe mischt sich mit dem der neuen Matratze. Die Bilder hängen, hier haben sie Platz und sehen viel schöner aus. Das schönste aber ist, daß wir alles, was wir sonst noch brauchen und wünschen, gemeinsam kaufen werden. Während Du das liest, werde ich neben Dir liegen und Deinen Rücken streicheln und die schönsten Schulterblätter der Welt küssen!

Verotschka, keine sechzehn Stunden mehr.

1 Später ging es T. nur noch ums Geld.

Mittwoch, 4. 7. 90

Liebe Nicoletta![1]

In der Leere werden Worte überflüssig. Heute, da mir die lebendige Empfindung für jenen Zustand abhanden gekommen ist, erscheine ich mir selbst wie ein zufälliger Zeuge, der unsicher und widersprüchlich auf Nachfragen antwortet.

Beinah täglich hatte ich mein Krankenlager zu verteidigen. Einmal standen Irene und Ramona, meine Kolleginnen aus der Dramaturgie, vor der Tür. Sie schienen enttäuscht, alles so vorzufinden, wie es ihnen Michaela geschildert hatte. Sie war ihnen voran hereinmarschiert, hatte das Fenster aufgerissen und eine Decke über den Schlafsack geworfen, als würde es mir sonst zu kalt werden. Später beklagte sie sich über mein Aussehen und das Chaos im Zimmer. Michaela hielt mir vor, die beiden in eine peinliche Lage gebracht zu haben! Das mag so gewesen sein, doch meine Pein war ungleich größer. Der Schweiß brach mir aus, als ich Irene mit dem Blumentopf aus der Dramaturgie erblickte. Er habe sich prächtig gemacht und sollte mir als Beispiel dienen. Ich hielt das für eine Anspielung, einen diskreten Hinweis auf die Patronen im Topf.[2] Als Michaela das Zimmer ver-

1 Nur im Durchschlag erhalten hat sich ein Briefanfang unter demselben Datum:
Liebe Nicoletta!
Beim Schreiben gelingt es mir, ein fast greifbares Gefühl Ihrer Anwesenheit zu erzeugen, ein kleiner Zaubertrick, den Sie mir nicht verwehren können. Wiederhole ich mich? Obwohl ich kein Anfänger auf dem Gebiet der Briefe bin, habe ich bisher nicht gewußt, wieviel Realität Briefe besitzen. Das beginne ich erst jetzt zu verstehen. Es gibt allerdings auch Augenblicke, in denen ich die Ferne, Ihr Schweigen, die Ungewißheit – in denen ich meine Liebe nicht mehr ertrage.

2 Diese Episode ist unschwer als ein Produkt von T.s Fabulierlust anzusehen.

ließ, erwartete ich, zur Rede gestellt zu werden. Sollte ich leugnen? Sollte ich sie ins Vertrauen ziehen? Doch nichts geschah, und bald verabschiedeten sie sich.

Als ich gerade die Blumenerde untersuchen wollte, kam Ramona zurück. Ob ich ihr nicht etwas anvertrauen wolle, etwas, was mir auf der Seele laste und mich quäle. Dabei sah sie mich an, als wollte sie mit mir beten. Ich schwieg und blickte direkt in ihre Nasenlöcher, das linke war schmal in der Form eines Bumerangs, das andere ein kreisrunder Krater. Ramona schniefte und ging.

Die Patronen fanden sich vollzählig im Blumentopf, und nichts deutete auf eine Entdeckung hin.

Kurz vor Weihnachten erhandelte ich mir zwei weitere Wochen Krankschreibung. Ich mußte versprechen, im neuen Jahr, sollte keine Besserung eintreten, einen Psychiater oder Neurologen aufzusuchen. Dr. Weiß empfahl mir Spaziergänge, überhaupt Bewegung und frische Luft. Er ahnte nicht, wie sehr mich seine Bemerkung, nun würden ja die Tage wieder länger, bestürzte. Schon immer habe ich mich über Regen mehr gefreut als über blauen Himmel. Doch die Vorstellung von hellen warmen Abenden, von Vogelgezwitscher und Badegeschrei, überhaupt der Gedanke an Ostern und große Ferien, war mir unerträglich.

Dann Weihnachten. Natürlich hatte ich keine Geschenke. Außerdem weigerte ich mich, wieder bei Michaela zu schlafen, um ihrer oder meiner Mutter mein Zimmer zu überlassen.

Mutter, die in Dresden keine Demonstration versäumt hatte und, einem Aufruf im Radio folgend, sogar in die Bautzner Straße gefahren war, um die Staatssicherheit zu besetzen, bewunderte Michaela. Michaela war wirklich Schauspielerin geworden. Michaela spielte Hauptrollen! Michaela zog ihren Jungen allein groß, und überhaupt war Michaela außerordentlich. Zum Beweis reichte Mutter mir die ersten beiden Ausgaben des »klartext«, die unter Michaelas Leitung entstanden waren und von denen ich keine Ahnung hatte, obwohl die Treffen der »Mediengruppe« sozusagen vor meiner Zimmertür stattgefunden hatten. Zweitausend Exemplare waren sie innerhalb von Stunden losgeworden. Mutter bestand darauf, mir zumindest den Artikel über die Ratsbibliothek vorzulesen, die von Schalck-Golodkowskis Leuten in den Westen verscherbelt worden war. Ich dagegen hatte es nicht mal fertiggebracht, die Türchen an Mutters Adventskalender zu öffnen.

Robert hatte sich als einziger mit meinem Zustand abgefunden. Er fragte nicht mehr, was ich denn hätte, und genoß es, mir in jeder Hinsicht überlegen zu sein.

In der Silvesternacht sah ich Robert und Michaela dabei zu, wie sie ihre drei Raketen abfeuerten, applaudierte und verzog mich kurz nach Mitternacht in meinen Schlafsack, wo ich das Zischen und Knallen nachgeahmt haben soll. Später übergab ich mich. Als es dämmerte, hockte ich auf dem Klo und starrte hinaus. Das Morgengrauen entsprach genau meiner Vorstellung von Zukunft. Ein komplettes Jahr mit all seinen Tagen erwartete mich, mich, dessen Kräfte nicht mal für die ersten Stunden reichten.

Ich ahnte, daß es einer Tat bedurfte, um mich vor dem Untergang zu retten. Mehr als einmal hatte ich bereits mit der rechten Hand meine Stirn berührt, um ein Kreuz zu schlagen.

Was hielt mich davon ab? Trotz? Selbstachtung? Stolz? War nicht gerade Gott mein Problem, seine Ewigkeit? Gibt es denn etwas, was dem Leben feindlicher gesonnen ist als die Unsterblichkeit, die Unsterblichkeit der Heiligen wie die der Künstler? Künstler wie Heilige sind Egomanen. Einer, der sich wirklich opferte, der anstelle eines anderen in die Hölle ginge, das wäre ein Heiliger! Judas ist der einzige, dessen Legende vielleicht einen solchen Schluß zuläßt.

Hätte ich beichten sollen? Ich wollte keine Worte mehr, kein Gerede, keine Verheißung! Ich hatte die Andacht der Worte satt, ihre vermessene Überheblichkeit noch in der unterwürfigsten Geste ekelte mich an. Nur kein Gebet mehr, kein Bekenntnis![1] Nein, etwas ganz anderes mußte es sein, etwas, was so unerwartet wie naheliegend war, etwas, was ich noch nie getan, woran ich noch nie gedacht hatte, eben etwas anderes.

In der Nacht vom ersten auf den zweiten Januar, ich hatte wie immer sehr früh das Licht ausgemacht, erwachte ich kurz nach zehn. Ich öffnete das Fenster, kein Schnee, kein Regen. Ich erwartete von mir nichts weiter, als die Decke wieder über die Schultern zu ziehen und weiterzuschlafen. Im nächsten Moment aber sah ich mich neben dem Bett stehen und in meine Hose steigen. Ich lachte über mich, etwas in mir lachte über mich selbst. Trotzdem zog ich mich weiter an, pulte die Munition aus der Erde, lud das Magazin und steckte die Pistole in den Gürtel.[2] Aus dem Schrank nahm ich zwei Pullover und meine alten Wanderschuhe. Die Pullover zog ich übereinander, die Schuhe schnürte ich bis zu den obersten Ösen zu. Dann stieg ich aufs Fensterbrett. Meine Augen waren an das Dunkel gewöhnt, ich sah den Rasen, sprang – und kam mit beiden Füßen gleichzeitig auf. Kein Schmerz, keine Steifheit, der Sprung war getan.

Ich marschierte durch Nord, über den Lerchenberg und durch die Stadt, ohne jemandem zu begegnen. Entfernt huschten ein paar Gestalten dahin, ansonsten nur Autos. Dann passierte ich den Großen Teich, bog an einer Kfz-Werkstatt halb links

1 Es sei nochmals daran erinnert, dass T. seine Briefe selbst mehrfach Beichte und Bekenntnis nennt.

2 Die letzte Information über die Pistole war, dass T. sie in der Requisite versteckt hatte.

hinauf und hatte die Häuser bald hinter mir.[1] Ein paar Schneeinseln schimmerten aus dem Schwarz der Felder hervor. Als die Straße abfiel, sah ich nur wenige und weit entfernte Lichter. Entweder gab es hier keine Straßenbeleuchtung mehr, oder sie war bereits ausgeschaltet. Hin und wieder fuhr ein Auto vorbei, der Dreck spritzte gegen meine Hose. Ein Auto, das mir im letzten Moment ausgewichen war, hielt, setzte zurück. »Bist du lebensmüde?« brüllte der Fahrer. War ich lebensmüde? Hätte ich gewollt – ich hätte mir eine Kugel durch den Kopf jagen können, ein Luxus, der mich erschreckte.

Im Tal bog ich in einen Feldweg ein, der zu einem Hügel führte.[2] Plötzlich blinkte fünfzig oder hundert Meter vor mir ein rotes Auge auf. Durch den geröteten Dunst sanken die Schranken herab. Ich zwang mich weiterzugehen, immer weiter, bis an die Schranke heran. Der Zug kam schnell näher, ein Güterzug mit leeren Kohlewaggons holperte vorüber, und schon hob sich die Schranke wieder, das Warnlicht verlosch. Die Nacht fiel auf mich nieder. Ich starrte ins Schwarz, dorthin, wo eben noch ein rötlicher Schimmer auf den Schienen gelegen hatte. Meine Augen wollten sich nicht mehr ans Dunkel gewöhnen.

Tastend wagte ich mich hinüber, erkundete mit der Fußspitze die Schienen und sah dann wenigstens genug, um den Pfützen ausweichen zu können.

Ich ging weiter. Ahnen Sie, was ich suchte?

Eine Kreuzung, einen Kreuzweg[3], möglichst abgelegen. Nach

[1] Warum T. ausgerechnet diesen Weg nahm, da er freies Feld in jeder anderen Richtung eher erreicht hätte, bleibt rätselhaft.

[2] Wahrscheinlich die »Paditzer Schanzen«.

[3] Unter den Orten, an denen nach dem Volksglauben das Übernatürliche am mächtigsten wirkt und die daher zu allerhand schützendem oder aber bösem Zauber geeignet sind, stehen die Kreuzwege in besonderem Ansehen. Die Annahme eines an Kreuzwegen wirksamen

einigen hundert Metern, als der Mond erschien, führte mich der Weg an eine schmale Asphaltstraße.

Von allen Menschen, die je einen Kreuzweg aufgesucht hatten, war ich wohl der einzige, der nicht einmal vage hätte sagen können, was er wollte. Dann wieder verging ich beinah vor Scham bei der Vorstellung, jemand könnte von meinem Treiben erfahren.

Ich wartete. Mein Atem ging schnell, ich schwitzte. Woher auf einmal diese Angst? Was, wenn ein wild gewordener Hund auf mich zukäme oder ein tollwütiger Fuchs? Würde ich schießen?

Aushalten, stillstehen, ermutigte ich mich, nichts anderes hast du zu tun. Hier gehst du nicht weg.

Die Augenblicke und Minuten spulten sich ab, die Zeit drehte und kreiste. Es hatte schon Mitternacht geschlagen und dann halb eins. Die Kälte kroch an mir hoch. Ich mußte husten. Der Himmel wurde schwarz. Aufzuschauen war mir unangenehm, als böte ich meine Kehle dar. Stark sein heißt stillstehen, aushalten, wiederholte ich.

Natürlich passierte nichts! Glauben Sie etwa, ich hätte wirklich auf irgend etwas gewartet?

Als der Mond hervorkam, versuchte ich mir die wenigen Quadratmeter innerhalb meines Blickfeldes einzuprägen: poröser Asphalt, der an den Rändern kleine Fjorde bildete. An einer Stelle war er so dünn, daß sich das darunterliegende Kopfsteinpflaster wie ein Netz abzeichnete. Zwei mickrige Bäume auf der anderen Seite, rundherum Unkraut und Äcker mit Wintersaat und verharschten Schneeinseln.

Zaubers ist durch das unheimliche Gefühl der Ratlosigkeit zu erklären, das den nächtlichen Wanderer an einem Kreuzweg befällt; »von sich selbst verlassen, glaubt er, der Macht der Schicksalsmächte oder der Geister anheimzufallen«. *Handwörterbuch des deutschen Aberglaubens*, Berlin, New York 1987.

Wie groß aber war mein Erstaunen, als ich im Mondlicht gen Süden einen Berg erkannte, der steil aus der Landschaft ragte, ein halsloser Kopf, die Bäume deuteten das Haar an, zwei Serpentinenwege die Stirnfalten … da glotzte mich tatsächlich etwas aus Augenhöhlen an[1] – und verschwand im nächsten Moment, trat erneut hervor, verging. Das Ganze schien sich nach links zu neigen, bildete sich um und um wie Wolken. Mal erkannte ich den Mund und die stumpfe Nase sofort, dann wieder senkte sich ein Schleier darüber.

Plötzlich fror ich, meine Füße schienen zu schrumpfen, ich wunderte mich, warum ich nicht schwankte oder hinfiel. Es war nach eins oder halb zwei, als ich auf der Stelle zu treten begann. Schließlich lief ich ein paar Schritte hin und her, hob ein Stöckchen auf und zog einen Kreis um mich, wie ich es als Kind beim »Landmausen«-Spiel gemacht hatte.

Ich nieste, noch einmal und noch einmal. Ich war dabei, mich zu erkälten, mein Lachen klang heiser. Geschah etwas, oder geschah nichts?

Sollte ich den leichten Wind und das entfernte Hundebellen als Antwort nehmen? Ich hatte Lust zu singen. »Der Mond ist aufgegangen«, begann ich, dann, etwas lauter, »die goldnen Sternlein prangen am Himmel hell und klar.« Ich stockte und fuhr mit dem fort, was mir gerade einfiel. »Wie eine stille Kammer, wo ihr des Tages Jammer verschlafen und vergessen sollt.« Dann: »Es war eine Mutter, die hatte vier Kinder, den Frühling, den Sommer, den Herbst und den Winter.« Dieses Kinderlied war das einzige, das ich von Anfang bis Ende konnte. Ich wiederholte es mehrmals. Später begann ich zu zählen, zählen konnte ich bis an mein Lebensende …

1 Man fühlt sich an einige Zeichnungen und Grafiken von Gerhard Altenbourg erinnert.

Ich fuhr herum. Kein Schrei, kein wölfisches Heulen hätten mein Blut tiefer gefrieren lassen als jenes Zirpen. Ich war überzeugt, eine Grille gehört zu haben, eine Grille unmittelbar neben mir im Gras. Ich lauschte, schnappte nach Luft, lauschte. Die Stille war wie ein Bernstein, der das Zirpen umschloß.

»Ach«, seufzte ich, und noch einmal, »ach!« In diesem Augenblick verstand ich, was ich wollte: Es war nicht mehr und nicht weniger als *mein Leben*. Ich wollte *mein Leben* zurück, jenes, an das ich kaum Erinnerungen besaß, das ich viel zu früh weggegeben hatte. Alles, was ich getan hatte – ich wußte es doch längst –, war kein Leben gewesen, sondern ein grobes Mißverständnis, eine Verirrung, ein Wahn!

Ich wollte endlich wissen, wer ich war, wenn nicht der, für den ich mich die ganze Zeit gehalten hatte. Egal was sich mir offenbarte! Ich würde es annehmen. Für ein neues Leben würde ich alles geben, alles!

Ich griff nach der Pistole. Sie war warm. Eine Weile behielt ich sie in Händen, dann schleuderte ich sie mit aller Kraft von mir.[1] Mir schien sie das einzige zu sein, was ich zum Tausch anbieten konnte. Ich hörte ihren Aufschlag nicht. Die Stille drückte auf meine Schultern, die Stille füllte mir die Ohren.

Dann wieder das Bellen, diesmal länger, ein anderes kam dazu, noch eins, ein Hund weckte den anderen, dann wieder Schweigen – wie ein Hieb. Das Scharren meiner Sohlen war entsetzlich laut. Ich. Nichts als Stille und Leere, in der ich die Augen aufriß.

»Was, zum Teufel, ist daran so schlimm?!« Was, so fragte ich mich, war denn wünschenswerter, als leer zu sein, geleert, ge-

[1] Ob sich T. tatsächlich von dieser Waffe getrennt hat, bleibt fraglich. Nach Aussage von V. T. hielt T. in seiner Wohnung eine Pistole versteckt.

reinigt vom Wahn der Worte und des Ruhmes, von Jenseits und Unsterblichkeit. War es nicht herrlich, all das los zu sein?

Was ich für Krankheit gehalten hatte, war es nicht Heilung? Hatte ich mir denn nicht etwas gewünscht, was mehr sein sollte als Erkenntnis? War ich nicht endlich frei zu tun, was ich wollte, alles hinter mir, alles vor mir!

Ich hatte Durst, ich verlor den Faden meines Denkens. Nur Kälte, Kälte innen und außen.

Lüge ich nicht, wenn ich so viel Faßliches mitteile? Solche Stunden lassen sich weder greifen noch begreifen, sie sind heimisch allein in der Nacht, die das Innerste nach außen kehrt.

Ich habe keine Ahnung, wie lange ich dort aushielt. Die Kirchturmuhren hatten aufgehört zu schlagen. Kein Rascheln mehr, kein Bellen irgendwo in der Ferne.

Irgendwann begann das Rumoren. Ich fürchtete mich nicht, eher fühlte ich mich gestört. Zwei Lichtpunkte erschienen, zwei leuchtende Augen, die sich in der Finsternis geöffnet hatten. Das Rumoren näherte sich von überall her, es stampfte über den Acker, durch die Luft. Bald tauchte hinter dem ersten ein zweites Paar leuchtender Augen auf, dann ein drittes, ein viertes. Es schien, als schwebten sie über der Erde, so schnell kamen sie heran. Plötzlich war alles eins: geblendet verbarg ich die Augen in der Armbeuge, wußte nicht mehr, wo die Straße war, mußte ich zurück oder nach vorn – und im selben Augenblick diese Sirene, eine Schiffssirene, die Posaune des Jüngsten Tags! Vier Fernlaster auf ihrer Irrfahrt zwischen Autobahn und Fernstraße donnerten an mir vorbei, ihr Luftsog erfaßte mich, wirbelte mich herum und ließ mich taumeln. Ein paar Schritte stolperte ich ihnen nach; das aber reichte schon, der Bann war gebrochen. Ich setzte wieder einen Fuß vor den anderen auf dem Weg nach Haus.

Als ich erwachte, war es zwölf. Hatte ich geträumt? Es war Mittag, ein stiller heller Mittag. In meinem Zimmer lagen schlammverkrustete Wanderschuhe und eine dreckbespritzte Hose. Ich erschrak darüber, doch nur für einen Augenblick.

Wie immer

Ihr

Enrico Türmer

Freitag, 6. 7. 90

Armer Jo!

Jetzt verpaßt Du wirklich was. Das Gerede vom »ganz besonderen Menschen« fand ich immer unerträglich, aber als wir ihm dann tatsächlich begegneten, sind Vera und ich ihm vom ersten Blick an verfallen: seine zarte Statur, die hellen Augen, sein schöner Kopf, seine »durchgebildeten« Hände. Seine Manierlichkeit brachte mir den lang vergessenen Begriff der gelungenen Fürstenerziehung wieder in den Sinn. Trotz seines hohen Alters wirkt er jungenhaft, daran kann nicht mal der Rollstuhl, in dem zu sitzen er meistens gezwungen ist, etwas ändern.

Das Programm entspricht ganz seinen Vorlieben, jedoch hat niemand geahnt, daß ihn (»Nennen Sie mich einfach Erbprinz«) eine Dreiraum-Neubauwohnung in Nord mehr interessiert als das Schloß. Die Stadt hat er 1935 das letzte Mal gesehen. Nur den Baron behandelt er vergleichsweise herablassend. Dessen Einflüsterungen und Erläuterungen beantwortet er kaum mit einem Nicken. Häufig unterbricht er ihn, indem er sich vorbeugt, die Hand ausstreckt und jemanden in seiner Nähe in freundlichster Weise anspricht.

Andy, Massimo und der Baron wechseln sich darin ab, seinen Rollstuhl zu schieben, Olimpia (Andys Frau), Michaela und Vera sind sein Hofstaat, doch auch Mutter, Cornelia und ich gehören zu seinem Gefolge – und natürlich Robert.

Niemand spricht es aus, doch ich glaube, der Erbprinz ist schwul, jedenfalls hat er nie geheiratet, ist kinderlos und scheint überhaupt zu filigran für ein Familienleben.

Eigentlich wollte der Baron ihn auf unseren Coup vorbereiten, aber auch mir schien es dann besser, den Erbprinzen selbst ins Vertrauen zu ziehen. Unser Dilemma ist, daß wir am Freitag abend die Zeitung abliefern müssen, wenn wir sie am Sonnabend spät haben wollen, um sie am Sonntag in aller Frühe zu verteilen. Unsere Berichte kämen sonst eine Woche zu spät, und andere würden die Früchte unserer Arbeit ernten. Also haben wir über den Sonnabend, vor allem über den großen Empfang am Nachmittag und über die Inthronisierung der Madonna im Museum bereits im voraus geschrieben.

Der Erbprinz lächelte fast schelmisch, bat darum, den Artikel über die nahe Zukunft lesen zu dürfen, damit er seinen Teil für die Verwirklichung unserer Prophezeiung leisten könne. Er bemerkte sehr wohl, wie mir seine Formulierungen einheizten, aber mit den liebenswürdigsten Worten – er werde gern alles tun, was uns helfe und nütze, er stehe ohnehin in unserer Schuld – beruhigte er mich wieder. Aus Dankbarkeit hätte ich ihm am liebsten seine schönen Hände geküßt.

Wir fuhren ihn dann aufs Schloß, um ihn, zur selben Uhrzeit, zu der morgen der Empfang beginnt, inmitten der Menge zu photographieren – inmitten von Barristas Heerscharen, inklusive Proharsky und Recklewitz-Münzner samt Familien. Dazu die Zeitungsredaktion ohne Marion und Pringel, aber mit Jörg, der schlecht aussieht, und Georgs Familie. (Franka in einem todschicken Kleid – einem Geschenk der Offenburger Zeitungszarin.) Ein Photo über vier Spalten.

Danach folgte sein Besuch in der Redaktion. Er bewahrte

sein Lächeln, als Schorba und ich die Hände zu einem Sitz verschränkten und ihn die schmale Treppe hinauftrugen. Er ist leicht wie ein Vogel, seine um unsere Schultern gelegten Arme spürte ich kaum. Andy und der Baron schleppten den Rollstuhl, und oben warteten schon die Damen und applaudierten. Astrid ließ sich kaum bändigen, wedelte wild mit dem Schwanz und gab erst Ruhe, als ihre Schnauze auf dem Knie des Erbprinzen lag.

Frau Schorba verhedderte sich bei der Begrüßung sofort in dem von ihr selbst abgeschriebenen Zeremoniell, errötete und mußte sich von ihm beruhigen lassen. Er sei ein hinfälliger Rentner, sagte er, froh und dankbar, nach Altenburg zurückkehren zu dürfen. Seine Stimme ist so fragil wie seine ganze Gestalt. Die ringlosen Hände, die auf der dünnen Decke über seinen Knien liegen, zittern immer ein wenig. Will er etwas sagen, befeuchtet er die Lippen. Mitunter geschieht dies auch absichtslos, weshalb er uns dann fragend anschaut, um zu erfahren, warum wir verstummen.

Obwohl ich von »Wochenblatt« *und* »Sonntagsblatt« sprach, das diesen Sonntag zum ersten Mal erscheinen würde, klang es wohl so, als wären wir noch eine Firma. Dann durfte Georg ihm den Reprint der »Herzöge von Altenburg« überreichen. Der Erbprinz blätterte und fand gleich die gedruckte Widmung: »Seiner Hoheit, dem Erbprinzen Franz Richard von Sachsen-Altenburg anläßlich seines Besuches in Altenburg am 7. und 8. Juli 1990 in Verehrung und Freude zugeeignet.«

Georgs Artigkeit, er habe das Buch nur dank der großzügigen Hilfe des Herrn von Barrista herausbringen können, überhörte der Erbprinz, und Barrista blickte finster drein.

Wir schoben den Erbprinzen in den Computerraum. Auch Mutter, Vera und Michaela bekamen nun unser Allerheiligstes zu sehen. Alle lächelten. In das Schweigen hinein sagte ich, daß wir uns als Rebellen und Aufständische fühlten. Da die großen

SED-Bezirkszeitungen bald unter Springer, WAZ und Co. aufgeteilt würden, stünden wir allein gegen ganze Armeen. Bereits jetzt gebe es kaum noch ostdeutsche Zeitungen in der Hand von Ostdeutschen.[1] Ja, sagte der Erbprinz, dabei könne er uns nur alles Glück dieser Welt wünschen. Denn eine eigene Stimme sei wichtig.

Frau Schorba nickte und wollte ihren ersten Auftritt vergessen machen, indem sie, um dialektfreien und gehobenen Ausdruck bemüht, verkündete, wie wichtig es für sie sei, eigenverantwortlich zu arbeiten. Wir müßten das Arbeiten nicht erst lernen, schloß sie abrupt, als sei sie ihrer eigenen Redeweise überdrüssig geworden.

Der Erbprinz ließ keine Verlegenheit aufkommen und erkundigte sich nach unseren Vorlieben, Gewohnheiten, Lieblingsgerichten und nach der hiesigen Landwirtschaft. Ein paar spärliche Antworten inspirierten ihn zu einem kleinen Vortrag. Er halte dafür, daß jedes Gemüse und jedes Obst seine natürliche Zeit haben solle. Erdbeeren im Frühjahr und Bratäpfel im Winter. Die hereinbrechende Überfülle sei den Menschen nicht zuträglich.

Das könne gut sein, antwortete Mona, davon verstehe sie nichts, doch das Angebot, das sie in dieser Woche kennengelernt habe, wolle sie um nichts in der Welt wieder missen, auch wenn sie es sich nicht immer leisten könne. Die Zeit, in der sie früher endlos habe anstehen müssen, um für ihren Sohn Pfirsiche oder Paprika zu kriegen, diese Zeit wünsche sie sich nicht zurück. Mona erhielt Zuspruch. Der Erbprinz wandte sich immer, soweit es der Rollstuhl erlaubte, dem jeweiligen Sprecher zu, hielt

[1] Da T. selbst für diesen Zustand mitverantwortlich ist, kann man in seiner Rede wie in deren schriftlicher Wiedergabe ein erschreckendes Maß an Verdrängung beobachten.

hin und wieder die Hand hinters Ohr und lächelte. Auch wenn er mit dem Gesagten nicht viel anzufangen wußte, so war es, wie er später bekannte, der Klang des Altenburgischen gewesen, der ihn wie ein Duft berauscht habe. Auf einmal wollte jede und jeder zu Wort kommen.

Pringel, bleich unter seinen Barthaaren, rief über die Köpfe von Evi und Mona hinweg, daß er in der SED gewesen sei und für eine Betriebszeitung – er mußte erklären, was das ist – Artikel geschrieben habe, für die er sich heute schäme, jawohl, abgrundtief schäme.

Pringel war aufgestanden, als ließe sich anders nicht von seinem Artikel reden. »Und trotzdem, trotzdem«, fuhr er atemlos fort, wenn man bedenke, was er alles geschrieben habe, das sei doch viel mehr, viel mehr als das, wofür man jetzt mit dem Finger auf ihn zeige und seine Frau beschimpfe. Hunderte von Artikeln!

Und ganz unvermittelt, ohne den Tonfall zu ändern, nannte Pringel es eine Gnade, eine Gnade des Schicksals, noch mal eine Chance zu bekommen, eine Chance, wie sie sich ihm nie geboten, ja an die er nicht mehr geglaubt habe. Sein Leben außerhalb der Familie habe zum ersten Mal einen Sinn, zum ersten Mal fühle er sich gebraucht. Er senkte den Kopf und starrte zu Boden. Sein Schweigen wirkte fast trotzig.

Man seufzte, räusperte sich, sah einander an und blickte gleich wieder weg. Der Erbprinz nannte ihn einen ehrlichen Jungen und wollte noch etwas sagen, als Pringel bereits vor ihm stand, die Hände des Erbprinzen ergriff und ihnen mit dem Gesicht bedenklich nahe kam. »Ich danke Ihnen, daß Sie sich hierherbemüht haben.« Er hielt inne wie einer, der merkt, daß er den falschen Text hat und auf das Flüstern der Souffleuse wartet.

»Einmal habe ich richtig geliebt«, sagte Evi, wie um Pringel aus der Patsche zu helfen, »doch nach der dritten Fehlgeburt hat mich Matthias verlassen.« Sie habe an Selbstmord gedacht, alles sei für sie zu Ende gewesen. Seit dem Vorstellungsgespräch hier bei uns mache sie täglich Dauerlauf, weil sie sich selbst wieder gefallen und schlank werden wolle. Sie schäme sich, das zu sagen, aber sie sei überzeugt davon – solange sie im Dauerlauf durchhalte, sei sie gefeit vor jeglichem Unglück, werde ihre Stelle behalten und einen Mann finden und Kinder kriegen. Für manche sei das ja nichts Besonderes, für sie schon. »So«, sagte sie zum Schluß.

Bei ihm gebe es nicht viel zu sagen, meinte Kurt. Er saß auf dem Tisch, wippte mit dem Unterschenkel und zwirbelte die kurzen Härchen seines Oberlippenbartes. Er habe nie etwas Großes erwartet. Er habe sich angestrengt, eigentlich habe er sich zeit seines Lebens angestrengt, aber Erfolg, was solle er denn für einen Erfolg haben. Ihm habe der Spruch gefallen: »Ich bin Bergmann, wer ist mehr?« Deshalb sei er zur Wismut, und wegen des Geldes. Seine ganze Familie habe immer Dreckarbeit gemacht, und er eben auch. Illusionen hätte er nie gehabt. Deshalb sei er zufrieden. Und jetzt, wenn es gerecht zugehe, sei das auch gut. Es müsse gerecht bezahlt werden, wenigstens halbwegs gerecht, das sei für ihn die Hauptsache.

Schorba sprach von seinem Traum, etwas Richtiges zu erleben und zu leisten. Deshalb sei er drei Jahre zur Armee gegangen, als Fallschirmjäger, dann zur Wismut, später sogar als Hauer, bis ihn sein Steiger auf die Idee gebracht habe, sich zu qualifizieren, fünf Jahre die Schulbank zu drücken, also Abschied vom schnellen Geld. Obwohl Irma, seine Frau, ihn immer darin bestärkt und unterstützt, ja selbst auf ein Studium verzichtet habe wegen der Kinder, die plötzlich gepurzelt kamen, eins nach dem anderen, sei er immer im Zweifel gewesen, ob er die richtige Entscheidung getroffen habe. Alles sei so schnell vorüber gewesen. Natürlich hatte er bei der Wismut Privilegien, die besten Ferienplätze, Vierraumwohnung und das Angebot mit dem Auto. Aber das konnten sie sich gar nicht leisten. Und es nehmen und weiterverkaufen fanden sie nicht in Ordnung. Sie hätten die Anmeldung zurückgegeben, dafür habe man ihn für verrückt erklärt.[1] Er wisse gar nicht, warum er das erzähle, solche Nebensächlichkeiten, aber der Haß damals, wegen etwas, das doch im Sinne der Gesellschaft gewesen sei, das habe er nicht verstanden, davon habe er noch heute Alpträume.

»Na ja«, sagte Frau Schorba nach einer Weile, in der es atemlos still gewesen war, »na ja, die Männer, die erzählen das so glatt runter und reiben sich an Sachen auf, die unsereiner gar nicht merkt. Na ja, da wird man nicht viel machen könn, auch zukünftig, mein ich. Er ist halt mein erster Mann gewesen, mein erster und einziger, da war ich noch nicht mal siebzehn. Mit achtzehn kam die Tanja, und mit zwanzig der Sebastian, und als ich mit Anja schwanger war, da war er beim Studium und hat mit anderen rumgebumst, obwohl ich mich nie verweigert habe, er hat ja Kinder, für die er zahlen muß, deshalb hat's vorn und hinten nicht gelangt. Er ist in die Partei, sonst hätten sie ihn rausgeschmissen, vom Studium, die haben nämlich drauf geachtet, ob einer Familie hat und wie er sich benimmt. Er wollte mich wirklich sitzenlassen, mit drei Kindern. Und da hab ich gesagt: Ich bring dich um. Wenn du das tust, bring ich dich um. Mehr hab ich nicht gesagt, und da hat er's gelassen und ist wieder jeden Freitag nach Hause gekommen, und dann war das Studium rum. Inzwischen sagt er, daß ich recht hatte, damals. Und ich sag ihm jetzt, der Herr Türmer, der schätzt mich so, daß ich genausoviel verdien' wie du, das heißt, er kann froh sein, dasselbe wie ich zu

1 Da man mitunter zehn Jahre oder länger auf ein neues Auto warten musste, wurden die Anmeldungen oft für mehrere tausend Mark verkauft.

bekommen, und überhaupt, daß er dabeisein darf, bei so was Großem wie hier.«

»Ja«, sagte Mona, »bei was Großem, das ist toll. Aber die Männer, da geht's immer nur ums Vögeln, das ist wirklich so. Ich hab nich was dagegen, aber wenn's doch immer nur darum geht. Und wenn ich dann seh, wie sie die Frauen sitzenlassen nach zehn oder zwanzig Jahren, das ist erbarmungslos, richtig erbarmungslos, als gäb's wirklich nur das. Deshalb ist's schön, wenn's noch was gibt, was anderes, Großes. Und nächstes Jahr will ich dann rumfahren. Wir freuen uns so, daß Sie gekommen sind!«

Ich dachte schon, wir hätten es hinter uns, da fing Ilona mit ihrer Selbstmordgeschichte an, die ich schon kannte, aber sie haspelte das Ganze so herunter, daß es eigentlich niemand verstand. Fred sagte nur, ihm tue es leid, daß er den Wehrdienst verweigert habe. Denn jetzt sei keine Zeit mehr, ein Studium nachzuholen, und der Kopp, er stieß sich mit der Faust gegen die Stirn, »is ooch nüscht mer gewohnt«. Jetzt seien sie wirklich – pardon, aber es gebe nun mal kein anderes Wort dafür – die Angeschissenen. In der DDR war's nicht weiter schlimm, Heizer zu sein. Aber jetzt. Was habe er denn schon lernen können? Die Lust an dem ganzen Jubel und Trubel sei ihm vergangen. Ein schönes Auto vielleicht, aber sonst? Noch mal zehn, fünfzehn Jahre jünger sein …

Als sich unsere Blicke trafen, sagte Fred: »Na is so, is wirklich so!«

»Mir geht's gut!« sagte Manuela, erhob sich, stemmte die Arme in die Hüften, wie um ihren grünen Hosenanzug zu präsentieren. »Ich hab ja nicht geglaubt, daß es das mal geben könnte, aber gehofft hab ich immer, daß ich was für mich finde, das Spaß macht und viel Geld bringt. Ich verdiene viel mehr als der Chef!« rief sie und drehte sich dabei hin und her. »Wenn ich erst mal die Zeitung in der Hand habe, muß ich gar nichts mehr sagen. Dann sammle ich die Anzeigen nur noch ein.« Kurt pfiff durch die Zähne, aber Manuela beendete unbeirrt ihren Werbetanz.

Plötzlich richteten sich alle Blicke auf mich. Selbst Vera und Michaela sahen herüber, nicht fordernd, eher geduldig, bereit zu warten. »Und jetzt du«, sagte Fred.

»Seine Hoheit«, rief Jörg, Seine Hoheit habe das Wunder bewirkt, uns zum Reden zu bringen. Und dafür seien wir ihm alle dankbar.

Ich habe dann darüber gesprochen, wie es vor einem Jahr gewesen ist und vor einem halben und daß ich mir nie hätte vorstellen können, wieviel Spaß mir das tätige Leben machen würde.

Mit Sekt stießen wir auf den Erbprinzen an, der sein Glas nur symbolisch erhob, denn er trinkt keinen Alkohol. Er sah müde aus, und ich machte mir Vorwürfe, nicht auf ein schnelleres Ende gedrängt zu haben. Er wünsche jedem von uns das Beste, von ganzem Herzen, und hoffe doch sehr, daß wir morgen wieder Gelegenheit hätten, einander zu sehen.

Schorba und ich trugen ihn hinunter. Dort hatte sich ein kleiner Menschenauflauf um den Wagen gebildet, auf dessen Nummernschild »Texas« stand. Massimo hob den Erbprinzen hinein, der Erbprinz winkte noch einmal.

Auf dem linken Handrücken des Erbprinzen prangte deutlich der Abdruck eines Lippenstiftes. Vera hatte es ebenfalls bemerkt. Der Erbprinz lächelte, als er unsere Blicke gewahrte, und verbarg das rote Zeichen mit der anderen Hand.

Wir saßen abends im Gästehaus der Stadt in kleiner Runde zusammen und aßen belegte Brote mit sauren Gurken, wie es sich der Erbprinz gewünscht hatte. Nun wird wohl alles gut werden.

Sei umarmt von Deinem Enrico

Sonntag, 8. 7. 90

Mein lieber Jo!
Gleich ist es fünf. Wenn Du diese Zeilen hier liest, steht längst fest, ob wir Weltmeister geworden sind oder nicht.[1] Hier glaubt jeder an den Sieg! Ich sitze in der »Loggia«, wie Cornelia die Holzveranda am neuen Haus nennt, und sehe über die Stadt. Auf meinem Schreibtisch Kaffeetasse und Milchkännchen, dazu gut verteilt schwere Löffel (Mutter hat ihr Silbernes mitgebracht), weil mir sonst die Papiere davonfliegen. Das Seewetter treibt ganze Herden dunkler Schatten durch die Straßen. Sollte ich je einen Roman schreiben, müßte er so beginnen, mit diesem Blick.[2]

Links von mir, auf dem runden Tisch, steht noch das Kaffeegeschirr von gestern. Das Obst und die Blumen, für beides sorgt Vera im Übermaß, duften. (Vera, der die Vögel zu laut sind, schläft bei geschlossenen Fenstern bis Mittag.) Sämtliche Stühle und Korbsessel, die uns Andy überlassen hat, sind mit Veras Klamotten belegt, als wolle sie ihr Territorium markieren. Michaela ist auf Vera eifersüchtig, nicht ohne Grund. Seit Veras Ankunft verzieht sich Barrista ständig »auf die Baustelle«, womit allerdings unsere Veranda gemeint ist, auf der er Zigarren raucht und sich von Vera »Drinks« servieren läßt (das Geläut der Eiswürfel schreckt Astrid auch aus dem tiefsten Schlaf, sie ist ganz närrisch auf Eis). Selbst in Michaelas Anwesenheit spricht Barrista mit Vorliebe von zurückliegenden Abenteuern, und auch das nur in Andeutungen, deren eigentlichen Sinn wohl nur Vera versteht.

Verläuft alles nach Plan, werde ich heute gegen neun zum ersten Mal unsere Zeitung im Briefkasten haben. Halb zehn

1 Am 8. Juli 1990 wurde die Bundesrepublik durch ein 1:0 gegen Argentinien in Rom Fußballweltmeister.

2 Entgegen T.s Behauptungen findet sich hier ein Beweis dafür, dass T. immer noch mit dem Schreiben liebäugelte.

dann große Frühstückstafel im Garten, zu der unser Erbprinz erwartet wird. Hier kann er seinen Tee mit Blick auf jene Fenster genießen, hinter denen er früher erwacht ist. Robert wird neben ihm sitzen. Der Erbprinz nennt ihn seinen jungen Freund, unsere Mutter spricht er zuweilen mit »verehrte, liebe Freundin« an. Das Geld, das ihr der Baron für die Betreuung des Erbprinzen anbot, hat sie zurückgewiesen. So hinfällig, wie der Erbprinz mitunter erscheint, ist er gar nicht. Sonst hätte er kaum das gestrige Programm überstanden.

Auch von Dir und Franziska war schon die Rede! Am Freitag haben sie in Eurer Wohnung alle nichttragenden Wände herausgenommen. Du wirst für den Neuanfang weniger Mut brauchen, als Du denkst. Gotthard Pringel wird Dir bei allem zur Hand gehen (sein Pseudonym habe ich inzwischen wieder abgeschafft). Und Robert kann es kaum erwarten, Gesine etwas auf dem Klavier vorzuspielen.

Jo, mein Lieber, ich kann Dir nicht alles schildern, zumindest jetzt nicht. Der Vormittag im Museum, die Inthronisierung der Madonna, wäre eine eigene Geschichte, zumal plötzlich Nicoletta erschien.[1] Sie wollte mich überraschen. Das Museum hat sie bis auf weiteres als Photographin engagiert, um ihr so wenigstens einen Teil der Ausgaben zu erstatten, die sie wegen ihrer Recherchen in Sachen Altar hat. Da standen sie also plötzlich zusammen: Nicoletta, Vera und Michaela. Und was tat ich? Ich stritt mit der Museumsdirektorin herum, weil die mysteriöse Madonna aus dem Pfarrhaus nicht am Eingang der »Italiener-Sammlung« aufgestellt worden war, wo sie vereinbarungsgemäß hatte stehen müssen – und wie es in unserem Bericht nachzulesen ist –, sondern am Ende der Galerie. Die Gründe der Direktrice inter-

1 Diese Behauptung ist unrichtig. N. H. hielt sich an diesem Tag nachweislich nicht in Altenburg auf.

essierten mich nicht. Und sie ließ sich durch nichts erweichen. Selbst als der Baron, der die Sache gelassen nahm, mir einen Mann vom Landratsamt zu Hilfe schickte, der für das Museum weisungsberechtigt ist, blieb sie stur. Eher wolle sie ihren Posten zur Verfügung stellen, als sich Anordnungen dieser Art zu beugen. Der Baron schlichtete, so gut es ging. Wir werden »unser Versehen« in der nächsten Ausgabe berichtigen – oder auch nicht. Sollen doch alle fragen, wieso die Madonna nicht am Eingang steht.

Eine junge Frau spielte Cello, dann Reden, Reden, Reden, jedesmal Freude und Jubel über den Erbprinzen und Dank an Barrista und die Zeitung. Wieder Cello. Die Leute quatschten die ganze Zeit, Nicoletta verschoß Film auf Film. Sie raunte mir zu, ich solle nicht so ein Gesicht ziehen, sonst könne sie die Bilder nicht verwenden.

Als der Erbprinz, geführt von der Direktrice, seinen Rundgang durch die Sammlung begann, schnappte sich Massimo kurz entschlossen zwei Aufsichtsmänner, zog sie am Ärmel ihrer hellblauen Jacketts vor den ersten Durchgang und postierte sich selbst hinter diesem lebenden Schild, die Mundwinkel tief nach unten gezogen.

Während die Leute immer lauter »Hoheit« riefen und dem versteinerten Massimo erklärten, was sie dem »Herrn Erbprinzen« schenken oder zeigen wollten, wurde ich Zeuge eines kleinen Wunders.

Vor den Tafeln des Guido da Siena schlug der Erbprinz die Decke beiseite, stützte sich auf die Armlehnen, erhob sich aus eigener Kraft und machte einen Schritt auf die Tafel zu. »So ein Wiedersehen«, sagte er.

Jede Tafel war ein Wiedersehen! Es gab keine, vor der er nicht verweilte, zu der ihm nichts einfiel. Als Jugendlicher habe er ganze Wochen hier verbracht.

So schritt der Erbprinz am Arm der Direktrice eine Stunde die Front dieser Bilder ab, bis er bei Massimo ankam, den er »unseren tapferen Thermopylenkämpfer« nannte.

Diejenigen, die auf den Erbprinzen gewartet hatten, wichen vor ihm wie vor einer Erscheinung zurück.

Massimo bat für einige »Unglückliche«, die sich nicht auf Sonntag hatten vertrösten lassen, um eine Signatur des Erbprinzen in Georgs Reprint.

Ich schreibe Dir jetzt nichts über den kleinen Ausflug mit Nicoletta, nichts über die Ankunft unserer ersten Ausgabe aus Gera, nichts über all die Vorbereitungen, die bis zur letzten Minute, ja bis zum Beginn des großen Empfanges noch notwendig waren.

Ah, Madame Türmer ist erwacht ... Gestern, vor dem Empfang, verbrachte sie eine Stunde oder länger damit, eine sogenannte Feuchtigkeitscreme von der Stirn bis zu den Zehen aufzutragen, und verwandte so viel Sorgfalt darauf, als hätte man sie bei Lebensgefahr beschworen, ja keine Pore zu vergessen. Überhaupt verschönt der Westen die Frauen, ich sehe es an Vera, ich sehe es bereits an Michaela und auch an meiner Mutter. Jene Fältchen, die sich um ihren Mund eingenistet hatten und ihn wie einen Sack zuzuschnüren drohten, scheinen verflogen.

Aber jetzt zum Empfang:

Zehn vor sechs trug ich mit Andy den Erbprinzen hinauf – wir hatten die Haupttreppe für uns, die geladenen Gäste saßen seit fünf Minuten auf ihren Plätzen. Olimpia überwachte die Tür zum Bachsaal.

Während ich rätselte, ob der Prinz selbst ein Parfüm benutzt hatte oder der Duft einfach hängengeblieben war, riet uns der Baron, keinen Alkohol zu trinken, auch während des anschließenden Essens, um bis zuletzt die volle Konzentration zu bewahren. Cornelia, die für die ganze Veranstaltung der Maître de plaisir war, hatte für uns Sektflaschen mit einer Mischung aus Wasser und Apfelsaft präpariert.

»Laßt euch durch nichts verblüffen und habt keine Angst«, ermahnte der Baron Vera, Michaela und mich. »Gleichgültig, was geschieht, was gesagt wird, was ihr hört, gleichgültig, ob euch die Leute gefallen oder nicht, ihr müßt zu allen, zu ausnahmslos allen liebenswürdig sein. Ihr müßt daran glauben, daß sie euch am Herzen liegen. Nach nichts sehnen sich diese Menschen mehr als nach eurer Gunst. Sie gieren regelrecht nach eurem Blick, eurem Lächeln, eurem Nicken. Fragt Cornelia.«

»Clemens, Clemens, was erzählst du da nur!« seufzte der Erbprinz und bot den Frauen an, sich jederzeit auf seinen Rollstuhl zu stützen.

Michaela bekämpfte ihr Lampenfieber mit Atemübungen. Auf mich wirkte ihre Nervosität, vor allem aber die Aufgeregtheit des Barons, geradezu beruhigend. Vera erging es ähnlich.

Dann begann es sechs Uhr zu schlagen. Der Baron und ich traten an die kleine Flügeltür. Das Gemurmel im Saal erstarb, ich hörte nur noch Rascheln. Vera und Michaela richteten sich auf – und da sah ich es: Beider Kleider waren durchsichtig oder besser: durchscheinend. So gediegen die Stoffe aus der Nähe wirkten – ein paar Schritte Abstand reichten, und die Verhüllung gab Brüste, Rippen, Scham in einer Deutlichkeit preis, wie es purer Nacktheit nie gelungen wäre.

»Türmer«, zischte Barrista. Ich hatte die Schläge der Uhr nicht mitgezählt.

Es war so still, als wären wir allein im Schloß. Kurz nacheinander begannen die Kirchen ihr Sechs-Uhr-Läuten. Ich dachte, daß ich einmal die Reihenfolge herausfinden müßte, in der die Glocken einsetzen, und daß deren Beschreibung auch ein schöner Romanbeginn wäre, weil dabei ganz ungezwungen die Topographie der Stadt mitentstünde.

Als der Baron nickte, öffnete ich, wie wir es geübt hatten, mit einer Vierteldrehung das Türschloß. Synchron zogen der Baron und ich die Türflügel auf, die Musik setzte ein. Vera und Michaela lächelten und schoben den Erbprinzen an uns vorbei in den Saal, in dem sich die Gäste erhoben und applaudierten.

In eingeübter Schrittfolge schlossen wir hinter uns die Tür. Michaela schwenkte ihren Hintern, als gäbe sie die Dirne im Freilichttheater. Mutter und Robert, ihre Gesichter waren vor lauter Begeisterung fast verzerrt, klatschten frenetisch. Vom Erbprinzen sah ich nur die aneinandergelegten Fingerkuppen.

Der Applaus wollte nicht enden. Erst als der Baron und der Bürgermeister dem Publikum Zeichen gaben, setzte man sich endlich. Hinten rechts, vor dem Orchester, sah ich unsere Zeitungsredaktion und Georgs Familie, links, zur Tür hin, erkannte ich Olimpia und Andy, Cornelia und Massimo, Recklewitz samt Familie, Proharsky mit Frau.

Marion hätte ich wohl ohne Jörg an ihrer Seite gar nicht wahrgenommen. Ihr Gesicht war bleich und schien mir irgendwie verändert. Wahrscheinlich stand sie unter Medikamenten.

»Danke«, rief der Erbprinz, »vielen, vielen Dank für Ihr Willkommen.« Karmeka, der über den Handrücken seiner Linken strich, als kreme er sie ein, holte tief Luft und begann seine Begrüßung mit einem Exkurs über den Spruch »Wer zu spät kommt, den bestraft das Leben«. Ich war in meinem Bericht nicht auf den Inhalt seiner Rede eingegangen, insofern konnte es mir gleichgültig sein, was er sagte, nur – er hörte nicht mehr auf. Im Programm stand: 2. Kurze Begrüßung durch den Bürgermeister, 3. Musik (das Lieblingsstück des Erbprinzen, Mozarts »Kleine Nachtmusik«), 4. Ansprache des Bürgermeisters.

War das noch Begrüßung oder schon Ansprache? Der Dirigent – der Ärmste heißt wirklich Robert Schumann – observierte uns mit gerecktem Hals, jederzeit bereit, herumzufahren und den Auftakt zu schlagen. Immer wenn ich schon glaubte, Karmeka komme zum Schluß, warf er seinen Kopf für eine neue Volte wieder nach oben. Nach einer Viertelstunde näherte er sich mit Danksagungen dem Ende. Dieser Dank galt allen, der Stadt- und der Schloßverwaltung für ihre unermüdliche Arbeit, und besonders seinem Adepten, dem Herrn Fliegner. Barrista und mich erwähnte er mit keiner Silbe. Das war ein Affront, egal wie man es drehte. Warum sagte er nicht, daß der ganze Besuch die Stadt keinen Pfennig gekostet hat? Nichts haben sie dafür getan, gar nichts!

Soll er reden, tröstete ich mich. Wir achten schon darauf, daß die Wahrheit keinen Schaden nimmt. Dem Baron jedoch gelang wieder ein Meisterstück. Er applaudierte auf eine so aufrichtige Weise, daß der Bürgermeister sich bemüßigt fühlte, seine Hand zu ergreifen und nun auch ihm zu danken. Für das Photo dieser Geste bedarf es keiner Bildunterschrift mehr.

Robert Schumann schlug den Takt, und die »Kleine Nachtmusik« beendete den Beifall. Danach sprach der Erbprinz. Seine Rede kannst Du bei uns nachlesen.

Als er beschrieb, wie verloren er sich mitunter fühle – in Altenburg jedoch werde ihm so viel Herzenswärme entgegengebracht, sprang Marion auf. Sie blieb stumm, als ginge es ihr um eine bessere Sicht. Auch ließ sie sich widerspruchslos von Jörg zum Hinsetzen bewegen. Doch was hielt sie da in Händen? Mir stockte der Atem! Unser Sonntagsblatt mit dem Bericht über den Empfang, der gerade stattfand! Jörg hatte uns zu der neuen Zeitung gratuliert und war voller Anerkennung gewesen, weil wir gleich mit 24 Seiten und noch dazu im großen Format starteten. Hätten wir sie denn vor ihm verstecken sollen?

Ja, wir hätten sie vor ihm verstecken müssen. Diese Unachtsamkeit rächte sich jetzt. Marion mußte nur unser Sonntagsblatt weitergeben, es von Hand zu Hand durch die Reihen wandern lassen, um uns ein für allemal lächerlich und unglaubwürdig zu machen. Mir brach der Schweiß aus.

Massimo saß, statt sich um unsere Sicherheit zu kümmern, mit verschränkten Armen und froschigem Grinsen zurückgelehnt da und schmatzte wahrscheinlich wieder leise vor Behaglichkeit. Hatte es keiner außer mir bemerkt? Sollte ich einen Feueralarm auslösen? Der hätte aber auch nicht im Blatt gestanden. Wir würden die Ausgabe zu einer Art Probenummer erklären. Besser, zehn- oder fünfzehntausend D-Mark gingen verloren als unser Renommee. So wäre meine Entscheidung ausgefallen, hätte ich sie in jenen Sekunden treffen müssen. Auf mein entgeistertes Gesicht spielte der Baron später an, als er sagte, seine Ermahnungen seien keinesfalls so überflüssig gewesen, wie ich wohl geglaubt, aber leider auch nicht so wirksam, wie er es erhofft habe.

Die geringste Bewegung im Publikum schien mir ein Indiz dafür, daß die Zeitung bereits die Runde machte. Um ein Haar wäre ich mitten in der Musik aufgesprungen, weil ich die Ungewißheit nicht mehr ertrug.

Robert Schumann verbeugte sich – und verbeugte sich dann noch einmal vor Michaela und Vera.

Da ich Georgs Rede zweimal Korrektur gelesen hatte, wußte ich ziemlich gut, wie lange ich auf die Folter gespannt würde. Ich will es nicht aufbauschen, doch als das lange Schlußzitat begann, hätte ich am liebsten vor Erleichterung die Augen geschlossen. Vera und Michaela schoben den Erbprinzen Georg entgegen, so daß sich einer beim anderen bedanken und Georg ihm diesmal offiziell das Buch über die Herzöge von Sachsen-Altenburg überreichen konnte.

Und dann, auf einen Wink Michaelas, ließ Robert Schumann wieder sein Orchester erklingen. Das große Defilee begann.

Der Baron und ich schoben den Erbprinzen auf das kleine Podest, das in der Mitte einen Vorsprung hatte, so daß Vera und Michaela direkt neben ihm, aber auf demselben Niveau wie alle anderen stehen konnten. Marion und Jörg hatten sich an den Rand des Saales zurückgezogen. Endlich gelang es mir, Pringel auf Marion hinzuweisen. Sie hielt die Zeitung zusammengerollt, doch das Blau des Kopfes leuchtete. Pringel verstand. Er wandte sich an Massimo. Der hörte ihm mit verschränkten Armen zu, wippte auf die Zehenspitzen, streckte sein Mussolini-Kinn vor und folgte Pringel. Pringel begrüßte die beiden. Danach nahm mir Massimos Kreuz die Sicht.

Die Choreographie des Empfanges war simpel. Die geladenen Gäste stellten sich von zwei Seiten an. Die linke Reihe führte über Michaela und den Baron zum Erbprinzen, die rechte Reihe hatte Vera und mich zu passieren. Vera und Michaela nahmen die Einladungskarten in Empfang, deren Nummern sie in ihren Dossiers nachschlugen. Nach Nennung des Vor- und Zunamens lasen sie dem Erbprinzen ein paar Bemerkungen zu Lebenslauf und Verdiensten der jeweiligen Herrschaften vor, der Baron oder ich ergänzte dies durch den einen oder anderen verbindlichen Hinweis.

Das klingt langweilig und profan. Wahrscheinlich hältst Du das für ein hohles Ritual, um die Eitelkeiten der Altenburger Hautevolee zu befriedigen. Ich selbst hatte ja dieser Liste kaum Aufmerksamkeit geschenkt. Doch weit gefehlt!

Selbst Karmeka, der das Defilee mit seiner Familie eröffnen durfte, verlor in dem Augenblick, da er vor den Erbprinzen trat, all seine umtriebige Selbstgewißheit. Da stand die Familie einsam und unsicher und war plötzlich nur noch das, was Michaela verkündete: »Frederick und Edelgard Karmeka, Zahnarzt und Zahntechnikerin, und ihre drei Töchter Klara, Beate und Veronika.« Der Erbprinz hielt die Hand von Edelgard Karmeka fest, die bis zum Haaransatz errötet war und den Mund so verzog, daß ich nicht wußte, ob sie lächelte oder mit den Tränen kämpfte. Der Baron erlöste und verabschiedete sie mit dem Hinweis auf das nachfolgende Essen im kleinen Kreis, bei dem man sich ja wiedersehen werde.

Nun war es an Vera und mir, den Landrat nebst Gattin, Bauingenieur und Gastronomin, vorzulassen, die mir beide für ein paar im familiären Tonfall gesprochene Worte dankbar waren, aber selbst nichts über die Lippen brachten.

Auf unserer Seite folgte Anton Larschen, der mir, von einem Friseur seiner Haarpracht beraubt, merkwürdig fremd erschien. Seine Rechte vollführte nach wie vor die gewohnte, nun ins Leere führende Geste, mit der er sonst die Haare zu bändigen versucht hatte. Larschen überreichte dem Erbprinzen Euer Buch. »Da steht alles drin«, sagte Larschen. Der Erbprinz dankte und sagte, wie er sich freue, jenen Mann kennenzulernen, dessen Artikel er mit großem Interesse verfolge. Bevor Larschen antworten konnte, kündigte der Baron bereits zwei »ehemalige Bürgerrechtler« an, die präsentiert wurden wie früher in der Schule die Veteranen des antifaschistischen Widerstandes. Anna lud den Erbprinzen in die Umweltbibliothek ein, woraufhin er sie bat, zum nachfolgenden Essen zu kommen. Wir lächelten alle, obwohl wir wußten, in welch große Bedrängnis diese Eigenmächtigkeit Cornelia, unseren Maître de plaisir, bringen würde.

Massimo, Pringel und nun auch Kurt bewachten weiterhin Marion und Jörg und stellten sich gemeinsam mit ihnen auf der Seite des Barons an.

Neben Vera wartete ein kleiner Mann im Rollstuhl, dessen weißes Haupthaar in wirren Strähnen herabhing. Er beugte sich in seinem Stuhl vor und grüßte so übertrieben wie ein Kind, das aufgefordert wird, einen Diener zu machen. Von seinem Gebrabbel erschloß sich mir nur hin und wieder ein Wort. Es war der Prophet. Ohne seinen Bart erkannte ich ihn nur an seinen von der Brille grotesk vergrößerten Augen. Er hatte einen Schlaganfall, sein Verstand soll der alte sein, aber Sprache und Körper lassen ihn im Stich. Der Prophet schien ungehalten zu werden, als der Erbprinz ihn nicht verstand. Niemand verstand ihn. Ich sagte zum Erbprinzen, daß ich diesem Manne hier, daß ich Rudolph Franck in gewisser Weise das verdankte, was ich heute sei.

Dann kamen ein paar Großkunden, die wöchentlich mindestens eine halbe Seite schalten, wie zum Beispiel Eberhard Hassenstein. Die Hand des Erbprinzen verschwand in der behaarten Hassensteinschen Pranke. Sein Vater, der die Kohlehandlung Benndorf & Hassenstein 1934 mitbegründet habe, sei kurz nach der Enteignung 1971 gestorben. Hassenstein zog die Nase mehrmals hoch, eine Träne rann ihm bis zum Kinn.

Ich stellte das Ehepaar Offmann vor, Möbelhaus Offmann in dritter Generation, gegründet 1927, Roswitha Offmann und Klaus Kerbel-Offmann.

Du wirst sie alle kennenlernen, in jeder dieser Familien steckt ein Roman. Doch wer sie auch immer sein mögen, mir kam es vor, als schlössen sie in jenem Moment, da sie vor den Erbprinzen traten, einen Vertrag mit uns. Zuvor waren sie vielleicht aufgeregt gewesen, hatten sich dies und das vorgestellt, aber keiner hatte wohl geahnt, wie sehr sie die Begegnung mit dem Erbprinzen erschüttern würde. Als sie ihm die Hand reichten, brach etwas in ihnen auf – und was immer es auch war, es überraschte sie und band sie an uns.

Selbst Pfarrer Bodin, der wegen der Horoskope im »Wochenblatt« gegen uns gewettert hatte, befeuchtete seine tüllenförmige bläuliche Unterlippe und sah uns erwartungsfroh wie ein Kind an, als er an der Reihe war. Pfarrer Mansfeld, der katholische Berserker, der heute noch seinen großen Auftritt als Bonifatius haben wird, ließ es sich nicht nehmen, dem Erbprinzen eine

Flasche Kräuterlikör zu schenken, und flüsterte mir nach seiner Audienz zu, auch für uns halte er hochprozentige Präsente bereit.

Piatkowski, der CDU-Bonze, der nun doch wieder unter den Stadtverordneten sitzt, hatte seine Frau geschickt. Die genoß den Empfang und sprach so heiter und herzlich, ja regelrecht charmant mit dem Erbprinzen, daß dieser sich später nach ihr erkundigte.

Düster und am Rande des Eklats war der Auftritt der Frau vom Galluswirt. Sie machte einen großen Knicks, landete, beabsichtigt oder nicht, auf den Knien und rief: »Es war Freitod! Eure Hoheit! Es war Freitod!« Ich wußte nicht, daß der Galluswirt vor drei Tagen Selbstmord begangen hatte. Während der Baron sein Beileid bekundete und ich den Erbprinzen über die frühere Bedeutung des Galluswirtes aufklärte, rief sie immer wieder: »Es war Freitod! Eure Hoheit! Es war Freitod!«

Von denen, die ich auf die Liste gesetzt hatte, waren bis auf Ruth, die Tochter meiner Wirtin Emilie Paulini, Jan Steen und den Gießener Zeitungschef, der sich aber entschuldigen ließ, alle gekommen.

Froh war ich, daß Wolfgang, der Hüne, und seine Frau erschienen. Wie oft wollten wir uns schon treffen! Nun werde ich sie mit Vera besuchen. Auch Blond und Schwarz, zwei Polizisten, kamen. Wir haben uns im Herbst kennengelernt.

Im Saal wurden schon Häppchen, Sekt und Orangensaft herumgereicht, als Marion und Jörg ihre Karten vorzeigten.

Ich glaubte, die Selbstbeherrschung des Barons sei der Grund für die Liebenswürdigkeit, mit der er auch die beiden begrüßte. Denn daß er die Zeitung in Marions Händen nicht erkannt hätte, schien mir unwahrscheinlich. Marion ließ all ihre unterdrückte Aggressivität an dem zusammengerollten Sonntagsblatt aus, eine Geste, die sich mit »den Hals umdrehen« am besten beschreiben läßt. Dann starrte sie das Werk ihrer Selbstvergessenheit an und versuchte das Papier zu glätten. Jörg strich Marion mit dem Handrücken über die Wange. Um es kurz zu machen: Der Baron stellte die beiden vor. Jörg begrüßte den Erbprinzen mit »Eure Hoheit« und verneigte sich tief vor ihm. Dann trat er zur Seite und überließ Marion das Feld. Die beugte sofort wie ein Opernheld ein Knie und hielt dem Erbprinzen die Zeitungsrolle hin. »Schauen Sie selbst. Ich weiß nicht, warum so etwas getan wird. Aber alle ändern plötzlich ihre Biographie. Niemand spricht mehr die Wahrheit«, sagte sie monoton und mit tiefer Stimme. Es folgten noch ein paar Sätze dieser Art, völlig absurdes Zeug. Und natürlich teilte sie dem Erbprinzen mit, warum sie dem »Herrn Türmer« verboten habe, sie zu duzen, denn der sei ein Betrüger und gänzlich verblendet. Sie jedoch, Marion Schröder, lehne es ab, für mich, diesen Schatten, zu beten.

Der Erbprinz streckte die Hand aus, er wollte, daß sie aufstand – der halbe Saal glotzte bereits. Sie mißdeutete das. Schnell wie ein Vogel, der nach etwas pickt, küßte sie seine Hand, erhob sich und rief: »Sehen wir uns also bald!« Jörg folgte ihr, holte sie kurz vor der Tür ein und schlang den Arm um ihre Schulter.

Am meisten überraschte mich Kurt. Ich hatte ihn für Mitte Fünfzig gehalten, aber Kurt ist erst Anfang Vierzig. Seine Frau ist höchstens Mitte Dreißig und so zart, daß ich sie für seine Tochter hielt. Als ihren Beruf las Michaela »Fleischerin« vor. »Fachverkäuferin für Fleisch- und Wurstwaren«, berichtigte Kurts Frau mit fester Stimme, und das blieb auch das einzige, was ich aus ihrem großen schönen Mund vernahm.

Pringels Frau, eine Apothekerin, überreichte ein winziges Schächtelchen, in dem sich ein vierblättriges Kleeblatt befand, das sie auf der Wiese des Schloßhofes gefunden habe. Ihnen habe es in den letzten Tagen so viel Glück gebracht, sie wollten es nun weitergeben. »Unser rasender Reporter«, sagte der Erbprinz, und Pringel, der seinen Bart gestutzt hatte, sagte: »Alles, alles Liebe!«

Als wir dann zum Essen hinüber in den großen Spiegelsaal gingen, fragte ich den Baron, wann er denn die Zeitung in Marions Hand entdeckt habe. Mit der sei sie doch schon gekommen, sagte er. Sie habe das Sonntagsblatt als Fächer benutzt, was doch hoffentlich nicht meine Eitelkeit gekränkt hätte. Der Baron verstand überhaupt nichts! Er schlug sogar vor, am besten jetzt gleich einen ganzen Stapel Sonntagsblätter an der Tür des Spiegelsaales zu deponieren. Ich sei ein Angsthase, rief er und fragte dann, wovor ich mich denn jetzt noch fürchtete.

Ich muß los!
Seid umarmt
Euer E.

Montag, 9. 7. 90

Liebe Nicoletta,
ich habe mir mit dem Schreiben zuviel Zeit gelassen, ich will nicht länger meiner Vergangenheit nachhängen. Nicht, daß mir der Weltmeistertitel zu Kopf gestiegen wäre. Aber ist nicht die Freude über diesen Sieg nur der greifbare Ausdruck eines viel größeren, umfassenderen Glücks? Nie war mein Wunsch stärker als heute, an Ihrer Seite dieses neue Leben zu beginnen. Da aber meine Briefe ihren Zweck zu verfehlen scheinen, schwinden meine Hoffnungen – und nichts anderes treibt diese Zeilen voran.[1]

1 Daran hatte sogar N. H. Zweifel, wie sie mir gegenüber in einem Gespräch bekannte.

Ich muß es aber zu Ende bringen, so wie die Verlierer ja auch nicht vor Ablauf der neunzig Spielminuten den Platz verlassen dürfen. Also zurück zu den ersten Tagen dieses Jahres.

Am liebsten hätte ich mein nächtliches Kreuzwegabenteuer für einen Traum gehalten, so peinlich war es mir im Rückblick. Und zugleich war ich befriedigt, es gewagt zu haben. Doch das, was ich dort gedacht und gefühlt hatte, war auch in der Nacht zurückgeblieben.

Ich nahm ein Bad unter der über der Wanne aufgehängten Wäsche. Als ich mich anziehen wollte, fand ich nichts von dem, was ich suchte. Ich öffnete den Wäschepuff, ich begann in der dreckigen Wäsche zu wühlen, ich kippte den Korb schließlich um. Wonach ich auch griff, es gehörte mir. Nur bei zwei Handtüchern war die Zuordnung nicht eindeutig. Erst jetzt fiel mir auf, daß da ausschließlich Sachen von Michaela und Robert zum Trocknen hingen.

Wir sind quitt! dachte ich.

Michaela war unterwegs. Mittags aß ich gemeinsam mit Robert Kartoffeln und Bratheringe. »Du ißt ja schon wieder«, rief Michaela, als sie nach Hause kam, und kündigte uns eine Sitzung im Wohnzimmer an. Das hieß, der Raum war für uns bis abends tabu.

Robert protestierte, er verpasse seine Fernsehserie.

Während Michaelas Mediengruppe pünktlich einmarschierte, Stühle rückte, Aktentaschen aufschnappen ließ und das übliche Gemurmel begann, schaffte ich Ordnung in meinem Zimmer, klaubte Wäschestücke, Geschirr, Schuhe, Platten, Plattenhüllen, Zeitungen und Briefe vom Boden, bis nach und nach wieder die Karrees der Bastmatten zum Vorschein kamen. Ich beeilte mich, um vor Sitzungsbeginn unter meine Kopfhörer zu entkommen. Ich hatte mich schon auf der Liege ausgestreckt, als mir einfiel, daß die Wäsche noch in der Maschine war. Ich saß in der Falle.

Wollte ich ins Bad, mußte ich durchs Wohnzimmer. Der Widerwillen, vor Fremde zu treten, vor Leute, mit denen ich nichts zu tun haben, von denen ich nicht angesprochen werden wollte, schien übermächtig. Lange hielt mich dann die Überlegung auf, ob ich anklopfen sollte oder nicht. Ich klopfte schließlich aus Gewohnheit – und fühlte mich wie auf eine Bühne gestoßen. Das Licht blendete, die Diskussion erstarb. Alle gafften, als wäre ich aus der Tapete gekommen. »Da bist du ja«, sagte Michaela. Sie klang verlegen. Sie saß an der Stirnseite des Tisches, die Ellbogen aufgestützt, sog an ihrer Zigarette und sah mich blinzelnd an. »Ich will gar nicht stören«, sagte ich und schloß hinter mir die Wohnzimmertür.

Später konnte ich mich daran erinnern, daß die Stimmen plötzlich losgeprasselt waren. Doch in dem Moment bemerkte ich es kaum, zu sehr ärgerte mich mein eilfertiges »Ich will gar nicht stören!«. Ich konnte mir denken, was Michaela beim Anblick ihres barfüßigen Mannes empfand, der wie ein Gespenst durchs Zimmer gehuscht war.

Ich packte die halbe Ladung nasser Wäsche in die Schleuder, drückte den Deckel zu und warf mich auf den Apparat, um die Tülle über dem Eimer zu halten.

Ich nahm die Wäsche von der Leine und legte sie möglichst ordentlich zusammen. Jedes Hemd, jeder Slip, jeder BH war mir vertraut. Ich hatte das Gefühl, mich von jedem Stück einzeln zu verabschieden. Dann hängte ich meine Sachen auf.

Kaum hatte ich die Tür zum Wohnzimmer geöffnet, erhoben sich zwei bärtige Männer.

»Herr Türmer«, sagte der eine, der lange Beine und einen kurzen krummen Oberkörper hatte, »wir wußten ja gar ...«, und der andere, in dem ich den Zuckerbart-Propheten mit den großen Brillenaugen erkannte, variierte: »Wir wußten wirklich nicht ... Warum arbeiten Sie nicht bei uns mit?« Stille. Der dritte

Mann, Jörg, dessen Baskenmütze auf dem Tisch lag, lehnte sich zurück und nickte mir wie ein Prüfer aufmunternd zu. Die ihm gegenübersitzende zierliche Frau mit Pagenschnitt sah mich an, als wäre sie in mich verliebt. Nur Michaela las in dem vor ihr liegenden Text.

»Dafür gibt es eigentlich keinen Grund«, sagte ich, nur um etwas zu sagen.

Worauf wartete ich? Warum verschwand ich nicht endlich in meinem Zimmer?

Rudolph, der Prophet, machte einen Schritt auf mich zu, streckte beide Hände nach meiner Rechten aus und ergriff sie. Er schätze sich glücklich, so unverhofft Gelegenheit zu erhalten, mir zu danken. Das wolle er schon, seit er mich das erste Mal in der Kirche gehört habe.[1] Er habe seiner Frau immer gesagt, sie solle nie vergessen, was der Herr Türmer für uns getan habe. Um Monate sei ich dem Geschehen voraus gewesen, ich hätte tatsächlich »klartext« geredet, und wenn es hier in der Stadt jemanden gebe, dem er vertraue, dann mir.

Obwohl er meine Hand festhielt, streifte mich sein Blick nur gelegentlich.

Ich solle für sie schreiben. Mit meinem Namen im Impressum müsse er sich keine Sorgen mehr um die Zeitung machen, mein Name wäre der »Garant für den Erfolg«.

»Nun hol dir endlich einen Stuhl und setz dich her!« unterbrach Michaela meinen Laudator.

Es war wie auf einer Umbesetzungsprobe – alle wissen Bescheid, nur der eine nicht, um den sich alles dreht. Doch bald sprachen sie von nichts anderem mehr als von Kostenvoranschlä-

1 Merkwürdig erscheint die Überraschung, die T.s Anwesenheit bei der »Mediengruppe« auslöste. Die erste Begegnung zwischen dem »Propheten« und T. fand ja bereits nach T.s Kirchenrede statt. Schon damals hätte der »Prophet« ihm danken können.

gen, Druckereien, Transportmöglichkeiten, Auflagen, Seitenzahlen, Ressortaufteilungen, und das nahm mir eigenartigerweise die Angst, das war etwas, wozu ich nichts sagen konnte, doch das Zuhören quälte mich nicht, es war so interessant und so langweilig, als erklärten sie mir ein Gesellschaftsspiel.

Michaela war als einzige gegen die Pläne der anderen. »Aber so funktioniert es nicht!« rief sie immer wieder.

Ich fragte schließlich, warum sie das alles erörterten und nicht weitermachten wie bisher?

»Genau«, rief Michaela und warf ihren Stift hin, »das frag ich mich auch! Genau das frage ich mich!«

Jörg lachte auf. Und dann hörte ich es zum ersten Mal: »Altenburger Wochenblatt«. Jörg ließ niemanden mehr zu Wort kommen. Setzte jemand zum Sprechen an, hob er seine Radiomoderatorenstimme und nahm den Einwand oder die Ergänzung vorweg.

»Aber es funktioniert nicht«, rief Michaela abermals, worauf er auflachte und sagte: »Aber wir machen es trotzdem!«

Danach schwiegen sie und sahen vor sich hin. Plötzlich drehte die Frau mit dem Pagenschnitt wie ein Vogel den Kopf zu mir und fragte: »Und Sie, wollen Sie nicht mitmachen? Es wäre eine Ehre für uns!«

Unsere Aufgabe sei es, fuhr sie fort, die Öffentlichkeit zu erobern, ja Öffentlichkeit überhaupt erst herzustellen, um den demokratischen Übergang zu unterstützen, zu lenken und zu überwachen, ja, auch ein wenig Kontrolle und Selbstkontrolle sei nötig. »Unabhängigkeit ist das Wichtigste! Das lassen wir uns vom Neuen Forum schriftlich geben.« Daß sich ein solcher Versuch in einer Kreisstadt anders ausnehme als in Berlin oder Leipzig, darüber müßten wir ja nicht reden. »Das Rad der Geschichte«, unterbrach sie Rudolph, der Prophet, »darf sich nicht wieder zurückdrehen.« Dann sagte Georg: »Wir, also das Neue

Forum, das die Finanzierung übernehmen wird, planen eine Zeitung, die ab Februar wöchentlich erscheinen soll. In sieben Wochen werden wir das erste Exemplar in Händen halten!«

Das gefiel mir.

»Und was denkst du?« fragte ich Michaela. Sie hatte die Zigarette ausgedrückt und bewegte die Wangen, als spülte sie mit Mundwasser.

Aus einem Gefühl der Verantwortung habe sie beim Neuen Forum mitgemacht, aus Verantwortung habe sie mitgeholfen, den »klartext« zu gründen, aus Verantwortung habe sie die Position einer Herausgeberin übernommen. Zeitung, Journalismus, politische Aktivitäten – das sei etwas für Krisenzeiten, und nur in Krisenzeiten habe sie dafür Interesse. Das Eigentliche geschehe nun mal in der Literatur, der Kunst, auf dem Theater! Wo, wenn nicht im Theater kämen die Probleme einer Gesellschaft gebündelt und gestaltet zur Verhandlung? Sie gebrauchte dann Formulierungen wie »die Niederungen der Lokalpolitik« und »tägliches Klein-Klein«.

Anfangs hörten ihr alle zu, aber je länger sie über Kunst, Bühne und das »eigentliche Leben« schwadronierte, desto unruhiger wurde es. Nur die Pagenkopf-Frau war noch ganz bei der Sache. Michaela beschloß ihren Sermon mit dem Satz: »Allein in der Kunst widerfährt unserem Leben Gerechtigkeit, allein dort gibt es eine angemessene Sprache dafür!«

Danach versammelten sich wieder alle Blicke auf mir. »Das wäre ein großes Opfer«, sagte die Frau mit dem Pagenkopf, »wirklich ein Opfer, das Sie da bringen würden.«

»Marion«, sagte Jörg etwas ungehalten, »wir springen doch alle!«[1]

[1] Soll heißen: Wir springen doch alle ins Ungewisse, wir wissen alle nicht, was passiert.

»Das ist absurd!« rief Michaela. Ich solle mir darüber klarwerden, daß ich dann im Theater kündigen müsse, daß das keine Tätigkeit sei, die man nebenbei mache.

Ich versprach, es mir zu überlegen.

Michaela fuhr auf. »Das ist nicht dein Ernst?!«

Ich wiederholte, daß ich es mir überlegen wolle.

Michaela verschwand in ihrem Zimmer.

Für Robert erwies sich diese Wendung als Glücksfall. Er klagte nicht einmal über den Zigarettenrauch, denn pünktlich zum Beginn der Serie hatten alle das Wohnzimmer verlassen. Ich verabschiedete Michaelas Mediengruppe an der Tür.

Als Robert schon im Bett lag, stieß Michaela mit dem Ellbogen meine Tür auf, drehte sich herum, die Schublade ihres Schreibtischs wie einen Bauchladen vor sich. »Da kannst du schon mal üben«, sagte sie, kippte mir den Inhalt ins Zimmer und war wieder draußen.

Vor mir lag ein Haufen beschriebenen Papiers, »klartext«-Unterlagen, wie sich schnell herausstellte, aber auch Haarspangen, Heftpflaster und ein Nagelklipp waren darunter.

Ich machte mich sofort ans Sortieren: Druckkosten, die Einnahmen der Verkäufer, die Einnahmen durch den Postzeitungsvertrieb, die Abrechnungen und Außenstände, die verwendeten Texte, die ungedruckten Manuskripte und der Schriftwechsel.

Im Stehen betrachtete ich schließlich meine kleine Weltordnung – und dann: Ich nahm meine Manuskriptmappen aus dem Schrank, leerte die erste, radierte die Überschrift »Kasernenherz/letzte Fassung« weg und schrieb statt dessen »Druckkosten« darauf. Auf die hellblaue Mappe, auf der »Titus Holm« gestanden hatte, schrieb ich jetzt »Abrechnung Verkäufer«. Und so immer weiter, bis nur noch eine Mappe ohne Beschriftung übrig war. Ihr entnahm ich meine letzten Prosaversuche und legte sie zu den anderen auf den Schreibtisch. Sie krönten nun den Stapel meiner gesammelten Werke. Auf die Mappe schrieb ich: »Verworfene Manuskripte« und erkannte im selben Moment, wie treffend dieser Titel auch zuvor schon gewesen wäre. Hätten wir einen Ofen gehabt, an diesem Abend wären meine »Gesammelten Werke« den Flammen übergeben worden.

Da ich sie aber mit der Schrift nach unten gelegt hatte, sahen sie aus wie ein Stapel weißes Papier. Die Blätter waren auf *einer* Seite noch zu etwas nütze, eine Tatsache, die mich in ihrer Gleichnishaftigkeit erschreckte und zugleich beglückte. Die *andere* Hälfte sollte nicht vergeudet werden![1]

Liebe Nicoletta, noch bin ich nicht am Schluß, aber für heute soll es genug sein.

Es grüßt, so herzlich wie entmutigt,
Ihr Enrico Türmer

Dienstag, 10. 7. 1990

Lieber Jo!
Die Schiedsrichterklause war unser Stadion. Wir haben bis in den Morgen gefeiert. Mutter und der Erbprinz hielten immerhin bis Mitternacht durch. Auch sie wollten keinen Augenblick von diesem Sonntag verschenken. Alle waren da, nur der Baron fehlte. Der saß mit Jörg zusammen. Über das Ergebnis weiß ich

[1] Bis zu diesem Brief ließ T. die Existenz seiner Prosatexte auf den Rückseiten unkommentiert. Will man T.s Logik Glauben schenken, so müsste man voraussetzen, dass er bereits damals eine Briefpartnerin wie N. H. im Sinn gehabt hat. Nachdrücklich sei noch einmal darauf hingewiesen, dass die »Werke« ausschließlich auf der Rückseite der Briefe an N. H. zu finden sind.

nichts. Ich will es auch gar nicht wissen. Mir war es schon unangenehm, daß gestern Fred und Ilona bei uns vorsprachen. Wir brauchen vorerst niemanden mehr. Für sie ist es bitter, denn auch keinem in der Familie[1] könnte ich sie reinen Herzens empfehlen, dafür kenne ich sie zu gut.

Am Sonntag ist Franziska und Dir wirklich etwas entgangen. Ein solches Spektakel werden wir so schnell nicht wieder erleben. Außerdem hätte mich Euer Eindruck interessiert, nicht zuletzt die Sicht eines Theologen[2]. Es war schon eine merkwürdige, seltsam enthobene Veranstaltung.

Nach dem Frühstück in unserem Obstgarten lud uns der Baron in den kleinen Bus. Außer ihm hatte wohl niemand eine Ahnung, was uns erwartete. Michaela war zu ihm in die Fahrerkabine gestiegen. Hinten saßen der Erbprinz, Robert, Mutter, Vera, Astrid und ich, jeder auf einem eigenen Sessel, bezogen mit dem gleichen samtartigen Stoff, mit dem der ganze Wagen ausgekleidet war. Der Fernseher an der Stirnseite flackerte – auf dem Bildschirm erschienen der Baron und Michaela. Sie winkten uns zu, dann verlosch das Bild wieder. Irgendwoher kam Musik, Mozart wahrscheinlich – wir fuhren bereits. Der Wagen duftete neu und fremd, die Scheiben dämpften das Licht, der kühle Luftzug aus der Klimaanlage war angenehm. Wir konnten die Leute sehen, die stehenblieben und uns anstarrten. Doch ihrerseits, das wußte ich, konnten sie nur ihr Spiegelbild in den schwarzen Scheiben erkennen. Wir brausten aus der Stadt hinaus Richtung Schmölln, vorbei an der eingerüsteten Villa des Barons, wo sich die Arbeiter wie Ameisen tummelten. Kaum lagen die letzten Häuser hinter uns, fiel ich in eine Art Halbschlaf. Aber mir ent-

[1] Gemeint ist offenbar das Barrista-Gefolge.

[2] Diese Anspielung auf sein Studium dürfte Johann Ziehlke nicht sehr angenehm gewesen sein.

ging nichts. Ein jegliches, Baum und Feld, Ähre und Blatt, offenbarten sich in schmerzlicher Klarheit. Selbst die Gesichter der Menschen, die auf den Feldern arbeiteten oder an einer Bushaltestelle warteten, schienen zu leuchten, wenn sie aufsahen und uns zuwinkten.

In Großstöbnitz bogen wir von der Hauptstraße ab. Wir wurden schneller. Häuser, Gärten und Felder flogen vorbei, es ging bergauf, der steile Anstieg wollte kein Ende nehmen. Ich schloß die Augen wieder – und versank in einer anderen Welt, einer Welt aus Klängen und Melodien. Ich verlor mich in dieser Musik, von der ich nicht wußte, ob sie in mir war oder von außen zu mir drang. Mir war, als tauschte ich meine menschliche Existenz gegen eine andere Daseinsweise aus, und ich hatte zum ersten Mal die Ahnung einer erlösten Welt inmitten der unseren. Ja, lach nur, aber das sind Träume, die, sobald sie unser Bewußtsein berühren, zerplatzen wie Tiefseefische, die man zum Auftauchen zwingt.

Als sich die Tür öffnete, spürte ich, daß die äußere Temperatur mit jener im Wagen exakt übereinstimmte.

In einem Tonfall, als hätten wir seit der Abreise eine ununterbrochene Unterhaltung geführt, erklärte der Baron, was uns nun bevorstehe, richtiges, um nicht zu sagen: reales Theater nämlich. Er lachte, verkündete jedoch im nächsten Moment in der Manier eines Zeremonienmeisters: Ein Schauspiel aus Anlaß der Rückkehr des Handreliquiars des heiligen Bonifatius, des Apostels der Deutschen, nach Altenburg und zu Ehren des Besuchs des Erbprinzen in seiner Heimatstadt.

Ich schob den Rollstuhl heran, und Massimo, der uns mit den anderen gefolgt war, hob den Erbprinzen hinein. Vera legte dem Erbprinzen die Decke über die Beine, Mutter reichte ihm ein Fernglas, und Robert spannte einen Schirm auf, damit die Sonne den Erbprinzen nicht blendete. Astrid wich dem Rollstuhl nicht von der Seite, von der rechten wohlbemerkt, um ihn immer im Auge zu haben.

Und schon nahten Landrat und Bürgermeister. Diese »ersten frei Gewählten« bildeten mit ihrem Gefolge ein Spalier zu beiden Seiten des holprigen Weges, auf dem Massimo den Rollstuhl den Berg hinanschob, dessen Kuppe von einer Kapelle gekrönt wurde. Ich hatte keine Ahnung, wo wir waren.

Vor der Kapelle hatte man ein weißes Zelt errichtet. Vielleicht sollte ich es besser einen Baldachin nennen, denn außer den vier Eckstreben, an denen der Stoff nach unten spitz zulief, gab es nur ein Dach und keine Wände. Die Sonne stand im Zenit, die Sicht war überwältigend, ein regelrechter Schock. Der Feldherrenhügel, wie der Baron den unbekannten Berg nannte, erlaubte in nördlicher Richtung eine Aussicht über Altenburg und die Braunkohlensteppe hinweg bis zum Völkerschlachtdenkmal von Leipzig, südlich breiteten sich Vogtland und Erzgebirge aus. Die Pyramiden von Ronneburg lagen greifbar nah im Westen, dahinter der Thüringer Wald, und nach Osten bot sich dem Blick die lieblichste Hügellandschaft.

»Denn die trockenen Gefilde waren noch nicht vom himmlischen Tau erfrischt!« verkündete eine Stentorstimme. Links von uns, keine fünfzig Meter hangabwärts, warteten einige hundert seltsam gekleidete Menschen. Aufgeteilt in zwei gleich große Haufen, richteten sich ihre Blicke auf einen Mann mit breitkrempigem Hut. Sein langes Gewand raffend, stieg er von einem Sandhaufen, den ein Schild als »Friesland« auswies, herunter und erklomm einen anderen, auf den man ein mit »England« beschriftetes Schild gepflanzt hatte. Simpelstes Laientheater! Wir waren das Publikum.

Mit Hilfe einer handbetriebenen Winde wurde ein Baum aufgerichtet.

Der Erbprinz bat darum, so nah wie möglich an den Abhang

geschoben zu werden. Als der Baum stand und von einigen Männern mit Seilen im Gleichgewicht gehalten wurde, trat ein Mann vor die Spielschar und rief: »Die Donareiche!« Im selben Moment erschien ein Schild über den Köpfen, das mit »Geismar/Hessen« neuerlich den Ort des Geschehens angab. Hastig trat nun der Mann mit dem Hut hervor – es war Mansfeld, der Pastor –, gefolgt von drei Begleitern, die ihre nervöse Gestik offenbar Bodyguards abgeschaut hatten. Als er die Axt unter seinem Gewand hervorholte und emporhielt, erhoben sich Jammern und Wehklagen. Die Bemühung war dilettantisch, die Wirkung enorm.[1]

Der Baron zeigte auf den Mann mit Hut. »Das ist Bonifatius«, erklärte er überflüssigerweise und lächelte Robert zu. Bonifatius war auf die Knie gesunken, seine Stirn berührte im Gebet den Axtstiel, den er mit beiden Händen festhielt. Als er sich nun erhob, stiegen Schreie aus dem allgemeinen Wehe-Wehe auf, die so verzweifelt, so gellend waren, daß ich eine Gänsehaut bekam.

Schritt um Schritt wich die Menge vor dem Bonifatius mit der Axt zurück. Was ich für grandios gespielte Nervosität hielt, erwies sich Sekunden später als eine tatsächliche Befürchtung der Akteure. Denn als Bonifatius die Axt in den Baum schlug – es herrschte absolute Stille –, zerbarst der Stamm in vier Teile, die gleichzeitig, von Seilen gezogen, zu Boden fielen. Das wilde Geschrei des germanischen Heidenvolkes galt nicht so sehr dem Spielablauf als vielmehr der Angst um ihren hangaufwärts postierten Mitspieler, den ein Viertel des Baums knapp verfehlt

[1] Außer T.s Bericht im *Sonntagsblatt* Nr. 2 und einem eher zusammenfassenden Artikel in *Der Bonifatiusbote* Nr. 1 sind keine weiteren schriftlichen Zeugnisse bekannt. Allerdings stimmen die Aussagen der Augenzeugen alle darin überein, dass die Wirkung der Aufführung tatsächlich »enorm« gewesen war.

hatte. Doch da ihm offenkundig nichts passiert war und er wie alle anderen niederkniete und zu dem Kreuz aufsah, das Bonifatius nun anstelle der Axt in Händen hielt, wollte auch von uns niemand etwas Bedenkliches darin sehen.

Außerdem setzte ein Choral ein. Ich könnte schwören, auch ein Orchester gehört zu haben. Mehr und mehr Heiden sanken auf die Knie und erhoben flehend die Hände zu ihrem neuen Gott.

Noch bevor der Gesang völlig verklungen war, verkündete der Erzähler mit seinem gewaltigen Baß den Baubeginn der Kirche.

Das war der Startschuß zu einem Wettrennen. Vier Mannschaften hoben die vier im Kreuz liegenden Stämme auf und stürmten bergan, als ginge es gegen ein Stadttor. Ihr Ziel konnte nur die Kapelle hinter uns sein, die frisch gestrichen, doch nicht neu verputzt worden war. Im Gras und auf den Steinen hatten die Maler deutliche Spuren hinterlassen.

Ohne uns eines Blickes zu würdigen, keuchten die bekehrten germanischen Männer, Frauen und Kinder vorüber. Aus der Nähe betrachtet, wirkten sie filmreif präpariert, das wilde Haar, die zerschundenen Arme, die bis weit über die Knöchel schlammverkrusteten Füße und Beine. Wir durften dankbar sein, von diesem Haufen in seinem Spielwahn nicht überrannt zu werden. Sie machten sich an der Kapelle zu schaffen, indem sie die Stämme an vorbereiteten Schellen neben dem Eingang und an der Apsis befestigten.

Die Sonne stand sengend am Himmel, bei uns blieb es angenehm kühl. Der Erbprinz, der dem Geschehen gespannt gefolgt war, wehrte Fragen nach seinem Wohlbefinden lächelnd ab.

Inzwischen waren die Darsteller wieder auf ihre vorherigen Positionen zurückgekehrt. Geschah es, um die Dramatik zu steigern oder die Bedeutung des Ereignisses zu unterstreichen, jedenfalls rückte man näher an uns heran, und eine Frau, die das

Schild »Dokkum – Pfingstfest 754« über der Schulter trug, nahm keine zehn Meter von uns entfernt Aufstellung.

Als sich Bonifatius ihr mit einigen seiner Getreuen genähert hatte – er lief jetzt langsamer und seinem Alter entsprechend tief gebeugt –, wurde ihm ein großes Buch überreicht, was ihn fast aus dem Gleichgewicht gebracht hätte. Seine drei Getreuen stützten ihn liebevoll und sahen flehentlich zu dem Erzähler hinüber, der daraufhin verkündete: »Sie warten auf die Frischgetauften!«

Der Haufen hatte sich geteilt. Rechter Hand, hier standen mehrheitlich Frauen, erklang ein heller Lobpreis des Herrn, von der linken Seite war ein Rhabarber-Rhabarber-Gemurmel zu hören, das die Bezeichnung »Barbaren« klanglich nahelegen sollte. Bonifatius, uns seitlich zugewandt, richtete sich bereits erwartungsvoll auf und schien den Frauen entgegenkommen zu wollen, als von hinten fürchterlich zottige Gestalten heranstürmten und mit wenigen Hieben die Begleiter des Apostels niedermachten. Aus Lobgesang wurde Wehklage.

Alle Aufmerksamkeit galt nun dem sich zu voller Größe aufrichtenden Bonifatius. Der hielt den Angreifern, die vor seiner Erscheinung zunächst zurückgewichen waren, das große Buch entgegen. Dann aber trat der wüsteste der wüsten Gesellen hervor – ein Schwert durchfuhr das Buch und drang dem Heiligen mitten ins Herz. In der atemlosen Stille, die dem folgte, hörte ich nur den Wind im Gras und Astrids Winseln. Wir alle waren mit den Akteuren erstarrt. Ein paar weiße Haarsträhnen des Erbprinzen tanzten auf und ab.

Bonifatius wankte, hielt sich aber noch aufrecht. Langsam sank er dann auf die Knie, seine Augen hoben sich gen Himmel. Schließlich fiel sein Oberkörper nach vorn und begrub das durchstochene Buch, das ihn nicht hatte retten können, unter sich. Ein höchst dissonantes Wehgeschrei brach aus, in das die

Barbarendarsteller, wieder in christliches Volk zurückverwandelt, einstimmten.

Mansfeld, der Pfarrer, gut erkennbar an dem breitkrempigen Hut, hielt plötzlich das silberne, mit Edelsteinen besetzte Handreliquiar empor. War es Zufall oder Berechnung – im Sonnenlicht schien es zu erglühen und blendete uns so stark, daß auch ich die Hand vor die Augen nahm und mich abwandte. Da sah ich, daß fast alle, die mit uns das Schauspiel verfolgt hatten, niedergekniet waren. Die wenigen, die noch standen, waren zumeist ältere Leute. Astrid sprang schwanzwedelnd zwischen den Gläubigen hin und her, wohl in der Hoffnung, man wolle mit ihr spielen.

»Spielen Sie mit«, zischte mir der Baron von unten zu. Nach einigem Zögern gab ich nach und kniete mich hin, was ich dann allerdings als überraschend entspannend und angenehm empfand.

Singend hatte sich die Menge zu einem Zug formiert, dem das Handreliquiar feierlich vorangetragen wurde. Immer wieder brachen sich die Sonnenstrahlen auf ihm und sandten uns noch Signale, als der Gesang schon nicht mehr zu hören war und wir uns ganz der Stille und dem Anblick der hinab ins Land ziehenden Prozession überließen. Das Buch, darüber war nun Zeit genug nachzudenken, hatte Bonifatius nicht das Leben retten können, aber am Ende stand es doch im Zeichen eines Sieges.[1]

Nun wird wohl alles gut werden. Wir erwarten Euch!

Seid umarmt

von

Eurem Enrico

[1] Am 8. Juli des Jahres 2002, also genau zwölf Jahre später, wurde über der Bonifatiuskrypta in Altenburg die wiedererrichtete Bonifatiuskirche eingeweiht, die heute Anfang und Ende eines weit verzweigten Bonifatius-Wanderweges ist.

Liebe Nicoletta!
Wie Sie sehen, habe ich eine neue Adresse und bewohne nun vier Zimmer, dessen kleinstes größer ist als mein bisheriges Wohnzimmer. Kämen Sie in den nächsten Tagen oder Wochen, so fänden Sie mich auf der frisch begrünten Veranda, von der ich einen traumhaften Blick auf Stadt und Schloß habe. Sie sähen Altenburg und glaubten doch nicht, daß es Altenburg ist. Zum Haus gehört ein großer Obstgarten, umrankt von einer Dornröschenhecke.

Soviel zur Gegenwart. An deren Beginn hoffe ich Sie mit dem heutigen Kapitel führen zu können.

Leider gab es noch keine Gelegenheit, Ihnen von Tante Trockel, Roberts Kinderfrau, zu erzählen.[1] Jährlich veranstaltete sie ein »Neujahrsessen« für uns. Manchmal spielte sie uns dann auch auf dem Klavier vor.

Nachdem mir Michaela versprochen hatte, nicht lange zu bleiben, tat ich ihr den Gefallen und begleitete sie zu Tante Trockel, Robert war zum Geburtstag seines Freundes Falk eingeladen.

Als wir aus dem Bus stiegen, sahen wir noch, wie Tante Trockel hinter der Balkontür verschwand. Michaela beschleunigte ihre Schritte, der übliche Wettlauf begann. Im selben Moment, da Tante Trockel die Haustür öffnete, drückte Michaela auf den Klingelknopf.

Mir fiel es schwer, das Lächeln in Tante Trockels verrunzeltem Gesicht zu erkennen. In den letzten Monaten war sie regelrecht schrumplig geworden, ihr Bauch jedoch, der sich unter dem enganliegenden Kleid wölbte, täuschte nach Form und Größe eine fortgeschrittene Schwangerschaft vor, ein Eindruck, den ihre

[1] T. erwähnte Tante Trockel gegenüber N. H. im Brief vom 31. 5. 1990.

ansonsten mädchenhafte Figur zusätzlich beförderte. Als ich hinter Tante Trockel die Treppe hinaufstieg, konnte ich erneut ihre schlanken Waden bewundern.

Tante Trockel reichte uns Kleiderbügel, faltete ihre Hände vor dem Bauch zusammen und sagte, als wäre sie uns eine Erklärung schuldig, sie habe zuviel Schokolade gegessen und das sei nun das Ergebnis. Von dem bayrischen Begrüßungsgeld sei so gut wie alles für Schokolade draufgegangen. Nicht, daß sie nichts mehr hätte, aber wann immer ihre Nachbarn nach Hof fuhren, kauften sie in ihrem Auftrag bei Aldi zwanzig Tafeln, und sie erstatte ihnen gegen Vorlage des Kassenbons den Betrag. Habe sie die Tafeln einmal im Schrank, könne sie an nichts anderes mehr denken. Tante Trockels Stimme war unerträglich hoch geworden. Mich beunruhigte die Vehemenz ihres Redeschwalls.

Sie schaffe es einfach nicht, fuhr Tante Trockel fort, die Tafel erst am Abend zu öffnen. Im Gegenteil, sie verbrauche alle Kraft dafür, sich einen oder zwei Riegel bis zur Tagesschau aufzusparen. Gestern sei ihr das nicht gelungen, und so habe sie zwei Tafeln an einem Tag verspeist, von Überdruß könne jedenfalls keine Rede sein.

Sie trug die Vorspeise auf, Fenchel mit Mandelsplittern und Apfelsine, dazu der Aperitif in winzigen Gläsern, der Rand mit Zuckerkruste bekränzt.

Wie immer hatte sich Tante Trockel bei der Vorbereitung dieses Essens bis an die Grenze ihrer Kräfte verausgabt. Sie selbst nippte hin und wieder am Wasserglas und redete auch weiter, während sie in der Küche hantierte. Nur als sie den Rehrücken auf einer schweren Platte präsentierte, hielt sie inne, um uns Gelegenheit zu geben, ihrer Kunst zu huldigen.

Danach – mein Teller war gerade zum zweiten Mal gefüllt worden – erzählte Tante Trockel, wie eine Klassenkameradin sie einst am Stanniolpapier habe riechen lassen, um ihr eine Ahnung davon zu geben, was Schokolade sei. Und sie, die Achtjährige, sei ihr dafür dankbar gewesen. »Stell dir das mal vor!« rief Tante Trockel und sah mich an. Sie wurde immer lauter und erzählte es so, als ginge das nur mich etwas an. Ich versuchte ihren Blick, sooft es ging, zu erwidern, wurde unsicher, als hätte ich etwas überhört, was ihre ausschließliche Ansprache begründete, und aß immer hastiger. Dann erst bemerkte ich, daß Michaela sich zurückgelehnt und die Augen geschlossen hatte. Tante Trockel saß steif auf der Sesselkante.

Nun war es an mir, ihr mit gedämpfter Stimme Michaelas Pensum der letzten Wochen vorzutragen.

»Du mußt nicht flüstern«, sagte Michaela, »aber mit geschlossenen Augen kann ich mir die kleine Annemarie Trockel, die am Stanniolpapier riecht, besser vorstellen.«

Tante Trockel vollführte einen kleinen Hüpfer auf der Sesselkante und belohnte Michaela für ihre Ausrede mit einem Lob für den »klartext«. Das gab ihr zudem Gelegenheit, von ihrer Schwägerin zu berichten, die den »klartext« deshalb nicht kaufe, weil da Thüringen draufstehe. Altenburg, habe diese gesagt, sei Sachsen und gehöre zu Sachsen, das finde sie, Tante Trockel, natürlich auch, aber das lasse sich ja ändern, also der Zeitungskopf.

Michaela fragte schließlich, was sie von den Artikeln halte. »Sehr gut«, rief Tante Trockel, »wirklich sehr gut, kritisch eben, sehr kritisch.« Sie nippte an ihrem Wasserglas und behielt es in der Hand.

Die Kritik finde sie gut? Ja, was denn sonst, das sei doch jetzt überall so. Nun komme die Wahrheit ans Licht.

Beide Frauen, so schien mir, warteten darauf, daß der Rehrücken endlich von meinem Teller verschwand.

»Nein!« schrie Michaela auf, als Tante Trockel zwei Teller

mit jeweils einem Achtel Schwarzwälder Kirschtorte hereintrug. Tante Trockel knüpfte daran die Geschichte von der bestellten Schlagsahne, die man ihr trotz mehrfacher Zusicherung nicht zurückgestellt habe, weshalb sie bis zum Kaufhallenleiter vorgedrungen sei, der schließlich zum Telephon gegriffen und am Steinweg noch zwei Flaschen für sie geortet hatte. »Zwei Flaschen!« rief Michaela. Zwei Flaschen Schlagsahne seien eine Zumutung, das dürfe sie nicht tun, sich und uns so zu mästen. Michaela war selbst über ihren Ausbruch erschrocken, als Tante Trockel die Teller abstellte und auf dem Absatz kehrtmachte. Auf dem höchsten Sahnegipfel eines jeden Stückes thronte eine Maraschinokirsche, um die herum der sirupartige Likör einen Bergsee bildete. Ich sah Tante Trockel bereits mit tränenüberströmtem Gesicht, die Stirn am Küchenfenster, da erschien sie mit einem noch größeren Stück Torte, das sie auf ihren Platz stellte. Plötzlich stand eine Flasche Obstler vor mir und drei Gläser. »Ach, Tante!« rief Michaela. Ich schenkte uns ein, wir stießen an.

Nach dem ersten Gabelstich löste sich aus dem Maraschino-Bergsee ein Rinnsal, das sich purpurfarben durchs makellose Weiß schlängelte. Wir aßen andächtig schweigend.

Dann tat ich etwas, was ich bei Tante Trockel nie versäumte, ich ging aufs Klo: spiegelnde, von keinem Tropfen verunzierte Armaturen, ein Klobecken, in dem der Abfluß so weiß war wie der obere Rand, eine Batterie Kämme, in denen nie ein Haar zurückblieb. Mit der Neugier eines Kindes öffnete ich jedesmal ihren Spiegelschrank, in dem es dezent nach Schlangengift und Franzbranntwein roch. Bei ihr wäre ich nie auf die Idee gekommen, im Stehen zu pinkeln.

Plötzlich erinnerte ich mich an eine seltsame Begebenheit in meiner Kindheit. Fast im selben Moment donnerte Tante Trockel gegen die Tür und rief geradezu flehentlich meinen Namen.

Mit schreckensgeweiteten Augen riß sie zwei Schlüpfer von der Leine, preßte sie an sich und flüchtete mit ihrer Beute.

Als ich zurückkehrte, saß Tante Trockel zurückgelehnt im Sessel, die Hände neben sich, und betrachtete ihren Bauch. Michaela hielt bereits die Handtasche auf dem Schoß. »Hab ich euch schon mal das wichtigste Erlebnis meines Lebens erzählt«, fragte ich, ignorierte Michaelas Reaktion und begann einfach zu erzählen, woran ich mich gerade erinnert hatte.

Ich war zehn oder elf Jahre alt, als mich ein Junge vom Nachbarhof überredete, mit ihm bei seiner Großmutter zu übernachten. Bei ihr dürften wir uns die Schlagerparade ansehen und danach noch einen Film. Außerdem bekämen wir dort so viele Geleebananen, wie wir wollten. Obwohl es für mich nichts Schlimmeres gab, als ohne meine Mutter und Vera bei Fremden zu übernachten, stimmte ich zu, aus Feigheit und Mangel an Argumenten. Nachdem Schlagerparade und Film vorüber waren, die Geleebananen gegessen und ich im Dunkeln in dem fremden Bett lag, umgeben von fremden Dingen und fremden Gerüchen, begann ich bitterlich in mein Kissen zu weinen. Ja ich schluchzte vor Heimweh und Sehnsucht und weil ich es immer in solchen Situationen tat. Nach einer Weile stellte ich verwundert fest: Mein Weinen hatte aufgehört. Sofort wollte ich weiterheulen, aber es ging nicht.

»Wißt ihr, was passiert war?« fragte ich Michaela und Tante Trockel. Beide sahen mich an, als spräche ich Chinesisch.

»Also, was war passiert?« fragte Michaela gelangweilt.

»Ich wußte nicht mehr, warum ich geweint hatte«, rief ich. »Ich verstand selbst nicht, was denn so schlimm an meiner Situation sein sollte!«

»Das ist dir jetzt eben eingefallen?« fragte Tante Trockel.

»Ja«, sagte ich, »das ist mir auf dem Klo eingefallen.«

»Na gut«, sagte Michaela, nickte Tante Trockel zu und wollte sich erheben. Da bat ich um ein zweites Stück Schwarzwälder Kirsch. Tante Trockel eilte in die Küche, Michaela ließ sich zurückfallen. Den Kopf auf der Sofalehne, sah sie zur Decke. Ich füllte unsere Gläser nach. Tante Trockel kam kichernd aus der Küche und verwechselte vor Aufregung ihren und meinen Teller, was ich an der roten Spur erkannte, die die Maraschinokirsche an meinem Tellerrand hinterlassen hatte. Tante Trockel hielt mit. Wir stießen an. Ich würde Tante Trockel zugrunde richten, empörte sich Michaela. »Wieso ich?« fragte ich. »Wieso er?« echote Tante Trockel und kicherte. »Das ist tödlich!« rief Michaela und zeigte auf Tante Trockels Teller.

»Soviel ich weiß«, sagte ich, »haben Schwangere da nichts zu befürchten.« Michaela erstarrte. Tante Trockel warf sich zurück und begann aus vollem Hals zu lachen, so daß ein Sprühregen an Sahne und Krümeln vor ihr niederging.

»Ihr seid verrückt«, sagte Michaela, nahm ihre Handtasche und stand auf.

Ich hatte aber keine Lust zu gehen! Jedenfalls gab es, so fand ich, keinesfalls mehr Gründe aufzubrechen als zu bleiben. Im Gegenteil: Ich hatte Zeit! Ich mußte ja nichts mehr schreiben, nichts mehr lesen.

»Bringen wir's hinter uns?« fragte ich, als unsere Teller wieder leer waren. Tante Trockel nickte. »Frisch schmeckt es sowieso am besten.« Sie nahm unsere Teller und tappte in die Küche.

Michaela starrte mich an. »Du hörst jetzt bitte auf damit«, rief sie. »Du hörst jetzt auf, du bringst sie um!«[1]

Statt der Teller trug Tante Trockel die Torte herein, über die eine durchsichtige Plasteglocke gestülpt war, mit einem roten Knopf in der Mitte als Griff.

[1] Wohlweislich verschwieg T. gegenüber N. H. den Tod von Tante Trockel nur wenige Wochen später. Vgl. Brief vom 6. 2. 1990.

»Trinken wir erst mal einen«, sagte ich.

»Viel Spaß«, rief Michaela, öffnete die Wohnungstür und zog sie, noch bevor einer von uns etwas sagen konnte, hinter sich zu.

Tante Trockel und ich aßen die Torte ohne Teller, direkt von dem Boden ihres Gehäuses. Wir achteten darauf, dasselbe Tempo zu halten. Beide trugen wir unsere Stücke von der Mitte her ab.

Ich weiß nicht, ob Sie sich das vorstellen können: Doch als ich mich gemeinsam mit dieser dickbäuchigen, verhutzelten Alten über die Reste der Torte hermachte, fühlte ich mich auf eine unerwartete Art und Weise frei, ja befreit; befreit von allem Druck, aller Hetze, allen Ansprüchen. Eine wundersame Ruhe hielt Einzug, ein Frieden, den ich der Wirkung des Alkohols zuschrieb.

Morgens erwachte ich gegen vier aus einem traumlosen, tiefen Schlaf, der mich vollkommen erfrischt und auch den letzten Rest Müdigkeit von mir genommen hatte.

Meine »gute Laune« reizte Michaela. Sie zu quälen bereite mir offenbar Vergnügen, behauptete sie. Was ich auch tat und sagte, es bot Anlaß zu Vorwurf und Kritik.

Und dann begann es zu schneien, es schneite den ganzen Abend und die ganze Nacht und auch noch den nächsten Vormittag. Vor dem Fenster sah ich Kinder mit Schlitten. Unser Nachbar schippte Schnee.

In den letzten Wochen hatte ich dem Wetter keinerlei Beachtung geschenkt, jetzt aber freute ich mich wie ein Kind über die weiße Pracht. Ich wollte hinaus und zog mich an. Robert rief, er komme mit.

Als Michaela, die im Bett lag und Text lernte, uns hinausgehen sah, zog auch sie sich an.

Wir waren ein merkwürdiges Trio. Robert rannte vorneweg,

ich hinter ihm her und mir dicht auf den Fersen Michaela. Sobald Robert außer Hörweite war, begann sie zu zetern, wieso ich mich plötzlich für Robert interessiere und ob ich ihr den Jungen abspenstig machen wolle. »Warum bist du so? Was hab ich dir getan? Warum bist du so?« rief sie immer wieder.

Wir liefen querfeldein. Der Boden unter dem Schnee war nicht überall gefroren, und manchmal mußten wir rennen, um nicht einzusinken. Michaelas Gerede erschöpfte mich mehr als die körperliche Anstrengung. Gern wäre ich umgekehrt. Aber Robert wollte noch zum »Silbersee«.

Der Teich war zugefroren und spiegelglatt. Robert und Michaela schlitterten um die Wette. Mehrmals glaubte ich schon, das Eis brechen zu hören. Ich wandte mich zum Gehen, damit die beiden zusammenblieben. Als ich mich noch einmal nach ihnen umsah, traf mich ein Schneeball ins rechte Auge. Es war nicht nur Schnee, wie Michaela behauptete, jedenfalls tat es so höllisch weh, als habe ein Steinchen oder Splitter mein Auge verletzt. Ich sah nichts mehr und befürchtete das Schlimmste.

Robert nahm mich an der Hand, als müßte ich geführt werden. Er ließ meine Hand auch auf dem Feld nicht los, während Michaela mir riet, mich nicht so anzustellen.

Werden Sie mir glauben, wenn ich sage, daß ich auf dem Weg über das verschneite Feld vollkommen glücklich gewesen bin? Doch genau so war es. Ja, ich weinte, weil mein rechtes Auge so sehr schmerzte, aber viel mehr weinte ich vor Glück.

Wie soll ich es erklären?

Der Schmerz hatte mich aufgeweckt! Endlich begriff ich, was ich seit der Nacht am Kreuzweg und dem Besuch bei Tante Trockel wußte: Mein altes Leben lag hinter mir. Oder besser: Jetzt begann ich überhaupt erst zu leben.

Seit meinem Sündenfall hatte ich mit der Zeit gegeizt, kein Augenblick, in dem ich nicht ein Getriebener gewesen war, der allein dafür lebte, aus jedem Tag und jeder Stunde noch mehr Schreiben, noch mehr Literatur, Werk und Ruhm zu schinden.[1]

Endlich hatte ich mich von der Kunst, von der Literatur befreit und mit ihr von der Zeit. Plötzlich war ich einfach nur noch da, um zu leben, zu genießen, ich mußte nichts mehr schaffen![2]

Es gab Robert und Michaela, den Schnee und die Luft, in der Ferne das Bellen der Hunde und die Geräusche der Straße, all das nahm ich wahr, als hätte ich soeben erst diese Erde betreten, als befände ich mich erstmalig inmitten der Welt. Ach, Nicoletta, werden Sie mich verstehen?[3]

Leicht, befreit und glücklich lief ich hinter Robert her. Und als aus Oberlödla ein großer Hund auf uns zugerannt kam und Robert und Michaela sich hinter mir zu verstecken suchten, brachte ich den kläffenden Köter schnell dazu, sich an meine Knie zu drücken und die Augen zu schließen, während ich ihm Hals und Kopf kraulte.

Das verwahrloste Tier begleitete uns bis zur Straße. Robert hatte einen Wagen angehalten, der uns in die Poliklinik brachte.

1 Die im Vergleich zu den vorangegangenen Seiten auffallend fahrige Schrift sowie die Vielzahl der Streichungen auf der letzten Seite lassen vermuten, dass T. diese Passage als Entwurf verstand, sie dann aber nicht noch einmal abschrieb.
Gestrichen: Plötzlich war der Fluch gebannt, die Welt beschreiben zu müssen, die Verblendung von mir genommen, ein berühmter Mann werden zu sollen, der Wahn gesühnt, ewig leben zu wollen.

2 Das muss sich ja nicht ausschließen!

3 Gestrichen: Ich hatte tatsächlich jeden bedauert, der keine künstlerische Begabung besaß, der keine Möglichkeit hatte, sich Ruhm und Ewigkeit zu verschaffen. Jetzt bemitleidete ich jene, die an diesem Streben festhielten. Merkten sie denn nicht, daß das Zeitalter der Kunst, das Zeitalter der Worte vorbei war und die Zeit der Taten unwiderruflich begonnen hatte? Ich jedenfalls musste nicht mehr Tag und Nacht nach einem Romanstoff suchen!

Vor dem Eingang lief ich Dr. Weiß, meinem Arzt, in die Arme. Er glaubte wohl, ich hätte einen Vorwand gefunden und käme, um mich weiterhin krank schreiben zu lassen. Deshalb behandelte er mich etwas von oben herab. Doch als ich ihm sagte, daß ich, ganz gleich, was mit dem Auge sei, keine Krankschreibung wolle, und er mir fast mit Gewalt das rechte Auge öffnete, war es das freundliche Gesicht von Dr. Weiß, das ich als erstes wieder mit beiden Augen erblickte.

Damit bin ich am Ende meiner Geschichte. Was weiter geschah, wissen Sie selbst. Nun wäre die Reihe eigentlich an Ihnen. Was mich angeht, stünde einer Reise nach Rom nichts im Weg.

Ihr

Enrico Türmer

ANHANG

Die sieben im Anhang versammelten Texte fanden sich auf der Rückseite von 20 der insgesamt 33 Briefe an Nicoletta Hansen. Die rechte Hälfte der Manuskriptseiten war unbeschrieben, um Platz für Korrekturen zu lassen. So erklärt sich der im Vergleich zum jeweiligen Brief geringere Umfang. Obwohl Türmer teilweise ausführlich auf einzelne Arbeiten eingeht, nimmt er doch nie direkt Bezug auf die Rückseiten. Lediglich am Ende des Briefes vom 9. Juli findet sich eine eher fragwürdige Herleitung dieser doppelgesichtigen Blätter. Über Motive und Absichten Türmers ließe sich spekulieren. Ich habe mich darauf beschränkt, den zeitlichen Zusammenhang der »Rückseiten« mit den entsprechenden Briefen zu dokumentieren.

Die Lesbarkeit seiner Arbeiten muss Türmer offenbar wichtig gewesen sein, sonst ginge die Chronologie der Briefe nicht einher mit der Chronologie der einzelnen Prosaversuche. Der Abdruck hält sich an die von Türmer vorgegebene Reihenfolge.

I. S.

[Brief vom 9. 3. 90]

SCHNITZELJAGD

... und sende Euch viele Grüße aus Thalheim! In unserem Ferienlager ist immer was los. Nie bleibt Zeit zum Schreiben. Nur heute regnet es dauernd. Die Stimmung ist klasse. Adelheid, die unsere Gruppe leitet, hilft immer, auch wenn jemand immer noch nicht richtig sein Bett machen kann. Es ist uns ja oft genug gezeigt worden. Die Mädchen aus den andern Gruppen beneiden uns wegen Adelheid. Nur wenn abends Schluß ist und das Licht aus und wir in den Betten liegen, dann ist sie nicht mehr da.

Wir haben oft Dienst in der Küche oder Saubermachen. Ich komme mit allen gut aus. Zweimal war Tanzabend. Morgen ist wieder Tanzabend. Die Großen sind alle in Rolf verliebt, den Stellvertreter von Herrn Funke. Der hat ein Moped und Helm. Herr Funke sagt immer: Sein Rolf ist seine rechte Hand. Am Gedenkstein hat Rolf Trompete gespielt, um alle Opfer zu ehren. Davor machten wir Subbotnik und jäteten Unkraut.

Gestern war Schnitzeljagd. Maik hat ganz schön geweint, als er vortreten mußte. Frau Borchert hat den Brief vorgelesen. Maik will nicht im Ferienlager sein. Frau Borchert hat ihn gefragt, was er denn zu Hause will, wo doch alle arbeiten und niemand Zeit für ihn hat und die Kinder alle im Ferienlager sind. Wir haben ganz schön lachen müssen. Herr Funke hat dann gefragt, warum er lieber zu Hause spielen will und nicht hier im Ferienlager. Er sollte sagen, was ihm nicht gefällt. Da hat er natürlich nichts gewußt. Erst solche Briefe schreiben und dann keinen Mucks rausbringen und sich nie ausmären. Adelheid sagt: Maik ist ein Kandidat fürs Abhauen. Kinder wie Maik hauen leicht mal ab, und dann müssen Polizei und alle anderen suchen gehen. Und in der Zeit kann natürlich allerhand passieren und niemand ist dann da, weil die Maik suchen müssen.

Maik hat angefangen zu heulen. Das hätte er sich eher überlegen sollen. Wir waren alle erschrocken, weil Maik gegen die Lagerordnung verstoßen hat. Herr Funke hat ihn gefragt, aber natürlich wieder kein Mucks. Herr Funke sagte, er hat keine Wahl mehr, wenn Maik nicht redet. Das hat Maik sich selbst eingebrockt. Aber eine Chance gibt er ihm noch. Da kann sich Maik bewähren und Maik hat genickt und dann hat er ja gesagt. Wir sind dann zum Sportplatz marschiert und haben Appell gemacht. Als Brigadeleiter melde ich immer die Bereitschaft. Es ist großer Mist, wenn ich als letzte melde, weil jemand aus meiner Brigade schwatzt und einfach nicht zur Ruhe kommt. Wir mußten uns mit Maik befassen. Maik hat allen gelobt, nicht abzuhauen. Da hat er was gutzumachen. Solche Briefe schreiben! Wenn die in falsche Hände fallen hat Herr Funke gesagt. Überall auf der Welt sehnen Kinder sich nach Ferienlager wie bei uns und müssen arbeiten gehen und dürfen nie in ein Lager. Und zu essen haben sie auch nicht genug. Aber wir dürfen jedes Jahr fahren. Alle waren dafür, daß Maik es macht. Herr Funke hat gefragt, wer nicht damit einverstanden ist, aber alle wollten das mit Maik, und der hat selbst die Hand gehoben, also einstimmig. Er ist dann losgerannt, wie er war, mit kurzen Hosen und Unterhemd. Wir haben alle laut gezählt, acht, neun, zehn, Klasse! Auf Klasse gings los! Maik rannte mit dem Sack den Weg hoch zum Wald. Herr Funke hat noch gerufen, er soll dran denken, er hat schließlich was gelobt. Dann hat Herr Funke geredet und gesagt, wir sollen uns jetzt nicht blamieren. Eine halbe Stunde Vorsprung ist ganz schön lang. Aber wir müssen eben üben bis es klappt. Immer üben am besten jeden Tag. Schnitzeljagd ist nämlich eine feine Sache, hat Herr Funke gesagt, und die Küche wird auch entlastet. Wenn es nach Herrn Funke ginge, würde viel mehr Schnitzeljagd gemacht, überall bei uns in der Republik. Vier Gruppen haben wir gebildet. Die großen Jungens wurden in zwei Gruppen geteilt. Und ein paar von den großen Mädels dazu. Wir sollten Tannenzapfen sammeln. Adelheid hat alles in Beutel getan und zugemacht und die Jungens nahmen es mit. Herr Funke ging natürlich mit und auch Rolf. Wir haben hier die Augen aufgemacht. Kann ja keiner wissen was so ein Maik macht. Wenn der die Kurve kratzt und plötzlich hier ist und alle im Wald. Wir hielten die Augen auf und sammelten Holz. Wir haben es dorthin getan wo immer Anstoß ist, also genau in die Mitte vom Sportplatz. Im Wald war mir mulmig, aber keiner wollte Schiß haben. Immer schreien hat Adelheid gesagt, wenn Maik kommt schreien. Kann gar nix passieren. Der ist bestimmt fünf Zentimeter kleiner als ich. Na ja, wir haben die Augen aufgehalten. Mehr als genug Holz war dann rangeschafft. Konnte keine meckern. Und dann hörten wir die Sirene. Herr Funke hat die Lagersirene mitgenommen. Und da wußten wir, es hat geklappt. Dann sind wir los mit Adelheid und Sylvia, die ganz lange Haare hat bis zum Po. Die wird immer schnell zum Tanzen aufgefordert. Sylvia ist die Schönste im Lager. Sie hat auch einen breiten Gürtel mit goldner Schnalle dran, sie will mir von ihren Eltern einen besorgen wenn wir zurück sind, weil ihr Vater den besorgen kann. Dann haben wir beide einen. Bestimmt einen Kilometer sind wir in den Wald rein. Adelheid zeigte uns Kacke von Rehen oder andern Tieren. Das wollen wir in den nächsten Tagen mal lernen und auch die Vogelstimmen erkennen.

Wir warteten an einem Häuschen mit vielen Wegweisern. Da kamen dann Herr Funke und die Jungens mit Maik. Zwei Jungens vorn und zwei hinten, und Rolf zeigte immer wie es nicht weh tut auf der Schulter, wie sie den Ast tragen sollen. Herr Funke hat erzählt, wie sie schon wütend gewesen sind. Maik hat ganz wenig gestreut. Dabei hatte er es versprochen gehabt. Dann saß er auf einmal auf einem Baumstumpf mit dem leeren Sack auf den Knien. Ringsherum Kiefern. Maik ist weggerannt als die Jungens angefangen haben zu werfen. Hat natürlich nichts genützt. Grad wenn Herr Funke mit dabei ist. Der wirft hundert Meter weit und trifft immer. Sie haben immer zusammen geworfen. Herr Funke sagte, das war wie früher ne Orgel, wie aus einer sowjetischen Stahlorgel. Maik hat sein Unterhemd anbehalten, das hat geleuchtet egal wohin er ist. Sie mußten immer nur nach dem Unterhemd werfen. Maik hat auch keine Schuhe mehr gehabt, aber die Augen offen. Ist aber paarmal gegen was gehauen. Als Herr Funke merkte, daß wir alle mit dabeisein wollen, hat er gesagt, wir sind in Ordnung. Herr Funke ist ein Strenger, sagt Adelheid immer, aber gerecht. Das ist was ganz Seltenes, wenn er nichts zu meckern hat. Wir haben es aber geschafft, weil wir zusammengehalten haben mit Adelheid. Wir stellten uns hin wie morgens beim Appell drum rum um Maik. Herr Funke sagte, wie stolz er auf uns ist. Alle haben ihre Aufgabe erfüllt.

Die Jungs haben ihn dann auf die Veranda getragen wo Herr Funke und Herr Meinhardt, der Hausmeister, standen. Adelheid sagte, Herr Meinhardt hat gesagt, da könnte jeden Tag so ein Satansbraten kommen, das würde die Küche ganz schön entlasten. Das ging dann schnell, und weil alle was mitbekommen wollten. Herr Funke lobte Herrn Meinhardt, weil der sein Handwerk versteht und auch immer an die Schüssel denkt und die drunterhält. Die Jungens mußten die ganze Zeit rühren. Wir kümmerten uns ums Brotschneiden und brachten den Teekübel auf den Sportplatz. Wir nahmen den Handwagen und die Jungens haben das Gestell für den Spieß gebracht. Und Rolf hat das Holz angemacht über das dann der Lagerspieß kam. Herr Funke lachte, weil der Maik gar nicht wiederzuerkennen war. Hat ganz schön lang gedauert, bis wir randurften, lange nach Nachtruhe. Ich esse aber lieber Wurst. Wurst schmeckt mir besser als so ein Schnitzel. Herr Funke hat viel erzählt von früher und wie sie gekämpft haben und die ganzen Opfer und wie sie trotzdem immer an den Sieg geglaubt haben. Deshalb machen wir auch Ehrenwache. Und dann hat Herr Funke Gitarre gespielt, und Adelheid hat gesungen und wir auch. Ich dachte immer an den Gürtel. Wenn ich den schon gehabt hätte. Und dann sagte Herr Funke: Wer will denn den Kopf mal sehen? Und hat ihn rausgeholt aus dem Sack, wo er die ganze Zeit drin war. Wer will den Kopf tragen, hat Herr Funke gefragt. Ich hab Maiks Kopf so angefaßt, wie Herr Funke es uns gezeigt hat, an den Haaren. Ganz schön schwer war der, weil ich mich ja nicht dreckig machen wollte. Das hatte ich nicht gedacht, daß Maiks Kopf so schwer ist. Ach du grüne Neune hab ich gedacht. Weil er so schwer war, haben wir uns abgewechselt, Sylvia und ich. Sylvia ist meine beste Freundin. Wenn wir zurück sind, wollen wir uns besuchen.

Es grüßt Euch Eure Sabine, Gruppe M 4

[Brief vom 24. 3. 90]

JAHRHUNDERTSOMMER

Salwitzky steht zwischen Tür und Tisch, die Hände in den Hosentaschen der Ausgangsuniform, und blickt zum Fenster. Wegen der Nachmittagssonne und der Hitze ist die Verdunkelung halb zugezogen. Davor sitzt Vischer, einen Ellbogen auf dem breiten Fensterbrett, den Rücken am Spind, in der Linken das Buch. Es ist still wie auf dem Land. Nur manchmal hört man das Schlurfen von Stiefeln oder die hohen Schwungradtöne der Mannschaftswagen. Die Kompanie ist auf dem Schießplatz.

»Dreiviertel fünf«, sagt Salwitzky, schiebt die Schirmmütze noch weiter zurück und fährt sich mit der Hand über die Stirn. »Und?«

»Nichts«, sagt Vischer.

»Du siehst ja nicht hin.«

»Ich seh, wenn sich was bewegt.«

»Wenn du nicht hinsiehst, kannst du auch nichts sehn!«

Ein Pfiff ist zu hören, nicht auf ihrem Flur, dann das Kratzen von Hockern über ihnen.

»Wenn die wiederkommen und uns hier sehen und sich scheckig lachen, mach ich Randale.«

»Mach Randale«, sagt Vischer leise, legt das aufgeschlagene Buch auf die Seiten, steht auf, nimmt Schreibblock und Kuli aus dem Spind und setzt sich wieder. Er schiebt das Linienpapier zurecht.

»Was wird denn das jetzt?« Salwitzky geht ein Stück um den Tisch, gerade so weit, daß er die grau-blaue Tür der Stabsbaracke mit der kaputten Klinke sehen kann.

Vischer hält den Kopf schief und dicht über dem Blatt.

»Was machst du denn?«

Vischer schaut in das Buch und schreibt weiter.

»Ich hab dich was gefragt.«

»Mensch, Sally, das siehst du doch!«

Salwitzky dreht sich um. Er rüttelt am Schloß seines Spinds, stellt seine Tasche vom Hocker auf den Tisch, öffnet den Reißverschluß und schließt ihn wieder. Er lüftet seine Schirmmütze und wischt sich mit dem Unterarm über Augen und Stirn. Die Achselhöhlen seines hellgrauen Hemdes sind dunkel.

»Schreibst du 'ne Beschwerde?«

»Nee«, sagt Vischer, blättert die Buchseite um, schlägt ein Bein über das andere und beugt sich wieder vor.

»Mach ich nie wieder«, sagt Salwitzky, »so was ist nichts für mich. In Urlaub geht's zusammen mit der Kompanie oder gar nicht.«

»Kommst schon nach Hause.«

»Wenn ich dich ansehe, wenn ich dich da so hocken sehe, glaub ich's nicht mehr.«

»Vor fünf passiert da nichts, das weißt du doch.«

»Wenn ich den Achtundzwanziger nicht krieg ...«

»Kriegste auch nicht.«

»Ja! Scheiße auch!« Salwitzky tritt gegen den Hocker vor ihm, der ans Bettgestell kracht und umfällt. Salwitzky hebt ihn auf und tritt erneut dagegen. Der Hocker bleibt kurz vor der Tür liegen.

»Das ist der Jahrhundertsommer, Visch! Jahrhundertsommer ohne uns! Wir hängen hier rum, und da draußen ... Das kommt nie wieder!«

»Kannst dich auf'n Kopp stellen, Sally ...«

Salwitzky fährt herum. »So siehste aus! Sally und auf'n Kopp stellen, das würde dir gefallen.« Salwitzky hebt den Hocker auf und schiebt ihn zurück unter den Tisch. »Das würde dir gefallen, oh, Mann!«

Salwitzky wirft sich auf eines der unteren Betten in der Mitte, die Ausgehschuhe auf der Querstrebe am Fußende. »Haste Kummer, Visch? Ist sie dir davongelaufen?«

Vischer blättert weiter.

»Sag an, Visch. Stimmt's?«

»Quatsch.«

»Schon gut, Visch, brauchst nichts zu sagen.« Salwitzky preßt seine Hände gegeneinander und läßt die Finger nacheinander knacken. »Mußt halt öfters mal hier raus, Visch, dann haste den Ärger nicht.«

Vischer schreibt weiter. Auf dem Flur über ihnen dröhnt das Radio. Solange es zu hören ist, singt Salwitzky mit.

»Nee, wirklich«, sagt er dann. »Gesprächig wie ein Schraubenzieher – lesen, schreiben, lesen! Mehr machste zu Hause wohl ooch nicht.« Mit den Händen drückt Salwitzky gegen die Matratze über seinem Kopf.

»Haste kein Geld mehr? Brauchste welches?«

»Danke, nein.«

»Wirklich?«

»Hast doch selber nichts.«

»Hier nicht, hier brauch ich ooch nichts. Aber zu Haus, was denkste, was ich zu Haus hab. Brauchste welches? Mußte nur sagen.«

»Mußt nichts machen, Sally.« Vischer lehnt sich zurück und liest, den Kuli noch zwischen den Fingern.

»Gibt schon Sachen, die du gern hättest, bin doch nicht blöd!«

»Zum Beispiel Ruhe«, sagt Vischer. Das Radio über ihnen ist nicht mehr zu hören.

»Auf'n Kopp stellen. Das gefällt dir doch. Dir gefällt's ja überhaupt hier.«

»Was?«

»Kannst es gar nicht besser haben als hier, wo sich die Jungs auf'n Kopp stellen.«

»Wie ›auf'n Kopf stellen‹?«

»Weißte genau, weißte doch ganz genau. Und dazu Blumenvase und Tischdecke und der ganze Scheiß.«

»Das hier?« Vischer zeigt auf die Milchflasche hinter der Verdunkelung, in der ein paar verblühte Wiesenblumen im Wasser stehen.

»Schleimst dich doch wie 'n Gaskranker an jeden ran. ›Kann ich dir was mitbringen? Kaffee, Wodka? Hattatatata und schönen Dank auch.‹ Wie mir das auf'n Sack geht!«

Vischer schüttelt den Kopf und schreibt weiter.

»Bringst das Zeug doch immer nur rein, aber selbst trinken, nee, damit bezahlst du sie doch!«

»Was?«

»Deine Schwänze.«

Vischer lacht auf. »Nur Scheiße im Kopp, Sally, nur Scheiße.«

»Hast dich doch massieren lassen, von dem Weib, hab ich doch gesehen, wie du hier lagst und dich nicht mehr eingekriegt hast.«

»Von Rosi?«

»Hast dir einen abgestöhnt, war doch dabei!«

»Und hast dich hingelegt, Sally, vergiß das nicht«, sagt Vischer und sieht zum ersten Mal auf. »Da war einer ganz heiß drauf, von Rosi massiert zu werden.«

»Ich hatte das Hemd an und hab nicht rumgestöhnt …«

»Hochgeschobenes Unterhemd, Sally, und weißte, was du gesagt hast, wer da auf deinem Arsch sitzen sollte?«

»Dir gefällt's hier doch, Visch, genau wie der Tunte, hat Rosi selbst gesagt, weil er hier nicht allein ist, lauter saftige Jungs, die sich für ihn auf'n Kopp stellen, hat Rosi gesagt. Und du, Visch, du bist genauso, ganz genauso.«

»Mach 'n Kopp zu, Sally«, sagt Vischer, steht auf und zieht die Verdunkelung zurück. »Halt einfach deine Klappe.«

Über der Stabsbaracke blitzt es. Vischer setzt sich, das Fensterbrett wie einen Tisch vor sich, die Knie an der kalten Heizung, den Rücken Salwitzky zugewandt, der weiterredet.

[Brief vom 30. 3. 90]
Vischer dreht sich erst wieder herum, als das Gequietsche beginnt. Salwitzky hält sich mit beiden Händen an den Eisenstäben hinter seinem Kopf fest, drückt die Füße gegen die Querstrebe am anderen Ende und bewegt sich, das Bettgestell schuckert hin und her. »Rosi, du Sau!« schreit Salwitzky und kommt aus dem Rhythmus, stemmt die Füße gegen die Matratze des oberen Bettes, und dann, als hätte er nur Schwung geholt, tritt er gegen das Fußende und wieder gegen die Matratze. Er schaukelt hin und her, er schreit: »Du Sau!« Die Stahlfedern quieksen, das Gestell scheuert auf dem Boden. »Du Sau, du Sau, du Sau!«

Plötzlich ein hoher Ton – die Metallrohre fahren auseinander, Salwitzky schreit, hält das Bett mit den Füßen über sich, schreit. Salwitzky ist ein Artist, ein schreiender Artist. Er kann Vischer nicht sehen, weil ihm die Beine, das Bett, die Matratze im Weg sind. »Hast du's, hast du's?«

Vischer antwortet nicht. »Hast du's?« schreit Salwitzky und reckt, was eine übermäßige Anstrengung zu sein scheint, seinen Kopf zur Seite, so daß er endlich Vischer sehen kann, der das obere Bett festhält und lächelt.

Salwitzky wälzt sich zur Seite und steht auf. Gemeinsam stecken sie die Röhren am Fußende ineinander. Salwitzky bückt sich und nimmt die Bügelfalte seines rechten Hosenbeins so vorsichtig, als würde sie schmerzen, zwischen Daumen und Zeigefinger. Dann untersucht er die Bügelfalte des linken Hosenbeins.

Auf seinem Rücken sieht man kleine über die Schultern verteilte Schweißflecken.

Vischer schreibt wieder, den Kopf schief und dicht über dem Blatt. Salwitzky steht hinter ihm. Nur an den Grasbüscheln ist zu sehen, wie windig es ist.

Die ersten Regentropfen sind so groß, daß man sie einzeln auf dem hellgrauen, bei diesem Licht fast bläulichen Asphalt erkennt.

Salwitzky beugt sich über Vischers Schulter hinweg, dreht den Fenstergriff und öffnet einen Flügel. Die Tropfen klatschen so laut wie Schneebeeren auf den Asphalt. Sie übertönen sogar das Stiefelgetrappel, zumindest so lange, bis der Rost des Fußabtritts zu scheppern beginnt, regelmäßig, fast rhythmisch.

Vischer erblickt eine Hand vor seinen Augen, eine fremde schwere Hand mit dicken Fingern, die Vischer, als sie sich spreizen und sich die Kuppen mit den halb zugewachsenen Fingernägeln emporrecken, an Würmer oder ähnliches erinnern. Sehnen und Adern treten hervor, und die Narbe unter dem Ehering wird weiß. Langsam sinkt diese Hand auf Vischers Papier, und während das Stiefelgetrappel und die Stimmen auf dem Gang immer lauter werden und Türen aufschlagen und der Asphalt bereits ganz dunkel ist, zerknüllt diese Hand das Blatt vor Vischers Augen lautlos.

DER SPITZEL

»Müssen wir ihn eben zum Sprechen bringen, wenn Spitzel schweigt, was, Spitzel? Ist doch logisch, findet Spitzel auch, daß das logisch klingt?«

Edgar schob die Bohnerkeule auf dem Gang hin und her. Zentimeterweise kam er wieder näher an die Meute heran, die sich vor der offenen Stubentür drängte. Um besser zu sehen, stützten sich die hinteren auf die Schultern der Vordermänner und sprangen hoch oder rissen andere, die sich ebenfalls hochstemmten, nach hinten. Wenn sie nicht gerade johlten oder schrien, verstand Edgar jedes Wort.

»Prima Idee! Also, Spitzel, warum so stumm?«

»Der ist nicht stumm. Wenn er was nicht ist, dann stumm, stumm nu wirklich nicht.«

Es war noch dasselbe Gerede wie vorhin. Edgar hatte geglaubt, es würde zehn, fünfzehn Minuten dauern, höchstens zwanzig. Zwanzig Minuten mit der Bohnerkeule sind eine lange Zeit, ein ganzer Flur: vom Zimmer des Polit und den Toiletten aus entlang der Türen der Zugchefs, des KC und der Waffenkammer, vorbei am Treppenhaus und der Schreibstube, dann zwei Türen erster Zug, zwei zweiter, zwei dritter, Waschraum, Treppenhaus, die Unteroffiziere, Fernsehzimmer, Klubraum.

»Hörst du, Spitzel, was er sagt? Warum weigert sich Spitzel?«

»Der spricht nur mit dem Polit – gewählter Ausdruck, Käffchen, Milch, Zucker, ›Duett‹, alles vom Feinsten.«

»Geh jede Wette ein, der macht's Maul nicht auf, macht der nicht auf!«

Diese Stimme erkannte Edgar nicht. Die beiden anderen waren Mehnert und Pitt, Pitt, das rosa Schwein mit seinen Sprüchen.

»Dann muß er was zu fressen kriegen«, sagte Mehnert.

»Knöpf ihn auf«, rief der, den er nicht erkannte.

Edgar hatte gedacht, nichts wird so heiß gegessen, wie es gekocht wird. Deshalb war es ihm leichtgefallen, sich weiter mit dem Spitzel zu unterhalten. »Niemand darf sich etwas anmerken lassen«, hatte Mehnert gesagt. »Wenn die Wind davon kriegen, versetzen sie ihn oder machen sonstwas«, obwohl keiner wußte, was Mehnert mit »sonstwas« meinte. Mehnert war so weit gegangen, sich bei dem Spitzel Geld zu borgen. Im Gegenzug wollte er ihm Ausgang verschaffen. Der Spitzel hatte ihm dreißig Mark gegeben, den Ausgang aber abgelehnt. »Da habt ihr's«, hatte Pitt gesagt. »Jetzt, da bei den Polen der Teufel los ist, brauchen die alle Augen und Ohren hier drinnen.« Der Spitzel war vorsichtiger geworden. Er schrieb jetzt weniger und nur noch, wenn er allein war. Aber vorhin hatten sie ihn wieder erwischt.

Heute war der neunte Tag. Seit neun Tagen wußte Edgar, was mit dem Spitzel passieren würde, mit dem Spitzel, der in seiner Gruppe war, dritter Zug, zweite Gruppe.

»Wir wollen deine Stimme hören, Spitzel, du weißt so viele Worte, gebildete Worte, richtig schöne Spitzelworte.«

»Ich hab doch gesagt, Spitzel wird nicht antworten, Spitzel braucht Hilfe, Spitzel braucht Anregung, Spitzel braucht uns.«

So unangenehm die Sache mit dem Spitzel war, sie vertrieb dumme Gedanken. Jedenfalls besser als das Gesinge. Edgar verstand nicht, wie man freiwillig von Kompanie zu Kompanie ziehen und Weihnachtslieder singen konnte, als wäre man im Pflegeheim. Der Resi-Oberleutnant, der den KC über Weihnachten vertrat, hatte sich dazugestellt – mehrstimmiger Gesang. Dann war er mit ihnen abgezogen, einfach mitgegangen, wie zum Biertrinken, und der UvD war fort zum Essen, und der GUvD, Daumen und Mittelfinger in den Mundwinkeln, hatte gepfiffen, ein privater Pfiff sozusagen. Und dann hatte er das Radio laut gestellt, irgendein Westsender, und das hatte sie in Stimmung gebracht – Ich möchte ein Eisbär sein, am kalten Polar –, da waren sie dann alle über den glänzenden Flur vor die Tür des Spitzels gezogen und hatten abgewartet, bis das Lied vorbei war.

Edgar hatte gedacht, daß in dem Schweigen, mit dem sie da vor der Tür verharrten, tatsächlich Zustimmung lag. Disziplin, hatte Mehnert verlangt. Es war ein Sieg der Disziplin gewesen, die ganze Kompanie schweigend vor der Tür zu versammeln.

»Der fängt doch nur zu flennen an, mehr kommt da nicht, wirst sehen.«

»Wird schon was kommen. Was denkste, was da alles kommen wird.«

Edgar machte weiter, noch gleichmäßiger, noch rhythmischer, wie er fand. Wie ein Musiker konnte Edgar die Augen schließen, konzentriert allein auf das Rauschen der mit Metallplatten beschwerten Bürste und auf das klackende Geräusch beim Richtungswechsel. Seine Arme wußten, sein ganzer Körper wußte, wann er die Bürste abzubremsen hatte, damit sie nicht gegen die Wand knallte. Sooft die Bohnerkeule mit einer Ecke anstieß, gab es Löcher, aus denen der Putz rieselte, der dann zusammen mit dem Bohnerwachs gleichmäßig verteilt wurde. Edgar störte nur, daß er an Pitts blöden Spruch vom Keulen und von den Bauchmuskeln und vom Vögeln denken mußte.

Der Spitzel trug als Waffe das Maschinengewehr. Edgar hätte gern mit ihm getauscht, obwohl das MG schwerer war. Doch die Panzerfaust sah aus wie ein Fagott oder so ähnlich. Er fand es immer lächerlich, mit so einem Instrument über der Schulter durch den Sand zu kriechen, auch wenn er als einziger mit einem Panzer fertig werden würde. So hieß es zumindest. Im SPW saßen sie nebeneinander auf der Bank hinter dem Richtschützen.

Dort konnten sie die Beine ausstrecken oder sich abwechselnd auf den Boden legen. Aber Edgar war auf einer anderen Stube. Sonst stünde wahrscheinlich er anstelle der Spitzelopfer Teichmann und Bär, um zu bezeugen: Ja, das habe ich gesagt, ja, das habe ich gesagt, so regelmäßig, daß Edgar drei Bewegungen mit der Bohnerkeule reichten, hin, her, hin – ja, das habe ich gesagt, dreimal die Breite des Flurs, klack, klack, klack – ja, das habe ich gesagt. Wort für Wort hatte der Spitzel alles mitgeschrieben. Und Mehnert hatte den Beweis in der Hand, Soldat Mehnert, Vize, Fahrer, Stubenältester.

Teichmann, den man wegen seines schwerfälligen Ganges und seiner grauen Haare für einen Resi hielt, wollte mit diesem Zirkus nichts zu tun haben. Bär ist da anders. Bär findet gut, was Mehnert macht. Aber zuschlagen wollte auch Bär nicht, jedenfalls stand das nicht im Plan.

»Keiner hat was von ›Rührn‹ gesagt. Hat jemand ›Rührn‹ befohlen?«

»Mann, Spitzel, das ist ’ne Frage, hat jemand ›Rührt euch!‹ befohlen?«

[Brief vom 4. 4. 90]
Sie hatten dem Spitzel die Beine weggeschlagen.

Edgar schob die Bohnerkeule dicht an den ersten Stiefeln und Hausschuhen vorbei, und Frank, der Richtschütze aus seiner Gruppe, der immer sagte, daß er das große Los gezogen habe, weil er beim Angriff nicht hinaus und über den Acker zu rennen brauchte, bot Edgar seinen Hocker an. »Der will es doch so, der provoziert ja noch«, rief Frank und rannte zur Toilette.

Der Spitzel weiß nichts von dem Plan, und deshalb hat er keine Angst. Und man merkt ja, ob einer Angst hat oder nicht. Da muß man nichts sagen. Da reicht schon ein Blick. So ein Blick ist die schlimmste Provokation. Oder die Bewegung einer

Hand. Die Hände nämlich sind nicht festgebunden, nur die Handgelenke, auf Kopfhöhe, wo die Querstrebe des oberen Fußendes an den Rahmen stößt. Bär hatte bei der Probe die Hände bewegt, als wollte er winken oder fliegen, jedenfalls war es komisch gewesen, und sogar Mehnert und Pitt hatten gelacht.

Das Klatschen waren Ohrfeigen. Eine Steigerung lag in der Natur der Sache. Füße wegschlagen war kindisch. Traf man die Ferse richtig, lag der andere flach. Aber der Spitzel konnte nicht hinfallen, er war festgebunden. Ohrfeigen taten weh.

»Stopf ihm den Dreck rein!«

»Würg's runter, Spitzel.«

»Schwanzparade! Schwanzparade!«

Wenn der Spitzel den Mund nicht aufmachte, versuchten sie es mit Ohrfeigen. Mehnert wollte das Blatt zerreißen, dreimal, nicht zu klein und nicht zu groß, der Spitzel sollte ein bißchen kauen müssen.

Edgar hatte das Blatt mit den schiefen Zeilen und dem Krickelkrakel selbst in der Hand gehabt. Mehnert hatte es jedem gegeben, der es hatte sehen wollen. Aber wer es lesen wollte, mußte dann auch mitmachen, so eindeutig war das, eineindeutig, hatte Bär gesagt. Edgar versuchte sich vorzustellen, wie es aussieht, wenn man jemandem Papier in den Mund stopft. Zusammengeknüllt oder in übereinandergelegten Schnipseln wie ein Stück Baumkuchen. Beim Zukleben eines Kuverts hatte sich Edgar einmal in die Zunge geschnitten. Aber wie zwang man ihn zum Kauen und Schlucken? Und wenn er alles ausspuckte? Wer sammelte die feuchten Schnipsel wieder ein? Ginge es dann von vorn los? Sie johlten so laut, als gäbe es im ganzen Regiment keinen Offizier mehr.

Edgar schob die Bohnerkeule hinter der Meute entlang. Als er wieder Platz hatte, fand er nur langsam zu seinem Rhythmus zurück.

Edgar hörte auf zu summen, als er merkte, daß es die Melodie von »Ich möchte ein Eisbär sein« war. Das Lied mochte er genausowenig wie den Spruch von Pitt. Aber eine andere Melodie fiel ihm in dem Lärm nicht ein. Edgar bewegte sich viel zu schnell, als liefe er vor dem Gejohle davon. Aber er wollte nicht davonlaufen. Er hatte keine Angst. Er kannte den Plan und auch das Lachen von Mehnert, bei dem der Mund die Rundung des Kinns wiederholte, ein clownhaftes Lachen. Vielleicht würde Mehnert so lachen, wenn er dem Spitzel das Koppel abgenommen und die Hose heruntergezogen hatte, stolz, weil sein Plan kein leeres Versprechen gewesen war. Bei der Uniformhose reichte es, sie aufzuhaken und die Hosenträger zu lösen, die lange Unterhose jedoch würde er selbst anfassen und herunterziehen müssen. Oder rieben Mehnert und Bär den Hintern des Spitzels bereits mit Schuhcreme ein? Nein, Mehnert würde sich schonen, das war niedere Arbeit, da würde er einen anderen ranlassen, einen, der die Leute zum Lachen brachte. Der Spitzel würde nicht lachen, selbst wenn es kitzelte. Wer weiß schon, wie sich Schuhbürsten auf dem nackten Hintern anfühlen und ob man sich daran gewöhnt und ob der Spitzel die Backen reflexhaft zusammenkneift oder nicht. Und wenn er doch lachte? Das würde er bereuen. Oder heulen. Was macht man mit einem heulenden Spitzel? Er würde nicht heulen. Der Spitzel hielt den Blick gesenkt oder richtete ihn zur Decke. Und wenn er die Leute ansah, ihnen in die Augen sah? Aber wozu? Um sich die Namen zu merken? Rache zu schwören? Dafür war die Sache zu eindeutig. Wenn es je einen Beweis gegeben hat, dann in diesem Fall. Der Spitzel erhielt eine gerechte Strafe, eine Lektion. Edgar wunderte sich nur, wieviel Mehnert riskierte, daß er sich das traute. Mut hatte Mehnert, er war der Rädelsführer, er würde als erster verurteilt.

Wo der Flur in das Treppenhaus überging, ließ Edgar der

Bohnerkeule mehr Auslauf. Er spürte tatsächlich seine Bauchmuskeln. Der GUvD stand von dem Tisch auf, als wollte er Edgar Platz machen, und ging zur Meute.

Warum hatte der Spitzel nicht nach den Unteroffizieren gerufen? Zwei hatten zugesehen, Detchens und Freising, der schöne Spanier. Jemand hatte ihnen sogar einen Hocker gebracht. Aber selbst wenn sie etwas sagen würden, wenn sie den Befehl zum Aufhören geben würden, hätte das keine Folgen. Es schadete nur ihrer Autorität. Und wenn der Spitzel sie anflehte, ihn zu befreien? Er sollte es versuchen, einfach nur: »Genosse Unteroffizier, helfen Sie mir!« Dann säßen Freising und Detchens in der Klemme.

»Mehnert malt ihm den Schwanz an«, sagte der GUvD und ging an Edgar vorbei Richtung Toilette.

Sie waren jetzt richtig in Fahrt. Mehnert tippte mit der Bürste von unten gegen die Schwanzspitze. Wie ein Dompteur würde Mehnert den Spitzelschwanz zum Stehen bringen. Und alle wollten sehen, wie es bei einem anderen aussah, wenn er hochging, weil sie immer nur den eigenen Schwanz in der Hand hatten. Edgar zwang sich, an Fußball, an Schule, an Wandertage zu denken. »Ich möchte ein Eisbär sein, am kalten Polar, dann müßte ich nicht mehr schrein, alles wär so klar ...« Mehnert in der Rolle seines Lebens. Der Schwanz des Spitzels würde sich über den rechten Winkel hinaus aufrichten, wie ein obszöner Gruß. Mehnert wollte dem Spitzel das Koppel über den Steifen hängen und zählen lassen, wie lange er's hielt, Zählen wie beim Boxkampf. Dann käme das Photo an die Reihe, die Frau, die der Spitzel als seine Freundin ausgegeben hatte, die ihm aber nie schrieb. Das hatte der Spitzel nicht bedacht. Briefe, sagte Mehnert, kriegt er nur von Muttern und von einem Kerl.

Vielleicht wäre es das beste, wenn der Spitzel einfach losheulte oder sich wehrte, aber richtig, schreien und spucken, was halt noch ging. Die Meute zog sich plötzlich zusammen, es wurde still, dann wieder Pfiffe, Applaus.

Edgar ließ die Bohnerkeule zwischen der Tür des Polit und der Toilette hin- und hergehen. Gleich mußte er wenden. Mehnert wollte »den Spitzel melken«. Aber vielleicht war der Spitzel so eingeschüchtert, daß sein Schwanz nichts hergab, egal was Mehnert anstellte, ob mit Handschuhen oder ohne.

Edgar versuchte an etwas anderes zu denken. Aber nicht an zu Hause.

Eigentlich waren Teichmann und Bär schuld. Wären die bereit gewesen, dem Spitzel eine zu verpassen – denn jemand, der sich auf dem Boden krümmt, hätten sie nicht ans Bett gebunden und geschwärzt und gemolken.

Edgar machte kehrt und sah die Meute vor sich. Das ist unsere Weihnachtsfeier, dachte er, und im selben Augenblick, da er die Meute sah und Weihnachtsfeier dachte, wußte Edgar, daß er von nun an zu Weihnachten immer an diese Weihnachtsfeier würde denken müssen. Es war wie ein Urteil, als er begriff, daß er nie wieder ohne die Meute, ohne Mehnert, ohne Pitt, ohne Bär und Teichmann, ohne Spitzel und den Plan, Weihnachten feiern würde. Der Plan hatte sich ihm auf immer eingeprägt, Schritt für Schritt, Wort für Wort, er hatte zu oft daran gedacht. Der Plan bliebe bei ihm wie dieses Eisbär-Lied und wie Pitts Spruch über die Bauchmuskeln. So wie er auch diesen Moment, da er das alles verstand, nie mehr vergessen würde, obwohl er gar nicht mitmachte, obwohl er nicht einmal zusah. Er hörte nur dieses gleichmäßige Johlen und Lachen. Sollte er sich noch die Ohren zuhalten? Er konnte gar nicht mehr anders, als sich das alles einzuprägen.

Er wollte etwas anderes tun, um auf andere Gedanken zu kommen. Aber er konnte jetzt nicht aufhören, was sonst sollte er tun? Es war vollkommen unmöglich, jetzt aufzuhören.

Zuerst merkte er gar nicht, wie ihm die Stiefel in den Weg der Bohnerkeule gerieten. Dann aber flohen sie wie eine Herde, Hausschuhe, Turnschuhe, Strümpfe, Stiefel, sie sprangen und hüpften vor der Bohnerkeule, und die, die nicht sprangen und hüpften, traf die Bohnerkeule. Es war wie ein Kinderspiel, wie Abschlagen. Je schneller er war, desto mehr wurden getroffen. Eene, meene Muh, und raus bist du! Ich möchte ein Eisbär sein. Er ließ der Bohnerkeule freien Lauf. Raus bist du noch lange nicht, am kalten Polar.

Er hörte die Schreie, aber die waren Teil des Spiels. Auch daß man ihn schlug und niederriß, gehörte dazu. So sind nun mal Kinder. Wenn sie verlieren, werfen sie alles um. Aber er mußte weitermachen. Gerade hier, wo die Meute gestanden hatte, gab es viel zu tun, denn hier waren die Sohlenabdrücke zahllos und ergaben ungewohnte und komplizierte Muster.

Und plötzlich erblickte er ihn – den Spitzel. Der Spitzel kam aus der Stube. Der Spitzel wirkte nicht wütend oder böse, nicht mal traurig. Der Spitzel hatte nicht geschrien, er hatte auch nicht geweint. Der Spitzel hatte die Waschtasche unterm Arm und ein Handtuch über der Schulter. Mit einer Hand hielt er seine Hose fest. Ein paar Schritte, dann war der Spitzel im Waschraum verschwunden.

Und Edgar machte weiter. Er hatte, wie er jetzt bemerkte, ganz still gestanden, still und aufrecht, die Bohnerkeule am Fuß, den Stiel senkrecht im Arm.

Nun aber mußte er sich wieder das Muster der Sohlenabdrücke einprägen, und das im selben Augenblick, da seine Bohnerkeule darüberging. Das war nicht einfach, aber er arbeitete hart, er spürte seine Bauchmuskeln. Und schließlich wurde er auch belohnt. Denn je schneller er die Bohnerkeule hin und her zog, desto deutlicher sah er die Sohlenabdrücke dort unter dem Glanz, eingeschlossen im ewigen Eis.

[Brief vom 17. 4. 90]

STIMMABGABE

– Also zwanzig?

– Zehn, zehn Mark bei vier Knöpfen.

– Du Saftsack! Eben hast du noch gesagt, zwanzig! Bei vier Knöpfen zwanzig!

– Zehn! – Michael hielt ihm die Hand hin.

– Das kannste dir abschminken, Saftsack! Rolf blinzelte durch den Rauch seiner Zigarette. Die herabfallende Asche streifte seinen Pullover.

– Zwanzig!

– Zehn! Hab nur zehn, hier. – Michael lächelte und zog einen zerknitterten Schein aus der Tasche.

– Dann mach dir 'nen Kopp, wo du den Rest herkriegst. Bei vier Knöpfen zwanzig! – Rolf schnippte die Kippe ins Blumenbeet und setzte sich auf den Rand des Abfallkübels.

– Und wenn sie schon da war? – Michael sah auf die Uhr.

– Denkste, die warten auf *dich*? – Rolf nickte in Richtung des Wahllokals, an dessen Eingang zwei Photographen standen. Eine Gruppe von Frauen kam lachend heraus. Zwei von ihnen trugen rote Papierfähnchen in Händen. Ein Mann im hellen Anzug lief hinter ihnen her und sang: »Völker hört die Signale! Auf zum ...« und verstummte, als sich einige Leute nach ihm umdrehten. Die Frauen pruschten und gicksten und liefen schneller.

Rolf kramte in seinem Beutel. Er nahm die rote Kappe von der Plasteflasche, füllte sie bis zum Rand und trank. Er schenkte erneut ein und reichte die Kappe Michael.

– Rauchen macht durstig.

– Was issen drin? – Michael kostete vorsichtig.

– Tee, was denn sonst! – Rolf grinste.

Michael nippte ein zweites Mal und verzog das Gesicht.

– Schau mal – flüsterte Rolf. Ein gutgekleidetes Paar mittleren Alters war nicht weit von ihnen stehengeblieben. Der Mann beugte den Oberkörper vor, als hätte er Seitenstechen. Die Frau sprach ihm gut zu und streichelte kurz seine Schulter. Der Mann richtete sich wieder auf. Untergehakt setzten sie langsam und mit kleinen Schritten ihren Weg zum Wahllokal fort.

– Volle Stimme – sagte Michael.

– Der hat bestimmt drei Tage nicht. Hab ich an meinem Alten gesehen.

– Drei Tage?

– Wenn ich's dir sage! – Rolf trank aus der Flasche. – Für die ist das gar nichts. Früher haben die sogar 'ne Woche durchgehalten.

– Früher hatten die auch nichts zu fressen. Früher war das keine Kunst.

– Quatsch! Vor den Wahlen gab's immer was, sogar Schokolade. Da haben die richtig gefuttert.

– Meine Mutter hat's gestern nicht mehr ausgehalten und geheult, richtig geheult. Und mein Alter immer nur: Du schaffst das, du schaffst das, das schaffst du. Und als sie nicht aufgehört hat mit Heulen, hat er gesagt, na bitte, dann mach, wie du denkst.

Rolf wieherte. – Mach, wie du denkst? … wie du denkst!

– Mach, wie du denkst – wiederholte Michael ernst.

– Und, hat sie's gemacht? – Rolf hustete. Er riß eine Packung alte »Juwel« auf und klopfte gegen den Boden der Schachtel, bis ein Filter etwas vorstand.

Michael zuckte mit den Schultern. – War Ruhe dann. Ist zurückgekrochen ins Bett oder so. Krieg ich eine?

– Schlaucher! – Rolf hielt ihm die Schachtel hin. – Ich denk, dir schmeckt's morgens nicht? – Rolf gab ihm Feuer.

– Schau mal, wie die dackeln. – Michael sah zur Bushaltestelle.

– Sind die so gewöhnt. Die dackeln schon ihr ganzes Leben so.

Den alten Leuten fiel es schwer, vom Bus aufs Trottoir zu steigen. Wer es geschafft hatte, eilte so schnell wie möglich ans Ende der Warteschlange.

– Warum bestellen die nicht die fliegende Wahlurne? Ich würde mit der fliegenden Wahlurne wählen.

Rolf verzog das Gesicht. – Is mir zu eklig.

– Eklig isses, aber immer noch besser als so ein Gemache.

– Absolut eklig. – Rolf trank die Flasche auf einen Zug leer, schraubte sie zu, schlug die letzten Tropfen aus der roten Kappe und drückte sie auf die Flasche.

– Fliegende Wahlurne ist saueklig! – Rolf beugte sich zur Seite und ließ seine Spucke auf den Rand des Kübels fallen.

– Die Rollmann hat gesagt, daß die FDJ drei Türen ausgehängt hat, mindestens drei!

– Drei Türen? Dürfen die gar nicht, wegen der Gesetze und so!

– Quatsch doch nicht, wirst ja sehn. War 'ne FDJ-Initiative, von ganz oben.

– Meine Oma ohne Tür, nee.

Deine Oma kriegt ja 'ne Tür.

– Und Tina?

– Biste so blöd, oder tuste nur so? – Rolf ließ die Spucke zwischen seine Turnschuhe auf die Fußwegplatte klatschen.

– Mann, Mann! – Michael verbarg die Zigarette in der hohlen Hand. – Kacke, die winken, eh, die winken uns!

– Piß dich nicht voll. – Rolf wischte sich mit dem Handrücken über den Mund. Seine Zigarette fiel zu Boden, er schlang den Beutel ums Handgelenk und folgte Michael.

– Schlaft nicht ein, Sportsfreunde! – Michael und Rolf begannen auf den letzten Metern zu laufen.

– Was gibt's denn hier rumzuspucken? – Der Polizist hakte seine Daumen ins Koppel.

– Hab nur einmal …

– Nicht wie *oft*, Sportsfreunde, sondern *warum* lautete die Frage!

– Mir ist schlecht – sagte Rolf.

– Aber rauchen wie ein Schlot?

– Gelegenheitsraucher.

– Und das da? – Der Polizist deutete auf Rolfs rechte Hand, auf die gelben Stellen an Zeige- und Mittelfinger.

Rolf verzog den Mund.

– Erstwähler, was?

– Ja – antworteten Rolf und Michael gleichzeitig.

– Ihre Dokumente!

Rolf und Michael übergaben dem Polizisten ihre Personalausweise.

– Was machen Sie denn dauernd in der ČSSR?

– Bergsteiger – sagte Michael hastig. Aus dem Wagen war die Funksprechanlage zu hören. Der Beifahrer meldete sich mit Toni 17.

– Rote Bergsteiger, mal davon gehört? – Der Polizist blätterte in den Ausweisen vor und zurück.

– Kurt Schlosser, klar, kenn ich – sagte Michael.

– Den Beutel mal her. – Rolf reichte ihm den Beutel. Der Polizist schraubte die Flasche auf und roch daran.

– Kamillentee, wofür denn das?

– Mir ist übel – sagte Rolf.

– Und warum gehen Sie dann nicht zur Wahl?

– Warten auf ’n Kumpel.

– Und wie heißt Ihr Kumpel?

– Sebastian – sagte Michael – Sebastian Keller.

– Keller, Sebastian also. Und wo wohnt dieser Keller, Sebastian?

– Georg-Schumann-Straße einhundertund...

– Haben Sie kein Blauhemd?

– Hab ich drunter – Michael zog an dem Rundkragen seines Pullovers und stülpte den blauen Kragen darüber.

– Und Sie?

– Bin nicht in der FDJ.

– Nicht im Jugendverband?

– Religiöse Gründe.

– Aber wählen, ich meine, Ihre Stimme, Sie werden doch Ihre Stimme abgeben?

Rolf nickte bedächtig. – Hatte ich vor. – Rolf wandte sich um und spuckte auf die Wiese.

– Na dann, viel Vergnügen, gute Verrichtung! – Er reichte Rolf beide Ausweise. – Und herzlichen Glückwunsch zum Erstwähler! – Er salutierte flüchtig. Als er die Fahrertür des Lada öffnete, sagte der Beifahrer gerade – Verstanden!

Michael und Rolf schlurften in Richtung Wahllokal.

– Was erzählst du da für ’nen Scheiß, religiöse Gründe? – flüsterte Michael.

– Haste gemerkt, wie der Schiß gekriegt hat?

– Und wenn er’s nachprüft?

– Was solln der nachprüfen?

Der Toniwagen fuhr an ihnen vorbei und hielt direkt vor dem Wahllokal.

– Religiös hilft immer. Die sind sogar froh, wenn du religiös sagst und sagst, daß du deine Stimme abgibst.

– Stell dir mal vor, du wärst der einzige, der so was macht.

– Was macht?

– Na, wählen gehen!

– Wieso der einzige?

– Nur mal vorstellen! Du gehst hierher und alle anderen nicht, nur du gibst deine Stimme ab, du allein.

– O Mann …

– Ich würde sterben, lieber würde ich sterben.

– Warum sterben?

– Weil es so peinlich ist! Alle würden sagen, das ist der, der seine Stimme abgegeben hat, und dann würden sie kichern und mir was hinterherrufen.

– Du hast Probleme, nu ma wirklich.

– Mensch, Röhre, da is Tina! Da!

In die Menge vor dem Wahllokal war Bewegung gekommen. Die beiden Photographen trabten in Richtung Bordstein, ein zweiter Toniwagen stoppte, ein Mann mit umgehängtem Tonband und Mikrophon trat als erster vor die Familie, in deren Mitte eine junge mittelgroße Brünette im Blauhemd stand, eine hellrote Schleife im Pferdeschwanz.

Rolf und Michael rannten das letzte Stück und hörten, wie Tina dem Mann mit dem Tonband sagte – Ach, ganz normal, wie immer, viel Bewegung, gesunde Ernährung, viel frische Luft. – Als der Reporter schon zur zweiten Frage ansetzte, fügte sie lächelnd hinzu – Und nicht zu spät ins Bett!

Alle lachten, Tinas dunkle Augen leuchteten.

Michael zog den Pullover aus, so daß auch er jetzt im Blauhemd dastand.

– Vier, es sind genau vier! – triumphierte Rolf. Sie mußten sich auf die Zehenspitzen stellen. – Zwanzig, Mischi, ich krieg von dir zwanzig, vier Knöpfe!

Michael sah gebannt auf das Blauhemd von Tina und nickte. – Is ja gut!

– Schon im Kindergarten – sagte Tina – habe ich mir vorgestellt, wie das ist, das erste Mal die Stimme abzugeben. Wir haben es gemalt, immer wieder. Und einmal durften wir es auch mit Plasteline kneten. Das haben wir heute noch bei uns im Wohnzimmer.

Vater und Mutter nickten. Tina war ihrer Mutter wie aus dem Gesicht geschnitten. Selbst die in der Mitte zusammengewachsenen Augenbrauen waren die gleichen.

– Meine Stimme ist meine Gesundheit. Das haben mir meine Eltern ganz früh schon beigebracht. Und ich hab meine Eltern immer beneidet, weil die jedesmal so richtig glücklich waren, wenn sie ihre Stimme abgegeben hatten. Ja, wirklich, die kamen immer so strahlend nach Hause. Und da dachte ich, das will ich auch machen.

Die Gesichter der Wartenden wirkten konzentriert und angestrengt, wenn überhaupt gesprochen wurde, dann leise. Da es so langsam voranging, hatten sich einige hingehockt und standen selbst beim Vorrücken nicht auf.

– Ist das wirklich nötig? – fragte ein hagerer Mann mit Halbglatze, der gerade aus dem Wahllokal gekommen war. Doch die Frau, die sich auf die Stufen des Eingangs gesetzt hatte, antwortete nicht. Sie sah nicht einmal auf. Der Wahlhelfer schüttelte den Kopf, ging weiter, grüßte hin und wieder jemanden und griff an seinen Krawattenknoten. Neben Michael blieb er stehen.

– Genosse Becker! – rief er. – Genosse Be… – Ein Ellbogen traf sein Brustbein. Der Wahlhelfer krümmte sich.

– Was pläkst du rum! Hier is kein Rummel! – zischte ein junger kräftiger Mann im beigefarbenen Anorak. – Siehste nicht, daß die auf Sendung sind!

Der Wahlhelfer nickte und hob beschwichtigend eine Hand. Er keuchte, er räusperte sich, stand aber wieder gerade und griff nach seinem Krawattenknoten.

– Mein Lieblingsbuch ist ›Ein Menschenschicksal‹ von Michail Scholochow, das hat mich sehr bewegt, dieses harte und schwere Leben, und wie er kämpft und hofft, weil er will, daß das Leben schön wird. Und dann muß ich sagen, wie es Scholochow gelingt, ein Menschenschicksal auf hundert Seiten zu bannen, wo andere dicke Wälzer schreiben und viel weniger sagen,

[Brief vom 21. 4. 90]
ja, Scholochow. Den bewundere ich. Und Aitmatow, Djamila, das schwere Glück, ja, Aitmatow und Scholochow.

Der Wahlhelfer hielt seinen linken Arm hoch und tippte penetrant auf seine Armbanduhr. Der junge Mann in dem beigefarbenen Anorak sah ihn mißtrauisch an.

– Laß das jetzt mal.

– Der Zeitplan. Wir haben einen Zeitplan!

– Wir auch. – Der junge Mann im beigefarbenen Anorak grinste hämisch.

– Ich denke, ich bin gut vorbereitet. Und ich freue mich darauf, meine Stimme jetzt abgeben zu dürfen. Und daß ich das zusammen mit anderen Erstwählern tun kann, darüber freue ich mich auch.

Der Wahlhelfer griff in die Ärmel seines Jacketts und zog die Hemdsärmel vor. Aus den Augenwinkeln beobachtete er Michael.

– Erstwähler?

Michael nickte.

– Und Sie?

– Auch Erstwähler.

– Und Ihr Blauhemd?

– Vergessen.

Der Wahlhelfer zupfte noch immer an seinen Ärmeln. – Sie kommen mit, gleich mit rein – sagte er zu Michael.

– Ich?

– Ausweis dabei? Vorbestraft?

– Nein, also ja, den Ausweis hab ich.

– Ich auch?

Der Wahlhelfer schüttelte kurz den Kopf. Er nahm seine Brille ab, rieb sich die Augen und sah Michael an.

– Kämm dich mal und schlaf nicht, wenn's losgeht.

Der Wahlhelfer reichte Michael einen kleinen weißen Kamm und stellte sich auf die Zehenspitzen.

– Wir, mein Freund und ich, er ist auch Erstwähler, wir wollten eigentlich zusammen …

– Ohne Blauhemd? Tut mir leid!

– Und wenn ich's hole, ich wohn gleich …

Der Wahlhelfer machte einen Satz zur Seite. – Genosse Becker, Wilfried, hier, hier bin ich! – Er winkte mit beiden Armen und lief an der Warteschlange entlang Richtung Eingang. Michael und Rolf folgten dem Wahlhelfer.

– Saftsack! So ein Saftsack!

– Kann ich doch nichts dafür, ich hab ihn gefra…

– So ein Arsch!

Plötzlich zog der Wahlhelfer Michael am Arm – einen Augenblick später befand sich die hellrote Schleife von Tinas Pferdeschwanz genau vor seiner Nase. Der Kragen ihres Blauhemds stand etwas ab. Sie roch nach Shampoo und frischer Wäsche. Von hinten wurde geschoben – Saftsack! – rief jemand.

Im nächsten Moment wurde Michael gegen Tina gedrückt. Er spürte ihren Hintern, ihre Haare, eine Schulter.

– Oh, oooh.

Sie drehte sich halb zu ihm um, so daß er das Grübchen auf ihrer rechten Wange sehen konnte.

– Oh, Entschuldigung, aber …

Michael tastete nach seinem Ausweis. Als er aufsah, waren

Schleife und Pferdeschwanz verschwunden. Es roch ungelüftet, Schritte hallten durch den großen gefliesten Raum, dessen Rückseite aus Glasziegeln bestand. Die Wahlkommission hinter den aneinandergeschobenen Tischen hatte sich wie eine Schulklasse erhoben und wartete. Genau in der Mitte stand die Wahlurne, ein A4-Blatt bedeckte den Schlitz. Das Transparent an der Wand dahinter verkündete in weißer Schrift auf rotem Grund: Unsere Stimme den Kandidaten der Nationalen Front!

Das Licht wurde angeschaltet, die Neonröhren flackerten. Die Stimmen verloren sich wie in einer Schwimmhalle.

Eine Fliege krabbelte über Michaels rechten Handrücken. Er hob die Hand, die Fliege verschwand und kehrte einen Augenblick später auf dieselbe Stelle zurück. Es knallte, als Michael zuschlug.

Der Wahlhelfer sah kurz auf und winkte Michael. Mit ihm traten eine FDJlerin und ein FDJler heran. Sie warteten auf Tina. Ein Mann mit dottergelben Haaren und einer schwarzen Lederjacke schüttelte ihr die Hand und lächelte. Die Frau neben ihm bewegte ihre dünnen hellroten Lippen im aschfahlen Gesicht. Eine Brille mit Goldrand hing ihr um den Hals.

– Stellt euch mal hierher, Jugendfreunde. Jetzt noch mal zusammenreißen. So, jetzt geht's los! Los! Viel Glück!

Nacheinander traten sie an den langen Tisch heran, nannten ihre Namen, gaben die Ausweise ab und nahmen sie kurz darauf wieder entgegen. Tina erhielt ihren Stimmzettel zuletzt.

– Mensch, Junge, träum nicht, da rüber jetzt!

Michael wandte sich, ohne die Namen auf dem Stimmzettel anzusehen, den Wahlkabinen zu. Von denen ohne Tür war noch die mittlere frei.

– Mach hin, Junge, mach hin. Wir haben hier einen Zeitplan! – Der Wahlhelfer klatschte wie ein Sportlehrer in die Hände.

Von der Wahlkabine aus sah Michael, wie der dottergelbe Mann und die Frau den Tisch festhielten, auf den Tina stieg. Vorsichtig richtete sie sich auf und ging, ohne eine der vielen ausgestreckten Hände zu ergreifen, bis zur Wahlurne. Sie legte ihren Stimmzettel über die Urne, öffnete rasch den Reißverschluß, die Hose glitt an ihren Beinen herab. Schnell streifte sie ihren Schlüpfer nach unten, hockte sich über die Wahlurne und begann sofort zu drücken. Mit halbgeschlossenen Augen sah sie auf die kaputte Fliese vor Michaels Füßen, über ihrer rechten Schläfe trat eine Ader hervor, das Gesicht wurde bronzefarben.

Der Wahlhelfer, der sich halb abgewandt hatte, rief plötzlich: – Mit dem Gesicht zur Wahlkommission! Tina! Zur Wahlkommiss...!

Erschrocken erhob sich Tina. Selbst für eine junge durchtrainierte Frau war es nicht einfach, sich auf den kippelnden Tischen zu bewegen. Tina korrigierte die Lage ihres Stimmzettels und hockte sich wieder über die Urne. Ihre FDJ-Bluse verdeckte den größten Teil ihres Hinterns.

Michael hatte inzwischen seinen Stimmzettel quer in die Porzellanschüssel gelegt, Hose und Unterhose in einem heruntergezogen und sich gesetzt. Auch er drückte. In der Kabine links von ihm traf ein Urinstrahl das Wasser im Becken, wurde allmählich schwächer und endete abrupt, ohne nachzutröpfeln. Von rechts hörte Michael einen kurzen Furz und ein Stöhnen, dann fiel etwas Schweres auf den Stimmzettel, es knisterte. Der Wahlhelfer nickte mehrmals anerkennend und schloß dabei die Augen.

Michael ließ Tina nicht aus den Augen. Ihr Blauhemd, unter dem sich der breite Verschluß eines BHs abzeichnete, betonte ihre sportliche Figur.

Plötzlich hob sie den Hintern, raffte die Bluse hoch – etwas erschien zwischen ihren Pobacken, wurde länger, ein dünnes

Würstchen fiel herab, Gase entwichen, ein verhaltenes – Aaaahh – folgte und dann eine etwas dunklere und kürzere Wurst.

Der Erstwähler rechts von Michael schob bereits seine gewaltige Stimmabgabe vor die Kabine und riß hastig am Klopapier. Auch die Erstwählerin zu seiner Linken hatte allen Kandidaten ihre Stimme gegeben.

Michael erhob sich und nahm behutsam sein Werk aus der Schüssel. Oben war der Stimmzettel etwas feucht geworden. In der Mitte jedoch ruhte rund und glatt seine Stimme, die in einer kecken Spitze endete.

– Wie eine Baiserschnecke, nur eben hellbraun.

Michael konnte ein Lächeln nicht ganz unterdrücken, als er es vor sich ablegte. Überall raschelte jetzt Klopapier. Keine roten Punkte, sondern Marienkäfer hatte Tina als Muster auf ihrem Slip. Ihre Wangen waren gerötet, auf Oberlippe und Stirn glänzte Schweiß. Die Wahlkommission nahm bereits die Blumensträuße aus den Wassereimern. Michael mußte sich beeilen.

Plötzlich preßte jemand seinen Arm. – Es wird im Block gewählt, nicht einzelne Kandidaten! – Michael sah den Wahlhelfer ratlos an.

– Na da, da, Wilfried Becker, bekommt der etwa nicht deine Stimme? Hast du was gegen die GST?

– Soll ich … – Michael hob seinen rechten Zeigefinger.

– Ja natürlich, los, los, alle warten auf dich!

Michael versuchte, das runde Würstchen nach oben und unten zu verschmieren, aber es war zäher als erwartet. Er spuckte, er spuckte ein zweites Mal, es ging gerade so. Aber jetzt sah es schäbig aus, unästhetisch. Michael stopfte als letzter seinen Stimmzettel in die Wahlurne und sah sehr ernst auf den Thälmann-Pionier herab, der ihm drei Nelken mit viel Grün überreichte. Der Handschlag nach dem Pioniergruß war lasch und feucht. Nun, da jeder einen Nelkenstrauß hatte, begann der Applaus.

Draußen wurden die vier Erstwähler stürmisch empfangen. Alle, die vor dem Wahllokal anstanden, hatten sich ihnen zugewandt und spendeten herzlichen Beifall.

Michael war wie betäubt. – Ich dachte, die sind sauer auf uns.

– Warum denn? – Tina lachte. – Warum sollen die denn sauer auf uns sein?

– Ich dachte halt … – Michael hatte Rolf erkannt, der wie wild klatschte. Michael nickte ihm zu und lächelte gequält. Rolf hingegen schien bester Laune zu sein und machte ihm ein Zeichen mit der rechten Hand, die er unterm Gürtel hin und her bewegte, wobei Daumen und Finger immer wieder wie ein Maul zuschnappten.

– Ist das dein Kumpel? – fragte Tina.

– Na ja, Kumpel, wir waren zusammen in der Schule.

– Sag ihm, daß er ein Ferkel ist, mit schönem Gruß von mir. Ein richtiges Ferkel!

– Wegen der vier …

– Der will, daß du mich in den Hintern kneifst. Siehst du das nicht?

– Ach, der tut nur so.

– So ein Ferkel! Der ist neidisch.

– Neidisch?

– Klar doch. Aber wir haben es uns verdient!

Michael zählte die geöffneten Knöpfe an ihrer Bluse. Es waren tatsächlich vier. Er hatte die Wette verloren. Aber dafür sah er den Ansatz ihrer Brüste, den Schatten zwischen ihnen.

Tina lächelte.

– Du bist selbst ein Ferkel! – Ihre Augen leuchteten wieder. Die Leute wollten einfach nicht aufhören zu klatschen.

– Winken, winken! – flüsterte sie.

Michael begann, seine rechte Hand hin und her zu bewegen.

– Na siehste, Mischa, es geht doch! – rief Tina.

Michael war es unangenehm, weil seine Finger klebten. Aber das störte beim Winken nicht. Und so bewegte er weiter seine rechte Hand hin und her.

MAI

N E L K E N E L K E N E L K E N E L K E
N L K E N E L K E N E L K E N E L E
N K E N E L K E N E L K E N E E
N E N E L K E N E L K E N E
N N E L K E N E L K E E
N E L K E N E L K E
N L K E N E L E
N K E N E E
N E N E
N E
E N
E N E N
E L N E K N
E E L N E K E N
E K E L N E K E L N
E E K E L N E K E L N N
E N E K E L N E K E L N E N
E L N E K E L N E K E L N E K N
E E L N E K E L N E K E L N E K E N
E K E L N E K E L N E K E L N E K E L N

[Brief vom 28./29. 4. 90]

TITUS HOLM
EINE NOVELLE AUS DRESDEN

1

Titus Holm ging quer über den Schulhof, in der Rechten die Schultasche, links, etwas tiefer, den Sportbeutel, der ihm gegen den Unterschenkel schlug. Es war wieder wärmer geworden, die Blätter flimmerten gelb und orange in der Nachmittagssonne. Er hätte seine Kutte ausgezogen, wäre der Wind nicht gewesen, der ihn mal von vorn, mal von der Seite anfuhr und den Chorgesang, der aus einem offenen Fenster des Probenraums kam, wie eine defekte Schallplatte klingen ließ. Erst als Titus an dem rostigen Fahrradständer vorbei durchs Tor lief, hörte er eine Melodie heraus.

Er wandte sich nach rechts. Am Fuße des schmiedeeisernen Gitters, das die Kreuzschule und das Internat der Kruzianer umschloß und dessen Spitzen sich wie Flammenzungen schlängelten, waren noch die Spuren des Drahtbesens zu erkennen, mit dem er gestern das Laub zusammengerecht hatte. Anfangs war es ihm unangenehm gewesen, gerade hier, wo man ihn vom Internat aus beobachten konnte, seine VMI-Stunden ableisten zu müssen.

»Ruf mich, wenn es vorbei ist«, hatte ihm Joachim nach der letzten Stunde zugeflüstert. Titus blieb vor dem Internat stehen und sah durch den Zaun zu Joachims Fenster hinauf, dessen linker Flügel geöffnet war. Titus wäre jetzt am liebsten weitergegangen.

Er hatte es sogar eilig. Was sollte er ihm denn sagen? Daß er eine Stunde im Keller vor Petersen gesessen hatte, oder eine halbe Stunde oder vielleicht auch nur zwanzig Minuten?

Als Mario, der vor ihm zu Petersen in den Keller gemußt hatte, wieder ins Klassenzimmer gekommen war und gerufen hatte: »Der nächste bitte!« – war Titus, der auf seinem Platz inmitten der hochgestellten Stühle gewartet hatte, zu aufgeregt gewesen, um auf die Uhr zu sehen. Er war der letzte der Jungen aus der 9s.

Mario war den Fragen von Titus ausgewichen, bis Mario schließlich fast maulend erklärt hatte, er wolle doch nicht egoistisch entscheiden und sein Leben nicht nur für sich selbst beanspruchen, sondern etwas für die Gemeinschaft leisten.

»Was denn?« hatte Titus gefragt. »Ich denk, du willst Arzt werden?«

»Natürlich will ich Arzt werden, aber dort, wo man mich braucht.« Dabei hatte Mario seine Sportsachen in die Schultasche gestopft, das rechte Hosenbein aufgekrempelt, seine Turnschuhe an den Schnürsenkeln zusammengeknotet und sie sich um den Hals gehängt. »Du kannst doch nicht ...«, hatte Titus gesagt, dann aber den weißen Kittel vor der offenen Tür bemerkt. Petersen, der Klassenlehrer, hatte Titus die Hand geschüttelt, als überreichte er ihm eine Auszeichnung. Und Mario hatte er zugerufen: »Denken Sie in dieser Richtung weiter!« und bereits zur Treppe gezeigt: »Bitte, Titus!«

Im Physikkeller hatte sich Petersen an ihm vorbeigezwängt und die Tür zu einer Kammer geöffnet, in der zwischen zwei Tischen mit Oszillographen nur ein schmaler Gang blieb, kaum breiter als der alte Drehstuhl unter dem Kellerfenster, auf den sich Petersen gesetzt hatte. Der Hocker vor der Tür war für Titus bestimmt. »Wir haben Zeit«, hatte Petersen gesagt und seine Armbanduhr sorgfältig abgelegt.

Später, als das Gespräch vorüber gewesen und Titus schon aufgestanden war, hatte Petersen plötzlich dieses Buch in der Hand gehalten. Titus war das wie ein böser Zaubertrick erschienen.

Mit dem Buch in der Hand war Titus Stufe um Stufe nach oben gestiegen, unschlüssig, ob er weitergehen oder auf Petersen warten sollte, weil auch sein zweites »Auf Wiedersehen« nicht erwidert worden war. Vor der Tür des Physikzimmers hatte Titus Schultasche und Turnbeutel zwischen den Füßen abgestellt, als könnte er anders nicht die Klinke drücken. Schlüsselklirrend war Petersen heranmarschiert und dann, nachdem er auch das dritte »Auf Wiedersehen« überhört hatte, im Vorbereitungsraum verschwunden.

Die verbrauchte Luft des Physikzimmers, das stumpfe, vom Bohnern schwarz gewordene Parkett, der Apfelgriebs unter seiner Bank und die immer etwas schief hängende Wandzeitung hatten ihn plötzlich heimatlich vertraut angemutet …

Vor dem Internat rief Titus nach Joachim. Er rief gerade so laut, daß er ihn hören mußte. Statt einer Antwort wurde im Erdgeschoß ein Fenster geöffnet. Titus wiederholte seinen Ruf in kurzen Abständen. So froh er war, dem Freund nun guten Gewissens aus dem Weg gehen zu können, so sehr kränkte es ihn, daß er nicht auf ihn wartete.

Im nächsten Moment erschrak Titus, als er in einem der beiden Jungen, die vom Volkspark her über die Straße kamen, Joachim erkannte. Er lief ihnen entgegen, sie aber blieben stehen. Titus setzte die Schultasche ab, kramte darin herum, als suche er etwas, und hielt plötzlich Petersens gelbes Buch in der Hand. Die Rückseite des Umschlags war gewellt, eine Hügellandschaft, wie sie durch feuchte Fingerkuppen entsteht. Als Titus wieder hinübersah, kam Joachim schon auf ihn zu, der andere lief, ein Buch unter den Arm geklemmt, zum Internat. Titus stopfte

Petersens Buch hinter den Atlas, damit es nicht mit den Heftern und Schulbüchern in Berührung kam.

»Da bist du ja schon«, sagte Joachim, fingerte eine Zigarette hervor und neigte sich mit einer abrupten Wendung nach rechts über das Streichholz. Seine enge überlange Strickjacke machte ihn noch magerer. Er blies den Rauch aus einem Mundwinkel.

»Wir haben die erste Novelle gelesen«, sagte Joachim, »gehen wir ein Stück?« Titus nickte.

»Daß die das drucken! Das muß denen durchgerutscht sein!« Joachim zog ein paar zusammengefaltete Zettel unter der Strickjacke hervor, karierte A4-Blätter, beidseitig beschrieben. Titus erkannte die Handschrift, diese eng aufeinanderfolgenden und in den Kästchen hüpfenden Druckbuchstaben, dazu noch Pfeile, Anstriche und dicke Punkte.

»›Warum haben sie die Macht?‹« Joachims Zeigefinger fuhr die Zeile nach. »›Weil ihr sie ihnen gebt. Und nur solange ihr feig seid, haben sie die Macht.‹ Wie findest du das?«

»Wer sagt das?« Titus blickte auf Joachims abgewetzte Schuhspitzen.

»Ferdinand, ein Maler, bekommt einen Brief, braun und amtlich, daß er nach Deutschland zurücksoll, zur Musterung, Erster Weltkrieg. Er will nicht, seine Frau will nicht. Aber er spürt einen Zwang …«

»Einen Zwang?« fragte Titus.

»Sie sind geflüchtet, nicht offiziell. Hör mal«, sagte Joachim: »›Zwei Monate lang ertrug er es noch, in dieser Stickluft der patriotischen Phrase zu leben, aber allmählich ward ihm der Atem zu eng, und wenn die Menschen um ihn die Lippen auftaten zur Rede, meinte er das Gelbe der Lüge auf ihrer Zunge zu sehen. Was sie sprachen, widerte ihn an.‹« Joachim las langsam und deutlich. Dabei drehte er den Oberkörper, um die Zettel vor dem Wind abzuschirmen. »Toll geschrieben, nicht?« Joachim strich sein langes dunkelblondes Haar hinter die Ohren und steckte die Zettel unter der Strickjacke in den Hosenbund.

»Ja«, sagte Titus. »›Das Gelbe der Lüge auf ihrer Zunge‹, wirklich toll.«

So wie jetzt war es immer. Joachim sprach, und Titus hörte zu, weil er das Buch nicht gelesen hatte, weil er den Komponisten nicht kannte oder die Bibelstelle oder weil ihm Namen wie Ghandi, Dubček oder Bahro nichts sagten. Joachim hatte Zeit zum Lesen. Joachim hatte für alles Zeit, was ihn interessierte. Doch selbst wenn Titus die Novelle gelesen hätte, neben Joachims Nacherzählung wäre seine eigene Lektüre verblaßt.

Joachim beschrieb das Gespräch zwischen Ferdinand, dem Maler, und seiner Frau Paula, die ihm ausreden will, nach Deutschland zu fahren, in den Krieg, und wie sie schier an ihrem Mann verzweifelt, obwohl der eigentlich alles durchschaut, aber in seiner Schwäche und – Joachim zögerte – in seiner Lauheit nichts findet, woran er sich klammern kann, und deshalb in einen Strudel gerissen wird. Mit dem ersten Morgenzug fährt er nach Zürich.

»Nach Zürich?« Titus blieb stehen. »Wieso denn nach Zürich?«

»Na, wenn sie doch in der Schweiz sind!« Zigarettenrauch waberte aus Joachims Mund. »In Zürich geht er aufs Konsulat und denkt, daß er die Typen da umstimmen kann, weil er sie kennt – und fällt auf die Nase. Er ist viel zu früh da – vorauseilender Gehorsam.«

Vorauseilender Gehorsam, dachte Titus. Mehr noch hatte ihn »Zürich« getroffen. Wer in Zürich lebte, hatte doch keine Probleme mehr, zumindest keine ernsthaften. In Zürich ließ es sich leicht mutig sein.

»Wir haben die ganze Zeit an dich gedacht«, sagte Joachim.

Er schnippte die Kippe weg. Titus errötete. Jetzt war er dran. Jetzt mußte er etwas sagen.

»Nicht nur gedacht«, fügte Joachim hinzu und ließ mit einer kurzen Drehung der Schuhspitze die Kippe im Gully verschwinden. »Nun kennst du den Keller.«

»Über eine Stunde«, sagte Titus.

»Zwischen den Oszillographen?«

»Ja«, sagte Titus. Er wollte genauso überlegt sprechen wie Joachim.

»In seiner Buchte fühlt er sich am wohlsten!« Joachim lachte auf. »Letztlich ist Petersen ein armes Schwein.«

Titus wollte fragen, wieso Petersen ein armes Schwein sei.

»Hast du Geld? Wollen wir ins ›Toscana‹?« fragte Joachim.

»Ja«, sagte Titus, obwohl er verabredet war und sich beeilen mußte.

Titus kannte das Café nur von außen, das letzte Haus links vor der Brücke. Er wußte, daß es Kruzianer gab, die nach Proben während der Unterrichtszeit ins »Toscana« gingen, zum Frühstück, wie sie sagten. Titus konnte sich selbst sehen, wie er neben Joachim auf dem Bordstein stand, gegenüber dem Parkplatz, und sagte: »Ich lad dich ein.«

Sie liefen die Hüblerstraße entlang. Vor der Buchhandlung blieben sie eine Weile stehen. Am Schillerplatz beobachteten sie die Pantomime des Verkehrspolizisten und ließen sich von ihm hinüberwinken. Statt mit den anderen zu warten, bis sie auf der Brückenauffahrt die Seite wechseln konnten, gingen sie auf das »Blaue Wunder« zu.

Der Wind blies ihnen immer stärker entgegen. Seit sich die beiden kannten, versuchte Titus die Welt mit Joachims Augen zu sehen. Bei Joachim war alles einfach und überzeugend, und wenn Joachim über ihn sprach, dann schien sich Titus' eigenes Leben zu klären, so wie er plötzlich eine Mathematikaufgabe oder eine Grammatikübung verstand, wenn Joachim die Frage formulierte. Zugleich aber schmerzte ihn, daß er selbst Joachim nichts raten, ihm nichts schenken konnte. Joachim brauchte ihn nicht.

Im »Toscana« hängte Titus seine Kutte an die Garderobe. Noch während der runde Fenstertisch nahe der Tür abgeräumt wurde, schob sich Titus auf einen Stuhl. Joachim trat an die Kuchentheke und kehrte mit einem Bon zurück. Titus machte es ihm nach. Er war überrascht, so viele alte Frauen mit Hüten hier zu sehen.

Joachim begrüßte die Kellnerin, deren spitzenbesetztes Dekolleté den Ansatz ihrer Brüste frei ließ. Die Falten am Hals schnitten wie Schnüre in die Haut. Er bestellte zwei Kännchen Kaffee und gab ihr die Kuchenbons.

»In Zürich läßt sich Ferdinand rasieren und die Anziehsachen ausbürsten«, fuhr Joachim einfach fort, als hätte er seine Erzählung nie unterbrochen. »Ferdinand kauft graue Handschuhe und einen Spazierstock, er will beeindrucken. Er ist bis aufs I-Tüpfelchen vorbereitet. Dann aber kommt alles ganz anders.«

Joachim sprach weiter und klopfte dabei mit seiner Zigarette auf die Tischplatte, als folgte er einem geheimen Rhythmus. Titus war gekränkt, weil Joachim ihn nicht weiter nach dem Keller und Petersen fragte. Oder wollte er ihn schonen? Und was war an diesem »Toscana«, dieser Ansammlung vogelgesichtiger Frauen denn Besonderes? Wieso hatte er eingewilligt, hierherzugehen? Besaß er keinen eigenen Willen?

Joachim sprach weiter, zurückgelehnt, die Beine übereinandergeschlagen, in der Rechten die Zigarette, die Linke auf dem Tisch, als sollte Titus die großen Halbmonde der Fingernägel sehen oder die Adern, die wie auf Männerhänden hervortraten, Regenwürmer auf ihrem Weg zum Handgelenk.

Joachim hatte nur die oberen Knöpfe seiner Strickjacke geöffnet. Er inhalierte den Rauch, sein Brustkorb hob und senkte sich. Titus starrte ihn an und empfand plötzlich einen unerklärlichen Widerwillen gegen dieses Atmen, als sei es etwas Ungehöriges. Noch nie hatte er Joachim nackt gesehen, nicht mal mit freiem Oberkörper. In den Sportstunden behielt er sein Unterhemd unter dem blauen Sportdreß an. Nur an seine mit Leberflecken gesprenkelten Arme konnte er sich erinnern.

[Brief vom 5. 5. 90]
Titus beugte sich vor, aber Joachim sprach deshalb nicht leiser. Oder las er gar nicht mehr vor? »›Wenn man noch Willen hätte‹«, deklamierte Joachim, »›aber man gehorcht. Man ist der Schulknabe: Der Lehrer ruft, man steht auf und zittert.‹« Er hielt das Blatt nicht zwischen den Fingern, sondern in der ganzen Hand, er zerknitterte das Papier am Rand. Am liebsten wäre Titus ihm ins Wort gefallen: Das ist mein Buch! Ich bin in der Pause hinübergerannt und habe es gekauft. Du hast es von mir geborgt! Ich erlaube dir nicht, darüber zu reden! Ich erlaube nicht, daß du daraus abschreibst, und vor allem verbiete ich dir, es jemandem zu geben, mit dem du dich im Park triffst und den ich nicht kenne!

Titus spürte, daß sich zwischen Joachim und ihm etwas zuspitzte. Aber er wußte nicht, wie sich das nannte. Er war machtlos dagegen. Er schluckte, und seine Kehle schmerzte von den haltlosen Anschuldigungen. Zugleich versetzte ihn eine Art Scham in Unruhe, als hätten sie sich tatsächlich gestritten. Titus merkte kaum, wie Kuchen und Kaffee auf den Tisch gestellt wurden.

Er wollte Petersens Buch aus der Tasche ziehen, es Joachim unter die Nase halten, es ihm auf den Teller knallen, von dem der so gierig Käsetorte aß. Diese Vorstellung riß ihn mit sich.

»Das hat er mir aufgebrummt!« hörte er sich ausrufen. Titus blickte herab auf das Buch in seinen Händen, »Aggressor Bundeswehr«, die rotflammende Schrift auf gelbem Grund. Und als Joachim nur die Mundwinkel verzog, warf er ihm das Buch gegen die Brust. »Das hat er mir aufgebrummt«, schrie er. »Ein Kurzvortrag über den Aggressor Bundeswehr, mit Schlußfolgerungen, verstehst du? Mit Schlußfolgerungen!«

Joachim, der gerade schilderte, wie sich Paula ihrem Ferdinand in den Weg stellt, sollte endlich schweigen. Titus sah sich im Café um, hilfesuchend, zornig und erschrocken. Raus! dachte er. Er durfte hier nicht länger seine Zeit vertrödeln. Er war verabredet. Er wollte erwachen, diesen sonderbaren Zustand abschütteln. Er beobachtete eine rothaarige Frau am Nachbartisch, die, wenn sie lachte, sich sogleich mäßigend auf die Unterlippe biß. Ihre Knie schimmerten hell durch die schwarzen Strümpfe. An ihren Schuhen waren die Schnürsenkel zu großen Schleifen gebunden.

Titus sah, wie sie morgens in die Schuhe fuhr und diese großen Schleifen band. Ob auch sie sich manchmal fragte, was bis zum Abend, wenn sie die Schuhe wieder auszog, alles geschehen würde? Jeden Morgen, wenn er sich über der Badewanne Nacken und Achselhöhlen wusch, prüfte sich Titus, ob er an diesem Tag den Mut haben würde, so wie Joachim zu bekennen: Ich gehe nicht zur Armee!

Titus wußte, wie sich Petersens Worte in ihm ausbreiten würden, sobald er allein wäre. So wie eine Verletzung erst in der Nacht richtig zu schmerzen beginnt, so wie das Fieber ein paar Stunden braucht, bis es ausbricht, so würden sich bald die Kapseln der Erinnerung in ihm öffnen und Petersens Worte freigeben, damit sie ihn wie Gift durchströmten und lähmten. Starr und steif vor lauter Erinnerung und Erwartung würde er wieder in seinem Bett liegen.

Die Frau bewegte ihre Füße, als seien sie eingeschlafen. Der Anhänger ihrer Kette, ein silbernes Rechteck, lag in der Mulde unterhalb des Halses. Die Haare bogen sich um die Ohrläppchen herum nach oben, so daß es schien, als hingen die tropfenförmigen Perlmuttstecker von den Haarspitzen herab. Sie war blaß wie eine Kranke.

»›Mächtig sprang die große Wahrheit des Gefühls in ihm auf‹«, rief Joachim, »›und zerbrach die Maschine in seiner Brust, Freiheit stieg hoch, selig und groß, und zerriß den Gehorsam. Niemals! Niemals! schrie es in ihm auf, eine Stimme, urmächtig und unerkannt.‹«

Wie konnte er sagen, daß er richtig fand, was Joachim tat, und selbst das Gegenteil tun? Wie konnte er Joachims Aufrichtigkeit bewundern und sich selbst ducken und lügen? Titus fühlte, daß Joachim etwas von ihm wollte und daß jetzt etwas Bedeutendes beginnen konnte, Wirklichkeit zu werden.

Plötzlich empfand er alles wie ein Schicksal, etwas, dem er sich nur zu überlassen brauchte und das ihn tragen und führen würde. Es lag noch jenseits der Worte, es war eine Melodie inmitten von Geräuschen, einer jener Augenblicke, in dem sich ein Duft für immer mit einem Ort und einer Jahreszeit verbindet.

Joachim schwieg. Titus fiel keine Frage ein. ›Hast du überhaupt einen blassen Schimmer, wovon ich spreche?‹ würde ihn Joachim gleich fragen. Titus sah zum Fenster hinaus.

»Ißt du das nicht?« Joachim hielt ihm den leeren Teller hin, und Titus schob seine Eierschecke darauf.

»Ich muß dann los«, sagte Titus.

Ohne aufzuschauen, machte sich Joachim über den Kuchen her. Titus wollte sich wieder abwenden, aber jetzt, merkte er, konnte er hinsehen, ohne etwas zu empfinden. Er versuchte sogar, die Bissen zu zählen, und war bei fünf, als die Kellnerin herantrat.

»Zusammen«, sagte er. Sie legte ihren schmalen Block auf den Tisch. Titus sah ihr in den Ausschnitt, wo die Haut nicht mehr faltig war, sondern glatt und weiß und ein klein wenig zitterte. Ohne den Blick abzuwenden, tastete er nach dem Portemonnaie. Er öffnete es – Röte schoß ihm ins Gesicht, als er sah, was er eigentlich gewußt hatte: Der Zwanzigmarkschein fehlte. Die beiden Bände von Stefan Zweig hatten vierzehn Mark gekostet.

»Joachim«, fragte Titus leise. Joachim kaute weiter.

»Gott, hilf mir!« flüsterte Titus. Erst klaubte er die Markstücke heraus, dann die beiden Fünfziger. Zum Schluß schüttete er das Kleingeld auf den Tisch, darunter drei Zwanziger. Die Kellnerin beugte sich wieder herab. Doch diesmal kam sie ihm so nah, daß er ohne Mühe den Ansatz ihrer Brüste hätte küssen können. Sie legte ihren Zeigefinger auf jede Münze und schob sie einzeln über die Tischkante, unter die sie ihr geöffnetes Portemonnaie hielt. Und jedesmal sah Titus dieses Zittern.

Plötzlich war es zu spät. Er konnte nur versuchen, die Schenkel zu spreizen. Die Kellnerin lächelte, dankte und schob das Portemonnaie unter ihre Schürze. Am liebsten hätte Titus nach ihrer Hand gegriffen. Es passierte, obwohl er wegsah, zum Fenster hinaus, vor dem der Verkehr über die Brücke donnerte. Er glaubte, seine Beine und Füße würden zucken und merkwürdige Laute seiner Kehle entfahren. Dabei saß er wie erstarrt, nicht mal sein Atem war zu hören. Und für einen Augenblick schloß er sogar voller Seligkeit die Augen.

2

Der Großvater drehte sich zur Wanduhr um. »Fünf vor elf!« wiederholte er mit vor Empörung brüchiger Stimme. Titus kniete vor dem Garderobenspiegel, weil sich eine doppelte Schleife zum Knoten verzogen hatte. »Ich war bei Frau Lapin!« rief er. »Hab ich doch gesagt!«

Der Großvater zog seine Armbanduhr aus der Hosentasche und hielt sie ihm hin. »Fünf vor elf!«

Titus trat auf die Ferse seines Schuhs und befreite so seinen Fuß. In Hausschuhen folgte er dem Großvater in die Küche, auf seinem Platz stand eine Teetasse. Das Tischtuch hing, wie immer, wenn seine Mutter Nachtdienst hatte, über der Lehne des freien Stuhls.

»Sie hat mich gemalt«, sagte Titus.

»Ach, die Lapin! Die quatscht doch nur! Elf Uhr! Weiß das deine Mutter?«

»Ja«, sagte Titus. Er hatte anderes vorgehabt, als mit dem Großvater zu streiten. Noch im Treppenhaus war er bereit gewesen, gleich wieder aufzubrechen, um durch die Nacht zu wandern. Er sehnte sich nach etwas völlig Neuem, nach etwas, woran er noch nie gedacht hatte. Seine Sachen waren naß geworden, weil es regnete und weil er geschwitzt hatte, doch er mußte nur den Ärmel an die Nase halten und den darin nistenden Geruch von Ölfarbe und Zigarettenrauch einsaugen, um auf unerhörte Art und Weise wach zu sein.

»Hast du gegessen?« fragte der Großvater.

Titus nickte. Bei jeder Windböe schien die Scheibe leise zu knacken. Wenn er schon nicht durch die Nacht wanderte, wollte er wenigstens bis zum Morgen Tagebuch schreiben.

Nachdem der Großvater auch Titus eingeschenkt und sich vier Stück Würfelzucker genommen hatte, saß er da und wartete, daß der Tee abkühlte. Fünf, höchstens zehn Minuten wollte Titus bei ihm sitzen bleiben, das sollte das letzte Zugeständnis sein. Danach würde ihn keine Macht der Welt mehr von seinem Vorhaben abbringen.

Die braungefleckten Hände des Großvaters lagen reglos links

und rechts neben der Tasse. Wenn es ihm gutging, trommelten seine spröden, etwas bläulichen Fingernägel die Begleitung zu einer Melodie, die ihm durch den Kopf ging, meistens ein Marsch, den er sonntags um eins bei den »Lustigen Musikanten« im Deutschlandfunk gehört hatte. In seinem Gesicht gab es bis auf die kleine glänzende Warze, die links an seinem Nasenflügel wuchs, kaum Unregelmäßigkeiten. Die fächerförmigen Falten in den äußeren Augenwinkeln waren links sehr viel ausgeprägter. Wenn er vom Friseur kam, dauerte es zwei Wochen, bis die weiße Bürste nachgewachsen war. Da er täglich spazierenging, verlor sein Gesicht das ganze Jahr über nie seine Bräune.

»Gibt's was Neues?« fragte Titus. Gleichzeitig rührten sie in den Tassen.

»Es ist Selbstmord gewesen.«

»Die Terroristen?«

»Ja«, sagte der Großvater und löffelte Tee in die ausgequetschte Zitronenhälfte, drückte sie aus und strich sie mehrmals am Tassenrand ab. Danach lagen seine Hände wieder auf der Tischkante.

»Und bei dir?«

»War schön«, sagte Titus, »war wunderbar!« Er sprach schon wie Gunda Lapin, die, jede Silbe wie ein Schwungrad anschiebend, »Wun-der-bar!« gerufen hatte.

Der Großvater mochte weder Gunda Lapin noch andere Besucher, weil sie seiner Tochter nur Zeit stahlen und ihr den Kaffee wegtranken. Gunda Lapin aber hatte er einmal spätabends am Kühlschrank überrascht, wie sie sich Schinken in den Mund gestopft und dazu Bier aus der Flasche getrunken hatte.

Fünf Minuten wollte Titus dem Großvater Gesellschaft leisten, wie das bei ihnen hieß. Immer mußte dem Großvater Gesellschaft geleistet werden, weil er den ganzen Tag allein war, weil er langsamer aß und seinen Tee genießen wollte.

»Na, dann wolln wir mal«, sagte der Großvater, rückte mit dem Stuhl nach hinten und verzog beim Aufstehen das Gesicht. »Nacht, Titule.«

Titus sprang auf. Aber der Großvater machte bereits mit der Tasse in Händen die ersten Schritte, weshalb Titus ihm nur bis zur Küchentür folgte, »Gute Nacht!« rief er und hörte, wie die letzte Silbe im kahlen Vorraum verhallte. Der Großvater mochte es nicht, wenn Titus ihm einen Kuß auf die Wange gab. Jedenfalls tat er immer so und kniff dabei ein Auge zu.

Am liebsten wäre er ihm nachgelaufen. Wie konnte der Großvater ihn so plötzlich verlassen? Ihm war zum Heulen zumute, ja, am liebsten hätte er losgeheult.

Titus verstand sich selbst nicht mehr. Er wußte auch nicht, ob er einen Augenblick zuvor an das gelbe Buch in seiner Tasche gedacht hatte oder ob es ihm erst just in dem Moment, da der Großvater aufgestanden war, wieder eingefallen war.

Titus nahm das Tee-Ei aus dem Waschbecken, schraubte es über dem Mülleimer auf, schlug die Hälften gegeneinander, spülte sie aus und legte sie zum Abtropfen auf den Geschirrost. Im selben Moment, da er in der Küche das Licht ausmachte, ging auch die Lampe im Zimmer des Großvaters aus, der sich im Dunkeln entkleidete, so daß Titus neben der Wohnungstür nach seiner Schultasche tastete. Er hielt sie schon in der Hand, als er noch einmal Licht machte

[Brief vom 10. 5. 1990]
ein und öffnete das Schubfach, in dem er den Füller seiner Großmutter aufbewahrte, schraubte die Kappe ab und schrieb »Freitag, 31. 10. 1977, 23.34 Uhr bis«.

Unruhig, als zählte er die Worte, bewegte er den Füller. Titus wollte weiterschreiben, seinen Gedanken hinterher, die, wenn sie zu schnell kamen, in Stichworten auf einem Schmierzettel festgehalten werden mußten. Er hatte Lust, die Seiten mit gleichmäßigen Schwüngen zu füllen, zu schreiben, bis er alles gesagt hatte und die blaue Tinte aufgebraucht war.

Seit er in Laubegast in die Straßenbahn gestiegen war und, geblendet von den Scheinwerfern der Autos, Gunda Lapin aus den Augen verloren hatte, sehnte er sich nach diesem Moment, in dem er nur die Kappe vom Füller zu nehmen brauchte, um zu schreiben und dergestalt zu erfahren, was mit ihm geschehen war.

Heute abend hatte er begriffen, daß er endlich aufhören mußte, wie blind herumzulaufen, fühllos und unselbständig, einer, der nur das Leben lebte, das man ihm vorsetzte, ein völlig unmögliches Leben!

Vorgebeugt saß er im Licht der Tischlampe und blickte auf die Spiegelung in den Fensterscheiben, die das Zimmer so groß wie den Raum einer Villa erscheinen ließ. Die Plakate hinter ihm glänzten. Von außen drangen nur die roten Markierungslichter des Wasserturms in sein Bild. Titus duckte sich, um eine Unebenheit der Scheibe in die Blickachse mit dem roten Punkt zu bringen, der darin aufblühte.

Sein Füller bewegte sich langsam: »Gunda Lapin«, schrieb er. Wieder setzte er die Feder auf. Er mußte sich beherrschen, die beiden Worte nicht einfach zu wiederholen, eine Zeile, ein ganzes Blatt mit »Gunda Lapin Gunda Lapin« zu füllen.

Er wünschte sich, all das, was er zu schreiben hatte, stünde bereits da, so daß er einfach nachlesen könnte, was er erlebt hatte, beginnend mit dem Weg von der Straßenbahn hinunter an die Elbe, die Wegskizze in der Hand das Laubegaster Ufer entlang, an dem sich alte Vorstadt- und Gartenhäuser aneinanderreihten. Von hier aus übersah man das gegenüberliegende flache Ufer, das bis zu den Ausläufern der Elbhänge kaum bebaut war. Die kugeligen Baumkronen hatten nur knapp das hohe Gras überragt, als wären die Stämme umflutet und ihre Schatten die Spiegelungen auf dem Wasser gewesen. Mit jedem Schritt war er der Biegung des Flusses näher gekommen und hatte weiter stromaufwärts gesehen, zum Elbsandsteingebirge, zum Lilienstein und zum Königstein, zwischen denen sich die Elbe hindurchwand, darüber blaßblaue Wolken, deren Ränder sich dunkel vor dem gelblichweißen Licht abgehoben hatten.

Das letzte Haus vor der Schiffswerft, das auf der Wegskizze mit einer auf dem Dach tanzenden Frau und der Sprechblase »Hier bin ich« gekennzeichnet gewesen war, hatte sich hinter Bäumen und Sträuchern verborgen. Auf sein Klingeln hatte er ein Geräusch gehört, als würden zusammengenagelte Bretter auseinandergestemmt, etwas zwischen Quietschen und Knarren, und dann eine Stimme.

Gunda Lapin hatte das Gartentor aufgeschlossen und ihn nicht aus den Augen gelassen. In ihrer Fellweste, dem zu langen, sich am Saum aufrollenden Pullover, weiten Hosen voller Farbflecke, die sich abwärts bis zu den Filzschuhen immer mehr verdichteten, hatte sie vor ihm gestanden, halb Clown, halb Lumpensammlerin.

Der Weg zum Haus hatte sich zwischen Akazien geschlängelt. Es war gewesen, als hätte der Wind das Licht durch das Laub getrieben. Mit großen Schritten war Gunda Lapin vor ihm hergegangen, den Schlüsselbund wie einen Eimer in der Rechten.

Über eine blankgescheuerte, sich um hundertachtzig Grad windende Holztreppe waren sie in die erste Etage gelangt und von dort einer Stiege steil hinaufgefolgt. Oben hatte sich rechts die Küche befunden, nicht größer als die Speisekammer zu Hause. Die Abwaschschüssel hatte unter der Dachluke gestanden, und die Sonne hatte genau den Teller- und Tassenberg darin getroffen, der von einer Art Palisadenzaun aus Gabeln und

Löffeln geschützt gewesen war. Es war nichts Bemerkenswertes dabei, doch selbst das sich auf dem Boiler drängende Sammelsurium aus Fit-Flasche, Eishampoo, Lippenstift, grünem West-Deo, Zahnbürste und einem Becher hatte er mit einer Klarheit und Genauigkeit registriert, als sei er auf der Suche nach Indizien gewesen, ohne sagen zu können, wofür. Gunda Lapin war die erste Erwachsene gewesen, die er ohne Begleitung seiner Mutter besucht hatte. Ihre Behausung hatte aus zwei Kammern bestanden. Nur weil die Hälfte der Trennwand gefehlt hatte, hatten sie sich gegenübersitzen können, er auf dem unter dem zierlichen Schreibtisch hervorgezogenen Schemel und sie auf dem Sofa.

Er hatte gefürchtet, seine Hose könnte Spuren des Malheurs aufweisen, obwohl er sich vor dem Verlassen des »Toscana« Toilettenpapier in die Unterhose gestopft hatte. Ein Fetzen davon hatte plötzlich in der Straßenbahn zwischen seinen Schuhen gelegen.

Sie beschäftige sich gerade mit Kurt Tucholsky, hatte Gunda Lapin gesagt, und mit Franz Fühmann. Er hatte nicht verstanden, warum sie sich freiwillig mit Lesebuchautoren abgab. Seine Deutschlehrerin hatte gesagt, Tucholsky hätte ein zweiter Heine werden können, und Gunda Lapin hatte dem zu seinem Befremden zugestimmt.

Jetzt, am Schreibtisch, erschien ihm die Enttäuschung, die er angesichts des Ateliers empfunden hatte, lächerlich, als hätte so ein Haus einen lichtdurchfluteten Saal beherbergen können.

Er hatte einen niedrigen Raum mit verhängten Fenstern betreten und jenen Geruch wahrgenommen, der noch immer an ihm hing. Ein Teppich aus Farbspritzern hatte bis an die Bilder und Rahmen herangereicht, die die linke Hälfte des Raumes gefüllt hatten.

Rechts von der Tür war er auf ein kleines Podest gestiegen

und hatte sich auf das dunkelrote, an Rücken- und Seitenlehne abgewetzte Kanapee gesetzt, ein Vorgang, der, so naheliegend und selbstverständlich er gewesen war, ihm gleichermaßen als Auszeichnung und Anmaßung erschienen war. Gunda Lapin hatte ihm ein Laken über die Hose gelegt, eine Schale mit Obst und Schokolade auf einen Hocker neben seine Füße gestellt und im Abstand von drei Metern – weiter entfernt war nicht möglich gewesen – mit ihrer Staffelei Aufstellung genommen.

Soweit war alles klar, bis dahin ließ sich sein Besuch ohne weiteres beschreiben. Garten, Haus, Wohnung, Atelier – alles war ein bißchen seltsam und fremd und verlockend gewesen.

Und dann? Gunda Lapin hatte ihn angeblinzelt, als hätte sie etwas Eigenartiges an ihm entdeckt. Er hatte ihrem Blick standgehalten, jedoch nicht mehr gewagt, nach der Schokolade zu greifen oder am Kaffee zu nippen.

Die Staffelei hatte nahezu flach vor ihr gelegen. Deshalb hatte sie die Pinsel an Stöcken festgebunden, die sie wie Ruten in der Hand gehalten hatte. Anstelle einer Palette hatte sie Näpfe benutzt, in denen sie die Farbe eilig verrührt hatte. Dabei hatte sie den Napf mit ausgestrecktem Arm von sich weghalten müssen, um mit dem verlängerten Pinsel hineinfahren zu können.

Titus sah wieder auf sein Spiegelbild in der Scheibe, das von den roten Lichtern des Wasserturms im Dreieck umgeben wurde. All diese Äußerlichkeiten zu beschreiben hielt nur auf, das war Kulisse und letztlich belanglos. Er wollte sich auf das Wesentliche konzentrieren. Außerdem würde er das Atelier niemals vergessen, es stand ihm in allen Einzelheiten klar vor Augen.

Warum aber schrieb er nicht auf, was passiert war? Je genauer er sich zu erinnern suchte, um so verschwommener und ungreifbarer wurde das Vorgefallene.

»Erzähl mir was«, hatte Gunda Lapin gesagt und dabei die

ersten Striche über die weißgraue Leinwand gezogen. Ihre Lippen waren schmal geworden.

»Was soll ich denn erzählen?«

»Was dich beschäftigt, was du liest, was du in den letzten Tagen erlebt hast, welche Begegnungen dir wichtig waren!«

Hätte er von der Schule berichten sollen, von Petersen, Joachim? Warum versetzte ihn alles so schnell in Panik?

Gunda Lapin hatte aufgestöhnt, als hätte sie seine Gedanken lesen können. Ihre scharfen Züge waren ihm wie nachgezeichnet vorgekommen. Mal hatte sie geblinzelt, mal hatten sich ihre Augen geweitet.

»So ist es gut«, hatte sie gerufen, »bleib ... bleib so, sehr gut, sehr, wunderbar, ganz wunderbar!«

Er hatte nicht gewußt, was er gut gemacht, wodurch er Gunda Lapin derart in Erregung versetzt hatte. Je hektischer ihre Bewegungen geworden waren, um so sicherer hatte er sich gefühlt.

Und weiter?

Er hatte von Joachim erzählt und dann von Petersen. Natürlich hatte Petersen ihn auf dem Kieker. Gestern hatte Petersen ihn gefragt, was VMI heiße, und er, unfähig, einen Gedanken zu fassen, hatte, der Einflüsterung eines Mitschülers folgend, »Freiwillige Masseninitiative« geantwortet. Und Petersen hatte gesagt, daß er sich nun nicht mehr wundere, wieso Titus eine Fünf im Diktat bekommen habe, was ihm zunächst unglaublich erschienen war, so eine dicke Fünf, was er aber nach dieser Antwort verstehe und was ihn in Hinblick auf die Eignung von Titus Holm für die Abiturstufe höchst bedenklich stimme, gerade weil er doch den Berufswunsch Deutschlehrer habe. Aber er freue sich natürlich, daß Titus die Freiwilligkeit der Volksmasseninitiative betone und sie alle jetzt wohl davon ausgehen dürften, daß der erste Freiwillige gefunden sei.

Er hatte Gunda Lapin erklären müssen, was daran so schlimm

gewesen war: weniger die Androhung, ihn nach der Zehnten von der Schule zu schmeißen, als die Bloßstellung, die damit verbunden gewesen war. Natürlich sei »Lehrer für Deutsch und Geschichte« nicht sein Berufswunsch. Aber er hatte es einmal zu Beginn der achten Klasse gesagt, um seine Chance auf die EOS zu erhöhen, weil Jungen, wenn sie schon nicht bereit waren, Offiziere zu werden, wenigstens Lehrer werden sollten.

Doch erst nachdem er Gunda Lapin von dem Kellergespräch erzählt hatte, war sie empört gewesen und hatte seinen Lehrer einen Sadisten genannt. Sie hatte mit ihren Pinseln gefochten, als kämpfte sie gegen Petersen. Und später hatte sie gesagt, daß man sich seine eigene Gegenwelt aufbauen müsse. Und entweder schaffe man das als junger Mensch oder gar nicht. Und daß nur das Denken, das unser Sein bestimme, einen Wert besitze, und daß man selbst herausfinden müsse, was verboten und was erlaubt sei.

Wie zwei Handwerker hatten sie im Atelier zu Abend gegessen, Ei mit Senf und Brot mit Quark und Marmelade. Er hatte befürchtet, nun nach Hause geschickt zu werden, und hatte sofort und erleichtert zugestimmt, ihr noch »einen Akt« zu stehen.

[Brief vom 16. 5. 90]
Während er sich ausgezogen hatte, hatte sie vor dem Ofen gekauert und Briketts nachgelegt, und dann die Leinwand hinter ihn gestellt und mit Bleistift seine Umrisse nachgezeichnet und später gefragt, ob er verliebt sei, und seine Antwort nicht gelten lassen. Vielleicht bedeute ja.

»Ist es ein Mädchen oder ein Junge? Oder eine Frau?«

»Wieso ein Junge?«

»Wieso denn nicht?«

»Sie heißt Bernadette.«

*

Der erste Sonntag im Juli. Er lief die Schröderstraße entlang, die immer steiler anstieg, jedes Grundstück ein kleiner Park. Er schwitzte, und das Papier war dort, wo er die Rosen hielt, längst aufgeweicht. Wenigstens pünktlich wollte er sein.

Er hatte Bernadette in der Tanzschule Graf kennengelernt, Bernadette, die ihn niemals als ihren Partner für den Abschlußball akzeptiert hätte, wäre ihr eine andere Wahl geblieben. Doch wie er hatte auch sie ausgerechnet jene Stunde, in der die Paare sich finden mußten, versäumt. »Nein« hatte sie nicht mehr sagen dürfen, aber Nicken, ohne aufzusehen und ohne zu lächeln, das hatte sie gekonnt, und stumm bleiben beim Tanzen und starr über seine Schulter blicken. Zweimal hatte er sie um ihre Adresse bitten müssen. Bernadette Böhme, Schröderstraße 15.

Die Hälfte der gelben Fliesen auf dem Weg zum Haus war zerbrochen, links und rechts sah er große runde Beete mit roten Blumen. Obstbäume verstellten den Blick auf die Elbe. Aus den offenen Fenstern kam lautes Stimmengewirr.

Ihre Mutter erkannte er sofort. Sie hatte die gleichen Haare, schwarz und glatt und in der Mitte gescheitelt, und wie bei Bernadette bogen sie sich an den Spitzen zum Hals, ohne die Schultern zu berühren. Deshalb hatte er ihre Brüder, die im Vestibül die Treppe herunterkamen, für Mädchen gehalten, denn auch ihre Gesichter waren von diesen schwarzen Haaren eingefaßt, und sie alle hoben ähnlich abrupt den Kopf, um freie Sicht zu haben.

Die Freundlichkeit der Mutter beruhigte ihn, und auch, daß er warten mußte. Sie brachte ihm ein Glas Wasser auf einem dunkelgrünen Untersetzer ins Wohnzimmer. Wenn sie lächelte, sah man von ihren Augen nur die Wimpern. Ihm war es angenehm gewesen, allein zu bleiben, einen Vertrauensbeweis erkannte er darin. Von den Kostbarkeiten, die offen herumstanden, zogen ihn besonders die dunklen Holzreliefs mit nackten oder halbnackten Frauen an. Durch die großen Scheiben sah er die Stadt in der Ferne wie in einem Aquarium. Im Garten verteilt standen Liegestühle, dazwischen Sonnenschirme und ein Grill.

Gerade als er glaubte, er werde auf eine Probe gestellt – er hatte nichts berührt oder in die Hand genommen –, trat die Mutter wieder ins Zimmer. Als wäre er vollkommen gefesselt vom Anblick eines lächelnden Chinesen, drehte er sich nicht zu ihr um. Aber ihr Parfüm nahm er dafür um so stärker wahr.

»Gefällt Ihnen der? Das ist Speckstein«, sagte sie, als sie die Vase mit seinen Rosen auf einen langen Tisch stellte. Die Art und Weise, mit der sie ihr altmodisches Feuerzeug öffnete und in Gang setzte und die Zigarette genau in die Mitte ihrer glänzenden Lippen steckte, erinnerte ihn an Männer, die Schnaps aus der Flasche trinken. Sie legte den Kopf schief, um sich einen Ohrring einzufädeln. Das lilafarbene Kleid ließ ihre gebräunten Schultern frei. Bis ins Dekolleté hinein war ihre Haut von Sommersprossen übersät. Als sie den Kopf zur anderen Seite neigte, bat sie ihn, ihre Zigarette mit dem rotgefärbten Filter zu halten. In diesem Moment kam Bernadettes Tante herein. »Störe ich?« fragte sie und ging mit ausgestreckter Hand auf Titus zu. Und so betrat einer nach dem anderen den Raum und begrüßte ihn. Selbst die Kinder erschienen, um ihm guten Tag zu sagen. Martin und Marcus, Bernadettes Brüder, hielten sich abseits, während die Erwachsenen ihn umringten.

»Bernadette ist Ihretwegen beim Friseur gewesen«, flüsterte ihm die Mutter zu. »Lassen Sie sich bitte nichts anmerken. Wir haben gerettet, was zu retten war.« Und laut hatte sie gerufen, daß jetzt wohl die Zeit für ein paar Petits fours sei. Auf einer flachen Porzellanschale erhoben sich blaßrosa, marzipanweiße und gelbe Türmchen, die man sich samt dem Papieruntersatz auf den Teller nahm und dann mit der Gabel von oben her senkrecht zerteilte. Selbst die Kinder beherrschten diese Technik. Ihre

Mutter schenkte Tee aus. Man konnte wählen zwischen hauchdünnen rotweißen Porzellantassen und großen Schalen, die mit spitzbrüstigen und kahlgeschorenen Figuren bemalt waren.

Bernadette sah mit ihrem dauergewellten Haar aus, als trüge sie ein Nest auf dem Kopf. Nur ihre Mutter redete weiter. Die Kinder kicherten. Er trat Bernadette ohne zu erröten entgegen. Sie gaben sich die Hand, und das erste, was Bernadette mit einer leichten Drehung zur Seite sagte, war »Mein Vater«. Der kam mit kleinen schnellen Schritten heran.

Titus erkannte ihn nicht. Er sah zunächst nichts weiter in ihm als Bernadettes Vater und begriff erst in dem Moment, als der große Böhme einfach nur »Böhme« sagte, wen er da vor sich hatte – Titus war ein »Ach« herausgerutscht, »Ach«, und das hatten sie alle verstanden. Fast hätte er noch mehr gesagt, daß er sich so etwas bei dieser Adresse hätte denken können oder so ähnlich. Aber er hielt den Mund, weil sein »Ach« in der Wirkung nicht zu übertreffen war.

»Was hat er gesagt?« fragte Rudolf Böhme, und nun wiederholten gleich zwei der Frauen sein »Ach«, ohne gleich den richtigen Ton zu treffen, weshalb sie einander rügten und korrigierten, in Lachen ausbrachen und Titus auf eine Weise mit Blicken maßen, die er nicht zu deuten wußte. Er versuchte alldem standzuhalten, und da Bernadette ihren Arm unter seinen schob, als wollte sie Anspruch auf ihn erheben, ließ er sein halbes Petit four und die Teeschale stehen und vertraute darauf, daß ihn die Wellen des Lebens einfach weitertragen würden.

Als letzte erschienen sie zum Ball im »Elbehotel«, was ihnen niemand zum Vorwurf machte, im Gegenteil. Bernadettes Freundinnen hatten zwei Stühle in der Mitte freigehalten, so daß sie wie ein Hochzeitspaar Platz nehmen konnten. Sie tanzten miteinander, einer von ihnen wußte immer die Schrittfolge.

Später ging er mit Bernadette herum und stellte sie seiner

Mutter und dem Großvater vor. Und sie alle begriffen, wer sie war, als er Bernadette Böhme sagte. Und schließlich forderte er, wie es die Ballkarte vorschrieb, Bernadettes Mutter zum Cha-Cha-Cha auf und versuchte vergeblich, ihre Armhaltung zu korrigieren.

Im Wettbewerb wurden Bernadette und er Dritte – die besten unter den Anfängern. Aber was besagte das schon. Von ihnen war etwas »Magnetisches« ausgegangen. Er meinte das wortwörtlich. Sie waren es, nach denen man sich ausrichtete. Kein Wort, keine Geste, kein Blick, der nicht auf irgendeine Weise von anderen beantwortet worden wäre. Selbst Martin, ihr Bruder, kam zu ihm. An der Bewegung, mit der er den Sitz seiner Krawatte korrigierte, begriff er, daß Martin nicht jünger, sondern womöglich älter war als er. »Du gehst ab September auf die Kreuzschule?« fragte Martin. »Also auf unsere Schule?« Zu dritt stießen sie an.

*

Titus dachte an seinem Schreibtisch, wie unangenehm es ihm gewesen war, daß Gunda Lapin ihn gedrängt hatte weiterzuerzählen. Er hatte nur noch gesagt, daß Martin Kruzianer sei und in seine Parallelklasse gehe und sie gemeinsam Sport hätten.

»Und Bernadette?«

Titus hatte Gunda Lapin angesehen, als sei er überrascht, diesen Namen aus ihrem Mund zu hören.

»Bernadette geht in die zehnte Klasse.«

»Trefft ihr euch oft?«

»Nein.«

»Und morgen?«

Hatte er die Einladung erwähnt? Doch woher sonst sollte Gunda Lapin davon gewußt haben?

*

Nach dem Ball verabschiedeten sich Bernadette und er voneinander, ohne ein Treffen zu vereinbaren, weil sowieso klar war, daß sie sich in den nächsten Tagen wiedersehen würden. Die Böhmes und ihre Verwandten fuhren mit den Autos hinauf zum Weißen Hirsch, während er mit seiner Mutter und dem Großvater auf die Straßenbahn wartete. An diesem Wochenende begannen die Sommerferien.

Weil er keinen Rudolf Böhme aus der Schröderstraße 15 im Telephonbuch fand, fuhr er drei Tage später zu ihnen. Verwaist wie ein Theater während der Sommerpause war das Anwesen. Einmal, zweimal pro Woche nahm er die Elf hinauf zum Weißen Hirsch. Täglich stürmte er zum Briefkasten, aber nicht einmal die Photos vom Abschlußball kamen.

Anfang August sprang endlich das Tor auf, und er konnte wieder den Geruch des Hauses einsaugen. Martin schien erfreut, ihn zu sehen. Titus glaubte, Martin führe ihn zu Bernadette, und selbst als er allein blieb, erwartete er, daß Martin an Bernadettes Tür klopfen würde. Doch Martin kehrte nur mit einer Kanne kaltem Kaffee zurück. Und so wurde Titus Martins Gast.

Bernadette war in Ungarn, bei oder mit Freunden, das verstand er nicht richtig. Er hätte gern das Wohnzimmer gesehen und ihre Eltern. Titus trank zuviel Kaffee. Er leerte Tasse um Tasse, wie Martin, ohne nach Milch und Zucker zu fragen, ohne etwas zu schmecken.

Nachts konnte er nicht schlafen und bekam Fieber. Vielleicht war ein Brief Bernadettes verlorengegangen. Besaß sie überhaupt seine Adresse?

Ein paar Tage vor Schulbeginn wurde er von ihrer Mutter empfangen.

[Brief vom 19. 5. 90]
»Welche Freude, Sie zu sehen, Titus«, rief sie und führte ihn ins Haus, wo er sich von ihr anschauen lassen mußte. Ob seine Zeit ihm erlaube, bei ihnen einen *tea* zu nehmen? Sie schickte ihn auf die Veranda und kam mit einem Gedeck nach. »Das wird Bernadette aber leid tun! Die Mädchen sind nach Potsdam gefahren. Hat sie Ihnen nicht geschrieben?«

Ein Nein wäre unhöflich, ja ein Verrat an Bernadette gewesen. Zudem beruhigte es ihn, daß sie von »Mädchen« gesprochen hatte.

»Was für eine aparte Frau, Ihre Mutter!« sagte Frau Böhme. Titus hätte beinah gesagt, daß seine Mutter ja fast vierzig sei, aber Frau Böhme war vielleicht noch älter und mit Sicherheit das, was sie *apart* nannte.

»Spätestens mit dreizehn, vierzehn sind die Kinder fertig, da ist Schluß mit dem Einfluß der Eltern, im Gegenteil, je mehr man predigt, desto schneller verliert man sie.« Frau Böhme rückte ihren Korbstuhl näher an seinen und schenkte ihm Tee nach. Auch auf dieser Seite des Hauses gab es diese runden Beete mit den roten Blumen.

»Freunde sind das Wichtigste, und wissen Sie, Titus, deshalb wollte ich Sie bitten, Ihren Einfluß auf Bernadette geltend zu machen. Denn sie hat es gerade nicht leicht mit sich. Aber vor meinem Mann kein Wort davon, wenn ich Sie bitten darf, Rudolf ist ein Problem für sich.«

Titus war wie benommen. Weihte sie ihn nicht gerade in etwas ein, wovon nicht mal Rudolf Böhme etwas wissen durfte?

Noch bevor Rudolf Böhme die Terrasse betrat, stand Titus auf und ging ihm entgegen, ergriff die schlenkernde, wie ein Fähnchen herabhängende Hand und sah die vor lauter Konzentration geschlossenen Augen.

Titus folgte dem Beispiel der beiden Böhmes und kratzte

Butter über den Toast und verteilte darauf *jam* aus Gläsern ohne Etiketten. Er probierte alle Sorten, ohne Rudolf Böhme aus den Augen zu lassen, der ihn, wie ihm schien, noch kein einziges Mal richtig angesehen hatte, obwohl er die ganze Zeit mit seinen wulstigen Lippen zu ihm sprach.

Titus mobilisierte seine gesamte Aufmerksamkeit, alles, was er in sich fand, um es den Worten Rudolf Böhmes entgegenzuwerfen, und marschierte tapfer voran, wie ein Soldat in den Befreiungskriegen, der unbeirrt blieb von den Einschlägen rings um ihn herum. Zugleich aber war Titus vollkommen abwesend. Er trank eine Tasse *tea with milk* nach der anderen und lobte jedesmal den *jam*, obwohl er bitter und überhaupt nicht süß schmeckte. Und wieder staunte er, wie wenig Wille und Verstand bewirkten, während ihm der Zufall, oder wie immer er jenes Geschick nennen sollte, wie im Märchen die Türen öffnete.

Rudolf Böhme führte ihn anschließend durchs Haus und zeigte ihm die Bilder seiner Sammlung. Und Titus sagte, daß hier die eigentliche Sammlung »Neuer Meister« sei, hier und nicht im Albertinum, ein Satz, den Rudolf Böhme seiner Frau zitierte, als sie zu dritt in der Küche saßen und Hawai-Toast aßen. Titus blieb bis zehn und fuhr schließlich mit drei von Rudolf Böhme geliehenen Büchern nach Hause. Nachts erbrach er sich. Die Magenschleimhaut, sagte seine Mutter. Er könne wohl nicht zu Böhmes gehen, ohne krank zu werden.

Bernadette sah er erst in der Schule wieder. Solange es ging, wich er ihr aus, weil er sich ihr gegenüber wie ein Erstkläßler vorkam. Schon von weitem erkannte er sie an der Art, wie sie ihren Kopf hin und her warf. In der Schlange vor der Essensausgabe begrüßte sie ihn dann, stellte ihn einer Freundin als ihren Partner vom Abschlußball vor und bat darum, sie beide vor sich in die Reihe zu lassen.

Sooft sie einander in der Schule über den Weg liefen – jedesmal schien Bernadette von neuem überrascht zu sein, ihm zu begegnen.

Ihm kam es so vor, als habe sich seit dem Abschlußball die Zeit umgekehrt, als sei er jünger statt reifer geworden. Und das, wovon er immer geträumt hatte, lag plötzlich hinter ihm in märchenhafter Vergangenheit.

Davon hatte er Gunda Lapin erzählt. Er hatte unaufhörlich gesprochen. Woher aber war plötzlich seine Gewißheit gekommen, daß nun alles anders werden würde? Wie war jene Veränderung geschehen, über die er schreiben wollte?

»Du bist aber durstig«, hatte Gunda Lapin gesagt. Er hatte sein Glas, kaum war es gefüllt gewesen, wieder geleert. Aber diesmal war es nur Wasser gewesen.

Titus starrte auf die aufgeschlagene Seite seines Tagebuchs. Er las Tag, Datum und Uhrzeit und den Namen Gunda Lapin. Er vollendete den begonnenen Satz mit den Worten »trug keinen BH«. Er vervollständigte auch die Angabe in der Kopfzeile: 1.16 Uhr. Danach schlug Titus sein Tagebuch zu.

3

Titus hatte sich um eine halbe bis dreiviertel Stunde verspäten wollen, damit man an Martins Geburtstagstafel nach ihm frage und jemand einen Platz für ihn freihielte. Er wußte selbst nicht, wie anderthalb Stunden daraus geworden waren. Es tat ihm leid, so viel von der kostbaren Zeit, die er in Böhmes Villa sein durfte, vergeudet zu haben. Und statt sich in der Rolle des geheimnisvollen späten Gastes einzurichten, machte er sich Vorwürfe.

Er hatte noch den Weg über die gelben zerbrochenen Fliesen vor sich, als Bernadette die Haustür öffnete und ihm entgegenkam. Sie trug eine ärmellose Bluse und verschränkte die Arme vor der Brust. Wortlos gaben sie einander die Hand. Die Gänsehaut ging ihr bis zur Schulter.

Titus genoß den Geruch des Hauses. Versuchte er ihn zu beschreiben – Nüsse, frische Wäsche, Möbelpolitur, Zigaretten, Parfüm, Überbackenes, Ananas –, war bereits zuviel Überlegung im Spiel.

»Man drängelt sich in der Küche«, sagte Bernadette und reichte ihm einen Kleiderbügel. Mit einem Teller Kuchen stieg sie die Treppe hinauf.

»Macht doch nichts«, sagte Martin und legte das Geschenk aufs Fensterbrett. »Macht überhaupt nichts.« Sie hatten sich gerade erst an den Tisch gesetzt. Bernadettes Mutter schüttelte ihm lange die Hand. Außer Joachim war noch jener Kruzianer da, der gestern mit Joachim aus dem Park gekommen war. Die drei Mädchen kannte er nicht. Es gab Kaffee und *tea with milk*, Petits fours und einen selbstgemachten Pflaumenkuchen mit Schlagsahne. Joachims Anwesenheit bedrückte Titus, als hindere sein Freund ihn daran, der zu sein, der er hier einmal gewesen war.

Bernadettes Mutter setzte sich bald zu Titus und erkundigte sich nach seiner Mutter und dem Großvater und danach, ob er die ersten Wochen in der neuen Schule gut überstanden habe. Am liebsten wäre er bei ihr in der Küche geblieben.

In Martins Zimmer sprach man über einen Lehrer, den Titus nicht kannte, und Joachim dozierte dann über das Sentimentale in der Musik von Schütz.

Die Sonne stand so tief, daß sie die Wolken von der Seite und von unten beleuchtete und scharf und dunkel umrandete. Als er endlich die beiden Gestalten auf der Wiese bemerkte, waren sie schon zu weit weg.

Nur an einer Bewegung des Kopfes war Bernadette zu erkennen. Sie hielten sich an der Hand. Beinah hätte er aufgestöhnt, solch einen Stich versetzte ihm dieser Anblick. Sie waren quer über die Wiese gegangen und hatten schon fast die Sträucher erreicht, die das Grundstück nach links begrenzten. Titus drückte seine Stirn an die Scheibe, aber da waren sie verschwunden.

Er hörte seinen Namen. »Wie ausgelaufener Sirup«, sagte er ruhig. Das Licht im Zimmer erlosch, die anderen kamen ans Fenster. Titus drehte sich nicht um, er machte auch nicht Platz. Nach Süden hin war der Himmel grün, aber dort, wo das Lila ins Hell- und dann ins Dunkelblau lief, verschwamm die Grenze.

»Mir schwanden die Sinne«, sang Martin, »mir wurde schwarz vor den Augen, mir wurde lila und grün!« Martin machte Licht und legte die Manfred-Krug-Platte auf. Titus spähte aus den Augenwinkeln hinaus, erblickte aber nur sein Spiegelbild. Martin, Joachim und der andere sangen mit, ihre Stimmen paßten nicht zu dieser Art Musik. Aber sie hatten etwas gefunden, um die Zeit bis zum Abendbrot herumzubringen. Selbst Joachim, dem bei den Stones oder T. Rex nichts anderes einfiel, als »Tonika, Dominante, Subdominante« zu flüstern, bis der Titel vorbei war, grölte in seinem Stimmbruch-Tenor mit.

Heute, in der zweiten Stunde, im Deutschunterricht, hatten sie Gorkis »Mutter« behandelt und über literarische Helden gesprochen. Die Deutschlehrerin hatte auch David und Goliath als literarische Helden bezeichnet. »Solange sie nicht im Neuen Testament herumfuhrwerkt«, hatte Joachim in der Pause gesagt, »soll sie ruhig ihre literarischen Helden sammeln.« Worauf Titus geantwortet hatte, daß Leute mit Charakter im Neuen Testament ziemlich rar seien.

Wie er das denn meine?

»Wenn sich einer der beiden Schächer am Kreuz plötzlich bekehrt – mir kommt das nicht richtig vor. Ich finde«, hatte Titus gesagt, »den, der weiter spottet, besser, natürlicher.«

»Warum?«

»Der hat doch nichts mehr davon, daß er rumrüpelt.«

»Er spuckt auf einen, dem es schlechter geht!«

Und als Titus nichts erwidert hatte, war er von Joachim belehrt worden: »Der andere weiß, er hat Unrecht begangen, Jesus aber ist unschuldig. Der erkennt den Unterschied. Warum soll der andere besser sein?«

Auch darauf war Titus die Antwort schuldig geblieben.

»Wer hat dir denn gesagt, daß der andere besser ist?«

»Niemand«, hatte Titus geantwortet, »niemand!«, und plötzlich hinzugefügt: »Ich soll einen Kurzvortrag halten über den Aggressor Bundeswehr, am Montag.«

Joachim hatte ihn angesehen, als erwarte er noch etwas, und schließlich gesagt: »Na, dann halt ihn mal schön, deinen Vortrag.«

Die Mädchen saßen dicht nebeneinander auf Martins Bett. Die drei Sänger schienen mit sich und den Plattenhüllen beschäftigt.

Am Himmel waren die Farben verschwunden, nur ein schmaler heller Streifen hielt sich, wie ein Lichtspalt, bevor die Tür zuschlägt.

Wieso war er sich so sicher, daß er da draußen Bernadette gesehen hatte? Es konnten genausogut ihre Mutter und ihr Vater gewesen sein. Saß Bernadette nicht nebenan auf ihrem Zimmer und aß Kuchen? Ja, er war nun überzeugt, nicht sie zwischen den runden Beeten gesehen zu haben. Das nahm eine Last von ihm und machte ihn froh.

[Brief vom 24. 5. 90]
Er drehte sich um. Sie sangen noch immer dasselbe Lied. »Gestern war der Ball, da sah ich zum ersten Mal dich und deinen Gang …« War das eine Anspielung auf Bernadette und ihn?

Titus setzte sich zu den Mädchen aufs Bett. Wie gern wäre

er selbst so herumgesprungen. Er würde sogar besser herumspringen als die drei, aber er konnte nicht singen, obwohl er den Text kannte: »Mir schwanden die Sinne, mir wurde schwarz vor den Augen, mir wurde lila und grün, dann sah ich Möwen, Schwäne und Kraniche ziehen ...«

Dieses Vorrecht, ein Organ der Musik zu sein, über das diese drei wohl nie ein Wort verloren, das aber ihre Selbstgewißheit, ihre Sicherheit erklärte, war ihm verwehrt. Titus versuchte, wenigstens ein gutes Publikum abzugeben, und applaudierte den dreien, die nicht mehr aufhören wollten und so laut waren, daß sie später sogar den Gong, der zum Essen rief, überhörten. Marcus, der kleine Bruder von Bernadette, hatte Tischkarten geschrieben und Bernadette die Servietten in dreizackige Kronen verwandelt. Rudolf Böhme zündete Kerzen an und verteilte die Leuchter im Raum, eine Tätigkeit, die seinen kleinen Schritten eine Berechtigung gab. Nachdem die Hunde der Dunkelheit, wie Rudolf Böhme sich ausdrückte, aus den Ecken vertrieben waren, begrüßte er alle, schloß selbst die Küchentür und stellte sich hinter seinen Stuhl. »Mein lieber Martin«, begann er.

Titus lächelte. Er sah zu Martin und dann von einem zum anderen, aber außer ihm selbst hielt es offenbar niemand für übertrieben, das Geburtstagskind mit einer Rede zu ehren.

Mit besonderem Ernst sah Titus nun zu Rudolf Böhme auf, der mit erhobenem Kinn, geschlossenen Lidern und wie im Traum zuckenden Wimpern sprach, während seine Finger die Tischkante entlangtasteten und daran zu arbeiten schienen, das Tischtuch darüberzuspannen. Im Kerzenlicht ähnelten die Geschwister einander und ihrer Mutter noch mehr, als trügen sie alle die gleiche Perücke. Bernadette hatte im selben Moment aufgeblickt, da ihr Vater Titus mit Namen nannte.

Gelächter beendete die Rede, weil die Gläser, nach denen zu greifen sie Rudolf Böhme aufforderte, noch nicht gefüllt waren, und Rudolf Böhme, sich selbst unterbrechend, rief, er habe doch gewußt, daß da etwas fehle.

Kaum hatten sie angefangen zu essen, war auch schon die Ketchupflasche leer gewesen. Trotzdem wurde die Flasche weiter herumgereicht, eine schier unerschöpfliche Albernheit, die ihren Höhepunkt erreichte, als Rudolf Böhme arglos mit erhobenem Haupt um den Ketchup bat und nach einigen erfolglosen Versuchen bemerkte, ihnen sei wohl der Ketchup ausgegangen.

Bernadette saß zurückgelehnt da und starrte auf die Reste ihres Toastes. An dem Ketchupwitz hatte sie sich nicht beteiligt, weshalb auch Titus bemüht gewesen war, möglichst wenig zu lachen.

Martin und Joachim blödelten weiter herum und beschworen gerade dadurch das Schweigen am Tisch herauf. Titus suchte bereits nach einer Frage, die er Rudolf Böhme stellen konnte, und gab sich Mühe, Messer und Gabel möglichst lautlos abzulegen. Er beobachtete, wie tief sich Rudolf Böhme jedesmal über den Teller beugte, um die Bissen von der Gabel zu ziehen. Die Bewegungen seiner Lippen und der Zunge wie auch das gründliche, lang anhaltende Kauen erschienen Titus wie ein umgekehrtes Sprechen, als wollte sich Rudolf Böhme die Worte, Sätze und Gedanken jetzt einverleiben, die er irgendwann schreiben oder aussprechen würde.

»Woran arbeiten Sie denn gerade, wenn man das wissen darf?« fragte Joachim.

»Papa, du bist gemeint«, rief Bernadette.

»Oder wollen Sie lieber nicht darüber sprechen?«

Titus nutzte die Gelegenheit, um tief ein- und auszuatmen.

»Ich übersetze«, sagte Rudolf Böhme weiterkauend. »Ich tue so, als könnte ich das. Übrigens zusammen mit eurem Brockmann, Boris Brockmann. Der ist großartig, wirklich großartig, der übersetzt tatsächlich, ich dichte da nur so hinterher.«

Mit einem Rest des geschmolzenen Käses tupfte Rudolf Böhme die Toastkrümel auf.

Boris Brockmann, der Latein- und Griechischlehrer, der sie ab der Zehnten unterrichten würde, sah aus wie Bertolt Brecht und kleidete sich auch so. Titus begegnete ihm nur, wenn er den Weg über das oberste Stockwerk des Hauptgebäudes nahm. Halb ans Fensterbrett gelehnt, halb auf der Heizung sitzend, schien Brockmann nur darauf zu warten, gegrüßt zu werden, um sein eigenes »Guten Tag« so ernst und wohlartikuliert auszusprechen, daß Titus jedesmal den ursprünglichen Wunsch in der Grußformel hörte.

»Man müßte mal ein ganzes Buch über das Übersetzen schreiben«, sagte Rudolf Böhme, »von Humboldt bis heute. Wer richtig hinschaut, merkt schnell, daß ein Übersetzen im Grunde gar nicht existiert. Und wie schnell sitzt man in der Falle!« Er wischte sich gründlich den Mund ab.

»Worüber man sich immer lustig macht, und völlig zu Recht lustig macht, dieses ›Was will uns der Dichter sagen?‹« – Rudolf Böhme lachte vor sich hin, seine Zunge fuhr über die Schneidezähne. »Da hast du das Original, nun mache die Übersetzung, und jeder findet das in Ordnung. Wo ist das Problem, wenn man doch beides so schön ins Regal stellen kann? Was aber soll denn das Original sein, das Original gibt es ja nur, weil sich da einer drüberbeugt, sonst gäbe es das Original gar nicht.«

Subjektiver Idealismus, dachte Titus.

»Aber wenn das Original nicht das Original ist«, sagte Martin, »was ist es denn dann?«

»Das Original im Regal ist weiter nichts als bedrucktes Papier«, sagte Rudolf Böhme. »Sobald du es aber aufschlägst und liest, wird die Sache kompliziert.«

»Vielleicht verrätst du ihnen auch, was du übersetzt«, sagte Bernadettes Mutter, die schon wieder rauchte.

»Da geht es ja bereits los!« rief Rudolf Böhme. »Die ›Bakchai‹ des Euripides, die ›Bacchantinnen‹, die ›Besessenen‹ oder die ›Rasenden‹, oder wie soll ich sie nennen? Versteht ihr?«

»Nein!« sagte Martin.

»Sage ich ›Bacchantinnen‹, sehe ich Jordaens vor mir, und bei ›Bacchus‹, Caravaggio, der kranke Bacchus, was hat das mit Dionysos zu tun?«

»Dann nimm ein anderes Wort«, sagte Martin.

»Und welches?«

»Was im Wörterbuch steht.«

»Was im Wörterbuch steht?« fragte Rudolf Böhme und schloß die Augen. »Im Wörterbuch steht: ›bacchisch Begeisterte, Verzückte, Wütende, Rasende‹, so was in der Art.«

»Und was paßt?«

»Ja, welches paßt denn?« Rudolf Böhme sah auf seinen Teller. »Wir hatten so einen Schulwitz«, begann er. »Die alten Griechen wußten das Allerwichtigste nicht, nämlich daß sie ›die alten Griechen‹ sind, verstehst du? Die Zeit, die die Griechen zu ›alten Griechen‹ machte, förderte immer neue Bedeutungen zutage, von denen die Griechen natürlich nichts gewußt haben und auch gar nicht wissen konnten, obwohl die Worte ja von ihnen stammen. Ich werde darin etwas anderes sehen als du, und Mama sieht wiederum etwas ganz anderes darin. Und unser Freund Titus, der wird wieder etwas anderes bemerkenswert finden. Jeder hat seine eigenen Erfahrungen, also liest er dieselben Sätze anders.«

»Stimmt das, Titus?« fragte Martin.

»Ja, das stimmt«, sagte Titus ernst.

»Ja, das stimmt«, ahmte Martin ihn nach.

»Der Text ist doch nichts Totes«, fuhr Rudolf Böhme fort, »sondern etwas, was meinen Fragen auf ganz eigene Weise antwortet oder die Antwort verweigert. Da steckt eine Stimme drin, das ist eine Begegnung, ein Gespräch …«

»Huuh!« rief Martin. »Geisterstunde mit Begeisterten!«

Bernadettes Mutter schüttelte den Kopf und stieß empört den Rauch aus.

»Er hat recht, Sophie«, rief Rudolf Böhme, bevor Bernadettes Mutter etwas sagen konnte. »Lesen ist immer Geisterstunde!«

»Und worum geht's in den Begeisterten?« fragte Titus.

»Das verdirbt uns den Abend«, sagte Bernadettes Mutter.

»Immerhin Goethes Lieblingstragödie, aber grausam, grau

[Brief vom 25.5.90]

»Jetzt hab ich den Faden verloren. Na gut«, sagte er und legte die Zeigefinger, die sich wie Hörner nach außen bogen, auf die Tischkante. »Dionysos kommt in menschlicher Gestalt – das ist wichtig, daß er menschliche Gestalt angenommen hat –, also er kommt nach Theben, um in der Stadt seiner Mutter Semele seinen Kult einzuführen. Ganz Asien huldigt ihm bereits, nur Griechenland weiß noch nichts von ihm. Semele, die Geliebte des Zeus, war der Einflüsterung Heras erlegen und hatte von Zeus den Beweis seiner Göttlichkeit gefordert. Zeus war als Blitz erschienen, und der Blitz hatte Semele getötet. Die Schwestern Semeles, die Tanten des Dionysos, jedoch behaupten, das sei nur eine Erfindung von Semeles Vater Kadmos, dem Gründer von Theben. Er habe diese Legende erfunden, um die Ehre seiner Tochter und damit des Königshauses zu bewahren. In Wahrheit habe Zeus Semele gerade deshalb erschlagen, weil sie sich zu Unrecht gebrüstet habe, von Zeus schwanger zu sein. Dionysos mißfällt das Getratsche. Deshalb, so sagt Dionysos, hat er die Frauen von Theben zu Rasenden, zu *maniais* gemacht und sie in das nahe gelegene Waldgebirge, den Kithairon, getrieben. Dionysos fordert Glauben ...«

»Was er als Gott ja darf«, fügte Joachim hinzu.

»Wenn er sich denn auch als Gott zeigen würde«, entgegnete

Rudolf Böhme. »In Theben regiert Pentheus, ein Cousin von Dionysos, seine Mutter Agaue ist eine Schwester von Semele. Kadmos ist also der gemeinsame Großvater von Pentheus und Dionysos. Pentheus ist durchaus ein gottes- oder«, er nickte Joachim zu, »götterfürchtiger Mann. Nur den Dionysos schließt er von seinen Opfergaben und Gebeten aus, den aber, muß man fairerweise ergänzen, kennt Pentheus ja auch noch gar nicht.«

Bernadette war aufgestanden und hatte begonnen, den Tisch abzuräumen, während Rudolf Böhme den Aufzug des Chores beschrieb. Titus stellte die Teller seiner Nachbarinnen auf seinen und schob den Stuhl zurück.

»Nein«, flüsterte Bernadette und legte ihm die Hand auf die Schulter. Sie nahm ihm die Teller ab und ging in die Küche, aus der, wie im Theater, das Licht als heller Keil an den Tisch stieß und wieder verschwand. Rudolf Böhme sprach vom Auftritt der beiden Greise, des blinden Sehers Teiresias und des Stadtgründers Kadmos, die gemeinsam ins Gebirge wollen, um Dionysos zu huldigen. Er verglich sie mit Rentnern auf dem Weg in die Disko.

Titus konzentrierte sich auf jene Stelle seiner rechten Schulter, die Bernadettes Hand berührt hatte. Viel lieber, als Rudolf Böhme zuzuhören – Titus konnte Pentheus gut verstehen, der sich über Teiresias und Kadmos lustig machte –, würde er Bernadette beim Abwasch helfen.

Er hörte erst wieder hin, als ihre Mutter rief: »Der eine, Dionysos, schlägt die Frauen mit *mania*; der andere, Pentheus, will sie hinter Schloß und Riegel bringen. Das sollten wir mal fest halten!«

»Das sollten wir festhalten!« stimmte Rudolf Böhme zu und sprach von der feinen Unterscheidung, die Teiresias zwischen *kratos*, der Macht als etwas Äußerlichem, und *dynamis*, der Kraft und Stärke als Eigenschaft, trifft.

Rudolf Böhme sah beim Sprechen vor sich auf den Tisch. Hob er einmal den Kopf, schloß er die Augen. Erst aus dieser Nähe gewahrte man die vielen Fältchen, die sich wie ein feinmaschiges Netz von den Augenwinkeln her über die Wangen ausbreiteten.

Wie früher, wenn seine Mutter ihm Geschichten erzählt hatte, so sah Titus auch jetzt alles vor sich. Das Schloß des Pentheus glich der Kreuzschule, Pentheus war eine Art Direktor oder Lehrer und Dionysos, das hatte Rudolf Böhme behauptet, ein Hippie, ein Frauenheld, ein Künstler.

»Der Dionysos-Kult«, sagte Rudolf Böhme, »ist keine Sache, die sich einfach mitteilen ließe, man muß den Kult vollziehen, man muß mitmachen und sich an die Regeln halten, wie bei jedem Glauben.«

Titus sah, wie Dionysos in den Kohlenkeller gesperrt wird – da erbebt die Erde, das Schulgebäude stürzt ein, Dionysos aber tritt unversehrt hinaus auf den Schulhof und prahlt damit, Pentheus mit Wahnsinn geschlagen zu haben. In diesem Moment kommt schon Pentheus angerannt – war es Petersen? War es der Direktor? Alles ist so eingetroffen, wie es Dionysos vorausgesagt hat. Doch solches Gerede will Petersen nicht hören. Er läßt das Schultor schließen, als hätte er nicht gerade selbst erlebt, wie nutzlos derartige Befehle sind. Joachim weist ihn darauf hin, aber Petersen hat genug von diesem Schüler, der immer das letzte Wort haben will. »Sofos, sofos sy!« schreit er. »Klug, klug bist du, nur dort nicht, wo du klug sein solltest!«

»Er ist harthörig, wie das mein Opa ausdrücken würde«, sagte Joachim.

»Man versteht Pentheus und versteht ihn auch nicht«, fuhr Rudolf Böhme fort. »Alles, was er bisher gelernt hat, alle seine bisherigen Erfahrungen widersprechen dem, was er da erlebt. Wir können nicht erwarten, daß er so mir nichts, dir nichts die

Brille abnimmt, durch die er seit Jahr und Tag die Welt betrachtet. Andererseits ist es erstaunlich, wie blind er für die veränderte Situation ist.«

In dem Moment schlug wieder der Lichtkeil gegen den Tisch. Bernadette kam mit zwei Kompottschälchen herein. Titus erhob sich und ging in die Küche, dem Apfel- und Vanilleduft entgegen, nahm ebenfalls zwei Schälchen und trug sie auf. Bernadette lächelte, ihr Mund bewegte sich, als wollte sie etwas sagen. Noch zweimal liefen sie dicht aneinander vorbei. Als sie wieder am Tisch saßen, sah Bernadette ihn an. Uns reichen Blicke, um die Gedanken des anderen zu kennen, dachte Titus und wartete, bis Bernadette zum Löffel griff und zu essen begann, überbackene Apfelstücke mit Vanillesauce.

»Das schmeckt vorzüglich«, sagte Rudolf Böhme, spitzte die Lippen und schlug mit dem Löffel in die Luft, als klopfte er ein Ei auf. Titus stimmte nicht in das Lob ein, das erschien ihm zu läppisch. Auch Bernadette schwieg. Aber es war eine fröhliche Stille, die sogar die Tragödie in ein helles Licht rückte.

»Wo ist eigentlich Stefan?« fragte Rudolf Böhme, der bereits sein Schälchen auskratzte. Martin schien die Frage nicht gehört zu haben, Titus sah, wie sehr er mit dem Nachtisch beschäftigt war, er mußte lächeln, und dieses Lächeln wollte er Bernadette zeigen, die aber im selben Moment sagte: »Ich geh dann rüber«, und dabei sah sie Titus an, der nun nicht mehr wußte, wohin mit seinem Lächeln. Er schaufelte es zu, er schaufelte die Apfelstückchen in sich hinein wie Erde in ein Grab und sah auch nicht auf, als Bernadette hinausging.

»Ihr Freund wird übermorgen eingezogen«, flüsterte Rudolf Böhme. »Für die beiden ist das ein bißchen wie Weltuntergang.«

Als Titus die Hand von Bernadettes Mutter auf seiner Schulter spürte, hätte er beinah losgeschluchzt. Ohne den Kopf zu wenden, reichte er ihr sein leeres Schälchen, selbst für ein einfaches »Danke« fehlte ihm die Stimme.

Ob sie nicht Lust hätten, jetzt einen *tea* zu trinken, fragte Bernadettes Mutter und stellte die Metalldose mit Kandiszucker direkt vor Titus hin.

»Ich will es noch schnell zu Ende bringen«, rief Rudolf Böhme, »oder gibt's Nachschlag?«

Er erzählte von einem Hirten, der die Frauen im Gebirge beobachtet hat. Doch was er berichtet – Szenen voller Harmonie zwischen Mensch und Natur –, ist nicht nach dem Geschmack des Pentheus ...

Titus sah diesen Stefan vor sich, kurzgeschoren und mit einem Stahlhelm auf dem Kopf. Titus versuchte sich an den Fahneneid zu erinnern, den ihm Joachim vor Wochen abgeschrieben hatte. Diesen Stefan ließ er den Fahneneid aufsagen, und Bernadette mußte es mit anhören. Ich schwöre, sagte Stefan, der Deutschen Demokratischen Republik, meinem Vaterland, allzeit treu zu dienen und sie auf Befehl der Arbeiter-und-Bauern-Regierung gegen jeden Feind zu schützen. Ich schwöre, jederzeit bereit zu sein, den Sozialismus gegen alle Feinde zu verteidigen und mein Leben zur Erringung des Sieges einzusetzen. Sollte ich jemals ... so möge mich die harte Strafe der Gesetze ... und die Verachtung des werktätigen Volkes treffen.

»Die Frauen stürzen sich auf das Vieh, zerreißen und zerfleischen die Schafe und Rinder mit bloßen Händen, Blut spritzt, Fleischstücke bleiben in den Zweigen hängen, Knochen und Hufe fliegen durch die Luft ...«

Titus hörte das gern. Er verzog nicht das Gesicht. Auf ihn brauchte Rudolf Böhme keine Rücksicht zu nehmen.

Joachim sagte, daß es Gewalt gewesen sei, die die Gewalt der Frauen erst hervorgerufen habe.

»Ja, natürlich, Pentheus hört nur, was er hören will. Und

außerdem, und das sagt er auch zur Begründung, gibt es für ihn nichts Schlimmeres, als von Frauen besiegt zu werden, solche Schmach kann sich Griechenland – plötzlich geht es nicht mehr um Theben, sondern um Griechenland – nicht bieten lassen. An dieser Stelle, und da muß man Nietzsche und all jenen, die ihm folgten, recht geben, macht Pentheus keine gute Figur. Andererseits ist seine Reaktion ganz normal für einen Herrscher. Dionysos jedenfalls, gekränkt von so viel Starrsinn, warnt ihn erneut, nicht gegen einen Gott die Waffen zu erheben.«

»Dionysos beweist Geduld«, sagte Joachim.

Titus war enttäuscht, daß das Gemetzel schon vorüber war. Denn so war der Krieg, entsetzlich, grausam, nicht mit Worten zu beschreiben, und dieser Stefan würde dabei mittun, er schwor es doch. Und statt Rudolf Böhme zuzuhören, der über die Peripetie der Tragödie sprach, sah er, wie sich Bernadette endlich von dem Uniformierten abwandte, angeekelt von so viel Feigheit, Duckmäusertum und Kadavergehorsam.

»Weil Pentheus alles, was er zu hören bekommt, in seine Sprache übersetzt, weil er glaubt, auf seine Fragen nicht die richtige Antwort zu erhalten, statt zu erkennen, daß er die falschen Fragen stellt, wird er untergehen. Oder kurz gesagt: Weil er nicht bereit oder nicht in der Lage ist, sich selbst in Frage zu stellen, wird ihm ein grausiges Ende zuteil«, sagte Rudolf Böhme. Und Titus hätte am liebsten gerufen: Weil er feige gewesen ist! Weil er nicht begreift, was er tut! Weil er Bernadette nicht verdient!

»Wichser«, rief Martin.

»Ja, Pentheus ist ein Voyeur«, sagte Rudolf Böhme. »Aber jetzt verstehen wir auch, warum er dort, wo von Weihen und Gottesdienst die Rede ist, nur Geilheit und Zügellosigkeit erkennt. Er, der sich selbst gut kennt, glaubt auch zu wissen, wie es in anderen aussieht. Was du Wichser nennst, ist trotzdem der erste und einzige Ausbruch aus seiner Starrheit. Plötzlich offenbart er eine Eigenschaft, die er selbst immerzu bekämpft und unterdrückt hat, im Staat und in sich selbst. Fürchterlich, gerade dadurch wird er vernichtet werden.«

Während Rudolf Böhme nacherzählte, wie Pentheus in Frauenkleidung in den Kithairon schleicht, von Dionysos geschlagen mit *lyssa*, dem Wahn, dem jene Ambivalenz fehlt, welche die *mania* auszeichnet, verstand Titus, daß er handeln mußte, daß ihn und Bernadette nur eine Tat retten konnte.

»›Bliebe Pentheus bei Verstand, würde er keine Frauenkleidung anlegen‹, sagt Dionysos«, fuhr Rudolf Böhme fort. »Und die Frage ist, ob sich Dionysos mit diesem Satz nicht selbst ad absurdum führt. Denn von nun an ist jeder Schritt ein Schritt in die Vernichtung. Dionysos begnügt sich nicht damit, seinen Widersacher zu töten, Pentheus soll durch die Hand seiner Mutter sterben.«

Titus war heiß, sein Kopf glühte. Er versuchte, sich zum Zuhören zu zwingen und nicht an alles gleichzeitig zu denken. Aber das schaffte er nicht. Es gab zu viele Welten, zu viele Träume, zu viele Leben. Er mußte sich entscheiden.

Rudolf Böhme sprach, als hätte er mit eigenen Augen gesehen, wie Dionysos eine Kiefer herabbiegt und Pentheus in die Krone setzt und den Stamm vorsichtig wieder in die Höhe schwingen läßt. Die Frauen sehen ihn eher als er sie und packen die Kiefer und entwurzeln sie. Pentheus reißt sich die Frauenkleider vom Leib, er fleht zu seiner Mutter, ich bin es, dein Pentheus, dein Sohn, du selbst hast mich geboren, erbarme dich, Mutter, töte mich nicht, weil ich Schuld auf mich lud, ich bin doch dein Kind! Agaue aber, seine Mutter, packt die rechte Hand, stemmt sich mit dem Fuß gegen seinen Körper und reißt die Schulter heraus … Nach dem Gemetzel fällt Pentheus' Kopf in die Hände seiner Mutter. Die pfropft ihn anstelle des Pinienzapfens auf den Thyrsosstab und trägt ihn dem Triumphzug voran in die Stadt. Agaue rühmt sich, als erste das Wild berührt und getötet zu haben, und fordert den Chor auf, am Mahl teilzunehmen. Entsetzt lehnt der Chor ab. Agaue streichelt dem Kälbchen, das sie in Händen zu halten glaubt, den Flaum am Kinn. Ihr Sohn Pentheus, prahlt sie, würde sie loben für ihre Jagd, für ihren Fang. Wem da nicht die Tränen kommen«, sagte Rudolf Böhme, »der hat keine mehr zu verlieren.«

Als sie sich wenig später vom Tisch erhoben, stand Titus' Entschluß bereits fest. Er trat an das große Wohnzimmerfenster und sah auf die Stadt. *Sie lag ausgestreckt vor ihm, und Stimmen sagten: Wir sind dein Volk, und in der Luft begann es zu schwärmen von ihresgleichen, da sie ihn riefen, einen von ihrem Geschlecht, der es wagen würde, der sich anschickte zu handeln und seine Schwingen schüttelte, die Schwingen seiner jubilierenden und schrecklichen Jugend.* Er hatte es einmal auswendig gelernt, nicht fehlerfrei, doch beinahe.

Titus wollte mit Joachim sprechen, mit ihm allein. Titus fürchtete, daß sie auch auf dem Heimweg nicht ungestört sein würden. Aber Joachim wich nicht von Rudolf Böhmes Seite.

Als sie schließlich alle gemeinsam zur Garderobe gingen, verabschiedete sich Titus als erster und trat hinaus vor die Tür. Er bebte vor Ungeduld. Jeder Augenblick, den er weiter allein blieb und den Joachim ihn warten ließ, bedrohte seinen Entschluß. Doch sobald er Joachim seinen Entschluß mitgeteilt haben würde, gäbe es kein Zurück mehr. Titus wollte endlich anders sein, aufrecht, gut. Er erschauerte, als fiele die Entscheidung nicht übermorgen in der letzten Stunde, sondern jetzt, jetzt gleich.

Der Wind war stärker geworden, der Himmel schwarz. Die Straßenbeleuchtung blinkte hinter den Bäumen auf, das einzige Licht weit und breit. Er hörte die Stimme von Rudolf Böhme und die von Martin. Die Mädchen suchten etwas. Bernadettes Mutter bot ihnen an, bei ihnen zu übernachten. Die Mädchen lehnten ab. Rudolf Böhme wiederholte die Einladung. »Los, komm, komm!« flüsterte Titus. Die Hände in den Taschen seiner Kutte, schlug er sich gegen die Hüfte, fuhr herum und stieß mit der Schulter stärker als gewollt die Haustür wieder auf. Erstaunt sah man ihn an, wie einen Neuankömmling. Titus lächelte. Da war er wieder, der Geruch des Hauses, dieser Duft, betörender denn je. Und so als folgte er einer Bitte, trat Titus wieder ein.

4

Als Titus erwachte, war ihm das taghelle Zimmer seltsam fremd. Neben dem Wecker lag das aufgeschlagene Märchenbuch, in dem er gelesen hatte, um sich zu beruhigen.

So wie er manchmal den Kopf vom Kissen hob, um zu prüfen, ob die Kopfschmerzen noch da waren, so suchte Titus nun nach dem Entschluß, den er gestern gefaßt hatte. Doch sein Nein zur Armee hatte das Niemandsland des Schlafes unversehrt durchquert und war bereits ein Teil von ihm. Titus fühlte sich so stark und sicher, daß er am liebsten den Sonntag übersprungen hätte.

Er begann mit seinen Liegestützen, erhöhte das Pensum sogar um zwei und kam nach vierundvierzig keuchend und hellwach auf die Beine.

Er begrüßte den Großvater, der vor dem Radio saß und sein Gesicht verzog, als Titus ihm einen Kuß auf die Wange gab. Der Tisch in der Küche war für ihn gedeckt. Nur Brotkrümel und das Tee-Ei im Waschbecken verrieten, daß er zu spät kam. Beim Essen geriet er in eine merkwürdige Stimmung, weil alles, worauf er sah, ihn an irgend etwas erinnerte. Und so erkannte er wieder in den weißen Fliesen über dem Herd, die nach der Verlegung des Ofenrohrs inmitten der wolkengrauen Fliesen angebracht worden waren, einen auf zwei Beinen tanzenden Hund, mit dem seine Schwester früher lange Gespräche geführt hatte. Die Kaffeedose mit der holländischen Schneelandschaft, der Stoffkalender von vor drei Jahren mit den Schwarzwaldmädchen, der amöbenartige Fleck an der Decke – Titus sah all das an diesem Morgen wie zum ersten Mal. Er fühlte sich als Gast. Die seltsame Ferne zu den Dingen gefiel ihm.

Im Hausaufgabenheft waren die Spalten für Musik, Staatsbürgerkunde, Russisch und Sport leer, für Mathe und Physik gab er sich zwei Stunden.

Dann war Titus etwas verunsichert, weil er so schnell vorankam. Gleichungen mit zwei Unbekannten.

[Brief vom 31. 5. 90]
da es nicht mehr auf Zensuren ankam – nach der Zehnten würde man ihn als Wehrdienstverweigerer auf jeden Fall hinauswerfen –, spürte er allmählich wieder Boden unter den Füßen. Bevor er sich an die Physikaufgaben setzte, machte er sein Bett und hob vom Boden auf, was herumlag: das Fremdwörterbuch, die Märchen, den Wecker, zwei Ansichtskarten aus Greifswald und Stralsund, die seine Schwester ihm geschickt hatte, das Fernsehprogramm von letzter Woche und die »Sächsische Zeitung«, die ihm der Großvater neuerdings ins Zimmer legte. Titus packte den Ranzen, ohne Petersens Buch zu berühren, und genoß den Anblick des bis auf Physikbuch und Hefter leeren Schreibtischs. Er schlug Seite 144 auf. Die Aufgabe 62 lautete: Berichten Sie über das Leben und Wirken von Isaac Newton! Arbeiten Sie dazu den Lehrbuchabschnitt S. 33 bis 35 durch! Als weiterführende Literatur ist zu empfehlen: Wawilow, S. I.: Isaac Newton, Berlin 1951. Aufgabe 63: Erklären Sie den Unterschied zwischen der Masse eines Körpers und der Gewichtskraft eines Körpers!

Titus fühlte sich stark und klug. Wie Joachim würde er alle Hausaufgaben auf Anhieb lösen. Zehn Minuten später verstaute er die Physiksachen im Ranzen. Am liebsten hätte er sich schon jetzt die Pausenbrote für Montag geschmiert, um den Ranzen erst wieder in der Schule öffnen zu müssen.

Obwohl es noch früh war, bereitete Titus das Mittagessen vor, schnitt die Würstchen in die Kartoffelsuppe und deckte, als wäre seine Mutter zu Hause, den Tisch im Wohnzimmer, die Maggiflasche stellte er auf einen Untersetzer. Wenn der Großvater vom Spaziergang kam, sollte er sich um nichts kümmern müssen.

Zu Hause mußte er nicht helfen. Nie hätte seine Mutter von ihm verlangt, Kartoffeln zu schälen oder Wäsche aufzuhängen. Ihm selbst wäre das wie Kinderarbeit vorgekommen. Er wußte nicht, wie aus harten Körnern weicher Reis, wie aus rohem Fleisch ein eßbares Gericht gemacht wurde. Noch im Sommer hatte er einen Teebeutel in ein Glas mit kaltem Wasser gehängt. Aber all das hätte er trotzdem lieber gelernt, als unter ihrer Aufsicht zu üben: Deklinationen, Konjugationen, das Umstellen von Gleichungen, Prozentrechnung, Kommasetzung ... In der siebenten Klasse durfte keinesfalls eine Drei auf dem Zeugnis stehen; über Dreien redeten sie gar nicht. In den Hauptfächern mußten es Einsen sein, und wenn er das schaffte, war eine Zwei in den Nebenfächern reine Faulheit und erst recht nicht zu akzeptieren. Er sollte nicht dort bleiben, wo die Dummen und Faulen waren.

Obwohl ein Sonntag, der den Namen verdiente, die Anwesenheit seiner Mutter brauchte, so war er jetzt froh, sie erst wiederzusehen, wenn bereits alles entschieden sein würde. Denn in ihren Augen würde alle Anstrengung, alles Üben und Bangen umsonst gewesen sein, überflüssig die Freude über eine Eins, der Kummer angesichts einer Zwei und erst recht die Verzweiflung bei einer Drei. Ach, Mutter, wollte er sagen. Es ist kein Opfer, was ich bringe, im Gegenteil, es ist eine Befreiung, eine Auferstehung. Ich habe doch gar keine Wahl. Ich habe es tun müssen, weil sich sonst alles in Sinnlosigkeit auflösen würde. Wenn Wahrheit und Lüge, richtig und falsch, gut und böse ihre Bedeutung behalten sollen, muß ich *nein* sagen.

Ihm war, als könnte er zum ersten Mal wirklich frei atmen. Erlebte er nicht gerade im Augenblick jene Freiheit, von der all jene berichtet hatten, die bereit gewesen waren, sich zu Jesus zu bekennen und ihr Kreuz auf sich zu nehmen? Begann nicht erst jetzt das Leben? Wie hatte er es nur ausgehalten, solch ein Duckmäuser zu sein, wie unnötig waren doch all diese Verbiegungen!

Titus hörte den Schlüssel in der Wohnungstür. Er zündete die Kerzen an und legte die Platte mit den »Brandenburgischen Konzerten« auf den Plattenspieler.

»Du sollst deine Mutter anrufen«, sagte der Großvater, nachdem er sich gesetzt und das Maggi verrührt hatte.

»Hast du mit ihr gesprochen?«

»Du sollst sie anrufen«, sagte der Großvater.

Titus versuchte sich vorzustellen, wie sein Leben am nächsten Sonntag sein würde. Er konnte nicht sagen, was das Wohnzimmer dann von dem jetzigen unterscheiden würde, außer daß seine Mutter mit am Tisch sitzen würde. Aber es würde ein ganz anderes Zimmer sein.

Nach dem Essen fuhr Titus mit dem Rad zu den Waldteichen. Auf diesem Weg kannte er jede Asphaltnase, fast blind absolvierte er die Slalomfahrt um die Schlaglöcher und kleinen Buckel, die wie Warzen von den Ausbesserungsarbeiten zurückgeblieben waren. Der Gedanke an das Telephonat bedrückte ihn von Minute zu Minute mehr.

Seit er zur Schule ging, war es ihm nie in den Sinn gekommen, seiner Mutter von Schlägen, Beschimpfungen, überhaupt von Erniedrigungen zu erzählen. Denn alles, was ihm widerfuhr, schmerzte sie doppelt. Jetzt aber würde er ihr weh tun müssen. Er war seiner Mutter immer dankbar gewesen, daß sie ihn und die Schwester nicht so behandelt hatte, wie Kinder gemeinhin behandelt wurden. Nach dem Tod des Vaters hatte sie ihnen keinen neuen Mann zugemutet. Männer waren roh und wollten, daß man sich mit nacktem Oberkörper wusch wie bei der Armee.

Der Wind zerrte an ihm. Titus hatte Klotzsche und Hellerau durchquert und war am Ende der Dorfstraße nach rechts abgebogen, den ungeschützten Anstieg hinauf. Er ging aus dem Sattel, aber das brachte nichts. Besser war, sich flach über den Lenker zu beugen und zu treten, was das Zeug hielt.

Einmal hatte ihm seine Mutter Hausarrest gegeben, was für ihn vollkommen inakzeptabel gewesen war. Es war ihm peinlich gewesen, er hatte sich für sie geschämt. Ihr war es ähnlich gegangen. Erst hatte sie ihn einkaufen geschickt, dann waren sie gemeinsam in die Eisdiele gegangen, und danach hatte er sich im Taschenladen ein richtiges Männerportemonnaie aussuchen dürfen.

Er dachte daran, wie er im Kindergarten die angebrannte Milch hatte trinken müssen und ihm die Haut an der Lippe hängengeblieben war und wie er früher, als sie noch keinen Fernseher hatten, mit seiner Schwester Annie jeden Sonnabendnachmittag bei den Nachbarn geklingelt hatte, um »Professor Flimmrich« zu sehen. In dieser Zeit hätte er die Treppenhäuser und Wohnungen am Geruch unterscheiden können. Wegen des »Schneekönigin«-Films hatte Annie die Beckers, ein Rentnerehepaar, aus dem Mittagsschlaf geholt. Die Beckers hatten sie davongejagt, um sie jedoch ein paar Minuten später heraufzuwinken. Annie und ihm hatten die Beckers ihre silbrig glänzenden Sessel angeboten. Aus einer runden Holzdose durften sie gezuckertes Gelee essen. Von da an hatte er sich immer wieder gefragt, ob, selbst wenn alles in seinem Leben mißlingen sollte, ihm wenigstens dieses bliebe: vor dem Fernseher zu sitzen und gezuckertes Gelee zu essen. Diese Vorstellung hatte der Welt viel von ihrem Schrecken genommen.

Auf dem kleinen Hügel, von dem aus man kilometerweit über die Felder sah, hinter denen der Moritzburger Wald die Horizontlinie zog, begriff Titus plötzlich, daß die Kindheit hinter ihm lag.

Den Abhang hinab gewann er mehr und mehr an Fahrt. Das Kunststück bestand darin, sich, ohne zu bremsen, in jene Linkskurve zu legen, mit der die Straße zu den Waldteichen abzweigte. Wem es gelang, so einzuschwenken, daß der Asphalt am Straßenrand wie eine Steilkurve funktionierte, erlebte, wie sein Körper zwischen Druck und Widerstand herumgerissen und gelenkt wurde. Das Glück dieser Sekunde kribbelte lange nach. Wer den richtigen Winkel verfehlte, wurde aus der Kurve getragen und schoß ins Feld.

(Hier noch ein paar Träumereien über das neue Leben und schöne Beobachtungen einfügen. Und wie er versucht, nicht mehr an Bernadette zu denken.)

Titus erschrak vor dem kurzen Stochern des Schlüssels an der Wohnungstür, und dann erschrak er darüber, daß er erschrocken war …

Die Mutter, grau wie ein Radiergummi.

Sie hatte noch nie geweint, nicht vor ihm. Aber jetzt schimmerten ihre Augen feucht. Wie sie auf ihre Fußspitzen blickte, sah sie müde und dünn aus. Ihre auf den Knien gefalteten Hände rochen nach Chloramin.

»Mutter«, sagte er. »Du tust ja, als ob ich ein Verbrecher wäre.«

»Du rennst ihnen ins Messer, Titus«, sagte sie. »So aufrichtig! Doch das ändert nichts, gar nichts, du schadest dir nur.«

Er war froh, daß sie überhaupt wieder sprach.

»Irgendwann wirst du das verstehen«, sagte er, ohne den Kopf zu heben, und hätte am liebsten hinzugefügt: »und stolz auf mich sein«. Und dann sagte er es tatsächlich.

»Ich bin auch so stolz auf dich, Titus. Ich kann gar nicht stolzer sein als jetzt.«

Er hob immer noch nicht den Kopf. »Was ist denn so schlimm, wenn ich von der Schule fliege? Die meisten machen nur eine Lehre.«

Er hörte die Schritte des Großvaters.

»Du wirfst dich weg, Titus, Perlen vor die Säue!«

Titus empfing den Großvater mit einem Lächeln. »Wo ist deine Mutter?«

»Hier«, sagte Titus, und der Großvater drückte die Tür weiter auf.

»Ist was passiert?«

Titus schüttelte den Kopf und lächelte wieder. Seine Mutter rührte sich nicht und sah zu Boden, bis der Großvater wieder gegangen war.

»Was willst du denn sagen?«

Titus schwieg. Er hatte es einmal gesagt. Er konnte es nicht wiederholen, seine Worte blieben in den Spuren des Gesagten stecken. Aus der Küche hörte er das Radio, und ihm war, als hätte er diese Szene schon einmal erlebt.

»Denkst du, du besserst Petersen? Oder deine Mitschüler? Die bringst du nur in Verlegenheit, in Schwierigkeiten …«

»Soll ich denn lügen?« Jetzt sah er sie an.

»Wer sagt denn, daß du lügen sollst?«

Titus setzte sich gerade.

»Du sollst was über die Bundeswehr sagen, nichts weiter.«

[Brief vom 9. 6. 90]
»Das stimmt doch alles nicht.«

»Was stimmt nicht?«

»Aggressor und dieses Zeugs.«

»Woher weißt du das?«

»Die würden uns nie angreifen!«

»Wenn die Russen keine Armee hätten, keine Raketen ... Glaubst du, der Westen würde sich nobel zurückhalten? Die haben nicht mal Allende geduldet. Denk an Vietnam! Nur weil die bessere Autos fahren und bessere Strumpfhosen haben, sind sie nicht automatisch menschlicher!«

»Wie redest du denn?«

»Alles würden die einkassieren!«

»Ich denk, der Westen ...«

»Würde sich bedienen ...«

Die Verzweiflung in ihrem Gesicht war wie weggewischt. Er kam sich vor wie beim Schach, wenn sie ihm erlaubte, einen dummen Zug rückgängig zu machen. Aber er wollte nichts mehr rückgängig machen.

»Das kannst du doch gar nicht beurteilen«, sagte Titus.

»Stell dir einfach vor, du sprichst über Glühbirnen oder Autos oder so was in der Art.«

»Wieso denn?«

»Darüber weißt du auch nicht viel mehr, oder?«

»Er will Schlußfolgerungen ...«

»Die muß jeder selbst ziehen.«

»Mama ...«

Wo waren seine Gedanken hin, die Argumente, die er ihr hatte vorhalten wollen. Wieso konnte er sie nicht überzeugen?

War er so leicht matt zu setzen? Joachim hatte recht, Gunda Lapin hatte recht, seine Mutter hatte recht, alle hatten immer irgendwie recht, nur er selbst nicht.

(Oder besser als Situation in der Telephonzelle.)

»Er hat gefragt, wie ich mich eingewöhnt habe, wie ich mit den Anforderungen und der neuen Klasse zurechtkomme, und dann gesagt, daß es kein Werbungsgespräch sei, so wie man Söldner wirbt, das sei nun Gott sei Dank vorbei. So was gebe es bei uns nicht. Aber die Arbeiter- und Bauernmacht, die uns ermöglicht, diese Bildung zu erwerben, darf wohl von denen, die sie besonders fördert, auch eine besondere Gegenleistung verlangen.«

»Er war ganz ruhig, aber scharf, ruhig und scharf. Er hat gefragt, warum ich nicht für den Frieden bin. Ich hab ihm gesagt, daß ich natürlich für den Frieden bin. Ob ich denn auch bereit sei, mit der Waffe in der Hand meine Heimat zu verteidigen, oder ob ich tatenlos zusehen würde, wie man meine Familie ermordet.«

»Dann werde ich Müllkutscher. Ich werde schon nicht verhungern!«

»›Bei uns wird niemand allein gelassen mit seinen Entscheidungen‹, hat er gesagt.«

»Einen Kurzvortrag, bis Montag.«

»Ich weiß es doch nicht. Er hat mir ein Buch mitgegeben ...«

Dann sagte Titus lange nichts. Es war schon fast dunkel geworden.

»Das wird immer so weitergehen«, sagte er schließlich. »Immer weiter und weiter.«

»Ja«, sagte er dann, »ja«.

5

Halb sechs. Titus sah die Tropfen an der Scheibe. Er drehte sich auf den Rücken und lauschte. Etwas hatte ihn geweckt, so wie früher, wenn der Kater aufs Bett gesprungen war. Alles klang nah: Die Autoreifen auf dem Asphalt, die Straßenbahn, die Busse, die hinauf zur Flugzeugwerft fuhren, die Züge in der Heide.

Titus preßte die Augenlider zusammen. Sein Herz arbeitete sich voran, immer höher, immer dichter unter die Haut.

Halb sieben, halb acht ... er zählte es an den Fingern ab, halb eins ... in sieben Stunden war es soweit – in acht Stunden würde sein Leben bereits ein anderes sein.

Er drehte sich auf die Seite, bog das Kissen um und drückte sein Gesicht hinein, als weinte er. Die Haustür fiel ins Schloß, Schritte auf den Gehwegplatten. Die nächsten sieben Minuten wollte er genießen, als wäre es mitten in der Nacht, und die restliche Zeit immer weiter halbieren, so daß er stets noch eine Hälfte vor sich hatte. Er winkelte die Beine an und zog die Decke hoch.

Sekunden bevor er klingelte, griff Titus nach dem Wecker und stand auf. Er schloß das Fenster, ging auf die Knie und machte Liegestütze. Er schrie sich selbst jede Zahl ins Ohr. Wie ein Offizier stand er neben sich, jede Zahl ein Rutenstreich. Bei vierzig hielt er zum ersten Mal inne, er hatte keine Luft mehr, war aber gezwungen, bis zur Erschöpfung weiterzumachen. Er sah sein verzerrtes Gesicht und hörte, wie er japste. Bei siebenundvierzig spürte er die Reitgerte auf seinem Rücken nicht mehr, achtundvierzig, neunundvierzig ... selbst als sein Bauch den Boden berührte, hielten die Arme noch die Schultern oben, dann lag er da und erwartete sein Urteil.

Titus war wach, wunderbar wach. Wie ein Sprinter vom Startblock sprang er auf die Beine. Er setzte Wasser auf, nahm die

Butter aus dem Kühlschrank und wusch sich über der Wanne. Sieben Stunden. Er hatte nichts weiter zu tun, als bei seiner Meinung zu bleiben. Das Schlimmste, der gestrige Nachmittag mit seiner Mutter, lag bereits hinter ihm. Vielleicht würde Petersen mit ihm zum Direktor gehen. Titus lächelte, während er sich abtrocknete.

Fünf vor halb sieben verließ er die Wohnung mitsamt dem Turnbeutel, rannte, da er die Bahn kommen hörte, und sprang während des Abklingelns in den letzten Wagen.

Der Mann neben ihm roch nach Zigaretten, Rasierwasser, Alkohol und Pfefferminz. Titus drang zur Wagenmitte vor und fand an der Haltestange einen freien Platz für seine Hand. Tasche und Turnbeutel hielt er zwischen den Beinen.

Hatten die Menschen um ihn herum nicht längst eingewilligt, ihre Lebenszeit mit dem kleinstmöglichen Aufwand herumzubringen, als gelte es, die Kräfte für das Jenseits zu schonen? War denn an keinen dieser Menschen je der Ruf Gottes ergangen?

Am Platz der Einheit mußte er aus der 7 aussteigen und hinüber zur Haltestelle der 6 laufen. An der Fußgängerampel stand ihm seine Mutter genau gegenüber. Er bemerkte sie nicht und erschrak dann, als er seinen Namen so dicht neben sich ausgesprochen hörte.

»Guten Morgen, Titus«, sagte sie. Sie umarmten sich.

»Du mußt es nur vorlesen«, sagte sie und hielt ihm Buch und Zettel hin. »Zehn Minuten, wenn du langsam liest.«

Er sah auf die Zettel. Das Buch lag in einer Plastetüte, auf der Münzen abgebildet waren.

»Das ist nicht deine Entscheidung, Titus«, sagte sie. »Ich möchte das so, und du hast dich danach zu richten.«

Titus sah zur Seite. Ihm war, als erteilte sie ihm Hausarrest.

»Du bist fünfzehn. Wenn du achtzehn bist, nach dem Abitur, dann kannst du verweigern, soviel du willst!«

»Nicht so laut«, flüsterte Titus. Wie kam sie dazu, ihn hier zu überfallen?

»Versprich mir das!« Titus sah hinüber zum Mahnmal für die Rote Armee; der Soldat mit Fahne holte zum Wurf mit der Handgranate aus. Er zielte genau auf seine Mutter und ihn.

»Du mußt es mir versprechen!«

»Ich will es versuchen«, sagte Titus.

»Nicht versuchen!« rief sie streng. »Das hat nichts mit ›versuchen‹ zu tun. Du machst, was ich dir sage, hast du verstanden, Titus?«

»Mama«, sagte er und lächelte. Er verstand nicht, was in ihm vorging. Es war wie ein Taumel, etwas löste sich in ihm, etwas Angenehmes. Sie verbot es ihm. So einfach war das. Plötzlich rückte alles wieder an seinen Platz. Er versuchte sein Lächeln zu unterdrücken; leidvoll wollte er seine Mutter ansehen. So widerstandslos durfte er sich nicht geschlagen geben. Er mußte ihr widersprechen.

»Ich habe mich entschieden«, sagte Titus. »Ich geh nicht zur Armee.«

»Dagegen habe ich nichts«, sagte sie. »Aber sag es nicht jetzt, sondern wenn es soweit ist, vor der Einberufung.«

»Petersen fragt jetzt danach. Ich will nicht mehr lügen!«

»Es ist nicht deine Entscheidung, Titus! Ich will, daß du den Vortrag hältst. Und deshalb hältst du ihn auch. Und wenn er dich fragt, dann sagst du, was du bisher gesagt hast, achtzehn Monate und keinen Tag länger.«

»Ich lese keine Lügen vor!«

»Wieso denn Lügen? Ich hab den Firlefanz weggestrichen. Du erzählst was von den Nazi-Generälen, die sie da alle hatten und haben, von den Kasernennamen, den alten Liedern, die sie immer noch grölen, den Revanchistentreffen, vor allem aber vom Geld. Die ganzen Firmen, die davon profitieren. Und wer an

Waffen verdienen will, braucht Angst und Krieg. Mußt kein schlechtes Gewissen haben, mußt du sowieso nicht, aber das hier ...« Sie drehte sich um, weil eine Straßenbahn kam.

»Die Elf«, sagte er.

»Wirst ja sehen«, sagte sie.

Sogar im Freien roch Titus das Chloramin an ihren Händen.

»War die Nacht ruhig?« fragte er.

»Ging so«, sagte sie. »Du hast es mir versprochen.« Sie hob sein Kinn hoch, er drehte den Kopf weg. Als er sie ansah, konnte er ein Lächeln nicht länger unterdrücken.

»Du versprichst mir jetzt, daß du es vorliest?«

»Ja«, sagte Titus.

An der Haltestelle, sie mußten in entgegengesetzte Richtungen, standen sie einander wie Fremde gegenüber, bis sich zwei Bahnen fast zeitgleich zwischen sie schoben.

Sanddorn, der Musiklehrer, schlug die Tür hinter sich zu, ging mit großen wiegenden Schritten zum Flügel, legte das Klassenbuch ab und rief: »Freundschaft! Setzen!«

Sanddorn ließ sich auf den Klavierhocker fallen, klappte den Flügel auf und spielte ein paar Takte, eine Variation von »Horch, was kommt von draußen rein«, das Lied, das sie vor einigen Wochen hatten vorsingen müssen.

»Wir brauchen Männer«, rief Sanddorn, »mehr Männer!« Und schon verlor sich die Melodie in den Baßtönen. Sanddorn schlug das Klassenbuch auf, blätterte einige Seiten um und stützte sich mit den Unterarmen darauf, so daß die Klasse nur seinen großen Kopf sah.

Titus mochte Sanddorn, obwohl dieser ihn beim Vorsingen nach der ersten Strophe auf den Platz geschickt und die von Titus' Gesang entstellte Melodie zur Freude aller auf dem Flügel imitiert hatte. Aber eine schlechtere Note als zwei vergab Sanddorn beim Vorsingen nicht. Titus war froh, daß die Woche mit einer Schonfrist begann.

»Mario Gädtke.« Sanddorn hatte den Namen aus dem Klassenbuch vorgelesen. Er merkte sich nur die Namen derer, die im Schulchor sangen. Michael war aufgestanden.

»Eine Eins im Singen, und nicht im Chor?« Mario zählte auf, was er alles mache und warum er nicht auch noch im Chor singen könne. Titus wünschte, Sanddorn würde ihn so etwas fragen, während Mario von Chemiezirkel, Posaunenchor und Judo sprach. Wie gern wäre Titus im Chor gewesen. Sie sangen das Weihnachtsoratorium, das Brahms-Requiem, Verdi, Mozart. Und FDJ-Hemden trugen sie nur zur Schuljahreseröffnungsfeier. Als Peter Ullrich nach vorn mußte, um zum zweiten Mal vorzusingen, ahnte Titus, daß an diesem Tag auch die unverfänglichste Stunde gefährlich werden konnte. Aber ihn, ihn würde Sanddorn nicht nach vorn bitten. Er wäre der letzte, mit dem es Sanddorn noch einmal probieren würde. Und tatsächlich schlug Sanddorn das Klassenbuch wieder zu.

»Haydn-Variationen!« rief er und wiederholte, was Brahms über die Sinfonie gesagt hatte, nämlich daß eine Sinfonie zu schreiben eine Sache auf Leben und Tod sei und daß Haydn – »Wie viele Sinfonien hat Haydn geschrieben?« – darin ein Meister gewesen sei, Haydn und Mozart, Haydn und Esterházy, Brahms und Haydn.

Die Platte knackte. Die Musik begann. Titus lehnte sich zurück. Das Motiv war deutlich.

Während er auf die Musik hörte, beobachtete er Sanddorn, der zwischen Flügel und Fenster hin- und herschritt, den Blick auf den Boden gerichtet, mit der rechten Hand gab er die Einsätze.

Sanddorn war von einer Körperfülle, die Titus als provokant empfand, weil diese Sanddorn als untauglich für eine militärische

Betätigung auswies. Andererseits verstand Sanddorn sein Gewicht mit solcher Anmut zu tragen, daß man in ihm einen guten Tänzer vermuten konnte. In den Pausen schien es, als lustwandele er im Flur vor dem Musikzimmer auf und ab – Sanddorn im Lehrerzimmer war unvorstellbar –, dabei summte er irgendeine Melodie, die, sobald er stehenblieb, von seinen Fingern auf Heizkörper, Fensterbretter oder Scheiben übertragen wurde. Freundlichst erwiderte er jeden Gruß, wobei er sich mit dem ganzen Oberkörper vor Schülern wie Lehrern gleichermaßen verbeugte.

Sanddorn, der am Fenster stehengeblieben war, hob den Finger, um sie auf das Eingangsmotiv hinzuweisen. Titus hätte Sanddorn gern gefragt, ob er bei der Armee gewesen war und was er ihm rate.

[Brief vom 21.6.90]

Titus ging nach vorn. Er wollte nicht singen, er konnte nicht singen, Sanddorn mußte doch spüren, wie unmöglich es war, ihn ein zweites Mal dieser Tortur auszusetzen. Jede Zensur wollte er akzeptieren.

Sanddorn ließ den Flügel bereits in einem rätselhaften Vorspiel erdröhnen, um gleich darauf ganz sparsam mit den Zeilen: »Und weil der Mensch ein Mensch ist, drum braucht er was zu essen, bitte sehr!« zu beginnen.

»Nur mitsingen«, rief Sanddorn, »einfach mitmachen!« Sanddorn begann von vorn, nickte ihm aufmunternd zu, und Titus fiel ein. Er hörte nicht einmal das Lachen der Klasse, so laut sang Sanddorn.

Doch als das »Drum links, zwei, drei, drum links, zwei, drei« kam, glaubte Titus, er würde zusammen mit Sanddorn marschieren, er und Sanddorn sangen: »Wo dein Platz, Genosse, ist! Reih dich ein in die Arbeitereinheitsfront, weil du auch ein Arbeiter bist!«

Die zweite Strophe begann, und sie marschierten gemeinsam weiter. Titus hörte sich jetzt, er lehnte sich an Sanddorns Stimme an – oder diese umschloß seine eigene Stimme. Den Text kannte er ja, den hatte er gelernt. Und plötzlich freute sich Titus, als wieder »Drum links, zwei, drei« kam. Er sang laut – und als Sanddorn und der Flügel schwiegen, sang er allein. Aber einen Augenblick später setzte Sanddorn wieder ein, und so marschierten sie gemeinsam durch die dritte Strophe.

»Mittwoch, 13.30 Uhr, Chor!« rief Sanddorn, als Titus zurück auf seinen Platz ging. Das Gelächter brach los, schlimmer als je zuvor. Titus versteinerte. Sanddorn spielte mit seinen heiligsten Gefühlen. Jetzt haßte Titus Sanddorn, dieses dicke Reptil hinterm Flügel. Erst als Sanddorn rief »Aus dem machen wir noch einen richtigen Tenor!«, begann Titus zu begreifen, was soeben geschehen war. Sanddorn schrieb eine Eins ins Klassenbuch.

Titus mußte sich beeilen, es hatte schon während der zweiten Strophe zur Pause geklingelt. Dennoch ließ er sich heute Zeit, weil er Joachim vor sich wußte. Der aber wartete an der Treppe mit dem Wandbild und der elften Feuerbachthese.

»Meine Mutter will, daß ich es vorlese«, sagte Titus hastig.

»Was denn?« Joachim lächelte.

»Über die Bundeswehr, hat sie geschrieben.«

»Deine Mutter? Deine Mutter hat es geschrieben?!«

Titus zuckte mit den Schultern.

»Deine Mutter ist doch eine kluge Frau«, sagte Joachim, zog die Lippen ein und öffnete sie mit einem leisen Knall. »Warum hilft sie dir nicht? Warum macht sie es dir noch schwerer?« Titus grüßte Frau Berlin, die von Joachim zu ihm und dann wieder zu Joachim sah und so ernst blieb, als habe sie mitgehört.

»Warum macht sie das?«

»Meinetwegen«, sagte Titus trotzig und schob sich mit zwei

schnellen Schritten vor Joachim, um den Entgegenkommenden auszuweichen. Bernadette sah er nirgends. Erst auf der breiten Mitteltreppe erschien Joachim wieder neben ihm.

»Du hast es nicht einfach.«

»Sie hat eben Angst«, sagte Titus, ohne den Kopf zu wenden. Er hatte immer geglaubt, Gott sei sanft und gutmütig, aber jetzt spürte er, daß Gott auch hart und fordernd sein konnte.

»Dir werden andere helfen«, sagte Joachim. »Alle, denen ich von deiner Entscheidung erzählt habe, bewundern dich.«

Titus nickte Dr. Bartmann zu, der gegenüber der Zimmertür am Fensterbrett lehnte und im selben Moment, da sie den dunklen Mitteltrakt verließen, von seiner Zeitung aufsah, als hätte er sie erwartet. Dr. Bartmann lächelte immer. Nur wenn er von der Zukunft des Sozialismus sprach, wurde er ernst. Dr. Bartmann trug ausnahmslos helle Sachen, sogar die Streifen seines Hemdes waren irgendwie farblos.

»Na, Sportsfreunde«, rief er. Dann klingelte es, und Dr. Bartmann faltete die Zeitung zusammen.

Dr. Bartmanns »Freundschaft« hatte etwas Beiläufiges. Er begnügte sich damit, sie nachzuäffen, wenn sie gar zu lasch antworteten, wobei er die Schultern hängen ließ und in die Knie ging, als fiele er in sich zusammen.

»Gibt's was Neues in der Epoche des Übergangs vom Kapitalismus zum Sozialismus?« Dr. Bartmann zog seine Hose hoch, bis die Gürtelschnalle jenen Punkt markierte, an dem sein Bauch am weitesten vorstand. »Neun zu null gewonnen, einen Tag lang gehofft, und trotzdem raus! Und was sagt unser Bezirksorgan?« In dem Moment öffnete sich die Tür, und Martina Bachmann erschien mit dem Klassenbuch.

»Ich liebe die Disziplin«, rief Dr. Bartmann, »obwohl ich dafür berühmt bin, sie nicht zu lieben. Na, Bachmännin, wer sagt das?«

Sie legte das Klassenbuch auf den Lehrertisch und zwängte sich, ohne ihren Stuhl zurückzuschieben, auf ihren Platz.

»Jewgeni Jewtuschenko!« rief Dr. Bartmann. »Nicht gelesen? Sowjetische Schriftsteller über Literatur?« Aus seiner offenen Aktentasche zog er einen schmalen Zeitungsstreifen und hielt ihn hoch: »Der Kommunismus kann ohne Puschkin, ohne den einst Ermordeten, und ohne seinen vielleicht noch nicht geborenen Nachfolger nicht vollständig sein. Große Dichtung ist ein unabdingbarer Teil des Kommunismus. Andrej Platonow, und wem der nichts sagt, sollte ihn sich jetzt merken.«

Dr. Bartmann drückte den Streifen wie einen Beweis mit der flachen Hand aufs Klassenbuch und griff wieder nach der Zeitung. »... was die Türken (auch auf den Rängen) in eine schier bodenlose Schicksalsergebenheit stürzte.« Und dann: »Als DDR-Fußballanhänger befand man sich vor dem Bildschirm in der eigenartigen, unbehaglichen Lage, der türkischen Mannschaft die Daumen ...«

»Zeig mal«, flüsterte Joachim wieder. Titus packte Staatsbürgerkundebuch, Hefter, Hausaufgabenheft und seine Federmappe auf den Tisch.

»... jener Mannschaft, die uns im November 1976 in Dresden einen Punkt geraubt hat, dem jetzt so mancher nachtrauert, als sei dieser Punkt die Ursache allen Fußballunheils, das uns in den darauffolgenden Monaten so permanent verfolgte und jetzt auch von Argentinien fernhält. Dabei schien am 29. Oktober 1977 alles gar nicht mehr so schlimm zu sein, nachdem unsere Mannschaft in Babelsberg das Kunststück fertiggebracht hatte, den Außenseiter Malta mit ebenjenem Resultat von 9:0 zu besiegen, das die Österreicher vorgelegt und beinahe ins Reich der Unwiederholbarkeit verlagert hatten. Ich gestehe ...«

Titus schob den Hefter mit den drei Seiten seines Vortrages hinüber.

»… und ziehe den Hut vor dieser auch nervlich hervorragend bestandenen Prüfung unserer Spieler. Aber die großen Ausnahmen sind eben Ausnahmen … Auf die Dauer rollt der Ball nicht in unwägbaren, glückhaften oder glücklosen Bahnen. Und so hat der Erfolglose die Pflicht, sich selbst zu befragen, was verpaßt oder nicht richtig getan wurde. Diese Frage wird die Öffentlichkeit und die Verantwortlichen in den kommenden Tagen und Wochen gewiß beschäftigen. Hoffentlich so, daß die schon wieder vor der Tür stehenden neuen, großen, komplizierten …«

»Gleichgewicht des Schreckens«, zischelte Joachim durch den linken Mundwinkel.

»… übermorgen von der Rückrunde in den Europapokalspielen unserer Spitzenmannschaften noch nicht erwarten. Aber rüsten wir unsere …«

»… Das ist doch Blödsinn!«

»… rehabilitieren zu können! Wenig genug ist uns derzeit geblieben!«

Dr. Bartmann senkte die Zeitung. Am Mittwoch gegen Liverpool müßte Dynamo mindestens 4:0 gewinnen, um das 5:1 vom Hinspiel wieder wettzumachen. »Ich wünschte«, sagte Bartmann und blätterte die Seite um, »so wie hier Jens Peter über den Fußball schreibt, würde über alle Probleme gesprochen. Zuerst, was er da über die Türken sagt …« Dr. Bartmann lachte auf, »schicksalsergeben und so, da ging mir schon der Hut hoch, da wurde mein Kuli unruhig. Aber dann nennt er doch noch Roß und Reiter!«

Titus sah, wie Joachim den Rand seiner Blätter mit Frage- und Ausrufezeichen versah.

Dr. Bartmann schrieb oft ans ND oder an die »Sächsische Zeitung«. Vor den Herbstferien hatte er ihnen den Brief vorgelesen, in dem er fragte, warum die Redakteure des ND den USA-Präsidenten mit Kosenamen vorstellten. Wenn sie ihn schon beim

Vornamen nennen müssen – dabei sei *Carter* oder *Präsident Carter* vollkommen ausreichend –, dann richtig, James Earl, aber nicht Jimmy. Denn aus welchem Grund sollten wir einen Mann, der die Interessen der aggressivsten Kreise des Imperialismus vertritt und die Menschheit mit der heimtückischsten Waffe, die es je gab, bedroht, warum sollten wir Carter, der die Neutronenbombe eine faire Bombe genannt hat, Jimmy nennen? Dr. Bartmann erklärte ihnen auch, warum sie Deutsche Demokratische Republik sagen sollten und nicht einfach nur DDR. In seinem Unterricht wollte er nur noch Deutsche Demokratische Republik und BRD hören.

Titus sah, wie Joachim »Unsinn« an den Rand des Vortrages schrieb.

Dann war es Zeit für die Chronik.

Titus zog seinen Hefter herüber und mit ihm Joachims Ellbogen. Aber Titus mußte jetzt schreiben, zehn Stichworte mußten am Ende im Hefter stehen.

»Enthüllung in New York – Israel hat mit Hilfe westlicher Länder vor mehr als zwanzig Jahren mit der Entwicklung von Kernwaffen begonnen. Dabei spielten israelische Agenten, die spaltbares Material aus USA-Atomanlagen besorgt hatten, eine entscheidende Rolle. Neben den USA sind auch die BRD und Frankreich an Lieferungen beteiligt.«

»Richtig«, sagte Dr. Bartmann, »aber zu lang.«

»Gewinnsucht verzichtet auf Moral: Mehr als 350 USA-Konzerne, etwa 500 britische Unternehmen und 400 Firmen aus der BRD haben sich in Südafrika etabliert. Ein Viertel der Investitionen Südafrikas stammen aus dem Ausland.«

»Sehr gut. Jetzt aber mal aktuell!«

»In der italienischen Öffentlichkeit nehmen die Protestaktionen gegen die USA-Pläne zur Produktion der Neutronenwaffe weiter zu. Mit einem Protestmarsch verurteilten am Dienstag in

Rom Tausende Einwohner der Hauptstadt diese Absichten als einen aggressiven Schritt, der den Frieden der Mensch...«

»Undsoweiterundsofort«, rief Dr. Bartmann.

»Neue Mietpreiswelle in der BRD. Aufgrund gestiegener Baupreise von bis zu 20 Prozent muß ...«

»Etwas anderes, etwas anderes!«

»Mehr Banküberfälle in der BRD!«

»Nein!«

»Dem Gedenken an Wassili Schukschin ist ein 8000-Tonnen-Frachter gewidmet ...«

»Njet, njet, njet.« Dr. Bartmann akzeptierte die erneuten machtvollen Streiks in Italien, winkte aber ab bei den Folterungen in Belfast, der neuen Phase des Raketenbaus in der BRD, dem befristeten Waffenembargo gegen Südafrika und der Giftbombe für die USA-Marine.

Erst bei den Reaktionen auf den Panama-Kanal-Vertrag nickte Dr. Bartmann wieder und drehte sich dabei kurz um, als wollte er sehen, wie viele Plätze es noch bis zu Joachim waren, der das letzte Mal »Besucherrekord auf der Burg Stolpen« vorgeschlagen hatte, was Dr. Bartmann ihn hatte begründen lassen. Und Joachim hatte einen Kurzvortrag über das Geschichtsbewußtsein gehalten, das sich nicht immer nur auf die jüngste Vergangenheit beziehen dürfe, sondern die Erfahrungen aller Epochen benötige, und Dr. Bartmann hatte den Besucherrekord gelten lassen.

Es war dann nicht deutlich, auf wen Dr. Bartmann gezeigt hatte, jedenfalls sagte Joachim: »Andreas Baader, Gudrun Ensslin und Jan-Carl Raspe sind am Donnerstag, den 27. Oktober auf dem Dornhaldenfriedhof in Stuttgart beigesetzt worden.«

Dr. Bartmann lächelte. »Das Thema hatten wir doch schon letzte Woche. Ist es denn so wichtig?« Dr. Bartmann erinnerte an Lenin, daran, daß Linksradikalismus die Kinderkrankheit des

Kommunismus sei und welchen Schaden sie der Sache des Proletariats zufüge.

Statt Titus aufzurufen, nickte Dr. Bartmann bereits Peter Ullrich zu, der in der Bank vor ihnen saß. Titus schossen Tränen in die Augen. Am liebsten hätte er losgeheult.

Peter Ullrich sprach von unterirdischen Kernexplosionen in Nevada und Panzerabwehrraketen für Großbritannien. Es war lächerlich, in Tränen auszubrechen, nur weil Bartmann ihn übergangen hatte. Wie sollte er denn je eine Entscheidung treffen, wenn er windelweich war wie ein Kleinkind?

Er fürchtete sich vor der Pause, vor den fünf Minuten bis zum Beginn der Russischstunde. Er hatte gesagt, was er sagen wollte. Wenn Joachim das nicht begriff, wenn er immer noch glaubte, er würde ihm statt seiner Mutter folgen …

»Erstens«, diktierte Dr. Bartmann, »ein elektronisches Rechenzentrum des Systems EC 1040 des Kombinates Robotron wurde in Havanna übergeben, KOSMOS 962 wurde gestartet. Zweitens hat die Abwerbung ägyptischer Wissenschaftler durch westeuropäische Staaten und die USA ein bedrohliches Ausmaß angenommen. 70 Prozent der Studierenden kehren nicht in ihre Heimat zurück.«

Es blieben noch zwanzig Minuten für den regulären Stoff.

[Brief vom 28. 6. 90]
Titus schlug im Hefter nach vorne und notierte zum zweiten Mal das Datum: 31. 10. 1977.

Dr. Bartmann schrieb an die Tafel. 9.1.2. Das Wesen der kap. Gesellschaftsordnung. 9.1.2.1. Das Wesen der kap. Ausbeutung. Es folgten zwei Spalten, links Kapitalisten, rechts Arbeiterklasse.

Von nun an kam nur noch dran, wer sich meldete; meldete sich niemand, gab Dr. Bartmann die Antwort selbst. Joachims

Kurzschrift hielt nicht nur das Tempo von Bartmann, sondern überholte ihn am Ende einer jeden Passage.

»Das Ziel der kapitalistischen Produktion besteht in der Gewinnung des höchstmöglichen Mehrwertes, also des Profits, durch Verschärfung der Ausbeutung.« In einem Kästchen erschien »angeeigneter Profit«, von dem wiederum links und rechts ein Pfeil abging. Links: für persönliche Zwecke/luxuriöses Leben; rechts: Kapital für den Ankauf neuer Maschinen, damit ständig mehr Mehrwert erzeugt wird.

»Bei Strafe des eigenen Untergangs«, rief Dr. Bartmann, »ist jeder Kapitalist gezwungen, die Produktion zu modernisieren und den Kampf gegen die anderen Kapitalisten zu führen. Dieser Konkurrenzkampf bewirkt eine ständige Verschärfung der Ausbeutung.«

Dr. Bartmann diktierte schnell und wiederholte, sobald sich jemand meldete, die zweite Satzhälfte. »... ständige Verschärfung der Ausbeutung. Das ist das Wolfsgesetz des Kapitalismus. Das Wolfsgesetz bewirkt a) eine Weiterentwicklung der Produktivkräfte und deren Hemmung, b) verstärkte Ausbeutung und Ruin großer Teile der Bauernschaft und der kapitalistischen Unternehmer, c) Kampf um Absatzmärkte und Rohstoffe, Klammer auf, Kriege, Neokolonialismus, Klammer zu.«

Dr. Bartmann wischte das Kästchen mit dem angeeigneten Profit weg. »Das führt zu 9.1.2.3. Der Grundwiderspruch des Kapitalismus, neue Zeile, Zitat, Anführungsstriche: Die Bourgeoisie hat, Pünktchen, Pünktchen, Pünktchen, massenhaftere und kolossalere Produktionskräfte geschaffen als alle vergangenen Generationen zusammen, Punkt, Ausführungsstriche, Klammer auf, Marx, Engels, Manifest, Klammer zu. Jetzt nicht mitschreiben, weil das erst für die nächste Stunde ist, nur zum Mitdenken.« Und dann schrieb Dr. Bartmann, ohne ein Wort zu sagen, die Worte an die Tafel: »Der Widerspruch zwischen dem gesellschaftl. Charakter der Produktion und der privatkap. Aneignung ist der Grundwiderspruch des Kapitalismus.«

Er trat neben die Tafel, wies mit der flachen Hand auf das Geschriebene und sagte: »Daraus leitet sich der antagonistische Klassengegensatz zwischen Arbeiterklasse und Bourgeoisie her!« Ins Klingeln hinein rief er: »Was gesetzmäßig die Beseitigung der kapitalistischen Produktionsverhältnisse zur Folge hat – Freundschaft!«

Die ersten, die aufsahen, erwiderten den Gruß leise, als führten sie Selbstgespräche.

Dr. Bartmann machte eine Notiz ins Klassenbuch, versenkte den Zeitungsausschnitt in seiner Aktentasche und ließ diese zuschnappen.

»Ich hab ein ganz dummes Gefühl«, sagte Joachim, der neben der Bank wartete, »ein ganz dummes.«

Titus räumte seine Sachen zusammen. Als er Joachim ansah, begriff er, daß ihrer Freundschaft nur noch ein paar Stunden blieben. Joachim würde sagen, daß man seine Hände nicht in Unschuld waschen könne und daß man bereit sein müsse, Vater und Mutter zu verlassen.

Joachim sprach, während sie die Treppe hinuntergingen. Selbst als sie sich im Russischzimmer auf ihre Plätze gesetzt hatten, redete Joachim weiter, so daß Titus seine Sachen noch nicht ausgepackt hatte, als das blonde Gift, wie Joachim Frau Berlin nannte, in der Tür erschien.

Das blonde Gift ließ sich Zeit. Je länger das »Rumgezuckle« und »Rumgehample« dauerte, um so unnachsichtiger würde sie in der Stunde sein.

»Sdrastwuitje!« rief das blonde Gift, und die Klasse antwortete im Chor: Sdrastwuitje! Reglos verharrten sie, niemand setzte sich. Das blonde Gift zwinkerte. »Choroscho, saditjes, poshaluista, wer sagt's denn, der Mensch ist lernfähig. Wot!« Und nach einer kurzen Pause, in der sie das Klassenbuch aufschlug, wandte sie sich von Bankreihe zu Bankreihe. »Wy gotowy? Wy gotowy? Wy gotowy?« Jedesmal ließ sie für einen Augenblick ihr Kinn hängen und blinzelte mit wackelndem Kopf wie eine Schwachsinnige. Titus hatte genickt, als ihr Blick in seine Nähe gezielt hatte. Er glaubte, sie habe gefragt, ob sie bereit seien zum Unterricht. Doch bei dem folgenden »Kto chotschet?« durchfuhr es ihn heiß.

»Oje«, flüsterte Titus, »wir haben den Dialog vergessen.«

Peter Ullrich und seine Banknachbarin begannen, ihr einstudiertes Stück aufzusagen. Joachim zuckte mit den Schultern. Natürlich, es war unter seinem Niveau, sich vorzubereiten. Diese Dialoge waren etwas für Schüler wie Titus, die bereits eine Vier hatten.

Die Klasse lachte. Peter Ullrich war gut in Russisch, er hatte ein paar Monate in Leningrad verbracht und glänzte durch seine gurrende Aussprache.

»Ich fang an«, flüsterte Joachim. Und wenn er hundertmal begänne, das würde ihm, Titus, gar nichts nützen. Entschuldigungen zählten nur, wenn man sich zu Beginn meldete.

Das blonde Gift stellte Fragen, und Titus versuchte sich zu merken, was Peter Ullrich antwortete. Peter Ullrich bekam eine Jediniza, schon die dritte, wie das blonde Gift überrascht bemerkte, aber als Offiziersanwärter stehe ihm das gut zu Gesicht. Seine Banknachbarin erhielt ebenfalls eine Jediniza – damit honoriere sie auch die Freiwilligkeit, sagte das blonde Gift.

Martina Bachmann in der Bank vor ihnen meldete sich, und das blonde Gift rief: »Sieh da, ein Wunder!« Titus war ihr dankbar, weil die Wahrscheinlichkeit, daß nun auch noch sie aufgerufen würden, gering war. Martina Bachmann wollte nur erklären, warum sie sich nicht habe vorbereiten können. »Soll ich mich damit abspeisen lassen?« unterbrach sie das blonde Gift.

Titus hoffte, sie würde die Entschuldigung nicht gelten lassen und Martina Bachmann trotzdem prüfen. Aber das blonde Gift drehte sich weg, denn in der mittleren Reihe meldeten sich zwei, und das blonde Gift rief: Sie auch? Aber die beiden wollten drankommen und sprachen so lange, daß sich das blonde Gift an den Lehrertisch setzte, die Arme verschränkte und zufrieden lächelte. Und als sie fertig waren, stellte sie keine Fragen und schrieb ihnen Einsen ins Klassenbuch.

Jetzt war noch seine Reihe dran. Titus wußte nicht, wohin er blicken sollte, und spürte, wie gleichgültig ihm die letzte Stunde und der Vortrag waren, wenn er nur aus dieser Stunde heil herauskäme. Dann hörte er einen Namen, nicht seinen und nicht den von Joachim. Das blonde Gift hatte Mario aufgerufen, weil sie glaubte, ihrem Mario damit einen Gefallen zu tun. Mario schüttelte den Kopf. »Nächste Stunde wäre mir lieber«, sagte er. Das blonde Gift lächelte. »Schade«, sagte sie. »Jetzt ist es noch einfach, in der nächsten Stunde erwarte ich mehr.« Sie rief Sabine auf, und Sabine begann sofort, und die andere Sabine neben ihr antwortete, und so ging es zwischen den beiden Sabinen hin und her. Jede Reihe hatte nun ihr Opfer gebracht, und Titus glaubte zu wissen, was das blonde Gift im Anschluß sagen würde: Schließt den Mund und öffnet die Bücher. Natürlich würde sie es auf russisch sagen.

»Tschto?!« kreischte das blonde Gift. »Tschto?« Peter Ullrich und ein paar andere lachten. Nach dem nächsten Satz von der ersten Sabine lachte auch Joachim. Die zweite Sabine antwortete. Das blonde Gift war aufgesprungen. Die erste Sabine bekam rote Wangen und versuchte zu lächeln. »Tschto?« kreischte das blonde Gift auch nach dem nächsten Satz.

Als Titus endlich begriff, daß Sabine und Sabine in ihrem auswendig gelernten Text um eine Zeile verrutscht waren und Nonsens von sich gegeben hatten, weinte die zweite Sabine bereits. Das blonde Gift verurteilte beide zu einer Vier, aber mit der Möglichkeit, in der nächsten Stunde ihre Noten zu verbessern. Nun brach auch die erste Sabine in Tränen aus.

»Los«, sagte das blonde Gift und nickte Joachim zu.

Titus sah, wie Joachim mit den Schultern zuckte und »choroscho« sagte. Und dann tat er, als hebe er etwas auf den Tisch, griff nach dem unsichtbaren Hörer und bewegte seinen rechten Zeigefinger im Kreis. Er wählte und lehnte sich anschließend zurück. Titus wurde übel. Joachim machte »Klingelingeling«. Titus tat, als nehme auch er den Hörer ab, jemand lachte. Titus wartete einen Moment, dann sagte er: »Allo?« Alles lag in Gottes Hand.

»Sdejs goworit Joachim, sdrastwuitje!«

»Sdejs goworit Titus, sdrastwuitje.« Titus hielt seine rechte Hand ans Ohr, stützte sich auf den Ellbogen und starrte auf die Tischplatte.

»Fsjo choroscho?«

»Fsjo choroscho«, wiederholte Titus.

»Ja chotschu priglassit tebja ...« Was folgte, blieb unverständlich.

»Oh, spassibo«, sagte Titus, und dann geriet ihm ein Wort in den Mund, das er noch nie ausgesprochen hatte. »Otlitschno!« rief er in den Hörer. Es war ihm so selbstverständlich über die Lippen gekommen, daß er es gleich noch einmal wiederholte. »Otlitschno!«

Das blonde Gift stieß einen spitzen Laut aus.

Titus verstand Joachims Antwort nicht, da er aber keine Zeitangabe gehört hatte, fragte er nur: »A kogda?«

Joachim machte mehrere Vorschläge und endete mit der Frage: »Eto udobno?«

Titus wiederholte es, ohne die Bedeutung zu wissen: »Da, eto udobno.«

Joachim redete weiter. Als Titus wieder an der Reihe war, sagte er nur: »Ponimaju. A tschto ty chotschesch?« Das ging immer.

»Tschto ja chotschu?« fragte Joachim.

»Da«, sagte Titus schnell.

Joachim sprach von Büchern, Schallplatten, Theater und sagte irgendwas über Fußball, woraufhin wieder einige lachten.

»Mui idjom f teatr«, antwortete Titus, als müßte er für Ordnung sorgen.

Joachim ließ einen weiteren langen Satz folgen, den Titus nicht verstand. Titus beharrte auf seiner Meinung: »Mui idjom f teatr.« Joachim mimte Aufgeregtheit. Offenbar wollte er nicht ins Theater. Titus spürte um sich herum die Bereitschaft zum Lachen.

»Kak ty chotschesch. A ja chotschu kuschat tort.«

Joachim mußte einen Moment warten, bis sich die Klasse wieder beruhigt hatte. »Do swidanija«, sagte Joachim.

»Fsjo choroscho?«

»Fsjo choroscho!« rief Joachim.

»Spassibo«, sagte Titus. »Do swidanija.«

Gleichzeitig legten sie die imaginären Hörer auf. Das blonde Gift sagte »Otlitschno« und »Spassibo« und setzte sich an den Lehrertisch. Sie wies Joachim auf zwei Fehler hin, lobte die Lebendigkeit des Gespräches und sagte, wobei sie Titus zuzwinkerte, daß man auch mit begrenzten Mitteln zum Ziel käme, wenn man sich nur bemühe. Sie sagte sogar etwas von Talent zur Schauspielerei und bescheinigte Titus ein Pokerface. Als sie die Noten ins Klassenbuch schrieb, machte sie zweimal dieselbe Bewegung.

Was war er doch für eine armselige Kreatur, die ihr Heil in einer Zensur suchte, einer Zensur im Russischunterricht. Dafür hatte er Gott angefleht? Und Joachim, den er belog, dem er immer noch nicht gestanden hatte, daß er den Vortrag vorlesen wollte, dieser Joachim hatte ihn gerettet. War das nicht ein Zeichen? Eine unerwartete Wendung, an die er selbst in seinen kühnsten Träumen nicht gedacht hätte? Würde ihn Gott nicht führen, wenn er sich für ihn entschied, so wie er ihn eben geführt hatte? War nicht Joachim das beste Beispiel? Wollte er denn nicht werden wie er?

Titus starrte auf die neuen Vokabeln, die sie durchgingen, er sprach mit im Chor, aber das waren bedeutungslose Laute und Silben.

Für einen Augenblick wagte er den Gedanken, daß Gott ihn zur Belohnung für seine Aufrichtigkeit mit ähnlichen Fähigkeiten, wie Joachim sie besaß, auszeichnen würde. Konnte er sich denn nicht aus freien Stücken entscheiden, das Notwendige zu tun?

»Pokerface«, flüsterte Joachim mit dem Stundenklingeln. »Pokerface« aus Joachims Mund zu hören gefiel Titus.

und machte »Klingelingeling«. In diesem Moment glaubte Titus, etwas Eisiges berühre ihn, etwas, das sein Blut gefrieren ließ.

»Klingelingeling«, machte Joachim zum zweiten Mal. Warum zog er ihn da mit hinein? Titus tat, als nehme auch er den Hörer ab. »Allo?« Er wußte nicht, ob die Klasse wegen des Schauspiels lachte oder weil seine Stimme so kläglich klang. »Sdejs gowörit Joachim, sdrastwuitje!«

»Sdejs gowörit Titus, sdrastwuitje.« Titus stützte sich mit dem Ellbogen auf den Tisch, die Knöchel seiner Finger am rechten Wangenknochen. Er sah auf Martina Bachmanns Rücken, auf die Stelle zwischen Lehne und Haarspitzen.

»Fsjo choroscho?«

»Fsjo choroscho«, wiederholte Titus.

»Ja chotschu priglassit tebja …« Titus hoffte, es würde schnell vorüber sein.

»Spassibo«, antwortete Titus.

Joachim reihte Satz an Satz. Pirouetten, dachte Titus. Das letzte Wort war eine Frage. Titus nickte. Er wollte zeigen: Ich weiß, jetzt bin ich dran. Er hatte sogar den Sinn der Frage verstanden. Aber so schnell ging das bei ihm nicht. Er wollte sagen, daß er die Einladung selbstverständlich annehme und hoffe, mit den Hausaufgaben schnell fertig zu werden, um ihm, Joachim, bei den Vorbereitungen zu helfen. Er wollte fragen, wer außer ihm noch eingeladen sei und ob er vielleicht etwas mitbringen solle und ob Joachim einen bestimmten Wunsch für sein Geburtstagsgeschenk habe.

Joachim sagte: »Nu?« und begann von neuem. Einige lachten. Titus sagte: »Da.«

Joachim quasselte weiter. Titus sagte noch einmal: »Spassibo.« Es machte keinen Unterschied, ob er sprach oder schwieg. Titus spürte die eigene Hand an der Wange. Er konnte sich selbst sehen. Joachim flüsterte etwas, aber da sonst niemand sprach, hörten es alle. Er würde es nicht wiederholen. Das verbot ihm sein Stolz. Titus hörte seinen Schuh, der auf den Boden tippte.

Joachim redete von Büchern, Schallplatten, Theater und sogar etwas über Fußball. Titus wollte nichts mehr sagen. Sie sollte ihm endlich eine Fünf geben und ihn in Ruhe lassen. Nicht blondes Gift sollte sie heißen, sondern Kreissäge, ihre Stimme war eine Kreissäge. Joachim schwieg.

Titus, aufgefordert, dem blonden Gift in die kleinen Augen zu sehen, hob den Kopf. Es war ihm egal, was aus ihrem verwaschenen Mund kam. »Ich hatte es vergessen«, sagte er und verschlimmerte damit nur alles. Neben ihm wurde sogar Martina Bachmann zur Heldin.

Er hatte tatsächlich Besseres vorgehabt, als so einen Unsinn zu lernen, den er sowieso nie brauchen würde.

Titus sah sich wieder in der hellen Welt, in der er sich gestern aufgehalten hatte, in einer Welt, in der für das blonde Gift kein Platz war.

Trotzdem war Titus überrascht, daß sie ihm tatsächlich eine Fünf einschrieb. Warum hackte sie noch weiter auf ihm herum? Man tritt niemanden, der schon auf dem Boden liegt, dachte er. Aber das weiß sie natürlich nicht. Wofür sollte er sich entschuldigen? Er hatte es vergessen und seine Fünf bekommen. Er schwieg. Das blonde Gift schleuderte ihren silbernen Kuli auf den Lehrertisch, von dort sprang er irgendwohin. Jemand hob den Kuli auf und brachte ihn nach vorn. Sie bedankte sich nicht. Sie schlugen die Bücher auf.

Wie hatte er glauben können, so davonzukommen? Er hatte das Wochenende von einem Augenblick auf den anderen vergessen wie einen Traum. Mit einer Vier in Russisch auf dem Halbjahreszeugnis konnte er nicht an der Schule bleiben. Mit dem Abitur war es jetzt vorbei. Gab ihm Gott eine zweite Chance?

Er hatte ja nicht einfach nicht gelernt, er hatte mit anderen Dingen gerungen, mit den wesentlichen Fragen. Sollte das alles sinnlos gewesen sein?

Er war überzeugt, daß es dieser Züchtigung bedurft hatte, um ihn an sein eigentliches Vorhaben zu erinnern.

Selbst eine wie das blonde Gift, dachte Titus, macht der Allmächtige zu seinem Werkzeug.

Als es zur Pause klingelte, fürchtete Titus, das blonde Gift könnte mit ihm reden wollen. Aber sie behelligte ihn nicht. Er lief quer über den Hof zum Nebengebäude. Die frische Luft tat gut. Im Mathematikzimmer stellte er sich ans offene Fenster, die Knie am Heizkörper. Er wartete, bis die Wärme durch den Stoff drang.

Titus hoffte, Petersen würde ihn jetzt aufrufen und nicht bis zur letzten Stunde warten. Petersen begann das Lösen von Sachaufgaben zu wiederholen. »Schreiben Sie«, sagte er und ließ seinen rechten Zeigefinger eine Art Kopfsprung ins Nichts machen. »Ein Güterzug transportiere mit insgesamt 38 Wagen 730 Tonnen Braunkohlebriketts. Einige Wagen seien mit 15 Tonnen, die anderen mit 20 Tonnen beladen. Wie viele Wagen von jeder Art sind es? Zweitens ...« Titus hörte das Wispern, spürte die Angst, daß Petersen ihnen eine Kurzkontrolle diktieren könnte. Doch Petersen ließ wieder seinen Zeigefinger springen und wiederholte: »Zweitens! Ein Panzer der Nationalen Volksarmee habe einen Weg von 230 Kilometern zurückgelegt. Im ursprünglich vollen Kraftstofftank befinden sich noch 40 Liter. Könnte der Kraftstoffverbrauch je 100 Kilometer um 15 Liter eingeschränkt werden, so würde dieser Panzer einen Aktionsradius von 270 Kilometern haben. Wie groß ist das Fassungsvermögen des Tanks? Wieviel Kraftstoff wird für 100 Kilometer verbraucht. Drittens! Ein Aufklärungsflugzeug der NVA ...« Titus schrieb. Aufgaben wie diese beherrschte er. Petersen mußte die Klasse für zwanzig Minuten verlassen. Peter Ullrich wurde als Verantwortlicher für Ruhe und Ordnung eingeteilt.

Es blieb auch still, nachdem Petersen das Zimmer verlassen hatte.

Joachim war nach zehn Minuten fertig, Titus gerade noch rechtzeitig vor Petersens Rückkehr.

»Ich gehe davon aus«, rief Petersen von der Tür her, »daß sie die Ergebnisse bereits verglichen haben. Gab es Probleme?«

Niemand meldete sich.

Petersen sah mit halbgeöffnetem Mund umher, hob den Arm, fragte erneut: »Keine Probleme?« und nickte mehrmals anerkennend. Er suchte nach einem geeigneten Stück Kreide und schrieb an die Tafel: »Gleichungssysteme mit mehr als zwei Variablen«.

Titus begann eine neue Seite und unterstrich die Überschrift zweimal. Petersen sagte, er wolle sich dabei nicht lange aufhalten, denn wer die Lösungsverfahren für Gleichungssysteme beherrsche, was ja jeder vorhin habe überprüfen können, bekäme damit keine Probleme. Es handle sich um nichts weiter als eine Erweiterung des Einsetzungsverfahrens. Das Verfahren beruhe auf der schrittweisen Reduzierung der Anzahl der Variablen und Gleichungen jeweils um 1.

Fünf Minuten später schrieb Petersen drei Gleichungen an und wandelte die erste bereits um. Das Einsetzungsverfahren leuchtete Titus ein.

Kurz darauf warf Petersen die Kreide auf den Lehrertisch, trat neben die Tafel und schob sich die Brille zurecht. Wer die Gleichungen skeptisch betrachtete, lief Gefahr, nach vorn gerufen zu werden.

[Brief vom 4. 7. 90]
Offenbar reichte es, ein bestimmtes Prinzip zu beherrschen. Alles andere ergab sich daraus. Titus wunderte sich, wie rätsellos derartige Zahlenreihungen werden konnten.

Petersen gab keine Hausaufgaben auf und beendete noch vor dem Klingeln die Stunde. Auf dem Weg zur Tür hielt er inne. »Alles verstanden, Titus?« fragte er. Petersens Finger zappelten wie Marionetten neben der Federmappe. Titus hob den Kopf, sagte »Ja«, lächelte und sah wieder in seinen Hefter. Petersens Hemdsärmel war ein Stück über den Handrücken gerutscht. Die Fingernägel trommelten einen schnellen Rhythmus auf die Bank und setzten nach seinem »Dann ist ja gut« einen Schlußpunkt.

Sportstunde. Titus streifte sein altes Dreß über. Martins Klasse kam verspätet in die Umkleideräume im Keller. Mario und Peter Ullrich wärmten sich draußen bereits auf. Joachim lehnte in seiner ausgebeulten Trainingshose am Torpfosten.

Kampen, der Sportlehrer, der mit seinem grauen Haarschopf wie ein schneebestäubter Dean Read in »Alaska-Kid« aussah, jonglierte mit dem Fußball. Nach dem Dreitausendmeterlauf würden ihnen zwanzig Minuten fürs Spiel bleiben.

Etwas verspätet gingen sie hinüber in den Volkspark. Die Aufwärmrunde liefen Martin und Titus als letzte. Niemand nahm den Kniehebelauf und die Fußgelenk- und Dehnübungen so ernst wie sie. Bernadette, sagte Martin, sei krank. Am Sonntag habe sie fast vierzig Fieber gehabt.

Kampen wartete vor dem kleinen Anstieg und wiederholte, für welche Zeiten es welche Noten geben würde. Danach preschte die Herde in einem unsinnigen Tempo los. Titus ließ Martin den Vortritt und legte so die ersten zweihundert Meter als letzter zurück. Erst an der Eiche, an der sie kehrtmachten, um dann auf die lange Zielgerade zu kommen, ließen sie die ersten hinter sich. Am Start überholten sie Joachim. Kampen rief Titus zu, an Martins Fersen zu bleiben. »Jag ihn!« Mit kurzen schnellen Schritten nahmen sie den Anstieg, ohne langsamer zu werden.

Titus glaubte, unendlich lange hinter Martin Böhme herlaufen zu können, hinter ihm, seinem wippenden Haar und dem Shampoo-Duft. Titus genoß die Mühelosigkeit, mit der sie an den anderen vorbeizogen. Nach drei Runden hatten sie nur noch Peter Ullrich und Mario vor sich. Doch Peter Ullrich würde sich bald wie eine Gurke nach vorn krümmen, und Mario würde wegen seiner Gelenke aufgeben. In der vierten Runde überholten sie beide, und in der fünften überrundeten sie Joachim.

»Jag ihn!« rief Kampen. Titus war glücklich. Er würde sich nicht abschütteln lassen, eher würde er sich zerreißen. Jetzt verstand er besser, was der Satz hieß: Dynamo könnte es noch gegen Liverpool schaffen, aber dafür müßte sich jeder einzelne Spieler zerreißen. Zerreißen und dranbleiben. Immer mehr Schüler und Lehrer säumten die Rennstrecke. Noch zwei Runden, keine achthundert Meter mehr. Er würde dranbleiben, er würde jedes Tempo mitgehen. Sie überrundeten weiter, wie Pfeile schossen sie vorbei. Titus kannte jeden Meter, wußte, wie die Schritte in den Kurven zu setzen waren und daß es an der Eiche mehr brachte, einen etwas größeren Bogen zu laufen, aber dafür das Tempo zu halten. Titus hörte den Jubel, sah die Fähnchen und die Leute, die sich über die Absperrung beugten und ihre Namen riefen. Er spürte den Schmerz in der Lunge, aber was hatte der mit ihm zu tun? Seine Beine liefen, sie waren nicht aufzuhalten. Martin Böhme konnte rennen, wie er wollte, ihn, Titus, würde er nicht loswerden. Als sie sich zum letzten Mal Kampen näherten, waren sie bereits Helden, Martin Böhme und er. Titus sah die aufgerissenen Münder und Augen und wäre Martin Böhme an der Eiche fast in den Rücken gerannt. Titus brauchte nicht mehr zu atmen, das behinderte ihn nur. Es waren Rücken vor ihm, mehrere Rücken, er sah Kampen, das staunende Gesicht Kampens, und hörte, wie Bernadette seinen Namen rief, nicht »Martin« rief sie, sondern »Titus! Titus!«.

Plötzlich war kein Rücken mehr vor ihm, und er flog an Kampen vorbei und immer weiter, weil er nicht mehr Herr seiner Beine war, weil sie noch liefen, mit ihm, und er schon die Arme herunternahm und sich umsah und weiterlief und endlich gehen konnte und Kampen neben ihm war und ihm die Uhr vor die Nase hielt und Martin ihm auf den Rücken schlug und gratulierte, Martin, der weiß und rot im Gesicht war.

Mit Nadelstichen kehrte sein Atem zurück. Statt einer Lunge steckte eine Röhre in ihm, ein altes Wasserrohr, der ganze Mund war rostig, er roch es sogar. Er wollte es anhalten, das Atmen anhalten, sich anhalten, aber seine Beine gingen weiter, mal nach rechts, mal nach links, er torkelte, und Kampen rief: »Weiterlaufen, Jungs, weiterlaufen!« Und Martin sagte: »Völlig ausgerußt.«

Titus sah die Mädchen kommen, näher springende Farbflecken, sie überquerten die Straße, dieselben Stimmen, die die Strecke gesäumt hatten. Sie sahen ihn an. In ihren Blicken aber lag keine Bewunderung, es war eher Schauder, Schrecken, Mitleid oder auch nur Unverständnis. Plötzlich stand sie vor ihm, klein, bleich, unauffällig, mit unruhigen Augen. Sie reckte das Kinn über den Kragen ihrer Trainingsjacke, der sie zu behindern schien. »Da«, sagte sie und entfaltete etwas, ein Zellstofftaschentuch. Und da er zögerte, drückte sie ihm das Taschentuch auf die Stirn und die Augen, eine Berührung, die unendlich guttat. Das Taschentuch blieb kleben. Er wischte die Fetzen ab und drehte sich nach ihr um, sah sie aber nicht zwischen den anderen. Den feuchten Klumpen behielt er in der Hand.

Joachim quälte sich den Anstieg hinauf, die Ellbogen an die Rippen gepreßt, die Knie aneinandergeklebt. Seine Fersen schlenkerten seitlich aus, was Titus als weibisch empfand.

Später durften Titus und Martin die Mannschaften wählen. Titus begann. Nachdem jeder sieben Namen genannt hatte, wählte Titus Joachim. So blieb Peter Ullrich unter den letzten. Martin verschmähte Peter Ullrich ebenfalls, und Titus zeigte auf einen mit zusammengewachsenen Augenbrauen und riesigen Nasenlöchern. Peter Ullrich ging als letzter an Martin.

Joachim stellte sich freiwillig ins Tor. »Auf zur Revanche, Martin«, sagte Kampen und pfiff das Spiel an.

Es war ein schlechtes Spiel. Keiner wollte mehr rennen. Joachim hatte an einer Rückgabe vorbeigetreten, es hatte Eckstoß gegeben, und der war irgendwie ins Tor gegangen. Für die Größe des Feldes waren sie zu viele Spieler und die Tore zu klein. Kurz vor dem Abpfiff sprang der Ball in der Mitte des Spielfelds ein paar Augenblicke herrenlos herum, Titus erreichte ihn als erster und traf ihn so glücklich mit dem Spann, daß der Ball ins Netz flog. Niemand jubelte. »Ein Schuß wie ein Strich«, sagte Kampen und pfiff das Spiel ab.

Mit dem Klingeln betrat Titus das Klassenzimmer, die Mädchen fehlten. Petersen rief »Freundschaft!« An die Tafel schrieb er »Isaac Newton 1643–1727« , warf die Kreide auf den Lehrertisch, steckte die Hände in die Taschen seines Kittels, wippte auf die Zehenspitzen und erzählte nach, was im Lehrbuch über den Begründer der klassischen Mechanik stand. Titus kam es so vor, als bestünde sein gesamtes Wissen allein aus dem, was Petersen gerade erzählte, als wäre Newton der erste Mensch, über den er sich etwas merken würde. Er war von seinem Tor noch wie benommen. Wie oft hatte Titus von solch einem Schuß geträumt – ein Schuß wie ein Strich.

Als sich die Tür zum ersten Mal öffnete und ein paar Mädchen mit hochroten Gesichtern hereinkamen, reagierte Petersen nicht. Den zweiten Pulk starrte Petersen stumm und finster an, bis die Mädchen auf ihren Plätzen saßen. Beim dritten Mal rief er, daß er sich das nicht länger bieten lasse, jeden Montag dasselbe!

Martina Bachmann, die als letzte hereingeschlüpft kam, wollte gerade beginnen, sich zu entschuldigen. Petersen winkte sie ungeduldig nach vorn – »Kommen Sie, kommen Sie, kommen Sie!« – und überreichte ihr das Stück Kreide wie eine Blume. »Da, machen Sie weiter, machen Sie weiter!« Petersen setzte sich auf die freie Bank vorne links und ließ seinen Unterschenkel baumeln. Immer mehr Mädchen rechtfertigten sich. Martina Bachmann durfte sich setzen.

Als Titus wieder aufsah, schrieb Petersen $F = m \cdot g$ und dann $G = m \cdot g$ an die Tafel. Titus versuchte sich einzuprägen, daß Masse und Gewichtskraft eines Körpers unterschiedliche Größen sind und die Gewichtskraft nicht in einer Einheit der Masse gemessen werden darf. »Die Gewichtskraft eines Körpers«, sagte Joachim, »ist die Kraft, mit der er senkrecht nach unten auf eine Unterlage drückt oder an einer Aufhängung zieht, also Masse mal Fallbeschleunigung. Also, g ist gleich neun Komma einundachtzig Meter durch Sekunde hoch zwei und wird in Newton oder Kilopond gemessen.« Petersen nickte, vergewisserte sich, daß das Buch vor Joachim zugeschlagen war, und sagte, daß sie nun zum Trägheitsgesetz kämen. Er schrieb ein paar Gleichungen an die Tafel. Titus wunderte sich, wie ruhig er war, als wäre das eine Stunde wie jede andere, in der er schlimmstenfalls eine schlechte Note bekommen würde, bevor es wieder klingelte. Vielleicht hatte Petersen die ganze Sache bereits vergessen.

»Wirkt auf einen Körper keine Kraft, so behält er seine Geschwindigkeit bei«, schrieb Petersen an die Tafel und umrahmte es. Während Titus überlegte, was das für ihn bedeutete, zeichnete Petersen schon ein Schiff, Meereswellen und vier Pfeile, nach oben und unten, nach rechts und links. Das waren die wirkenden Kräfte, Gewichtskraft und Auftriebskraft, Schubkraft und Wasserwiderstand. Die Trägheit eines Körpers ist um so größer, je größer die Masse des Körpers ist. Jemand kicherte. Petersen rief Peter Ullrich zu, daß er gleich Gelegenheit bekomme, das neuerworbene Wissen anzuwenden.

Titus wußte nicht, ob ihm schlecht war, weil er Hunger hatte oder weil er vorhin sein Brot zu hastig gegessen hatte. Oder weil sein Orientierungssinn gestört worden war, oder weil er sich in einer Art Schwerelosigkeit befand, einer Leere, in der man sich allein auf die Wissenschaft und ihre Gesetze verlassen konnte, in der Meinungen nicht zählten. Seine Dreitausendmeterzeit gehörte zur objektiven Realität, auch sein Tor, Newton war real, die Gleichungen waren real.

»Jeder Körper«, sagte Petersen und warf die Kreide auf den Tisch, »beharrt so lange in geradliniger, gleichförmiger Bewegung, solange die resultierende Kraft aller einwirkenden Kräfte null ist. Kommen Sie vor, da liegt die Kreide.«

Peter Ullrich schrieb weiter, als hätte er Petersens Zeigefinger nicht gesehen, erhob sich dann aber plötzlich und ging mit seinem schwankenden Gang nach vorn.

»Nach dem Trägheitsgesetz«, hob Petersen die Stimme, »bewegt sich das Schiff geradlinig, gleichförmig. Warum befindet es sich nicht in Ruhe?« Damit verließ er Peter Ullrich und setzte sich wieder auf die freie Bank links vorn. Es war so still, daß Titus die anderen atmen hörte.

Er sah sich anstelle von Peter Ullrich dort stehen, sah, wie sein eigener Blick über die Klasse flog und an Petersen hängenblieb.

»Ich kann diesen Vortrag nicht halten.« Und sofort verbesserte er sich. »Ich möchte diesen Vortrag nicht halten.«

»Warum?« bellte ihn Petersen an.

»Weil ich den Dienst an der Waffe verweigere«, antwortete Titus.

»Was?« fragte Petersen. »Was hat denn das eine mit dem anderen zu tun?«

»Ich weiß es nicht«, sagte Titus, »ich weiß es wirklich nicht mehr, ich habe es vergessen.«

»Palaver, alles Palaver!« rief Petersen Peter Ullrich zu. »Sie haben nichts verstanden, nichts verstanden. Warum befindet sich das Schiff nicht in Ruhe?« Petersen wandte sich an die Klasse. Zuerst meldete sich Joachim, dann Martina Bachmann.

Titus sah den leeren Ausdruck in Peter Ullrichs Gesicht, als er an Martina Bachmann vorbei zu seinem Platz zurückkehrte.

Ich kann nicht mehr, ich kann es nicht, dachte Titus, es ist so sinnlos. Und was lag schon an so einem Gerede. Nie zuvor hatte er die Nichtigkeit und Sinnlosigkeit solcher Meinungen und Behauptungen stärker gespürt als in diesem Moment. Ihm kam es vor, als wüßte er nicht mehr, wo oben und wo unten sei, und von vorn, vom Lehrertisch aus, würde er es noch viel weniger wissen.

Petersen lobte Martina Bachmann, ihren Sinn für die konkrete Vorstellung, für die Welt des Realen. Mit einem Lachen, das aussah wie Weinen, und merkwürdigen Schulterbewegungen ging sie zu ihrer Bank.

Petersen sah auf die Uhr. »Keine Angst, Titus, ich habe Sie nicht vergessen«, sagte er und sprach nun davon, daß sie aus einem allgemeinen Gesetz, dem Newtonschen Grundgesetz, ein spezielles Gesetz, nämlich das Trägheitsgesetz, abgeleitet hätten. Er nannte das deduktiv. »Es besteht jedoch ein grundlegender Unterschied zwischen mathematischen Sätzen und physikalischen Gesetzen.«

[Brief vom 9.7.90]
Spielte Petersen auf ihn an, auf den Gegensatz von Sätzen und Gesetzen? Mit jedem Wort, das Petersen aussprach, breitete sich die Leere in Titus weiter aus. Es grenzte an ein Wunder, daß die drei maschinengeschriebenen Seiten gerade in dem Augenblick griffbereit vor ihm lagen, da Titus seinen Namen hörte. Beim Aufstehen tastete er nach dem Hemd, ob es ihm nicht hinten aus der Hose hing.

Noch blieb ihm Zeit, eine Entscheidung zu fällen. Als er dann vorne stand, spürte er plötzlich seine Knie. Sie zuckten, sie zitterten, etwas, was er nur als Redewendung kannte. Er kümmerte sich nicht weiter darum, denn man konnte nur seinen Oberkörper sehen. Titus staunte, wie vollkommen unvorbereitet ihn diese Prüfung traf. Niemand würde es ihm glauben. Die Quälereien waren sinnlos gewesen, vollkommen sinnlos. Jeder Augenblick löschte den vorherigen aus. Titus sortierte die drei Blätter, nicht einmal das hatte er geschafft – und legte sie gleich wieder vor sich hin, aus Angst, auch seine Hände könnten zu zittern beginnen.

Wort für Wort tastete er sich durch den ersten Satz. Er mühte sich, hervor aber quollen bloß Laute, Laute jenseits des Menschlichen, ein Geleiere, das zum Kichern, Lachen und Prusten reizte.

Titus erschrak. Sie lachten über ihn. Nur Joachim und Petersen fixierten ihn finster. Er würgte an jeder Silbe, seine Zunge vollbrachte Kunststücke, die Stimmbänder jedoch blieben unbeherrschbar. Wieder Lachen. Erst jetzt bildete sich langsam der erste Satz.

Petersen brüllte. Titus begriff nicht, warum. Nicht er, die Klasse lachte! Was konnte denn er dafür?

Die Klasse schwieg wie erstarrt, Joachim kippelte. Petersen stand vor Titus, und Titus konnte sehen, wie Petersens Worte dessen Mund verzerrten.

Aus der Ferne, wie das Glockengeläut, das gerade einsetzte, erreichte Titus eine Ahnung, die, je deutlicher sie wurde, seine Züge entspannte, bis sich ein Lächeln auf seinem Gesicht abzeichnete, ein ganz feines Lächeln. Allmählich verstand Titus, warum Petersen so wütete. Und mit dieser Erkenntnis kam noch eine andere, eine, die er nicht zu benennen wußte, die hell war und licht und die schwarzen Schatten von seiner Seele vertrieb.

Petersen redete weiter. Sein Speichel traf ihn am Kinn. Titus nahm die Arme auf den Rücken. Sein Körper war leicht und gespannt, von keiner Anstrengung zu erschöpfen. Er würde singen, er würde zusammen mit dem Maestro Sanddorn singen. Und er würde Gunda Lapin Modell sitzen, ihr zuhören, ihr erzählen.

Titus sah die windschiefen Wolken, ein weißliches Gelb und dunkles Blaugrau. Bei der Vorstellung, daß ihm die Knie gezittert hatten, lachte er auf. Er würde Bernadette von seinen zitternden Knien erzählen, um sie aufzuheitern. Und in der Art, wie er über sich selbst sprach und lachte, würde auch sie verstehen, was er eben verstanden hatte.

Titus legte die drei Blätter übereinander, faltete sie sorgfältig zusammen und begab sich, wie von Petersen gefordert, zurück auf seinen Platz.

LETZTE ÜBUNG

Mitternacht war schon lange vorbei, aber der Gefreite Türmer konnte nicht schlafen. Auf das Lenkrad gestützt, fixierte er den Thermostat seines SPWs. Der Zeiger näherte sich dem roten Feld. Der Gefreite Türmer fragte sich, ob er den Mut aufbringen würde, ein Partisan, ein Agent, ein konsequenter Kriegsgegner zu sein und die Motoren des SPWs so heiß laufen zu lassen, daß sich die Kolben festfräßen. Doch jedesmal wenn der Zeiger das rote Feld überquerte, hatte der Gefreite Türmer die Kurbel betätigt und die Jalousien über den Motoren geöffnet. Und jedesmal war die Temperatur sofort gesunken und der Zeiger in die Senkrechte zurückgekehrt.

In den ersten Wochen nach seiner Einberufung hatte sich der Gefreite Türmer, der damals noch Soldat gewesen war, Vorwürfe gemacht, weil er das Soldatendasein gar nicht so schlecht gefunden hatte. Er hatte nichts auszustehen gehabt. Und sobald er im SPW am Lenkrad saß, war er froh gewesen. Fahren machte ihm Spaß. Und er liebte sein Gefährt, sein Nilpferd, mit dem ihm kein Weg zu steil oder zu sandig war und in dem er sogar über die Elbe schwimmen konnte.

Der Gefreite Türmer fand keinen Schlaf. Seine Hände lagen gefaltet im Schoß, sein rechter Fuß, vor dem Gaspedal auf die Ferse gestellt, war nach rechts gedreht, das linke Bein angezogen, alles wie immer, wenn er wartete. Die meiste Zeit seines anderthalbjährigen Grundwehrdienstes hatte er gewartet. Aber diese Nacht war seine letzte im Feldlager. Morgen würden sie zurück ins Regiment fahren – sozusagen nach Hause –, und dann wären es keine zwei Wochen mehr bis zur Entlassung. Ihn selbst überraschte die Wehmut nicht, die er bei diesem Gedanken empfand. Er hätte sich gern unterhalten. Er liebte es, mit den anderen Fahrern zusammenzustehen, zu rauchen und zu reden, während die Gruppen über den Acker rennen mußten.

Der Gefreite Türmer reckte sich. Die Lehne seines Sitzes hatte links eine Mulde. Andere Fahrer nannten das einen »Krüppelsitz«. Der Gefreite Türmer aber hatte den Fahrersitz bequem gefunden und die Mulde im Laufe seiner Dienstzeit weiter vertieft. Die Lehne war zu seiner Lehne geworden, wie auch die Fahrerhaube zu seiner Fahrerhaube geworden war. Überhaupt fühlte er sich im SPW wohl.

Der Gefreite Türmer hörte das Atmen seiner Gruppe, die wie eine Großfamilie auf den Abdeckblechen lag oder schräg auf der vorderen Bank oder auf dem Boden, unter dem Sitz des Richtschützen. Auf dem Sitz neben dem Gefreiten Türmer schlief Unteroffizier Thomas, sein Gruppenführer, den Kopf mit dem Stahlhelm gegen die Wand des SPW gelehnt. Ihn würde man für die zerstörten Motoren verantwortlich machen und nach Schwedt ins Militärgefängnis stecken. Denn Unteroffizier Thomas hätte dem Gefreiten Türmer verbieten müssen, den Motor anzulassen, ganz egal wie sehr die Gruppe fror – Mitte April waren die Nächte noch kalt, zumindest im Wald; die Pfützen in den Spurrinnen waren morgens von einer dünnen Eisschicht überzogen. Aber kein Fahrer ließ seine Leute frieren.

Der Zeiger erreichte die Mitte des roten Feldes. Die Hände des Gefreiten Türmer strichen von oben herab das Lenkrad entlang, bis sie sich über seinem Schoß berührten. Mit der Rechten bedeckte er die Radnabe und hätte beinah auf die Hupe gedrückt. Wie oft hatte er so den Vorausfahrenden gewarnt, wenn dieser von der Straße abkam. Er selbst war auf die Aufmerksamkeit des hinter ihm Fahrenden angewiesen, falls er einnickte.

Denn wer stundenlang die roten Rückleuchten als einzige Orientierung hat, wird davon hypnotisiert. Er hatte Bahnübergänge oder haushohe Schrotthaufen halluziniert – und dann die Luke über seinem Kopf aufspringen lassen, um von der Kälte wach gerüttelt zu werden, er hatte sich beschimpft und ins Gesicht geschlagen. Trotzdem wollte er nichts anderes sein als Fahrer. Allein die Fahrer durchwachten die endlosen Nächte, während alle anderen schliefen, eingelullt von dem Rattern und der Wärme der Motoren. Der Gefreite Türmer war regelrecht betroffen, ja gerührt gewesen, wie fraglos die anderen ihm von Beginn an vertraut hatten, als wäre es selbstverständlich, daß er dieses tanzende, schlingernde Schiff sicher durch die Nacht steuerte. Darin hatte der Stolz der Fahrer seinen Ursprung. Sie waren wie Väter zu ihren Familien, sie, die Fahrer, waren es, die der Gruppe Geborgenheit schenkten.

Der Gefreite Türmer mußte sich nicht nach ihnen umdrehen. Das leise Schnarchen gehörte zu dem Soldaten Sommer, das Wimmern zu dem Gefreiten Kapaun, ein Wimmern, das so gar nicht zu dessen Bärenstatur und Lachen passen wollte. Soldat Petka, der mit seinem hutzligen Gesicht und dem Stahlhelm aussah wie ein Pilz, lachte manchmal im Schlaf. Nein, nie

[Brief vom 11. 7. 90]
würde er es über sich bringen, sie zu verraten und der Armee zu schaden. Nicht weil er es geschworen hatte, das wäre lächerlich, nein, der Gefreite Türmer war dankbar, weil bei der Armee – ob man das nun wahrhaben wollte oder nicht – alles an seinem Platz war. Der Gefreite Türmer mußte pinkeln. Er kurbelte die Jalousien über den Motoren auf. Dem Schalter gab er einen Klaps, so daß die Motoren verstummten. Er zog die neuen Stiefel an, die der Schreiber ihm verschafft hatte. Sie waren etwas zu groß, nur ein oder zwei Nummern. Aber das machte nichts.

Der Gefreite Türmer drehte den Lukengriff über seinem Kopf und stemmte sich, die Stiefel schon auf dem Sitz, nach oben. Den Hintern auf dem Lukenrand, zog er die Beine an und drehte sich heraus, drückte mit den Fingerkuppen die Luke herab, verschloß sie vorsichtig und ließ den kostbaren Vierkant lautlos in die rechte Beintasche gleiten. Er tastete hinab zum Fußlauf und hockte sich hin. Er hatte ein paar Lichter erwartet, zumindest im Zelt für die Wachen. Wie sehr wünschte er sich jemanden, mit dem er rauchen und reden konnte. Und vielleicht auch etwas trinken.

Der Waldboden empfing den Gefreiten Türmer lautlos, als wäre er barfuß gesprungen. Nur das Rascheln der Uniform war zu hören, und bei jedem Schritt das »schluppschlupp, schluppschlupp« der Stiefelschäfte.

Die kalte Waldluft erfrischte den Gefreiten Türmer. Von überall her strömten die Gerüche auf ihn ein, sie erhoben sich vom Boden, sie ließen sich von den Zweigen auf ihn fallen, er mußte nur die Hand ausstrecken, um die Luft in ihrer feuchten Körperlichkeit zu fassen.

Er öffnete die oberen Knöpfe seiner Wattejacke, griff mit beiden Händen in den Ausschnitt von Pullover und Unterhemd und leitete einen frischen Luftzug auf seine Haut. Plötzlich konnte er riechen, was sein Körper in der Winteruniform abgelagert hatte, vor allem den Zigarettenrauch, der vom kalten Eisen des SPWs gebeizt war, aber auch den Dunst der Eßgeschirre, in denen die braune Sauce mitsamt den Kartoffelresten klebte.

Der Gefreite Türmer suchte nach den Wachen, fand aber niemanden. Trotzdem wollte er nicht hier pinkeln, wo man ihn überraschen konnte. Außerdem war es angenehm zu gehen. Die Kiefern standen nicht dicht. Die Zweige und Äste unter seinen Stiefeln knackten selten, die meisten drückte er lautlos in das von Nadeln übersäte Moos. Er erkannte die hellen Stellen an den Stämmen, die von den SPWs geschrammt worden waren, bis jedes Fahrzeug seinen Platz gefunden hatte, diese dösenden Reptilien, von denen einige, als träumten sie lebhaft, ihre Motoren laufen ließen.

Das Sperrgebiet war gut für den Wald. Hierher kam kein Förster oder Holzfäller, erst recht kein Pilzsucher. Hier gab es nichts als das langsame Werden und Vergehen, hier keimten die Bäume, sie wuchsen und lebten ihre Jahrzehnte oder vielleicht auch ein ganzes Jahrhundert und gingen wieder zugrunde, wenn ihre Zeit vorüber war. Dann rissen sie andere mit und schlugen dröhnend auf den Waldboden. Ihnen folgte das Sonnenlicht und erweckte das Unterholz, ließ Farne und Buschwerk gedeihen, tausenderlei Unkraut, bis der Schnee alles begrub und ein paar Flechten und Moose auf dem zerfallenden Holz die einzigen Farbflecken blieben. Alles förderte die Fäulnis, alles war nur dazu da, das Leben der modrigen Erdoberfläche in Gang zu halten, den Humus allen Seins. Selbst die Stille hier schien alt und undurchdringlich, und die Luft satt von Düften, an denen der Windhauch immer wieder wie an einem schweren Vorhang ermattete.

Der Gefreite Türmer war schon ein gutes Stück gelaufen, als ihm schwindlig wurde, mit einer Hand an einen Stamm gestützt, ruhte er aus, als hätte er sich überanstrengt. Er hatte Hunger. Vor allem aber war er durstig. Der Gefreite Türmer atmete durch den Mund. Doch ein verborgenes Kraut, dessen Namen er nicht kannte, erfrischte ihn und trieb ihn weiter auf seinem Pfad, der nicht von Menschen angelegt war, sondern vom Wald selbst. Die Tiere und die Launen der Vegetation führten ihn voran, wenn er nur die ihm gegebenen Winke verstand. Ihm gefiel es, sich in der Nacht zwischen den Bäumen zurechtzufinden. Erst im Dunkeln erwacht der Körper tatsächlich, erst da vertraut er dem Wissen, das in seinen Gliedern steckt.

Der Gefreite Türmer verfiel in einen leichten Dauerlauf, wobei er Arme und Schultern in der Art eines Slalomläufers bewegte. Ihm war anzusehen, wieviel Freude ihm das machte.

Gegen das erste Morgengrauen zeichneten sich die abgestorbenen Äste der Kiefern wie Schlangen ab, manche jedoch liefen nicht spitz zu, sondern waren zerspellt, so daß ihre Enden Fledermäusen glichen oder den Fratzen gotischer Wasserspeier. Schneller und schneller lief er, wandte den Kopf, duckte sich, wich in der Manier eines Boxers den Zweigen aus – manche trafen ihn dennoch, peitschten ihn wach, trieben ihn an. Mehrmals hatte er schon geglaubt, eine Lichtung erreicht zu haben, aber dann war es nur der Beginn einer Schonung gewesen oder ein Weiher. Die Stiefelschäfte schlugen gleichmäßig gegen Schienbein und Wade – schluppschlupp, schluppschlupp. Er hörte Vögel. Eben war es noch still und dunkel gewesen und er das einzige schlaflose Wesen. Nun schien der ganze Wald erwacht zu sein.

In den Eingeweiden spürte der Gefreite Türmer Nadelstiche. Nur noch ein paar Schritte, und er erreichte ein weites, schier endloses Feld. Er trat aus dem Wald heraus, warf die Wattejacke ab, streifte die Hosenträger von den Schultern, riß sich die Hosen herunter und hockte sich hin. Einmal stöhnte er vor Schmerz, dann kam es aus ihm heraus. Er versuchte sich zu erinnern, wann er das letzte Mal gekackt hatte. Es war lange her. Der Gefreite Türmer genoß seine Entleerung.

Wenige Augenblicke später jedoch beunruhigte ihn dieser Vorgang. Er wollte kein Ende nehmen, und es stank bestialisch. Der Gefreite Türmer watschelte vorwärts, weil ihn der eigene Haufen wie ein Tier gestupst hatte. Er sah sich um, als würde ihn die eigene Kacke verfolgen. Nasses Gras streichelte seinen Hintern.

Der Gefreite Türmer verstand nicht mehr, wie er so eingesperrt, zusammengepfercht und anspruchslos hatte leben können. Die Vorstellung, wieder in den SPW zurückzukehren, ließ ihn schaudern.

Selbst mit geschlossenen Augen, ganz seiner Nase vertrauend, hätte er sagen können, woraus diese Haufen bestanden. Am schlimmsten roch der letzte, der vom Komplektetag. Aber auch das Gulasch von vor zwei Tagen und das Weißkraut, das mit irgend etwas versetzt gewesen war und nach Auspuff geschmeckt hatte, verpesteten diesen silbergrauen Morgen. Seine Schenkel und Knie schmerzten.

»Verdammt! Verdammt!« schrie der Gefreite Türmer. »Verdammt!« Er hatte seine Hosen bepißt, er hatte es gar nicht gemerkt. Er richtete sich auf. Die Hosen zog er gar nicht wieder hoch, sondern trat darauf, bis er sie samt der Stiefel und Socken los war.

Er knöpfte die Pistolentasche auf, zog die Pistole heraus, warf sie im weiten Bogen von sich und sah, wie sie lautlos in dem hohen feuchten Gras verschwand. Er wollte nichts mehr mit der Armee zu tun haben.

Schnell entledigte er sich der restlichen Sachen. Ihn fröstelte ein wenig, dafür aber genoß er die Entspannung seines Schließmuskels. Jeder Schritt war nun eine Wohltat, die seinen Gang geschmeidiger machte. Die Kondensstreifen der Düsenjäger färbten sich bereits rötlich, die neueren sahen aus wie Äderchen im Weiß des Auges, andere waren breit und durchscheinend, als hatte jemand einen Pinsel abgestrichen.

Er verlangte nur ein wenig zu trinken und etwas Nahrung für sich, doch selbst diesem Wunsch maß er keine weitere Bedeutung bei. Würde er zukünftig überhaupt Wünsche hegen? Und was würde an Erinnerungen bleiben? Vielleicht ein Lied, eine Melodie, oder nicht mal das? Er nahm es hin, nein, es kümmerte ihn nicht, er dachte schon gar nicht mehr daran.

Der Gefreite Türmer kratzte sich am Bauch. Er sah an sich herab und betrachtete unglücklich, ja fast angeekelt seinen käsigweißen und mit Pickeln und Leberflecken übersäten Körper. Wie merkwürdig der Mensch doch roch. Die Kühe hatten sich erhoben und glotzten ihn an. Es tröstete ihn, lebendige Wesen in seiner Nähe zu wissen.

Ihn verlangte danach, sich in das hohe feuchte Gras zu legen, sich zu reinigen und zu erfrischen. Der Gefreite Türmer ging auf die Knie, ließ sich zur Seite fallen und spürte im nächsten Moment den Morgentau an seinem Rücken. Genau über sich erblickte er den erblaßten Mond. Wohlig stöhnend wälzte sich der Gefreite Türmer vom Rücken auf den Bauch und wieder zurück, er scheuerte sich die Schultern, den Hintern, Bauch und Brust und drückte seine Stirn auf die Erde.

Wieder auf dem Rücken, streckte er seinen linken Arm zum Himmel und löste das Armband seiner Uhr – da traf ihn an den Fingerkuppen der erste Sonnenstrahl. Der Gefreite Türmer spürte noch, wie er aufschluchzte und wie die Uhr von ihm abfiel.

Im nächsten Augenblick sprang er auf alle viere, schüttelte sich und heulte hinauf zur rosafarbenen Mondscheibe. Er fletschte die Zähne. Die Kühe begannen zu brüllen, machten kehrt und versuchten zu fliehen. Er wollte etwas rufen, er wollte sprechen, aber alles, was er hervorbrachte, war Knurren und Winseln.

Dann hielt er inne. Nur die Kühe waren zu hören und ganz entfernt das Glockengeläut einer Dorfkirche. Der Wolf schnüffelte an der Uhr, wich den im Gras liegenden Stiefeln und Uniformteilen aus und trabte lautlos davon, durstig, hungrig, gierig.

DANKSAGUNG

Ich danke dem Berlin Verlag, vor allem meiner Verlegerin Elisabeth Ruge, sowie Julia Graf und Fridolin Schley für all ihre Vorschläge und Verbesserungen.
Besonderen Dank auch an Silvia Bovenschen für freundschaftliche Gespräche und Anregungen, die Entstehung und Abschluss dieses Buches begleiteten.

Ermutigung und Kritik erhielt ich von:
Ursula Bode, Christoph Brumme, Jörg Feßmann, Ulf Fischer, Matthias Flügge, Robert Fürst, Ulrike Gärtner, Thomas Geiger, Martin Jankowski, Reinhard John, Simone Kollmorgen, Katja Lange-Müller, Carsten Ludwig, Elena Nährlich, Jutta Penndorf, Sarah Schumann, Lutz Seiler, Elisabeth Türmer, Vera Türmer, Frank Witzel, John Woods, Johann Ziehlke.
Dank schulde ich Mario Gädtke dafür, daß ich sein Gedächtnisprotokoll verwenden durfte, und Jens Löffler für den Satz des Buches.

Der Joseph-Breitbach-Preis ermöglichte mir ein finanziell sorgenfreies Arbeiten. Großzügige Unterstützung erhielt ich außerdem von der Berliner Senatsverwaltung für Wissenschaft, Forschung und Kultur, dem Deutschen Haus in New York und der Stiftung Kulturfonds.

Vor allem aber danke ich Natalia Bensch und Christa Schulze, denen das Buch gewidmet ist.

INHALTSVERZEICHNIS

Vorwort 7

Editorische Notiz 12

Briefe von Enrico Türmer 13

Anhang
- Schnitzeljagd 661
- Jahrhundertsommer 667
- Der Spitzel 673
- Stimmabgabe 683
- Mai-Nelken 697
- Titus Holm. Eine Novelle aus Dresden 699
- Letzte Übung 783

Danksagung 792

www.buechergilde.de

Lizenzausgabe für die Büchergilde Gutenberg,
Frankfurt am Main, Wien und Zürich
Mit freundlicher Genehmigung der
Berlin Verlags GmbH, Berlin

Typografie: Renate Stefan, Berlin
Gesetzt aus der Stempel Garamond durch psb, Berlin
Druck & Bindung: Ebner & Spiegel, Ulm
Printed in Germany 2005
ISBN 3-7632-5674-1